南阳市林业志

南阳市林业局　主编

中国林业出版社
China Forestry Publishing House

图书在版编目(CIP)数据

南阳市林业志 / 南阳市林业局 主编. -- 北京 : 中国林业出版社, 2018.3
ISBN 978-7-5038-9451-0

Ⅰ. ①南… Ⅱ. ①南… Ⅲ. ①林业史－南阳 Ⅳ. ①F326.276.13

中国版本图书馆CIP数据核字(2018)第039175号

中国林业出版社
责任编辑：李 顺 李 辰
出版咨询：(010) 83143569

出 版：中国林业出版社（100009 北京西城区德内大街刘海胡同 7 号）
网 站：http://lycb.forestry.gov.cn/
印 刷：固安县京平诚乾印刷有限公司
发 行：中国林业出版社
电 话：(010) 83143500
版 次：2018 年 5 月第 1 版
印 次：2018 年 5 月第 1 次
开 本：889mm×1194mm 1/16
印 张：36.25
字 数：800 千字
定 价：398.00 元

植树造林 荫泽后代，
绿水青山金山银山。

霍好胜
2017年12月4日

2005年11月，河南省委书记徐光春（左三）在南阳市委书记何东成（左二）陪同下，视察西峡县猕猴桃产业。

2007年2月，河南省委副书记陈全国（左二）、副省长刘新民（左一）、省林业厅长王照平（右一）视察南阳林业生态建设。

2007年10月，南阳市副市长姚龙其（左二）市林业局局长宋运中（右二）、党组书记张荣山（右一）视察林业生态摄影展。

2010年11月，河南省林业厅厅长王照平（左一）、副厅长刘有富（左二）考察西峡县双龙镇化山村山茱萸基地。

2012 年，河南省副省长刘满仓（前排右二）考察指导卧龙区月季产业。

2012 年，南阳市副市长张生起（右二）、西峡县委书记摆向阳（左三）陪同国际猕猴桃专家，考察西峡县猕猴桃基地。

2013 年 6 月，南阳市人大常委会副主任程建华（左一）调查指导内乡核桃产业。

2013 年 8 月，国家林业局湿地办副主任严克明（右二）在南阳市政府副秘书长周天龙（左四）、市林业局局长汪天喜（左二）陪同下，考察白河湿地。

2013年9月，南阳市委书记穆为民（中）、市委常委、统战部长刘朝瑞（左一）、副市长张生起（左四）考察西峡县猕猴桃产业。

2013年12月，河南省副省长王铁（右二）、省林业厅厅长陈传进（左一）在南阳市委书记穆为民（右一）、副市长张生起（左二）陪同下，考察内乡核桃产业。

2014年3月，南阳市市长程志明（左二）参加植树活动。

2015年5月12日，南阳市政协副主席柳克珍（左三）、淅川县县长赵鹏（左四）陪同河南省政协调查组，考察丹江库区生态建设。

2015年6月13日，河南省省长谢伏瞻（左三）在南阳市委书记穆为民（右二）、南阳市市长程志明（左二）陪同下，调研南阳月季产业。

2016年4月17日，中国花卉协会副秘书长陈建武（右三）、中国花卉协会月季分会会长张佐双（左三）、河南省花卉协会会长何东成（左四）在南阳市政协主席刘朝瑞（右二）、南阳市委常委、政法委书记张生起（左二）、南阳市人大常委会副主任程建华（左一）陪同下，考察南阳月季产业。

2016 年 7 月 8 日，南阳市人大常委会主任杨其昌（左一）陪同北京市人大视察渠首。

2016 年 8 月，南阳市林业局局长赵鹏（右二）深入宝天曼林区保护站检查指导工作。

2017年3月16日，南阳市委副书记王智慧（右一）、市林业局局长赵鹏（右二）考察指导苗木产业发展。

2017年4月6日，南阳市市委书记张文深（右四）考察指导花卉产业发展。

2017 年 5 月 8 日，南阳市市长霍好胜（右二）考察指导月季产业发展。

2017 年 9 月 20 日，南阳市副市长刘庆芳（左一）考察指导西峡县猕猴桃产业。

1990 年 5 月，中国林业区划研究会在西峡县召开林业经济研讨会。

1994 年 1 月，南阳地区行署召开山区造林灭荒工作会议。

2000 年 3 月，南阳市与中国林科院首次举行院市科技合作座谈会。

2010 年 11 月，河南省林业产业现场观摩会议在西峡县举行。

2011 年 8 月，河南省林业生态效益新闻发布会在内乡宝天曼国家级自然保护区举行。

2011 年 11 月，国家林业局天保中心调研西峡县天保工程实施情况，并召开座谈汇报会。

2012 年 7 月，河南省林业厅在南阳市召开对口帮扶淅川县丹江库区移民工作会议。

2013 年 4 月，南阳市举办月季文化产业高峰论坛。

2013 年 11 月，河南省人大视察南阳市森林防火条例执行情况。

2013 年 12 月，河南省林业生态建设现场会在内乡县召开。

2015 年 12 月，南阳市召开造林绿化现场会。

2016 年 4 月，南阳市月季展摄影大赛开镜仪式。

2016 年 10 月 22 日，南阳市召开创建国家森林城市暨大造林大绿化工作动员电视电话会议。

2016 年 11 月 11 日，南阳市地方史志编纂委员会对《南阳市林业志》开展评审

南阳市林业奖牌

授予：河南省南阳市
全国绿化模范单位(城市、区)
全国绿化委员会
二○一三年四月

打击破坏森林资源违法犯罪专项斗争
(1998.11-1999.1)
先进集体
最高人民法院 最高人民检察院
国家林业局 公安部 监察部
一九九九年七月

全国林业科技工作先进集体
国家林业局
二○○六年九月

授予：2009年度目标管理
先进单位
河南省林业厅
二○一○年一月

全国五四红旗团支部
共青团中央
二○一○年五月

奖给：2008年度目标管理工作
优秀单位
中共南阳市委
南阳市人民政府
2009年5月

第十届中原花木交易博览会
金奖
第十届中原花木交易博览会组委会
中国·许昌·鄢陵
二○一○年九月

中国林业科学研究院
南阳科技兴林示范市
二○○一年十二月

南阳市绿化现状图

三门峡市
陕西省
湖北省
洛阳市
伏牛山
栾川县
内乡湍河湿地省级自然保护区
河南丹江湿地国家级自然保护区
内乡县
邓州市

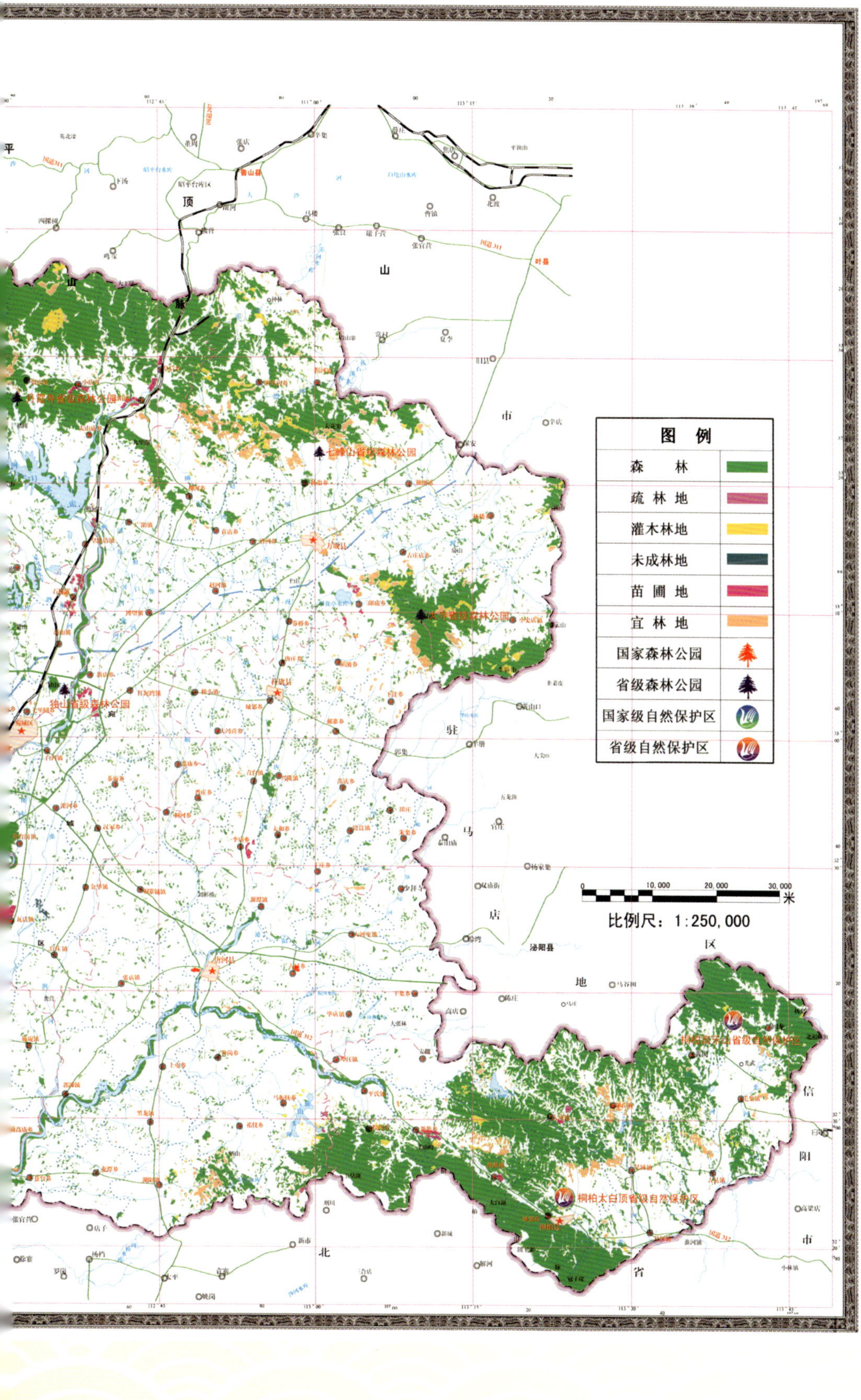
图 例
森 林
疏 林 地
灌木林地
未成林地
苗 圃 地
宜 林 地
国家森林公园
省级森林公园
国家级自然保护区
省级自然保护区
0
10,000
20,000
30,000
米
比例尺：1:250,000
七峰山省级森林公园
独山省级森林公园
桐柏太白顶省级自然保护区
方城县
社旗县
唐河县
泌阳县
桐柏县
叶县
鲁山县
平
顶
山
市
驻
马
店
地
区
信
阳
市
北
省

白河国家城市湿地公园——崔培林（摄）

序 一

森林是人类文明的摇篮。从农耕文明到工业文明，进而发展到现代文明，在人类发展历史的长河中，林业作为生态文明建设的主体，曾经并将继续发挥着重要的作用。

南阳历史悠久，山川秀美，森林繁茂。中生代白垩纪时期，恐龙在这里生存；四、五十万年前，南阳的先民在这块盆地上劳动、生息、繁衍。张衡的《南都赋》“既丽且康”，李白的《南都行》“甲第连青山、呼鹰白河湾”，赞誉南阳山川大地之壮美。中华人民共和国成立后，南阳林业经过60多年的风雨历程，逐步发展壮大，如今南阳森林资源总量位居全省首位，成为生态建设的重要组成部分，为全市经济社会发展做出了重要贡献。期间，历代务林人沐雨栉风，艰苦奋斗，创造了辉煌的业绩，书写了南阳林业发展史上壮丽诗篇。

植树造林，功德无量；泽被后世，业绩永存。作为市政府分管林业工作的领导，我为大家取得这样的成绩感到自豪和荣耀。修志艰辛，成书不易。市林业局的同志们抱着对事业的负责、对工作的挚爱的态度，历时10余年的搜集、整理、编写，终于编纂成册。在此，我向为此书付出艰辛劳苦的所有人员表示感谢！

彪炳历史属于过去，新的生态建设再起征程。我坚信，在市委、市政府的正确领导下，在各级党委和政府的高度重视下，有社会各界的大力支持，全市务林人一定能够承前启后，担当实干，拼搏创新，不断开创林业发展新局面，谱写南阳林业发展新的历史篇章。

是为序。

南阳市人民政府副市长

序 二

《南阳市林业志》的付梓出版，可喜可贺。该书凝聚了编纂工作者的心血和汗水，倾注了南阳市地方史志办公室领导的关心和支持，也融入了广大林业工作者的智慧和深情，是南阳生态文化建设的一大成果。

森林是陆地生态系统的主体，林业是一项重要的公益事业和基础事业。随着经济社会发展和人们生活水平的不断提高，林业的作用与地位越来越突出、越来越重要。必须充分认识和应用林业发展的自然规律与经济规律，结合南阳实际情况，把林业工作做得扎实，使林业更好地服务全市生态建设、服务经济和社会发展。

中华人民共和国成立以来，南阳市林业发展几经起伏，逐步由小到大，由弱变强，伴随着共和国的昌盛一同发展。盛世兴林。进入21世纪，中共中央、国务院出台一系列加快林业发展的政策和措施，党的十八大把生态文明建设放到“五位一体”的战略布局中推进，加快生态建设步伐，林业迎来大发展的春天。多年来，全市务林人在各级党委、政府的正确领导下，紧紧围绕林业建设大局，抓造林、强管护、促发展，南阳林业事业得到长足进步，生态建设成效明显。2016年，全市森林面积达到88.27万公顷，森林覆盖率提高到36.56%，被全国绿化委员会、国家林业局授予“全国林业生态建设先进市”、“全国绿化模范城市”等荣誉称号。如今的南阳山清水秀，生态优良，环境宜居优美，宛若仙境，被誉为中原大地的绿色宝库、天然氧吧。这些成绩是广大务林人务实重干、努力拼搏取得的，以志记述南阳林业的发展历程，显得尤为重要和迫切。

南阳务林人勤耕不辍，拿起手中的笔，记述了南阳林业发展不平凡历程。《南阳市林业志》编写实属不易，是在《南阳地区林业志(1949—1985)》（讨论稿）、《南阳市林业志（1986—2013）》的基础上，经过充实完善，拓展延伸，最终编纂而成。该志内容详实全面、客观真实系统地记述了南阳林业发展的历史脉络，是后人查阅、考究、评价南阳林业的重要史料。《南阳市林业志》的出版发行，是南阳市林业工作的一件大事、喜事和要事，衷心希望它能发挥“存史、资治、教化”的功能，达到继往开来，以史为鉴、启迪后人的目的。

值此《南阳市林业志》出版发行之际，谨向为该书付出辛勤劳动的同志们表示崇高的敬意！向长期以来关心、支持南阳林业发展的各级领导、社会各界人士表示由衷地感谢！衷心希望全市林业工作者，以建设生态文明为己任，担当起南阳林业发展的历史使命，继续发扬成绩，再接再厉，奋发有为，努力工作，为加快南阳林业事业发展、建设大美南阳活力南阳幸福南阳作出新的贡献。

南阳市林业局局长

凡例

一、《南阳市林业志》编写以马列主义、毛泽东思想、邓小平理论、“三个代表”重要思想、科学发展观、习近平新时代中国特色社会主义思想为指导，坚持实事求是的原则，运用辩证唯物主义和历史唯物主义立场、观点和方法，全面、系统、客观、真实地记叙和反映全市林业发展的情况和成就，突出时代特征、行业特点和南阳特色，力求达到思想性、资料性和科学性的统一，为南阳的林业建设和发展服务。

二、记述时间与范围。上限时间一般自有史可查之时起，下限为 2016 年底，部分图片取自 2017 年。记述范围以 2016 年南阳市行政区划为准。

三、体例体式。全志体例坚持横分门类、纵述事实，横不缺要项，纵不断主线。体例科学、规范、严谨。体裁采用述、记、志、传、图（照）、表、录、索引诸体，以记述为主，志为主体，辅以图、表、录等。图表随文设置，全志统一排序。大事记采用编年体与纪事体相结合，以编年体为主，辅以纪事本末体。体式采用章节体结构，设章、节、目 3 个层次。复杂事物在目下设子目为第 4 层次。

四、志书内容。全志内容总体排序为序、凡例、概述、大事记、自然基本概况、造林绿化、林业生态建设、林业科技、森林管护、场圃建设、森林公园和湿地公园建设、林业经济、学会、节会、基础设施建设、管理体制、人物、林业区划和规划、林业民俗、附录、县市区林业概况、索引、编后记。全志共 十六章 78 节。

五、语言文风。志书语言使用规范的现代语体文记述。文字表述准确、简洁、流畅，文风朴实、通俗、无华。坚持秉笔直书、客观公正、直陈其事、述而不作、叙而不议、寓观点于事实记述之中。

六、称谓。全志称谓除引文、附录外一律使用第 3 人称书写。机构、会议、文件名称第 1 次出现时用全称，并括注规范简称，再次出现时用简称。如“中国共产党南阳市委员会”简称“中共南阳市委”或“市委”，“南阳市人民政府”简称为“南阳市政府”或“市政府”。

七、时间标点符号用法。表示时间均用阿拉伯数字。范文中显示年代时间均用阿拉伯数字标明世纪和年代，如“20 世纪 80 年代”。标点符号使用以 GB/T15834—2011《标点符号用法》。

八、数字、计量单位使用。志书中数字书写以GB/T15835—2011《出版物上数字用法的规定》为准，凡是有统计意义的数据均用阿拉伯数字表示。计量单位执行1985年9月全国人大通过的《中华人民共和国计量法》所规定的计量单位。统一数字以南阳市统计局发布的数字为标准。

九、入志人物。坚持生不立传，生可入志原则。对全市林业建设和发展作出突出贡献或具有重要影响的已故人士予以立传，作出重要贡献并具有一定影响力的在世人物收录生平简介或名表。人物排序以出生年月为序，生年一样按姓氏笔划排序。

十、入志资料。资料来源主要为查阅林业有关档案、文献，访问有关人员及林业部门职工提供的资料。所有入志资料均经考证，不注明出处。

《南阳市林业志》编纂委员会

顾　　问：张文深　霍好胜　王智慧　杨其昌　刘朝瑞　张生起　程建华　刘庆芳
谢松民　柳克珍　赵国志　贺国勤　宋运中　张荣山　汪天喜

主　　任：赵　鹏

常务副主任：刘化忠

副　主　任：邹平洲　齐宗俭　吴子献　周明金　王邦磊　李金平　陈东辉
闫庆伟　裴朝晖　朱光敏

成　　员（按姓氏笔画排列）

王东升　王保刚　王志军　王庆合　孔　伟　朱万东　刘吉青
刘正周　刘长柱　孙荣霞　史德富　杜思高　李宛增　安　静
吕永钧　李振家　李华凌　李丙学　张东焕　张燕平　肖宗全
孟德顺　苗　青　范培林　武建宏　胡新权　郭树东　赵晓远
赵建国　候兰举　袁德海　程　云　董建军　靳锡山　翟文继
魏文昌　薛新彦　薄鹏举

编　务

主　　编：王东升

副　主　编：胡新权

编　　辑（按姓氏笔画排列）：王振翼　王秋霞　李小旭　吕海攀　杜清彦

目 录

概述

南阳市位于河南省西南部，豫、鄂、陕三省交界处，总面积26509平方千米。2014年，邓州市试点省直管。南阳市辖10县2区，人口1000.64万人。南召县、淅川县、西峡县、内乡县、桐柏县为山区县，镇平县、方城县为半山区县，邓州市、唐河县、新野县、社旗县、卧龙区、宛城区为平原县（区）。南阳山区、丘陵、平原大体各占1/3，其中，山地面积9709平方千米，占总土地面积的36.5%；丘陵面积7908平方千米，占总土地面积的30%；平原面积8911平方千米，占总土地面积的33.5%。

南阳地处南北气候过渡带，气候温和，雨量充沛。优越的自然条件和丰沛的降雨，

南阳城市概貌

为多种林木生长提供有利条件。勤劳质朴的南阳人，在这里繁衍生息，西峡的恐龙、南召的古猿人见证了盆地森林茂密、时代变迁的历史沧桑。“既丽且康”记述南阳繁荣美丽的景象。

明代至清代前期，南阳地区人口少，林木消耗较少，山区森林密布，平原村庄林木茂盛，有林地很多。民众素有在宅边、田埂零散植树的习惯，官府除将桑、枣列入田赋，除迫使民众种植外，没有组织人工营林的措施。民间营林，主要为了自给，加上交通条件限制，商品量很小，林业生产具有明显的自然型、自给型、封闭型特点。

清末民初，战乱频仍，农村凋蔽，入山垦荒者大增，山区和沿河林木遭到很大破坏。民国中期，宛西推行地方自治，集中大量劳动力植树造林，其中内乡县植树8000多万株，是区境大规模人工造林之始。抗日战争时期，日军入侵中原，先是难民流入，

继而大军云集，区境林木损失严重。解放战争时期，国民党军队砍伐树木，修筑军事工事，在南阳、镇平、邓县、内乡、西峡口等城镇制造开阔地带，将城周树木砍伐一空。

中华人民共和国成立后，南阳地区林业虽几经起伏，但逐渐步入良性发展轨道，20 世纪 80 年代进入快速发展阶段。建国以来，南阳林业发展大体分为六个阶段:

1949 年～ 1957 年。中华人民共和国成立后，恢复生产、发展经济成为首要任务。南阳专署（后简称专署）根据中共中央、国务院关于“保护森林并有计划地发展林业”的政策规定，采取有效措施，动员组织群众保护森林，开展重点植树，并逐步建立专门林业机构。起初，由专署建设科负责全区林业生产建设。1951 年，设立南阳第一个国营林场 — 国营桐柏林场。1952 年，设立国营西峡林场。随后，又增设黄石庵、寺山、五岳庙、湍河、万沟、烟镇、乔端、陈庄、毛集、板桥、荆紫关、大寺、社旗林场等国营林场。国营苗圃也有建立。1953 年，专署设立林业科，主抓林业生产。随后又在郊区桑园建立林业技术指导站，负责全区林业生产技术工作。西峡、淅川、南召、内乡、镇平、桐柏、方城等山区、半山区县相继设立林业科，平原县明确由建设科兼管林业。林业机构的逐步建立，为有领导、有组织地发展林业奠定了基础。农业合作化期间，农民个体造林的积极性不高，但集体营林有较大发展，广大农村从零星、分散植树转向成片、集体造林，纷纷建立社队林场，开始大面积成片造林，并创造一套管理办法，林业生产蓬勃发展。

1958 年～ 1961 年。以“大跃进”“共产风”为主要标志的“左”倾思潮在全国泛滥，也影响到林业战线，使林业建设蒙受重大损失。首先是“大炼钢铁”“大办食堂”，虽然当时提出的口号是“大砍大栽”，而实际上是只砍不栽。其次是 1959 年～ 1961 年三年困难时期，山区出现大量毁林开荒，平原四旁树木也被砍伐殆尽，出现乌鹊到电线杆上垒巢的现象。据记载，仅 1958 年一年南阳就毁掉森林 21.33 万公顷，砍伐四旁树木 2700 万株，折合林木蓄积 700 万立方米。中华人民共和国成立后刚刚恢复发展起来的林业生产，在这一时期遭受重大挫折。

1962 年～ 1965 年。党中央提出“调整、巩固、充实、提高”八字方针，农业生产得以迅速恢复和发展，林业生产也随之进入再发展阶段。继专署林业局成立之后，各县也成立林业局或农业局，主管林业生产。这一时期，各地党委、政府和林业部门按照 1961 年 6 月中央发布的《关于确定林权、保护山林和发展林业的若干政策规定》（简称《林业十八条》），坚持谁种谁有的原则，实行“国造国有，社造社有，队造队有，社员个人栽植的零星树木归社员个人所有”的政策，确定林权，并提出工程基地造林，大大激发基层和广大干群植树造林的积极性。一是开展规模工程基地造林。如唐河县西大岗营造大面积的刺槐薪炭林，西峡、内乡等山区县营造大面积的油桐经济林，方城、社旗两县在岗坡风口地营造的宛东防护林。二是大力兴办国队合作林。由生产大队出土地、劳力并负责管理，收益按 1: 9、2: 8 或 3: 7 分成。1962 年～ 1965

年，国家投资300多万元，在南阳、方城、社旗、唐河、新野、邓县、内乡等县（市）营造国队合作林3万公顷，建立国队合作林场440个，植树2.97万公顷，并总结一套管理经验。当时，唐河县马振扶公社0.47万公顷马尾松合作林，郁郁葱葱，生长良好。由于成绩显著，受到省林业厅的表扬，林业部也派人到南阳总结经验。三是兴办社队林场。各地普遍采取“造上一片林、留下几个人、建成一个场”的办法，社队林场蓬勃发展，最多时期社队林场发展到1920个，专业劳力10817人，林业生产有较大发展。

1966年～1976年。10年“文化大革命”时期，由于自上而下处于动乱状态，中央的林业建设方针、政策得不到贯彻执行，加之林业机构不稳定，地区林业主管部门一度被撤销，林业行政和技术干部绝大部分改行转业，乱砍滥伐森林和林木成风，毁林开荒无人制止，致使森林资源再次遭到严重破坏，尤其是国有林和国队合作林损失更为严重。

1977年～1985年。1977年～1978年，“左”的阴影仍然笼罩中国，林业生产徘徊不前。1979年，各地从实际出发，调整农业内部结构，西峡、桐柏、淅川、内乡、南召等山区县，贯彻以林为主的生产方针，减少粮食定购任务，促进林业生产。1981年开始，各县（市）人民政府确定山权林权，发放林权证，全区共划分自留山22.27万公顷，推行家庭联产承包责任制，林业生产有很大恢复和发展。期间，以县（市）为单位，组织开展森林资源清查和林业区划工作，摸清林业资源家底。1985年，全区林业产值12931万元，其中林产品产值1547万元，农村采伐林木产值3808万元。执行林业划定山权林权、划定自留山、确定林业生产责任制（简称“林业三定”）政策，全区承包荒山、划分自留山、责任山，涌现许多林业大户、专业户，林业科学研究与技术推广机构，与林业生产发展进一步密切。

1986年～2016年。这一时期，中央、省、市出台一系列加快林业发展的政策和措施，加强林业支持，加大投入力度，逐步形成全社会办林业、全民搞绿化的局面，南阳林业进入全面振兴和发展时期。党的十八大以来，党中央把生态文明放在五位一体（经济建设、政治建设、文化建设、社会建设、生态文明建设）战略布局中推进，大力发展林业，加快生态环境改善，南阳林业进入大发展时期。

（一）造林绿化步伐加快

1986年，南阳地区行政公署提出“两年实现平原绿化达标，山区十年基本完成荒山植树造林”的目标，主抓山区和平原造林，当年完成造林5.07万公顷。1987年～1990年，全区坚持“山区、平原一齐抓，同时上”，突出抓好平原绿化达标、十大林业基地、山区抓一批重点乡镇、封山育林四个重点工作，4年累计完成造林16万公顷，营造农田林网28.6万公顷。1991年，全区实现平原绿化初级达标。1992年，南阳地区开始消灭宜林荒山工作。至1996年，桐柏、西峡、唐河、内乡、南召、淅川、镇平、方城8个县累计完成荒山造林11.63万公顷，提前一年实现消灭宜林荒山目标。1997年，针对平原绿化出现下滑的情况，市委、市政府提出“完善山区，决战平原”的林业工作方针，实施平原绿化二次创业，全市农田林网建设推进较快。2001年平原农田控制率达到66.6%，初步构建点、线、网、带相结合的农田防护林体系。2007年，市政府根据《河南林业生态省建设规划》，制定并实施《南阳市林业生态建设规划》，组织开展山区生态造林、通道绿化、平原农田林网建设、环城及城郊森林建设、村镇绿化等造林工程，大力推进林业生态建设。2008年～2012年，全市完成工程造林36.29万公顷。内乡、南召、桐柏、西峡、唐河、方城、社旗、镇平、淅川、卧龙、邓州、新野12个县（市、区），达到省级林业生态县建设标准。2013年，市政府印发《南阳高效生态经济示范市林业建设规划（2013～2017年）》，启动林业生态市提升工程，实施山区生态林营造、平原农田林网建设和生态廊道绿化。2014年，南阳市率先开展南水北调中线工程生态防护林带建设。2015年～2016年开展大造林大绿化活动，全市年均完成造林4万公顷以上。期间，省政府在南阳市召开两次现场会，学习推广南阳造林绿化经验。

（二）林业产业发展成效明显

在林业生产中，各地结合造林绿化，发展经济林果和苗木花卉产业，增加农民收入。期间，由于一些地方没有做到适地适树，盲目引进不适合本地生长的林果品种，如苹果、红果等，在发展中走了一些弯路，挫伤了农民发展林果业的积极性。20世纪80年代以来，一些县（区）因地制宜，发挥优势，突出特色，大力发展特色经济林和花卉苗木产业，抓好林产品加工业和森林旅游业，经济效益明显。如西峡县发展的猕猴桃、山茱萸、南召县发展的辛夷、卧龙区发展的月季等。2000年，各地大力发展107杨、108杨树新品种，掀起发展速生杨的高潮，到2010年，全市杨树面积达到18万公顷。伴随着第一产业林果基地的发展，第二产业林产品加工业也随之发展起来，形成宛西制药、河南益嘉、赛博板业、寅源木业、南方木业等一批林产龙头企业。依托国家、省级森林公园、自然保护区等生态资源，发展森林旅游业；利用果园、花圃，发展观光林业，加快郊野生态旅游业发展。“十二五”期间，全市新发展经济林3.5万公顷，总面积达到28.69万公顷，总产量6.5亿千克。全市新增花卉苗木560公顷，总面积达到1840公顷。全市林产品加工企业336个，林产品加工业实现产值33.3亿元；森林旅游业接待游客1230.46万人次、产值21.62亿元。2016年，全市新发展经济林7133公顷，花卉苗木3067公顷，林业产业持续发展。

（三）林业科技水平不断提升

加大科技兴林工作力度，积极引进、推广应用林果新品种和实用新技术，搞好林业科学研究和技术指导。2000年以来，加强与中国林科院等大专院校、科研院所的科技合作，提高林业科技水平。至2016年，全市引进推广林果新品种50余个，林业新技术40多项。建立林业科技示范园区226个、面积0.2万公顷，示范基地80个、面积0.87

万公顷，辐射带动林农 1.25 万户。林业工程科技进步贡献率 49%，科技成果转化率 55%，新品种、新技术应用率 90% 以上，林木良种使用率 69.9%。

（四）森林资源管护不断加强

认真贯彻执行《中华人民共和国森林法》等林业法律法规，抓好林业执法体系建设，坚持依法治林。组织林政、森林公安、林业稽查等执法力量，开展林业专项整治行动，加大林业案件查处力度，严厉打击各类破坏森林资源的违法犯罪行为。加强森林防火和林木病虫害防控，加强自然保护区建设和野生动植物保护管理工作。至 2016 年，全市林业案件查处率 95% 以上，林木凭证采伐率、发证合格率均达 95% 以上，征占用林地审核率 90% 以上，森林火灾平均受害率控制在 0.5‰以下，林业有害生物成灾率控制在千分之 7.5‰以下，种苗产地检疫率达到 95%，有效保护了森林生态资源。

（五）队伍建设和支撑保障能力建设得到提高

南阳林业机构队伍逐步健全壮大，为保护和发展林业事业提供有力的组织保证。1987 年随着机构改革，市林业局增设森林公安分局、野生动植物保护管理站、林业稽查大队、退耕还林办公室，分设森林病虫害防治检疫站。2009 年 5 月，市编委明确森林公安局为副处级规格。2013 年 9 月，市编委下发文件成立白河国家湿地公园管理处。2016 年 12 月，市林业科学研究所更名为市林业科学研究院，挂南阳市月季研究院牌子，经费形式由财政差额补贴变更为财政全额拨款。全市 13 个县（市、区）均成立林业局，乡（镇）设有负责林业工作的人员。截至 2016 年，全市林业系统共有干部职工 3137 人。制定《南阳市森林防火责任追究和处罚办法》、森林防火、林业有害生物防治应急预案，提高林业执法效能。推进林业信息化建设，建成覆盖 13 个县（区）林业局和市级的全市林业政务专网、视频会议系统及公文传输系统，实现市、县（区）网络信息链接互通。积极开展生态文明教育活动，中国生态文化协会授予宛西制药“国家生态文明教育示范企业”、授予南召县云阳镇山头村“全国生态文化村”，省生态文化协会授予桐柏淮河源国家森林公园“全省生态文明教育示范基地”荣誉称号。

截至 2016 年，全市林业用地面积 108.67 万公顷，其中森林面积 88.27 万公顷，森林蓄积 2378 万立方米，森林覆盖率 36.56%。建立国家和省级自然保护区 6 处，面积 12.49 万公顷；国家和省级森林公园 13 个，面积 2.44 万公顷；国家和省级湿地公园 5 个，面积 4.4 万公顷。全市林业产值 166.6 亿元。

大事记

【1953年】

●3月，遵照河南省农林厅通知，南阳地区专员公署（以下简称专署）设林业科。

●7月22日，河南省政府农林字第二号通知，南阳专区林业职工编制总人数109人。其中，专署林业科8人，专署苗圃7人，西峡、内乡、淅川、镇平、南召、泌阳、唐河7县设林业科各4人，桐柏、西峡林场各11人，南召林场13人，镇平县林站10人，泌阳、淅川、内乡3县林站各7人。

【1958年】

●1月，专署举办南阳地区农业展览会，设立林业馆，展出南阳专区的森林资源、森林在国民经济中的作用、林业生产经验、绿化荒山荒地的远景规划4个部分内容。

●2月7日，专署通知，取消原专署林业科、农业科，成立专署农林局，下设林蚕科，管理林业生产。

【1959年】

●1月，中央林业部在西峡县东台子召开全国土法生产栲胶现场会。

●12月17日，专署通知，原农林局撤销，分设林业局、农业局、畜牧局。

【1960年】

●3月，按照省人委关于恢复省、市、县木材公司的通知，专署木材公司划归专署林业局领导管理。

●6月，成立专署林业局林科所，从原专署林站分离。

【1963年】

●原归属专署林业局领导的专业木材公司，按照上级通知划出。

【1965年】

● 1月11日，专署关于撤销合并专直农林水企事业机构的通知决定：专署林业技术指导站、苗圃合并为林业技术试验推广站。

● 5月18日，河南省林业厅转发政协委员陈扬关于推广种植龙须草的建议案指出：淅川县龙须草1333.33公顷，年产草500多万千克，是造纸、编织草席、草鞋、绳索、日用品的好原料，又能保持水土，维护提岸，防止水患。由南阳专署林业局负责，以淅川、西峡、内乡3县为重点，有计划地推广。

● 8月，恢复南阳林校，刘德绪任校长。

● 9月3日，河南省林业厅通知：已参加省农业展览馆林业展出的南阳县姜营大队的河滩造林，报中央林业部展出。

● 10月13日，专署通知：经专署、县议定18个集体大片造林的林业样板是：南召县的皇路店，方城县的大赵，西峡县的丹水菊花山，南阳县的安皋、潦河岗，镇平县的赵湾、遮山，内乡县的五龙庙坡，淅川县的老城西河、水田，邓县的西南岗、河底、郭宋湾、三山，社旗县的青台，唐河县的西大岗、马振扶八里冲，桐柏县的平氏北岗。要求下决心一抓几年，要抓扎实、抓到底。

● 10月22日，专署通知：原南阳白河林场改为南阳合作林总场。

【1966年】

● 2月9日，河南省林业厅通知：在南召乔端国营林场，建立油松母树林基地。

● 4月5日，国务院副总理李先念亲笔给河南省委常务委员李庆伟写信，指示：南阳地区解决群众烧柴问题，总有办法。

● 4月11日，省委常务委员李庆伟将副总理李先念的指示信转给河南省副省长王维群，王维群当即批转给南阳行署专员宋绍良。

● 5月6日，河南省计委、河南省林业厅联合通知：增加南阳栲胶厂1966年基本建设投资13万元。（1964年、1965年两年已投资48万元）。

● 6月1日，地委、专署召开大造烧柴林紧急会议。各县林业局科长，国营林场和园艺场场长，重点区林站站长，林业基地共75人参加会议。行署专员宋绍良传达李先念副总理的指示，作会议报告和总结。

● 7月11日，专署商业局、粮食局、供销社联合通知：关于1966年生漆收购和奖售物资拨付办法。每收购生漆50千克将售棉布3333.3米，芝麻油3千克。

● 8月20日，河南省林业厅关于解决南阳地区烧柴问题向省委报告称：南阳地区在1957年以前基本不缺烧柴，由于自然灾害和其他种种原因，缺柴情况逐渐严重起来，全区605万人口中有400万人缺柴烧，最多的1年缺柴达6个月之久。设想分三步解决：第一步，大抓农柴（农作物秸秆）解决烧柴问题；第二步，林柴、农柴相结合解决烧柴问题；第三步，以林柴代农柴，大部地区实现秸秆还田。

【1968年】

● 3月8日，成立南阳地区林业局革命领导小组，受南阳地区革命委员会生产指挥组农业组领导。

● 10月，地区精兵简政，撤销林业局革命领导小组。南阳林校、合作林总场、种子库的大批林业干部，去邓县构林五七干校。

【1969年】

●因精兵简政，地区林科所下放南阳市做苗圃，黄石庵林场归西峡县领导。

【1970年】

● 3月25日，《河南日报》报道：淅川县1969年已发展柑桔42万株，约266.67公顷，年产柑桔1至1.5万千克。

● 6月22日，南阳地区革命委员会（后称地革委）通知：地革委生产指挥组下属工业、农业等小组撤销，建立农林局管理农业、林业生产，受地革委生产指挥组领导，另成立地区农业服务站，内设林业组，属农林局领导。

【1971年】

● 7月2日，南阳地区20年来农业生产发展概况汇报：全区有13个县（市），190个公社，3880个大队，688.5万人。全区共有宜林地93.33万公顷。20年来，在原有林32.75万公顷、柞坡15.69万公顷的基础上，大面积造林保存23.69万公顷，总面积达到72.13万公顷，占宜林地面积70%以上。四旁植树23522万株，平均每人34.2株。

● 11月，地革委农林局统计林业干部情况：全区原有林业局、站和公社专干人员489人，其中专职84人；现有局、站和公社专干282人，其中专职14人。

【1972 年】

● 8 月 5 日，经地革委批准：建立南阳地区林蚕服务站。

● 10 月 1 日，地革委通知：原下放南阳市的地区林科所和西峡县的黄石庵林场仍收归地区领导。

● 12 月，南召乔端林场和内乡万沟林场交界处发生火灾，烧毁树木 666.67 公顷。

【1973 年】

● 4 月，恢复地区合作林总场，仍在东校场，与地区林蚕服务站合署办公。

【1975 年】

● 8 月 5 日～8 日，南阳地区普降大雨和暴雨，降雨量达 600 ～ 1400 毫米，出现历史上罕见的特大洪水，人民生命财产损失严重，林业普遍受灾。

【1976 年】

● 5 月 20 日，地革委计委、财政、粮食、林业、商业 5 局委联合通知：贯彻执行河南省关于开展全省森林资源清查工作的通知，分配各县（市）森林资源清查经费 8.9 万元，开展全区森林资源清查工作。

● 5 月 20 日～6 月 5 日，地区林业局在方城县举办森林资源清查技术培训班和试点工作，副局长张云松对全区森林资源清查工作作具体安排。

● 11 月，全区结束森林资源清查工作，地区林业局进行汇总。全区林地面积 658555 公顷，林木总蓄积 20695636 立方米，生长量 1422623 立方米，四旁植树 224084000 株，森林覆盖率 24.5%。

● 12 月 26 日，地革委林业局与南阳市环城公社签署买卖房屋院落协议书：林业局职工宿舍 44 间，院落 1 处，议价 4.5 万元，卖给环城公社使用；林业局再征用办公和宿舍用地，由环城公社解决。

同月，桐柏县白僵菌生物药厂生产的菌药，对防治马尾松毛虫害效果达 80% 以上，获河南省科技成果奖。

【1979 年】

● 3 月 12 日是中华人民共和国成立后确定的第一个植树节。地区党政军领导及南阳县领导带领干部、职工、解放军 3300 多人，到南阳县溧河公社五里堡大队、茶庵公社姜营大队，参加植树造林活动。

● 10 月 20 日，省林业厅对南召乔端国营林场 9 月在林区公路施工中，因碎石塌落导致 5 个民工身亡，全省通报。

● 11 月 3 日～17 日，地区林业局举办第一期林业技术培训班，各县（市）林业局、林站、林科所、苗圃和国营林场等单位业务工作负责人共 55 人参加培训学习。

【1980 年】

● 4 月 30 日，经省林业厅报请省政府批准，内乡国营万沟林场的宝天曼牧虎顶林区划出一部分作为森林保护区，成立伏牛山宝天曼森林自然保护区管理所，归省林业厅领导。

● 8 月 2 日，地区科学技术委员会编印的《科技参考》第三期，转载中华猕猴桃野生变家生的研究信息。西峡县林科所技术员朱鸿云等从 1975 年开始这方面研究，该县关于中华猕猴桃的研究成为中国从事猕猴桃品种改良科研的前锋，达到国内先进水平，有些方面居领先地位。

同年，地区农业科学技术推广成果奖 217 项，其中林业占 28 项。地区林科所、南召县林业局、镇平县林业局、邓县林科所研究的沙兰杨引种和推广、西峡县林科所朱鸿云研究的《中华猕猴桃人工栽培研究》，荣获一等奖；地区林科所张群柱、镇平县林科所蒋海银的《山明桐研究和推广》，地区林技站方明举、刘保立等研究的《油桐选优技术和推广》，桐柏县毛集林场黄金钧、林科所阎敏堂研究的《松毛虫综合防治》，分别荣获二等奖，其他荣获三等奖 11 项、四等奖 12 项。

【1981 年】

● 2 月，地区飞播造林指挥部成立。1981 年，飞机播种造林实施方案计划飞播面积 2 万公顷，其中西峡县 1 万公顷，内乡县 0.8 万公顷，淅川县 0.2 万公顷，播期 5 月上旬雨季前完成。

● 4 月 25 日，原南阳地区合作林总场改为南阳地区国队合作林管理站。

● 6 月 1 日，省林业厅向省委、省政府提出关于制止收购鲜刺槐叶的报告：南阳地区对外贸易局向地区行署上报的关于制止收购鲜刺槐粉的紧急报告，省外贸局请示省财委转请省委签复，同意南阳地区收购刺槐叶粉。为保护河南资源，报请省委、省政府责成外贸部门，严格执行1980年12月20日省外贸局、林业厅联合通知中的有关规定，停止这种严重破坏林木生长、杀鸡取卵的做法。

● 7月24日，省林业厅、司法厅、人民检察院联合通知：南阳地区检察院和内乡、西峡、南召、桐柏4县检察院可设立林业检察科，内乡、西峡、南召、桐柏4县法院可设立林业法庭。

● 9月12日，地区国队合作林管理站根据各县（市）报表数字统计，全区国队合作林现存面积1.6万公顷。其中唐河县祁仪、马振扶大片0.33万公顷以上1处，南阳县白河、安皋、镇平县遮山、内乡县夏馆、七里坪、南召县石门、方城县七峰山666.7公顷至1333.3公顷7处。

【1982年】

● 2月27日，地委书记刘正威等领导带领地直及南阳县直机关干部1.3万人，到南阳县白桐灌区参加义务植树，当天挖穴4万多个，植树1万多株。

● 7月4日，《河南日报》报道：河南省政府又批准建立13个自然保护区。南阳地区有南召县宝天曼、桐柏县太白顶、西峡县老界岭。

● 7月10日，《河南日报》图文并茂刊登河南省第一个自然保护区——内乡宝天曼综合科学考察情况。

● 12月18日，《南阳日报》长篇报道：《来自一个深山草庵的报告——王更田十年育林记》，并发表社论《时代精神的榜样》和中共南阳地委、南阳地区行政公署《关于在全区开展向王更田同志学习的通知》。

【1983年】

● 3月11日～15日，地委、行署领导张振生、张天一、康方人、李兆军、郑坚、曹文齐、梁西坤、孙黎光等，带领地直干部、职工8000余人到鸭河口水库参加义务植树，栽植湿地松、川柏、冬青等树种4万余株。

● 6月13日～18日，全区飞播造林1.4万公顷。19日，播区普遍降雨，连续6日。

● 8月20日，地区机关体制改革，地委任命赵国志为地区林业局局长，米金华、温德甫为副局长，杨凌阶、褚怀民为副局长级调研员。内设群营林科、国营林科、经济林科、人秘科4个科。下属单位是：地区林业技术推广站、地区林业科学研究所、地区林业调查设计管理站、地区林产品分公司。

同年，为落实党的知识分子政策，充分发挥科学技术在林业建设中的作用，全区已晋升高级工程师1人，工程师100余人，助理工程师150人，并为33名工程师解决家属农转非问题，为13名林业科技人员解决夫妻分居问题，为24名工程师安排子女就业，调动了科技人员献身林业的积极性。

【1984年】

● 1月7日，地区林业局召开第四次林业区划验收会，会期4天。参加会议的有：地区林业局副局长温德甫，地区林业技术指导站副站长、高级工程师张毓璞，地区综合农业区划办公室工程师金志良、地区林科所工程师叶德厚等24名。会上，根据省区划办颁发的县级区划验收的4条标准，坚持原则，民主评议，严肃认真地验收镇平县、南阳市、邓县的林业区划报告。

● 3月5日，地直、市直各单位及驻军官兵1.6万余人，到文化路、梅溪河西岸和白河园艺场等地义务植树，绿化美化市容，挖树坑5.1万个，栽植树木4.5万株。

● 4月13日，地区林业局关于调整《南阳地区林业志》编纂工作领导小组的通知，明确小组成员，组长：温德甫，副组长：马明德、张毓璞，成员：袁林清、许可，顾问：卢鹏万、贺仲平。

● 4月21日，河南省野生动物保护协会成立暨第三届“爱鸟周”现场会在桐柏县举办，省林业厅副厅长王庭训出席活动并讲话。

● 9月18日，省教育厅批复，同意给原南阳林业半农半读学校1968届99名毕业生，换发半读中专毕业证书，承认其与全日制中专毕业生同等学历。

● 11月8日，地区编委会同意成立南阳地区林业调查设计队的批复，三级设计资质事业机构，与南阳地区林业调查设计管理站合署办公。

● 12月31日，地区林业局统计：地直林业干部、职工总人数173人（党员69人）。其中：行政干部56人（离休7人），专业技术人员47人（高级工程师1人，工程师25人，农艺师1人，技术员5人，助理工程师14人，未评定职称1人），职工70人（退休3人）。

【1985年】

● 1月4日～5日，河南省伏牛山区16县（区）护林防火联防委员会第十七届会议在方城县召开。

● 1月16日，豫鄂陕接壤区山楂开发中心在方城县成立。

● 1月26日，地区林业局批复地区林科所，同意建立南阳地区林科所良种花木繁育场。同月，省委、省政府关于帮助山区和贫困地区尽快改变面貌的决定明确，南阳地区的西峡、南召、桐柏、内乡、淅川5县为山区县。

● 2月7日，地区林学会召开第二届会员代表大会，选举产生第三届理事会，共31人组成。理事长：张毓璞，副理事长：温德甫、全振武、邵书庭、李俊英，名誉顾问：卢鹏万。

● 3月12日，地直、市直党政军领导及近万名群众，在梅溪河大街小巷和机关庭院开展义务植树，共植树2万多株。

● 4月8日，地委政研室、地区林业局研究制定《南阳地区发展林业生产十项政策规定》。

● 4月20日，地区林业局局长王干卿陪同中国林学会会长吴中伦教授和河南省林业厅厅长张企曾等，到桐柏县对太白顶森林植被、植物分类进行考察。

● 9月11日，地委书记宋国臣在地委、行署办公会议上指出：林果工作各级都比较重视，已经有一个好势头，要进一步实现原规划要求，力争5年到8年有新的突破。

● 12月5日，省林业厅豫林函批复，同意豁免黄石庵林场基建贷款本金33万元，并提出黄石庵林场纤维板厂应立即停产整顿，未经批准，不得随意开工生产。

● 12月12日，地委编委关于下达地直事业单位编制的通知，明确地区林业技术推广站45人，地区林业调查设计管理站15人，地区林业科学研究所80人。

同日，地区编委关于核定地直党、政、群工作部门人员编制的通知，规定地区林业局编制人数25人。

● 12月24日，省林业厅2年来已投资宛东防护林建设经费25万元，不再投资；地区林业局特向行署写出报告，申请补助宛东防护林建设经费5万元（方城县3万元，社旗县2万元），以解决造林经费不足的问题。

【1986年】

● 1月20日，地区林业局在淅川县召开全区柑桔培训班，重点培训乡村干部、林业助理及重点林业干部、专业大户。

2月17日，地委、行署召开林业工作会议。地委书记宋国臣、省林业厅副厅长王厅训、各县县长及林业局长、新华社记者解同记参加会议，动员全区及早动手，迅速掀起春季植树造林高潮。

● 3月9日，地委、行署召开林业广播大会，行署专员张洪华讲话，要求在全区范围内进行植树造林大宣传、大动员，号召全区广大干部、党团员、民兵和城市居民，立即行动起来，掀起大规模春季植树造林活动。

● 5月，林业部在西峡县召开全国县级区划规划实施工作现场会，学习推广西峡经验，副部长董智勇出席会议。

● 8 月 6 日，地委印发《南阳地委、行署关于二年实现平原绿化，四年完成山区植树造林任务的决定》。

● 9 月 30 日，地区行署《转发地区林业局关于贯彻落实地委、行署林业十条决定，搞好今冬明春林果业生产工作意见报告的通知》。

【1987 年】

● 2 月 5 日，地委、行署召开电视会议。地委、行署领导韦景儒、訾新国，地委宣传部、政法委、农经委、公安局、检查院、法院、文化局、日报社、电视中心、林业局等单位负责人，各县（市）主管农业的副书记、副县（市）长和各乡（镇）党委、政府及县直有关部门负责人参加会议。訾新国根据地委、行署研究的意见，对春季造林、林业育苗进行全面安排部署。韦景儒讲话，动员全区掀起春季植树造林高潮。

● 3 月 2 日，地委、行署召开电话会，动员组织开展 3 月份全民造林育苗突击月活动。地委、行署领导韦景儒、张洪华、李兆均、范广峻、郭贵仓等，地区绿化委员会全体成员，各县（市）主抓农业的副书记、副县（市）长，县（市）绿化委员会成员、有关单位领导，各乡书记、乡长参加会议。张洪华传达地委、行署关于开展 3 月份全民造林育苗突击月活动的意见。韦景儒、范广峻分别讲话。地委、行署决定，3 月份为全区造林育苗突击月，集中劳力突击大干 1 个月，完成和超额完成造林育苗任务。

● 3 月 9 日～ 14 日，根据地委副书记韦景儒和地区政法委书记王学圣指示，地区政法委组织公安处、林业局负责人一行 7 人，先后对南召、镇平、内乡、淅川、西峡 5 个县和黄石庵国营林场近年来发生及一些长期未处理的疑难毁林案件，进行现场办公，检查研究案件 10 余起、事件 15 起，提出建议 11 条。

● 3 月 15 日，行署专员张洪华到镇平县广洋大枣产区石佛寺镇、王岗乡检查指导工作，对大枣生产提出三条意见：一是要把广洋大枣当作脱贫致富的突破口之一来抓；二是看准就要下决心搞上去；三是把大枣基地迅速建立起来。

● 5 月 19 日～ 22 日，地区行署召开部分县林业局长、各国营林场主持工作的负责人参加的第四次国营林场改革工作会议，省林业厅副厅长王庭训一行 4 人专程来南阳参加会议、指导工作。会上，黄石庵林场介绍实行场长负责制的情况和经验，省林业厅副厅长王庭训、行署副专员訾新国分别讲话。

● 12 月 20 日～ 21 日，地委、行署召开山区平原林业工作会议，部署冬春平原绿化工作。地区领导訾新国和林业局、水利局、交通局、农牧局部门负责人及各平原、半平原县主管林业的副县长、农经委主任、林业局长和重点乡乡长参加会议。

【1988 年】

● 3 月 1 日，地区行署召开春季林业工作会议，传达林业部和省林业厅会议精神，动员各级领导和广大干群迅速行动起来，开展 3 月份造林育苗突击月活动。行署副专员黄玉钧传达地委书记李金明对春季林业工作的指示，要求全区各地要迅速把植树造林作为当前农村工作重点，认真组织上去，今春要基本完成平原植树任务。

● 4 月 9 日，地区林业局召开林业志编写工作会议。

● 8 月 27 日，地区行署在内乡县召开山区、半山区县政府分管副县长参加的伏天整地现场会。

【1989 年】

● 2 月 13 日，地区绿化委员会召开全体会议，地区绿化委员会主任、行署专员张洪华、副专员黄玉钧、军分区副司令员易永保出席会议，传达学习上级绿化工作精神，安排部署造林绿化工作。

● 2 月 25 日，地区绿化委员会、地委宣传部联合举行林业新闻发布会。地委宣传部副部长徐培成，地区绿化委员会副主任、林业局长赵国志参加会议。

● 3 月 12 日，到南阳视察工作的省长程维高带领地委书记李金明等领导，到白河参加义务植树。

● 8 月 19 日，副省长宋照肃在检查南阳地区农业生产工作时要求，1990 年全区实现平原绿化达标。

● 8 月 30 日～ 9 月 1 日，地区林业局召开各国营林场场长参加的工作会议，安排部署林业资源管理、国营林场定权发证、1991 年～ 1995 年森林采伐限额编制等工作。

● 12 月 29 日，地区行署举行造林绿化目标责任书签订仪式，行署专员张洪华与各县（市）长签订造林绿化目标责任书。

【1990 年】

● 3 月 1 日，地委书记李金明到桐柏县固县镇北新庄村绿化点参加植树。4 日～ 5 日，行署专员张洪华到南召县白土岗乡杜村绿化点参加植树。

● 4 月 5 日～ 6 日，地区林业局召开全区有林疏林固定样地、固定标志测设及国有林定权发证工作会。

● 5 月 11 日，中国林业区划研究会在西峡县召开林业经济开发研讨会，会议分总结回顾、现场考察、研究探讨三个阶段，历时 4 天，于 14 日结束。国家林业部、中国科学院人与生物圈委员会、湖南、山东、黑龙江、内蒙古、河南5省（自治区）、中南林学院、华南农大以及国家科委驻南阳联络组，地委、行署和9个山区、半山区县的党政领导、专家、教授、林业科技工作者共80余人参加会议。林业部资源司副司长张华令、林业部科技委主任董智勇出席会议。

【1991年】

● 3月30日，地区编委下发文件，增设老干部科，人员内部调整。

● 4月1日，地区林业局召开第一次党员大会，选举产生中共南阳地区林业局第一届委员会，同时选举产生纪律检查委员会。赵国志任书记，委员会成员由赵国志、温德甫、全振武、姬相林、谢宗志组成。姬相林任纪委检查委员会书记。

● 4月5日，地区编委下发文件，成立南阳地区长江流域防护林建设办公室。

● 6月8日，地区编委下发文件，增设地区林业技术推广站乡（镇）林站管理科，人员编制由林技站内部调整。

● 9月27日，地区行署召开育苗工作会议，安排部署全区育苗工作。行署督导员李鸿恩参加会议并讲话。

同年，西峡、淅川、内乡、南召、镇平、方城6个县正式列入重点生态工程——长江中上游防护林体系建设重点工程县。

【1992年】

● 2月11日，地区行署召开植树造林电话会，安排部署春季林业工作。行署督导员李鸿恩主持会议，行署副专员黄玉钧讲话。

● 3月26日～28日，地区行署在内乡县召开容器育苗现场会，部署督查容器育苗工作。

● 6月12日，地区林业局成立河南省南阳地区林业开发中心。具体经营范围：先进技术的开发利用、新品种引进推广、多种经营加工利用等。

● 8月7日，地区林业局、林学会联合召开实现林木良种化学术讨论会，就本区如何实现林木良种化，加快山区造林绿化步伐，实现平原绿化达标等问题进行认真研讨。

【1993年】

● 1月6日，地区林业局成立南阳地区林业物资总公司。主要经营：林产品、林副产品、林化产品，钢材、有色金属、建设装饰材料，林业机械、化工原料、机电产品等。

● 11月5日，地委、行署在淅川县召开治山整地现场会，地委副书记、行署专员李清彪到会讲话，行署副专员黄玉钧、地委副书记燕来先后对冬季治山整地工作进行具体安排部署。

按照省林业厅要求，相继开展科技兴林示范村建设。至1993年，全区共建示范村14个，除淅川县建设2个村外，其他县（市）建立1个示范村。

【1994年】

● 1月27日，地区行署召开8个山区、半山区县政府、乡政府分管负责人会议，落实省政府关于1997年消灭宜林荒山的要求，并与西峡、淅川、内乡、南召、方城、镇平、唐河、桐柏8个县签订山区造林灭荒目标责任书。

● 7月19日，地区行署召开雨季造林电话会，安排部署雨季造林和伏天整地工作。行署督导员李鸿恩主持会议，副专员王思未讲话。

● 8月25日，地委、行署、人大、政协四大家领导听取地区调查组关于东部岗丘区综合开发调查情况汇报，研究治理东部岗丘区有关重大问题，把生态林业建设列为东部岗丘综合开发的首要任务。

● 9月6日，地区行署召开雨季造林工作会议，行署副专员王思未安排部署雨季造林有关工作。

● 10月，中国林学会林业区划分会、中国经济林学会在西峡县召开以林为主山区市场经济发展战略研讨会。

● 11月8日，南阳撤地设市，南阳地区林业局更名为南阳市林业局。

【1995年】

● 2月24日～25日，市委、市政府召开全市林业工作会议，全面安排部署1995年林业工作。

● 5月23日～24日，省林业厅在桐柏县召开林业育苗现场会，副厅长张守印、市政府副市长王思未出席会议。

● 7月26日，市委下发文件，市林业局成立党组。

● 8月，市林业局局长贺国勤带领有关县主管县长和林业局长到林州市考察学习雨季造林和灭荒工作的经验做法，并召开全市雨季造林及灭荒工作会议。

●8月16日，市林业局下发关于局领导成员分工的通知，市林业局领导成员具体分工：党组书记、局长贺国勤主持全面工作；局长级调研员赵国志协助贺国勤指导全市林业生产工作；党组副书记、副局长姬相林主持常务工作，党组成员、副局长刘化忠主抓营林生产工作；党组成员、纪检组长宋玉峰主抓党务、纪检、监察工作；副局长级调研员温德甫协助刘化忠做好全市营林工作；副局长级调研员全振武，协助姬相林做好计划财务、基建工作；副局长级调研员谢宗志，协助刘化忠做好林站业务工作；副局级调研员牛玉兴，协助刘化忠做好林业科技和林学会工作。

●10月26日，市委、市政府下发《南阳市市直机构改革实施意见》，保留南阳市林业局。

同年，省林业厅批准建立镇平县普堤寺、南召县丹霞寺2个省级森林公园。全市共建立森林公园4个，其中国家级森林公园1个（西峡县寺山），省级森林公园3个（镇平县普堤寺、南召县丹霞寺和淅川县上寺）。

同年，西峡县烟镇林场建立全省第一支专业森林消防队。同年5月，省林业厅在该场召开现场会，推广其经验。全市以国营林场为依托，共建立专业森林消防队7支，市森林防火指挥部和全市12个县编制完成《生物防火林带工程建设规划》。

同年，省林业厅、公安厅批准成立南阳市林业公安科，邓州市、方城县、唐河县、社旗县、卧龙区分别成立林业公安派出所。全市共建立林业公安派出所20个，实有公安干警110名。

【1996年】

●4月3日～5日，市政府召开全市林业育苗现场会。市政府办公室下发《关于切实抓好1996年林业育苗工作的紧急通知》。

●4月4日，市政府下发《关于搞好1996年造林绿化决战的决定》，把1996年确定为全市造林绿化决战年。

●4月12日，市委、市政府下发《关于桐柏、西峡、唐河3县基本消灭宜林荒山的嘉奖令》，对桐柏、西峡、唐河3县通令嘉奖，授予全市造林绿化先进单位称号；同时，授予朱长青等15名有功人员全市造林绿化先进个人称号。

●5月15日，宛房改办字批复市林业局房改实施意见，林业局房改开始实施。

●8月12日，市政府在内乡县召开雨季造林现场会，常务副市长黄玉钧对雨季造林工作进行安排部署。

同日，市政府直属委批准，市林业局全体党员选举产生的市林业局直属单位委员会，由宋玉峰、程海萍、杨学成、周波、齐宗俭5人组成，宋玉峰任书记，程海萍任副书记。

●9月13日，市政府印发《南阳市林业局职能配置、内设机构和人员编制方案》的通知，内设8个职能科室，分别为：办公室、造林经营科（挂南阳市绿化委员会办公室牌子）、计划财务科、资源林政科、林业公安科、林业产业科、人事教育科、纪检组（监察室），编制26名。

● 12 月 23 日～ 25 日，全省林业产业工作会议在南阳市召开，省林业厅厅长马新高参加会议并讲话。

同年，淅川、南召、镇平、方城 4 县提前 1 年实现基本绿化宜林荒山目标，内乡县按期实现基本绿化宜林荒山目标，全市提前 1 年基本完成绿化宜林荒山任务，被省委、省政府授予全省荒山造林绿化先进市称号；同时，淅川、南召、镇平、方城、内乡 5 县被省政府授予全省荒山造林绿化先进县称号。

【1997 年】

● 5 月 23 日，市林业局关于成立推行国家公务员制度领导小组的通知，申报 5 个事业单位推行国家公务员制度。分别是：市人民政府护林防火指挥部办公室（简称市防火办）、市长江流域防护林建设办公室（简称市长防办）、市野生动物保护管理站、市林业稽查大队、市经济林林木种苗工作站。

● 5 月 3 日～ 5 日，以约翰·威尔克先生为首的世界银行林业项目检查组，对淅川、西峡、南召等县进行实地考察，决定把 3 县列入第三期世界银行贷款造林项目行列，利用 5 年时间，投资 5700 万元，营造用材林 0.82 万公顷，经济林 0.553 万公顷。1990 年～ 1997 年，全市共争取第一、二期世界银行贷款 1800 万元，营造以火炬松为主的用材林 0.67 万公顷，兴办县、乡、村股份制合作林场 87 个，经济效益和生态效益明显。

● 6 月 5 日，市林业局召开陆生野生动物资源调查工作会议，全市利用 3 年时间，完成陆生野生动物普查任务。

● 1997 年，市政府决定，对农田林网控制率达到 85% 以上的 13 个乡（镇）给予通报表彰，授予全市平原绿化先进乡（镇）荣誉称号。平原绿化先进乡（镇）有：宛城区环城乡、茶庵乡、汉冢乡、红泥镇、白河镇，新野县上庄乡、溧河铺乡、王庄镇、上港乡，镇平县晁陂镇，方城县赵河镇，邓州市刘集乡，社旗县太和乡。

同年，市林业局承担城市绿化淯滨森林公园建设及滨河路沿线绿化，植树 4.5 万株，成活率 95%。

【1998 年】

● 2 月 24 日，市政府召开全市春季平原造林工作会，副市长冯树杰参加会议，对春季造林工作进行安排部署。

● 5 月 4 日～ 5 日，市林业局召开森林资源保护管理工作会议，安排部署森林资源保护管理工作。

● 10 月 6 日，市政府召开全市保护森林资源、制止毁林开垦和乱占林地工作会议，贯彻落实国发明电和豫政文件精神。

【1999 年】

● 5 月，市政府组织各县（市、区）主要负责人、市直有关单位负责人，对全市平原绿化进行检查评比。春季造林期间，市林业局成立 4 个造林绿化督查小组，对被省政府通报批评的邓州市和市政府通报批评、黄牌警告的 28 个平原乡 (镇) 进行重点跟踪检查。

● 5 月～ 12 月，市林业局组织 300 多名林业技术人员，对淅川、西峡、内乡、南召、桐柏、镇平、方城 7 个山区、半山区县进行第二次森林资源清查，调查总面积 96 万公顷。这次调查结果为今后编制森林经营方案、总体设计及县级林业规划，实行林业分类经营及森林资源资产化管理提供科学依据。

● 6 月 12 日，市林业局成立以局长贺国勤任组长的持续高效林业行动计划领导小组，制定《南阳市持续高效林业发展行动计划》，提出今后 5 年林业发展目标。

【2000 年】

● 5 月，南召县被国家林业局命名为中国名特优经济林辛夷之乡，西峡县被命名为中国名特优经济林猕猴桃之乡，卧龙区石桥镇被命名为中国月季之乡。

● 6 月，国家林业局授予全国 18 个地市全国林业生态建设先进市，南阳市位列其中。

● 8 月，中国林科院下发文件，正式将南阳市列为全国地级科技兴林示范市，也是当时全国唯一一家。在调研考察的基础上，受市政府委托，中国林科院组织有关专家编制《南阳林业可持续发展规划》。

● 11 月，宝天曼国家级自然保护区申报世界生物圈保护区。中国林科院生环所的有关专家帮助将申报文本和有关材料译成英文，人与生物圈中国委员会把宝天曼列入申报名单，报巴黎总部。

● 12 月 15 日，成立南阳独山森林公园。

【2001 年】

● 2 月 12 日，市林业局关于成立南阳市野生动植物保护所的批复，批准市野生动植物保护站，成立野生动物救护所。

● 3 月 3 日，市政府召开全市林业工作会议。各县（市、区）主管林业工作的副县（市、区）长、林业局长、市绿委成员单位的主要负责人参加会议。会上，市林业局局长贺国勤对全市林业工作进行总结，对“十五”和今年林业工作进行具体安排，市委副秘书长许俊彦、南阳军分区副司令员唐勤癸分别宣读市委宛文文件《关于表彰平原绿化先进县及有功人员的通报》和市政府宛政文件《关于2000年度全市平原绿化情况的通报》。市政府与各县（市、区）政府签订2001～2002年度保护发展森林资源目标责任书。副市长丁世显对全市林业工作进行安排部署。

● 3月8日，市委书记马万令，市长何东成带领市委常委、秘书长朱长青，市人大常委会副主任袁晴超，副市长丁世显，市长助理冯晓仙，市林业局局长贺国勤等，专程到中国林科院拜访院领导，商谈院市合作事宜。

● 3月12日，市委书记马万令等领导，带领市直单位干部职工、部队官兵参加中心城区、独山的义务植树活动，共栽植树木2万余株。

● 4月9日，省林业厅下发文件，桐柏县、邓州市确定为国家级森林病虫害中心测报点，淅川县确定为省级森林病虫害中心测报点。

● 5月31日～6月2日，省人大常委会副主任亢崇仁率领部分全国人大和省人大代表，对《河南省林地保护管理条例》贯彻落实情况进行视察。视察团先后深入内乡宝天曼国家级自然保护区、桐柏太白顶省级自然保护区进行视察，分别听取南阳市政府、内乡县、桐柏县政府的工作汇报。亢崇仁一行对南阳市林地保护管理工作给予肯定，并对南阳林业工作提出具体要求。市委书记马万令、市人大常委会主任郭贵仓、市长何东成等参加座谈汇报。

● 6月23日，市委副书记褚庆甫、副市长丁世显、市长助理冯晓仙带领13个县（市、区）主管林业的副县（市、区）长、林业局长、有关乡（镇）及企事业单位负责人共71人，赴北京进行项目对接洽谈。期间，林科院专家举行专题讲座，院市双方举行项目对接签字仪式。这次项目对接共签订项目合作合同（意向）58个，其中合同45个，意向13个。截止6月底，全市共签订合同（意向）101个，已实施或正在实施73个。

● 6月29日，省林业厅下发文件，批准建立西峡老界岭森林生态旅游区。

● 6月，省林业厅批准在新野县沙堰镇，建立全国最大的猕猴驯养繁殖基地。

● 8月3日，省委书记陈奎元，省委常委、秘书长李柏栓在市委书记马万令、市长何东成的陪同下，视察南阳林业高新技术园区。

● 8月7日～8日，市政协组成督查组赴淅川、西峡2县对市政协委员唐喜荣、巴廷胜提出的“绿化南水北调中线工程源头生态保护区——淅川县沿江区”、“退耕还林造福子孙后代”两个提案办理情况进行实地督查。

● 9月6日，省林业厅《关于建立桐柏山省级森林公园的批复》，批准在国有陈庄林场的基础上建立桐柏山省级森林公园。森林公园规划面积4924公顷，与国有林场实行一套班子、两块牌子的管理机制，原隶属关系、山林权属、经营范围保持不变。

同月，省林业厅召开全省林业科技大会，南阳市作为全省唯一一家地级科技兴林先进单位在会上作典型发言。

同月，省林业厅转发国家林业局公布全国第二批132个县中国名特优经济林之乡，西峡县被命名为中国名特优经济林山茱萸之乡。

● 9月19日～21日，联合国教科文组织举行人与自然生物圈计划国际协调理事会执行局会议，内乡宝天曼国家级自然保护区被批准为“世界人与自然生物圈保护区”。

● 10月，省政府下发文件，批准建立内乡湍河湿地省级自然保护区和淅川丹江口水库湿地省级自然保护区。淅川丹江口水库湿地保护区由荆紫关湿地保护区和丹江口湿地保护区组成，面积6.4万公顷。内乡湍河湿地保护区面积0.45万公顷。

● 11月14日～15日，市委、市政府在内乡县召开全市绿色通道建设及平原绿化工作动员大会。市委书记马万令，市长何东成，市委副书记褚庆甫，市人大常委会副主任袁晴超，市政协副主席张瑞璋等领导，各县（市、区）书记或县（市、区）长、主管林业工作的副县(市、区)长、林业局长及市直有关单位的主要负责人参加会议。14日，与会人员参观宛城、内乡、西峡3县（区）通道绿化现场，15日在内乡县召开工作会议。会上，市政府下发《关于大力推进全市绿色通道建设的意见》，市政府与各县(市、区）签订《南阳市绿色通道建设目标责任书》。市长何东成对今后一个时期南阳市绿色通道和平原绿化建设进行具体安排部署。

● 11月20日，省林业厅公布河南省首批名特优经济林之乡名单，桐柏县被命名为河南省名特优经济林板栗之乡。

● 12月5日，中国人与生物圈计划国家委员会在北京人民大会堂为宝天曼、白水江、高黎贡山、黄龙等4个自然保护区加入世界生物圈保护区举行颁证仪式。宝天曼世界生物圈保护区包括已成为国家级自然保护区的内乡、南召宝天曼国有林区，以及内乡县的板场、夏馆、七里坪、马山4个乡（镇）和南召县的乔端、板山坪2个乡（镇）的部分集体林区，总面积90950公顷。

【2002年】

● 1月19日，南阳市与中国林科院《共建科技兴林示范市协议书》和《共建林业高新技术园区协议书》签字仪式在郑州市黄河迎宾馆举行，中国林科院院长江泽慧就南阳市与中国林科院共建科技兴林示范市提出建议。

● 5月，桐柏、西峡、淅川3县列入国家退耕还林科技支撑项目重点县。同月，省政府参事调研组调研南阳市退耕还林工作，给予肯定并提出建议。

● 5月16日，市编委批复，南阳市林业调查设计管理站（挂南阳市林业调查设计工作队），更名为南阳市林业调查规划管理站（挂南阳市森林资源监测站）。

● 7月11日，市编委批复，市林业局成立退耕还林办公室。

● 8月11日，中央电视台八套《绿色时空》栏目播出专题片《水果新骄子——杏李》，节目介绍南阳市与中国林科院合作引进的国家“948”项目（1994年8月经国务院批准，由农业部、国家林业局、水利部和财政部共同组织实施的“引进国际先进农业科学技术计划”）美国杂交杏李专利新品种的栽培、生长、管理等情况。

● 12月，4位来自澳大利亚、新西兰和新加坡的客商到位于卧龙区潦河镇的南阳林业高新技术园区，考察杂交杏李引种生长情况。

【2003年】

● 1月，由省林业厅组成的专家组对独山国家级森林公园总体设计进行评审，专家们在听取独山森林公园总体设计汇报后认为：该总体设计符合国家林业局《森林公园总体设计规范》要求的广度、深度，具有较强的科学性，处于国内同类设计先进水平，经评审予以通过。

同月，国家、省下达南阳市退耕还林造林4万公顷，13个县（市、区）全部列入退耕还林范围。

同月，内乡宝天曼国家级自然保护区被科技部、中宣部、教育部和中国科协命名为全国青少年科普教育基地。

● 3月，全国政协副主席张恩卿、原广州军区司令员李希林上将、省军区司令员杨迪先少将、省委宣传部部长孔玉芳、省林业厅厅长赵顷霖、副厅长乔新江以及南阳市委、市政府主要领导，先后到邓州雷锋林参加义务植树活动。

● 3月19日，市长何东成带领参加第十届全国人大一次会议的南阳代表，到独山森林公园参加义务植树。

同月，南阳森林旅行社正式挂牌成立。该旅行社是具有独立法人资格的股份制公司。

● 3月28日，北京大学30名博士生代表从北京带来1万棵银杏树苗，他们与南阳市200名高校青年志愿者和当地群众共同在南水北调中线水源地—淅川县九重镇陶岔村渠首种植博士林。市委副书记、市纪委书记黄旭升、共青团北京大学委员会副书记马伯寅、淅川县委书记王中参加植树活动。

● 5月9日，省长李成玉在市委书记马万令、市长何东成等市领导的陪同下，视察南阳林业高新技术园区。

● 6月14日～15日，市林业局、南阳森林旅行社联合举办以“关爱生灵、拒吃野味”为主题的万人签名活动。

● 6月15日～18日，南阳市首次利用飞机对平原地区杨树食叶害虫进行防治。

● 6月19日～22日，省人大副主任张以祥带领省人大视察组莅临南阳市，就贯彻落实《河南省植物检疫条例》情况进行视察。市委书记马万令、市人大常委会副主任袁晴超等领导分别陪同视察。

● 8月19日，市长何东成到市林业局调研。他充分肯定林业部门的工作，勉励干部职工抓住机遇，踏实苦干，着力打造绿色南阳，把林业产业做大做强，造福千万百姓。

● 9 月 12 日，在金光集团林务经理朱乐福、南京林业大学副教授周春国的带领下，APP（金光集团）专家组一行 32 人进行为期 10 天的南阳市以杨树为主的速生丰产林资源调查。

● 9 月 15 日，国家林业局内乡宝天曼森林生态定位站揭牌。

● 9 月 16 日，内乡县在灵山举办中国 · 内乡宝天曼世界生物圈森林保护节。中国工程院院士、中国人与生物圈国家委员会副主席李文华等 500 余名国家、省、市有关学者，内乡县直各单位和各乡（镇）1.2 万名干部职工参加开幕式，14 家新闻单位应邀参加并进行宣传报道。开幕式结束后，河南电视台心连心艺术团举行文艺演出活动。

● 9 月，市委、市政府把 APP 林浆纸一体化项目作为近期南阳市对外招商引资的重点项目。3 日、9 日市林业局召开中层以上领导干部会议，局长贺国勤研究部署杨树资源调查和规划工作。4 日、9 日，召开由各县（市、区）林业局、林业工程技术人员参加的工作会议，专题安排部署杨树资源调查和规划工作。

● 10 月 18 日，内乡宝天曼自然博物馆举行开馆仪式，这标志着全省最大的林业自然博物馆正式建成。

● 10 月 24 日，市政府与金光集团正式签订林浆纸一体化项目协议书。

● 11 月 26 日上午，市委、市政府召开林业工作会议。市委、市政府下发文件，明确今后一个时期林业发展目标。下午，市政府召开森林资源保护管理暨森林防火工作会议。

● 12 月 16 日，省林业厅下发文件，在方城拐河镇七峰山林场、泉白山林场的基础上建立森林公园，定名为河南省方城七峰山省级森林公园。

【2004 年】

● 2 月 16 日，市政府办公室制定下发《绿色南阳建设规划》。《规划》分 6 个部分：林业现状、林业发展的指导思想和目标任务、建设重点、投资估算与效益分析、实施步骤和保障措施。《规划》结合南阳实际，实施六大林业重点工程，即退耕还林工程、天然林和生态公益林保护工程、重点地区防护林工程、野生动植物保护和自然保护区建设工程、工业原料林基地、以经济林为主的其他林业产业基地建设工程。

● 2 月 24 日，南阳市召开创建国家级园林城市动员大会。市委书记何东成，市长黄兴维等领导，市直单位主要负责人参加会议。

● 2 月 26 日，省林业厅下发文件，批准建立桐柏高乐山省级自然保护区。

同月，内乡赤眉油桃生产基地顺利通过省质量技术监督局无公害水果标准化示范基地认证，被国家无公害农产品产地认证委员会批准使用无公害农产品标志。

● 3 月 7 日～8 日，市直有关单位及社会各界共 500 余名干部职工到淅川县九重镇，在南水北调中线工程渠首种下 800 余棵侧柏树苗。

● 3 月 12 日，市长黄兴维等市四大家领导，到独山和城区滨河路沿线参加义务植树。

● 4 月 3 日，市委书记何东成在市三次党代会所作的《报告》中明确提出，“打造绿色南阳，建设生态大市”的奋斗目标。

● 5 月 24 日～26 日，美国路易斯安娜州立大学教授 Johnson 先生与研究生 Greesty 女士、华裔副教授刘志学先生一行 3 人，在省林科院院长朱延林、市林业局局长贺国勤等陪同下，到南阳市进行实地考察。

● 6 月 3 日，省政府办公厅出台《关于贯彻落实国务院办公厅关于完善河南省退耕还林粮食补助办法的通知》，从 2004 年起，退耕还林补助的粮食改为现金补助。

● 6 月 20 日～22 日，国家林业局治沙办主任刘拓、计资司处长孙兵、经济林研究中心处长高尚仁、治沙办处长张德科，在省林业厅副厅长乔新江等陪同下，深入西峡、内乡 2 县就《中共中央、国务院关于加快林业发展的决定》贯彻落实情况，进行专题调研。

同月，按照国家重点公益林区划界定的原则和范围，南阳市淮河源头、长江一级支流唐白河的源头及河流两岸、内乡宝天曼自然保护区、伏牛山自然保护区、丹江口、鸭河口水库纳入国家重点公益林区划范围。

● 6 月 29 日，市人大常委会副主任周明军带领市人大常委会执法检查组，到市林业局听取《中华人民共和国森林法》《河南省实施 < 中华人民共和国森林法 > 实施办法》（简称“一法一办法”）贯彻执行情况汇报。

● 7 月 4 日～8 日，中央电视台秦岭探访东线摄制组在南阳市举行开机仪式，摄制组深入宝天曼国家级自然保护区和伏牛山国家级自然保护区黄石庵管理局，对水源涵养林、动植物资源、鸟类等进行采访报道。采访当日，工作人员通过卫星把信息传至中央电视台，9 日～11 日，在中央电视台 12 频道陆续播出。在此期间，《中国绿色时报》先后 3 次对内乡宝天曼和西峡老界岭的动植物资源情况，进行专题报道。

● 8 月 8 日～11 日，省人大执法检查组对南阳市贯彻执行《森林法》和《河南省实施 < 森林法 > 办法》，进行执法检查。

● 8 月 17 日～19 日，中国林科院副院长宋闯带领院省合作办主任张艺华、南京林化所所长蒋剑春、郑州泡桐中心主任王玉魁等领导和专家，对南阳市和西峡县的林业科技合作情况进行专题考察调研。

● 10 月 12 日～19 日，副市长张宪中带领各县（市、区）主管林业工作的副县（市、区）长、林业局长，市直涉农部门负责人和市林业局有关领导、科室及二级单位负责人，赴山东省的荷泽、临沂和河南省的商丘、周口 4 地（市），重点就林业产业基地建设、林产品加工业、林产品市场、平原绿化等工作进行考察学习。

● 10 月 8 日～10 日，国家林业局退耕办主任张鸿文一行在省林业厅副厅长丁荣耀、退耕办主任邓建钦的陪同下，深入西峡县田关乡退耕还林基地进行考察。

● 11 月 8 日，市政府批转市林业局等部门关于加快林业产业发展的意见。

● 11 月 11 日，市委、市政府召开造林绿化动员大会。市长黄兴维，市委副书记李天岑，市人大常委会副主任周明军，副市长张宪中，南阳军分区参谋长李建伟，APP 金光集团桨林事业部经理陈万吉及怡美国际（印尼）有限公司总经理余枝源出席会议。

同月，市委、市政府连续出台《关于搞好平原丘陵区造林绿化的意见》、《关于成立南阳市平原丘陵区造林绿化指挥部的通知》《关于印发 < 南阳市 2005 年度平原丘陵区造林绿化考核奖惩办法 > 的通知》《关于印发南阳市平原和丘陵区造林绿化规划的通知》4 个文件，明确今后一个时期南阳市造林绿化工作的重点和目标任务。

同月，桐柏县被国家林业局命名为中国名特优经济林木瓜之乡。

【2005 年】

● 1 月 12 日～ 13 日，国家林业局野生动物保护司司长刘永范等一行 4 人，在省林业厅副厅长王德启的陪同下，深入丹江湿地自然保护区考察保护区建设工作。

同月，河南省首家县级森林资源遥感监测中心在西峡县建成。该县立足山区实际，以院市合作为契机，坚持实施科技兴林战略，与中国林科院合作建立全国首家县级森林资源遥感监测中心，保护森林资源。

● 3 月 5 日，由省邮政局、市政府共同主办的《玉兰花》特种邮票首发式在南召县青峰山举行。中华全国集邮联合会会长刘平源、省政协副主席郭国三、中央文献研究室办公厅副主任王云瑞等国家、省有关部门领导参加。玉兰、紫玉兰又名辛夷，是南召县的特产。南召独特的地理条件和适宜的环境气候，形成辛夷的原生区和发源地，素有“天下辛夷第一县”之称。

● 3 月 16 日，市委书记何东成带领姚大福、金星、唐祖宣、孙耀志、裴国宾 5 位全国人大代表，到独山参加义务植树。

● 3 月 21 日～ 24 日，省政府环资委副主任刘德周带领省中原崛起调研组到内乡、桐柏 2 县，围绕南水北调中线源头、千里淮河源头在全国生态区域的重要性和鸭河口库区生态林建设、汉水上游主要支流唐白河流域水土保护林建设情况，进行专题调研。

● 3 月 19 日，市植物检疫人员在城区例行检查时发现，城区鲜花店销售加拿大一支黄花。为严防加拿大一支黄花在南阳市传播，市林业局下发《关于对加拿大一支黄花进行排查和检疫处理的紧急通知》，市林业局主要领导亲自牵头，采取措施，严密部署，严格禁止调运、销售加拿大一支黄花。

同月，在植树节期间，市林业局、南阳日报社联合发出倡议，号召全市共产党员为建设生态大市、绿色南阳做贡献，积极认种共产党员林活动。本活动得到全市 30 多个单位、约 500 余人积极参与。3 月 15 日，500 余名共产党员林植树队伍进入独山森林公园，开展植树活动。

● 4 月 23 日，由市林业局、共青团南阳市委、市野生动物保护协会共同组织的“第二十四届爱鸟周暨未成年人生态道德教育活动”启动仪式在南阳解放广场举行。市人大常委会副主任周明军，副市长张宪中，团市委书记庞震风以及市林业局领导班子成员参加启动仪式。在爱鸟周启动仪式上，举行放飞和平鸽、参观标本、万人签名等活动。4 月 24 日，组织市区 23 所学校共 150 多名学生参观内乡宝天曼自然博物馆。

● 5 月 13 日，中国林科院副院长宋闯带领国家、省、市专家组对西峡县森林资源信息动态管理系统进行检查验收。随着该系统正式投入运行，对西峡县森林资源的消长情况、森林火警、资源林政管理、病虫害预防等，进行科学监控。

● 5 月 26 日～ 27 日，加拿大生物圈保护区代表团一行 5 人 (代表团由 1000 Island BR 的 Norm Lowell Ruttan、RingMountain BR 的 John William Whitaker、Lac-St-Pierre BR 的 Louis Gagne、Parks Canada 的 James Irwin Birtch、IUCN 加拿大办事处的 Chucri Sayegh 组成)，在加拿大国际发展署公共部门项目高级顾问李得来先生、中国人与生物圈国家委员会秘书长韩念勇先生等人员的陪同下，对宝天曼生物圈保护区进行考察。考察结束后，双方针对宝天曼现状，并就生物圈保护区管理、生态旅游、社区共管、保护区志愿者以及公众环境教育等方面进行充分讨论与交流，达成初步合作意向。

● 6 月 7 日～ 13 日，市林业局在空军、民航、气象等部门的配合下，顺利完成年度飞播造林作业任务。全市飞播造林作业面积 3166.6 公顷，其中有效面积 2712 公顷，涉及西峡、淅川、内乡 3 个县，共选设 5 个播区，累计飞行 24 架次 31 小时，共播散马尾松、油松、侧柏、臭椿种子 16625 千克。

● 6 月 19 日～ 24 日，市森防部门开展飞机防治杨树食叶害虫工作。飞防涉及宛城、卧龙、内乡、镇平、唐河、邓州、方城、新野 8 个县（市、区），飞行 85 个架次 80 多个小时，喷洒新型仿生制剂阿维菌素与灭幼脲 3 号混配剂 4500 千克（该配剂对周围环境及人畜无害），有效防治面积 1.133 万公顷，投入资金 80 多万元。

● 7 月 1 日，内乡宝天曼森林气象站正式投入观测使用。宝天曼森林气象站是伏牛山区建立的唯一一座高山气象站，也是国家林业局宝天曼森林生态系统定位研究站建设的重要组成部分。

● 8 月 5 日，全省重点公益林管护现场会在桐柏县召开。参加会议的有，已启动国家重点公益林项目的市林业局分管副局长及公益林管理办公室主任、县（市、区）林业局分管副局长、国有林场和自然保护区主要负责人等 150 余人，省林业厅退耕办主任邓建钦、副主任李万林等参加会议。与会人员参观桐柏县淮源镇、城郊乡、国营陈庄林场、月河镇重点公益林管护现场、护林员队伍建设、档案管理等。

● 8 月 12 日，副市长姚龙其听取市林业局工作情况汇报。市政府副秘书长刘海林、市林业局局长贺国勤等局班子成员参加汇报会。副市长姚龙其对近年来全市林业工作取得的成就给予肯定，并就下步工作作出重要指示。

● 11 月 2 日，市委、市政府召开造林绿化及森林防火工作会议。市长黄兴维、市委副书记李天岑，市人大常委会副主任周明军，副市长姚龙其，市政协副主席王清华，南阳军分区副政委祝润安等领导。各县（市、区）长或书记、主管林业工作的副书记、副县（市、区）长、林业局长，市平原丘陵区造林绿化指挥部成员、市绿化委员会和市护林防火指挥部成员，APP 林务工作人员共 140 人参加会议。会上，表彰奖励 2005 年度平原丘陵区造林绿化工作先进集体，市政府与各县（市、区）政府签订 2006 年度平原丘陵区造林绿化和森林防火目标责任书，明确下步工作重点及要求。

● 12 月 6 日，市委、市政府在新野县召开全市平原绿化高级达标现场会议。市委副书记李天岑，副市长姚龙其，市政协副主席王清华等领导，邓州、新野、唐河、社旗、镇平、方城、宛城、卧龙 8 个县（市、区）分管林业工作的副书记、副县（市、区）长、林业局长和市造林绿化指挥部成员单位负责人参加会议。与会人员观摩新野县部分乡（镇）整地造林现场，推广学习新野县平原绿化高级达标的经验和做法，进一步动员平原县（市、区）立即行动起来，抓住当前有利时机，迅速掀起冬季整地造林高潮，圆满完成冬春的造林任务，为 2007 年全市实现平原绿化高级达标奠定基础。

● 12 月 13 日～14 日，省林业厅厅长王照平带领厅办公室、计财处、项目办、造林处、退耕中心等有关处室负责人，在市委副书记李天岑、副市长姚龙其的陪同下，到社旗、唐河、新野、邓州、卧龙、宛城 6 个县（市、区）调研植树造林、平原绿化高级达标和林业加工企业生产经营等工作。

● 12 月 15 日，国家林业局退耕中心总工杜纪山、处长陈应发、曹海川在省林业厅助理巡视员万运龙、省退耕中心副主任段绍光的陪同下，到淅川县实地抽查退耕还林小班地块，走访农户详细询问退耕还林粮款补助、林权证发放情况，并对退耕还林后续产业发展提出指导性意见。

同月，中国野生动物保护协会下发通知，确定内乡宝天曼国家级自然保护区为全国野生动物保护科普教育基地。

【2006 年】

● 1 月 22 日，市护林防火指挥部指挥长、副市长姚龙其到市防火办，慰问并检查森林防火工作，利用值班电话询问西峡、淅川、内乡、南召、桐柏、唐河等县及 6 个重点乡镇、3 个国有林场、2 个保护区和 3 个县局防火值班情况，向坚守一线值班的工作人员表示新春祝福和亲切问候。

● 2 月 17 日，市政府召开由 8 个平原县（市、区）长、分管副县（市、区）长和林业局长参加的平原绿化高级达标座谈会，副市长姚龙其主持会议。会上，市林业局局长贺国勤通报去年以来全市平原丘陵区造林绿化工作情况，新野县介绍平原绿化高级达标的经验和做法。市长黄兴维讲话。

● 2 月 25 日，市委书记何东成在市林业局有关领导的陪同下，深入卧龙区七里园乡、蒲山镇、龙兴乡、王村乡等地，实地调研指导造林绿化工作。

● 3 月 10 日，市委、市人大常委会、市政府、市政协、南阳军分区的领导以及市直有关单位干部职工 2000 余人，到独山参加义务植树活动，共栽植香樟、银杏、雪松等名贵绿化树种 4600 株。

● 3 月 12 日，中国《孑遗植物（银杏）》特种邮票在西峡县中华白垩纪恐龙园首发。省邮政局助理巡视员、省集邮协会副会长杨汉振、副市长张宪中、张忠祥出席首发仪式，并为《孑遗植物（银杏）》邮票揭幕。银杏是世界上现存最古老的树种之一，也是中国特有的珍贵树种。据调查，中国发现的古银杏树尚不足 500 株，而西峡县境内就有 110 多株。其中，该县太平镇乡的一棵老银杏树寿命在 1800 年以上，是目前中国发现的最古老的银杏树之一。这次国家邮政局发行的全套《孑遗植树》特种邮票共 4 枚，其中第一枚是银杏，其他 3 枚分别是水松、珙桐和鹅掌楸。

● 3 月 18 日，市委书记何东成带领二月河、金星、唐祖宣、裴国宾等全国人大代表，到独山参加义务植树。

● 4 月 16 日～ 17 日，国家林业工作总站站长马广仁、办公室主任邓侃在省林业厅副厅长丁荣耀、省林业工作总站站长孔维鹤的陪同下，到淅川县、西峡县调研乡镇林站建设情况。

● 4 月 29 日，河南省活立木交易市场桐柏营业部正式开业运营。原省林业厅副厅长（正厅级）、省活立木交易市场理事会理事长张守印、市林业局局长贺国勤、活立木交易市场理事会副理事长杨献国、省活立木营业所主任周广新及省内外造林企业、造林大户等 200 多人参加开业典礼。

● 6 月 5 日，西峡县森林公安分局破获特大盗窃国家二级野生保护动物大鲵案，将涉嫌盗窃国家二级野生保护动物的犯罪嫌疑人程某某、黄某某、曹某某 3 人依法刑事拘留。

● 6 月 24 日～ 25 日，国家林业局副局长赵学敏，中国湿地公约履约办公室常务副主任印红，计资司副司长杨冬，中国野生动物保护协会秘书长陈润生，宣传办副主任厉建祝，秘书杜荣，保护处副处长王隆富一行 7 人莅临南阳考察指导淅川丹江省级湿地自然保护区、内乡宝天曼国家级自然保护区工作。省林业厅厅长王照平、副市长张宪中及有关负责人陪同。

● 7 月 28 日，市委、市政府召开平原丘陵区造林绿化工作会议。市委副书记李天岑，副市长姚龙其，市政府副秘书长刘海林，8 个平原丘陵区县（市、区）长、县（市、区）委副书记和 13 个县（市、区）副县（市、区）长、林业局局长及市直有关单位负责人参加会议。会上，市委、市政府下发《关于表彰 2006 年度平原丘陵区造林绿化先进集体的决定》，市政府下发《关于表彰平原绿化高级达标先进集体和先进个人的决定》及《关于对全市平原丘陵县（市、区）2006年度造林绿化情况的通报》，市政府与7个有平原绿化高级达标任务的县（市、区）签订目标责任书。

● 9月8日，河南省林业科技示范园在南阳市林业科技示范园区正式挂牌。省林业厅副厅长丁荣耀，省林业厅科教处处长罗襄生，市政府副秘书长、市农办主任赵玉坤等领导以及市林业局主要负责人参加揭牌仪式。南阳市林业科技示范园规划面积33.33公顷，已建成23.33公顷。

● 9月12日，国家林业局下发文件，南阳市林业局被国家林业局授予全国林业科技工作先进集体。

● 10月18日，全省林业科技工作会议在南阳市召开。省林业厅副厅长丁荣耀、市委副书记李天岑出席会议并讲话。丁荣耀对南阳市在林业科技工作方面的好经验、好做法给予充分肯定，对全省的林业科技工作提出具体要求。

● 10月18日～20日，市林业局在桐柏县举办森林扑火指挥员培训班。培训主要内容有：森林防火中的识图用图、典型火灾案例分析、观摩森林消防队伍扑火演练等，培训人员参观了桐柏县森林防火指挥中心。

● 11月6日，市政府召开全市秋冬季植树造林及森林防火电视电话会。副市长姚龙其指出，各县（市、区）要把秋冬季植树造林和森林防火作为当前工作的重点，按照省会议精神，加强领导，强化措施，狠抓落实，确保年底前全市植树造林任务大头落地，确保全市不发生大的森林火灾。

● 12月25日，国家林业局公布首批51个国家级示范保护区，内乡宝天曼国家级自然保护区入选。这次成功入选全国示范自然保护区，标志着宝天曼国家级自然保护区的建设管理水平在全省乃至全国具有较好的示范作用。

【2007年】

● 1月6日，桐柏县纳入首批全省集体林权制度改革试点县。该县固县镇作为改革试点，

● 1月6日启动改革试点工作，4月30日总结验收，为全省展开集体林权制度改革积累了经验。

● 1月19日，市政府召开全市林业工作会议。市人大常委会副主任周明军，副市长姚龙其，市政府副秘书长赵玉坤，各县（市、区）主管林业工作的副县（市、区）长、林业局长、市林业局中层以上领导干部参加会议。会上，镇平县、内乡县、桐柏县、方城县分别围绕平原绿化、林业生态县建设、集体林权制度改革和通道绿化发言，市政府与各县（市、区）政府签订林业生态县建设、造林绿化和森林防火目标责任书。

● 2月，在2006年11月1日至12月10日开展的全市绿盾行动中，共出动警力1069人次，林业执法人员1289人次，查处各类涉林案件227起，处理违法犯罪分子374人，罚款

53万元，清理非法占用林地项目37个、野生动物驯养繁殖场所16处，木材、野生动物加工经营场所29处，收缴国家二级保护动物2只，作案工具11件，为国家挽回经济损失近百万元。市林业局被国家林业局评为全国绿盾行动先进集体。

● 3月5日～6日，全省植树造林现场会在南阳市召开，学习和推广南阳市植树造林经验，安排部署全省春季造林工作。参加会议的有：各省辖市市委、政府分管领导和林业局长，五个扩权县的市(县)委、市(县)政府分管领导和林业局长，省林业厅各相关处室负责同志。省委副书记陈全国、副省长刘新民分别讲话。省委副秘书长王树山，省政府政研室副主任袁永伟，省林业厅厅长王照平等参加会议。会上，市委书记黄兴维代表南阳市委、市政府致辞。镇平县委书记赵金文、唐河县造林大户王伟发言。期间，与会人员实地观摩方城县农田林网、社旗县造林绿化现场。

● 3月12日，市委书记黄兴维等领导，带领干部群众、部队官兵5000多人到独山植树，当天共挖穴2万余个，义务植树8000多株。

● 3月19日，市政府召开全市高速公路通道绿化现场观摩会。参加会议的有：副市长姚龙其、市政府副秘书长刘海林、宛城、卧龙2区区长、方城、桐柏、邓州、新野、唐河、宛城、卧龙7县（市、区）主管林业的副县（市、区）长、林业局长。与会人员观摩全市高速公路通道绿化进展情况。

同月，南阳市8个林木品种被河南省林木品种审定委员会认定为，河南省2006年度林木良种，分别是桐柏县培育的圆香木瓜、长秀木瓜、金苹果木瓜、锤木瓜，南召县培育的桃实望春玉兰、腋花玉兰，镇平县培育的广洋玉兰，西峡县培育的八月红山茱萸。

同月，市编委批准成立南阳市野生动物疫情监测救护中心，主要负责全市野生动物疫源疫病疫情的监测、防控和野生动物救护工作。

● 4月6日，国务院办公厅下发《关于发布河北塞罕坝等19处新建国家级自然保护区名单的通知》，河南丹江省级湿地自然保护区成功晋升为国家级自然保护区，填补了南阳市湿地没有国家级自然保护区的空白。

● 4月12日，南阳市中州盆景学会在南阳府衙正式挂牌成立。省林业厅原副厅长（正厅级）、省中州盆景学会名誉会长张守印，省中州盆景学会会长、河南农大教授陈树国，市林业局局长宋运中，党组书记张荣山及市文化局、市民政局等单位的负责人参加揭牌仪式。

● 5月12日，市林业局、市教育局在南阳影剧院隆重召开“未成年人生态道德教育暨爱鸟周活动”总结表彰大会。市人大常委会副主任周明军，市政府副市长姚龙其，市政协副主席王清华，省林业厅保护处调研员杨智勇，市政府副秘书长刘海林，市林业局局长宋运中，市教育局局长贺国勤等领导，市直中小学生代表及县（市、区）教育(体)局负责同志及林业系统的干部职工共1500人参加表彰大会。

● 5月，桐柏县在淮河源头建成目前全流域规模最大的植物园—淮河源植物园。该植物园占地面积27.06公顷，引种、收集和保存各类植物54科128种，其中国家级重点保护植物 11 种，省级重点保护植物 27 种。植物园的建成对南阳市植物学研究、保护生物多样性、普及科学知识、促进生态旅游将起到推动作用。

● 6 月 1 日，市林业执法人员成功查获违法犯罪分子收购和贩运的青蛙 194 箱共计 2000 余千克。这是《野生动物保护法》实施近 20 年来，市直林业执法部门查获的最大一起贩运青蛙案件。

● 6 月 7 日，市政府召开集体林权制度改革试点工作座谈会。通报全省林改试点经验交流会议精神和全市林改试点工作开展情况，进一步明确全市集体林权制度改革试点工作。参加会议的有：各县（市、区）主管林业工作的副县（市、区）长、林业局长、主管林改工作的副局长、林改办主任和市林业局相关科室负责人。市政府副市长姚龙其，市林业局局长宋运中参加会议并讲话。

● 6 月 12 日～15 日，省政府参事赵体顺、纪好勤、张桂兰、毛景英等一行 6 人，赴南阳市对国有林场改革情况进行专题调研。在南阳调研期间，调研组先后听取南阳市、社旗县、桐柏县国有林场改革发展情况的工作汇报，并深入社旗林场、桐柏毛集林场实地调查，与林场职工交谈了解情况，广泛征求意见，探讨国有林场改革发展大计。

● 8 月 7 日，市政府召开相关县（市、区）主管林业工作的副县（市、区）长、林业局长，市交通局、市高速公路指挥部、6 条高速公司分管绿化的副总经理和高速公路沿线 48 个乡（镇）的党委书记参加的全市高速公路通道绿化工作会议。副市长姚龙其参加会议并讲话。

● 8 月 15 日，省政府召开全省林业生态省建设规划编制工作会议后，副市长姚龙其分别于 8 月 16 日、18 日、20 日召集林业部门有关负责人，研究林业生态市建设规划编制工作。

● 8 月 23 日，市政府召开全市林业生态市（生态南阳）建设规划编制工作会议，贯彻落实李成玉省长在省林业厅调研时的重要讲话精神和全省林业生态建设规划编制工作电视电话会议精神。各县（市、区）主管林业工作的副县（市、区）长、林业局长、林业副局长、负责规划编制工作的技术人员、市直有关部门负责人参加会议。副市长姚龙其提出，要高标准科学编制林业生态市建设规划，为生态南阳建设夯实基础。

● 11 月 27 日，全省林业生态省建设电视电话会议后，市委、市政府当即召开会议，对全市林业生态建设工作进行动员部署。结合南阳实际，市委书记黄兴维强调，要高标准科学编制林业生态建设规划，构建山川秀美、生态宜居的绿色南阳；要坚持指导性和可操作性相结合，使之成为绿色南阳建设的路线图。

● 12 月 6 日，市委、市政府召开全市林业生态建设动员大会。市委副书记贾崇兰，市人大常委会副主任周明军，市政府副市长姚龙其，市长助理王中，市政协副主席赵金文，南阳军分区领导，各县（市、区）书记或县（市、区）长、副书记、副县长、林业局长，市直各单位主要负责人共 250 余人参加会议。会上，市政府下发《南阳市林业生态建设规划》，明确今后一个时期林业生态建设的目标任务和工作重点。

● 12 月 11 日，市委、市政府召开市中心城区环城绿化工作会议，宛城、卧龙、镇平 3 县（区）副县（区）长、林业局长，市土地、规划等单位负责人参加。副市长姚龙其安排冬春市中心城区环城绿化工作。

● 12 月 26 日，市委、市政府组织开展全市第一次造林绿化观摩督查。副市长姚龙其，市政府目标办主任周天龙，13 个县（市、区）委、政府分管林业工作的领导，市林业局有关班子成员参加。与会人员观摩 10 个县（市、区）整地造林现场，并进行投票评比，结果依次为：镇平县、西峡县、邓州县、社旗县、方城县、宛城县、唐河县、卧龙县、内乡县、新野县。姚龙其回顾总结前一阶段工作，安排部署下一阶段工作，要求全市迅速掀起冬季造林绿化高潮。

【2008 年】

● 1 月 3 日，全省森林航空消防南阳开航巡护及灭火演练活动在南阳市独山森林公园举行。省林业厅副厅长弋振立讲话，副市长姚龙其与各县（市、区）签订 2008 年度森林防火目标责任书。执行这次演练任务的是 M—8 型直升机，是中国主要的森林航空消防机型。

● 2 月 17 日～18 日，副市长姚龙其，市长助理、市政府秘书长李中杰，市长助理王中，市政协副主席王清华，市农办、林业、农业、交通、水利等部门主要负责同志及各县（市、区）长、副县（市、区）长、林业局长参加的林业生态建设观摩督查活动，实地观摩 13 个县（市、区）植树造林情况。观摩结束后，对各县（市、区）植树造林情况进行评比。18 日下午召开全市林业生态建设工作会议，市委副书记贾崇兰主持，副市长姚龙其讲话。

● 2 月 26 日，市委书记黄兴维带领市委常委、秘书长原永胜，副市长姚龙其及市直有关部门负责人，深入城乡调研指导林业生态建设。黄兴维指出，各地要抓住有利时机，进一步动员和组织全市力量，迅速掀起春季造林高潮，加强以造林绿化为重点的林业生态建设，打造生态南阳。

● 3 月 3 日，市绿化委员会与南阳日报社、团市委联合，共同发出在城区兰营水库认种奥运林活动倡议。8 日，千余人植树大军到兰湖森林公园，共植下红叶李等名贵树木 500 余株。

● 3 月 12 日，市委书记黄兴维等领导带领卧龙、高新两区及市直有关单位干部职工和部分在校师生、驻宛官兵等共计 5000 余人，当日在兰湖森林公园义务植树 3000 多株。

● 3 月 22 日，市委书记黄兴维、副市长姚龙其带领市林业局等有关部门负责人，深入方城县专题调研林业生态建设。黄兴维指出，要着重抓好以高速公路两侧为主的绿色通道建设，巩固平原绿化高级达标成果，抓好中心城区、县城及小城镇林业生态建设工程，抓好村镇绿化工程和山区生态林建设。坚持生态建设和产业建设相结合，造林与管护相结合，政府主导与市场运作相结合，率先建成中原林业生态大市，为建设绿色中原提供重要支撑。

● 3 月 20 日～21 日，副市长姚龙其，市政协副主席王清华，市委副秘书长王荣建，市政府目标办主任周天龙带队，市农办、林业、农业、交通、水利等部门负责人，各县（市、区）党委、政府分管林业工作的领导、林业局长参加。利用 1 天半时间，分东西两片，对各县（市、区）造林绿化情况进行现场观摩，分片打分评比。

● 5 月 10 日，中共中央政治局常委、国务院总理温家宝和随行的财政部部长谢旭人、农业部部长孙政才等领导，在河南省委书记、省人大常委会主任徐光春，省委副书记、代省长郭庚茂和南阳市委、市政府主要领导的陪同下，深入西峡县丹水镇英湾村视察优质猕猴桃生产示范基地。温家宝对当地农民靠发展林果业增收致富给予高度评价。

● 6 月 30 日～7 月 17 日，国家林业局华东院高级工程师陈金海，在省林业调查规划院主任黄运明的陪同下，对南阳市第七次森林资源连续清查工作进行检查验收。全市共有 1660 个固定样地，其中林地样地 700 个，非林地样地 960 个。检查组实地抽查 26 个样地，其中乔木林样地 23 个，城乡居民建设用地 3 个，抽查样地全部合格，并顺利通过国家林业局验收。

● 7 月 28 日～8 月 1 日，市政府开展造林绿化专题评比活动。市政府组织市农办、市林业局、市农业局、市水利局等单位主要领导、分管领导和有关科室负责人组成 5 个督查组，利用 1 周时间，对通道绿化、山区生态林、环城绿化、农田林网、村屯绿化等重点工程造林进行观摩评比。这次观摩督查的重点是，新栽幼树成活率和保存率，分组打分，综合评比，作为“常青杯”竞赛年终考评得分的重要依据。

● 9 月 19 日，市委、市政府在邓州市召开集体林权制度改革现场会。全市 13 个县（市、区）分管林改工作的副县（市、区）长、林业局长、分管副局长、林改办主任、市林改领导小组成员单位负责人共 130 人参加会议。南阳市委常委、邓州市委书记刘朝瑞、副市长姚龙其出席会议并讲话。会议总结全市林改工作的经验，分析存在的突出问题及原因，对下步林改工作进行安排部署。

● 9 月 28 日～29 日，南阳市组团参加由国家林业局和河南省人民政府共同主办的第八届中原花木交易博览会。副市长姚龙其，市政府副秘书长周天龙，市林业局长宋运中参加活动。经专家评审，南阳市参展的作品以其立意深远、厚重大气，荣获金奖。其中，木瓜、月季、望春玉兰、太湖景石、银杏分别获得特色产品奖。

同月，宝天曼国家级自然保护区三期工程建设项目正式启动实施。为提高宝天曼国家级自然保护区建设水平，有效保护生物多样性，在经过一、二期项目建设后，三期建设项目顺利通过省验收并启动实施。三期工程分，保护恢复工程、科研宣教工程和基础设施工程三个部分。

● 10月1日～5日，由河南省中州盆景学会、市政府共同举办的“移动杯河南省第六届中州盆景大赛暨豫鄂皖三省盆景技艺交流联谊”活动在南阳市举行。中国花协副秘书长陈建武，原省人大副主任、省中州盆景学会高级顾问李中央，原省政协秘书长、省中州盆景学会高级顾问赵风羽，原省人大农工委主任、省花协会长杨金亮，原省林业厅常务副厅长（正厅级）、省中州盆景学会名誉会长张守印，省花协秘书长张兆铭，省林业厅种苗站副站长刘振喜，市人大常委会副主任周明军，市政府副市长姚龙其，市林业局局长宋运中、党组书记张荣山等参加活动。

● 10月16日，市编委批复在南阳市森林病虫害防治检疫站挂南阳市林业有害生物监测预警中心牌子，成立南阳市林业有害生物监测预警中心，该中心与市森防站实行一个机构两块牌子的管理机制。

● 10月28日，豫陕两省8县(市)森林防火联防会三届五次会议在淅川县召开，省、市、县领导及防火指挥成员100余人参加会议。

● 10月，在森林防火期，市防火办与市气象局联合，向全市广大手机用户发送短信，提醒广大干群加强森林防火，严禁林区违法用火，防止森林火灾发生，确保森林资源和人民群众生命财产安全。

● 11月25日～26日，由中国林科院森林环境保护所副所长、首席专家、研究员张永安，首席专家、研究员田国忠，苏晓华及省院合作办公室副主任张艺华一行4人组成的专家组，深入中国林科院科技兴林示范基地县和新农村建设试点县西峡县调研指导，为该县林业特别是杨树产业发展把脉会诊。

● 12月18日，市委、市政府召开全市林业工作会议。市委副书记贾崇兰，市人大常委会副主任周明军，市政府副市长姚龙其，市政协副主席王清华等参加会议。会上，表彰2008年度平原绿化高级达标、林业生态县创建、森林资源保护、集体林权制度改革和森林资源连续清查工作先进集体和先进个人。方城县、淅川县、西峡县、邓州市作大会发言和书面发言。市政府与各县（市、区）政府签订2009年度森林防火目标责任书。会议总结2008年度全市林业工作，安排部署2009年度林业重点工作。市委副书记贾崇兰、副市长姚龙其分别讲话。

● 12月，根据省统一安排部署，市森林公安机关集中组织开展“候鸟三号”行动。据统计，全市共出动警力300人次，出车车辆103台次，查处林政案件7起，检查巡护鸟类活动区域15处，清查宾馆、饭店175家，清查市场、窝点41个，行政处罚18人，收缴野生鸟类1015只，国家二级保护野生动物1只，其他野生动物101只(头)。

【2009 年】

● 2 月 2 日，市委书记黄兴维在全市抗旱保苗夺丰收电视电话会议上，对森林防火和春季植树造林工作进行安排部署。

● 2 月 24 日～26 日，省林业厅副巡视员谢晓涛到南阳检查指导造林绿化工作。他指出，要认真贯彻落实全省林业生态建设现场会议精神，抓住机遇，突出重点，创新机制，加大投入，扎实推进林业生态建设。

● 3 月 11 日，市委副书记、代市长穆为民等领导，带领干部职工、驻宛部队官兵和在校师生 3000 余人，到兰湖森林公园义务植树，当日共植树近 5000 株。

● 3 月 23 日～24 日，市委、市政府召开第二次造林绿化观摩督查会议。副市长姚龙其，市政协副主席王清华，各县（市、区）党委、政府分管领导、林业局长、副局长共 50 余人，分东、西两片对各县（市、区）春季植树造林情况，实地观摩督查，并按照评分办法，对各地造林情况进行打分评比。

● 5 月 10 日，市编委下发文件，南阳市林业局森林公安分局更名为南阳市森林公安局，由市林业局的内设机构改为市林业局直属单位，列入市公安局建制序列，挂南阳市公安局森林警察支队牌子，机构规格为副处级。

● 8 月 17 日～21 日，由市林业局领导班子成员带队，组成 7 个督查组，对 13 个县（市、区）林改工作情况进行专项督查。

● 8 月 17 日，市委宣传部组织召开河南日报驻南阳记者站、南阳日报、南阳电视台、南阳晚报社、南阳电台等新闻媒体参加的林改宣传座谈会。

● 9 月 2 日，市编委下发文件，南阳市林业技术推广站挂南阳市林业工作站牌子。

【2010 年】

● 1 月 15 日，市政府召开全市高速通道绿化观摩督查现场会议。副市长姚龙其，市政协副主席贺国勤带队，各县（市、区）分管林业工作的副县（市、区）长、林业局长，市高速公路建设指挥部、市电业局负责人参加。

● 1 月 19 日，市长穆为民、副市长姚龙其带领卧龙、宛城、镇平 3 区（县）党委、政府主要领导、分管领导及市林业、财政、规划等部门负责人，对市中心城区环城高速绿化进行实地观摩。

● 3 月 9 日，市委、市政府召开环城高速绿化现场会议。参加会议的有：宛城、卧龙、高新、镇平 3 区 1 县分管林业工作的副书记、副县（区）长（主任）、林业局长，高速沿线各乡（镇、办）党委书记。副市长姚龙其出席会议并讲话。与会人员实地观摩 3 区 1 县高速沿线 12 个乡（镇、办、产业区）的植树造林现场，听取各县（区）分管领导的汇报发言。

● 3 月 12 日，市长穆为民等领导与干部群众、驻宛官兵 5000 多人，到兰湖森林公园参加义务植树。当日共栽植树木 5000 余株。

● 4 月 11 日，全国绿化委员会下发《关于表彰全国绿化模范单位的决定》，对在国土绿化、改善生态事业中做出突出贡献的全国 21 个城市（区）、89 个县（市）和 225 个单位予以表彰，授予全国绿化模范单位荣誉称号，邓州市、南阳师范学院获此殊荣。

● 5 月 15 日，中国月季之乡·第一届月季文化节在南阳市卧龙区石桥镇隆重举办。中国月季协会会长张佐双，北京园林局副局长王振江，国家林业局林木中心主任高捍东，河南省旅游局副局长倪豫州，市委副书记贾崇兰，市长级干部郭庆之，市长助理田向和，著名作家二月河，市林业局局长宋运中、党组书记张荣山及卧龙区委书记王吉波、常务副区长罗岩涛等参加开幕式。

● 5 月 17 日～ 18 日，省林业厅副厅长刘有富在市林业局党组书记张荣山、淅川县委宣传部长陈助民、副县长赵红亮及县林业部门负责人的陪同下，调研淅川县林业生态建设。

● 7 月 14 日，副省长刘满仓、省林业厅副厅长丁荣耀在市长穆为民、副市长姚龙其、市林业局局长宋运中等陪同下，到卧龙区石桥镇考察月季产业。

● 7 月 17 日，市林学会召开换届暨第二届理事会代表大会，来自全市林业系统的相关领导、林业科研、教学、生产一线的科技工作者、林业企业代表和各相关协会的主要负责人共 70 名代表参加大会。市政协副主席、市林学会第一届理事会理事长贺国勤，省林业厅科技处处长、省林学会秘书长罗襄生，市科协副主席严硕，市民政局民间组织管理局副局长张兴出席会议。会议审议通过南阳市林学会第一届理事会工作报告、《南阳市林学会章程(征求意见稿)》，选举产生第二届理事会理事、常务理事、理事长、副理事长、秘书长。

● 7 月 30 日，省政府在桐柏县召开全省林业生态效益新闻发布会。省长助理何东成，省林业厅厅长王照平，省外宣办副主任张宝栓，中国林科院森林生态环境与保护所首席专家王兵，省农科院植物营养与环境研究所所长张玉亭，河南农业大学资源与环境学院院长杨喜田，省林科院院长朱延林，市林业局局长宋运中等领导出席新闻发布会。人民日报、中国日报、新华社河南分社、中央人民广播电台、香港文汇报、中国绿色时报、香港大公报等国内 30 多家新闻媒体 40 多名记者参加新闻发布会。

● 10 月 10 日，全国集体林权制度改革百县经验交流会在北京召开，内乡县作为全国集体林权制度改革百县之一，参加会议并在会上交流经验和做法。截止 10 月底，内乡县已明晰林地林木产权 12.33 万公顷，占林改任务的 98.6%，配套改革启动。

● 10 月 13 日，市委、市政府在内乡县召开全市集体林权制度改革工作现场会，贯彻落实省政府集体林权制度改革现场会、省林业厅集体林权制度改革专题宣传电视电话会和档案管理工作会议精神，安排下一步林改重点工作，加快推进全市集体林权制度改革。市委副书记贾崇兰，副市长姚龙其，13个县（市、区）分管林业工作的副书记、副县（市、区）长、林业局长和市政府8个林改专项督查组成员共计80余人参加会议。与会人员参观内乡县林业产权管理中心，听取内乡、邓州、淅川、西峡四县（市）集体林改典型发言。市委副书记贾崇兰全面总结去年以来集体林权制度改革工作开展情况，对下一阶段工作进行安排部署。

● 10月16日，国家林业局、中国生态文化协会举行全国生态文化示范企业授牌仪式，宛西制药获此殊荣。

● 11月1日～5日，省林业厅召开全省林业产业现场观摩会，贯彻落实第二届全国林业产业大会精神，学习交流各地林业产业发展经验，安排部署下一阶段林业产业工作。省林业厅各厅级领导，厅机关各处室、厅直各单位主要负责人，各省辖市林业（农林）局局长、主管副局长、产业办负责人，重点林业产业县（市、区）林业局局长。同时，邀请林业产业重点县（市、区）政府领导和各省辖市重点林业企业负责人及大会经验交流单位的负责人参加。与会人员参观邓州市、镇平县、西峡县木材加工企业、苗木花卉基地、宛西制药、香菇仓储及山茱萸基地，并在西峡县召开总结大会。

● 11月2日，市编委下发文件，南阳市野生动植物保护管理站更名为南阳市野生动植物保护与自然保护区管理站。

【2011年】

● 2月15日，市政府召开全市春季造林绿化现场会议，各县（市、区）政府分管领导和林业局长参加会议。会议观摩内乡县、西峡县、淅川县造林现场，副市长姚龙其出席并与各县（市、区）政府签订2011年度林业生态建设目标责任书。

● 3月7日，市长穆为民在副市长姚龙其，市林业局局长宋运中、党组书记张荣山等陪同下，先后到宛城、卧龙、高新、镇平等县（区），实地察看农田林网、环城防护林、村镇绿化工作。

● 3月7日～9日，副市长姚龙其，市政协副主席贺国勤带领各县（市、区）党委、政府分管领导、林业局长、市直有关单位负责人，分东、西两片，对13个县（市、区）高速通道绿化、农田林网建设、城区绿化、围村镇造林和山区整地造林现场，进行实地观摩评比。

● 3月11日，市委副书记李天岑等领导，带领干部群众、驻宛官兵以及志愿者600多人，到卧龙区蒲山镇紫山参加义务植树。当日共植树5000余株。

● 3月12日，市人大常委会副主任、民革南阳市委主任金星带领民革南阳市委全体党员，在仲景大桥附近的白河台地上共植“中山林”，栽种树木200株。

● 3月17日，市林业局组织市种苗站、林技站、森防站等单位高级工程师以上专业技术人员15人，组成送科技下乡服务团，到西峡县回车镇回车堂村开展送科技下乡活动，当地200多位林农积极踊跃参加。

● 3月23日，豫鄂两省边界地区森林资源保护管理联动机制座谈会在桐柏县召开。国家林业局资源司副司长张松丹、武汉专员办专员何美成、河南省林业厅副厅长王德启、湖北省林业厅副巡视员陈精华，南阳、信阳、襄阳、随州四市及相关县林业部门的负责人参加会议。

● 4月7日～8日，市人大常委会副主任谢先锋，副市长姚龙其，市政协副主席贺国勤带领各县（市、区）政府分管领导、林业局长、市直有关单位负责人，分3个组，对全市13个县（市、区）春季造林绿化情况，进行实地观摩评比。

● 4月10日～11日，国家林业局森防总站站长马爱国，在省林业厅巡视员张胜炎、项目处处长郭文辉、省森防站站长邢铁牛、市林业局长宋运中等陪同下，对南阳市林业有害生物防治工作进行检查指导。马爱国一行先后深入邓州市、内乡县、西峡县、镇平县现场检查森防站办公条件、实验设备和工作开展情况。

● 4月15日，应市林业局之邀，人民日报河南分社采访部主任曲昌荣、经济日报河南记者站副站长王伟、新华社采编室编辑朱慕南、河南日报驻南阳记者站农村版站长曹国宏莅宛，为林业系统百余名新闻爱好者进行新闻写作知识培训。培训结束后，深入西峡、淅川、桐柏等县实地采访。

● 5月5日，由中国花卉协会月季分会、市林业局、卧龙区政府主办，卧龙区石桥镇政府、南阳月季基地承办的中国月季之乡·第二届月季文化节在卧龙区石桥镇举办。

● 6月22日～25日，省政府参事赵体顺、刘发魁等一行5人，深入西峡、内乡、桐柏3县调研指导集体林权制度改革工作。调研组先后听取南阳市和西峡、内乡、桐柏3县集体林改工作情况汇报，参观内乡县林权管理中心和行政服务大厅，查阅县、乡、村三级林改档案，深入西峡县西坪镇黑漆河村、桐柏县朱庄乡后河村进行现场调研和座谈。

● 7月18日～20日，在省人大常委会委员、农工委副主任高德领带领下，赴淅川县、南召县就《河南省森林防火条例（草案）》进行立法调研。

● 8月4日，2010年河南省林业生态效益新闻发布会在内乡宝天曼国家级自然保护区举行。省长助理何东成，省林业厅厅长王照平，副厅长刘有富，中国工程院院士、北京林业大学原校长、博士生导师尹伟伦，市政协副主席贺国勤，市政府副秘书长周天龙，市林业局党组书记张荣山等领导、专家参加新闻发布活动。新华社、人民日报等30余家新闻媒体记者参加并进行报道。

● 10月，环保部、国家林业局等7部委（局）组成河南评估组，对河南省太行山猕猴等11个国家级自然保护区的管理情况进行综合评估。内乡宝天曼国家级自然保护区在资源管护、科研监测、生物多样性保护等方面成效突出，在全省乃至全国具有重要示范意义，以90分的高分位居榜首，被7部委（局）联合评估组评为“优”。

● 11月25日，南阳市召开花卉协会成立大会。省委农村工作领导小组副组长、省花卉协会会长何东成，省林业厅种苗站副站长、省花卉协会常务秘书长菅根柱，市政府党组成员、副厅级干部方显中，市政协副主席贺国勤等领导出席会议。

【2012年】

● 2月29日，市委书记李文慧等市领导带领淅川县四大家领导及市直部分单位负责人及干部职工群众3600余人在渠首参加植树活动。当日栽植雪松等苗木1.8万株。

● 3月12日，市长穆为民等领导与社会各界干部群众参加义务植树活动。当日栽植广玉兰等苗木5000余株。

● 3月14日，市政府组织镇平县、宛城区、卧龙区、高新区、南阳新区政府（管委会）分管领导及林业部门负责人，沿线13乡（镇）的乡（镇）长，实地督查环城高速造林绿化情况，并召开工作会议。副市长张生起讲话。

● 4月9日，内乡县作为河南丹江口库区代表县，接受国家林业局天保中心调研。调研组采取抽样走访的形式，详细了解该县集体公益林补偿制度建设、公益林补偿兑现情况和公益林管护现状。

● 4月13日，市人大常委会副主任梁天平带领市人大常委会视察组，对环城高速生态防护林和兰湖森林公园建设情况进行视察，听取市政府关于环城高速生态防护林和兰湖森林公园生态防护林工程建设专项资金管理使用情况汇报。副市长张生起出席会议。

● 4月26日，市政府组织卧龙区、南召县政府、鸭河工区管委会、市住建委、公路局、林业局、南水北调办以及沿线乡（镇）政府等相关单位，对主体育场至莲花温泉段绿化美化工作开展实地督查。副市长张生起讲话。

● 4月24日～27日，局长汪天喜带领局领导班子有关成员和办公室、科技科等科室负责人，到省林业厅、国家林业局汇报创建森林城市工作，向中国绿化基金会汇报渠首绿化基金募捐工作，向中国林科院汇报科技兴林及院市合作工作。

● 4月25日～26日，局长汪天喜就创建森林城市工作，分别向省林业厅副厅长刘有富，省林业厅办公室主任徐忠，宣传办主任杨晓周，国家林业局办公室副主任李金华，宣传办处长马大轶进行汇报，省林业厅、国家林业局对南阳市创建森林城市工作给予充分肯定，表示给予大力支持。

● 4月26日，局长汪天喜赴中国绿化基金会向基金会副秘书长兼办公室主任陈蓬，副秘书长、办公室副主任赵志营，处长陈英歌汇报设立渠首造林绿化基金工作准备情况，对方表示大力支持这项工作，并提出具体的运作办法。

● 5月8日，由中国花卉协会月季分会、市林业局、卧龙区政府共同主办，石桥镇政府、南阳月季基地承办的中国月季之乡·第三届月季文化节在石桥镇开幕。

● 5月9日，市长穆为民主持召开市政府第46次常务会议，专题听取白河国家湿地公园申报建设工作，同意成立管理机构。

● 5月23日～24日，全省林业工程中高级专业技术职务任职资格评审办法研讨会在南阳市召开，局党组书记张荣山参加会议并致辞。

● 5月30日，市政府成立南阳白河国家湿地公园筹备工作领导小组，市长穆为民任组长，加强对这项工作的组织领导。

● 6月12日～13日，省绿化委员会组成专家组，由省政府参事赵体顺带队，对南阳市创建全国绿化模范城市工作进行初检。12日，检查组一行对市委机关绿化、武侯祠古树名木保护、师院校区绿化、环城高速绿化、厂区绿化、独山森林公园建设、独山部队绿化等进行实地查看，听取市政府创建工作情况汇报。13日，检查组赴西峡县视察山区造林绿化情况。

● 7月15日，省林业厅领导到南阳检查指导工作，并召开南水北调移民后期帮扶工作会议。省林业厅副厅长刘有富，省水利厅副厅长、省政府移民办主任崔军，省林业厅副厅长李军，省林业厅人事处处长李志锋等参加会议。会前，在市政府党组成员、副市厅级干部方显中，市林业局局长汪天喜，党组书记张荣山等陪同下，对南阳市农运主场馆周边及沿线通道绿化、南阳月季基地独山月季园、南阳盆景园及豫花园进行参观。

● 8月8日～11日，由中国林科院分党组书记叶智带队，林科院科技处、人教处、林业所、院市合作办公室、郑州泡桐研究中心等领导和专家一行6人，到南阳市视察院市合作情况。市长穆为民、副市长张生起分别与中国林科院的领导和专家见面交流座谈。

● 8月31日，国家林业局湿地外业考察组到南阳市进行实地考察并听取汇报，通过了初查。12月4日～7日，国家林业局组织25位专家对全国申报的90多家湿地逐一进行评审，现场投票，南阳市申报的白河国家湿地公园通过国家评审。

● 10月20日～25日，原林业部副部长刘于鹤，首都绿化委员会办公室原巡视员王苏梅，中央直属机关绿化委员会办公室主任乔世英，国家林业局华东院处长聂祥永，全国绿化委员会办公室调研员周力军一行5人，对南阳市创建全国绿化模范城市工作进行全面验收，省林业厅副巡视员师永全，厅植树造林处处长朱延林、副处长吕本超陪同。

● 10月21日，全国绿化模范城市创建情况汇报会召开。市委书记李文慧参加并致辞。南阳军分区司令员程德明，市人大常委会副主任程建华，副市长张生起，市政协副主席贺国勤，邓州市代市长史焕立等，市创建全国绿化模范城市领导小组成员单位及各县（市、区）负责人参加汇报会。市政府汇报南阳市创建全国绿化模范城市情况，核查组听取省绿化委预检意见，收看创模宣传专题片。

● 10月23日，市委、市政府召开创建全国绿化模范城市核查情况反馈会。

● 12月5日，南阳市申报创建的全国绿化模范城市和白河国家湿地公园通过国家评审。

至此，南阳市申报争取的两块生态金字招牌双双通过国家评审。

● 12月8日，市政府召开石漠化综合治理项目申报协调会。副市长张生起、市发改委、

南阳白河绿化

水利局、林业局、淅川县、西峡县、内乡县的领导参加会议。张生起要求，各县（市）抓住机遇，做好普查，摸清家底，找到重点，抓紧申报石漠化项目。市林业局要聘请高水平的设计单位，尽快制定南阳市石漠化治理工程可行性报告，争取2至3年内将渠首3县纳入国家石漠化综合治理工程。

● 12月18日，市委、市政府在西峡县召开全市林业工作现场会。总结去冬以来林业工作，表彰先进，交流经验，明确当前和今后一个时期林业生态建设的总体思路、目标任务和工作重点，安排部署2013年造林绿化及其他林业工作。市人大常委会副主任程建华，副市长张生起，市政协副主席仝运科，市绿化委员会成员单位负责人，各县（市、区）政府县（市、区）长、党委副书记、政府分管副县（市、区）长、林业局长，高新区、南阳新区、官庄工区、鸭河工区管委会主任、管委会分管林业工作的副主任、社会事业局局长，有关乡（镇、办）党委书记或乡（镇）长（办主任）参加会议。18日上午，与会人员观摩西峡县丹水镇马边村千亩猕猴桃基地、田关乡万亩名特优经济林基地、回车镇双千亩猕猴桃生态经济林基地。18日下午召开大会，表彰2012年全市林业工作先进集体和先进单位。

【2013年】

● 1月8日，市林业局开展困难职工帮扶活动，局领导班子带头捐款，全体干部职工

积极响应，共捐款 19670 元，用于帮扶系统内 42 名困难职工。

● 2 月 17 日～ 19 日，市委、市政府分别召开市长办公会议、市委常委会议，专题听取全市林业生态建设情况汇报，研究部署当前和今后一个时期南阳林业生态建设。局长汪天喜进行专题汇报。市长穆为民对近年来南阳林业生态建设取得的成绩给予肯定。市委书记李文慧明确提出，生态建设是十八大提出的“五位一体”战略建设布局的重要内容，搞好林业生态建设义不容辞、责无旁贷。

● 2 月 22 日，市政府召开环城高速及 2 万公顷高标准粮田绿化工作会议，安排部署环城高速绿化、白桐干渠两侧林带建设和 2 万公顷高标准粮田农田林网绿化工作。镇平县、宛城区、卧龙区政府办副主任，高新区、南阳新区管委会工委办副主任，环城高速沿线及涉及 2 万公顷高标准粮田的乡（镇、办）党委书记参加会议。副市长张生起讲话。

● 2 月 25 日，市政府召开全市林业生态建设工作会议，总结去冬以来造林绿化工作，安排部署当前和今后一个时期林业生态建设任务，对春季造林绿化工作再部署、再动员。各县（市、区）主管副县长、林业局长，市绿化委员会成员单位负责人等参加会议。副市长张生起讲话。

● 2 月 28 日，市林业局关于领导干部工作分工的通知。汪天喜（局长、党组副书记）主持行政全面工作。张荣山（党组书记）主持党组全面工作。宋运中（党组成员、调研员）负责市林学会工作，联系指导森茂咨询公司工作。刘化忠（党组成员、调研员、副局长）负责机关常务工作，包括目标管理、“四个带动”、信息化建设、档案保密、计划生育、社会治安综合治理、平安建设以及公共机构节能减排等工作；负责造林绿化、项目资金、林业调查设计、防汛抗旱、渠首生态绿化基金募集等工作。分管和联系科室、单位：办公室、规划资金科、造林绿化科、林管站。张宏宪（调研员）负责人事、社会保障、机构编制、白河湿地公园筹建、对口帮扶南水北调丹江口库区移民安置、双拥工作等。分管和联系科室：人事科。邹平洲（党组成员、纪检组长）负责林业行政执法、资源管理、集体林改、党务政务公开、行风评议、行风热线、党风廉政建设、预防职务犯罪、大信访（书记、市长留言板、市长信箱答复）、林产品公司改制等工作。分管和联系科室、单位：森林公安局、森林资源管理科、监察室（纪检组）、林业稽查大队。联系指导林产品公司工作。齐宗俭（党组成员、副局长）负责经济林种苗、花卉产业、林下经济发展、林业宣传信息、兰湖森林公园建设与管理、食品安全等工作。分管和联系科室、单位：种苗站、花卉中心、兰湖森林公园、林技站。联系市花卉协会工作。吴子献（副局长）负责退耕还林、天然林保护、公益林管理、野生动植物保护、环境保护、新型农村社区建设等工作，分管和联系科室、单位：退耕还林办公室、长防办、野生动植物保护站、林科所。周明金（党组成员、副局长）负责护林防火、精神文明建设、老干部工作，负责文明单位创建、安全生产、消防、应急管理、服务基层、市文明委、市直工委安排的城市建设管理等工作。分管和联系科室、单位：黄石庵管理局、防火办、机关党委。王邦磊(党组成员、总工程师)负责林业科技，包括林业科技人才培养、科技队伍建设、科技成果申报论证等工作，院市科技合作、林业有害生物检疫防治、高效生态经济示范市建设、扶贫等工作，协助刘化忠做好林业项目论证、申报争取、建设等工作。分管和联系科室、单位：森防站、科技科、产业办。李金平(党组成员、黄石庵林场场长（管理局局长）)主持黄石庵林场工作。李刚(副处级干部)协助邹平洲做好森林资源管理科工作，协助齐宗俭做好林业宣传等工作。闫庆伟(森林公安局局长)协助齐宗俭做好经济林种苗、花卉产业、林下经济发展等工作。裴朝晖(副调研员）协助刘化忠做好造林绿化科工作。

● 3月7日，市委、市政府召开通道绿化现场会议。市委副书记杨其昌，市人大常委会副主任程建华，副市长张生起，市政协副主席贺国勤等领导，各县（市、区）党委、政府分管领导、林业局长，市绿化委员会有关成员单位负责人，环城高速和许平南高速方城段沿线乡（镇、办）党委书记，2万公顷高标准粮田涉及的乡（镇）党委书记参加会议。会上，通报全市高速通道及2万公顷高标准粮田示范区造林绿化工作进展情况。市委副书记杨其昌讲话。副市长张生起对林业工作进行再部署。

● 3月12日，市长穆为民到国家林业局专题汇报南阳林业建设工作，争取国家林业局对南阳市林业生态建设的进一步支持和帮助。国家林业局局长赵树丛表示，国家林业局将一如既往地支持和帮助南阳做好林业生态建设工作。

● 3月21日，市委、市政府召开通道绿化部署推进会议。市人大常委会副主任程建华，副市长张生起，市政协副主席贺国勤等领导，各县（市、区）政府主要领导、分管领导、林业局局长，高新区、南阳新区、官庄工区、鸭河工区管委会主任、副主任、社会事业局局长等参加会议。与会人员实地观摩环城高速卧龙区潦河镇、宛城区溧河乡以及许平南高速方城县赵河镇、博望镇通道绿化现场。会上，市人大常委会副主任程建华通报全市通道绿化工作进展情况，方城县、内乡县、宛城区分别介绍经验。

● 4月2日，市政府召开春季植树造林第三次观摩督查会议，副市长张生起讲话。各县（市、区）政府分管领导、林业局长，有关乡镇主要负责同志参加会议。

● 4月18日，欧洲投资银行贷款珍稀优质用材林可持续经营项目落户河南，西峡、淅川、桐柏、镇平、方城5县纳入项目范围。项目包括：人工造林、现有林改造、基础设施建设和能力建设四个部分，总投资1.2亿元。

● 4月27日，副市长张生起代表市政府与中国林科院签订关于在林业生态经济建设方面开展全方位合作的协议。

● 4月28日～29日，省林业厅厅长陈传进、厅办公室主任徐忠在市委常委、组织部长原永胜，副市长和学民，市政协副主席贺国勤等陪同下，先后考察邓州市、淅川县、西峡县林业生态建设及产业发展情况。陈传进对近年来南阳市林业生态建设取得的成绩给予肯定。

● 4月28日～5月3日，中国·南阳首届月季文化节举办。节会活动包括，参观精品、名品月季生产基地，月季与产业化发展高峰论坛，月季项目签约活动，精品、名品月季评比，月季摄影大赛，月季赠送活动，月季文化节文艺晚会等内容。

● 5 月 15 日，中国科学院院士、中国林科院首席科学家唐守正带队，专家组一行 8 人莅宛，就《渠首水源地高效生态经济示范区林业建设规划》具体情况与南阳市交换意见。该规划是去年 10 月由市政府委托中国林科院编制，规划初稿已完成。

● 5 月 16 日，中国林科院专家与南阳市林业工程技术人员召开南水北调渠首水源地高效生态经济示范区林业建设规划座谈会。会上，唐守正院士、王宏博士分别就中国的森林经营管理问题、速生丰产用材林面临的现状和形势进行分析和讲解。

● 5 月 16 日～ 17 日，渠首水源地高效生态经济示范区林业建设规划汇报会召开。市委常委、统战部长刘朝瑞，市人大常委会副主任程建华，副市长张生起，市政协副主席贺国勤、刘荣阁，淅川、邓州、西峡、内乡、宛城、卧龙、南阳新区等县、区分管领导及林业部门负责人，丹江湿地国家级自然保护区和市直有关单位负责人参加会议。中国林科院专家向市政府介绍规划具体情况，相关县（市、区）及市直有关部门与中国林科院专家交换意见。

● 5 月 20 日，市政府成立由副市长张生起任组长，市公安局、市国土局、市工商局、市林业局为成员的领导小组，启动森林资源管护年活动。

● 5 月 23 日，南阳市 37.13 万公顷公益林纳入全省森林保险范围，每年保费 556.95 万元。

● 6 月 4 日～ 5 日，市人大常委会副主任程建华带领市人大常委会农工委、教科文委、预算工委、法制办等委办负责人，视察卧龙区、宛城区、南阳新区、南召县、内乡县、淅川县林业生态建设及产业发展情况，并召开座谈汇报会，听取市林业局、淅川县林业生态建设情况汇报。

● 7 月 7 日～ 9 日，国家林业局考察组由治沙办副主任许庆带队，省林业厅副巡视员师永全、造林处处长朱延林、市政府副秘书长周天龙、局长汪天喜等陪同，对邓州、淅川、西峡、内乡 4 县（市）石漠化情况进行考察。考察组一行深入实地、乡村，详细调查了解情况，听取基层广大干群对石漠化治理的意见和建议；并在西峡县召开石漠化治理工作情况汇报会。副市长张生起参加会议并讲话。

● 8 月 9 日，全省生态公益林和退耕还林监测工作会议在淅川县召开，有关省辖市林业局分管副局长、生态公益林（或退耕还林）管理科室主要负责人，生态公益林（退耕还林）监测依托单位的主管副局长（场长）、生态公益林（退耕还林）管理股室主要负责人 及监测员共 90 余人参加会议。省林业厅副巡视员师永全，局长汪天喜、副局长吴子献、淅川县县长赵鹏等参加。

● 8 月 25 日，省林业厅副巡视员、省花卉协会副会长宋全胜，省政府法制办副主任许和、省林业调查规划院副院长孙银安等领导，赴南召县采集野生珍稀植物原色图谱，采集成果将录入《河南省珍稀植物原色图谱》一书。

● 9 月 2 日，市编委下发文件，成立南阳市白河国家湿地公园管理处，归市林业局领导。

机构规格正科级，其中主任 1 名按副处级配备，副主任 2 名按正科级配备，经费实行财政全额拨款。

● 9 月 3 日，市委书记穆为民，市委常委、统战部长刘朝瑞，市委常委、市委秘书长张振强，副市长张生起等领导，赴淅川县、西峡县、内乡县调研林业生态建设及高效生态产业发展情况。

● 9 月 27 日，市委、市政府召开南水北调中线生态走廊及白河生态防护林带规划建设工作推进会。市委常委、统战部部长刘朝瑞，副市长张生起，局长汪天喜，市生态文明建设指挥部造林督查组成员，沿线各县（市、区）主管领导、林业局长参加会议。会议听取淅川县、邓州市、镇平县、卧龙区、宛城区、高新区、南阳新区、方城县、鸭河工区、新野县前一阶段工作进展情况汇报。刘朝瑞讲话。

● 10 月 12 日，市委、市政府召开南水北调及高速（白河）生态廊道建设工作会议，安排部署南水北调中线生态廊道、白河生态防护林带和市域范围内高速生态廊道建设工作。市委常委、统战部长刘朝瑞，市人大常委会副主任程建华，副市长张生起，市政协副主席贺国勤等领导出席会议，各有关县（市、区）县长、党委副书记、副县（市、区）长、林业局长，干渠、白河及高速沿线乡（镇、办）党委书记和市直相关单位负责人参加会议。通报南水北调中线生态走廊规划建设进展情况，市中线办介绍干渠施工临时用地有关情况。淅川县、卧龙区发言。

● 10 月 26 日，中国林科院与南阳市合作共建的南阳月季展示园在中国林科院举行揭牌仪式。中国林科院分党组书记叶智，市委常委、统战部长刘朝瑞为月季展示园揭牌。市人大常委会副主任程建华、副市长张生起、市政协副主席贺国勤、局长汪天喜、淅

南阳市援建中国林科院月季园

川县县长赵鹏等出席揭牌仪式。

● 11月20日～21日，市委、市政府召开全市林业生态建设现场会。市委常委、纪委书记孙丰年，市人大常委会副主任程建华，副市长张生起，市政协副主席贺国勤，局长汪天喜等，各县（市、区）党委、政府分管领导、林业局局长、森林公安局局长、10县（区）防火办主任，有关乡（镇）党委书记、6个国有林场场长和市直有关单位负责人参加会议。观摩邓州、镇平、内乡、西峡、淅川5县（市）造林绿化现场。会上，贺国勤宣读森林防火工作的表彰决定，汪天喜通报全市林业工作进展情况以及森林防火工作情况。邓州、淅川等6个县（市）发言。

● 12月16日，市委、市政府召开南水北调干渠造林观摩推进会。市领导刘朝瑞、程建华、张生起、贺国勤带领干渠沿线县（区）长（管委会主任）、副县（区）长（副主任）、林业局长（社会事业局长）、南水北调办主任，市直有关部门负责人，市生态文明指挥部负责人和南水北调中线生态廊道建设各督查组组长，实地观摩各县（区）整地造林现场，并在渠首淅川县召开观摩讲评推进会，通报中线干渠绿化进展情况和通道绿化核查情况。

【2014年】

● 3月3日，市委、市政府召开南水北调生态廊道造林现场观摩会，对去冬以来干渠沿线造林绿化进行观摩评比，部署推动春季造林绿化工作，再掀干渠生态廊道建设高潮。市委常委、统战部长刘朝瑞，市委常委、副市长张生起，市人大常委会副主任程建华，市政协副主席贺国勤出席会议，干渠沿线县（区）党委（工委）、政府（管委会）分管领导、林业局长（社会事业局长），市直有关部门负责人，南水北调中线生态廊道建设督查组组长参加会议。与会人员实地观摩方城县、宛城区、城乡一体化示范区、高新区、卧龙区、镇平县、淅川县造林现场。程建华通报南水北调生态廊道造林绿化工作进展情况。刘朝瑞讲话。

● 4月3日，市委、市政府召开南水北调生态廊道造林观摩推进会，实地观摩方城县、宛城区、城乡一体化示范区、高新区、卧龙区、镇平县、淅川县干渠造林现场，并召开总结大会。

● 4月17日～18日，市委督查室分成两个组，对卧龙区、宛城区、新野县、城乡一体化示范区、镇平县、内乡县、淅川县高速造林情况进行督查。宽度不够、空档较多，遗留任务较大的乡镇现场表态发言，明确任务完成时限，电视台曝光。

● 6月18日～20日，中国林科院分党组书记叶智带领资源所、荒漠化所、森环森保所、林业所、院省科技合作办公室等10位国内知名林业专家，深入淅川县开展科技合作项目选址调研工作。6月20日，叶智与市长程志明分别代表中国林科院与南阳市政府签订《渠首水源地林业科技服务项目》合作协议签字，确定围绕共建“南水北调中线渠首水源地高效林业生态示范区”开展科技合作，为水源地生态保护和渠首生态建设提供科技支撑和智力保障。

● 6 月 20 日，市政府召开《南阳国家森林城市建设总体规划（中心城区外围）》（以下简称规划）评审会议，原则通过该规划。

● 7 月 25 日，市野生动物保护协会召开全体会员代表大会，会议表决通过南阳市野生动物保护协会更名为南阳市野生动植物保护协会。同时，修改了南阳市野生动物保护协会章程。

● 8 月 10 日～ 12 日，中国林科院国家林木种质资源平台主任郑勇奇研究员一行 4 人赴淅川县，就国家级林木种质资源平台建设开展专题调研和规划设计。8 月 12 日，局党组成员、总工程师王邦磊主持召开院市县三方参加的科技合作座谈会，与会专家根据水源地生态功能区划，确定首先围绕三叶木通、紫斑牡丹、黄连木等进行科研开发。

● 9 月 4 日～ 5 日，在淅川县举办国家林木种质资源平台科技培训班，中国林科院国家林木种质资源平台主任郑勇奇研究员、院省合作办公室孙钊等 5 名专家莅临淅川专题授课。

● 9 月 11 日，在市林业局 7 楼会议室举行南阳市生态文明促进会生态林业专业委员会授牌仪式。市四届人大常委会副主任、市生态文明促进会会长王清选等，以及市、县林业系统有关人员参加。雷恩洲宣读关于成立生态林业专业委员会的通知，王清选授予生态林业专业委员会扁牌。

● 9 月 15 日～ 16 日，全省自然保护区建设管理现场会议在内乡县宝天曼召开。省林业厅厅长陈传进，市委常委、副市长张生起等领导及人员参加会议。与会人员参观内乡宝天曼保护站建设情况及宝天曼野外科研设施，并召开经验交流会。陈传进讲话。

● 9 月 30 日，市委常委、副市长张生起主持召开迎通水造林绿化工作会议。淅川县、新野县、镇平县、宛城区、卧龙区、城乡一体化示范区 6 个迎通水线路县（区）的分管领导、林业局局长，沿线乡（镇）主要负责人及市迎通水造林督查组成员参加会议。汪天喜通报迎通水造林绿化工作情况。刘化忠讲解造林绿化技术重点。张生起讲话。

● 11 月 7 日，市委、市政府在召开视频会，安排部署造林绿化和森林防火工作。各县（区）县（区）长、党委副书记、分管副县（区）长，市直有关单位主要负责人，各乡镇党委书记参加会议。

● 12 月 19 日，省林业厅厅长陈传进、省政府护林防火指挥部专职副指挥长徐忠，在市委常委、副市长张生起、局长汪天喜陪同下，到黄石庵林场检查指导工作，重点检查防火队伍演练和防火物资储备情况，深入桦树盘防火瞭望哨，慰问防火值班人员，检查通信设备运行情况。

● 12 月 17 日～ 18 日，市政协主席刘朝瑞、市四届政协副主席贺国勤带领市城管局、规划局、财政局、林业局、卧龙区、城乡一体化示范区等单位负责人，赴北京市大兴区学习考察。18 日上午，考察学习大兴区月季洲际大会月季主题园、月季品种园和月季文化园建设情况，到世界月季洲际大会主题园南阳展区现场进行指导。18 日下午双方召开座谈会。

● 2013 年，全国开展第二次湿地资源调查，调查的对象及范围为：面积大于 8 公顷的湖泊湿地、沼泽湿地以及宽度 10 米以上、长度 5 公里以上的河流湿地。调查结果显示，南阳市湿地面积 12.7 万公顷，占全市国土面积的 5.26%，占全省湿地面积 62.79 万公顷的 20.26%。其中河流湿地面积 5.44 万公顷，湖泊湿地面积 186.86 公顷，人工湿地面积 7.27 万公顷，具有代表性的湿地有白河、湍河、唐河、丹江水库、鸭河水库等，南阳的湿地地理位置特殊，许多鸟类从此经过越冬或逗留，珍稀鸟类多、数量大，生物多样性丰富，维护生态平衡作用明显。

【2015 年】

● 2 月 4 日，市委、市政府召开 2015 年中国月季花展筹备工作会议。市政协主席刘朝瑞，市委常委、副市长张生起，市人大常委会副主任程建华，市四届政协副主席贺国勤，各有关县(区)长（管委会主任），市直有关单位负责人参加会议。张生起讲读《2015 年中国月季花展筹备工作方案》。卧龙区、城乡一体化示范区、市城管局、市旅游局、市林业局分别围绕承担的工作任务发言。刘朝瑞对月季花展的筹备举办具体安排部署。

● 3 月 10 日，市委、市政府召开高效生态林业建设现场会。市委常委、副市长张生起，市政府副秘书长王书延，各县（区）分管林业工作的副县（区）长、政府办分管副主任、林业局长，城乡一体化示范区、高新区、官庄工区、鸭河工区管委会副主任、管委办副主任、社会事业局局长（农村工作局局长），市绿委成员单位负责人参加会议。与会人员参观淅川县造林现场，并在渠首参加植树活动，召开大会总结安排。

● 5 月 11 日～12 日，省政协副主席钱国玉带领省政协调研组对南阳市南水北调中线生态带建设情况进行调研。省林业厅副巡视员师永全参加调研活动。座谈会上，市委常委、副市长张生起汇报南阳市南水北调中线生态带建设情况，调研组对生态带建设工作给予充分肯定。

● 5 月 13 日，陕西省政协副主席、西北农林科技大学校长孙其信一行 35 人在市长程志明，市政协主席刘朝瑞，市委常委、副市长张生起，市政协副主席赵秀玲等领导陪同下，考察南阳月季博览园、南召玉兰园。

● 6 月 17 日～18 日，国家林业局经济林和花卉管理处处长周力军调研南阳经济林产业、花卉苗木产业发展情况，省经济林和林木种苗工作站副站长郑晓敏、副调研员崔向清等有关负责人陪同调研。

● 6 月 27 日～28 日，国家林业局驻武汉森林资源管理专员办公室监管处副处长席明星、谭浩亮一行 4 人，到西峡县检查指导工作，并召开座谈会议，听取西峡县森林资源管理情况汇报。

● 9月22日～24日，南阳市选拔3名参赛选手，参加在许昌市鄢陵县举办的第四届“中原杯”插花花艺大赛。经过插花大师评比，南阳市艺春花店获得布展特殊贡献奖，选手何玉如获得单项盘花一等奖，南阳市本·精品花店选手杜英昭获得单项餐桌花一等奖，南阳市花儿花艺选手张金花获得单项盘花二等奖，南阳市花卉协会荣获最佳组织奖。

● 10月13日，市委召开造林绿化工作座谈会，市委书记穆为民专题听取全市今冬明春造林绿化工作汇报。在听取汇报后，穆为民指出，要积极响应中央号召，把绿色化作为生态文明建设的重要抓手，作为落实“三严三实”的具体举措，统筹谋划，创新模式，精耕细作，迅速掀起全民绿化高潮，创造生态宜居的城市环境。

● 10月22日，市委、市政府通过市、县、乡三级视频会议系统召开全市造林绿化工作电视电话会。市委副书记王智慧，市绿化委员会成员单位负责人、造林绿化工作督查组全体人员参加主会场会议；各县（区）政府县（区）长、县（区）委副书记、县（区）政府分管副县（区）长，各管委会主任、党工委副书记、管委会分管副主任，县（区）绿化委员会成员单位负责人参加县（区）分会场会议；乡（镇、办）、村在所在地分会场参会。市委常委、副市长张生起主持并讲话。市政府副秘书长王书延宣读市委书记穆为民、市长程志明关于全市今冬明春造林绿化工作的重要批示。唐河、新野、卧龙3个重点县（区）主要领导发言。

● 10月23日，市政府召开全市冬春造林绿化工作会议。市委常委、副市长张生起，市政府副秘书长王书延，各县（区）政府分管林业工作的副县（区）长、林业局长、森林公安局长，城乡一体化示范区、高新区、鸭河工区、官庄工区管委会分管领导、社会事业局局长（农村工作局局长）参加会议。副局长刘化忠传达全市冬春造林绿化工作方案。各县（区）汇报造林工作规划。张生起对造林绿化工作进行具体安排部署。

● 11月5日，在西北农林科技大学交流中心，南阳市与西北农林科技大学签订协议，合作共建南阳月季、玉兰试验示范站，西北农林科技大学副教授廖台成与市委常委、副市长张生起等校、市领导出席签字仪式。

● 11月27日～28日，市委书记穆为民在内乡、淅川、西峡和中心城区督导冬春绿化时强调：绿水青山就是金山银山，各级各部门要以“创新、协调、绿色、开放、共享”五大发展理念为引领，坚持生态经济化、经济生态化，完善规划，加强指导，广泛动员，全民参与，坚决打赢今冬明春造林绿化硬仗，实现“十三五”绿色化的良好开局。

● 12月15日，穆为民在桐柏、新野调研指导工作时强调：绿化工作要与“双创”工作结合起来，实施村落民居立体绿化，深入开展人居环境综合整治，大力宣传社会主义核心价值观，建设美丽乡村，打造生态宜居家园。当前，正值植树造林的关键时节，要掀起全民绿化高潮。这是各县区党委、政府和职能部门是否有“绿色惠民、全域绿色化”政治担当和先进理念的具体检验。要广泛动员、全民参与，搞好通道绿化、山区绿化、围城围镇围村绿化、庭院和房前屋后绿化，绿化一切可能绿化的空间。

● 12 月 21 日～ 22 日，伏牛山区护林防火联防工作会暨南阳市森林防火工作会议在南召县召开。省护林防火指挥部办公室副主任孙银安，省航站副主任李国锋，市委常委、副市长张生起，伏牛山区护林防火成员单位洛阳市、平顶山市、三门峡市、南阳市分管森林防火工作的副局长，联防区域内 20 个县林业局长以及南阳市各县（区）政府分管领导、林业局长、森林公安局长参加会议。与会人员参观南召县森林防火指挥中心及防火现场，并召开大会，表彰先进，举行联防值班交接仪式。张生起对南阳市森林防火工作进行总结和安排。孙银安讲话。

● 12 月 20 日，市委、市政府在内乡县召开全市造林绿化现场会，总结入冬以来全市造林绿化工作开展情况，参观现场，对下一阶段大造林工作进行再安排、再部署，动员全市上下迅速掀起冬季造林绿化新高潮。市委书记穆为民，市委常委、副市长张生起，市政协副主席柳克珍，各县（区）委书记、政府分管副县（区）长、林业局长，城乡一体化示范区、高新区、官庄工区、鸭河工区党工委书记、管委会分管副主任、社会事业局局长（农村工作局局长），市直有关部门负责同志，南水北调干渠、高速通道和白河沿线 87 个乡（镇）党委书记、街道办党工委书记参加会议。

【2016 年】

● 1 月 14 日，市委、市政府在卧龙区召开全市第二次造林绿化现场会。市委书记穆为民，市委常委、副市长张生起，市人大常委会副主任程建华，市政协副主席柳克珍，各县（区）委书记、政府分管副县（区）长、林业局长，城乡一体化示范区、高新区、官庄工区、鸭河工区党工委书记、管委会分管副主任、社会事业局局长(农村工作局局长)，市直有关部门负责人，南水北调干渠、高速通道和白河沿线 87 个乡（镇）党委书记、街道办党工委书记参加会议。会议参观了环城高速造林绿化现场。张生起对下一阶段大造林大绿化工作进行具体安排部署。穆为民讲话。

● 1 月 29 日，市政府与郑州航空港实验区管委会签署花卉产业发展战略合作协议。郑州市委常委、郑州航空港实验区党工委书记张延明，郑州航空港实验区管委会主任马健，市长程志明出席签约仪式。市委常委、副市长张生起，郑州航空港实验区管委会副主任王春山代表合作双方签约。

● 2 月 2 日，省林业厅党组成员、巡视员乔大伟，市林业局局长赵鹏分别带领省林业厅和市林业局扶贫工作队，深入桐柏县朱庄镇粉坊村和后河村开展扶贫慰问。

● 2 月 5 日，局长赵鹏、副局长周明金到黄石庵林场慰问林场困难职工和坚守在深山林区的护林防火值班人员，详细了解工作生活情况，并送去米、面等生活物资。

● 2月15日，市委常委、副市长张生起，市政府副秘书长王书延到市林业局调研指导林业工作。局长赵鹏汇报全市林业工作特别是大造林大绿化工作情况。张生起对当前和今后一个时期林业发展提出要求。

● 2月27日，市委、市政府在新野县召开全市第三次造林绿化现场会。市委书记穆为民，市委常委、副市长张生起，市人大常委会副主任程建华，市政协副主席柳克珍，各县（区）委书记、政府分管副县（区）长、林业局长，城乡一体化示范区、高新区、官庄工区、鸭河工区党工委书记、管委会分管副主任、社会事业局局长(农村工作局局长)，市直有关部门负责人，南水北调干渠、高速通道和白河沿线87个乡（镇）党委书记、街道办党工委书记参加会议。会议参观了新野县围村围镇造林、白河生态防护林带造林及湿地公园建设。张生起对去冬以来造林绿化工作进行总结，对下一阶段造林绿化工作进行具体安排部署。穆为民讲话。

● 3月7日，市政府领导到市林业局调研指导林业工作，听取全市林业工作特别是大造林大绿化等重点难点工作情况汇报，对当前和今后一个时期林业发展提出明确要求。

● 3月11日，市绿化委员会组织广大干群分别在鸭河工区皇路店镇朱庵村鸭河库区、焦庄村莲花湖周边，开展“植绿母亲湖 美化我家乡”义务植树造林活动。

● 4月28日～5月3日，以“月季，城市因你而美丽”为主题，举办2016年南阳月季展。月季展期间，组织开展赏月季爱市花游园活动，精品月季盆景展、月季插花展、月季摄影大赛、世界优秀月季园图片展、月季邮票绘画展、赠送月季、第二届全国种质资源利用与生态建设高端论坛等系列活动。

● 5月11日，市委、市政府在淅川县召开全市第四次造林绿化现场会。市委副书记王智慧，市政协副主席柳克珍，各县（区）委副书记、政府分管副县（区）长、林业局长，城乡一体化示范区、高新区、官庄工区、鸭河工区党工委副书记、管委会分管副主任、社会事业局局长（农村工作局局长），市直25个部门分管领导，南水北调干渠、高速通道和白河沿线88个乡（镇）党委书记、街道办党工委书记参加会议。会上，参观淅川县造林绿化及林业产业建设现场，并召开大会，对淅川、西峡、内乡、卧龙、新野5县(区)各奖励资金100万元。

● 5月19日～21日，市政府组织市林业局、卧龙区、宛城区、高新区、城乡一体化示范区负责人及南阳月季基地等6家月季企业代表，参加北京大兴世界月季洲际大会。

● 6月29日，南阳市启动第二次伏牛山地区域陆生野生动物资源调查。河南大学、河南师大、南阳师院相关领域教授及南阳市直林业系统、丹江湿地及有关县（区）的技术人员共24人组成4个小组，对内乡县、南召县、方城县、镇平县、卧龙区鸟类、爬行类和两栖类野生动物开展调查。

● 7月1日，市政府召开《南阳紫山植物园总体规划》评审会。北京林业大学对总体规划进行了汇报。在听取汇报的基础上，评审组专家经过评议，同意通过《南阳紫山植物园总体规划》。

● 7月10日，市委第四巡察组召开巡察市林业局工作动员会。市委巡察组组长吴朝河，副组长卢志远、田军，巡察组其他成员，市林业局领导班子成员，局机关各科室和直属单位主要负责人等参加会议。吴朝河作巡察工作动员讲话。赵鹏发言。

● 7月29日，南阳市与中国林科院共同举办南水北调渠首水源地生态建设联合专题活动。中国林科院副院长黄坚、国家林业科学数据平台主任纪平、国家林木种质资源平台主任郑勇奇、中国林科院院省合作办主任张艺华等，局长赵鹏等专家及林业科技人员参加专题活动。

● 8月4日、10日～12日、16日，局长赵鹏、副局长吴子献到桐柏陈庄林场调研指导国有林场改革工作，深入林区实地了解国有林场改革发展情况、森林资源管护情况，并深入林区、护林点，与林场干部和基层护林人员进行座谈。

● 9月9日～11日，世界月季联合会主席凯文、世界月季联合会会议委员会主席海格莅宛，就南阳市申办2019年世界月季洲际大会进行前期考察。中国花卉协会月季分会会长张佐双，世界月季联合会副主席、中国花卉协会月季分会秘书长赵世伟，省花卉协会会长何东成，市长霍好胜，局长赵鹏等参加。10月2日，世界月季联合会发文，同意2019年世界月季洲际大会在中国南阳举办。

● 9月29日，国家林业局、北京林业大学、中国林科院等国内林业规划专家对《南阳市森林城市建设总体规划》进行评审，并顺利通过评审。

● 10月8日，市政府召开常务会议，听取市林业局冬春造林绿化工作情况汇报。市长霍好胜，常务副市长原永胜等，市林业局、城管局、发改委、财政局、交通运输局、国土资源局等单位主要负责人参加会议。霍好胜听取汇报后，对大造林大绿化工作提出明确要求。

● 10月8日～14日，首届南阳市林业干部培训班在浙江大学举办。参加这次培训班的有南阳16个县（区）林业局长、市直林业系统各单位负责人和局机关科室长共38人参加。

● 10月18日，市委书记穆为民，市委副书记王智慧，市政协主席刘朝瑞，市委常委、常务副市长原永胜，市委常委、秘书长景劲松，市政府副市长朱海军，市政协副主席柳克珍专题听取创建国家森林城市、大造林大绿化及世界月季洲际大会月季园选址工作。市政府副秘书长王书延先后汇报创建国家森林城市及大造林大绿化工作动员会议筹备情况、世界月季洲际大会月季园选址情况，与会领导提出意见和建议。

● 10月17～20日，PRI-ECO&CFERN森林生态连清监测技术野外培训大篷车走进南阳。本次活动由中国森林生态系统定位观测研究网络、PRI-ECO生态监测技术中美联合实验室、南阳市林业局共同主办，淅川县林业局、桐柏县林业局承办，为期4天。省林业厅科技处处长裴海潮，市林业局局长赵鹏，局党组成员、教授级高工王邦磊，江西大岗山森林生态站，湖北红安县林业局，南阳市直林业系统及12个县（区）林业技术人员等领导及专家，共100余人参加活动。

● 10月22日，市委、市政府召开全市创建国家森林城市暨大造林大绿化动员大会。市委书记穆为民主持会议并讲话。市长霍好胜，市委副书记王智慧，市政协主席刘朝瑞，市委常委、常务副市长原永胜，市委常委、秘书长景劲松，市委常委、市纪委书记王保华，市委常委、宣传部长张富治，南阳军分区司令员季陵，市人大常委会副主任程建华，副市长朱海军，市政协副主席柳克珍，市委各部委、市直机关各单位、市管各企业和大中专院校、各人民团体，中央、省驻宛企事业单位主要负责人、各县（区）委（党工委）书记、县（区）长（管委会主任）、驻宛新闻媒体、市林业局、城管局中层以上干部在主会场参加会议。各县（区）、乡（镇）在分会场参加会议。与会人员收看了《南阳市创建国家森林城市暨2017年造林绿化工作方案》电视解读片。淅川县、镇平县、卧龙区、宛城区、南阳理工学院、中国移动通信集团河南有限公司南阳分公司汇报造林绿化工作做法经验。省林业厅陈传进厅长到会讲话。市长霍好胜对南阳市创建国家森林城市和冬春大造林大绿化工作进行具体安排部署。

● 11月3日，市政府召开河南南阳白河国家湿地公园修建性详细规划评审会。评审组专家通过该规划。

● 11月10日，全市今冬明春第一次造林绿化现场会在镇平县召开。省委常委、市委书记穆为民，市人大常委会副主任程建华，市创建国家森林城市指挥部成员单位主要负责人，各县（区）委书记、政府分管副县（区）长、林业局长，城乡一体化示范区、高新区、官庄工区、鸭河工区党工委书记、管委会分管副主任、社会事业局局长（农村工作局局长）参加会议。镇平县、淅川县、南召县、镇平县贾宋镇分别介绍造林绿化工作经验做法。穆为民讲话。

● 11月6日～13日，局长赵鹏等一行7人联合组团，赴乌拉圭埃斯特角参加世界月季洲际大会，并顺访阿根廷布宜诺斯艾利斯，签署月季友好合作协议。期间，会见了世界月季联合会主席凯文·特里姆普先生，世界月季联合会会议委员会主席海格·布里切特女士，世界月季联合会欧洲区域副主席杰拉许女士等世界月季联合会官员和专家，就筹备2019年世界月季洲际大会进行深入交流，并欣然答应参加2017年南阳月季展。

● 11月22日，市政府领导带领市政府办、市林业局有关负责人到宛城区、唐河县、社旗县、方城县专题督查指导冬季造林工作。

绿色南阳 雄浑界岭——贺天顺（摄）

第一章 自然基本概况

第一节 地理概况

一、地形地貌

南阳市地处全国第二级地貌台阶向第三台阶过渡的边坡上，西、北、东三面环山，是一个向南开口的马蹄形盆地。海拔高度在2212.5米（西峡犄角尖）至72.2米（新野县沙堰）之间。山地、丘陵、平原大体各占1/3。其中，山地面积9709平方千米，占总土地面积36.5%；丘陵面积7908平方千米，占总土地面积的30%；平原面积8911平方公里，占总土地面积的33.5%。山地包括北部的伏牛山，西南部的淅川岩溶低山与东部的桐柏山，海拔高度一般在400米以上，相对高度大于200米。高山海拔高度超过2000米，相对高度大于500米；低山海拔高度400～1000米，相对高度为200～500米。

二、气候

（一）气候特征

南阳市地处北亚热带向暖温带的过渡地带，属于典型的季风型大陆性半湿润气候，阳光充足，热量丰富，雨量充沛，四季分明。全市3月22日～5月20日为春季，5月21日～9月12日为夏季，9月13日～11月11日为秋季，11月12日～次年3月21日为冬季。冬、夏季较长，分别达130天和115天；春、秋季较短，各有60天。年平均日照2047小时。年平均气温14.4～15.8℃。年极端最高气温40.7～42.6℃；年极端最低气温-13.2～-17℃。无霜期255天左右，有霜日数为41～72天。年平均降水量697.7～1158.9毫米。冬季东亚大槽深厚且稳定，蒙古冷高压强盛并逐渐控制全区，盛行偏北风，天气寒冷干燥，雨雪稀少，极端最低气温曾出现零下21．2℃(1955年1月11日南阳市)。春季是冬夏的过渡季节，东亚大槽变平，低纬度副热带高压系统开始活跃，雨量增多，湿度增大，多连阴雨天气，同时带来大风、寒潮天气过程。夏季冷空气势力明显北缩，副热带高压西伸北上，在西风带低槽与副热带高压相互作用下，形成明显降水，甚至酿成洪涝、大风、雷雨、冰雹等灾害。当受副热带高压控制时，全市天气酷热、干旱少雨，极端最高气温曾达到42.6℃(1962年7月13日淅川)。秋季东亚大槽建立，副热带系统南撤，冷空气加强，温度、湿度开始下降，雨量减少，但当冷空气较弱，暖空气活跃时，出现秋雨，造成连阴，并有大风、寒潮天气出现。

（二）林业灾害

风灾

清德宗光绪三十一年（1905年）4月28日大西北风一日，青树叶刮落遍地。

民国8年（1919年）5月10日午刻，朔风大作，飞沙走石，迅雷雨雹，禾稼树木多被毁伤。

民国17年（1928年）9月，马山口一带出现飓风，飞瓦走石，大小树木连根拔起。

民国18年（1929年）7月，社旗西北大风，刮掉枣柿。

民国22年（1933年）7月24日16时左右，内乡西庙岗一带大雨夹雹，西北、大风30分钟，大如鸡蛋，小如枣、瓦屋击碎，庄稼树叶全部打光。

民国38年（1949年）9月18日，淅川宋湾西北大风，飞瓦走石，刮倒大树。

水灾

民国8年（1919年）7～8月，桐柏程湾一带大雨倾泻，平地行舟，冲坏土地数千亩，倒房两千多间，冲走庄稼树木无计。

民国34年（1945年）4月底，内乡小湍河、芦家坪、万沟降特大冰雹，小湍河到万沟一道河迎风面树皮全部打光，过后树木断青，死鸟兽甚多。7月22日，马山暴雨成灾，默河两岸树木全部被冲走。

1965年夏季，洪水泛滥，唐河、白河流域7个林场在洪水线内造林56.46公顷（唐河县49.33公顷，南阳县7.13公顷），被洪水冲毁。

1979年6月28日夜8时～11时，内乡、西峡2个国营园艺场遭特大暴风雨和冰雹灾害。内乡园艺场果树折断300余棵，防风林刮倒80棵，果品刮落85%～95%，部分被雨水冲走，果品损失约37500千克，价值16000元。西峡园艺场大小果树被刮倒300余棵，水冲走100余棵，损失果品约15000千克，冲毁瓜地1.33公顷，护河坝200米，水塘1个，房屋倒塌3间，计损失30000元。

1979年7月15日～25日，南阳部分地区降下历史上少见的2次大暴雨，降雨量200～400毫米，个别地方达到600毫米，造成严陵、赵河、砇石河、梅溪河、潦河漫溢成灾，林业受害严重。据调查统计，黄石庵、乔端、万沟、五岳庙林场及社旗、西峡林科所、淅川柑桔所等11个国营林场、苗圃，倒房36间，险房16间，倒院墙150多米，冲毁树木7000多株，冲毁苗圃地6公顷多，冲走木材104立方米，冲坏林区公路90多千米，冲坏粮食1433.33千克，损失折款32.5万多元；（新野、西峡、内乡、社旗、邓县、南阳6县国营园艺场）倒房23间，冲毁果树3300株，冲毁苗圃3.33公顷，损失果品60多万千克，西瓜等200多千克，连同职工衣物、工具等损失折款40.5万多元。全区国营林园损失达72万多元。集体林场冲倒房屋1939间，险房1843间，被淹致死3人，牲畜倒房淹死89头，苗木被水冲沙压309.33公顷，经济林冲毁32万多株，农作物被冲2733.33公顷，粮食被冲霉变17.5万多千克，大小林机具冲失冲损29000多件，冲毁水利工程5200多处，共计损失278万多元。国营、集体林业总损失352万元。

2005年7月17日12时～15时，伏牛山国家级自然保护区黄石庵林场伏牛山主峰老君山南麓一带突降暴雨，3小时降雨量260多毫米，15时发生特大洪水，80多千米林区公路被毁，6.67公顷经济林、名贵大树和景区绿化树被连根拔起，60多间护林房和职工住房倒塌，伏牛大峡谷生态旅游景区大部分基础设施被毁，未造成人员伤亡。

冰灾、冻灾

清穆宗同治四年（1865年）1月16日大雪，汉水结冰，树木牲畜多被冻死。

清穆宗同治十一年（1872年），冬大寒，树木多被冻死。

清德宗光绪二十八年（1902年），西峡2月13日大雪，果树花皆冻毁，百果不收。

民国九年（1920年）12月，大雪尺余，河上行人通车，竹木多冻死。

民国二十七年（1938年）5月，永红、台楼一带先雨后雹伴大风，雹大如鸡蛋，迎风面树皮全被打光。

民国二十九年（1940年）5月，南召县板山坪大风雨雹1小时，大如拳头，小如核桃，揭木毁林，危害颇大。

民国三十年（1941年）4月26日，大雨雹，小如楝实，大如拳头，牲畜伤奔，耳麦平铺，粒穗无余，林木之叶尽落地上，东起浓营，西迄吴湾，被灾颇甚。

民国三十五年（1946年）7月，南召县马市坪黄土岭雨雹大如鸡蛋，打死野兽，树皮剥光。

民国三十六年（1947年）4月1日，南召县板山坪降雹1小时，1～1.54克，打坏庄稼树木和房屋，击毙鸟兽，山蚕几乎绝收。

1976年冬～1977年春，持续大风降温（－12.8°～－14°），淅川县39万棵柑桔蒙受冻害。据淅川县林业局1977年5月调查，一级冻害（当年秋梢受冻，1/4的枝梢落叶）13%，二级冻害（1～2年枝条受冻，1/2以上的枝梢落叶，结果受到影响）20%，三级冻害（2～3年生枝条受冻，严重落叶，当年没产量）32%，四级冻害（地上部分冻死，基部仍有萌发能力）15%，五级冻害（植株全部冻死）13%。

柑桔受害轻重与植株生长发育状况、所处立地条件和品种不同而异。因管理不善树势生长弱或秋梢徒长及生长在地势低洼、冷空气下沉而不易消散立地条件下的植株受害较重。不同品种对抗寒的表现是“温州蜜柑”，特别是本地培育的枳砧苗，采本地生长的“温州蜜柑”作接穗培育出的柑桔树抗寒能力较强，受害程度较轻。

淅川县林业局柑桔冻害调查组在总结当地群众防冻经验的基础上，提出6条柑桔防冻管理措施: 一是选择适宜立地条件造园。柑桔园易建在海拔高度250～500米左右，土壤深厚肥，通气良好，含水力强，背风向阳的山坡或水塘、水库附近。二是加强管理，增强树势。栽前要提前高标准整地—挖大穴、增客土、施底肥；栽后要适时松土、除草、施肥和防止病虫害。每年小雪前即11月中旬要施一遍农家肥，以提高土温，保护根系越冬；结果树采果后要及时追肥人粪尿或其它农家肥，有条件的地方浇水1～2次；园内要早种、多种绿肥植物，增强地面覆盖，减少地表蒸发，保持湿度，提高地温。三是培土防冻。幼树一般培土20厘米～25厘米，3年生以下的幼树，可培土至主干分枝处。第二年立春后及时扒开，以免高温多湿造成烂皮。四是建园时营造防护林。五是严禁与高干和深根性作物间作。六是选择抗寒品种—温州蜜柑。

2008年1月上旬～2月上旬，中国大部分地区普降大到暴雪，部分地区遭受到罕见的雨雪冰冻灾害，给人民的生产生活和财产带来大的损失。南阳市在这次雨雪冰冻灾害中，林业生产也遭受比较严重的损失，这次受灾范围涉及桐柏县、淅川县、西峡县、内乡县、南召县、方城县、唐河县、宛城区、社旗县、新野县、卧龙区 11 个县（区）重点乡镇及国有林场、苗圃。据统计，全市林业受雨雪冰冻灾害影响，直接经济损失 26760 万元，受灾人口达 126700 多人。其中全市林地受灾面积 55533.3 公顷，损失各类苗木 6000 多万株，直接经济损失 26400 多万元；林区因灾损坏房屋 211 间，道路损坏 54 公里，供电线路损坏 52.2 公里，造成直接经济损失 360 多万元。

三、土壤

根据第二次土壤普查，南阳市土壤结构和分布情况比较复杂，共划分为 9 个土类，16 个亚类，33 个土属，120 个土种。其主要土壤类型基本分为 7 个大类，即黄棕壤、砂姜黑土、潮土、水稻土、黄褐土、紫色土和其他土类，主要以黄棕壤和黄褐土为主。土壤的 PH 值平均为 7.23，有 93.8% 的土壤处在 5.80-8.0 之间；土壤有机质平均含量为 1.186%，有 79.8% 的土壤有机质含量在 1.0-1.5% 之间；土壤全氮含量平均为 0.082%，有效氮含量平均为 57.7mg/kg，有 76.3% 的土壤有效氮在 30-65mg/kg；土壤全磷含量平均为 0.046%，有效磷平均为 13.06mg/kg；土壤全钾含量平均为 1.62%，有效钾为 157.09mg/kg，有 85% 的土壤有效钾含量在 100mg/kg 以上。

四、水文

南阳是河南省河网比较密集的地区之一。众多河流分属长江、淮河、黄河三大水系。长江水系汉水流域的唐河、白河水系最大，支流较多，水资源丰富；丹江水系次之。淮河水系分布在南召、方城、桐柏 3 县。黄河水系只有南召县马市坪乡汇入嵩县的伊洛河（流域面积 24 平方千米）。全市流域面积在 100 平方千米以上的河流有 78 条，长度在百公里以上的河流有 10 条。水域面积 19.893 万公顷，水资源总量 68.43 亿立方米，天然径流量 61.7 亿立方米，地下水资源 25 亿立方米，其藏量、亩均水量及人均水量均居全省第一位。平均水资源可利用率 37.7%。可利用水资源总量 25.81 亿立方米。总用水量 24.62 亿立方米。其中，农业用水 13.01 亿立方米，工业用水 7.72 亿立方米，生活用水 3.62 亿立方米，生态补水 0.27 亿立方米。地下水用量 10 亿立方米。地下水已经超采。在地表水开发方面，有大型水库 2 座（鸭河口水库，控制流域面积 3030 平方千米，库容 13.16 亿立方米，水面面积 112 平方公里，坝顶高程 183 米；镇平赵湾水库，总库容 1.065 亿立方米，水面面积 8.8 平方千米，坝顶高程 225.9 米），中型水库 21 座，小型水库 475 座，塘坝 23931 座，堤、引水工程 817 处。年平均总设计供水能力 20.665 亿立方米。

第二节 森林资源

南阳市位于华北植物区系与华中植物区系的过渡地带，南北植物兼有，林木资源丰富。共有维管束植物175科982属2879种，其中蕨类植物25科73属202种，裸子植物6科15属28种，被子植物144科804属2649种。大型野生真菌400余种。

自白垩纪以来，基本上保持着温暖湿润的气候，到新世纪晚期，才趋于北亚热带范围。第四纪冰川时期，区内没有直接受到北方大陆冰川的影响，加之地形复杂，成为许多古老植物的避难所和新生孤立植物类群的发源地，单型、小型科属包括孑遗植物较多。全市有单型属320个，少型属239个，其中只含一属一种的科有24个。这些种类多是第三纪古热带植物区系的孑遗或更古老的成分。如银杏（*Ginkgo biloba* L.）、粗榧（*Cephalotaxus sinensis* Li)、连香树（*Cercidiphyllum japonicum* Sieb. Et Zucc.)、杜仲（*Eucommia ulmoides* Oliver)、大果青扦（*Picea neoveitchii* Mast)、金钱槭（*Dipteronia sinensis* Oliv.)、香果树（*Emmenopterys henryi* Oliv.）、串甲藤（*Sinofranchetia chinensis)*、水青树（*Tetracentron sinense* Oliv)、大血藤（*Sargentodoxa cuneata* (Oliv.) *Rehd*. et Wils）、领春木（*Euptelea pleiosperma* Hook.f. et Thoms）、青皮木（*Schoepfia fragrans* Wall ）、青钱柳（*Cyclocarya paliurus* ）等。而近代植物又兼有亚热带和暖温带的特征，呈现出明显的过渡性。

暖温带华北植物区系的种类有栓皮栎（*Quercus variabilis* Bl.）、槲栎（*Quercus aliena* Bl.）、蒙古栎（*Quercus mongolica* Fisch. ex Ledeb.）、锐齿槲栎（*Quercus aliena var*. *acuteserrata* Maxim．）、榆树（*Ulmus pumila* L. ）、大叶朴（*Celtis koraiensis* Nakai ）、小叶朴（*Celtis bungeana* Bl ）、赤杨（*Alnus japonica* (Thunb.) Steud.）、白桦（*Betula platyphylla* Suk ）、坚桦（*Betula chinensis* Maxim.）、千金榆（*Carpinus cordata* Bl. ）、鹅耳枥（*Carpinus turczaninowii* Hance）、旱柳（*Salix matsudana* Koidz. ）、杨树（*Populus* L.）、桃（*Amygdalus persica* L. ）、杏（*Armeniaca vulgaris* Lam. ）、苹果（*Malus pumila* Mill. ）、樱桃 (*Cerasus pseudocerasus* G. Don)、梨 (*Pyrus spp*)、野山楂 (*Crataegus cuneata* Sieb. & Zucc.)、珍珠梅 (*Sorbaria sorbifolia* (L.) A. Br.)、合欢 (*Albizia julibrissin* Durazz. .)、刺槐 (*Robinia pseudoacacia* Linn.), 国槐 (*Sophora japonica* Linn.)、山合欢 (*Albizia kalkora* (Roxb.)Prain)、野皂荚 (*Gleditsia microphylla* Gordon ex Y. T. Lee)、胡枝子 (*Lespedeza bicolor* Turcz)、黄连木 (*Pistacia chinensis* Bunge)、臭椿 (*Ailanthus altissima* (Mill.) Swingle)、楝树 (*Melia azedarach* L.)、泡桐 (*Paulownia* Tomentosa Steud)、柿树 (*Diospyros kaki* Thunb.)、芫花 (Daphne *genkwa* Sieb. et Zucc.)、荆条 (*Vitex negundo* L. var. heterophylla (Franch.) Rehd.)、侧柏 (*Platycladus orientalis* (L.) Franco)、油松 (*Pinus tabulaeformis* Carr.)、赤松 (*Pinus densiflora* Sieb. et Zucc.)、黑松 (*Pinus thunbergii* Parl.)、华山松 (*Pinus armandii* Franch)、鼠李 (*Rhamnus davurica* Pall)、酸枣 (*Ziziphus jujuba* Mill. var. *spinosa* (Bunge) Hu ex H. F. Chow)、枣 (*Ziziphus jujuba* Mill. var. *spinosa* (Bunge) Hu ex H. F. Chow)、升麻、龙芽草 (*Agrimonia pilosa* Ldb.)、蒲公英 (*Taraxacum mongolicum* Hand.-Mazz.)、萎陵菜(*Potentilla chinensis* Ser.)及农业栽培植物如大麦(*Hordeum vulgare* L.)、小麦(*Triticum aestivum* L.)、高梁 (*Sorghum bicolor* (L.) Moench)、玉米 (*Zea mays* L.)、大豆 (*Glycine max* (Linn.) Merr.)、芝麻 (*Sesamum indicum* Linn.) 等。

华中植物区系的种类有领春木 (*Euptelea pleiosperma* Hook.f. et Thoms)、金钱槭 (*Dipteronia sinensis* Oliv.)、桢楠（*Phoebe zhennan* S. Lee）、乌药（*Lindera aggregata*(Sims) Kosterm）、茶树（*Camellia sinensis*）、紫茎（*Stewartia sinensis* Rehd. et Wils.）、白玉兰（*Michelia alba* DC.）、鹅掌楸（*Liriodendron chinensis* （Hemsl.） Sarg）、冬青（*Ilex chinensis* Sims）、油桐（*Vernicia fordii* (Hemsl.) Airy Shaw）、乌桕（*Sapium sebiferum* (L.) Roxb.）、重阳木 (*Bischofia polycarpa* (Levl.) Airy Shaw) 、化香 (Platycarya strobilacea Sieb.et Zucc.）、枫香（*Liquidambar formosana* Hance）、小叶青冈（*Cyclobalanopsis myrsinifolia* (Blume) Oersted）、茅栗（Castanea seguinii Dode）、杉木（*Cunninghamia lanceolata* (Lamb.) Hook.）、马尾松（*Pinus massoniana* Lamb.）、黄山松 (*Pinus taiwanensis* Hayata)、粗榧 (*Cephalotaxus sinensis* Li)、白鹃梅 (*Exochorda racemosa* (Lindl.) Rehd)、美丽胡枝子 (*Lespedeza Formosa* (Vog.) Koehne)、香果树 (*Emmenopterys* Henryi Oliv)、无患子 (*Sapindus*)、映山红 (*Rhododendron pulchrum* Sweet)、虎耳草 (*Saxifraga stolonifera* Curt)、芒萁 (*Gleichenia linearis* Clarke)、黄连木 (*Pistacia chinensis* Bunge)、杜仲 *(Eucommia ulmoides*)、山胡椒 (*Lindera glauca* (Sieb. et Zucc.) Bl)、杓樟 (*Lindera erythrocarpa* Makino)、牛鼻栓 (*Fortunearia sinensis* Rehd. et Wils)、盘叶忍冬 (*Lonicera tragophylla* Hemsl)、八角枫 (*Alangium chinense*(Lour .)Harms)、华中五味子 (*Schisandra sphenanthera* Rehd. et Wils)、山茱萸 (*Cornus officinalis* Sieb. et Zucc)、刺楸 (*Kalopanax septemlobus* (Thunb.)Koidz)、三叶木通 (*Akebia trifoliata*)、盐肤木 (*Rhus chinensis* Mill)、水青树 (*Tetracentron sinense* Oliv.)、山白树 (*Sinowilsonia henryi* Hemsl)、天麻 (*Gastrodia elata* Bl) 等。

同时，还有华东区系的天目木姜子 (*Litsea auriculata* Chien et Cheng)、银鹊树 (*Tapiscia sinensis* Oliv)，西南区系的秦岭冷杉 (*Abies chensiensis* Tiegh)、麦吊云杉 (*Picea brachytyla* (Franch.) pritz.)，华南区系的天竺桂 (*Cinnamomum pedunculatum*)，西北西物区系的猪毛菜 (*Salsolacollina* Pall)、蒺藜 (*Tribulus terrester* L)、达呼里胡枝子 (*Lespedeza davurica*) 等。

一、植物资源

全市有木本植物 95 科 242 属 1058 种与变种。在木本植物中，常绿树种 198 种，落叶树种 860 种；乔木树种 477 种，灌木树种 495 种，藤本树种 86 种。按用途分类：

用材树种 320 多种，药用树种 425 种，油料树种 212 种，淀粉树种 145 种，纤维树种 325 种，鞣料树种 214 种，提取香料树种 90 种，拷胶用树种 31 种。

（一）保护树种

南阳市主要保护树种有银杏 (*Ginkgo biloba* L）、太白冷杉（巴山冷杉 (*Abies fargesii* Franch.)、铁杉（杉松）(*Tsuga chinensis* pritz)、麦吊杉（垂直云杉）(*Picea brachytyla* (Franch.) pritz)、大果青杆 (*Picea neoveitchii*)、青钱柳（摇钱树）(*Cyclocarya paliurus*)、凹叶厚朴 (*Magnolia officinalis subsp.biloba* (Rehd. et Wils.) *Cheng et* Law)、领春木（钥匙树）(*Euptelea pleiosperma* Hook.f. et Thoms.)、连香树（子母树）(*Cercidiphyllum japonicum* Sieb. Et Zucc.)、华榛（山白果）(*Corylus chinensis* Franch.)、红茴香（八角）(*Illicium henryi*)、水青树 (*Tetracentron sinense* Oliv.)、天竺桂（土肉桂）(*Cinnamomum pedunculatum*)、山白树 (*Sinowilsonia henryi* Hemsl.)、杜仲（棉树）(*Eucommia ulmoides*)、香果树（水冬瓜）(*Emmenopterys Henryi* Oliv.)、红豆杉（紫柏树）(*axus* Linn.) 等。在全市自然保护区中生存的 116 种珍稀植物中，列入国家一级保护植物有银杏 (*Ginkgo biloba* L.)、红豆杉 (*axus* Linn.)、南方红豆杉 (*Taxus mairei* SY Hu)21 种；列入国家二级保护植物有大果青杆 (*Picea neoveitchii*)、连香树 (*Cercidiphyllum japonicum* Sieb. Et Zucc.)、香果树 (*Emmenopterys* Henryi Oliv.) 等 17 种。河南省重点保护的 75 种植物在南阳市均有分布。

香果树群

1. 银杏 (*Ginkgo biloba* L）。落叶乔木，材质优良，可供建筑、雕刻等用。种仁可食、入药，叶可降血压，外种皮可入药，分布以寺院较多，是省级保护树种。

2. 太白冷杉（巴山冷杉）(*Abies fargesii* Franch.)。常绿乔木，中国特有树种。生长在伏牛山南坡海拔 1500 米以上的高山地带。

3. 铁杉（杉松）(*Tsuga chinensis pritz*)。常绿乔木，省级保护树种。铁杉是建筑和家具良材，树皮含单宁，种子含油。分布在伏牛山南坡海拔 1000 米以上的山坡浅山谷。

4. 麦吊杉（垂枝云杉）(*Picea brachytyla* (Franch.) pritz)。常绿乔木，为国家级保护树种。木材可做飞机、建筑、电杆、家具、造纸等用材。分布在伏牛山南坡海拔 1500 米以上的山坡。

5. 大果青杆 (*Picea neoveitchii*)。常绿乔木，列为国家级重点保护树种。材质优良，用途广泛。在宝天曼自然保护区仅发现两株。

6. 青钱柳（摇钱树）(*Cyclocarya paliurus*)。落叶乔木，为省级保护树种。木材为建筑、家具用材，树皮含纤维 17.8%，可作为绳索、造纸、栲胶原料。分布在伏牛山区海拔 1500 米左右的山谷杂木林中。

7. 凹叶厚朴 (*Magnolia officinalis subsp.*biloba (Rehd. et Wils.) Cheng et Law)。常绿乔木，国家级保护树种，可栽庭院观赏，树皮入药。南召等县有栽植。

8. 领春木（月钥树）(*Euptelea pleiosperma* Hook.f. et Thoms.)。落叶乔木，国家级重点保护树种。分布在伏牛山区海拔 1000 米以上的山谷。

9. 连香树（子母树）(*Cercidiphyllum japonicum* Sieb. Et Zucc.)。落叶乔木，我国仅一种，国家级重点保护树种。木材为建筑、家具、枕木、图板、雕刻等用材，树皮为栲胶原料。内乡宝天曼和西峡烟镇自然保护区及西峡县太平镇、镇平县彭公祠有生长。

连香树

10. 华榛（山白果）(*Corylus chinensis* Franch.)。落叶乔木，国家级保护树种。木材为建筑、家具用材，种仁含油 50%，可食。分布在伏牛山区海拔 1000 米以上的山谷。

11. 红茴香（八角）(*Illicium henryi*)。常绿灌木或小乔木，省级保护树种。叶、果可提取芳香油，根和根皮可入药。分布在伏牛山南坡山沟或溪旁杂木林中。

12. 水青树 (*Tetracentron sinense* Oliv.)。落叶乔木，中国特有，列为省级保护树种。宜作行道树种，木材可做家具等。分布在伏牛山南坡西峡、南召、内乡等县山谷中。

13. 天竺桂（土肉桂）(*Cinnamomum pedunculatum*)。常绿乔木，省级保护树种。树皮做香料及药用。分布在内乡宝天曼和西峡烟镇自然保护区山沟杂木林中。

14. 山白树 (*Sinowilsonia henryi* Hemsl.)。落叶小乔木或灌木，国家级保护树种。木材可作家具、农具用材，种子可榨油。分布在西峡烟镇自然保护区海拔 1500 米左右的山坡。

15. 杜仲（棉树）(*Eucommia ulmoides*)。落叶乔木，国家级保护树种。树皮入药，皮、枝条、叶是制造电缆的优良绝缘材料。全市各地均有栽种，以南召、内乡、西峡、镇平等县居多。

16. 香果树（水冬瓜）(*Emmenopterys* Henryi Oliv.)。落叶乔木，国家级重点保护树种。木材供建筑，树皮纤维可以制造蜡纸和人造棉。分布在伏牛山区、桐柏山区。

17. 红豆杉（紫柏树）(*axus* Linn.)。常绿乔木、木材水湿不腐。种子含油 60% 以上，为珍贵用材树种。分布在伏牛山、桐柏山区海拔 1000 米以上的山坡及沟谷。

南召红豆杉

（二）用材树种

南阳市主要用材树种有马尾松 (*Pinus massoniana* Lamb)、油松 (*Pinus tabulaeformis* Carr.)、火炬松 (*Pinus taeda* L.)、湿地松 (*pinus elliottii*)、华山松 (*Pinus armandii* Franch)、杉木（刺杉）(*Cunninghamia lanceolata* (Lamb.)Hook)、水杉 (*Metasequoia glyptostroboides* Hu et Cheng)、池杉 (*Taxodium ascendens.* Brongn)、侧柏 (*Platycladus orientalis* (L.) Franco)、杨树 (*Populus* L.)、旱柳（柳树）(*Salix matsudana* Koidz.)、枫杨 (*Pterocarya stenoptera* C. DC.)、千斤榆（穗子榆）(*Carpinus cordata* Bl.)、栎类 (*Quercus acutissima*)、榆树 (*Ulmus pumila* L.)、（白榆）(*Ulmus pumila* L)、朴树 (*Celtis sinensis* Pers.)、糙叶树 (*Aphananthe aspera* (Thunb.) Planch.)、桑（白桑）(*Morus alba* L.)、红豆杉 (*Ormosia hosiei* Hemsl. et Wils)、槐树（国槐）(*Sophora japonica* Linn.)、刺槐（洋槐）(*Robinia pseudoacacia* Linn.)、黄檀（不知春）(*Dalbergia hupeana* Hance)、臭椿（椿树）(*Ailanthus altissima* (Mill.) Swingle)、香椿（红椿）(*Toona sinensis* (A. Juss.) Roem.)、楝（苦楝）(*Melia azedarach* L.)、泡桐 (*Paulownia*)、楸树 (*Catalpabungei* C.A.Mey)、水曲柳 (*Fraxinus mandshurica* Rupr)、黄连木 (*Pistacia chinensis* Bunge)、元宝槭（五角枫）(*Acer truncatum* Bunge)、七叶树（桫椤树）(*Aesculus chinensis* Bunge)、椴树 (*Tilia tuan* Szyszyl.)、中国粗榧（母猪杉）(*Cephalotaxus sinensis* (Rehd. et Wils.) Li)、竹 (*Bambusoideae*（Bambusaceae 或 Bamboo）) 等。

1. 马尾松 (*Pinus massoniana* Lamb)。常绿乔木，本市山区荒山造林先锋树种。松脂可提松节油，种子含油 30%、可食，干枝可培养伏苓。桐柏、西峡、内乡、南召、淅川、镇平、唐河、南阳等县（市）建国后有营造的大面积人工林。

2. 油松 (*Pinus tabulaeformis* Carr.)。常绿乔木，本市山区荒山造林主要树种之一。松叶、松油入药，花粉可止血，种子含油 30%。山区、半山区县国营林场建国后有营造的大面积油松林。

3. 火炬松 (*Pinus taeda* L.)。常绿乔木，原产美国东南部。1980 年引种本区，桐柏县毛集、陈庄林场营造有丰产林和母树林，生长较好。

4. 湿地松 (*pinus elliottii*)。常绿乔木，原产美国东南部。1974 年引种本区，在桐柏县毛集，陈庄林场营造有大面积丰产林，生长较好。

5. 华山松 (*Pinus armandii* Franch)。常绿乔木。材质耐腐，种子含油 42%，可提取栲胶。分布在伏牛山南部，西峡烟镇锣鼓寨林场 1962 年有营造的大面积人工林，郁闭成林，树龄已 50 多年。

桐柏火炬松

6. 杉木（刺杉）(*Cunninghamia lanceolata* (Lamb.)Hook)。常绿乔木。木材为建筑、电杆良材，树皮、根皮及叶可入药，种子可榨油。分布在伏牛山、桐柏山区海拔 800 米以下的山沟、坡脚土层深厚肥沃处，桐柏、南召、淅川等县有建国后营造的人工林。

7. 水杉 (*Metasequoia glyptostroboides* Hu et Cheng)。落叶乔木，号称“活化石”，为古老稀珍树种。水杉既是优良的用材树种，也是良好的绿化树种，60 年代引入南阳。

8. 池杉 (*Taxodium ascendens*. Brongn)。落叶乔木，是沼泽地造林的良好树种。本市陈庄国营林场等地引种有栽培，生长较好。

9、侧柏 (*Platycladus orientalis* (L.) Franco)。常绿乔木，为优良的用材和庭院、行道树种。枝叶、种子可入药，种子可榨油。侧柏栽种历史悠久，全市广为分布，西峡、淅川、内乡、南阳、邓县等县（市）有建国后营造的人工侧柏林。

10. 杨树 (*Populus* L.)。落叶乔木，品种繁多。在乡土树种中，毛白杨为优良速生用材和农田防护林的造林树种，青杨、小叶杨宜作防洪护岸和防风固沙的水土保持树种。在引种的杨树品种中，60 年代引种的大宫杨和钻天杨，因生长不良多被淘汰。同期引种的沙兰杨，在湿润肥沃的土壤条件下生长迅速，为四旁造林的优良树种。80 年代引种的意大利 69 杨、72 杨。90 年代引进的 107 杨、108 杨和 2000 系列杨在全市大面积推广。杨树全市广为栽植，各地均有营造的大面积人工纯林。

11. 旱柳（柳树）(*Salix matsudana* Koidz.)。落叶乔木。材质柔韧，有多种用途，根叶入药，枝条可编筐，花期早而长，是早春主要蜜源植物，也是防风护岸的优良造林树种。全市各地均有栽植。

12. 枫杨 (*Pterocarya stenoptera* C. DC.)。落叶乔木，木材为建筑、家具用材，树皮、根皮可入药，亦可为人造棉和栲胶原料。主产山区县，平原也有栽植，多生长于山沟溪旁、河滩低湿的地方，为护岸树种。

13. 千斤榆（穗子榆）(*Carpinus cordata* Bl.)。落叶乔木，材质坚重，为优良农家家具用材。种子含油 46%，为肥皂及润滑油原料；树皮可作栲胶。分布在伏牛山、桐柏山山地阴坡或山谷杂木林中。

14. 栎类 (*Quercus acutissima*)。为南阳优势树种，品种（含变种）有 20 多个。栎类材质坚硬，可作建筑、家具等用材。树皮（栓皮）是重要的工业原料，枝干可用来种植香菇、木耳，种子含淀粉，栓皮栎、蒙古栎叶子可以饲养柞蚕。分布在伏牛山、桐柏山区。

15. 榆树（白榆）(*Ulmus pumila* L.)。落叶乔木。木材坚硬，可做建筑、车辆、农具用材；嫩叶和果可食或作饲料；种子含油 18%，榨油可食或做肥皂，为主要乡土树种。全市均有分布。

16. 朴树 (*Celtis sinensis* Pers.)。落叶乔木。材质坚硬，可做建筑、家具、枕木用材；树皮含纤维 32%，为绳索、造纸及人造棉原料；种子含油 43%，可制肥皂；皮、叶入药。分布在桐柏山区和伏牛山南部山坡或山谷。

17. 糙叶树 (*Aphananthe aspera* (Thunb.) Planch.)。落叶乔木。木材为农具、车辆用材，皮可制人造棉，果可榨油制肥皂及润滑油，叶可擦磨金属器具，也可制作土农药，防止蚜虫和红蜘蛛。分布在桐柏山区的山坡或山谷。

18. 桑（白桑）(*Morus alba* L.)。落叶乔木。材质坚韧，为优良农具用材；茎皮纤维可制蜡纸、绝缘纸、皮纸和人造棉；果可食或酿酒；根皮和叶入药。全市各地皆有分布。

19. 红豆杉 (*Ormosia hosiei* Hemsl. et Wils)。常绿乔木。材质坚硬，纹理优美，耐磨耐用，是著名家具和工艺美术制品的用材；种子红色，可做装饰品，红豆树亦可做庭院观赏树。分布在内乡宝天曼和西峡烟镇自然保护区的山坡地带。

20. 槐树（国槐）(*Sophora japonica* Linn.)。落叶乔木。木材坚硬，有弹性，耐水湿，是建筑、家具、车船、农具用材；木、花、果均可入药。槐树对二氧化硫等有害气体及烟尘抗性较强，为绿化、行道树种，也是良好的蜜源植物。全市各地均有栽植。

21. 刺槐（洋槐）(*Robinia pseudoacacia* Linn.)。落叶乔木。木材为建筑、矿柱、车辆、家具用材；树皮纤维可为造纸、纺织和栲胶原料。刺槐是营造薪炭林、水土保持林的优良树种，也是良好的蜜源植物。1972 年，南阳地区曾提倡大力发展。全市栽植普遍，有营造面积较大的人工林。

22. 黄檀（不知春）(*Dalbergia hupeana* Hance)。落叶乔木。木材材质坚细，为优良家具用材。分布在伏牛山、桐柏山区海拔 500 ～ 1500 米的山坡、沟谷。

23. 臭椿（椿树）(*Ailanthus altissima* (Mill.) Swingle)。落叶乔木。木材供建筑、家具等用，种子可榨油，根皮、树皮及种子均可入药，为四旁绿化的主要乡土树种。全市各地均有栽植。

24. 香椿（红椿）(*Toona sinensis* (A. Juss.) Roem.)。落叶乔木。木材是建筑和家具的优良用材，嫩叶可食，种子可榨油，根皮及果可入药，为乡土用材树种。各地有零星栽植。

25. 楝（苦楝）(*Melia azedarach* L.)。落叶乔木。木材为建筑、枪柄和家具用材，种子可榨油，树皮、叶、果可入药，为主要乡土用材树种。全市各地广为栽植。

26. 泡桐 (*Paulownia*)。落叶乔木。全市栽培品种有: 白花桐、山明桐、毛泡桐、楸叶桐、兰考桐、台湾桐、川泡桐、光叶泡桐、米氏泡桐等，其中白花桐、川泡桐、光叶泡桐、米氏泡桐为引进品种；山明桐为地区林科所和镇平林科所 1974 ～ 1978 年在全区泡桐品种普查时发现的一个新种。泡桐木材为建筑、家具、乐器等用材，桐材纤维也是造纸原料，根、叶、花、果均可入药，是本区主要用材树种之一，全市各地广为栽植，其中山明桐集中分布在镇平县山区，南阳市区、唐河、新野等县仅有零星生长。

27. 楸树 (*Catalpabungei* C.A.Mey)。落叶乔木。材质优良，用途广泛，树皮、种子可入药，花可提取芳香油，为乡土树种。全市各地有栽植。

28. 水曲柳 (*Fraxinus mandshurica* Rupr)。落叶乔木，材质优良，用途广泛。分布在海拔 1300 米以上的伏牛山区。

29. 黄连木 (*Pistacia chinensis* Bunge)。落叶乔木。木材坚实，种子含油 35%，鲜叶可提取芳香油。分布在伏牛山、桐柏山区海拔 500 ～ 1500 米间的山坡。

黄连木

30. 元宝槭（枫千年、五角枫）(*Acer truncatum* Bunge)。落叶乔木。木材为建筑和器具等用材；叶可代茶或做蔬菜，种子含油可食；为观赏树种。山区分布普遍。

31. 七叶树（桫椤树）(*Aesculus chinensis* Bunge)。落叶乔木。木材供制家具，种子榨油可入药；七叶树树干端直，叶荫浓密，可作行道树种。分布在伏牛山区山坡和山谷。

32. 椴树 (*Tilia tuan* Szyszyl.)。落叶乔木。树皮纤维可制绳索。全市栽植普遍，以山区较多。

33. 中国粗榧（母猪杉）(*Cephalotaxus sinensis* (Rehd. et Wils.) Li)。常绿小乔木。枝叶含粗榧碱，有抗癌作用，种子含油 50%，可制肥皂、润滑油；树皮含单宁，可提制栲胶。分布在伏牛山、桐柏山区海拔 1500 米以下的山谷溪边。

34. 竹 (*Bambusoideae*（*Bambusaceae* 或 *Bamboo*）)。竹材可作建筑工具、编制、造纸等多种用途，竹笋可食。全市广栽品种有：刚竹、斑竹、美竹、紫竹、冬瓜皮竹和阔叶箸竹 6 种；山区栽培较多的品种有：桂竹、淡竹、甜竹、水竹、苦竹、箭竹和拐棍竹 7 种；在南阳市区栽培的品种有：毛竹、筠竹、罗汉竹，凤凰竹为引进品种，多在桐柏、内乡、邓州等县（市）范围内有栽培。

（三）经济树种

南阳市主要经济树种有核桃（*Juglans regia*）、板栗（*Castanea mollissima* BL.）、枣树（*Ziziphus jujuba* Mill.）、柿树（*Diospyros kaki* Thunb.）、油桐（*Vernicia fordii* (Hemsl.) Airy Shaw）、乌桕（*Sapium sebiferum* (L.) Roxb.）、文冠果（*Xanthoceras sorbifolium* Bunge）、花椒（*Zanthoxylum bungeanum* Maxim.）、漆树（*Toxicodendron vernicifluum* (Stokes) F. A. Barkl）、山茱萸（*Cornus officinalis* Sieb. et Zucc.）、望春玉兰（*Magnolia biondii* Pamp.）、厚朴（*Magnolia officinalis* Rehd. et Wils.）、梨（*Pyrus spp*）、苹果（*Malus domestica*）、李（*Prunus salicina* Lindl.）、桃（*Amygdalus persica* L.）、杏（*Armeniaca vulgaris* Lam.）、樱桃（*Cerasus pseudocerasus* G. Don）、柑橘（*Citrus reticulata* Blanco.）、山楂（*Crataegus pinnatifida* Bunge）、红果树（*Stranvaesia davidiana* Dcne.）、葡萄（*Vitis vinifera* L.）、猕猴桃（*Actinidia Chinensis*）、石榴（*Punica granatum* L.）、花红（沙果）（*Malus asiatica* Nakai）、茶（*Camellia sinensis* (L.)O.Kuntze）等。

伏牛山柿

1. 核桃（*Juglans regia*）。落叶乔木。果仁含油，可生食、榨油和入药；树皮和果皮可提制栲胶；木材坚细，是军工、贵重家具和雕刻用材。主要品种有：核桃、胡核桃、山核桃、美国山核桃等，多分布伏牛山区县。内乡、淅川、南召、方城、西峡、卧龙等县（区）均有较大面积发展，尤以内乡居多，此外还引进了大量优良品种大力发展，成为农民增收的产业。

2. 板栗（*Castanea mollissima* BL.）。落叶乔木。果仁可食，是本市主要干果之一。野生主产伏牛山区南召、西峡 2 县，内乡县有少量分布，桐柏县有大面积发展。

3. 枣树（*Ziziphus jujuba* Mill.）。落叶乔木。果可生食或加工，皮根入药，材质坚硬，为良好家具、农具用材，是本市主要经济树种之一，栽培历史悠久，广阳大枣今古有名。全市乡、村均有栽培。

4. 柿树（*Diospyros kaki* Thunb.）。落叶乔木。果鲜食或做柿饼、柿蒂、柿霜、柿漆入药，木材坚细，为家具、器具、雕刻用材。为乡土果树，栽培历史悠久。各地均有栽种。

5. 油桐（*Vernicia fordii* (Hemsl.) Airy Shaw）。落叶小乔木。种仁含油 70% 以上，

是油漆和印刷用油的好原料。根、茎、叶、花、果均可入药；树皮含单宁，为化工原料。是主要油料树种，分布在伏牛山、桐柏山区，西峡、内乡、南召、淅川、方城、镇平、桐柏等县均有较大面积的油桐林。

6. 乌桕（*Sapium sebiferum* (L.) Roxb.）。落叶乔木。种子含油 63%，为多种工业油原料。根皮、叶可入药。为本区主要经济树种之一，分布在伏牛山区的淅川、南召、镇平、内乡等县。1979 年 10 月，内乡县林业局李起旺在本县夏馆乡黄龙村首次发现 3 株乌桕变种一葡萄桕，其特点是果序穗状像葡萄，优质高产。

7. 文冠果（*Xanthoceras sorbifolium* Bunge）。落叶灌木或小乔木。木本油料树种，种子油可食用或制作肥皂。1972 年引入栽培。西峡、淅川等县有小面积分布。

8. 花椒（*Zanthoxylum bungeanum* Maxim.）。落叶灌木或小乔木。果壳为调味香料，可提取芳香油和入药，种子可榨油。各地均有栽培。

9. 漆树（*Toxicodendron vernicifluum* (Stokes) F. A. Barkl）。落叶乔木。生漆是良好的漆料，用途广泛，种子含油 31%；叶、花、种子可入药，为珍贵经济树种。主产伏牛山区的西峡、南召 2 县，淅川县有少量分布。

10. 山茱萸（*Cornus officinalis* Sieb. et Zucc.）。落叶灌木或小乔木。果肉、果皮（萸肉），为名贵中药材，为本市主要经济树种之一，产量居全国首位。主要分布在西峡、南召、内乡 3 县，尤以西峡县面积最大。

11. 望春玉兰（望春花、辛夷）（*Magnolia biondii* Pamp.）。落叶乔木。花蕾入药称“辛夷”，花含芳香油，可提取浸膏。伏牛、桐柏山区均产，以南召县最多。

12. 厚朴（*Magnolia officinalis* Rehd. et Wils.）。常绿乔木。树皮、根皮、芽、花、种子均可入药，种子含油可制作肥皂。1971 年引种南阳，内乡县栽植较多。

13. 梨（*Pyrus spp*）。落叶乔木，为主要水果之一。品种较多，有白梨、沙梨、褐梨、洋梨、木梨、豆梨、毛豆梨、杜梨等。白梨变种多，分布广，栽培历史悠久，为主要栽培品种。洋梨为引进品种，其它品种多分布伏牛山、桐柏山区。

14. 苹果（*Malus domestica*）。落叶小乔木，为主要水果树种之一。主要品种有大、小国光，青、黄、红香蕉、倭巾、红玉、印度等 20 多种。在 20 世纪 80 年代至 90 年代，全市各地均有集中连片的苹果园，后因气候、品种等原因，大量砍掉，不再发展；现仅有零星栽植。

15. 李（*Prunus salicina* Lindl.）。落叶乔木。果可食或酿制，核仁可入药，为乡土果品树种，栽培历史悠久。各地均有栽培。

16. 杏（Armeniaca vulgaris Lam.）。落叶乔木。果可食，仁可入药，树干分泌的胶质可做粘接剂。为乡土果树之一，农村广为栽种。

17. 樱桃（*Cerasus pseudocerasus* G. Don）。落叶小乔木。果食美味，生食加工均佳，核仁可入药。部分县、村镇有零星栽植，伏牛山、桐柏山区坡沟灌丛或林缘生长有野樱桃。90 年代以来，引进欧洲大樱桃等优良品种，镇平、西峡、卧龙等县（区）均有面积不等的发展规模。

18. 桃（*Amygdalus persica* L.）。落叶小乔木。果生食味美，加工成罐头、果脯亦佳。品种有五月先、六月白、红线桃、朱砂红等。近年来培育、引进优良品种较多，各地广为栽培，发展有大面积桃园。

桃

19. 柑桔（*Citrus reticulata* Blanco.）。常绿灌木或小乔木。果实味美，生食、加工均佳，皮可入药，品种较多。1969 年开始引种试验，筛选出温州蜜柑“宫川”、“松山”、“立间”、“龟井”、“兴津”等早熟耐寒品种，适宜本市南部县特定小气候环境条件下栽培。淅川县有较大面积桔园，内乡县也有少量栽植。

20. 山楂（*Crataegus pinnatifida* Bunge）。落叶灌木。果可生食、酿酒和入药，且可加工果酱、果汁和果糕等多种食品。多分布在山区。

21. 红果树（*Stranvaesia davidiana* Dcne.）。落叶灌木或小乔木。果可加工多种食品，各地均有栽培。

22. 葡萄（*Vitis vinifera* L.）。落叶木质藤本。果实味美，可生食、制干和酿造，品种繁多。20 世纪 80 年代引入栽培的优良品种有巨蜂、先锋、红富士、龙宝、大宝等 20 余种，各地均有栽培。伏牛山、桐柏山区生长有桑叶葡萄、刺葡萄、秋葡萄、毛葡萄等 10 余种野生葡萄，果均可食用和酿酒。各地均有栽植，一些县有发展面积不等的葡萄园。

23. 猕猴桃（*Actinidia Chinensis*）。落叶藤本。果可生食、酿酒、加工罐头、果汁、果酱。品种有中华猕猴桃、软枣猕猴桃、紫果猕猴桃等 10 种。分布在伏牛、桐柏山区，以西峡县发展面积最大，居全国第二位。

24. 石榴（*Punica granatum* L.）。落叶灌木或小乔木。果可食，树根皮可提制栲胶，亦可做黑色染料，果皮、根、花均可入药。各地均有栽培。

桐柏茶叶

25. 花红（沙果）（*Malus asiatica* Nakai）。落叶小乔木。果可食、入药，实生苗可做苹果树砧木。各地有少量栽培。

26. 茶（*Camellia sinensis* (L.) O.Kuntze）。常绿灌木。叶、根可入药，叶为饮料，种子可榨油。1976 年引入栽种，桐柏、内乡、淅川等县有大面积茶林，尤以桐柏县面积最大。

（四）观赏树种

1. 观叶、冠类。常绿乔木树种有雪松（*Cedrus deodara* (Roxb.) G. Don）、翠柏（*Calocedrus macrolepis* Kurz）、线柏（*Chamaecyparis pisifera* (Sieb. et Zucc.) Endl. ）、日本花柏（*Chamaecyparis pisifera* (Sieb. et Zucc.) Endl.）、日本扁柏（*Chamaecyparis obtusa*）、桧柏（*Sabina chinensis* (L.) Ant.）、龙柏（*Sabina chinensis* (L.) Ant. cv. Kaizuca）、金叶松（*Cedrus deodara* (Roxb.) G. Don 'Aurea'）、塔柏（*Sabina chinensis* (L.) Ant. 'Pyramidalis'）、垂柏（*Cupressus funebris*）、刺柏（*Juniperus formosana* Hayata）、洒金柏（*Sabina chinensis* (L.) Ant. cv. Aurea）、罗汉松（*Podocarpus macrophyllus* (Thunb.) D. Don）、竹柏（*Podocarpus nagi* (Thunb.) Zoll. et Mor ex Zoll.）、印度橡皮树（*Ficus elastica* Roxb. *ex* Hornem.）、木莲（*Manglietia fordiana* Oliv. ）、黄兰（*Michelia champaca* Linn.）、棕榈（*Trachycarpus fortunei* (Hook.) H. Wendl.）等。

常绿灌木树种有偃松（*Pinus pumila*）、千头柏（*Platycladus orientalis*‘sieboldii’）、地柏（*Juniperus procumbens* (Siebold ex Endl.) Miq.）、杜松（*Juniperus rigida* S. et Z.）、偃柏（*Sabina chinensis* (L.) Ant. var. *sargentii* (Henry)）、黄杨（*Buxus sinica* (Rehd. et Wils.) Cheng）、冬青（*Ilex chinensis* Sims）、海桐（*Pittosporum tobira*）等。

落叶乔木树种有墨西哥落羽松（*Taxodium mucronatum*）、倒栽柳（*Salix babylonica*）、龙爪柳（*Salix matsudana* f.*tortuosa*）、垂柳（*Salix* babyl*onica*）、垂枝桑（Morus alba cv.Pe*ndula*）、鹅掌秋（*Liriodend*ron chi*nese*）、法国梧桐（Platanus or*ientalis* Linn.）、龙爪槐（*Soph*ora jap*onica* Linn. var. *japonica* f. *pendula* Hort）、三角枫（*Acer* buerg*erianum* Miq.）、梧桐（*Firmia*na pl*atanifolia* (L. f.) Marsili）等。

2. 观花、果类。常绿乔木树种有荷花玉兰 (*Magnolia grandiflora* L.)、天女花 (*Magnolia sieboldii*)、桂花 (*Laurus nobilis*) 等。

常绿灌木树种有夜合花 (*Magnolia coco* (Lour.) DC.)、含笑花 (*Michelia figo* (Lour.) Spreng.)、月季花 (*Rosa chinensis Jacq.*)、四季桂 (*Osmanthus fragrans* var. semperflorens)、山茶 (*Camellia japonica* L.)、探春花 (*Jasminum floridum*)、茉莉花 (*Jasminum sambac* (L.) Ait.)、夹竹桃 (*Nerium indicum* Mill.)、黄栀子 (*Gardenia jasminoides* Ellis)、雀舌花 (*Syringa pubescens* Turcz.) 等。

落叶乔木树种有碧桃 (*Amygdalus persica* L. var. *persica* f. *duplex* Rehd.)、白玉兰 (*Michelia alba* DC.)、木兰 (*Magnolia liliflora* Desr) 等。

落叶灌木树种有牡丹 (*Paeonia suffruticosa* Andrews)、腊梅 (*Chimonanthus praecox* (Linn.) Link)、玫瑰 (*Rosa rugosa* Thunb.)、龙爪枣 (*Ziziphus jujuba* Mill. var. *jujuba* cv. Tortuosa)、木槿 (*Hibiscus syriacus* Linn.)、木芙蓉 (*Hibiscus mutabilis* Linn)、紫薇 (*Lagerstroemia indica* L.)、月季 (*Rosa chinensis* Jacq.)、石榴 (*Punica granatum* L.)、

倒挂金钟 (*Fuchsia hybrida* Voss.)、欧丁香 (*Syringa vulgaris* L.)、北京丁香（*Syringa pekinensis* Rupr.）、迎春花（*Jasminum nudiflorum*）、六月雪（*Serissa japonica* (Thunb.) Thunb.）、金银花（*Lonicera japonica* Thunb.）、凤尾丝兰（*Yucca gloriosa* L）等。

二、动物资源

据 2013 年 4 月《河南森林资源》一书记载，南阳市已发现有脊椎动物 476 种，其中哺乳类 62 种，鸟类 271 种，爬行类 31 种，两栖类 45 种，鱼类 67 种。除此之外，还有节肢动物、环节动物、线形动物、扁形动物、腔肠动物、原生动物等门类的动物也与农业生产及人民生活密切相关。动物在组成区系上，分属东洋界中印亚界华中区系和古北界的华北区系，呈现出明显的过渡性。属于华中区系的典型动物有东方蝾螈、无斑雨蛙、虎纹蛙、饰纹姬蛙、黄缘闭壳龟、双斑锦蛇、中国小头蛇、黑头剑蛇、竹鸡、姬啄木鸟、画眉、八哥、水雉、短刺猬、果子狸、菊头蝙蝠等；属于华北区系的动物有花背蟾蜍、华北麻蜥、白条锦蛇、红点锦蛇、石鸡、灰喜鹊、刺猬、岩松鼠、华北鼯鼠等。动物群落在区域分布上有明显的差异，南阳盆地平原区以农田动物为主，伏牛山区以暖温带森林—草地动物为主，桐柏山区则以亚热带森林—草地动物为主。

（一）哺乳类

南阳区内哺乳动物分属 8 目 18 科，其中兽类 62 种，占河南省总数的 86.1%。东洋界型 25 种，占 40.3%；古北界型 21 种，占 33.9%；广布型 16 种，占 25.8%。列为国家、省级重点保护的动物有金钱豹、艾叶豹、麝、狐、貉、密狗、水獭、豹猫、飞鼠、青羊、狍、獐等。

食肉目

鼬科 黄鼬、黄腹鼬、艾虎、鼬獾、狗獾、猪獾、水獭。

犬科 狼、狐、貉、豺、密狗。

猫科 豹猫、金钱豹。

灵猫科 大灵猫、小灵猫、果子狸。

兔形目

兔科 草兔。

啮齿目

松鼠科 岩松鼠、花松鼠。

鼯鼠科 小飞鼠。

仓鼠科 黑线仓鼠、短耳仓鼠、长尾仓鼠、中华鼢鼠。

家鼠科 褐家鼠、小家鼠、黄胸鼠、针毛鼠、黑线姬鼠。

豪猪科 豪猪。

偶蹄目

猪科 野猪。

金钱豹

野猪

鹿科 麝、狍、獐、小麂、梅花鹿。

洞角科 青羊。

鳞甲目

鲮甲科 穿山甲。

食虫目

猬科 刺猬、短刺猬。

鼹科 缺齿鼹鼠、小缺齿鼹鼠。

翼手目

蝙蝠科 蝙蝠、萨氏蝙蝠、菊头蝙蝠。

灵长目

猴科 猕猴。

猕猴

（二）爬行类

南阳区内有爬行类31种，隶属于3目8科18属，占河南省总数的83.8%。其中广布型8种，古北界5种，东洋界18种，东洋界占优势。常见种类有无蹼壁虎、北草蜥、山地麻蜥、乌龟、黄缘闭壳龟、中华鳖、铜石龙子、蓝石龙子、红点锦蛇等，爬行类中的活蛇是南阳的一大特产，但由于大量捕捉，高价收购，资源逐年下降。

龟鳖亚纲

龟科 乌龟、黄缘闭壳龟。

鳖科 中华鳖。

有鳞亚纲

鬣蜥科 丽纹龙蜥。

蜥蜴科 丽斑麻蜥、山地麻蜥、北草蜥。

壁虎科 无蹼壁虎。

石龙子科 蓝石龙子、铜石龙子。

蛇

游蛇科 钝尾两头蛇、黄脊游蛇、赤链蛇、双斑锦蛇、玉锦蛇、灰腹绿锦蛇、玉斑锦蛇、红点锦蛇、黑眉锦蛇、水赤链游蛇、锈链游蛇、乌游蛇指名亚种、草游蛇、虎斑游蛇、小头蛇、翠青蛇、斜鳞蛇中华亚种、花尾斜鳞蛇、黑头剑蛇、乌梢蛇、菜花烙铁头。

蝮蛇科 蝮蛇。

（三）两栖类

南阳区内有两栖类43种，隶属于2目6科6属，占河南省总数的73.7%，其中广布型5种，古北界2种，东洋界7种，东洋界成分占优势。两栖类中的大鲵，俗称娃娃鱼，是国家二级保护动物，仅分布在桐柏山、伏牛山的深山区河流上游；虎纹蛙，既是国家级重点保护动物，又是重要的经济动物。

有尾目

隐鳃科 大鲵

蝾螈科 东方蝾螈

无尾目

蟾蜍科 花背蟾蜍、大蟾蜍中华亚种。

雨蛙科 无斑雨蛙、中国雨蛙。

蛙 科 日本林蛙指名亚种、泽蛙、黑斑蛙、金线蛙指名亚种、沼蛙、隆肛蛙、花臭蛙、中国林蛙。

姬蛙科 饰纹姬蛙、北方狭口蛙。

（四）鱼类

南阳区内有鱼类67种，隶属于6目10科47属，占河南省总数的60.9%，其中以鲤形目最多，有57种，占85%；鲈形目7种，占10.5%。草鱼、鲢鱼、鳙鱼、鲤鱼为优势种，鲶鱼、鲫鱼、黄鳝、泥鳅、乌鱼、青鱼为常见种。本市大多数鱼类具有较高的经济价值、产量较大，是主要的养殖和捕捞对象。鱼类在组成区系上以东洋界华中区系为主，次为古北界华北区系和东洋界西南区系。

鲱形目

缇科 刀鲚、短颌鲚。

鲤形目

鲤科 雅罗鱼亚科有：青鱼、草鱼、鳡鱼、南方马口鱼、宽鳍鱲、大鳞鱲、鳤鱼、赤眼鳟、长江鱤；鳊亚科有：银飘鱼、寡鳞飘鱼、䱗条、油䱗条、红鳍鲌、长春鳊、三角鲂、团头鲂、青梢红鲌、尖头红鲌、拟尖头红鲌、蒙古红鲌、翘嘴红鲌；鮈亚科有：辱鲭、花鲭、华鳈、黑鳍鳈、铜鱼、吻够不鮈、点颌鮈、银颌鮈、棒花鱼、长棒花鱼、麦穗鱼、蛇鮈、似鮈、长吻鮈；鲴亚科有：逆鱼、细鳞斜颌鲴、银鲴、黄尾鲴；鲃亚科有：白甲鱼、华鲮；鳑鲏亚科有：中华鳑鲏、斑条鳑鲏、大鳍刺鳑鲏、兴凯鳑鲏；鲤亚科有：鲤鱼、鲫鱼；鲢亚科有：鳙、白鲢。

鳅科 泥鳅、花鳅、中华刺鳅。

鲶形目

鲶 科 鲶鱼。

鮠 **科** 黄颡鱼、江黄颡、光黄颡、长吻鮠、白边鮠。

鳗鲡目

鳗鲡科 鳗鲡。

鲈形目

鳢 科 乌鱼。

鮨 科 鳜、斑鳜。

鰕鱼科 栉鰕虎、克氏鰕虎、吻鰕虎。

合鳃目

合鳃科 黄鳝。

（五）昆虫

南阳区内有昆虫区系约3000余种，经鉴定和整理的主要昆虫有939种，隶属15目157科，主要集中于半翅目、鳞翅目等7目914种，占已知昆虫总数的97%，其中蝶类108种，占河南省总数的80%以上。

（六）鸟类

南阳区内共有鸟类271种，隶属于17目44科133属，约占全省鸟类总数的71%。列入国家级保护的鸟类49种，占全省总数的67.9%。其中国家一类保护鸟类8种，包括黑鹳、金雕、白肩雕、白尾海雕等；国家二类保护鸟类41种，包括斑嘴鹈鹕、松雀鹰、苍鹰等。全省共有23种省级重点保护的鸟类，南阳市占20种（见表1—1）。

中华人民共和国成立前，鸟类资源没有人做专业调查。1960年3月～4月，新乡师范学院生物系的部分师生在桐柏县进行过“脊椎动物的普查”（以鸟类为主）。同年7～9月，曾进行过动物区划工作（包括鸟类区系调查）。1983年～1984年10月，以桐柏陈庄林场和新乡师范学院生物系为主，会同河南省林业厅林场处、南阳地区林业技术推广站、桐柏县林业局等单位，对桐柏山区的鸟类资源进行过区域性调查（见表1—2）。1984年10月～1985年12月，南阳地区林业技术推广站组织全区8个国营林场和南阳县林业局，会同河南师范大学生物系对鸟类资源进行普查。根据普查结果，全市共有鸟类217种，按动物分类，隶属17目44科。按居留情况分，留鸟94种，夏候鸟60种，冬候鸟18种，旅鸟45种；按取食种类分，食虫鸟93种，其它食类鸟124种。

䴙䴘目

䴙䴘科 小䴙䴘、风头䴙䴘。

鹈形目

鹈鹕科 斑嘴鹈鹕。

鸬鹚科 普通鸬鹚。

鹳形目

鹭科 苍鹭、草鹭、绿鹭、池鹭、牛背鹭、大白鹭、白鹭、夜鹭、黄嘴白鹭。

鹳科 黑鹳。

鹮科 朱鹮、白琵鹭。

雁形目

鸭科 豆雁、鸿雁、灰雁、大天鹅、小天鹅、斑嘴鸭、罗纹鸭、绿翅鸭、绿头鸭、赤颈鸭、风头潜鸭、青头潜鸭、鸳鸯、普通沙鸭。

鸳鸯

隼形目

鹰科 鸢、苍鹰、赤腹鹰、雀鹰、松雀鹰、普通鵟、灰脸鹰、金雕、白尾鹞、鹊鹞。

隼科 燕隼、红脚隼、黄爪隼、红隼、灰背隼。

金雕

鸡形目

雉科 石鸡、斑翅山鹑、鹌鹑、灰胸竹鸡、环颈雉鸡、白冠长尾雉、红腹锦鸡。

鹤形目

鹤科 灰鹤、白鹤。

红腹锦鸡

秧鸡科 普通秧鸡、小田鸡、红胸田鸡、斑胁田鸡、董鸡、黑水鸡、骨顶鸡、白胸苦恶鸟。

鸨科 大鸨。

鸻形目

鸻科 凤头麦鸡、灰头麦鸡、剑鸻、金眶鸻、环颈鸻、水雉、普通燕鸻。

鹬科 白腰杓鹬、鹤鹬、矶鹬、丘鹬、白腰草鹬、红脚鹬、鹮嘴鹬。

鸥形目

鸥科 黑尾鸥、须浮鸥、普通燕鸥、红嘴鸥、白额燕鸥、黑嘴风头燕鸥。

鸽形目

鸠鸽科 岩鸽、斑尾鹃鸠、山斑鸠、灰斑鸠、珠颈斑鸠、火斑鸠。

鹃形目

杜鹃科 棕腹杜鹃、四声杜鹃、大杜鹃、中杜鹃、小杜鹃、八声杜鹃、鹰鹃、红翅凤头鹃、噪鹃、小鸦鹃。

鸮形目

鸱鸮科 红角鸮、领角鸮、雕鸮、鹰鸮、纵纹小鸮、褐林鸮、灰林鸮、长耳鸮、短耳鸮、领鸺鹠、斑头鸺鹠。

夜鹰目

夜鹰科 普通夜鹰、毛腿夜鹰。

雨燕目

雨燕科 楼燕、白腰雨燕。

佛法僧目

翠鸟科 冠鱼狗、斑鱼狗、普通翠鸟、赤翡翠、蓝翡翠。

佛法僧科 三宝鸟。

戴胜科 戴胜。

䴕形目

啄木鸟科 姬啄木鸟、黑枕绿啄木鸟、黑啄木鸟、斑啄木鸟、棕腹啄木鸟、星头啄木鸟。

雀形目

八色鸫科 蓝翅八色鸫。

百灵科 沙百灵、凤头百灵、云雀。

燕 科 灰沙燕、岩燕、家燕、金腹燕。

鹎科 白头鹎、黄臀鹎、栗耳短脚鹎。

太平鸟科 太平鸟。

伯劳科 虎纹伯劳、牛头佰劳、红尾佰劳、棕背佰劳、长尾灰伯劳、灰伯劳。

黄鹂科 黑枕黄鹂。

鹡鸰科 山鹡鸰、黄头鹡鸰、灰鹡鸰、白鹡鸰、田鹨、水鹨、山鹨。

山椒鸟科 暗灰鹃鵙、灰山椒鸟。

卷尾科 黑卷尾、灰卷尾、发冠卷尾。

椋鸟科 北椋鸟、灰椋鸟、丝光椋鸟、普通八哥。

鸦科 松鸦、红嘴蓝鹊、灰喜鹊、喜鹊、秃鼻乌鸦、寒鸦、白颈鸦、大嘴乌鸦、小嘴乌鸦。

红嘴蓝鹊

河乌科 褐河乌。

鹪鹩科 鹪鹩。

鹟科 蓝短翅鸫、蓝歌鸲、红胁蓝尾鸲、红尾水鸲、北红尾鸲、小燕尾、灰背燕尾、黑背燕尾、蓝头矶鸫、紫啸鸫、虎斑山鸫、乌鸫、白腹鸫、黑脸噪鹛、山噪鹛、画眉、棕头鸦雀、山鹛、短翅树莺、斑短翅莺、小蝗莺、大苇莺、黑眉苇莺、稻田苇莺、芦莺、棕眉柳莺、巨嘴柳莺、黄眉柳莺、黄腰柳莺、极北柳莺、暗绿柳莺、白眉姬鹟、黄眉姬鹟、鸲姬鹟、北灰鹟、寿带鸟。

山雀科 大山雀、黄腹山雀、黑冠山雀、银喉长尾山雀、红头长尾山雀、黑脸长尾山雀。

䴓科 普通䴓、红翅旋壁雀、普通旋木雀。

绣眼鸟科 暗绿绣眼鸟、红胁绣眼鸟。

文鸟科 家麻雀、树麻雀、山麻雀、白腰文鸟。

雀科 燕雀、金翅、黄雀、普通朱雀、黑尾蜡嘴雀、锡嘴雀、白头鹀、栗鹀、黄喉鹀、灰头鹀、三道眉草鹀、赤胸鹀、田鹀、小鹀、黄眉鹀、白眉鹀、苇鹀、凤头鹀。

1985 年南阳市鸟类按取食和后留情况分类

表 1-1

取食种类 / 后留情况	食虫类	非食虫类
留鸟	石鸡、纵纹腹小鸮、领鸺鹠、戴胜、玷啄木鸟、星头啄木鸟、黑枕录啄木鸟、云雀、绿鹦咀鹎、白头鹎、黄臂鹎、丝光掠鸟、灰掠鸟、八哥、松鸦、红咀兰鹊、灰喜鹊、喜鹊、大咀乌鸦、褐河乌、鹪鹩、鹊鸲、北红尾鸲、白顶溪鸲、红尾水鸲、黑背燕尾、长尾灰伯劳、兰矶鸫、乌鸫、锈脸钩咀眉、棕颈钩咀眉、黑脸噪眉、橙翅噪眉、白颊噪眉、黑领噪眉、画眉、白领风眉乌、银喉长尾山雀、红头长尾山雀、黄腹山雀、山麻雀、金翅雀、栗鹀、三道眉苇鹀。	小鸊鹛、苍鹭、紫背苇鳽、黑冠夜鳽、黑鹳、金雕、普通秋沙鸭、鸢、红隼、燕隼、环颈雉、勺鸡、白冠长尾雉、竹鸡、鹌鹑、红腹锦鸡、水雉、鹦咀鹬、珠颈斑鸠、山斑鸠、文斑鸠、灰斑鸠、原鸽、斑头鸺鹠、领角鸮、鵰鸮、毛脚鸮、长尾林鸮、灰林鸮、冠鱼狗、翠鸟、姬啄木鸟、风头百灵、星鸦、寒鸦、家鸦、无鼻乌鸦、小咀乌鸦、小燕尾、灰背鸫、栗胸矶鸫、棕头鸦雀、褐头鹪莺、沼泽山雀、暗录绣眼鸟、麻雀、白腰鸡、黄喉鹀、灰眉岩鹀、黄眉鹀。
冬候鸟	鹊鹞	绿翅鸭、白眉鸭、罗纹鸭、绿头鸭、鸿雁、豆雁、大天鹅、小天鹅、鸳鸯、大鵟、白肩雕、灰鹤、普通燕鸥、长耳鸮、短耳鸮、棕眉山岩鹨、锅咀。

续

夏侯鸟	红脚隼、小隼、红翅凤头鹃、四声杜鹃、中杜鹃、小杜鹃、大杜鹃、鹰头杜鹃、小鸦鹃、普通夜鹰、白腰雨燕、楼燕、兰翡翠、栗头蜂虎、三宝鸟、家燕、金腰燕、黄头鹡鸰、山鹡鸰、白鹡鸰、暗灰鹃鵙、灰山椒鸟、红尾伯劳、虎纹伯劳、棕背伯劳、黑枕黄鹂、黑卷尾、灰卷尾、发冠卷尾、白颈鸦、紫啸鸫、大苇莺、黄眉柳莺、黄腰柳莺、方尾莺、寿带鸟。	白鹭、中白鹭、大白鹭、牛背鹭、池鹭、草鹭、夜鹭、黄斑苇、栗苇、雀鹰、灰背隼、白胸苦恶鸟、红胸田鸡、兰胸秧鸡、小田鸡、董鸡、红骨顶鸡、凤头麦鸡、白额燕鸥、噪鹃、红角鸮、赭红尾鸲、短翅树莺、棕顶树莺。
旅鸟	蚁鴷、棕腹啄木鸟、黄腹灰鹡鸰、黄鹡鸰、树鹨、牛头伯劳、红胁兰尾鸲、黑喉石鵖、红尾斑鸫、大山雀、燕雀、小鹀。	凤头鸊、鸬鹚、大麻灰雁、苍鹰、白尾鹞、普通鵟、乌雕、白骨顶鸡、灰头麦鸡、剑鸻、金眶鸻、青脚鹬、白腰草鹬、大沙锥、鹤鹬、丘鹬、扁尾沙锥、矶鹬、白翅浮鸥、红咀鸥、鹰鸮、水鹨、田鹨、虎斑地鸫、红喉姬鹟、乌鹟、红翅旋壁雀、黑尾蜡咀、黄胸鹀、灰头鹀、白眉鹀、林鹬。

1985年桐柏山鸟类名录

表 1—2

目别	科别	中名	学名	居留情况	种群数量	区系类型
一、鸊鷉目	（一）鸊鷉科	1、小鸊鷉	*Podiceps ruficollis poggei*	留 鸟	++	广布种
二、鹈形目	（二）鸬鹚科	2、鸬 鹚	*Phalacrocorax carbo sinensis*		+	〃 〃
三、鹳形目	（三）鹭 科	3、白 鹭	*Egretta garzetta*	夏候鸟	+++	东洋界种
		4、中白鹭	*Egretta intermedia*	〃	++	〃 〃
		5、大白鹭	*Egretta alba modesta*	〃	+	广布种
		6、牛背鹭	*Bubulcus ibis coromandus*	〃	+	东洋界种
		7、池 鹭	*Ardeola bacchus*	〃	+++	〃
		8、草 鹭	*Ardea purpurea manilensis*	〃	+	广布种
		9、苍 鹭	*Ardea cinerea rectirostris*	留 鸟	+	〃 〃
		10、夜 鹭	*Nycticorax nycticorax nycticorax*	夏候鸟	+	〃 〃
		11、大麻鳽	*Botaurus stellaris*	旅 鸟	+	
		12、栗苇鳽	*Ixobrychus cinnamomeus*	夏候鸟	++	东洋界种
		13、黄斑苇鳽	*Ixobrychus sinensis*	〃	++	〃 〃
		14、紫背苇鳽	*Ixobrychus eurhythmus*	〃	+	〃 〃
		15、黑冠夜鳽	*Gorsachius melanolophus*	〃	+	〃 〃

续

目别	科别	中名	学名	居留情况	种群数量	区系类型
四、雁形目	（四）鸭 科	16、绿翅鸭	*Anas crecca*	冬候鸟	++	广布种
		17、白眉鸭	*Anas querquedula*	〃	++	古北界种
		18、罗纹鸭	*Anas falcata*	〃	+	〃 〃
		19、绿头鸭	*Anas platyrhynchos*	〃	++	广布种
		20、鸿 雁	*Anser cygnoides*	〃	++	古北界种
		21、大 雁	*Anser fabalis*	〃	++	〃 〃
		22、天 鹅	*Cyguns cygnus*	〃	+	〃 〃
		23、鸳 鸯	*Aix galericulata*	〃	+	〃 〃
五、隼形目	（五）鹰 科	24、雀 鹰	*Accipiter nisus nisosimilis*	夏候鸟	+	古北界种
		25、苍 鹰	*Accipiter gentilis schvedowi*	旅 鸟	+	〃 〃
		26、鸢	*Milvus korschun lineatus*	留 鸟	+	广布种
		27、白尾鹞	*Circus cyaneus*	旅 鸟	+	〃 〃
		28、普通鵟	*Buteo buteo*	留 鸟	++	〃 〃
	（六）隼 科	29、红 隼	*Falco tinnunculus*	留 鸟	++	〃 〃
		30、红脚隼	*Falco vespertinus amurensis*	夏候鸟	+	东洋界种
		31、小 隼	*Microhierax melanoleucos*	〃	+	古北界种
		32、燕 隼	*Falco subbuteo*	留 鸟	+	〃 〃
		33、灰背隼	*Falco columbarius insignis*	夏候鸟	+	〃 〃

续

目别	科别	中名	学名	居留情况	种群数量	区系类型
六、鸡形目	（七）雉科	34、环颈雉	*Phasianus colchicus torquatus*	留鸟	+++	〃 〃
		35、白冠长尾雉	*Syrmaticns reevesii*	〃	++	东洋界种
		36、勺鸡	*Pucrasia macrolopha*	〃	+	广布种
		37、石鸡	*Alectoris graeca pubescens*	〃	+	古北界种
		38、鹌鹑	*Coturnix coturnix japonica*	〃	+	〃 〃
七、鹤形目	（八）秧鸡科	39、白胸苦恶鸟	*Amaurornis phoenicurus chinensis*	夏候鸟	+++	东洋界种
		40、红胸田鸡	*Porzana fusca*	留鸟	++	〃 〃
		41、蓝胸秧鸡	*Rallus striatus*	夏候鸟	++	〃 〃
		42、小田鸡	*Porzana pusilla*	〃	+	广布种
		43、董鸡	*Gallicrex cinerea*	夏候鸟	++	东洋界种
		44、骨顶鸡	*Fulica atra*	旅鸟	++	广布种
八、鸻形目	（九）鸻科	45、凤头麦鸡	*Vanellus vanellus*	冬候鸟	+	古北界种
		46、灰头麦鸡	*Vanellus cinereus*	旅鸟	+	〃 〃
		47、剑鸻	*Charadrius hiaticula placidus*	〃	+	〃 〃
		48、金眶鸻	*Charadrius dubius*	〃	+	广布种
	（十）鹬科	49、青脚鹬	*Tringa nebularia*	〃	+	〃 〃

续

目别	科别	中名	学名	居留情况	种群数量	区系类型
九、鸥形目	（十一）鸥 科	50、白腰草鹬	*Tringa ochropus*	〃	++	〃 〃
		51、大沙锥	*Capella megala*	〃	++	古北界种
		52、白翅浮鸥	*Chlidonias leucoptera*	〃	+	〃 〃
		53、白额燕鸥	*Sterna albifrons sinensis*	夏候鸟	+	广布种
		54、燕 鸥	*Sterna hirundo*	〃	+	古北界种
十、鸽形目	（十二）鸠鸽科	55、珠颈斑鸠	*Streptopelia chinensis*	留 鸟	+++	东洋界种
		56、山斑鸠	*Streptopelia orientalis*	〃	+++	广布种
		57、火斑鸠	*Oenopopelin tranquebarica humilis*	〃	++	东洋界种
		58、灰斑鸠	*Streptopelia decaocto decaocto*	〃	+	广布种
		59、原 鸽	*Columba livia*	〃	+	〃 〃
十一、鹃形目	（十三）杜鹃科	60、红翅凤头鹃	*Clamator coromandus*	夏候鸟	++	东洋界种
		61、四声杜鹃	*Cuculus micropterus*	〃	+++	〃 〃
		62、中杜鹃	*Cuculus saturatua*	夏候鸟	+	东洋界种
		63、小杜鹃	*Cuculus poliocephalus*	〃	++	广布种
		64、大杜鹃	*Cuculus canorus*	〃	+	〃 〃
		65、鹰头杜鹃	*Cuculus sparverioides*	〃	+	东洋界种
		66、噪 鹃	*Eudynamys scolopacea*	〃	+	〃 〃
		67、小鸦鹃	*Centropus toulou*	〃	++	〃 〃

续

目别	科别	中名	学名	居留情况	种群数量	区系类型
九、鸥形目	（十一）鸱 科	68、纵纹腹小鸮	*Ahene hoctwo*	留 鸟	+	古北界种
		69、横纹小鸮	*Glaucidium cuculoides whiteleyi*	″	+	东洋界种
		70、长耳鸮	*Asio otus*	冬候鸟	+	古北界种
		71、短耳鸮	*Asio flammeus*	″	+	″ ″
		72、红角鸮	*Otus scops stictonotus*	夏候鸟	+	广布种
		73、领角鸮	*Otus bakkamoena*	留 鸟	+	东洋界种
		74、褐林鸮	*Strix leptogrammica*	″	+	古北界种
		75、雕 鸮	*Bubo bubo ussuriensis*	″	++	″ ″
十三、夜鹰目	（十五）夜鹰科	76、夜 鹰	*Caprimulgus indicus jotaka*	夏候鸟	+	广布种
十四、雨燕目	（十六）雨燕科	77、白腰雨燕	*Apus pacificus*	夏候鸟	++	古北界种
		78、楼 燕	*Apus apus pekinensis*	″	+++	″ ″
十五、佛法僧目	（十七）翠鸟科	79、冠鱼狗	*Ceryle lugubris guttulata*	留 鸟	+	东洋界种
		80、翠 鸟	*Alcedo atthis bengalensis*	″	+++	广布种
		81、蓝翡翠	*Halcyon pileata*	夏候鸟	++	东洋界种
	（十八）蜂虎科	82、栗头蜂虎	*Merops viridis*	″ ″	+	″ ″
	（十九）佛法僧科	83、三宝鸟	*Eurystomus orientalis*	″ ″	+	″ ″
	（二十）戴胜科	84、戴 胜	*Upupa epops*	留 鸟	+	广布种

续

目别	科别	中名	学名	居留情况	种群数量	区系类型
十六、鴷形目	(二十一) 啄木鸟科	85、蚁　鴷	*Jynx torqilla chinensis*	旅　鸟	+	古北界种
		86、姬啄木鸟	*Picumnus innominatus chinensis*	留　鸟	+	东洋界种
		87、大斑啄木鸟	*Dendrocopos major cabanisi*	〃　〃	+	古北界种
		88、棕腹啄木鸟	*Dendrocopos hyperythrus subrufinus*	〃　〃	+	广布种
		89、星头啄木鸟	*Dendrocopos canicapillus*	〃　〃	++	东洋界种
		90、黑枕绿啄木鸟	*Picus canus*	〃　〃	+++	广布种
十七、雀形目	(二十二) 百灵科	91、凤头百灵	*Galerida cristata leautungensis*	〃　〃	++	〃　〃
		92、云　雀	*Alauda arvensis*	〃　〃	+++	古北界种
	(二十三) 燕科	93、家　燕	*Hirundo rustica gutturalis*	夏候鸟	+++	广布种
		94、金腰燕	*Hirundo daurica*	〃　〃	+++	〃　〃
	(二十四) 鹡鸰科	95、树　鹨	*Anthus hodysoni yunnanensis*	旅　鸟	+	古北界种
		96、山鹡鸰	*Dendronanthus indicus*	夏候鸟	+	〃　〃
		97、白鹡鸰	*Motacilla alba leucopsis*	留　鸟	++	广布种
		98、黄腹灰鹡鸰	*Motacilla cinerea robusta*	夏候鸟	++	〃　〃
		99、黄鹡鸰	*Motacilla flava simillima*	旅　鸟	+	古北界种
	(二十五) 山椒鸟科	100、暗灰鹃鵙	*Coracina melaschistos intermedia*	夏候鸟	++	东洋界种
		101、灰山椒鸟	*Pericrocotus divaricatus divaricatus*	〃	+	〃　〃

续

目别	科别	中名	学名	居留情况	种群数量	区系类型
十七、雀形目	（二十六）鹎科	102、绿鹦咀鹎	*Spizixos semitorques*	留 鸟	++	东洋界种
		103、白头鹎	*Pycnonotus sinensis*	夏候鸟	+++	〃 〃
		104、黄臀鹎	*Pycnonotus xanthorrhous andersoni*	留 鸟	++	〃 〃
	（二十七）伯劳科	105、红尾伯劳	*Lanius cristatus*	夏候鸟	+	古北界种
		106、虎纹伯劳	*Lanius tigerznus*	〃	+	〃 〃
		107、牛头伯劳	*Lanius bucephalus*	〃	++	〃 〃
		108、棕背伯劳	*Lanius schach*	〃	++	〃 〃
	（二十八）黄鹂科	109、黑枕黄鹂	*Oriolus chinensis diffusus*	〃	+++	东洋界种
	（二十九）卷尾科	110、黑卷尾	*Dicrurus macrocercus cathoecus*	〃	+++	〃 〃
		111、灰卷尾	*Dicrurus leucophaeus leucogenis*	〃	++	〃 〃
		112、发冠卷尾	*Dicrurus hottentottas brevirostris*	〃	++	〃 〃
	（三十）椋鸟科	113、丝光椋鸟	*Sturnus sericeus*	〃	+	广布种
		114、灰椋鸟	*Sturnus cineraceus*	〃	++	古北界种
		115、八　哥	*Acridotheres cristallus*	留 鸟	+++	东洋界种

续

目别	科别	中名	学名	居留情况	种群数量	区系类型
十七、雀形目	（三十一）鸦科	116、松 鸦	*Garrulus glandarius sinensis*	留 鸟	++	古北界种
		117、红咀蓝鹊	*Cissa erythrorhynoha*	〃	+++	东洋界种
		118、灰喜鹊	Cyanopica cyana	〃	+++	广布种
		119、喜 鹊	*Pica pica sericea*	〃	++	〃 〃
		120、星 鸦	*Nucifraga caryocatactes*	〃	+	古北界种
		121、大咀乌鸦	*Corvus macrorhynchus colonorum*	〃	++	广布种
		122、白颈鸦	*Corvus torquatus*	〃	++	东洋界种
		123、家 鸦	*Corvus splendens*	〃	++	〃 〃
		124、寒 鸦	*Corvus monedula dauuricus*	〃	++	古北界种
		125、秃鼻乌鸦	*Corvus frugilegus*	〃	+	〃 〃
	（三十二）河乌科	126、褐河乌	*Cinclus pallasii*	〃	+	广布种
	（三十三）鹪鹩科	127、鹪 鹩	*Troglodytes troglodytes*	〃	+	〃 〃
	（三十四）鹟科					

续

目别	科别	中名	学名	居留情况	种群数量	区系类型
十七、雀形目	(1) 鸫亚科	128、红肋蓝尾鸲	*Tarsiger cyanurus*	旅 鸟	+	古北界种
		129、鹊 鸲	*Copsychus saularis*	夏候鸟	+	
		130、北红尾鸲	*Phoenicurus auroreus*	留 鸟	+++	古北界种
		131、白顶溪鸲	*Chaimarrornis leucocephalus*	"	++	广布种
		132、红尾水鸲	*Rhyacornis fuliginosns*	"	+	" "
		133、赭红尾鸲	*Phoenicurus ochruros*	夏候鸟	+	古北界种
		134、黑背燕尾	*Enicurus leschenaulei sinensis*	留 鸟	++	东洋界种
		135、蓝矶鸫	*Monticola solitaria philippensis*	"	+	古北界种
		136、紫啸鸫	*Myophonus caeruleus*	留 鸟	+	东洋界种
		137、乌 鸫	*Turdus merula mandarinus*	"	++	" "
		138、红尾斑鸫	*Turdus naumanni*	旅 鸟	+	古北界种
		139、虎斑地鸫	*Zoothera dauma aurea*	"	+	广布种
		140、灰背鸫	*Turdus hortulorum*	留 鸟	+	

续

目别	科别	中名	学名	居留情况	种群数量	区系类型
十七、雀形目	(2) 画眉亚科	141、棕颈钩嘴鹛	*Pomatorhinus ruficollis stridulus*	〃	+	东洋界种
		142、黑脸噪鹛	*Garrulax perspicillatus*	〃	+++	〃 〃
		143、画 眉	*Garrulax canorus canorus*	〃	+++	〃 〃
		144、棕头鸦雀	*Paradoxornis webbiana*	〃	+	广布种
	(3) 莺亚科	145、大苇莺	*Acrocephalus arundinaceus orientalis*	夏候鸟	+	〃 〃
		146、黄眉柳莺	*Phylloscopus inornatus*	夏侯或旅鸟	+	古北界种
		147、黄腰柳莺	*Phylloscopus proregulus*	〃	+	〃 〃
		148、短翅树莺	*Cettia diphone*	夏候鸟	+	广布种
		149、棕顶树莺	*Cettia brunnifrongs*	〃	+	〃 〃
		150、褐头鹪莺	*Prinia inornata*	留 鸟	++	东洋界种
	(4) 鹟亚科	151、寿带鸟	*Terpsiphone paradisi incei*	夏候鸟	++	东洋界种

续

目别	科别	中名	学名	居留情况	种群数量	区系类型
十七、雀形目	（三十五）山雀科	152、大山雀	*Parus major artatus*	留 鸟	+++	广布种
		153、沼泽山雀	*Parus palustris hellmayri*	〃	+	古北界种
	（三十六）文鸟科	154、麻雀	*Passer montanus saturatus*	留鸟	+++	广布种
		155、山麻雀	*Passer rutilans*	〃	+++	〃 〃
		156、白腰文鸟	*Lonchura striata swinhoei*	〃	++	东洋界种
	（三十七）雀科科	157、燕雀	*Fringilla montifringilla*	旅 鸟	++	古北界种
		158、金翅雀	*Carluedis sinica*	留 鸟	+++	广布种
		159、黑尾蜡咀	*Eophona migratoria*	旅 鸟	+	〃 〃
		160、锡咀	*Coccothaustes coccothraustes*	冬候鸟	+	古北界种
		161、栗鹀	*Emberiza aureola*	留 鸟	++	〃 〃
		162、黄眉鹀	*Emberiza chrysophrys*	〃	++	〃 〃
		163、三道眉草鹀	*Emberiza cioides*	〃	+++	〃 〃

备注：此表为 1983 ～ 1984 年以桐柏陈庄林场和新乡师范生物系为主，协同省林业厅林场处、南阳地区林业技术推广站、桐柏县林业局等单位，共同对桐柏山区的鸟类资源开展全面地、较长时间地系统调查，形成桐柏山鸟类名录，分 17 目 37 科 163 种。其中 8 种为河南省鸟类新记录（小鸦鹃、红胸田鸡、蓝胸秧鸡、褐头鷦莺、赭红尾鸲、棕顶树莺、家鸦、黑冠夜鸻）。

三、林地

林地是森林资源的重要组成部分，包括郁闭度0.2以上的乔木林地以及竹林地、灌木林地、疏林地、采伐迹地、火烧迹地、未成林造林地、苗圃地和县级以上人民政府规划的宜林地。

据资料统计，中华人民共和国成立初期，南阳地区林业用地面积933.333公顷，其中天然次生林面积327.533公顷，蚕坡面积156.866公顷，宜林地面积448.933公顷。

在天然次生林中，成熟林面积98600公顷，占林业用地面积的30%；幼龄林面积228.933公顷，占林业用地面积的70%。

在宜林地中，荒山面积417600公顷，占93%；荒地面积21333公顷，占4.8%；沙荒面积10000公顷，占2.2%。

森林

（一）1976年森林资源连续清查

全区林业用地面积1255401.1公顷，其中有林地面积658555公顷，疏林地面积45025.8公顷，灌木林地面积21169公顷，未成林造林地面积25711.7公顷，苗圃地面积4701.6公顷，宜林地面积500238公顷。在有林地中，山区有林地面积525186公顷，占80%；平原有林地面积133369公顷，占20%。在山区有林地中，用材林面积330445公顷（人工林69472公顷），占62.9%；经济林面积192031公顷，占36.6%；薪炭林面积2610公顷，占0.5%；特用林面积100公顷。在平原林地中，经济林面积20657公顷，占15%；其他林木（农田林网，路河渠防护林及零星林木等）面积112712公顷，占85%。在宜林地中，山区宜林地面积379641公顷，占76%；平原宜林地面积120597公顷，占24%。全区森林覆盖率24.48%，其中山区34.13%，平原11.59%。

（二）1983年森林资源规划设计调查

全区各类土地总面积2650295公顷，林业用地面积1080701.4公顷，其中有林地面积647031.1公顷，疏林地面积11252.1公顷，灌木林地面积51137.5公顷，未成林造林地面积25663.2公顷，苗圃地面积2604.7公顷，宜林地面积343012.8公顷。在有林地中，林分面积463327公顷（用材林391415公顷、防护林18238公顷、薪炭林46489公顷、特用林7185公顷）、经济林面积182117公顷、竹林面积1587公顷。在宜林地中，宜林荒山荒地面积330204公顷，采伐迹地面积4430公顷，火烧迹地面积1474公顷，宜林沙荒地面积6904公顷。森林覆盖率29.2%。

（三）1988年森林资源连续清查

全区各类土地总面积2650333公顷，林业用地面积1050776公顷。在林业用地中，有林地面积 596525 公顷，疏林面积 93371 公顷，灌木林地面积 25853 公顷，未成林造林地面积 9417 公顷，苗圃地面积 315 公顷，无林地面积 325295 公顷。在有林地中，林分面积 447902 公顷（用材林 313269 公顷、防护林 86257 公顷、薪炭林 36522 公顷、特用林 11854 公顷），经济林面积 147554 公顷、竹林面积 1069 公顷。在无林地中，宜林荒山荒地面积 307219 公顷，采伐迹地面积 5791 公顷，火烧迹地面积 800 公顷，宜林沙荒地面积 11485 公顷。全区非林业用地面积 1699557 公顷。森林覆盖率 22.1%。

（四）1993 年森林资源连续清查

全区各类土地总面积 2674389 公顷，林业用地面积 981309 公顷。在林业用地中，有林地面积 553601 公顷，疏林地面积 95225 公顷，灌木林地面积 22596 公顷，未成林造林地面积 9684 公顷，无林地面积 300203 公顷。在有林地中，林分面积 421253 公顷（用材林 264695 公顷、防护林 88770 公顷、薪炭林 53262 公顷、特用林 14526 公顷）、经济林面积 132348 公顷。在无林地中，宜林荒山荒地面积 287291 公顷，采伐迹地面积 3228 公顷，火烧地面积 1614 公顷，宜林沙荒地面积 8070 公顷。全区非林业用地面积 1693080 公顷。森林覆盖率 23.75%。

（五）1998 年森林资源连续清查

全市各类土地总面积 2674389 公顷，林业用地面积 967507 公顷。在林业用地中，有林地面积 639071 公顷，疏林地面积 35594 公顷，灌木林地面积 71188 公顷，未成林造林地面积 8090 公顷，无林地面积 213564 公顷。在有林地中，林分面积 496696 公顷（用材林 338138 公顷、防护林 103548 公顷、薪炭林 40448 公顷、特用林 14562 公顷）、经济林面积 140757 公顷、竹林面积 1618 公顷。在无林地中，宜林荒山荒地面积 200620 公顷，采伐迹地面积 6472 公顷，宜林沙荒地面积 6472 公顷。全市非林业用地面积 1706882 公顷。森林覆盖率 28.82%。

（六）2003 年森林资源连续清查

全市各类土地总面积 2677160 公顷，林业用地面积 1056350 公顷。在林业用地中，有林地面积 740251 公顷，疏林地面积 22578 公顷，灌木林地面积 79025 公顷，未成林造林地面积 38706 公顷，苗圃地面积 1613 公顷，无林地面积 174177 公顷。森林覆盖率 32.59%。

（七）2007 年森林资源规划设计调查

全市各类土地总面积 2652819 公顷，林业用地面积 1087146 公顷。在林业用地中，有林地面积 935016 公顷，疏林地面积 6696 公顷，灌木林地面积 47795 公顷，未成林造林地面积 25200 公顷，苗圃地面积 2505 公顷，无林地面积 69907 公顷，林业辅助生产用地 27 公顷。森林覆盖率 35.94%。

（八）2008 年、2013 年森林资源连续清查结果数据以省为单位控制计算，各市没有具体计算数据。

四、林木蓄积

林木蓄积是反映森林经营管理水平和质量的重要指标之一。

据资料统计，中华人民共和国成立初期，全区活立木蓄积约 583.3 万立方米，四旁树木约 3970 万株。

森林蓄积

（一）1976 年森林资源连续清查

全区活立木总蓄积 20695636 立方米，人均 2.72 立方米，四旁树木总株数 23408.4 万株，人均 31 株。林木蓄积量按地域分，山区 19110887 立方米，占 92.3%；平原 1584749 立方米，占 7.7%。在总蓄积量中，林分蓄积 18318824 立方米，占 88.5%；四旁树木蓄积 2376812 立方米，占 11.5%。在森林蓄积中，成熟林蓄积 7703665 立方米，占 42.1%; 中龄林蓄积 3550818 立方米，占 19.4%；幼龄林蓄积 7064341 立方米，占 38.5%。

（二）1983 年森林资源规划设计调查

全区活立木总蓄积 11179170 立方米，其中林分蓄积 7806399 立方米，占 70%；疏林蓄积 84375 立方米，占 0.8%；散生木蓄积 245534 立方米，占 2.2%；四旁树蓄积 3042862 立方米，占 27%。在林分总蓄积中，成熟林蓄积 1207506 立方米，占 15.5%；中龄林蓄积 4248756 立方米，占 54.4%；幼龄林蓄积 2350137 立方米，占 30.1%。在成熟林蓄积中，用材林蓄积 626279 立方米，占 52%；防护林蓄积 241825 立方米，占 20%；特用林蓄积 339402 立方米，占 28%。

（三）1988 年森林资源连续清查

全区活立木总蓄积 16019107 立方米，其中林分蓄积 10518616 立方米，疏林蓄积 976580 立方米，散生木蓄积 208457 立方米，四旁树蓄积 4315454 立方米。在林分蓄积中，幼龄林蓄积 3744006 立方米，中龄林蓄积 4050034 立方米，近熟林蓄积 962204 立方米，成熟林蓄积 1182776 立方米，过熟林蓄积 579596 立方米

（四）1993 年森林资源连续清查

全区活立木总蓄积 23476071 立方米，其中林分蓄积 16432761 立方米，疏林蓄积 882410 立方米，散生木蓄积 697912 立方米，四旁树蓄积 5462988 立方米。在林分蓄积中，幼龄林蓄积 5856665 立方米，中龄林蓄积 6357790 立方米，近熟林蓄积 1513648 立方米，成熟林蓄积 1794977 立方米，过熟林蓄积 909681 立方米。

（五）1998 年森林资源连续清查

全市活立木总蓄积 25077369 立方米，其中林分蓄积 18370508 立方米，疏林蓄积 182094 立方米，散生木蓄积 721279 立方米，四旁树蓄积 5803488 立方米。在林分蓄积中，

幼龄林蓄积 8236955 立方米，中龄林蓄积 8185018 立方米，近熟林蓄积 788401 立方米，成熟林蓄积 414688 立方米，过熟林蓄积 745446 立方米。

（六）2003 年森林资源连续清查

全市活立木总蓄积 25216173 立方米，其中林分蓄积 19770006 立方米。（其他数字空缺）

（七）2007 年森林资源规划设计调查

全市活立木总蓄积 34339026 立方米，其中林分蓄积 27482321 立方米，疏林蓄积 49089 立方米，散生木蓄积 54118 立方米，四旁树蓄积 6753534 立方米。在林分蓄积中，幼龄林蓄积 19368884 立方米，中龄林蓄积 3923445 立方米，近熟林蓄积 2029876 立方米，成熟林蓄积 1548125 立方米，过熟林蓄积 611991 立方米。

（八）2008 年、2013 年森林资源连续清查结果数据以省为单位控制计算，各市没有具体计算数据。

五、森林植被

南阳市森林植被类型主要有常绿落叶阔叶混交林，落叶阔叶栎林、针阔混交林，马尾松林和杉木林等。构成本地带植被的植物区系成份以华中和华东植物区系植物为主，华北暖温带植物次之，西北和华北植物区系有少量分布。西部的伏牛山南侧与秦巴山区的植被与植物种类相近，如秦巴山地常见的秀稚杜鹃、铁杉、太白冷杉、太白杜鹃等植被群落，在伏牛山上部也有分布。东部的桐柏山与华东地区相近，如桐柏山的常绿黄山松林、枫香等都是华东山地的植被种类和自然植被类型。

根据植被类型、植被区系和自然条件特点，南阳市大致可分为两大林区，一是伏牛山地丘陵常绿、落叶阔叶林区；二是桐柏、大别山地丘陵常绿、落叶阔叶林区。

伏牛山森林植被

（一）伏牛山林区

包括西峡、淅川、内乡、南召、镇平、方城、卧龙等县（区），森林植被区系以北亚热带森林植被景观为主，呈现出南北东西交汇变化的特色。地带性植被有：以栓皮栎、麻栎、锐齿栎为建群树种的落叶阔叶林，以马尾松为建群树种的针叶林。海拔 800 ～ 1200 米有油松林，海拔 1200 米以上有华山松、铁杉林。该区常见的混生树种有椴树、桦树、冷杉、湖北枫杨、五角枫、山杨等用材树种，油桐、猕猴桃、柑桔、山茱萸、漆树、乌桕、核桃等经济林树种，连翘、盐肤木、黄荆、石榛子、野山楂、杜鹃、胡枝子、杭子梢等灌木树种。

（二）桐柏、大别山林区

森林植被以落叶栎林为主，有少量常绿、阔叶树种。乔木层主要以栓皮栎、麻栎、板栗、茅栎为主，伴生树种有枫香、山合欢、椴树、枫杨、刺楸等落叶树种，以及少量铁稠、冬青、油茶等常绿树种。针叶树种在海拔 700 米以下分布大量马尾松，海拔 700 米以上为黄山松，海拔 400 ～ 500 米是杉木人工林。经济林树种有：油桐、油茶、乌柏、毛竹、板栗等，灌木树种有：白檀、山胡椒、杜鹃花等，引种的树种有：火炬松、湿地松等。

桐柏山森林植被

六、古树名木

南阳市古树名木众多，全市各地均有分布，尤为山区、半山区县最多，平原县（市、区）主要生长在村旁、宅旁。古树主要有古柏（*Platycladus orientalis*(L.) Francoptmxjjkmsc）、银杏（*Ginkgo biloba* L.）、古槐（*Sophora japonica* Linn.）、楝树（*Melia azedarach* L.）、皂角树（*Gleditsia sinensis*）、桂花（*Osmanthus* sp.）、青檀（*Pteroceltis tatarinowii* Maxim.）、梭罗树（*Reevesia pubescens*）、楸树（*Catalpabungei* C.A.Mey）、冬青（*Ilex chinensis* Sims）、马尾松（*Pinus massoniana* Lamb）、枫杨树（*Pterocarya stenoptera*）、杨树（*Populus* L.）等。名木主要有辛夷（*Magnolia liliflora* Desr.）、山茱萸（*Cornus officinalis* Sieb. et Zucc.）、秦岭冷杉（*Abies chensiensis* Tiegh.）、水曲柳（*Fraxinus mandshurica* Rupr）、连香树（*Cercidiphyllum japonicum* Sieb. Et Zucc.）、香果树（*Emmenopterys* Henryi Oliv.）、麦吊云杉（*Picea brachytyla* (Franch.) pritz.）、大果青杆（*Picea neoveitchii* Mast）等。1997 年，国家林业局编写树木奇观一书，许柯、王东升对南阳的古树名木进行收集、整理上报。2003 年、2014 年，南阳晚报、南阳日报组织开展南阳古树系列报道。2014 年 9 月，市绿化委员会、市林业局组织林业专业技术人员 120 余人，历时两个多月，对全市古树名木进行了认真、详细普查制定保护方案和措施。本次普查，全市共有百年以上的古树名木 10687 株，其中散生古树 3304 株，500 年以上一级古树 276 株，300 ～ 499 年二级古树 432 株，100 ～ 299 年三级古树 2596 株；古树群 21 个，群生古树 7373 株，有重要纪念意义的名木 10 株，500 年以上古树名木（见表 1—4、1—5）。本节选择一部分古树名木进行记述，另以表格的形式，列表各县（区）古树名木分布情况作简要记述。市林业局将编写南阳古树名木集，以图片和文字的形式作详细记述。

（一）古树

1. 古柏类。分布在方城县的拐河镇，卧龙区的陆营乡、蒲山镇、谢庄乡，淅川县的厚坡镇、陶岔渠首，西峡县的五里桥乡、回车镇、米坪乡，桐柏县的埠江镇李营村、县一高，新野县的樊集乡，邓州市的裴营乡、穰东镇、构林乡，镇平县的城关镇、柳泉铺乡，南召县的云阳镇。最古老的古柏是桐柏县第一高级中学院内的两棵古柏，这

南阳市森林植被垂直分布表

表 1–3

海拔	林型	森林植被
1800 米以上	华山松、常绿杜鹃矮林	乔木：华山松、铁杉、太白冷杉 灌木：秀稚杜鹃、太白杜鹃、箭竹、胡枝子、绣线菊、六道木、忍冬、荚迷 草本：禾本科、莎草科、菊科等
1800 米至 1400 米	以华山松、锐齿槲栎为主的混交林	乔木：华山松、锐齿栎、木包 树、锐齿槲栎、槭、椴、鹅耳枥、红桦、千金榆、山杨、铁杉、冷杉、大果青木杆 灌木：胡枝子、卫茅、忍冬、荚迷、悬钩子、杜鹃 草本：羊胡子草、白羊草、黄背草、蒿类
1400 米至 800 米	以油松、栎类为主的针阔混交林	乔木：油松、栓皮栎、千金榆、椴、香椿、柿、五角枫、山杨、山核桃、白皮松、白腊、湖北枫杨、云南枫杨、鹅耳枥、君迁子、大叶青岗、木包 树、盐肤木 灌木：杜鹃、连翘、石榛子、绣线菊、棠梨、胡枝子、黄栌、珍珠梅、葛藤、悬钩子、蚕花刺 草本：羊胡子草、黄蒿、柴胡、石竹、黄背草、野菊花、蕨类
800 米至 400 米	马尾松纯林和以马尾松为主的针阔混交林	乔木：马尾松、栓皮栎、杉木、油桐、漆树、辛夷、核桃、板栗、茅栗、泡桐、枫杨、香椿、侧柏、刺槐、杜仲、盐肤木、乌桕、楸树、青皮椴、黄楝 灌木：胡枝子、连翘、野山楂、杭子梢、黄栌、黄荆、葛藤 草本：白草、茅草、菊类、蒿类、黄背草、菅草、蕨类
400 米以下	以阔杂为主的阔叶林	乔木：油桐、漆、杉木、马尾松、栓皮栎、刺槐、楸、麻栎、枫杨、杨、柳、椿、楝、榆、桑、苹果、枣、梨、侧柏等 灌木：马桑、紫穗槐、野山楂、酸枣、迎春 草本：茅草、铁杆蒿、菊类、白草、加蓬、龙须草

两棵古柏是在建庙时种下的，距今已有1800多年。邓州市构林镇余集村有一株古柏，树高20余米，树围近7米，需4个才能合抱，是东汉一姓余的大地主栽种，树龄约1800年。最高的古柏是卧龙区陆营镇杨庄营村有一古柏，高约40米，树干为三棱柱形，是为纪念明代一杨姓义士一家的侠义之举而栽植的。新野县樊集乡赵氏祠堂前的两棵老古柏，树高达30米，栽于明朝嘉靖年间。

2. 银杏类。分布在南召县的留山镇、乔端镇、板山坪乡，卧龙区的七里园乡、蒲山镇，方城县的四里店乡、独树镇、大乘山南麓的普严寺，镇平县的菩堤寺，唐河县的源潭镇，内乡县的赤眉镇，西峡县的丹水镇、二郎坪乡，邓州市的穰东镇，桐柏县的吴城镇，南阳市区卧佛寺街。

最古老的银杏：生长在南召县桥端乡竹园村白果坪组，古银杏树龄在2000年以上的一株特大银杏树，树高25米，地围11.5米，南北冠幅12.6米、东西冠幅18米，该树从基部萌生出3个大的分枝，且3个分枝已全部生长在一起，每年仍硕果累累。1988年所摘果实收入6000多元，村里视其为摇钱树。对于这棵树，曾有南召县的金瑞、德惠两名同志以标题《年产两部彩电的银杏王》，在南阳日报1989年3月26日一版上报道过。本局全振武同志曾于现场观察过这棵树，当时有6人连手抱过，这么大的银杏树，在全国实属罕见。

古银杏

古槐

最高的银杏树：唐河县源潭镇东南三公里泌阳河北岸何庄村有一棵银杏树，据《源潭镇志》记载，1986年测量树高48.5米，胸径8.6米。分布最集中的银杏树群：西峡县二郎坪乡米坪村分布60余棵古银杏，树龄最小的200多年，最大的1500多年。树高30米以上的40余棵，树冠覆盖面积340平方米，每年产银杏果500多千克。

3. 古槐。分布在宛城区的环城乡、瓦店镇，卧龙区的七里园乡钓鱼台村、石桥镇，方城县的古庄店乡、独树镇，邓州市的林扒镇、高集乡。最古老的古槐：卧龙区石桥镇有一棵国槐，树龄1700多年，树高10米，胸径3.3米，相传为汉代栽植。

4. 楝树。分布在南召县的宝天曼，方城县的古庄店镇，镇平县的枣园乡。南召宝天曼原始森林中有一棵古黄楝树，树龄1500余年，树高28米，树围11米多，树荫达350平方米。

新野汉桑

5. 汉桑。分布在方城县的赵河镇，新野县城内。新野县城有一处世界最小的城——“汉桑城”，名字源于城内三国时关公所植的一棵汉桑树，距今1800年，虽饱经风霜，却生机勃勃。方城县赵河镇落马铺村西南有一株树龄1700多年的古汉桑，树高10米，胸径123厘米，冠幅63平方米。据传西汉末年，王莽撵刘秀到此，刘秀人困马乏，下马歇于该树旁。

6. 皂角。分布在新野县城，南召县的崔庄乡，西峡老城中心县供销社院内、回车镇，淅川县的荆关镇。新野县公安局院内东北角有一棵1800多年古皂角树，树高30米，冠幅约20米。

7. 桂花。分布在南阳市区玄妙观院内，内乡县衙博物馆内，方城县的城关镇、拐河镇，淅川县的马蹬镇，桐柏县的程湾乡。内乡县衙博物馆内有两株桂花树，一株栽植于县衙内的“刑钱夫子园”，胸径1.97米，树高8米，冠幅南北9.2米，东西6.87米，和东边的一株南天竺遥相呼应。另一株桂花树栽于县衙四堂，树高和胸径略小于前一株。据记载，这两株桂花树是元代所植，虽历经沧桑，生长却十分旺盛。

8. 沙兰杨。南召县招待所院内生长的一株沙兰杨，是1965年春天栽植的一年生苗，由中国林科院沙兰杨树专家主持调查，树高27.9米，胸径65.3厘米，材积达到4.0952立方木，据全国沙兰杨树科技协作组报道，这是当时国内沙兰杨同龄单株中生长最快，木材生长量最高的一株。

（二）名木

1. 辛夷。南召县皇后乡天桥村有一株辛夷树，树高23米，胸围335厘米，东西长27米，南北52米，树龄900年，每年产花蕾190千克，人称“辛夷王”。

2. 山茱萸。西峡县桑坪乡塘岈村安场组西洼口生长一株山茱萸树，树高7.5米，冠幅50.8平方米，树龄约140多年，年产鲜果近千斤，是河南省山茱萸年产量最高的单株，当地群众称之为“财神树”，并有“亩产千斤谷，顶不上一棵山萸肉”之说。

3. 秦岭冷杉。内乡宝天曼国家级自然保护区内生长着秦岭冷杉，它木材较轻软，纹理通直，木香四溢，是建筑家具的好材料。

4. 水曲柳。内乡宝天曼国家级自然保护区内的化石尖，生长着被风折去三分之一的大水曲柳，树高21米，胸径280厘米，冠幅达30平方米，树龄约260年，堪称宝天曼水曲柳树王。

5. 连香树。内乡宝天曼国家级自然保护区的猴沟红寺河林区，生长着面积达 1000 多平方米的连香树，最大的一株树高 28 米，胸径 45 厘米，冠幅 30 平方米，树龄约在 50 ～ 150 年间。

6. 大果青杆。内乡宝天曼国家级自然保护区的七里沟林区，生长着一株树龄达 150 多年的大果青杆，树高 13.2 米，胸径 28 厘米，全省仅存两株。

2014 年南阳市古树名木列表

表 1–4

单位：株、个

县别	序号	中文名	别名	树龄（年）	树高（米）	胸围（地围）	冠幅（米）	生长位置	管护单位（人）	保护等级
西峡县	1	银杏	白果树	600	23	383	22	丹水镇谭沟村寺沟组	寺沟组	一级
	2	银杏	白果树	600	22	367	6	丹水镇谭沟村寺沟组	寺沟组	一级
	3	圆柏	刺柏	600	18	380、283	5	回车镇回车堂村东湾组	东湾组	一级
	4	槐树	国槐	500	12	460	28	回车镇黑虎庙村上堰组	上堰组	一级
	5	银杏	白果树	600	17	505	17	五里桥镇孔沟村	园艺场	一级
	6	侧柏	柏树	500	13	210、176	11	五里桥镇葛营村马营组	马营组	一级
	7	侧柏	柏树	500	13	246	8	五里桥镇封店村九组	九组	一级
	8	栓皮栎	花栎	500	30	460	24	丁河镇大林村三组	三组	一级
	9	银杏	白果树	600	25	260	20	丁河镇大林村三组	三组	一级
	10	大果冬青		500	16	740	20	丁河镇陈阳村镇阳坡	阳坡组	一级
	11	枫杨	鬼柳	500	25	540	21	寨根乡界牌村 10 组	十组	一级
	12	腺柳	河柳	600	20	600	17	寨根乡界牌村许庄	许庄	一级

县别	序号	中文名	别名	树龄（年）	树高（米）	胸围（地围）	冠幅（米）	生长位置	管护单位（人）	保护等级
西峡县	13	栓皮栎	花栎	500	22	460	7	寨根乡方庄村 11 组	11 组	一级
	14	腺柳	河柳	500	11	465	20	寨根乡捷道村大沟组	大沟组	一级
	15	银杏	白果树	600	25	508	12	寨根乡寨根村 3 组	3 组	一级
	16	板栗	栗子	500	14	499	16	桑坪镇珠宝沟村失马崖	失马崖组	一级
	17	板栗	栗子	500	12	502	11	桑坪镇珠宝沟村失马崖	失马崖组	一级
	18	黄连木		500	13	296	15	桑坪镇黄沙村普陀沟口组	普陀沟口组	一级
	19	银杏	白果树	800	26	650	20	石界河乡通渠村白果组	白果组	一级
	20	银杏	白果树	500	28	440	14	石界河乡杨盘村西沟组	西沟组	一级
	21	银杏	白果树	500	16	430	18	石界河乡大坪村古石组	古石组	一级
	22	七叶树	梭罗树	500	22	460	21	石界河乡杨盘村岭根	烟镇林场	一级
	23	圆柏	刺柏	600	25	415	17	米坪乡堂坪村河北川组	河北川组	一级
	24	七叶树	梭罗子	800	28	530	28	米坪镇石门村南沟组	南沟组	一级
	25	七叶树	梭罗子	600	18	307	17	米坪镇石门村白石尖	马书娃	一级

县别	序号	中文名	别名	树龄（年）	树高（米）	胸围（地围）	冠幅（米）	生长位置	管护单位（人）	保护等级
西峡县	26	暖木		600	20	390	23	米坪镇关山村小风组	小风组	一级
	27	黄连木	黄楝树	500	13	485	18	米坪镇大庄村窑上组	窑上组	一级
	28	枫杨	鬼柳	500	16	550	14	军马河乡孙门村大柳树组	大柳树组	一级
	29	七叶树	梭罗子	800	25	680	31	军马河乡军马河村碾道组	碾道组	一级
	30	银杏	白果树	500	21	474	16	双龙镇双龙村白果树组	白果树组	一级
	31	圆柏		500	21	302	11	双龙镇小水村二组	二组	一级
	32	银杏	白果树	800	30	630	17	二郎坪乡草湖峪村三组	三组	一级
	33	栓皮栎	花栎	500	20	495	23	二郎坪乡草湖峪村二组	二组	一级
	34	枫杨	鬼柳	500	27	545	16	二郎坪乡西庄河村中河组	中河组	一级
	35	七叶树	梭罗子	600	30	490	17	二郎坪乡蒿坪村西地组	西地组	一级
	36	银杏	白果树	500	20	440	18	二郎坪乡白果村二组	二组	一级
	37	银杏	白果树	800	32	569	24	二郎坪乡栗坪村北峪组	北峪组	一级
	38	银杏	白果树	500	22	355	15	二郎坪乡二郎坪村西场组	西场组	一级

县别	序号	中文名	别名	树龄（年）	树高（米）	胸围（地围）	冠幅（米）	生长位置	管护单位（人）	保护等级
西峡县	39	银杏	白果树	500	16	445	17	二郎坪乡栗坪村北峪组	北峪组	一级
	40	银杏	白果树	600	23	547	22	二郎坪乡栗坪村北峪组	北峪组	一级
	41	银杏	白果树	600	26	472	17	二郎坪乡栗坪村上庵组	上庵组	一级
	42	银杏	白果树	600	28	508	16	二郎坪乡栗坪村下庵组	下庵组	一级
	43	银杏	白果树	600	26	470	18	二郎坪乡栗坪村下庵组	下庵组	一级
	44	银杏	白果树	1000	18	905	9	太平镇东坪村二组	二组	一级
	45	银杏	白果树	1000	18	710	20	太平镇回龙寺村一组	一组	一级
	46	银杏	白果树	500	23	380	22	太平镇鱼库村北沟组	北沟组	一级
淅川县	1	侧柏	柏树	500	15	300	11	西簧乡大石河村马湾组	集体	一级
	2	脱皮榆	小叶榆	500	14	360	12	西簧乡黑马庄村四组	集体	一级
	3	栓皮栎	麻栎	600	11	480	11	西簧乡七棵树村六组	集体	一级
	4	桂花	月桂	500	13	250	11	西簧乡代兴沟村桂花组	集体	一级
	5	枫杨	黑柳	500	30	400	20	西簧乡黑马庄村	个人	一级

县别	序号	中文名	别名	树龄（年）	树高（米）	胸围（地围）	冠幅（米）	生长位置	管护单位（人）	保护等级
淅川县	1	侧柏	柏树	500	15	300	11	西簧乡大石河村马湾组	集体	一级
	2	脱皮榆	小叶榆	500	14	360	12	西簧乡黑马庄村四组	集体	一级
	3	栓皮栎	麻栎	600	11	480	11	西簧乡七棵树村六组	集体	一级
	4	桂花	月桂	500	13	250	11	西簧乡代兴沟村桂花组	集体	一级
	5	枫杨	黑柳	500	30	400	20	西簧乡黑马庄村	个人	一级
	6	榔榆	小叶榆	500	18	520	14	荆关镇陡岭村小陡岭组	集体	一级
	7	皂荚	皂角	500	12	320	10	荆关镇中街清代一条街	个人	一级
	8	皂荚	皂角	500	12	450	9	荆关镇荆关高中南墙	集体	一级
	9	银杏	白果树	500	14	230	10	荆关镇法海寺	国有	一级
	10	青檀	檀树	650	14	550	14	荆关镇法海寺	国有	一级
	11	枫树	枫树	500	12	450	11	荆关镇法海寺	国有	一级
	12	青檀	檀树	500	14	500	14	荆关镇法海寺	国有	一级

县别	序号	中文名	别名	树龄（年）	树高（米）	胸围（地围）	冠幅（米）	生长位置	管护单位（人）	保护等级
淅川县	13	青皮榆	榆树	500	16	320	15	荆关镇法海寺	国有	一级
	14	榔榆	小叶榆	500	15	260	13	荆关镇法海寺	国有	一级
	15	榆	榆树	1000	15	540	13	毛堂乡安沟三组	个人	一级
	16	侧柏	柏树	550	19	270	9	毛堂乡洞河村七组	集体	一级
	17	黄连木	黄连树	1000	22	520	14	毛堂乡老田村 2 组	集体	一级
	18	地锦	爬山虎	800	10	280	10	毛堂乡老坟岗村八组	集体	一级
	19	黄连木	黄连树	500	24	320	15	毛堂乡高沟大房营	集体	一级
	20	柿	柿子树	500	10	230	9	寺湾镇秦家沟村一组	集体	一级
	21	黄连木	黄连树	500	11	550	14	寺湾镇赵河村 2 组	集体	一级
	22	侧柏	黄柏	500	25	200	15	盛湾镇太山村小学附近	侧柏	一级
	23	黄连木	黄连树	500	13	380	10	马蹬镇石桥村韩庄组	个人	一级
	24	朴树	小叶朴	500	13	300	12	马蹬镇金东河黑虎庙	集体	一级

县别	序号	中文名	别名	树龄（年）	树高（米）	胸围（地围）	冠幅（米）	生长位置	管护单位（人）	保护等级
淅川县	25	黄连木	黄连树	500	21	450	12	大石桥乡毕家台组	集体	一级
	26	皂荚	皂角	500	11	280	9	厚坡镇王岗村刘营土地庙		一级
	27	皂荚	皂角	600	18	410	16	上集镇岗窑村	集体	一级
	28	樟	樟树	500	12	380	6	九重镇九晟光伏材料有限公司	个人	一级
	29	紫薇	百日红	500	6	130	3	九重镇九晟光伏材料有限公司	个人	一级
	30	紫薇	百日红	500	6	150	3	九重镇九晟光伏材料有限公司	个人	一级
	31	紫薇	百日红	600	6	170	3	九重镇九晟光伏材料有限公司	个人	一级
	32	银杏	公孙树	1000	14	550	12	九重镇唐王桥小学院内	集体	一级
	33	桂柳	垂柳	600	18	500	22	香花镇雷庄村黑龙泉	集体	一级
	34	女贞	女贞子	500	16	250	11	香花镇白龙沟陈家老庄	集体	一级
	35	银杏	公孙树	1500	20	750	22	仓房镇清泉村踏源路旁	集体	一级
	36	皂荚	皂角	500	13	400	12	仓房镇香严寺内	国有	一级

县别	序号	中文名	别名	树龄（年）	树高（米）	胸围（地围）	冠幅（米）	生长位置	管护单位（人）	保护等级
淅川县	37	皂荚	皂角	1000	11	160	10	仓房镇香严寺内	国有	一级
	38	银杏	公孙树	1000	21	500	17	仓房镇香严寺内	国有	一级
	39	银杏	公孙树	900	20	400	16	仓房镇香严寺内	国有	一级
	40	皂荚	皂角	600	17	180	13	仓房镇香严寺内	国有	一级
	41	皂荚	皂角	700	21	260	16	仓房镇香严寺内	国有	一级
	42	侧柏	黄柏	500	12	260	8	仓房镇香严寺内	国有	一级
	43	侧柏	黄柏	600	16	210	8	仓房镇香严寺内	国有	一级
	44	刺柏	翠柏	500	16	310	10	仓房镇香严寺内	国有	一级
	45	桂花	月桂	800	8	170	3	仓房镇香严寺内	国有	一级
	46	侧柏	黄柏	500	17	230	10	仓房镇香严寺内	国有	一级
	47	女贞	女贞子	500	8	310	7	金河镇移植园	个人	一级
	48	三角枫	三角枫	500	9	480	6	金河镇移植园	个人	一级

县别	序号	中文名	别名	树龄（年）	树高（米）	胸围（地围）	冠幅（米）	生长位置	管护单位（人）	保护等级
淅川县	49	黄连木	黄连树	1000	9	600	6	金河镇移植园	个人	一级
	50	榔榆	小叶榆	500	8	320	4	金河镇移植园	个人	一级
	51	枫杨	黑柳	1000	12	600	4	金河镇移植园	个人	一级
	52	女贞	女贞子	500	8	220	8	金河镇移植园	个人	一级
	53	黄连木	黄连树	500	9	270	7	金河镇移植园	个人	一级
	54	七叶树	菩提树	500	9	290	6	金河镇移植园	个人	一级
	55	腺柳	红心柳	1000	7	280	7	金河镇移植园	个人	一级
	56	柏树	柏树	1500	16	215	6	仓房镇胡坡村	集体	一级
桐柏县	1	侧柏	扁柏	1100	16	365	15	埠江镇李营村	李营村委	一级
	2	侧柏	扁柏	1100	15	360	14	埠江镇李营村	李营村委	一级
	3	圆柏	桧柏	500	14	185	11	平氏镇计庄村	计庄村委	一级
	4	金桂	桂花	1200	13	270	14	程湾乡石头庄村	石头庄村委	一级

县别	序号	中文名	别名	树龄（年）	树高（米）	胸围（地围）	冠幅（米）	生长位置	管护单位（人）	保护等级
桐柏县	5	榆树	家榆	700	18	180	12	新集乡杨湾村	杨湾村委	一级
	6	银杏	白果	500	20	310	16	淮源镇老湾村	老湾村委	一级
	7	银杏	白果	600	22	405	23	淮源镇三王庙村	三王庙村委	一级
	8	葛花	黄斤	800	14	110	12	淮源镇张庄村	张庄村委	一级
	9	乌桕	木子树	800	14	140	12	淮源镇张庄村	张庄村委	一级
	10	银杏	白果	800	24	530	21	大河镇黄庄村	黄庄村委	一级
	11	紫薇	百日红	500	4	240	3	城郊乡金亭村	金亭村委	一级
	12	侧柏	扁柏	1200	14	350	8	城关镇东风社区	东风社区	一级
	13	侧柏	扁柏	1200	13	325	8	城关镇东风社区	东风社区	一级
	14	侧柏	扁柏	1100	13	440	12	城关镇大同社区	大同社区	一级
	15	侧柏	扁柏	800	13	330	8	城关镇大同社区	大同社区	一级
	16	侧柏	扁柏	650	12	350	11	月河镇罗堂村	罗堂村委	一级

县别	序号	中文名	别名	树龄（年）	树高（米）	胸围（地围）	冠幅（米）	生长位置	管护单位（人）	保护等级
桐柏县	17	银杏	白果	800	18	550	15	吴城镇郭老庄村	郭老庄村委	一级
	18	银杏	白果	700	27	530	19	吴城镇王宽店村	王宽店村委	一级
	19	银杏	白果树	700	21	457	19	固县镇固县村	固县村委	一级
	20	银杏	白果树	600	17	580	17	固县镇柳扒村	柳扒村委	一级
	21	黄连木	楷木	500	16	300	15	黄岗镇刘老庄村	刘老庄村委	一级
	22	银杏	白果	600	19	385	17	毛集镇张湾村	张湾村委	一级
	23	银杏	白果	1000	28	610	27	回龙乡黄楝岗村	黄楝岗村委	一级
	24	响叶杨	风响树	500	24	285	15	淮源镇淮源村	景区管委会	一级
南召县	1	侧柏	柏树	1000	21	190	5	丹霞寺院内	丹霞寺	一级
	2	侧柏	柏树	1000	22	230	12	丹霞寺院内	丹霞寺	一级
	3	青檀	翼朴	500	11	310	12	丹霞寺院内	丹霞寺	一级
	4	青檀	翼朴	500	9	193	16	丹霞寺院内	丹霞寺	一级

县别	序号	中文名	别名	树龄（年）	树高（米）	胸围（地围）	冠幅（米）	生长位置	管护单位（人）	保护等级
南召县	5	青檀	翼朴	500	13	470	18	丹霞寺院内	丹霞寺	一级
	6	青檀	翼朴	500	16	235	17	丹霞寺院内	丹霞寺	一级
	7	青檀	翼朴	500	13	220	15	丹霞寺院内	丹霞寺	一级
	8	青檀	翼朴	500	13	120	14	丹霞寺院内	丹霞寺	一级
	9	青檀	翼朴	500	18	275	16	丹霞寺院内	丹霞寺	一级
	10	青檀	翼朴	500	15	160	9	丹霞寺院内	丹霞寺	一级
	11	银杏	白果树	1000	22	435	20	丹霞寺门外东 50 米	大庄林场	一级
	12	银杏	白果树	1000	25	239	27	丹霞寺河南岸	大庄林场	一级
	13	国槐	槐树	500	8	195	10	王运生门前	太山庙王运生	一级
	14	侧柏	柏树	2700	21	279	5	云阳一小院内东	云阳一小	一级
	15	侧柏	柏树	2700	18	226	5	云阳一小院内西	云阳一小	一级
	16	黄连木	黄楝树	500	16	600	16	郑家庄郑金生门前	十字坟村委会	一级
	17	望春玉兰	辛夷	500	11	420	9	路口边	西花园村委会	一级

县别	序号	中文名	别名	树龄（年）	树高（米）	胸围（地围）	冠幅（米）	生长位置	管护单位（人）	保护等级
南召县	18	望春玉兰	辛夷	500	16	310	10	郭家庄门前	西花园村委会	一级
	19	黄连木	黄楝树	1000	25	330	23	郭在远门前	西花园村委会	一级
	20	银杏	白果树	500	16	320	12	小店杨庄小学院内	杨庄小学	一级
	21	黄连木	黄楝树	700	13	410	13	崇兴寺吴金营门前	龙潭村委会	一级
	22	黄连木	黄楝树	500	9	450	21	白鹿班庄	白鹿村委会	一级
	23	皂荚	皂角	500	18	300	14	建坪小南沟仓房庄	建坪村委会	一级
	24	国槐	槐树	500	13	310	17	小南沟陈中国房后	陈中国	一级
	25	槲栎		600	11	325	13.8	王青岗扒世振院内	王世振	一级
卧龙区	1	龙柏		2000	13.1	270	8.5	蒲山镇高庄村柏富寺	高庄村委	一级
	2	银杏	白果	1000	17.7	380	15.5	蒲山镇马寨村马寨自然村	马寨村委	一级
	3	侧柏	龟柏	1000	8	376	11.6	蒲山镇大庄村蔡寨自然村丰山	大庄村委	一级
	4	银杏	白果	1000	18.7	610	20.6	七里园乡白塔村小学院内	白塔村委	一级

县别	序号	中文名	别名	树龄（年）	树高（米）	胸围（地围）	冠幅（米）	生长位置	管护单位（人）	保护等级
卧龙区	5	圆柏		1000	10	310		七里园乡白塔村小学操场	白塔村委	一级
	6	国槐	汉槐	1700	12.1	350	14.4	石桥镇二村汉槐街	石桥镇文化站	一级
	7	圆柏		1600	12.1	240	7	石桥镇闻庄村闻庄自然村	闻庄村委	一级
	8	侧柏		1000	13.5	301	7	陆营镇杨庄营村十三组	杨家老坟园	一级
	9	金丝楸	梓桐	600	12.7	276	7.5	武侯祠大门处	南阳市博物馆	一级
	10	金丝楸	梓桐	600	16	270	9.8	武侯祠大拜殿内	南阳市博物馆	一级
	24	国槐	槐树	500	13	310	17	小南沟陈中国房后	陈中国	一级
	25	槲栎		600	11	325	13.8	王青岗扒世振院内	王世振	一级
方城县	1	黄连木	惜木	500	11.3	619	13.3	袁店竹园	袁店许庄关适三（庙院管理者）	一级
	2	银杏	白果	1100	17	360	23	柳河香店太山庙	前香店	一级
	3	皂荚	皂角树	1000	12	368	9.5	柳河边庄黑龙庙	黑龙庙北	一级
	4	银杏	白果	600	22	315	10	柳河街上	李天建	一级

县别	序号	中文名	别名	树龄（年）	树高（米）	胸围（地围）	冠幅（米）	生长位置	管护单位（人）	保护等级
方城县	5	侧柏	柏树	600	10	250	9	清河柏树岗	柏树岗	一级
	6	黄连木	惜木	800	23	704	16	拐河桃园	庙院管理者	一级
	7	栎树	粗皮青冈	500	11	340	13.5	拐河王家营	舒 家庄	一级
	8	七叶树	菩提树	1000	14.5	285	11.7	四里店善庄	善庄组	一级
	9	杏叶柳	腺柳、河柳	1000	15	420	16.5	四里店五间房	朋沟组	一级
	10	杏叶柳	腺柳、河柳	600	17.5	150	13.4	四里店油房庄磨口	磨口	一级
	11	银杏	白果	2100	25	585	21	四里店达店	达店	一级
	12	银杏	白果	2100	23	510	18.5	四里店达店	达店	一级
	13	柘树	柘刺、柘桑	600	4	100	3.5	四里店街村	街村	一级
	14	黄连木	惜木	500	19	490	21	四里店王三沟米家	王洪义	一级
	15	黄连木	惜木	500	20	470	10	四里店庹庄小李庄	李德旺	一级
	16	黄连木	惜木	500	17	285	8	四里店庹庄小李庄	李德旺	一级
	17	银杏	白果	1500	28	480	18	四里店庹庄十字岭	潘玉贤	一级

县别	序号	中文名	别名	树龄（年）	树高（米）	胸围（地围）	冠幅（米）	生长位置	管护单位（人）	保护等级
方城县	18	银杏	白果	1000	17	260	12	独树扳井光武庙	光武庙	一级
	19	银杏	白果	500	18	190	12	独树砚山铺学校	小学	一级
	20	银杏	白果	500	19	260	13	独树砚山铺学校	小学	一级
	21	银杏	白果	500	13	160	10	独树砚山铺学校	小学	一级
	22	槐	家槐树	800	15	422	16	独树金银店	金银店	一级
	23	银杏	白果	2200	29	750	27	独树白石嘴	村林场	一级
	24	刺柏	柏树	800	15	220	9	独树白石嘴	村林场	一级
	25	槐	家槐树	600	14	350	9	独树李洼	周岗	一级
	26	柿树	朱果、猴枣	500	14	190	10	杨集党庄	宋坟	一级
	27	柿树	朱果、猴枣	500	14	250	13.2	杨集党庄	宋坟	一级
	28	柿树	朱果、猴枣	500	13	210	12	杨集党庄	宋坟	一级
	29	柘树	柘刺、柘桑	1800	5.9	65.3	5.45	博望镇博望村八组		一级
	30	槐	家槐树	1800	8.8	56.5	7.85	博望镇水饭店村		一级

县别	序号	中文名	别名	树龄（年）	树高（米）	胸围（地围）	冠幅（米）	生长位置	管护单位（人）	保护等级
方城县	31	桑	桑树	1800	10.9	103.7	9.25	赵河镇果园村黄家肖庄社		一级
	32	槐	家槐树	500	13.6	81.9	15.35	古庄店乡僧官庄村		一级
	33	黄连木	惜木	500	9.7	59.6	10.1	古庄店乡老安庄村		一级
	34	侧柏	柏树	700	8.9	27.3	5.95	古庄店乡韩岗村大湾社组		一级
	35	槐	家槐树	500	10.7	181	11.9	舒庄村刘庄组	刘自强	一级
	36	雪柳	五谷树、挂梁青	800	7	113	8.7	释之街道西关村祖师庙内	祖师庙	一级
	37	雪柳	五谷树、挂梁青	800	6.3	77.6	7.1	释之街道西关村祖师庙内	祖师庙	一级
	38	银杏	白果	1000	23.4	386	13.7	大寺林场		一级
	39	银杏	白果	1000	23.5	431	11.3	大寺林场		一级
内乡县	1	刺柏	翠柏	1500	19	350	10	岞岖乡白杨村石堂山	韩有品	一级
	2	侧柏	香柏	550	18	284	8	岞岖乡红庙村小学	王俊虎	一级
	3	侧柏	香柏	510	15	205	8	岞岖乡红庙村小学	王俊虎	一级
	4	皂荚	皂角	510	24	210	17	大桥乡郭河村郭东组	郭金全	一级

县别	序号	中文名	别名	树龄（年）	树高（米）	胸围（地围）	冠幅（米）	生长位置	管护单位（人）	保护等级
内乡县	5	银杏	白果	810	19	550	20	大桥乡南王村五组	王充都	一级
	6	刺柏	翠柏	510	12	300	6	王店镇均张村拐子李小学	张晓	一级
	7	刺柏	翠柏	710	15	230	10	王店镇显圣庙村小学	周学亮	一级
	8	皂荚	皂角	1150	22	335	18	灌涨镇杨集村吉祥寺	杨曙光	一级
	9	皂荚	皂角	1100	20	340	24	灌涨镇杨集村吉祥寺	杨曙光	一级
	10	皂荚	皂角	710	16	235	11	马山口镇河西村小学	秦永才	一级
	11	柳树	水柳	1100	15	385	16	马山口镇杏树坪村李家庄	朱子成	一级
	12	皂荚	皂角	600	19	430	14	赤眉镇张堂村小河组	杨玉培	一级
	13	皂荚	皂角	500	20	330	13	赤眉镇王庄村沟脑组	张定周	一级
	14	银杏	白果	1700	22	1050	20	赤眉镇朱陈村白果树组	陶贵清	一级
	15	桂花	木犀	700	11	160	16	城关镇内乡县衙	王晓杰	一级
	16	桂花	木犀	700	10	152	12	城关镇内乡县衙	王晓杰	一级
	17	黄连木	黄楝树	600	21	660	21	七里坪乡大龙村老庙组	席丰君	一级

县别	序号	中文名	别名	树龄（年）	树高（米）	胸围（地围）	冠幅（米）	生长位置	管护单位（人）	保护等级
内乡县	18	国槐	槐树	510	11	420	9	夏馆镇西河堂村东沟组	李朝阳	一级
	19	黄连木	黄楝树	510	18	323	18	夏馆镇西河堂村黑龙潭组	李朝阳	一级
	20	侧柏	香柏	710	18	189	7	夏馆镇黄龙村后庄组	贾国明	一级
	21	刺柏	翠柏	710	10	180	3	夏馆镇青杠树村翟庄组	杜金甫	一级
	22	榕树	细叶榕	750	28	510	27	夏馆镇青杠树村东沟组	杜金甫	一级
	23	黄连木	黄楝树	600	14	420	15	夏馆镇青杠树村张庄组	杜金甫	一级
	24	刺柏	翠柏	720	13	260	11	夏馆镇青杠树村苇园组	杜金甫	一级
	25	银杏	白果	550	31	350	17	板场乡让河村楸树湾组	余富全	一级
	26	银杏	白果	540	33	377	18	板场乡让河村楸树湾组	余富全	一级
唐河县	1	银杏	白果	800年	20	590	19	源潭乡何庄银杏寺	何庄村委	一级
镇平县	1	银杏	白果	1300	16	300	13.5	五岳庙林场	五岳庙林场	一级
	2	银杏	白果	1300	23	315	23	五岳庙林场	五岳庙林场	一级
	3	银杏	白果	1300	19.5	320	9.3	五岳庙林场	五岳庙林场	一级

县别	序号	中文名	别名	树龄（年）	树高（米）	胸围（地围）	冠幅（米）	生长位置	管护单位（人）	保护等级
镇平县	4	侧柏	柏树	800	26	280	6	五岳庙林场	五岳庙林场	一级
	5	侧柏	柏树	640	10	300	9.6	卢医镇政府	卢医镇政府	一级
	6	侧柏	柏树	700	12	290	8.3	卢医镇政府	卢医镇政府	一级
新野县	1	皂荚	秀才报恩树	555	13	293	12	新甸铺镇张套楼村	张强占	一级
	2	楸树	水桐	535	11	289	8	上港乡张花楼村	张花楼村村委会	一级
	3	桑树	关宿桑	1863	23	257	16	沙堰镇政府	沙堰镇政府	一级
	4	桑树	关植桑	1805	17	305	15	原汉桑城小学	青少年活动中心	一级
	5	皂荚	千年挂剑树	1788	21	241	17	县公安局院内	县公安局	一级
社旗县	1	凌霄	藤萝花	550	3	144	23	广和堂	赊店商铺文化中心	一级
	2	凌霄	藤萝花	550	3	75	15	广和堂	赊店商铺文化中心	一级
宛城区	1	柏木		1000	13	40	3.5	东关街道魏公桥村居委会	宛城区林业局	一级
	2	槐树		2100	8	130	12.5	瓦店镇光武小学	宛城区林业局	一级

丹江源头 山清水秀——刘宜杰(摄)

第二章 造林绿化

第一节 山区造林

宛西地方自治首脑人物别廷芳认为，植树造林不仅能生产林木，还能调节雨量，减少灾害，拦洪造地。因此，各县都甚为重视，尤其是内乡县和淅川县成绩更佳。

民国17年（1928年），内乡县民团司令部聘请擅长林蚕技术的陈凤梧，在西峡口镇成立森林研究会，并组织森林员数10人，调查全县林业，提出建议，尔后实施。每年12月至次年3月，均集中大批劳力植树造林，至民国22年全县共播种橡子16.77万千克，植柳70万株，植油桐、漆树和榆树等353万株。当时规定：私人的山隙地，限期1年尚未植树者，经联保主任呈报，由公家代植，地权属业主，地上属公家，10年后归还业主。当时不仅提倡种植，还抓管理，各区、乡和联保均设有护林员，经常外出巡逻，严禁砍伐损伤，违者给予处罚。数年之间，山坡、河滩绿树成荫，水土得以保持。后来，实行甲长负责、民众切结的措施。造林季节，家有3个劳动力者每天必出其一。对植树质量也有严格的要求，稍有违犯，即遭棍责。据民国28年统计，全县在河沿、山坡共植树8000万株。由于林业的发展，林副产品也随之增加，年产桐油达20万千克、生漆7.5万千克、白纸30万把、火纸5万千克、药材200余种40余万千克、橡壳10余万千克、核桃仁4余万千克。民国29年4月，任用一些退职人员当督导员，管理松懈，出现乱砍滥伐，使林木遭到破坏。民国37年春，民团为修筑防御工事，将县城周围方圆数里内林木砍伐殆尽。

民国18年（1929年），淅川县植树造林由地方自治建设促进委员会领导。民国22年，建设促进委员会制定法规，两年内将境内东西、南北公路干线两旁种植树木，区、镇路和乡间小路因怕影响庄稼不准植树。沿河依河水流向，一律插上柳椽。凡荒山野坡，土质贫瘠，不便种植经济林的，一律栽种松、柏、杉、栎等树，在1年内最少种一半，点桐子6.25千克～18.75千克。民宅四周，除种桃、李、桑、榆等树外，还需种葡萄树5株，空闲处种黄花菜。树旁或河、渠、道两旁一律插种簸箕柳。坡边、墙边栽种鞭蓉麻、苎麻或龙须草。墙内一律栽柏、楸等树。以上谁种归谁所有。并规定种地0.67公顷之户每年育苗50株，种地6.67公顷者每年育苗500株，依次递增。此外，还责令各区辟苗圃1处，每所小学育树苗半亩，由县派员巡查验收。至民国23年，全县植杂树452万株、漆树174万株、点种楝籽150余石、油桐籽31947千克。民国24年成立造林合作社，专管造林事宜。民国25年又植树45万株。

民国20年（1931年）春，镇平县在宝林寺建立模范林场，育苗0.8公顷，点种橡籽2400千克。后在先主山成立第二林场，植树8000多株，育苗0.6公顷。在五岳庙、云仙寺各建一育苗场，共育苗2公顷。为植树造林，县设造林专员，督导此项工作。并制定《镇平县造林简章》和《镇平县林业保护原则》，还组织林业公会，商订《公会规约》，对树木的栽种、保护、财权、砍伐、奖惩等都作详细规定，植树造林蔚然成风。自民国 20 年 12 月至民国 21 年 3 月，全县共植树 41 万多株。

民国 27 年～ 31 年（1938 年～ 1942 年），南召县地方自治机构曾组织民众在荒山野岭点种桐籽、橡籽，在南河店周围植树，沿鸭河两岸栽插“雁式”柳 20 余华里。

民国中期，宛西造林重点是山坡点橡子，河岸植柳。民国 17 年～ 22 年（1928 年～ 1933 年），内乡县点种橡子 16.5 万千克，植柳 170 万株。

1949 年中华人民共和国成立后，南阳地区于 50 年代开始大规模植树造林，重点是荒山、荒地、荒滩，但未做系统规划。以集体造林为主，营造面积较大的片林。

1958 年，在“大炼钢铁”年代，浅山区林木遭到严重破坏。

1960 年，为恢复和发展山区造林，林业部提出“林业基地化、林场化、丰产化”的方针，南阳地区因地制宜地建设用材林基地和经济林基地，开展山区造林。

山区造林 1

1966 年 4 月 5 日，国务院副总理李先念就解决群众烧柴问题给河南省委常务委员李庆伟的信指出：“我怎想着南阳地区以及其它地区，群众烧柴的问题，不解决或解决的不彻底，这对群众是个很大负担。靠烧柴过日子，将来总有一天靠不着的。煤炭是宝，农村烧掉了划不来。南阳这样一些地区能否解决烧柴问题，总有办法”。6 月 1 日，地委、行署召开大造烧柴林紧急会议，转达李先念副总理的指示，提出大造烧柴林的方针任务是，“突出政治，自力更生，大造烧柴林，以集体为主，以洋槐、芭茅为主，三年实现每人 250 千克，全区 12.5 亿千克，队队就地解决烧柴，支援社会主义建设”，达到队有烧柴林，村有用材林，户有护宅林，人有百株树的目标。

各地贯彻国务院领导指示精神，开始大搞薪炭林基地，至 1973 年，全区有 400 个大队、6800 个生产队基本实现了烧柴和用材自给。在此期间，基地造林加快了山区造林步伐，部分荒山荒地得到绿化。

1976 年，地区林业局对山区造林和基地造林进行重新规划，明确各县（市）的任务和要求，推进山区造林绿化工作。其中，在桐柏、唐河、淅川、西峡、镇平等县建立杉木用材林基地 13.33 万公顷，因适地适树不当，造林效果不佳。到 1983 年，全区杉木成林面积仅有 182 公顷。

1983 年，行署提出建设十大林业基地，在 1990 年前建设伏牛山南部山区上游水源涵养林 3.3 万公顷，伏牛山南部和桐柏山区松栎用材林基地 20 万公顷，西峡等 5 县

山区造林 2

低山区油桐基地 3.3 万公顷，以淅川县为主的柑桔基地 0.7 万公顷，淅川等 3 县浅山区为主的薪炭林基地 5.3 公顷，以方城等 3 县为主的红果基地 1.3 万公顷。同年 11 月，地区林业局制定开发山区林业项目，确定建立经济林、用材林和薪炭林基地。

各山区县围绕基地建设，相继开展治山造林活动，营造经济林、用材林和生态林，绿化荒山全面展开。至 1985 年，内乡县营造以沙兰杨、枫杨为主的速丰林 0.306 万公顷、经济林 1.75 万公顷，西峡县营造以马尾松为主的生态用材林 0.28 万公顷、经济林 1.56 万公顷，淅川县营造柑桔经济林 0.13 万公顷，桐柏县营造连片火炬松、湿地松基地 3 个，面积 333.33 公顷。桐柏县固县镇栽植“两松”（火炬松、湿地松）基地 53.33 公顷，幼树生长旺盛，平均树高 1.03 米，胸径 2.4 公分。

1986 年，地区行政公署提出山区 10 年基本完成荒山植树造林任务的目标，当年完成造林 5.07 万公顷。

1987 年～ 1990 年，全区坚持“山区、平原一齐抓，同时上”，山区抓一批重点乡（镇）、封山育林等重点工作，4 年累计完成造林 16 万公顷。

1991 年，启动实施长江（淮河）流域防护林建设工程，山区造林资金有了保障。

1992 年，省委、省政府与南阳地区行署签订造林灭荒责任状，要求全区 1997 年全部消灭宜林荒山。1993 年，南阳地委、南阳地区行署下发《关于搞好造林绿化决战的决定》，并与各县签订造林灭荒责任书。全区以长防林工程建设为龙头，突出抓好容器育苗、伏天整地和雨季造林三个关键环节，推动荒山造林绿化工作的开展。

1995 年，山区绿化取得突破，桐柏、西峡、唐河 3 个县实现基本绿化宜林荒山的目标，其中桐柏县、西峡县提前 1 年基本灭荒，受到省政府表彰奖励。

1996 年，全市组织开展造林绿化决战年活动，继续搞好灭荒造林工作，当年完成造林 3.6 万公顷。经省林业厅验收，内乡县按期完成基本灭荒任务；南召、淅川、镇平、方城四个县提前 1 年实现灭荒。据统计，8 个县累计完成荒山人工造林 9.63 万公顷，飞播造林 2 万公顷，封山育林 3.7 万公顷。同年，南阳市被省委、省政府授予全省荒山

山区造林 3

造林绿化先进市。

1997 年，全市相继实施退耕还林、外资项目造林、生态公益林等工程造林，山区造林绿化步伐进一步加快。1997 年～ 2006 年，年均完成山区造林 2 万公顷以上。

2007 年，根据《河南林业生态省建设规划》，全市规划实施山区生态林建设工程，开展水源涵养林、水土保持林和生态能源林营造，2008 年～ 2012 年，五年共完成山区生态造林 16.09 万公顷。

2013 年，南阳市林业生态建设规划实施结束后，市政府制定高效生态经济示范市林业建设规划（2013 ～ 2017 年），继续推进林业生态建设，实施山区生态林营造工程，加强困难宜林地造林、立地条件较好的灌木林地改造和未达标造林地的补植补造力度，采用人工造林、封山育林和飞播造林等方式，增加森林面积；开展森林经营活动，加强中幼林抚育和低质低效林改造，提高水源涵养和水土保持能力。2013 年～ 2016 年，四年共完成山区生态造林 85664 公顷，森林抚育改造 79567 公顷。

第二节 平原绿化

平原绿化兼有生态、经济、社会三大效益，具有优化生态环境和促进经济发展的双重作用。在南阳市的 13 个县（市、区）中，唐河、社旗、新野、邓州、宛城、卧龙 6 个县（市、区）为平原县，镇平和方城 2 个县为半平原县。

中华人民共和国成立初期，因林业机构不健全，加上群众种树的积极性不高，在 1950 年～ 1952 年的 3 年中，全区仅完成四旁植树 260 多万株。

1953 年，林业机构相继建立，全区贯彻执行林业部植树造林“谁种谁有”的政策和“民造公助”的方针，除发动组织群众在区域内的白河、丹江、老灌河、湍河、唐河等河流两岸造林外，还全面号召群众零星植树。1950 年～ 1957 年，8 年累计完成四旁植树 2200 多万株。

1958 年人民公社化后，由于农村体制急剧变化，带来林权混乱和林木“一平二调”，以及以后的 3 年经济困难，肆意无偿砍伐集体和社员的树木，当年全区四旁树木砍伐达 2700 万株，平原地区四旁树木基本砍光，一些地方出现“光板路”和“光腚路”，甚至夏季人畜没有树荫乘凉。

1961 年 6 月，中共中央《关于确定林权，保护山林和发展林业的若干政策规定（试行方案）》颁布后，调动了广大群众植树造林的积极性。

1963 年 3 月统计，南阳县境内的白河两岸造林 2146.7 公顷，邓县境内的湍河两岸造林 313.33 公顷，分别完成适宜造林面积的 96% 和 47%。

1964 年，全区年完成四旁植树 2600 多万株，多为大观杨、沙兰杨等速生用材树种，村庄隙地，幼林成片，平原绿化呈现复苏景象。

1966年，南阳地区开始营造农田林网，当时只有镇平县老张营大队小面积林网造林。1970年，中央召开的北方14省、市、区农业会议后，邓县元庄公社开始大规模营造农田林网，并取得成效。

1973年11月，河南省林业工作会议在南阳地区召开，与会同志参观镇平县老张营大队和邓县元庄公社农田林网。1974年，四旁植树扩大到农田，开始农田林网和农桐间作栽植，此后，农田林网营造在全区陆续铺开，加快了平原绿化步伐。

1974年，南阳地区大面积发展农桐间作，南阳县、新野县仅半年时间完成农桐间作面积346.67公顷。其中，南阳县宋马营大队完成农桐间作233.33公顷，栽植泡桐14000株，成为全区农桐间作的先进。

1974年冬～1975年春，新野县毛桥大队营造主林带12条，副林带5条，构成34块网格田，栽树15万株，种紫穗槐30万株，成为新野县第一个实现农田林网化的大队。

1976年，全区有24个公社实现农田林网化。分别是：南阳县新店、白河公社，镇平县晁陂、张林公社，内乡县灌张公社，淅川县厚坡公社，社旗县大冯营公社，唐河县张店公社，邓县元庄、白牛、穰东、罗庄公社，新野县王集、樊集、城郊、沙堰、溧河、红旗、五星、新甸、红渠公社，南阳市七一、红旗、环城公社。

1977年10月，地区林业局对全区农田林网进行全面规划，规划适宜农田林网耕地面积60万公顷，适宜农桐间作面积6.67万公顷，主要分布在白河、唐河、湍河等大河两岸，已实现林网化面积占应实现林网化面积的30%。平原县（市）加快了农田林网营造速度。

1979年冬，方城县赵河公社杜庄大队集中时间和劳力，一个冬季完成农桐间作面积173.33公顷，栽植泡桐9000余株，完成本大队宜农桐间作面积的81.3%。

1981年1月7日，全区在方城县召开农桐间作现场会，推广方城县赵河公社杜庄大队大搞农桐间作的经验。

1985年7月～9月，全区组织基层干部、技术人员、规划专干5万多人，以乡或村为单位进行实际调查落实，再次制定平原造林规划，规划全区适宜农桐间作面积9.07万公顷。

党的十一届三中全会后，随着林业政策的贯彻落实，营造农田林网的速度加快。到1985年，全区实际农田林网保存面积35.6万公顷，占适宜农田林网耕地面积的59.3%；实际保存农桐间作面积5.4万公顷，占适宜农桐间作面积的80.9%；累计四旁植树2.5亿株，蓄积量304万立方米。

20世纪80年代，遵照林业部指示精神，在省林业厅的统一部署下，南阳地区开展大规模平原绿化达标活动。1991年，经省林业厅验收，全市实现平原绿化初级达标，林网控制率达到85%，平原绿化实现重大突破。

90年代初期，由于缺乏长效工作机制，加之管护不力，乱砍乱伐现象严重，平原绿化出现下滑趋势，尤其是农田林网破坏严重。1995年，宛城区被省政府列为平原绿化严重滑坡区，受到黄牌警告。据市林业局同期对6个县（市、区）12个平原乡（镇）抽查结果显示，符合初级达标的乡（镇）仅有3个，有4个乡（镇）林网控制率在25%左右，平原绿化成为南阳造林绿化的薄弱环节。

为扭转这一被动局面，市委、市政府以抓好20万公顷高效农业示范区林网建设为契机，大力推进平原绿化工作。1996年12月，市四大家领导带领平原县（市、区）委书记、县（市、区）长和重点乡（镇）的党委书记到周口地区参观学习平原绿化。市委、市政府先后出台《关于搞好平原绿化决战的意见》《关于对乡（镇）平原绿化进行考核的通知》2个重要文件，决定2年内恢复平原绿化初级达标，开创平原绿化二次创业新局面。

平原绿化

平原县（市、区）各级党委、政府迅速行动起来，大搞平原绿化工作。据市林业局抽查，1997年，全市农田林网控制率达到38%，比1996年提高4个百分点，平原县（市、区）农田林网控制率依次为：宛城区76.1%、新野县71.6%、唐河县33.3%、镇平县30.7%、方城县29.5%、邓州市23.5%、卧龙区21.4%、社旗县17.5%。1998年达到53.4%。据1999年市政府办核查情况通报，平原县（市、区）农田林网控制率依次为：新野县89.5%、宛城区85.4%、镇平县81.4%、唐河县59.2%、方城县43.5%、卧龙区43.1%、邓州市40.9%。

2001年，全市农田林网控制率由2000年的64.8%提高到66.6%，新野县88.4%、宛城区86.8%、镇平县85.3%、唐河县69.2%、社旗县46.4%、卧龙区45.8%、方城县43.7%（邓州市省核查）。2002年、2003年平原绿化工作力度不断加大。

2004年，市委、市政府作出《关于加快平原丘陵区造林绿化工作的决定》明确提出，要在3年内（2005年～2007年），完成平原丘陵区造林绿化20万公顷，植树3亿株，2007年，实现平原绿化高级达标，全市上下又掀起新的植树造林高潮。

2005年，以平原丘陵区造林绿化为重点，全市植树9196.08万株，其中农田林网植树6200万株，新野县达到平原绿化高级标准。

2006年，全市植树1.17亿株，新建和完善农田林网57.4万公顷，镇平县、唐河县、邓州市、宛城区达到平原绿化高级标准，社旗县、卧龙区提前达到平原绿化高级标准。

林茂粮丰

2007年，方城县经市验收，达到平原绿化高级标准。

2007年，随着林业生态省规划的实施，启动了农田林网改扩建工程，项目包括新建农田林网和补植完善农田林网，农田林网控制率作为林业生态县创建的主要指标进行核查。期间，实施2万公顷高标准粮田建设项目，在项目区内实行多林种、多树种配置，营造一批标准高的农田林网，如宛城区的红泥湾镇、高庙乡，唐河县的桐寨铺镇及新野、方城、镇平等县的部分乡（镇）。总体上看，平原绿化水平有所提高，一些地方出现了绿化标准高、景观好的精品林网。但也有些乡（镇）出现毁坏农田林网的现象，存在断档缺带，部分地方平原绿化水平有所下滑。截止2012年，全市基本形成点、线、网、带相结合的综合农田防护林体系。

2013年，农田防护林体系建设工程纳入《南阳高效生态经济示范市林业建设规划（2013～2017年）》范围。各地坚持因害设防、因地制宜的原则，把农田防护林与高标准粮田工程建设相结合，优化树种结构，大力栽植优良乡土树种，实施农田的网格化。这一时期，市政府提出把高速公路两侧各1公里范围内农田林网作为建设重点，以此带动整体农田林网建设水平提高。但在实际工作中，平原县（区）重视高标准粮田农田林网建设、工程规划范围内的农田林网建设，其他区域农田林网建设进展成效不大，整体平原绿化水平提升慢、部分区域有所下滑。据统计，2013年～2016年，平原县（区）完成农田林网工程造林3060公顷。

第三节 城市绿化

南阳城市绿化历史悠久，勤劳智慧的南阳人民不仅创造了帝乡南都经济的繁荣，而且营造了建构独特、花木繁盛、绿树掩映、白水环合的城市园林景观，著名的明唐王府花园、玄妙观西北园、医林会馆、宛南公园、渠家花园、姚家花园、陈家花园……，一处处园林景观妆扮着“既丽且康”的南阳，张衡、李白、孟浩然、元好问等一代又一代天下名士为之吟咏。

随着历史的变迁，时代的更迭，昔日的园林名胜已无处寻觅，取而代之的是密集的楼房、硬化的路面、熙攘的人群。据《南阳地区志》记载，中华人民共和国成立前，南阳城区面积3.5平方公里，绿化水平较低。中华人民共和国成立后，南阳城区面积逐步扩大，到 1985 年，城区面积达到 13.65 平方公里，城市绿化覆盖率 31%，人均公共绿地面积 2.26 平方米。

十一届三中全会以来，经过历届党委、政府和广大人民群众的不懈努力，南阳城市绿化工作取得明显成效。止 1995 年，城区建成公共绿地 151 公顷，城区绿化覆盖率 23%，绿地率 28%，人均公共绿地面积 3 平方米。这一时期也是城市绿化发展较快的时期。

1995 年南阳撤地设市后，新一届市委、市政府重视并加强城市绿化工作，提出要经过 3 至 5 年的努力，把南阳建设成为具有风景园林特色的现代化城市，实现城中有林、楼在林中的“绿城”目标。

1996 年，市委、市政府召开城区绿化动员大会，把城市绿化作为“一号工程”来抓，扎实开展城市绿化年活动，当年完成植树 35 万株，建成游园景点 14 个，绿化小街小巷 16 条，新增绿地面积 32 公顷，城市建成区绿化覆盖率 37.06%，绿地率 31.2%，人均公共绿地面积 7.19 平方米。全年共投入绿化资金 1000 多万元。

1997 年，市委、市政府继续推进城市绿化年活动，实施“百千市花造景工程”，当年完成植树 30 万株、新增绿地面积 24 公顷。同年，被省建设厅首批命名为“省级园林城市”。1995 年～ 1997 年，三年共植树 83 万株，植草坪 8 万平方米，建成游园景点 22 个，新增绿地 327 公顷，完成的植树量相当于撤地设市前树木保存量的总和。

1998 年，市委、市政府召开城区绿化动员大会，提出创建国家级园林城市的目标，开展第三个城市绿化年活动，当年完成植树 20 万株，新植草坪 17 万平方米，新增绿化面积 15 公顷，新增绿地面积 12 公顷。1998 年～ 2003 年，五年共完成植树 60 余万株，植草坪 10 万余平方米，建成游园景点 28 个，新增绿地 82 公顷。中心城区形成以公园、游园、风景区绿化为点，以城区河道和主次干道绿化为线，以机关庭院、居住小区绿化为面，专业绿化与社会绿化并举，点、线、面相结合的城市绿化格局，城市建成区绿化覆盖率 32%，绿地率 27%，人均公共绿地面积 9.3 平方米。

2004 年，围绕创建国家级园林城市，中心城区继续增加绿量，提高绿化的档次和水平，城市建成区绿化覆盖率 39.2%，绿地率 35.8%，人均公共绿地面积 9.5 平方米。经过不懈的努力，2006 年，南阳市被建设部命名为“国家级园林城市”。

2007 年以来，在巩固城市绿化成果的基础上，市委、市政府以建设国家生态园林城市为目标，采取措施，狠抓落实，一步一个脚印，一年一个台阶，向生态园林城市创建迈进。2011 年以来，中心城区按照“水域靓城、文化名城、宜居花城”的发展定位，以中心城区园林绿化提升行动计划为纲领，围绕“一提、两化、三线、四联、五园、六团、五大工程”的工作思路，突出园林造景主题，坚持增加绿量与提高品位并重，专业绿化与社会绿化并举，大力实施白河湿地公园绿化、道路绿化、社会绿化、公园游园绿化、内河绿化五大绿化提升工程，推进城市绿化美化工作，累计新增城市公园绿地面积 530 万平方米。2011 年，中心城区实施“百万月季迎农运”活动，当年新植月季 100 余万株。至 2015 年，中心城区绿地率达到 35.9%，绿化覆盖率达到 39.5%，人均公园绿地面积达到 9.8 平方米。

第四节 通道绿化

中华人民共和国成立后，各地没有把通道造林突出出来，随着每年造林任务的安排沿路、沿沟河旁植树造林，道路两侧断断续续进行了绿化。

国道绿化

1965 年 3 月统计，全区干线公路（许南公路、南驻公路、南坪公路、南孟公路、南南公路、灌庙公路、内淅公路、表上公路、南樊公路、召方公路、方唐公路、唐信公路、月明公路、唐枣公路）14 条 1189 千米，绿化 941 千米，栽树 47 万株；二线公路 51 条，部分完成绿化，绿化长度 449 千米，栽树 27 万株。

1979 年，全区各级公路总长度 239.5 千米，绿化 166.5 千米；干渠总长度 1021 千米，绿化 844 千米。

1998 年以前，县级以上道路主要由交通部门绿化，乡、村道路由乡政府或者所在村组集体绿化。1998 年后，通道绿化进入一个新的发展阶段，由单一部门绿化向多个部门参与绿化并重转变，交通、铁路、水利、林业等部门共同参与通道绿化建设；由简单栽植向绿化与景观并重转变，做到乔、灌、花相搭配，多树种造林，林带宽度有所增加、向宽林带发展。由单纯的护路向生态效益、经济效益和社会效益转变。

2001 年，市政府下发《关于大力推进全市绿色通道建设的意见》，明确国道、省道两侧绿化宽度 20 米，县、乡道路两侧绿化宽度 5 米以上，各地按照标准抓好通道绿化工作。

2002 年，据市政府通报，全市省级以上公路实际绿化长度 320.25 千米，占应绿化长度 421.24 千米的 76%；合格长度 143.36 千米，占 34.1%。

2004 年，全市各类通道绿化长度 1.6 万千米，占通道总长度的 89%。县、乡通道绿化率达到 90% 以上。

2005 年，各地在搞好国道、省道、县、乡道路绿化的基础，加快高速通道绿化步伐，许平南、南邓、信南、宛坪、驿宛、岭南高速公路两侧各按 50 米标准进行绿化。

2007 年，随着林业生态省规划的实施，公路通道绿化纳入生态廊道网络建设工程范围，沿高速公路、铁路、国道、省道、县乡道两侧规划建设大尺度的生态景观林带和生态防护林带（高速两侧 50 米、铁路、国道、省道两侧栽植 10 行以上树木、县乡道栽植 3 行以上树木，村级道路栽植 2 行以上树木）；期间，开展河流水系生态防护林带建设工程（淮河干流两侧栽植 100 米宽以上林带、全市二级支流以上河流、支渠以上水渠两侧栽植 10 行以上树木、三级支流河流两侧栽植 3 行以上树木、斗渠两侧栽植 2 行以上树木）。每年下达造林任务，年终进行核查验收。2007 年～ 2018 年完成通道造林 0.62 万公顷。

2009 年 11 月，启动环城高速 80 公里 100 米宽生态景观林带建设，规划“一环九团十点”（一环：环城高速；九团：沿高速内侧规划 9 个森林组团；十点：6 个高速公路出入口和 4 个交叉口内外侧辅道营造绿化带）布局，外侧栽植以杨树为主的生态林带、内侧栽植以女贞为主的景观林带。市政府出台《环城高速造林绿化核查验收及奖惩办法》，市财政（2010 年～ 2014 年）每年拿出 1000 万元，对宛城区、卧龙区、高新区、镇平县实行以奖代补。市林业局每年组织人员逐县（区）、逐块进行检查验收，实施奖惩。2010 年，完成造林 1681.4 公顷，成活率 81.2%。

2010 年～ 2012 年，市政府继续巩固通道绿化成果，完善提高绿化水平。止 2012 年，环城高速保存造林 1695.84 公顷，占规划造林面积的 89.9%。其他高速完成造林 1.25 万公顷。但一些地方出现前栽后毁的现象，还存在通道绿化宽度不够等问题，总体上形成了森林景观。

全市高速通道绿化会议

2013 年，市政府把生态廊道网络建设工程作为高效生态经济示范市林业建设规划重点工程，推进实施，明确在现有廊道绿化的基础上，提高建设水平，建设绿化景观与廊道级别相匹配，规划布局与人文环境相协调，集景观效益、生态效益和社会效益与一体的绿色廊道网络。重点推进南水北调中线干渠工程、白河生态防护林带工程和以高速公路为主的通道绿化工程，以此带动全市生态廊道网络建设。同年，干渠主体工程刚刚建成，10 月，市政府召开南水北调及高速（白河）生态廊道建设工作会，启动南水北调干渠及白河生态景观林带建设，完善提高市域内高速通道绿化水平。干渠和白河两侧按照各 100 米宽标准建设。2014 年，高速完成造林 2120 公顷，干渠完成造林 2192.78 公顷，白河完成造林 607 公顷。

2015 年～ 2016 年，市委、市政府组织开展大造林大绿化，持续推进南水北调干渠和白河生态景观林带建设，栽植高大乔木，提升通道绿化水平。2015 年，以高速为重点通道完成造林 600.45 公顷，干渠完成造林 197.54 公顷（两年共完成造林 2390.32 公顷），白河完成造林 647.34 公顷。止 2016 年，白河生态林带有 166.67 公顷造林遗留，干渠和高速生态景观林带全线建成。

高速绿化

第五节 国队合作林

南阳市国队合作林（以下简称合作林）诞生于轰轰烈烈的社会主义造林运动中，1962 年开始起步营造。20 世纪 70 年代至 80 年代，逐步成为南阳重要的造林基地。现仍保存近 7 万公顷，对改善生态发挥着积极作用。

一、合作林起始

南阳国队合作林采取国队协商，签订合同，国家投资，集体造护，收益比例分成（国 7 队 3）的办法，在国家或集体所有的荒山、荒岗、荒滩上进行国队合作造林。基本管理形式为，社办林场、大队林场、生产队林场、生产队联办林场等。造林区域遍及 12 个县（市），74 个乡（镇），440 个村（组）。

1962 年，地区行署成立南阳地区国队合作林总场，隶属于南阳地区林业局。自上而下，全区相继建立较为完善的管理体制（地区设总场、县局设股、林区设管理站），合作林场发展最好时期达到 440 余个，参与管理专业人员达到 4800 多人。

1966 年～ 1971 年，合作林管理机构撤销、合并严重，基层管理人员大量流失。

1972 年，经河南省林业厅批准，恢复地区合作林管理机构、编制 20 人，并拨款扶持。

1975 年，地区合作林管理机构又被撤销，合作林由地区林业技术指导站代管。

1981 年，恢复地区合作林管理机构、编制 14 人。

1984 年，地区合作林管理机构与地区林业调查设计管理站合并，以后一直由地区林业调查设计管理站管理全区的合作林工作。

国队合作林

2013 年～ 2016 年，更名后的市林业调查规划管理站，仍然担负着全市合作林管理工作。

二、合作林发展历程

1962 年～ 1965 年是合作林起步阶段，主要工作是造林育苗。1962 年，先从白河等河流沿岸的南阳、唐河、方城、新野等县（市）开始营造合作林。1965 年陆续发展到 12 个县（市）。

1965 年 11 月 5 日，专署林业局〔1965〕林场字第 22 号规定，国队合作造林国家投资标准是：河道、沙区、渠道造林每亩 6 元；山区、丘陵区造林每亩 8 元；幼林抚育，前者每亩 0.5 元，后者每亩 1 元，极大调动了社（队）造林的积极性，合作造林在全区全面展开。

1966 年～ 1979 年，合作林管理机构几经撤并，加之国家终止投资，合作林处于疏于管理的境地。

1973 年，地委请示经省委批准，为照顾群众利益，将以前营造的合作林分成比例改为国 5 队 5，以后营造的合作林按国 3 队 7 分成。

1982 年～ 1989 年，对合作林进行摸底调查，国家投资 300.46 万元，确认合作林成林保存面积 1.87 万公顷，合作林场 276 个，期间间伐出材 3000 立方米，经济效益初显。这期间，国家投入合作林建设资金 430 万元，合作造林面积 3.67 万公顷，为绿化荒山、荒滩、荒坡做出积极贡献，并成为南阳重要的防护林、薪炭林基地。

1993 年，根据南阳地区行署办公室文件精神，开始对合作林地确权发证，合作林地逐步承包到户，由县级林业部门直接管理，合作造林步入合理利用、有序采伐更新的发展轨道。

2015 年，为加强合作林管理，市林业局下发通知，自当年 11 月 1 日起，国队合作林地由所在县（区）林业主管部门全权管理，按合同约定，国有收益部分由县（区）林业部门支配。国队合作林林地性质不变，若改变林地性质，需办理相关手续。采伐林木要按照《森林法》等相关法律、法规及规章的规定，由各县（区）林业主管部门办理林木采伐许可证，防止乱砍滥伐事件的发生。

随着合作林的树木逐步达到成熟林龄而不断采伐，更新造林时国家不再投资，更新过的林地不断脱离合作林管理范畴，合作林面积不断萎缩、减少。

第六节 义务植树

1915 年，北洋政府规定农历“清明节”为植树节。1929 年，民国政府改定孙中山逝世纪念日 3 月 12 日为植树节。在植树节期间，南阳各地组织一些义务植树活动，但规模很小，收效甚微。民国中期，宛西各县实行地方自治，结合治河改地开展大种柳树，在限期内如不能保质保量完成任务的、即施加棒责或罚款。

中华人民共和国成立后，南阳专署经常在冬春季节动员和组织干部群众，开展义务植树活动。

1979 年 2 月 23 日，第五届全国人民代表大会常务委员会第六次会议决定：每年 3 月 12 日为中国的植树节。

1981 年，五届全国人大四次会议作出《关于开展全民义务植树的决议》。南阳各地按照全国人大决议，成立由各级政府分管行政领导任主任的绿化委员会，绿化委员会办公室设在各级林业行政主管部门，制定全民义务植树运动实施办法和相关政策，组织开展义务植树工作。

一、全民义务植树

1979 年 3 月 12 日，中华人民共和国成立后的第一个植树节，在地区林业局的统筹组织下，全区各级党政领导、干部职工和广大群众积极参加植树造林活动。河南省委书记、省革委副主任李庆伟，南阳地委书记张士遇、副书记潘帮彦、李冲舟、张天一、常委杜雪舟、张玉润，南阳军分区司令员唐德庆，政委陈平卓、副司令员张延成、郭献增和南阳县委书记李勤旭、马古瑞、副书记李功昌、段付山等领导，带领地直机关、南阳军分区、南阳县直机关干部、职工和解放军指战员 3300 人，分别到南阳县溧河公社五里堡大队和茶庵公社姜营大队参加植树造林活动。当年，全区 12 个县（市）参加植树造林的机关干部、职工 19113 人，社员群众 71.46 万人，造林 4520 公顷，植树 800 万株。

1979 年以后，每年植树节各地都组织开展植树造林活动。1981 年，全民义务植树活动决议颁布后，各地做到义务植树和植树节植树造林相结合，推进义务植树活动的开展。

1980 年 3 月 12 日，地、市直机关干部、职工、解放军战士到卧龙岗公园、独山植树造林。全区参加植树人数 2.1 万人，造林 193.33 公顷，植树 18.8 万株。

1981 年 3 月 13 日，地、市直和南阳县机关干部、职工、解放军战士 1200 余人，到独山和南阳县茶庵公社姜营大队植树 5400 余株。全区参加植树造林 90 多万人，完成大面积造林 3466.7 公顷，四旁植树 343 万株。

1982 年 2 月 27 日，由地委书记刘正威、副书记杨风岗、行署专员张振生、副专员崔景远、陈永效、曹文齐，县委书记马古瑞、县长李功昌等领导，带领地直及南阳县直机关干部 1.3 万人，到南阳县白桐灌区参加义务植树，当天挖穴 4 万多个，植树 1 万多株。

1983 年 3 月 11 日～15 日，地委、行署领导张振生、张天一、康方人、李兆军、郑坚、曹文齐、梁西坤、孙黎光等领导，带领地直干部、职工 8000 余人，到鸭河口水库参加义务植树，栽植湿地松、川柏、冬青等树木 4 万余株。

1984 年 3 月 5 日，地委、行署、军分区、领导张洪华、范广峻、阎健宏、訾新国、葛金万、杨绍纲等，带领地、市直干部、职工 1.5 万人绿化美化南阳，植树 4.5 万株。当年，全区参加义务植树人数 416.8 万人，栽树 1827.9 万株。

1985 年 3 月 12 日，地、市直党政军领导干部及各界群众 1 万余人，在梅溪河街巷和机关庭院义务植树 2 万多株。植树节前后，全区 12 个县（市）直参加义务植树的干部、职工 68887 人，植树 246022 株；农民参加义务植树 159.1 万人，植树 620 万株。

1989 年 3 月 12 日，在南阳视察工作的河南省省长程维高，带领地委书记李金明、行署专员张洪华、地委副书记郭贵仓、地委秘书长李兆钧、行署副专员范广峻、黄玉钧、南阳军分区政委陈立荣、副司令易永保、市委书记孙兰卿、市长李宝兴等领导，到白河参加义务植树。

1990 年 3 月 1 日，地委书记李金明到桐柏县固县镇北新庄村绿化点参加植树活动，该绿化点共造林 133.33 公顷。4 日～5 日，行署专员张洪华到南召县白土岗乡杜村绿化点参加植树活动。

2001 年 3 月 12 日，市委书记马万令、市长何东成等领导，带领市直单位干部职工、部队官兵参加中心城区、独山的义务植树活动，共栽植雪松、侧柏、栾树等风景树 2 万余株。据统计，当年全市参加义务植树人数 462.6 万人，植树 1928．9 万株。

2003 年 3 月，邓州市营造的雷锋林规划面积 20 公顷，高标准营造 13.33 公顷，引起国家、省、市有关领导的重视和支持。全国政协副主席张恩卿、原广州军区司令员李希林、省军区司令员杨迪先、省委常委、宣传部部长孔玉芳、省林业厅厅长赵顷霖、副厅长乔新江以及南阳市委、市政府主要领导，先后到邓州雷锋林参加义务植树活动。3 月 19 日，参加第十届全国人大会议回宛的南阳代表，在市长何东成的带领下，到独山森林公园参加义务植树。

2004年3月7日～8日，南阳市举行情系北京相约丹江源头大型义务植树活动。市直有关单位及社会各界共500余名干部职工到淅川县九重镇，在南水北调中线工程渠首种下800余棵侧柏树苗，为南水北调源头增绿添彩。3月12日，市长黄兴维、市人大常委会主任褚庆甫、市委副书记李天岑、市政协主席解朝来等领导，到独山和城区滨河路沿线参加义务植树。

2005年3月16日，市委书记何东成带领姚大福、金星、唐祖宣、孙耀志、裴国宾五位全国人大代表，到独山义务植树。当日，副市长张宪中以及卧龙区区直数百名干部职工参加植树活动。植树节期间，市林业局、南阳日报社联合发出倡议，号召全市共产党员为建设生态大市、绿色南阳做贡献，积极认种共产党员林，得到全市30多个单位、约500余人积极参与。3月15日，500余名共产党员进入独山森林公园，开展共产党员林植树活动。

2006年3月18日，市委书记何东成带领二月河、金星、唐祖宣、裴国宾等全国人大代表，到独山义务植树。市委常委、秘书长申延平、市林业局和卧龙区等单位主要负责人参加义务植树活动。

2007年3月12日，市领导黄兴维、解朝来、王建民、姚进忠、申延平、原永胜、袁晴超、魏山友、任国胜、杨德明、时天源、孟水昌、周明军等领导，与干部群众、部队官兵5000多人到独山西麓植树。当天共挖穴近2万余个，义务植树8000多株。

2008年3月3日，市绿化委员会与南阳日报社、团市委联合，共同发出在城区兰营水库认种奥运林活动倡议。8日，1000余人植树大军到兰湖森林公园，挥锨义务栽植奥运林。当日共植下红叶李、香樟、牡丹、石榴等名贵树木500余株。12日，市领导黄兴维、贾崇兰、褚庆甫、解朝来、李天岑、申延平、陈代云、姚龙其、原永胜等领导，卧龙、高新两区及市直有关单位干部职工和部分在校师生、驻宛官兵等5000余人，在兰湖森林公园参加义务植树活动，当天共栽植香樟、桂花、含笑、雪松、紫薇等树种3000多株。

领导办绿化点

2009年3月11日，市委副书记、代市长穆为民与贾崇兰、褚庆甫、姚进忠、陈代云等领导，带领干部职工、驻宛部队官兵和在校师生3000余人，到兰湖森林公园参加义务植树，当日共栽植香樟、白蜡、石楠等近5000株树木。

2010年3月12日，市领导穆为民、郭庆之、姚进忠、常康、程德明、金星、谢先锋、李建豫、姚龙其、文学林、吴冬焕等领导，与干部群众、驻宛官兵5000多人，到兰湖森林公园参加义务植树活动，当天共栽植树木5000余株。

2011年3月11日，市领导李天岑、孙丰年、金星、马东升、姚龙其、文学林等，带领干部群众、驻宛官兵以及志愿者600多人，到卧龙区蒲山镇紫山参加义务植树，当日种植七叶树、雪松、女贞、广玉兰、枇杷等5000余株。3月12日，市人大常委会副主任、民革南阳市委主任金星与民革南阳市委全体党员，在仲景大桥附近的白河台地上，栽植“中山林”树木200株。

2012年2月29日，市绿化委员会在丹江口库区组织开展南水北调中线渠首水源地高效生态经济示范区义务植树活动。市委书记李文慧等领导、省林业厅副厅长王德启、省南水北调办副主任庞汉英、淅川县四大家领导及市直部分单位负责人参加植树活动。当天参加植树的干部职工和群众3600余人，栽植雪松、枇杷等苗木1.8万株。3月12日，市党政军领导穆为民、杨其昌、李天岑、王建民、孙丰年、刘朝瑞、张振强等到卧龙区蒲山镇紫山，与社会各界干部群众一起挥锨铲土、抬水浇树，参加义务植树活动。当天参加植树活动的干部和群众1000余人，共栽植广玉兰、雪松、七叶树等苗木5000余株。

2013年3月12日，市委书记李文慧到镇平县遮山脚下，与千余名干部群众、驻宛部队官兵一起参加义务植树，为打造绿色家园、建设美丽南阳植树添绿。参加植树活动的市党政军领导有：杨其昌、李天岑、孙丰年、原永胜、李建豫、张振强、史安平、程德明、谢先锋、梁天平、贺国勤、吴冬焕等，共植树枇杷、香樟、栾树等4500余棵。

2014年3月12日，市领导程志明、王建民、原永胜、张振强、王新会、景劲松、李中杰、方显中等到宛城区红泥湾镇刘寺村南水北调渠段，与近千名干部群众、官兵、志愿者一起参加义务植树活动，共栽植女贞、桂花、香樟等树木3500多棵，为干渠绿化再添新绿。

2015年3月12日，市直单位及鸭河工区义务植树活动在鸭河口水库库区皇路店镇朱庵村进行。市党政军领导程志明、刘朝瑞、原永胜、李建豫、史安平、王新会、景劲松、张生起、季陵、郑茂杰、朱海军、庹军、王中立、方玉祥等市直单位800余人、鸭河工区500余人，南都晨报组织社会爱心人士100余人，共计1500余人参加植树活动，共植树火炬松、女贞、红叶石楠、木瓜、红花槐、白蜡等8000余株，绿化荒山荒地200余亩。

2016年3月11日，市绿化委员会组织广大干群分别在鸭河工区皇路店镇朱庵村鸭河库区、焦庄村莲花湖周边组织开展“植绿母亲湖·美化我家乡”全市义务植树造林活动，市党政军领导程志明、王智慧、刘朝瑞、原永胜、王保华等、市委各部委、市直机关各单位、市管各企业、驻宛两属企业和大中专院校、各人民团体主要负责人等70多个单位、2000余人参加植树活动。

1986年～2016年，全市累计完成义务植树2.92亿株，参加义务植树2.59亿人次，建立义务植树基地445处，总面积1.637万公顷，义务植树尽责率达到94.8%。乡（镇）以上领导干部办绿化点198个，面积0.416万公顷。鸭河口水库、独山义务植树基地被评为全省义务植树示范基地，兰湖森林公园成为新建义务植树基地。邓州"雷锋林"义务植树基地成为红色革命教育重要场所。2003年至2016年，多个单位和个人荣获全国、全省造林绿化奖章和国家（省）绿化先进单位（见表2—1）。

二、共建义务植树基地

2003年～2013年，市绿化委员会、市林业局与南阳日报社、共青团等单位联合，在南阳日报热心记者田巍的直接倡议和协助组织下，倡导社会各界、广大市民积极参与义务植树活动，在独山森林公园、兰湖森林公园，近万名市民先后参与种植"银杏林""心愿林""共产党员林""和谐林""新南阳林""奥运林""希望林""创迎林""幸福林"等，栽植各类树木1万余株，并立碑纪念。

1994年，地委领导李业生等参加义务植树

（一）"银杏林"

2003年3月8日，南阳日报社与市绿化委员会联合首发倡议，号召市民广泛参与独山绿化活动，用实际行动建设绿色家园。3月12日，300多名群众挥镐扬锨，当天栽种银杏、香樟、喜树、鹅掌楸、元宝树、梧桐、三角枫、五角枫等树木近500株。

（二）"心愿林"

2004年3月1日，南阳日报组织开展"绿色行动·争创国家园林城市"大型认种公益活动，当天参与市民共栽种200余棵树木。

（三）"共产党员林"

2005年3月15日，400余名党员干部和普通群众赴独山挥汗植树，手植党员林，心盼独山碧。种植的树种有广玉兰、红枫、美国黑樱桃、含笑、梅花等。市农科所徐扬个人认种10棵树，市财政局组织党员干部认种200棵树。

（四）"和谐林"

2006年植树节前，南阳日报与市绿化委员会、市直工委、团市委联合推出大型公益活动，向市民发出邀请："邀您同植和谐林，绿独山留美名。"南阳移动联合武警南阳市支队认种100棵树，南阳宾馆2个全国青年文明号班组、市五交化自行车经销公司等单位、企业，积极踊跃参与。

（五）"新南阳林"

2007年3月10日，上千名满怀绿化家乡热望的认种者，积极响应南阳日报和市绿化委员会、团市委号召，在独山西坡种下400余棵树木。

（六）“奥运林”

奥运林

2008年3月8日，千余人植绿大军来到兰湖森林公园，挥锹义植奥运林，拉开兰湖森林公园绿化建设帷幕。共青团南阳市委、宛城区教体局、南阳师院、市运管处等单位积极参加，种下红叶李、香樟、牡丹石榴等名贵树木。

（七）“希望林”

2009年3月7日，14辆满载市民的大巴车和近100辆私家车组成植绿大军，开往兰湖森林公园，种下400余棵枇杷树。市信访局领导带头植树，体彩站回报社会尽份力，八旬老人也纷纷出手，女交警相约前来，多名车友争相报名，多家幼儿园报名参加，用小手拉大手，添绿咱家园，市民们有的是祖孙三代来种树，栽种下梦想和希望，6岁的石毅已经有4年种树经历，他的爷爷说，通过南阳日报举办的植树活动，让孙子从小养成爱绿、植绿的意识，并在集体活动中寻找乐趣，对孩子的成长非常有意义。

1994年义务植树场景

（八）“创迎林”

2010年3月8日，南阳日报刊发倡议，号召市民积极报名参加公益林认种活动，不少机关团体、企事业单位积极踊跃报名，南都宾馆、南阳钱柜、陆德筑机公司、虹志数码电脑公司、海洋之星休闲沐浴中心、谭木匠专卖店、市体彩站、红太阳搬家公司等纷纷报名，市实验幼儿园、市十七小、市五小、市二十一小等幼儿园和学校积极踊跃参与。3月13日上午，千余植绿大军、百辆大巴和私家车，在南阳日报社“创迎林”引导车的带领下，奔赴兰湖森林公园西岸，植下数百株枇杷树和栾树。

2013年义务植树场景

（九）“幸福林”

2013年3月9日，南阳日报与市绿化委员会联合开展“幸福林”认种活动。当日，千余名植树大军集体乘车，前往镇平遮山森林公园栽种女贞树和黄山栾。人保财险公司、诚发房地产公司以及许多干部群众纷纷踊跃前往，为美化南阳奉献自己的热情和力量。

2003 年 ~ 2016 年南阳市荣获国家、省级绿化先进单位和个人

表 2-1

年度	绿化模范县	绿化模范乡（镇）	绿化模范单位	绿化奖章
2003	桐柏县	方城县拐河镇		齐宗俭、王俊林、张文喜、翟幸福、刘纪健、王照印、李国华、汤云海、马景龙、张振亮、张新范
2004	方城县		市政府幼儿园	曹志刚、崔 军、张国雄、闫书描、程胜全、程 云、杨献忠、王碧春
2006		西峡县丹水镇 社旗县下洼乡	南阳市公安局 南阳师范学院	刘朝瑞（全国）、张荣山、王付臣、石怀珍、赵建玲、田 巍、李三成、刘宏伟、杨天柱、郝建隔
2007			南阳市公安局（全国）	张荣山（全国）
2008	邓州市 社旗县	新野县新甸铺镇 西峡县五里桥镇 方城县赵河镇	新野县委机关 镇平县检察院 方城县交通局 桐柏县园林绿化管理处	田 巍（全国） 宋运中、张生起、刘树华、陆 波、王 浩、李华凌、张学友、罗向东、张朝敏、魏特灵、倪文忠、靳三恒、臧兴礼
2009	淅川县 宛城区	唐河县城郊乡 邓州市文渠乡 桐柏县程湾乡 社旗县兴隆乡 镇平县贾宋镇	南阳师范学院（全国） 西峡县公路管理局 卧龙区武侯办事处 镇平县委机关	程 云（全国）、梁天平、王家田、刘喜山、陈宗宇、杨金平、杜 勇、郑双成、张宏宪、谢 睿、张晓东、郭 平
2010	唐河县 卧龙区	桐柏县埠江镇 社旗县晋庄镇 邓州市腰店乡 西峡县回车镇 宛城区金华乡 宛城区溧河乡 镇平县遮山镇	方城县检察院 解放军 72506 部队 南阳市一中 邓州市二中 邓州市湍河办事处 河南宛西制药有限公司	姚龙其、和学民、郭 浩、摆向阳、赵志信、庞震凤、刘 杰、周其坤、裴朝晖、杨国林、闫庆伟、周桃龙、毛俊宽

续

年度	绿化模范县	绿化模范乡（镇）	绿化模范单位	绿化奖章
2011		卧龙区王村乡 卧龙区龙兴乡 淅川县寺湾镇 唐河县马振扶乡 西峡县丁河镇 南召县云阳镇 镇平县张林镇 方城县柳河乡 社旗县朱集镇 桐柏县大河镇	方城县林业局 西峡县城建局 新野县政府办公室 唐河县政府办公室 河南丹江大观苑旅游有限公司 南阳市二十一小学 淅川县林业局（全国）	秦书君、马东方、王　凯、李花菊、李刘栓、郝群章、马良泉、李显仁、李　志、朱长林、吴子献、王东升、宋海龙、何红涛、张东升
2012	内乡县	西峡县双龙镇 淅川县仓房乡 淅川县盛湾镇 南召县城郊乡 唐河县祁仪乡 唐河县毕店镇 桐柏县固县镇 社旗县李店镇 社旗县郝寨镇 卧龙区石桥镇 宛城区瓦店镇	南阳理工学院 南召县委机关 南阳市博物馆 镇平县法院 河南天冠工业沼气有限公司 桐柏县三源粮油食品有限公司	穆为民、李德成、张天奇、赵　鹏、向晓丽
2013		西峡县二郎坪镇 淅川县马蹬镇 南召县留山镇 内乡县赤眉镇 方城县博望镇 内乡县余关乡 唐河县桐寨铺镇 镇平县曲屯镇 社旗县桥头镇 卧龙区青华镇 宛城区茶庵乡 新野县歪子镇	南阳市委办公室 南阳市财政局 南阳市检察院 乐凯华光印刷科技有限公司 南阳市中心医院 河南养生殿酒业有限公司 淅川县检察院 淅川县党员干部警示教育基地 内乡县久联神威民爆器材公司 方城县法院 镇平县雪枫中学 新野县公安局 南阳市民兴茧丝绸有限公司	周明金、张　霖、朱学灵、姬中强、王　建

续

年度	绿化模范县	绿化模范乡（镇）	绿化模范单位	绿化奖章
2014		西峡县桑坪镇、淅川县九重镇、内乡县湍东镇、方城县袁店回族乡、社旗县苗店镇、卧龙区潦河镇、宛城区红泥湾镇	南阳市果然风情实业有限公司、唐河县检察院、新野县一中、河南中南工业有限责任公司	褚清黎、王邦磊、朱元朝、李学绪、靳银辉
2015	西峡县（省级生态文明建设示范县）	淅川县荆紫关镇、内乡县马山口镇、唐河县桐河乡、社旗县城郊乡、卧龙区七里园乡、方城县小史店镇	南阳检察院（全国）、南阳理工学院（全国）、淅川县政协、内乡县检察院、唐河县友兰中学、社旗县赊店老酒公司、镇平县审计局、方城县公安局、西峡县林业局(全国绿化先进集体)	邹平洲（全国）、张雪杰（全国）、康连星、徐 虎、常松郁、李金平、王玉森、李学绪（全国绿化劳动模范）
2016		西峡县阳城镇、内乡县七里坪乡、卧龙区安皋镇、新野县樊集乡、宛城区汉冢乡、镇平县晁陂镇	新野县第三高级中学	孙起鹏、吕永钧、朱 盛、王慧珍、宋文清、张道建

注：（全国）为全国绿化委员会奖项，其他为河南省绿化委员会奖项。

第七节 宛东防护林

南阳市东北部的方城县境内，许（昌）南（阳）公路以西为伏牛山脉，以东为桐柏山脉，两山相夹，形成南阳盆地一自然缺口，故有南襄夹道的北部谷口之称，是南北气团进出的走廊。历史上，这一地区风多、风大，为河南省三大风口之一，生态条件恶化，风、冻、旱、涝、雹等自然灾害频繁，受害范围涉及社旗县、南阳市、南阳县（今宛城区、卧龙区）、唐河、新野等县（市）。

中华人民共和国成立后，党和政府非常重视这一地区的风害治理工作。1957 年，方城县与叶县、舞阳 2 县交界处的风口前沿，营造一条长 35.5 千米、宽 22 米的防护林带。1965 年，社旗县与方城、泌阳 2 县的交界风口地区营造 8 千米长的防护林带。

1983 年，为根治这一地区的风害，地区行署决定在号称河南省三大风口之一的方城县缺口处重建防护林，定名为“宛东防护林”，列为河南省“七五”期间林业重点工程项目之一。同年，由方城县林业局和社旗县林业局承担防护林工程规划设计任务，分别在本县管辖的范围内进行设计合为一体，为宛东防护林体系。方城县 1984 年底完成设计，社旗县 1985 年完成设计。经 2 县设计，宛东防护林体系南起社旗县境内的南（阳）社（旗）公路和社（旗）泌（阳）公路，北到方城县境内的伏牛山脚下，西缘方城县境内的潘河，东界方城县与叶县的边界。区域总面积 15.69 万公顷，其中方城县 10.93 万公顷，社旗县 4.76 万公顷，包括方城县境内的杨楼、小史店、独树、古庄店、毛集、二郎庙、券桥和城关 8 个乡（镇），社旗县境内的唐庄、陌陂、下洼、田庄 4 个乡的全部和城郊、桥头、郝寨、苗店、朱集、城关 6 个乡的一部分。

宛东防护林设计三级林带，分别是基干林带、主林带、副林带，以片林和四旁植树为主。林带总数 478 条，其中方城县 278 条，社旗县 200 条，总长度 2795.57 公里，造林面积 2724.44 公顷，片林造林面积 5640 公顷；植树 6745.2 万株，点橡籽 6 万千克。其中基干林带 22 条，走向 127°～ 130°，总长 332.3 公里，带宽 12 米～ 22 米，造林 549.07 公顷，栽树 7 行～ 11 行；主林带 234 条，走向 90°～ 130°，总长 2786.58 公里，带宽 6 米～ 12 米，造林 1333.33 公顷，栽树 4 行～ 6 行；副林带 222 条，走向 180°～ 220° 总长 1676.69 公顷，造林 1333.33 公顷，栽树 2 行～ 4 行。

造林树种：用材林树种有杨树（毛白杨、沙兰杨）、刺槐、苦楝、枫杨、旱柳、川楝、侧柏；经济林树种有柿树、大枣、核桃；灌木树种有紫穗槐、白蜡、杞柳等。林带树种搭配有纯林带和混交林带 2 种类型，混交类型有乔木型、乔灌型和综合混交 3 种类型。

宛东防护林施工：方城县 1985 年开始，社旗县 1986 年开始，工期 4 年～ 5 年，规划总投资 727.2 万元。

整个防护林体系建成后，可发挥防护效益。林网内的农作物产量预计提高

10 ～ 30%，每年可增产粮食 5051.8 万千克，折款 1683.64 万元；林带栽植树木达到轮伐期和结果期后，每年可出材 34350 万立方米，产枝柴 4241.5 万千克，条子 289 万千克，鲜果 188 万千克，林副产品年总收入 847.36 万元。整个防护林带年总经济收益可达 2531 万元。

1985 年，方城县按照宛东防护林设计开始造林，基干林带施工 11 条，完成 5 条，长 120 公里，造林面积 206.67 公顷，栽植乔灌木 110.2 万株；主林带完成 45 条，长 259.5 公里，造林面积 157.7 公顷，栽植乔木 39.5 万株；副林带完成 350 公里，栽树 35 万株，片林完成 1133.33 公顷，栽树 280 万株。干、主、副林带造林 729.5 公里，完成总长度的 36%。1985 年～ 1989 年，完成基本林带 196 公里，造林 3939.93 公顷，投资 110 万元。

1986 年，社旗县实施宛东防护林建设工程。止 1991 年，营建防护林 44.6 公里，造林 153.33 公顷。两县营造的防护林防护作用逐年显现。

1995 年后，由于管护措施不力，防护林破坏严重，逐年消失。

第八节 飞播造林

1981 年，飞播造林指挥部成立，南阳由地区林业调查设计管理站具体负责飞机播种造林（简称“飞播造林”）的调查、规划设计、施工作业等工作。当年实施飞播造林 2 万公顷。1986 年～ 2007 年，南阳完成飞播造林 17.43 万公顷，其中有效面积 14.2 万公顷，涉及内乡、淅川、西峡、桐柏、南召、镇平 6 个县，共飞行 1202 个架次 1501 小时，播撒马尾松、油松、侧柏、臭椿、黄连木、漆树种子共计 98 万千克。自 1985 年起，按照省林业厅飞播站的要求，对飞播满五年的播区进行成效调查。1986 年～ 1994 年，采用机械布点设置样方法进行调查，总成效率 55%；1995 年以来，采用小班勾绘调查法进行成效调查，总成效率 80% 以上。

1990 年以前飞播造林作业为夏播（6 月份飞播），1991 年～ 1997 年为秋播（8 月份飞播），1998 年以后又改为夏播。1993 年因种子紧缺当年未进行飞播作业，之后直播造林 0.4 万公顷，分布内乡、淅川、西峡、桐柏、南召、镇平、方城等县。

1992 年 3 月～ 4 月，在河南省飞播队统一安排下，组织内乡、南召两县技术人员对两县飞播造林进行全面调查，在此基础上，规划河南省飞播林内乡基地和南召基地，面积 2.27 万公顷，其中南召 0.74 万公顷，内乡 1.53 万公顷。1995 年 4 月又规划了河南省飞播造林淅川基地，面积 0.87 万公顷。

1992 年 11 月，南阳地区林管站组织内乡、南召两县技术人员和内乡县夏馆镇黄龙村、南召县马市坪乡黄土岭村的村干部到陕西省丹凤、洛南两县参观股份制林场。同年12月，由省飞播队各补贴10000元进行折股林场试办。

1996年，南阳市采用全球卫星定位系统（GPS）导航飞播造林，播区选择更加灵活，节约了大量劳力和资金，使飞播造林更具优势，深受各县欢迎。2000年1月，市政府召开飞播造林20年总结表彰大会，对在飞播造林工作中成绩突出的县及先进个人进行表彰。2001年～2007年，全市年均飞播造林面积0.4万公顷，播区涉及内乡、淅川、南召、西峡、桐柏等县，飞播成效较好。2009年12月，省林业厅召开飞播造林30周年总结表彰大会，市林业调查规划管理站等4个单位及吴子献等8名个人分别获得飞播造林先进集体和先进个人荣誉称号。

2010年～2012年，省林业厅未下达飞播造林任务，南阳飞播造林工作因此中断。

2013年，省林业厅下达南阳飞播造林任务0.28万公顷，飞播区全部在淅川县境内，具体分布在南水北调渠首周边大石桥乡、老城镇。6月15日完成调机，16日开展飞播作业，22日顺利完成飞播造林任务。

2016年，根据省、市下达的飞播造林任务，本着“小播区、大集中、强措施、建基地、抓成效”的思路，淅川县择优选定在大石桥、马蹬两镇为飞播造林区，利用6月上中旬播种，飞行54个架次，面积2.67万公顷。

第九节 长江淮河防护林工程

一、长江防护林工程

1990年，南阳地区计委、地区林业局向省林业厅提交加入国家长江中上游防护林体系建设工程（以下简称长防林工程）项目的请示。同时，南阳不等不靠，自我启动长防林建设工程。

1991年，正式纳入全国200个长防林工程建设达标竞赛县之列。同年，成立由行署专员任组长，行署副专员任副组长，有关局委和相关县县长为成员的“南阳地区长江防护林建设领导小组”，西峡、淅川、内乡、南召、镇平、方城，6个长防林重点县先后建立相应的机构，地、县长防办做到有编制、有牌子、有人员。长防林工程建设实行领导责任制，每年市、县、乡三级都要签订长防林工程“达标”责任书。

1991年9月，林业部在内乡县召开全国长防林工程周边县自我启动现场会，11个省（市）110多人参加会议。会上，内乡等27个县发出“高标准、高质量、高速度建设长防林的倡议书”，淅川、西峡、内乡、南召、方城、镇平6县正式纳入长防林工程县，当年完成造林1.68万公顷。

1994年，市委、市政府把长防林工程作为造林龙头，以消灭宜林荒山为重点，加快造林绿化步伐，工程建设成效明显。1996年，全市提前1年基本灭荒，受到省政府表彰。

1995年，国家农业综合开发项目资金开始投入长防林工程。

1998年起，长防林建设又增加国债项目资金，工程建设范围也由原来的6个县扩大到全市12个县市（除桐柏县）。

截止2016年，全市共完成长防林工程建设总规模40.9万公顷，其中完成重点工程造林21.61万公顷，封山育林12.04万公顷；完成一般工程造林2.1万公顷，封山育林5.15万公顷。完成工程建设总投资3.47亿元，其中国家投资2.01亿元，地方配套资金1.46亿元。

国家林业局长防林工程调研

二、淮河防护林工程

1996年，桐柏县被国家列为淮河防护林工程体系建设启动试点县。同年4月，桐柏县抽调31名林业工程技术人员，对淮河流域的11个乡镇、2个国有林场和1个国有牧场的林业资源现状进行调查，编写《桐柏县淮防林建设工程总体设计说明书》，绘制《淮防林建设工程规划设计图》，工程规划总面积3.5万公顷，封山育林1.1万公顷。

（一）工程建设

桐柏县遵循国家颁布的工程建设技术标准，严格按规划设计、按设计施工、按标准验收，对工程的每个环节都确定专人负责，并组织造林专业队，由县林业局技术人员带队，按山头地段划分责任区，确保造林成活率达95%以上。对达到封育条件的作业区，严格按要求封山育林。

桐柏淮防林工程

1996年～2004年，完成工程造林4800公顷，封山育林1000公顷，低产林改造300公顷。工程总投资688万元，其中国债资金283万元，农综开发资金155万元，地方自筹250万元。

2005年～2007年，完成工程造林0.17万公顷。

2008年～2012年，完成淮防林工程造林4416.7公顷，封山育林5666.7公顷。其中2008年完成造林616.7公顷；2009年完成造林266.7公顷，封山育林600公顷；

2010 年完成造林 666.7 公顷，封山育林 1000 公顷；2011 年完成造林 1533.3 公顷，封山育林 2466.7 公顷；2012 年完成造林 1333.3 公顷，封山育林 1600 公顷。

2014 年～ 2016 年，完成淮防林工程造林 2800 公顷，封山育林 7286.6 公顷。其中 2014 年完成封山育林 953.3 公顷；2015 年完成造林 1466.7 公顷，封山育林 3000 公顷；2016 年完成造林 1333.3 公顷，封山育林 3333.3 公顷。

（二）工程管理

桐柏县把工程管理作为工程建设的重点，对淮防林工程的有关资料收集、分类、整理、造册，建立一套完整的档案材料。

每年按工程建设任务进行检查验收，拨付工程建设资金。整地时保留山顶、山脚和行间原生植被，同时在山坡中间及下部修建蓄水坑、蓄水渠和拦水闸，减缓地表径流，保持水土。

按照宜统则统、宜分则分的原则，兴办各类性质的林场和基地 60 多处，设立防火了望台 72 处，修筑林间路 110 多条，营建生物防火隔离带 180 多公里，树立防火及封山育林标牌 210 个。

1991 年～2016 年南阳地区（市）长江防护林工程建设进度

表 2-2

年度	任务完成（公顷）							投资（万元）		
	合计	重点工程			一般工程					
		小计	人工造林	封山育林	小计	人工造林	封山育林	小计	国家投资	地方配套投资
1991	25000	11333.33	11333.33	0	13666.67	2000	11666.67			
1992	29866.67	16800	9400	7400	13066.67	8666.7	4400	97.2	45.5	51.7
1993	23933.33	15333.33	7333.33	8000	8600	8600		142.1	71.8	70.3
1994	33599.99	22533.33	17200	5333.33	11066.66	1733.3	9333.33	196.3	97.5	98.8
1995	37466.67	25466.67	20800	4666.67	12000		12000	185.4	32.5	152.9
1996	38333.33	24200	16666.67	7533.33	14133.33		14133.33	493.7	258.8	234.9
1997	26066.67	26066.67	18066.67	8000				285	136	149
1998	28266.66	28266.66	14933.33	13333.33				406	184	222
1999	23193.33	23193.33	14673.33	8520				463.2	200	263.2
2000	22326.67	22326.67	17660	4666.67				491.68	280	211.68
2001	12000	12000	12000	0				885	440	445
2002	9906.67	9906.67	9240	666.67				1325	755	570
2003	4813.33	4813.33	4213.33	600				1066	557	509
2004	9466.67	9466.67	6520	2946.67				1287.2	720	567.2

年度	任务完成（公顷）							投资（万元）		
	合计	重点工程			一般工程					
		小计	人工造林	封山育林	小计	人工造林	封山育林	小计	国家投资	地方配套投资
2005	3033.33	3033.33	3033.33	0				902.11	380	522.11
2006	2160.13	2160.13	2160.13	0				959.9	275	684.9
2007	3316.67	3316.67	2450	866.67				1035.8	345	690.8
2008	2962	2962	2775.33	186.67				1074.2	315	759.2
2009	2933.33	2933.33	2733.33	200				1717.5	440	1277.5
2010	6267	6267	1600	4667				1438.7	970	468.7
2011	7133.33	7133.33	3200	3933.33				2723	1373	1350
2012	17053.53	17053.53	5133.33	11920.2				6611.6	3561.6	3050
2013	193.33	193.33	0	193.33				20.3	20.3	0
2014	6400	6400	2400	4000				1875	1500	375
2015	18666.67	18666.67	6000	12666.67				5066	4053	1013
2016	14666.67	14666.67	4600	10066.67				3913	3131	782
总计	409025.98	4813.33	4213.33	120367.21	72533.33	21000	51533.33	34660.89	20142	14518.89

第十节 退耕还林工程

2002年，南阳市启动退耕还林工程，成立由市政府副市长任组长的退耕还林领导小组；市林业局设立退耕还林办公室，具体负责组织实施。

一、工程建设

退耕还林工程

2002年～2013年，共完成退耕还林18.01万公顷，其中退耕地还林3.8万公顷，荒山荒地造林11.59万公顷，封山育林2.62万公顷。止2016年，累计争取国家退耕还林补助资金14.22亿元，其中粮补资金11.13亿元，生活补助费1.24亿元，种苗费1.85亿元。完成巩固退耕还林成果面积7.02万公顷，其中补植补造2.76万公顷，后续产业4.26万公顷；争取国家巩固成果专项资金1.4亿元，其中补植补造资金0.2亿元，后续产业发展资金1.2亿元。工程涉及13个县（市、区），192个乡（镇），1800个行政村，近16万农户。（见表2—3、2—4、2—5、2—6）

二、政策措施

（一）补助政策

按照国家退耕还林政策，南阳市地处长江中游，纳入计划的退耕地还林每年每亩国家给予粮食补助和生活费补助，补助周期为经济林5年、生态林8年。退耕地造林和荒山荒地造林都享有一次性种苗费补助，封山育林享受封育补助。2007年，《国务院关于完善退耕还林政策的通知》，粮食和生活补助费补助延续一个周期，即生态林再补8年，经济林再补5年。

（二）补助标准

在第一个周期内（2002年～2004年），每亩退耕地每年补助粮食（原粮）150千克，生活补助费20元。2004年，国家退耕还林粮补资金进行结构性调整，改补助粮食为补助资金，每亩退耕地每年补助现金210元，补助生活费20元。在原退耕还林政策补助期满后，经阶段验收退耕地还林质量符合国家规定标准的，延续周期内每亩退耕地每年补助资金105元；原政策中每亩退耕地每年补助20元现金，继续直接补助给农户，并与管护任务挂钩。种苗造林补助费为一次性发放，2002年～2007年每亩补助50元，2008年每亩补助100元，2009年每亩补助200元，2010年以后每亩补助300元。封山育林每亩补助70元。

（三）巩固退耕还林成果专项资金

在延期补助周期内，国家从每亩 210 元粮补资金中每亩拿出 105 元用于巩固退耕还林成果，其用途主要是基本口粮田建设、生态移民、后续产业发展、补植补造等项目建设，其中后续产业发展、补植补造项目由林业部门负责组织实施。截止 2013 年，每年这 2 个项目争取资金 2200 万元以上。后续产业补助标准：速生丰产林每亩 300 元、经济林每亩 300 元、低效林改造每亩 200 元、中幼林抚育每亩 100 元、林下种植中药材每亩 240 元、林下种植经济作物和牧草每亩 100 元，补植补造补助标准每亩 50 元。

（四）粮款兑现

2002 年～ 2013 年，国家累计投入各县（市、区）退耕还林补助资金 14.22 亿元，其中种苗和造林补助费 1.85 亿元，粮食补助资金 11.13 亿元，生活补助费 1.24 亿元，已全部兑现到农户。

三、建设成效

退耕还林工程实施以来，工程区生态环境得到较大改善，造林绿化步伐加快，退耕区农民收入增加，农村产业结构得到调查，全民生态意识普遍增强。

2002年～2013年南阳市退耕还林分年度完成情况

表2—3

年度	总面积（万公顷）	退耕地还林（万公顷）	荒山荒地造林（万公顷）	封山育林（万公顷）	总投资（万元）
合计	18.01	3.8	11.59	2.62	142168.5
2002	2.66	1.16	1.50	0.00	5997.0
2003	4.00	1.77	2.23	0.00	13097.0
2004	2.72	0.22	2.50	0.00	12896.0
2005	3.02	0.65	0.99	1.37	15377.8
2006	1.14	0.00	1.14	0.00	13967.3
2007	1.21	0.00	1.21	0.00	13892.2
2008	1.45	0.00	0.67	0.78	14558.1
2009	0.77	0.00	0.48	0.29	14452.2
2010	0.13	0.00	0.13	0.00	11329.0
2011	0.32	0.00	0.32	0.00	9828.6
2012	0.30	0.00	0.19	0.11	8875.1
2013	0.29	0.00	0.23	0.07	7898.2

2002 年～2013 年南阳市退耕还林完成情况

表 2—4

单位：万公顷

单位	合计	2002	2003	2004	2005	2006	2007	2008	2009	2010	2011	2012	2013
全 市	18.01	2.66	4.00	2.72	3.02	1.14	1.21	1.45	0.77	0.13	0.32	0.30	0.29
西峡县	2.01	0.40	0.40	0.23	0.38	0.04	0.07	0.20	0.13	0.02	0.03	0.05	0.05
淅川县	2.55	0.36	0.40	0.45	0.47	0.12	0.04	0.23	0.25	0.03	0.06	0.06	0.09
内乡县	1.92	0.33	0.33	0.27	0.45	0.11	0.07	0.21	0.05	0.02	0.03	0.01	0.01
南召县	1.92	0.27	0.40	0.30	0.41	0.11	0.09	0.10	0.05	0.02	0.07	0.06	0.04
桐柏县	2.11	0.33	0.37	0.29	0.37	0.11	0.09	0.27	0.00	0.03	0.08	0.09	0.09
方城县	1.62	0.27	0.27	0.29	0.36	0.11	0.11	0.10	0.07	0.00	0.03	0.00	0.01
镇平县	0.97	0.27	0.23	0.15	0.10	0.05	0.09	0.00	0.01	0.01	0.01	0.03	0.00
唐河县	1.39	0.23	0.53	0.17	0.07	0.09	0.09	0.09	0.12	0.00	0.00	0.00	
社旗县	0.83	0.20	0.13	0.10	0.10	0.12	0.10	0.07	0.01	0.00	0.00	0.00	
邓州市	0.67	0.00	0.20	0.13	0.10	0.09	0.09	0.03	0.02	0.00	0.00	0.00	
卧龙区	0.99	0.00	0.40	0.13	0.15	0.05	0.13	0.07	0.05	0.00	0.00	0.00	
宛城区	0.47	0.00	0.13	0.10	0.03	0.03	0.13	0.03	0.00	0.00	0.00	0.00	
新野县	0.57	0.00	0.20	0.10	0.03	0.11	0.09	0.04	0.00	0.00	0.00	0.00	

2008 年 ~ 2013 年南阳市巩固退耕还林成果完成情况

表 2—5

年度	总面积（万公顷）	补植补造（万公顷）	后续产业（万公顷）							总投资（万元）
			小计	速丰林	经济林	低效林改造	中幼林抚育	林下种植经济作物	林下种植中药材	
合计	7.02	2.76	4.26	0.36	0.8	1.15	0.89	0.84	0.2	14066.97
2008	1.58	1.07	0.52	0.09	0.11	0.00	0.00	0.27	0.04	2274.40
2009	1.61	1.03	0.58	0.04	0.07	0.29	0.00	0.15	0.03	2442.20
2010	1.32	0.60	0.72	0.06	0.08	0.19	0.28	0.10	0.01	2278.18
2011	0.96	0.06	0.90	0.07	0.15	0.22	0.32	0.11	0.04	2445.09
2012	0.77	0.00	0.77	0.05	0.16	0.26	0.15	0.10	0.04	2253.23
2013	0.77		0.77	0.05	0.23	0.19	0.14	0.11	0.04	2373.87

2008 ~ 2013 年南阳市巩固退耕还林成果情况

表 2—6

单位：万公顷

单位	总计			2008		2009		2010		2011		2012	2013
	合计	补植补造	后续产业	补植补造	后续产业	补植补造	后续产业	补植补造	后续产业	补植补造	后续产业	后续产业	后续产业
全　市	7.02	2.76	4.26	1.07	0.52	1.03	0.58	0.60	0.72	0.06	0.90	0.77	0.77
西峡县	0.53	0.21	0.32	0.11	0.03	0.02	0.08	0.04	0.04	0.04	0.04	0.04	0.09
淅川县	1.33	0.5	0.83	0.16	0.11	0.19	0.09	0.15	0.18	0.00	0.19	0.14	0.12
内乡县	0.82	0.33	0.49	0.11	0.02	0.12	0.04	0.10	0.09	0.00	0.15	0.10	0.09
南召县	0.93	0.39	0.54	0.20	0.09	0.08	0.06	0.11	0.10	0.00	0.13	0.09	0.07
桐柏县	0.62	0.3	0.32	0.07	0.04	0.23	0.08	0.00	0.05	0.00	0.05	0.05	0.05
方城县	0.47	0.35	0.12	0.13	0.01	0.15	0.00	0.07	0.02	0.00	0.03	0.03	0.03
镇平县	0.64	0.17	0.47	0.06	0.08	0.08	0.08	0.03	0.08	0.00	0.08	0.08	0.07
唐河县	0.96	0.25	0.71	0.13	0.07	0.08	0.08	0.04	0.11	0.00	0.14	0.15	0.16
社旗县	0.21	0.11	0.1	0.04	0.02	0.05	0.02	0.02	0.01	0.00	0.03	0.00	0.02
卧龙区	0.13	0.05	0.08	0.01	0.01	0.02	0.00	0.01	0.01	0.01	0.01	0.02	0.03
宛城区	0.12	0.06	0.06	0.02	0.01	0.02	0.01	0.02	0.01	0.00	0.01	0.01	0.01
邓州市	0.28	0.05	0.23	0.01	0.03	0.02	0.03	0.01	0.04	0.01	0.04	0.04	0.05

第十一节 外资项目造林

1990年，南阳市开始利用外资造林，先后组织实施世界银行（简称“世行”）贷款“国家造林项目”、世行贷款“森林资源发展和保护项目”、世行“贫困地区林业发展项目”、世行“林业持续发展项目”和亚洲银行贷款“豫西农业综合开发（林果业）项目”、“中德财政合作河南省农户林业发展项目”“日元贷款河南省营造林项目南阳市分项目”，涉及桐柏、西峡、淅川、南召、内乡、镇平、邓州、社旗、卧龙、新野10个县（市、区）。截止2013年，全市共完成外资项目造林7.41万公顷，其中用材林及防护林5.15万公顷，经济林2.26万公顷。项目累计完成投资31869万元，其中利用外资17971万元，国内配套资金及劳务折抵13898万元。

桐柏世行造林

一、世行贷款造林

（一）世行贷款“国家造林项目”

建设期限：1990年～1996年（7年）。建设地点：桐柏县。项目宗旨是，培育和扩大森林资源，改善生态环境，提高木材产量，缓解木材供需矛盾。项目完成投资879.7万元，其中利用外资532.6万元，国内配套195.9万元，劳务折抵151.2万元。完成造林4086.7公顷，树种为火炬松。

（二）世行贷款“森林资源发展和保护项目”

建设期限：1995年～2001年（7年）。建设地点：桐柏县。项目宗旨是，培育和扩大森林资源，改善项目区生态环境，提高木材产量，缓解木材供需矛盾。项目完成投资1434万元，其中利用外资860.6万元，国内配套365.3万元，劳务折抵208.1万元。完成造林4893.3公顷，树种为火炬松。

（三）世行贷款“贫困地区林业发展项目”

建设期限：1999年～2005年（6年），涉及淅川、西峡、南召3个县。项目宗旨是，遵循国家“八七扶贫攻坚计划”、河南省林业“九五”计划与2010年远景目标的要求和持续发展战略，在贫困山区通过营林活动，增加项目区森林资源，达到减轻贫困、提高人民生活水平和改善生态环境的目的。项目完成投资6081万元，其中利用外资3478.31万元，国内配套及劳务折抵2602.69万元。完成造林1.32万公顷，其中用材林6293公顷，树种以杨树、杉木为主；经济林6913公顷，树种主要以板栗、核桃、大枣为主。

（四）世行贷款“林业可持续发展项目”

建设期限：2002 年～ 2009 年（7 年），涉及桐柏、社旗、邓州 3 个县（市）。项目宗旨是，通过营林活动，改善项目区生态环境，增加木材生产，弥补由于天然林禁伐所产生的木材压力，增加经济林产品的生产，满足社会不断扩大的需求，指导农村产业结构调整，增加项目区农户的就业机会及收入。项目计划总投资 4851.68 万元，其中世行 2425.84 万元，国内配套 1212.92 万元，劳务折抵 1212.92 万元，计划造林 5387 公顷。项目共完成投资 5658 万元，其中世行贷款 2877 万元，国内配套及劳务折抵 2781 万元。完成造林 12167 公顷，其中用材林 9405 公顷，树种以杨树、刺槐为主；经济林 2762 公顷，树种主要以板栗、柑桔、梨、杏李、桃为主。

二、亚洲银行贷款造林

亚洲银行贷款“豫西农业综合开发林果业项目”（简称亚洲银行贷款造林）。建设期限：2001 年～ 2005 年（5 年），涉及镇平、西峡、淅川、内乡 4 县。项目宗旨是，增加经济林产品的生产以满足社会对经济林产品不断扩大的需求，调整农村产业结构，增加企业职工和农户的就业机会和收入，同时通过人工造林，改善项目区的生态环境。项目完成投资 6980.13 万元，其中亚行贷款 2582.07 万元，国内配套及劳务折抵 4398.06 万元。完成造林 3520 公顷，以杏李、大枣、花椒、油桃为主的经济林。

三、中德财政合作造林

中德财政合作河南省农户林业发展项目（简称中德财政合作造林）。2005 年，南召县被确定为项目实施县。建设期限：2008 年～ 2012 年为造林阶段，2013 年～ 2015 年为完善管理与迎接德方专家验收阶段。规划实施总面积 8250 公顷，投资 3000 万元。截止 2013 年，南召县完成造林 7327.9 公顷，项目投资 1413 万元。造林树种为核桃、板栗、花椒、山茱萸、油桐、杨树等。

中德合作造林项目德国专家赴南召考察

四、日元贷款造林

日元贷款河南省营造林项目南阳市分项目（简称日元贷款造林）。2006 年启动，由西峡、淅川、内乡、新野、桐柏、镇平、卧龙、邓州 8 个县（市、区）及黄石庵林场共 9 个项目单位负责实施。项目计划总投资 10284.02 万元，其中日本政府贷款 6843.74 万元，省、市、县配套资金 1895.75 万元，生产单位自筹及劳务折抵 1544.53 万元。计划营造林 29080 公顷，其中防护林 25730 公顷，用材林 1000 公顷、经济林 2350 公顷。截止 2013 年，完成造林

30024.1 公顷，其中防护林 25659.7 公顷，用材林 1565.9 公顷，经济林 2798.5 公顷，树种以杨树、柏树、广玉兰、樱桃、核桃、木瓜、女贞、火炬松为主。完成投资 9423.09 万元，申请日元贷款 6227.52 万元，落实配套资金 1672.57 万元，其中省级配套 400.57 万元，市级配套 357 万元，县级配套 915 万元，自筹及劳务折抵 1523 万元。

第十二节 城区生态防护工程林

一、兰营水库生态防护林

2007 年 12 月 24 日，市政府关于兰湖森林公园 2008 年绿化工程建设有关问题的会议纪要，明确从 2008 年起，市林业局按照以建设具有“森林的外貌、植物园的内涵”为主线，在卧龙区兰营水库西岸水位线以西，宋庄、侯庄一线以东，312 国道以北，崔营村东西路以南区域首先营造生态防护林，形成森林景观，在此基础上规划建设兰湖森林公园。当年完成造林 66.66 公顷，栽植以香樟、红叶李、女贞、桂花等为主的风景林 11 万株。

2008 年 12 月 9 日，市政府召开办公会议，专题研究兰营水库生态防护林工程建设问题。会议听取市林业局工程建设规划情况汇报和市直有关单位的意见和建议，确定兰营水库生态防护林工程建设的原则意见。市政府办公会议纪要原则同意兰营水库生态防护林建设工程总体规划，确定 2009 年造林面积 176.67 公顷、植树 24 万株，涉及卧龙区靳岗乡的香铺村、崔营村、靳岗村 3 个村。建设桂花园、紫薇园、珍稀树种展示园、松柏园等专类园 15 个，实现观赏树种和乡土树种的有机搭配。当年完成造林任务，共栽植树种 300 余种。常绿树种主要有：香樟、大叶女贞、枇杷、雪松、广玉兰等；落叶树种主要有：黄山栾、白蜡、重阳木、合欢、枫杨、乌桕、法桐、国槐、红花槐、无患子、枫香、旱柳、垂柳、107 杨、水杉、金丝柳等。栽植树种以高大乔木为主，营建复层混交林，辅以花灌木，用地域性乡土植物群落体现南阳的植被特点和地域风情。

兰营水库绿化

2009 年 2 月，市委、市政府成立兰营水库生态防护林建设工程指挥部，市委副书记贾崇兰任政委、副市长姚龙其任指挥长，市林业局局长宋运中兼任办公室主任，具体负责组织建设工作。市政府确定建设中部生态廊道，造林面积 233.33 公顷、植树 39

万株，涉及卧龙区靳岗乡的香铺村和崔营村、王村乡的罗冢村、谢庄乡的毛田村，涵盖陈庄、西崔营一线以西、磨山脚下枣茨庄、兰沟村以东，南北界限以自然沟、河汉为界。建设乡土植物展示园、槐香园、竹园、绚秋园、松柏园等专类园 10 个。栽植以乡土树种为主，选择树种 63 种。常绿乔木有：大叶女贞、枇杷，火炬松、侧柏等；落叶乔木有：黄山栾、白蜡、法桐、槐树、柳树、杨树等；花灌木有：紫薇、木槿、紫荆等；常绿、落叶树种比例为 3：7，花灌木与乔木树种比例为 1：9。

2008 年～ 2010 年，共完成造林 438.87 公顷，栽植以女贞、香樟、桂花、紫薇、紫荆为主的绿化树种 300 多种、100 余万株。

2008 年～ 2013 年，市交通局在公园内修建道路（包括主线和支线）19.77 千米，其中水泥路面 6.734 千米，过水桥涵 82 座。市水利局在林区及水库岸边修建提水泵站 3 座，取水井池 22 眼，铺设供水管道 1.02 万米。市供电公司在林区架设和地埋高低压电缆 8934 米，设专用变压器 3 台，配电控制箱 23 个，基本满足通行及工程用水用电需要。

2011 年～ 2016 年，重点搞好补植补造，加强林木管理，巩固绿化成效。现在森林景观基本形成，生态防护效能已经显现。

二、环城高速生态防护林

环城高速绿化涉及宛城、卧龙、高新和镇平 3 区 1 县；2013 年宛城区的部分路段划归新成立的南阳城乡一体化示范区，总长度 80.1 千米。

环城高速绿化绿化

2010 年 1 月 19 日，市长穆为民主持召开市环城森林建设工作会议，副市长姚龙其及市政府办、宛城区、卧龙区、镇平县、高新区、市林业局等有关部门负责人参加会议，并形成办公会议纪要，决定在沿南阳市中心城区 80.1 千米高速公路两侧，规划造林 2146.67 公顷，营造高速生态景观林带和森林组团。2010 年～ 2014 年，市财政每年列支 1000 万元，对环城高速造林实行以奖代补。

2010 年 3 月，市林业局制定《南阳市环城森林总体规划》，在环城高速公路沿线两侧各营造 100 米宽的绿化带（一环）、沿高速规划建设 9 个森林组团（九团），在 6 个高速公路出入口和 4 个交叉口枢纽内外侧辅道营造绿化带（十点），“一环九团十点”规划造林 1886.6 公顷。

2010 年 12 月 6 日，市政府办公室下发《环城高速造林绿化核查验收及奖惩办法》，规定造林成活率、保存率达到 90% 以上的，按照以奖代补资金平均标准进行补助；造林成活率、保存率达到 85 ～ 90% 的，每亩扣减 50 元；造林成活率、保存率达到 80-85% 的，每亩扣减 100 元；造林成活率、保存率低于 80% 的，不予补助。

2010 年～ 2012 年，市政府多次召开动员会、现场会、观摩督查会，安排部署，促进工作开展。市政府成立由政府办、监察局、财政局、林业局组成的督查组，2010 年冬春造林关键时期，在南阳日报建立环城高速绿化日通报制度，巡回督促检查。期间，市政府对工作推进慢、造林成效差，连续 3 次排后 3 名的高新区第一产业区、蒲山镇主要领导和分管领导进行诫勉谈话，分别处罚 10 万元。

2010 年 3 月工程启动建设，当年完成造林 1886.6 公顷，占规划造林面积的 100%。其中卧龙区 857.8 公顷，镇平县 288.2 公顷，宛城区 650.5 公顷，高新区 90.1 公顷。2011 年底核查验收，保存造林面积 1695.9 公顷，占规划造林面积的 89.9%，其中卧龙区 840.5 公顷，镇平县 275.5 公顷，宛城区 499.8 公顷，高新区 80.1 公顷。2012 年完成造林 107 公顷，环城高速森林景观初步形成。

2012 年，由于部分地区由于机制不活、管护措施不力等问题，出现毁林现象。2013 年，经核查保存面积 419.2 公顷。

2014 年～ 2016 年，市委、市政府把环城高速绿化作为通道绿化的重点工程来抓，结合全市开展的大造林大绿化活动，重点巩固造林绿化成果，完善提升，补齐林带，打造景观。至 2016 年，环城高速已形成标准较高的生态景观林带。

石门湖春色秀——吕建廷（摄）

第三章 林业生态建设

第一节 林业生态市建设

2007年，省政府决定利用5年～8年时间，使河南省的生态建设水平有一个质的飞跃，建设生态河南、锦绣河南，为河南工业化、城镇化建设提供生态支撑。8月15日、17日，省政府、省林业厅先后2次召开全省林业生态省建设规划编制工作电视电话会和编制工作座谈会，对规划编制工作进行具体安排部署。

市委、市政府重视林业生态市建设规划编制工作，副市长姚龙其先后3次召集林业部门负责人，研究林业生态市建设规划编制工作，提出具体要求。市林业局成立规划编制工作领导小组，由办公室王东升牵头起草总体规划，林管站组织技术力量参与，胡新权、郭占胜等有关专家和技术人员加班加点，历时两个半月，制定了《南阳市林业生态建设规划》。

2007年12月5日，市政府印发《南阳市林业生态建设规划》以下简称《规划》。总体布局是：突出南水北调中线工程水源地、鸭河口水库水源地和淮河源头生态建设，构筑“三区(伏牛山区、桐柏山区、平原区)、二城(城市绿化美化、小城镇绿化美化)、一点(村屯绿化美化)、一网络(生态廊道网络)”的生态建设格局，构建综合林业生态体系。目标任务是：到2012年，全市完成造林28.27万公顷，新增有林地13.87万公顷，森林覆盖率提高到40.9%以上，林业总产值达到120亿元，所有县（市、区）实现林业生态县。突出抓好9大林业重点工程，即：山区生态林建设工程、农田防护林体系完善提高工程、生态廊道网络建设工程、城市林业生态建设工程、村镇绿化工程、用材林及工业原料林建设工程、经济林建设工程、园林绿化苗木花卉建设工程、森林生态旅游建设工程。经过5年的努力，高标准绿化南阳大地，建成山川皆绿、森林绕城、林网如织、碧水蓝天，经济社会生态承载能力明显提高，人与自然和谐发展的新南阳。

2007年12月6日，市委、市政府召开林业生态建设动员大会，市委副书记贾崇兰、市人大常委会副主席周明军、副市长姚龙其、市长助理王中、市政协副主席赵金文、南阳军分区领导，各县（市、区）书记或县(市、区)长、副书记、副县(市、区)长，林业局长，市直各单位主要负责人共250余人参加会议，对全市林业生态建设进行全面安排部署。

全市林业生态市建设规划编制会

《规划》2008年启动实施，市委、市政府每年都召开会议，安排部署林业生态建设。市、县采取签订目标责任书、观摩督查、评比表彰等措施，加快推进林业生态建设。截止 2013 年，全市累计完成工程造林 41.3 万公顷，占省下达任务 38.71 万公顷的 106.7%；完成省以上林业投资 19.18 亿元。2008 年、2010 年、2011 年、2012 年、2013 年，市政府分别在全省林业建设工作会议上作典型发言，介绍经验做法。林业重点工程实施情况：

（一）山区生态林建设工程

重点实施水源涵养林、水土保持林和生态能源林工程，进一步加大矿区生态修复、生态移民力度，建成以森林植被为主体的稳定、安全、高效的生态屏障。规划造林 17.66 万公顷，其中新造 12.21 万公顷，改培 5.45 万公顷。2008 年～ 2013 年完成营造林 26.81 万公顷。

（二）农田防护林体系完善提高工程

按照网格面积不超过 20 公顷、网格单边栽植 2 行以上树木的要求，对断带和网格较大的地方进行完善，尽可能加大针阔及乔灌结合林带比例，积极稳妥地推进功能退化的农田防护林更新改造，营造高标准农田林网，构建多林种、多树种、多层次的农田防护林体系，提高平原绿化水平。规划造林 2.9 万公顷，完善提高农田林网 21 万公顷、折合片林 0.73 万公顷，更新农田林网 17.69 万公顷、折合片林 1.24 万公顷，新建农田林网 13.29 万公顷，折合片林 0.93 万公顷。2008 年～ 2013 年完成造林 2.6 万公顷。

（三）生态廊道网络建设工程

在现有廊道绿化的基础上，高标准、高质量地建设集绿化景观与廊道级别相匹配、规划布局与人文环境相协调，景观效益、生态效益和社会效益于一体的绿色廊道网络。主要包括，绿色通道建设工程、河流水系生态防护林带建设工程等。规划造林 3.04 万公顷。2008 年～ 2013 年完成造林 2.22 万公顷。

（四）城市林业生态建设工程

包括 13 个县（市、区）的城市建成区及郊区，严格规划建设标准，采取平面绿化与立体绿化相配合，绿化与美化相结合，城区与郊区相衔接，加强环城防护林、城区绿化、通道绿化、森林公园建设，实施城市林业生态建设工程。南阳中心城区建成区绿化覆盖率达到 42% 以上，规划控制区森林覆盖率达到 40% 以上。其他县（市、区）城市建成区绿化覆盖率达到 35% 以上，规划控制区森林覆盖率达到 40% 以上。规划造林 0.91 万公顷。2008 年～ 2013 年完成造林 0.65 万公顷。

（五）村镇（乡镇）绿化工程

在南阳市所辖的 229 个乡（镇）所在地和 4642 个行政村居住区，围绕社会主义新农村建设，建设村镇绿化工程，打造生态良好的人居环境。在乡（镇）所在地，结合小城镇规划，建设规模适宜的中心绿地；结合街道和建筑物布局特点，开展道路绿化美化；在乡镇建成区外围，建设 30 米宽的环镇防护林带，在村屯道路两侧和农户房前屋后及庭院内，采用乔木、灌木、藤本、花卉立体式绿化美化；在村屯周围营造20米宽的围村防护林带，将村屯的宜林空地全部绿化起来，改善农村居民的居住环境，提高生活质量，使村庄林木覆盖率由31.36%提高到40%以上。规划造林1.12万公顷。2008年～2013年完成造林1.38万公顷。

（六）林业产业工程

包括用材林及工业原料林基地、经济林、园林绿化苗木花卉、森林生态旅游等。2008年～2013年完成造林1.34万公顷。

（七）森林抚育和改造工程

中幼林抚育管理。对郁闭度0.8以上的中幼林进行抚育；对于过密、过纯而分化明显的幼龄林和遭受病虫害、风折、雪压、火灾等自然灾害的中幼龄林，通过采取松土除草、定株修枝、疏伐和间伐、卫生伐、景观伐、林地清理等措施进行有效抚育，优化林分结构，提高林分质量，培育健康森林，防止森林火灾、病虫害发生，使森林生态、经济和社会综合效益得到正常发挥，促进林业全面协调可持续发展。

低质低效林改造。对疏林地、无培育前途的林分或灾害危害严重的低质低效林进行改造。对生态区位重要的低质低效林，通过加大培育、科学改造，使其逐步形成树种多样、层次复杂、结构稳定、功能完备的公益林；对水热资源丰富、生态条件较好地区的低质低效林，通过加大投入、集约经营，使其形成速生、丰产、高效的商品林；对郁闭度小于0.5的低质低效林实施封山育林，通过封禁、适当补植补造等措施，充分发挥生态系统的自我修复能力，提高林分质量。2008年～2013年完成抚育和改造10.26万公顷。

2008年～2013年，全市完成营造林45.57万公顷，其中山区生态体系建设工程26.81公顷，农田防护林体系改扩建工程2.6万公顷，生态廊道网络建设工程2.22万公顷，环城防护林及城郊森林建设工程0.65万公顷，村镇绿化工程1.38万公顷，更新造林0.31万公顷，林业产业工程1.34万公顷。完成工程投资11.99亿元。(见表3—1—1)。

第二节 林业生态县建设

林业生态县是指通过加强林业生态建设，基本建立起以森林植被为主体、比较稳定的国土生态安全体系，初步建成山川秀美、符合生态文明社会要求的人居生态环境，林业生态建设与产业发展相互促进、良性发展的县级行政区域。2006年12月，市政府下发《南阳市创建林业生态县实施方案》，具体标准是：

1. 山区森林覆盖率≥50%，丘陵区森林覆盖率≥25%，平原风沙区林木覆盖率≥20%，一般平原农区林木覆盖率≥18%。

2. 平原区农田防护林网、农林间作控制率≥95%，山区宜林荒山荒地绿化率≥90%，丘陵区宜林荒山荒地绿化率≥85%。

3. 沟、河、渠规划区内，铁路、高速公路、国道、省道主干线和县级公路出入口绿化率≥95%。

4. 县城（镇）建城区绿化覆盖率≥35%；平原村庄林木覆盖率≥40%。

林业生态县建设

5. 区域内单一主栽树种株数或面积不超过70%。

6. 国家、省级重点生态公益林和森林公园面积占国土面积比例：山区≥25%，丘陵区≥10%，平原区≥1%。区域内古树名木建档保护率达到100%。

7. 连续3年林业总产值增长幅度：平原地区≥18%，丘陵区、山区≥12%。

8. 连续3年完成省、市政府下达的年度林业目标任务。

9. 连续3年辖区内林木采伐量不超过采伐限额，征占用林地审核率≥95%，并且无重大破坏森林资源和生态环境案件。连续3年森林火灾受害率控制在0.5‰以下，森林病虫害成灾率控制在0.5%以下，无重大以上森林火灾，无重大外来有害生物的入侵和蔓延。

10. 全民生态建设和保护意识强，城镇适龄人口义务植树尽责率≥70%，区域内省级以上重点保护的野生动植物及其栖息地、原生地和湿地得到有效保护。

南阳市把林业生态县创建作为推进林业生态市建设的重要载体，市政府将林业生态县建设任务与造林绿化和森林资源保护目标纳入各级政府的年度责任目标，年终进行检查验收和考核。根据各县（市、区）具体情况，市政府每年都要明确创建县，加强指导和督查，省、市政府对达到标准的县（市、区）进行表彰，并给予一定的资金奖励。

经过努力创建，2007年内乡县、南召县达到建设标准，2008年桐柏县达到建设标准；2009年1月13日，省政府下发《关于表彰林业生态县的通报》，授予内乡县、南召县、桐柏县河南省林业生态县荣誉称号。

2009年西峡县、唐河县达到建设标准，2010年方城县、社旗县达到建设标准；2011年3月2日，省政府下发《关于表彰林业生态建设先进单位的通报》，授予上述4县河南省林业生态县荣誉称号。

2011年，邓州市、淅川县；2012年，镇平县、卧龙区、新野县分别通过省核查验收，省政府下文命名表彰。

2013年，宛城区创建未通过验收。截止2013年，南阳市13个县（市、区）中有12个县（市、区）（宛城区除外）达到林业生态县建设标准。

表 3—1

2008 年 ~ 2013 年营造林及投资情况

年度		营造林（万公顷）	山区生态体系建设工程（万公顷）	农田防护林体系改扩建工程（万公顷）	生态廊道网络建设工程（万公顷）	环城防护林及城郊森林建设工程（万公顷）	村镇绿化工程（万公顷）	更新造林（万公顷）	林业产业工程（万公顷）	补植补造（万公顷）	工程投资（万元）
2008	任务	7.14	5.63	1.01	0.31	0.21	0.24		0.37	1.52	19760.86
	完成	7.23	5.72	0.97	0.32	0.22	0.24		0.47	1.51	20109.15
2009	任务	8.85	4.36	0.60	0.46	0.16	0.30		0.26	2.71	19760.86
	完成	10.09	5.18	0.58	0.48	0.20	0.60		0.27	2.79	20116.45
2010	任务	3.98	2.51	0.38	0.37	0.08	0.21		0.10	0.34	19760.86
	完成	4.45	2.85	0.39	0.37	0.12	0.29		0.10	0.34	19940.57
2011	任务	5.46	3.11	0.29	0.33	0.01	0.11	0.32	0.14	1.13	19760.86
	完成	5.77	3.48	0.31	0.33	0.01	0.11	0.31	0.14	1.07	19883.56
2012	任务	8.55	5.00	0.29	0.36	0.02	0.09		0.22	2.57	19760.86
	完成	8.75	5.28	0.27	0.37	0.04	0.08		0.22	2.48	19935.47
2013	任务	4.73	4.11	0.08	0.29	0.08	0.05		0.21	1.94	19760.86
	完成	5.01	4.31	0.08	0.35	0.05	0.06		0.14	2.07	19891.45
合计	任务	38.71	24.72	2.68	2.12	0.56	1.01	0.32	1.31	10.2	118565.16
	完成	45.57	26.81	2.6	2.22	0.65	1.38	0.31	1.34	10.26	119876.6

第三节 全国绿化模范城市创建

一、创建历程

2012 年 4 月 24 日，局长汪天喜带领有关班子成员及办公室负责人，到省林业厅汇报创建森林城市工作，省林业厅副厅长刘有富提出，南阳市可先申报创建全国绿化模范城市。26 日～27 日，汪天喜局长带队赴国家林业局汇报全国绿化模范城市创建（以下简称“创模”）工作，得到国家林业局大力支持。至此，南阳市创模工作全面启动。

2012 年 6 月 12 日～13 日，河南省绿化委员会组成核查组，由省政府参事赵体顺带队，对南阳市创建工作进行初检，提出完善提高的意见和建议。

2012 年 10 月 12 日，市长穆为民召开全国绿化模范城市迎检工作动员大会，安排部署迎检工作。

2012 年 10 月 20 日～25 日，原林业部副部长刘于鹤、首都绿化委员会办公室原巡视员王苏梅、中央直属机关绿化委员会办公室主任乔世英、国家林业局华东院处长聂祥永、全国绿化委员会办公室调研员周力军一行 5 人，对南阳市创建全国绿化模范城市工作进行全面验收，河南省林业厅副巡视员师永全、省林业厅植树造林处处长朱延林、副处长吕本超陪同验收。

创模验收

10 月 21 日上午，召开全国绿化模范城市情况汇报会，市委书记李文慧参加并致辞；南阳军分区司令员程德明，市人大常委会副主任程建华，副市长张生起，市政协副主席贺国勤，邓州市代市长史焕立等参加汇报会；市“创模”领导小组成员单位及各县（市、区）负责人参加汇报会。

10 月 23 日上午，市委、市政府召开创建全国绿化模范城市核查情况反馈会。反馈会上，核查组对创建工作给予充分肯定，认为南阳市达到全国绿化模范城市建设标准。核查组回京后，提交全国绿化委员会研究通过。

2013 年 4 月 15 日，全国绿化委员会下发《关于表彰全国绿化模范单位和颁发全国绿化奖章的决定》，授予南阳市全国绿化模范城市荣誉称号，河南省一同获得殊荣的有安阳市、新乡市。

2013 年 5 月 30 日，省绿化委员会、省林业厅下发《关于表彰新乡市、安阳市、

城市绿化

南阳市绿化委员会和林业局的通报》，决定对新乡市、安阳市、南阳市绿化委员会和林业局通报表彰，并分别奖励资金 50 万元。

二、创建成效

市委、市政府坚持以生态建设为主的林业发展战略，通过大力植树造林，深入开展全民义务植树活动，全面加强森林资源保护，加大绿化投入（2008 年以来市财政共投入绿化资金 12.5 亿元），着力建设绿色南阳、打造生态宜居城市，国土绿化取得明显成效。南阳市先后被评为全国林业生态建设先进市、全国造林绿化十佳城市、全国绿盾行动先进集体、全省荒山造林绿化先进市、河南省造林绿化十佳单位等荣誉称号；西峡县、邓州市、淅川县先后被全国绿化委员会评为全国绿化模范单位、全国国土绿化突出贡献单位、全国造林绿化百强县等。

（一）组织领导，规划制定

1982 年，南阳市成立绿化委员会，各县（市、区）成立相应绿化机构，统一组织协调全市绿化工作。市委、市政府加大全国绿化模范城市督查指导力度，搞好宣传发动，严格考核奖惩，扎实推进创建工作。坚持生态优先、以人为本的理念，结合南阳市情林情，突出南水北调中线工程水源地、鸭河口水库水源地和淮河源头生态建设，编制《南阳市林业生态建设规划》《南阳市绿化模范城市建设规划》《南阳市城市绿地系统规划》等，构筑“三区（伏牛山区、桐柏山区、平原区）二城（城市绿化美化、小城镇绿化美化）一点（村屯绿化美化）一网络（生态廊道网络）”的生态建设格局；市中心城区围绕“一环（环城高速）三带（南水北调中线干渠、白河沿线、白桐干渠）四片（独山森林公园、兰湖森林公园、西二十里岗片林、黄台岗沿白河片林）六线（六个国道、省道出入市口）”的规划布局，搞好环城防护林和城郊森林建设，为全国绿化模范城市创建奠定了基础。

（二）抓五大工程，提升绿化水平

1. 实施城市绿化工程。紧紧围绕全国绿化模范城市创建，以筹办第七届全国农运会为契机，大力实施门户绿化、白河湿地公园绿化、道路绿化、社会绿化、公园游园绿化、内河绿化、农运会场馆周边绿化等园林绿化提升行动，组织实施 500 万株月季进城区行动，建成一大批园林绿化精品景观，南阳独具特色的水域靓城、文化名城、宜居花城形象初步展现。建设公园绿地。新建梅城公园和 2 个市级游园，高标准改造人民公园；启动实施汉风苑、百里奚公园和白河湿地公园等绿化提升改造工程，完成一批区级游园绿化美化。城市建成区绿化覆盖率达到 40.9%，公共绿地面积达到 1345 公顷，建成区人均公共绿地面积 12.02 平方米。打造城市道路绿化景观。注重品种多样化、层次化，

城区月季

街头绿化

增加造型、色彩和动感，行道树以法桐、国槐、香樟、石楠等树种为主，绿化带以月季、紫薇、金叶女贞等模纹图案平铺，并点缀开花及常绿灌木，形成一街一景、一路一貌的绿化格局。先后完成白河大道、独山大道绿化示范路提升改造及18条主要道路21个景观节点建设、4条内河可视段护坡绿化。市区主干道平均绿地率达29.7%，次干道绿地率达17%；全市主要道路、河流、水库沿岸应绿化地段全部绿化。完善提升居住区绿化水平。突出园林绿化、生态景观理念，积极开展园林式小区创建活动，建成鸿德花园、龙腾花园、三川花园、荷花广场、金鑫花园等一批高品位的绿化居住区。采取拆墙增绿、划地建绿等措施，最大限度地增加原有居住区绿量和绿地面积。市中心城区荣获省级园林小区1个，评出市级园林小区31个。提高单位庭院绿化档次。组织开展绿化模范单位创建活动，对楼房、停车场等建筑物实行垂直绿化和屋顶绿化，拓展绿化空间，扩大绿化面积。市区机关、学校、医院、部队营区等单位庭院绿地率达到37.8%，工业企业、交通枢纽、商业中心等绿地率达到22.7%，70%以上的单位庭院绿地率达到省级标准，荣获省级园林单位39个，评出市级园林单位184个。扩大生产绿地面积。坚持市场导向，合理引导生产绿地发展，市区范围内生产绿地达到485.4公顷。

2. 实施环城防护林及城郊森林建设工程。采取平面绿化与立体绿化相结合、绿化与美化相结合、城区与郊区相衔接的方法，围绕一环（沿环城高速两侧各营造100米宽的绿化带）九团（沿高速规划建设9个森林组团）十点（在6个高速公路出入口和4个交叉口枢纽内外侧辅道营造绿化带），加强环城防护林、城区绿化、通道绿化及森林公园建设，2011年完成造林1886.7公顷。兰湖森林公园按照“森林的外貌、植物园的内涵”的建设标准，大力营造生态林和风景林400公顷。环城高速80公里景观林带已经形成。丰富完善独山森林公园、西二十里岗片林森林景观，市中心城区及郊区已形成环、带、片、点相结合

营区绿化

二广高速绿化

库区绿化

的森林生态系统，城市郊区山区、丘陵区、平原区森林覆盖率分别达到 51.2%、32.6%、22.3%。

3. 实施平原绿化完善提高工程。按照因地制宜、适地适树、生态经济效益兼顾的原则，突出农田示范区林网建设，完善林网网格，不断提高平原绿化水平。5 年来共补植完善农田林网 265 万亩，新建 13.29 万公顷，全市平原森林覆盖率 22.3%，农田林网控制率 85% 以上。

4. 实施村镇绿化工程。以村镇为单位，科学规划，以点带面，整体推进，加强围村林营造、街道绿化、庭院绿化、休闲公益林建设及村容村貌综合整治等，全市乡镇政府所在地绿化覆盖率 33.1%，村屯绿化覆盖率 42.2%，农村生态环境明显改善，农民生活质量和幸福指数进一步提高。

5. 实施山区生态林建设工程。在丹江、白河、湍河、唐河、淮河源头和南水北调中线源头及库塘周围沿水区域，营造水源涵养林，增强森林涵养水源和调节地表径流的生态防护功能。在伏牛山、桐柏山浅山丘陵区水土流失严重的地带，营造水土保护林，逐步恢复区域地带性森林植被。在条件适宜的地方营造黄连木、油桐等生态能源林。2008 年～ 2012 年，全市山区年营造生态林 3.33 万公顷以上，生态防护功能不断提高。

（三）开展全民义务植树活动，推进国土绿化步伐

1. 完善机制。认真贯彻落实全国人大《关于开展全民义务植树运动的决议》和《河南省义务植树条例》，把义务植树作为推进国土绿化的重要举措，出台全民义务植树实施办法，落实属地管理，建立登记卡制度，规范和引导全民义务植树工作扎实开展，形成常态化的国土绿化机制。

2. 营造氛围。把每年三月份定为“南阳市全民义务植树活动月”，市四大家领导率先垂范，组织带领全市人民广泛参与义务植树活动。借力义务植树活动，市中心城区周边相继建成独山森林公园、兰湖森林公园，各县（市）相继建成一批城郊森林景区景点。组织开展领导办绿化点活动，以点带面，推进义务植树活动深入开展。5 年来，共建立市级义务植树基地 5 个，市级领导办绿化点 32 个。

3. 丰富载体。组织开展“青年林”“三八林”“读者林”“老年林”“农运林”等营造活动，形成全社会办林业、全民搞绿化的有利局面。5 年来，全市参加义务植树人数累计达 2780 万人次，植树 9000 余万株，义务植树尽责率达 93%。以乡镇、街道办为单位，义务植树建卡率达 96%。独山义务植树基地、鸭河义务植树基地被评为“全省义务植树十佳基地”，邓州“雷锋林”义务植树基地成为红色革命教育的重要场所。

2012 年 3 月，市委书记李文慧参加义务植树

（四）保护古树名木，弘扬生态文化

市绿化委员会出台实施《南阳市古树名木保护管理办法》等措施，对古树名木全面普查登记，建立档案，设立保护标志，明确养护责任，加强抚育管护。开展古树名木认养及保护宣传活动，定期对武侯祠、医圣祠等名胜古迹的古树进行会诊，搞好病虫害防治。全市现有文物古迹 340 处、古树名木 1 万余株，形成独特的自然生态景观。大力弘扬生态文化，加强自然保护区、森林公园、森林标本馆、城市园林等森林文化基础设施建设，保护好旅游风景林、古树名木和纪念林，打造生态文明教育基地。宛西制药厂被命名为国家生态文明教育基地，桐柏淮源国家级森林公园被命名为全省生态文明教育基地。组织开展林业生态乡镇、林业生态村、林业生态建设先进单位、花木知名品牌、名优花卉之乡和花木示范村等评选活动，加大自然保护区、森林（湿地）公园建设力度，社会各界、广大干群的生态文明意识进一步提高。

义务植树

生态文化

（五）坚持依法治林护绿，巩固生态绿化成效

1. 出台政策措施。根据国务院《城市绿化条例》《河南省城市绿化实施办法》等法律法规，市政府制定出台《南阳市森林资源保护管理暂行办法》《南阳市城市园林绿化建设管理办法》等一系列政策和措施，绿化管理逐步走向法制化、规范化。

2. 加大法律法规宣传力度。利用广播、电视、报纸、网络等新闻媒体，大力宣传《森林法》《古树名木保护条例》《城市绿化条例》等法律法规，形成全社会植绿、护绿、爱绿的浓厚氛围。

月季花城 美丽南阳——姜华（摄）

第四章 林业科技

第一节 育苗和造林技术

一、育苗技术

1958年，西峡县林场泡桐播种育苗采用半高床办法，成效好。（1）整地。苗圃要选地势平坦、排水良好的中等肥厚的沙质壤土、壤土或轻粘壤土。重粘土、盐碱土及瘠薄的沙土都不相宜。低洼、阴湿、积水或洪水容易淹没的地方，更不可选作育苗地。因泡桐怕水浸，遇到积水，根部腐烂，苗木枯死。圃地选定后进行冬耕。耕前每亩施堆肥或厩肥7～8千克作底肥。然后趁墒细犁，耙匀平整。再用绳按40厘米宽划行打印，再顺着两条印将土挖起，向中间拢，堆成高15厘米的垅背（土埂），阳坡面要陡，阴坡面要缓，将土拍压。（2）播种。播种育苗的适宜时期，在3月下旬至4月上旬。要选无风天将种子播在背阴的缓坡上三分之二处，用竹片或小木板划一道水平浅沟，深2～3厘米，将种子均匀的撒入，每亩播种3千克。为了防止种子飞散，可先将种子用湿土掺拌；播后轻微将土荡平或略盖一些细油沙。再在垅沟内浇水。这样水不冲淹种子，渐渐渗到垅背上浸润种子，种子不会被水冲失，土面也不致板结，雨水还可顺沟便于排去，不致积水受浸。（3）管理。播种后要注意灌溉，保持土壤湿润，因种子太小，地面一干结就不易出土。播后三、五天就有部分种子发芽出土，到10～15天便可出齐。当幼苗长3～4枚本叶时，可将过于稠密的用小刀铲去一部分。有10～15厘米高时，行第一次间苗，每15厘米左右留苗1株。再隔25天左右苗高30厘米左右时，行第二次间苗，每30厘米左右留苗1株。间苗可在雨后或浇水后进行。在幼苗生长期间，较喜干燥，怕潮湿，浇水不宜多。特别在雨季要注意除涝排水，以防积水。因此圃地湿度和覆土薄厚是泡桐育苗成败的关键。此外，还应随时注意松土除草，但需浅锄，以免伤损幼根。且泡桐叶大，不宜通风透光，易发生病虫害。为了使苗木通风良好，使其迅速成长，应行摘叶，于7月初苗高100厘米左右时，可摘去下边叶子1～2轮，以后根据苗木生长情况，再摘一、二次，每次1～2轮，当年苗高可达100～260厘米，就能出圃造林。

1972年，邓县在育苗实践中总结出“舍得拿强有力的干部抓林业育苗，舍得拿好地培育树苗，舍得资金投资育苗，舍得拿劳力管理好苗木”的“四舍得”育苗经验，在全区推广应用，促进了育苗事业发展。

1980年，桐柏县林业局总结出松、杉育苗技术措施：（1）选择适宜圃地。圃地选在地势平坦、土层深厚肥沃、排灌方便、土质疏松微酸性或中性的沙壤土地上。前茬豆类作物或稻田地为好；前茬蔬菜、花生、棉花、瓜类等地育苗，苗木容易感染立枯病。松苗可以重茬，杉木不宜连作。（2）选择优质种子。播前用40°C左右的温水浸种24小时催芽并水选种子。（3）适当提早播期。一般“雨水”后适合播种。(4) 深耕细作。冬季深耕冻乏，春季犁耙，经过三犁四耙使土壤熟化、细碎、面平。（5）打畦作床，高床播种。（6）适度覆盖，及时揭盖，适时护阴。播后盖草，一般种子有 70% 芽出土时揭盖；苗木生长健壮，不必遮阴；反之，应保持 50% ～ 60% 的透光度遮阴。（7）看鸟。播种后 20 天左右种子顶壳出土，易遭鸟害，应有专人看守。此外，还应做好种子消毒和土壤消毒。

育苗

1982 年，地区林科所张群柱总结出“泡桐高干壮苗培育技术”：（1）选好圃地。圃地宜选在地势平坦，排灌方便、土壤深厚、地下水位 1.5 ～ 2 米以下的沙壤土或壤土的背风向阳的地方。（2）深翻施肥。冬季深翻不耙，促使土壤风化，增加积雪，冻死越冬害虫；春季浅耕细耙，施足底肥，每亩施腐熟有机肥 5000 千克和 4 ～ 5 千克“六六六粉”杀死地下害虫。（3）高床育苗。垄高 20 厘米，底宽 75 厘米，床面宽 40 厘米，沟宽 25 厘米，每垄埋一行桐根。(4) 选用壮根。选用 1 ～ 2 年生、无病虫害、无机械损伤、粗度在 1.5 ～ 3.5 厘米的肉质根较好。插穗长 15 ～ 18 厘米。（5）适时埋根。3 月中上旬埋根最佳。（6）适当稀植。一般株行距 1×1 米。某些速生品种，株距也可定为 1×1.2 米。（7）科学管理。出苗期（3 月初到 5 月上旬）浅锄松土 2 ～ 3 次，保墒增温，促使根穗早发芽、早生根；缓慢生长期（5 月中旬到 6 月中旬）及时灌水，灌后松土保墒；苗高 10 厘米开始培土，随着苗木的增高，多次培土，加厚肥土层；在幼苗 3 ～ 4 对真叶时，每穴选留 1 株壮苗，其余全部除去；速生期（6 月底到 8 月底）抓好施肥和灌水。6 月下旬到 7 月底，追肥 2 ～ 3 次，每次每亩施化肥 20 千克或尿素 10 千克，终次施肥要增施一些磷肥和钾肥；雨季注意排水；对于腋芽萌发力强的泡桐种类，要及时抹芽；生长后期 (9 月以后)，采取措施，促使苗木组织充实，防止发生冻害。8 月开始，停止施肥，并控制灌水次数。若天气干旱，可在 9 月中、下旬后浇一次增粗水。在整个苗木生长过程中，要注意防止病虫害。泡桐高干壮苗标准：（1）苗高平均 4 米以上，地径 4 ～ 7 厘米，根系发达完整；（2）苗干通直粗壮，无严重机械损伤和病虫害；（3）节间较短，皮褐绿色，组织充实。

1985 年，西峡县石界河乡宋花琴通过 4 ～ 5 年试验，总结出山茱萸快速育苗法。山茱萸种子育苗，通常需要 1 年半至 2 年时间，第 3 年才能出圃。宋花琴总结出快速育苗法，通过种子去皮、浸泡、冲核、拌粪下池，地膜覆盖，移栽等工序，3 个月左右种子发芽，苗木当年即可出圃，比传统方法育苗提前 2 年，并可提高种子发芽率 40%。

1985 年，西峡县引进全光照喷雾带叶扦插育苗技术获得成功。用此法培育难以生根的猕猴桃等树种，生根率达 70% 以上，生根时间 33 ～ 35 天，而且苗木长势良好。优点是 :(1) 省工省料易于掌握。全光喷雾扦插不需搭阴棚，减少了三揭四盖的工序。(2) 生根快，成活率高。(3) 扩大了插穗来源。除当年生半木质化的带叶绿嫩枝外 ,2 ～ 3 年生的带叶分枝也可扦插育苗。

1990 年，桐柏引进容器育苗技术，开展湿地松、火炬松容器育苗。容器育苗不仅能缩短育苗时间、延长造林季节，而且造林成活率高，缓苗期短，对加速荒山造林绿化，提高造林质量都起到了积极作用。容器的选择 : 应用较多的为塑料薄膜容器。常用的规格有 5×10、6×12、8×13 厘米。薄膜袋可直接到薄膜袋厂购买，也可自已购 0.02 ～ 0.03 毫米厚的薄膜。按所需规格大小，剪成长方形，再粘合成圆袋，袋底粘封，下部打 3 ～ 5 对直径 0.5 厘米的圆孔。圃地选择与整地 : 应选择地势平坦，靠近水源，排灌方便，土壤肥沃、疏松，在造林地附近或中心的地块，需要遮荫育苗的，最好选在树荫下。

1999 年，南阳农校用组织培养法培育桐柏大枣苗获得成功。适宜的诱导培养基为 MS+6-BA 2.0mg/L+KT 0.5mg/L+2,4-D 0.2mg/L+3% 蔗糖，生根培养基为 MS+6-BA 0.01mg/L+IBA 1.0mg/L+IAA 0.5mg/L+3% 蔗糖，用幼树枣头顶芽制备外植体效果最好。对培养物应每隔 20 ～ 30 天换一次新鲜培养基。在不定芽伸长达 2 ～ 3cm 高时，将不定芽在无菌条件下剪下，插入生根培养基中。在试管培养物发育出正常根系而形成完整植株后，可为移植作准备。先将组培苗整瓶搬到温室接受自然光照锻炼，使之健化。一般经 2 ～ 3 周锻炼后，可移到花盆内的土壤中。移植小苗经过几个月的温室培养后，先在室外的荫棚下健化一个时期后，才能移入苗圃。适用树种：珍贵、稀有树种。

2010 年～ 2011 年，为促进荒山造林，提高困难地造林成活率，市林科所推广容器育苗技术，培育侧柏苗木。

2012 年，市林科所采用全光照自动喷雾育苗技术，在珍稀濒危树种珙桐和连香树育苗方面取得技术突破。

2014 年，市林科所编制发布河南省育苗技术标准“红豆杉育苗技术规程”“楸树埋根育苗技术规程”。

2015 年，市林科所编制发布河南省育苗技术标准“树状月季栽培技术规程”“月季育苗技术规程”，推动南阳月季育苗的标准化和规范化。

二、造林技术

1951 年～ 1953 年，荒山直播造林采用上下成形，株穴对照播种，因株行距上小下大，且上下成行，成林后保持水土效能较差。

1954 年，荒山直播造林实行环山水平带状播种，不仅规格整齐便于施工，而且林木成三角形交叉布局，可阻挡山水下流，缓和流速，减免冲刷，提高了保持水土效能。同年，麻栎播种实行深挖（穴深一尺，穴大尺半见方）浅埋枝术，提高了造林成活率。南召县枫杨沙荒直播，淅川县侧柏荒山直播造林试验成功。

1977 年，山区造林由过去一镢松、一镢橡，开始向抽槽整地造林发展。同年冬季，唐河县为提高造林质量，对农田林网和公路植树，提出并做到“三改”：一改挖穴植树为开沟植树，二改小树苗植树为大苗植树（苗高 8 尺以上），三改劣种为优良品种（沙兰杨）。

1979 年冬，内乡县完成抽槽整地 2666.67 公顷，规格要求是：“三尺深三尺宽，行间距离一丈远，等高线绕山转，里低外高边有沿”。

1983 年 9 月，国营桐柏陈庄林场在整地中，总结出山地带状整地的经验是：“水平线绕山转，尺半深二尺宽，上到顶下到边，每条七尺长，动工先看线，左右兼顾，内切外填，石头挖出，树根斩断，符合质量，坚决兑现，质量不到，返工再干，完成 3.3 米，计酬 2 元”。同时，该场根据过去黑松低山造林不长，马尾松高山造林生长不良和杉木造在迎风口冻死的教训，总结出“凹栽杉木沟栽桐，浅山坡面马尾松，黄泥岗上种刺槐，高山顶上栽黑松”四句适地适树植树造林的经验。

1982 年，唐河县王古大队带叶栽植泡桐 24.33 公顷、1163 株，成活率 100%。同年，邓县张营大队栽植泡桐 48.47 公顷、1932 株，成活率 96%。之后，邓县白落堰公社牛营、周营等 14 个大队都开展带叶栽植泡桐。

带叶植桐是泡桐生产技术上的一项重大改革。1983 年 9 月，地区林科所张群柱工程师在对 1982 年带叶栽植泡桐生长情况调查的基础上，总结出带叶植桐具有缓苗期短，生长期长，成活率高，生长旺盛等优点。并对栽植技术提出 4 点意见：(1) 适时栽植。南阳地区最宜栽植时间是 10 月中旬；(2) 起苗根系要完整；(3) 天气干旱时，造林要适当浇水；(4) 随起苗随栽植，并禁忌损伤枝叶。

1985 年 11 月 19 日，地区林业局为保证造林质量，提高成活率，下发文件提出苗木造林规格和冬季造林树种名录（见表 4—1）。

南阳地区苗木造林规格

表 4—1

品种	高（米）	地径（厘米）	品种	高（米）	地径（厘米）
泡桐	3.5 以上	4.5 以上	柳杉	2.0 以上	2.5 以上
意杨	3.5 以上	3.0 以上	侧柏	1.0 以上	1.5 以上
毛白杨	3.0 以上	2.0 以上	水杉	2.0 以上	2.5 以上
白榆	3.0 以上	2.0 以上	柳树	2.5 以上	3.0 以上
楸树	3.0 以上	2.0 以上	法桐	3.0 以上	4.5 以上

续

品种	高（米）	地径（厘米）	品种	高（米）	地径（厘米）
川楝	3.0 以上	2.5 以上	苹果	1.0 以上	1.5 以上
苦楝	3.0 以上	2.0 以上	桃	1.5 以上	1.5 以上
椿树	2.5 以上	3.0 以上	核桃	1.5 以上	2.5 以上
刺槐	2.0 以上	1.5 以上	梨	1.5 以上	2.0 以上
枫杨	2.0 以上	2.5 以上	柑桔	0.5 以上	
枣	1.5 以上	1.5 以上			

冬季造林树种（封冻前）：泡桐、沙兰杨、72 杨、69 杨、毛白杨、秋树、枫杨、侧柏、水杉、柳杉、法桐、各种松树、苹果、桃树、核桃、梨树、柿树、板栗、油桐、桑树、漆树、杜仲、辛夷、山茱萸、葡萄、女贞、红果、厚朴、猕猴桃等。

1985 年 12 月 19 日，地区林业局下发文件，提出 6 项造林技术措施：（1）尊重科学，适地适树。山区应以栎类、马尾松、火炬松、湿地松为主（高山地带以华山松、落叶松为主），岗丘区应以刺槐、山明桐为主，平原区以 72 杨、69 杨、沙兰杨、泡桐（沙壤土为好）、毛白杨为主，土壤条件好的地方以经济林为主；（2）高标准整地。山区以带状整地和穴状整地为主，平原丘陵区要挖大穴（二尺见方）；（3）良种壮苗；（4）随起随栽；（5）高标准栽植。松类一定要在适宜季节墒情好时栽植，做到穴大，根舒、深栽埋实，旱时浇水，尽量施肥；阔叶苗栽植时要保证株直、行直、深栽（泡桐适当注意浅栽高封）、分层填土、分层施肥、踏实浇水(若墒情适中，泡桐可不浇水)；（6）加强管护，做到栽后及时涂白。

造林

1985 年 10 月 16 日，淅川县林业局总结出发展柑桔生产的 5 条经验：（1）发展经济林不能“一哄而起，一哄而散”，应当脚踏实地做到高标准、高质量，不能只求速度、数量，要着眼经济效益，早投产早收益；（2）品种混杂不利于集约经营，商品价值低，应注意品种对路，便于管理，提高商品市场竞争力。南阳地区应选择早熟抗寒的兴津、宫川、龟井、尾张为主要栽培品种；(3)提倡大苗造园。选好地块，培育大苗，加强管理，可以早结果，早得益；(4)严禁园内间作高杆作物；（5）加强管理，搞好施肥、灌溉、病虫防治、防冻措施等。

第二节 技术推广

多年来，各地总结出许多造林、育苗技术，同时注重引进外地育苗、造林技术经验，推广应用到林业生产中。全市引进推广芽苗移栽、容器育苗（营养钵育苗）、子苗嫁接、ABT 生根粉、GGR、TDS 植物生长调节剂、抽枝宝、SAP 高效抗旱保水剂、温室和大棚设施栽培、全光雾扦插育苗、配方施肥、地膜覆盖、滴灌、组织培养、果实套袋、丰产栽培技术、生物防治等实用新技术 60 多项。特别是容器育苗、芽苗移栽、子苗嫁接、ABT 生根粉蘸根造林等新技术，广泛应用到林业重点工程造林中，提高了造林成效。

ABT 生根粉及 GGR 系列产品是中国工程院院士、中国林科院王涛研究员研制出的一种新型的广谱高效绿色植物生长调节剂。1988 年，南阳市开始引进试验，全市推广应用面积由初期的 1.3 公顷，发展到 0.2 万公顷。ABT 生根粉可缩短生根时间 1/3，提高成活率 15％～60％。GGR 植物生长调节剂可缩短生根时间 1/3，提高成活率 15％～65％，增加苗木生长量 30％～80％。

林业技术推广

在经济林管理方面，各地采用配方施肥、滴水灌溉、果实套袋、角额壁蜂授粉以及刻、剥、拉等综合管理技术，实现早果丰产。

积极申报并实施国家、省林业科技项目，提高林业科技水平和科技创新能力。

2009 年起，中央财政加大林业科技投入力度，启动实施科技推广示范资金项目，每年选择 1 个项目扶持发展，投资 100 万元。

2009 年，市林业技术推广站承担南水北调中线工程水源地丹江库区生态防护林树种选择及营建模式技术推广项目，实施时间 3 年。

2010 年，内乡县林业技术推广站承担内乡县核桃无性繁育与应用技术推广项目，实施时间 3 年。

2011 年，桐柏县林业技术推广站承担油茶新品种在桐柏山区示范推广项目，实施时间 3 年。

2012 年，西峡县林业技术推广站承担海沃德猕猴桃丰产栽培技术示范与推广应用项目，实施时间 3 年。

2013 年，市林业技术推广站承担核桃优良品种辽宁 7 号在南阳地区的示范推广项目，实施时间 3 年。

省科技兴林项目

2013 年，桐柏县林业技术推广站承担“长林”油茶新品种在桐柏山区推广示范项目；西峡县经济林试验推广中心承担硬果无公害猕猴桃试验示范基地项目。

2014 年，市林业技术推广站承担甜樱桃新品种引进及栽培技术推广项目。

2015 年，市林业技术推广站承担核桃新品种引进与示范推广项目，西峡县林技站承担金桃猕猴桃标准化丰产栽培示范园建设项目，卧龙区林业局承担西王母桃新品种引进示范及高效栽培技术研究项目。

第三节　乡站建设

标准化乡镇林业站合格县建设。在乡（镇）林业工作站初级达标的基础上，根据原国家林业部部署，1994 年全市开展标准化林业站合格县建设，2000 年全部达到国家标准，并通过国家林业局验收。

乡镇林业工作站示范站建设。2000 年，南阳市开展争创省、市级乡（镇）林业工作站示范站活动。截止 2013 年，卧龙区小寨乡，宛城区新店乡，内乡县夏馆镇、板场乡，西峡县丁河乡、米坪镇，南召县南河店镇，淅川县厚坡乡，桐柏县朱庄乡、城郊乡，方城县柳河乡 11 个乡（镇）的林业工作站，达到省级示范站建设标准。西峡县桑坪镇、军马河乡、二郎坪乡、寨根乡、西坪镇、双龙镇 6 个乡（镇），内乡县赤眉镇、七里坪乡，南召县乔端镇、皇后乡，淅川县荆紫关镇、仓房乡、毛堂乡，桐柏县大河镇、程湾乡，镇平县城关镇、四山乡、候集镇，邓州市孟楼镇、穰东镇，方城县城关镇，社旗县青台镇、大冯营乡，唐河县龙潭镇、城郊乡，新野县前高庙乡、王集乡，宛城区白河镇，卧龙区潦河坡乡 29 个乡（镇）的林业工作站，达到市级示范站建设标准。

林业工作站示范县建设。2001 年，西峡县被省林业厅列入全省唯一省级林业工作站建设示范县。在完成省级示范试点任务后，积极完善提高，开展争创全国林业站建设示范县活动，2004 年达到国家林业工作站建设示范县标准。

全国林业重点工程区林业工作站建设重点县创建。2004 年以来，各县严格按照重点工程区林业站建设检查八条标准，从基础设施、绿色基地建设等方面入手，搞好创建工作。西峡、淅川、南召、桐柏、内乡、新野、镇平 7 县先后被确定为全国林业重点工程区林业工作站建设重点县。

标准化林业站建设。随着现代林业建设的推进，以及集体林权制度改革的全面深化，林业站在林业建设全局中的任务越来越繁重，作用越来越突出。为使林业站更好地履行所担负的职责，充分发挥其在现代林业建设中的基础保障作用，国家林业局林业工作站管理总站于2009年正式启动全国标准化林业站建设试点工作。桐柏县城郊乡林业工作站被确定为国家标准化建设示范站，是全省2009年确定的2个示范站之一。2011年，镇平县老庄乡、曲屯镇，2012年，卧龙区龙兴镇分别被确定为标准化林业站建设示范站。

第四节 科技合作

一、院市科技合作

（一）合作历程

中国林科院与南阳市的林业科技合作（简称“院市科技合作”），始于2000年2月，市政府向中国林科院提出聘请该院为南阳市实施“行动计划”和科技兴林工作科技依托单位的请求，中国林科院江泽慧院长、张久荣副院长、张守攻副院长等作出批示。3月19日～26日，中国林科院副院长张守攻、金旻带领19位所、中心的领导和专家，对南阳进行科学考察。双方签订“关于在科技兴林方面开展全方位合作的意向”。8月，中国林科院下发文件，将南阳市列为科技兴林示范市。11月，将西峡县列为科技兴林示范基地县，并选派郑州泡桐中心王保平博士任西峡县科技副县长。双方建立科技兴林示范市建设联合领导小组及办公室。

2001年3月5日，中国林科院院长办公会议研究，同意与南阳市共建林业高新技术园区。6月23日，市委副书记褚庆甫、副市长丁世显等领导带领各县（市、区）主管领导、有关负责同志和技术人员共71人，赴中国林科院进行项目对接洽谈，签订项目合作合同（意向）58个。12月5日，在北京人民大会堂举行内乡宝天曼“世界生物圈保护区”授牌仪式。

2002年1月19日，在郑州市河南省人民会堂举行中国林科院、南阳市政府共建科技兴林示范市和林业高新技术园区协议书正式签订及授牌仪式。中国林科院院长江泽慧、省委书记李克强、省委常委、副省长王明义及院、省、市有关领导和专家出席仪式。林科院副院长宋闯、市委书记何东成分别代表院、市双方在协议书上签字。

2002年4月29日，西峡县分别在中国林科院、北京人民大会堂召开规划论证会和生态经济建设研讨会。全国人大常委会副委员长铁木尔·达瓦买提、中科院院士冯宗

时任南阳市林业局局长汪天喜赴中国林科院汇报工作

炜、唐守正、中国林科院及有关方面的领导和专家出席会议。

2003 年 5 月，中国林科院选派南京林化所副所长顾黎明博士到西峡县任科技副县长。9 月，中国林科院在内乡县举行宝天曼过渡带森林生态系统定位研究站揭牌仪式。中国工程院院士李文华、中国人与生物圈国家委员会委员王献溥、中国林科院副院长刘世荣出席仪式，并亲自揭牌。

2004 年 8 月 17 日 ～ 19 日，中国林科院副院长宋闯带领院省合作办的领导和专家，对南阳市和西峡县科技兴林合作情况进行专题考察调研，明确下步合作重点。

2005 年 5 月 11 日～ 13 日，中国林科院副院长宋闯赴西峡县就科技兴林合作情况进行深入交流，签订 6 项新的合作协议。

2008 年 10 月，中国林科院举行建院 50 周年庆典活动，局长宋运中、副局长齐宗俭代表市政府前去祝贺，并赠送大型龙船一副。

2012 年 5 月、12 月，局长汪天喜、副局长刘化忠、党组成员、总工程师王邦磊带领有关科室负责人到林科院汇报工作，商谈深化科技合作事宜。

2012 年 6 月，在湖北省武汉市，中国林科院与南阳市签订林业生态经济建设合作意向书。

2012 年 10 月，南阳市委托中国林科院制定《渠首水源地高效生态经济示范区林业建设规划》，双方签订规划协议。由中科院院士、中国林科院首席科学家唐守正带队，专家组一行 16 人，深入淅川、西峡、内乡等地调研，收集第一手规划资料，并进行规划。

2013 年 4 月 27 日～ 28 日，市政府邀请中国林科院分党组书记叶智、合作办主任张艺华参加南阳月季文化节。27 日，副市长张生起与林科院签订《关于在林业生态经济建设方面开展全方位合作的协议》。

2013 年 5 月 15 日～ 16 日，中国林科院院士、中国林科院首席科学家唐守正带队，专家组一行 8 人莅宛，就《渠首水源地高效生态经济示范区林业建设规划》初稿与南阳市交换意见。16 日上午，市委常委、统战部长刘朝瑞，市人大常委会副主任程建华，市政府副市长张生起，市政协副主席贺国勤、刘荣阁出席汇报会。淅川县、邓州市、西峡县、内乡县、宛城区、卧龙区、南阳新区分管领导及林业部门负责人，丹江湿地国家级自然保护区和市直有关单位负责人参加会议，分别发言。16 日下午，专家组与市直林业系统技术人员、相关县（市、区）林业部门负责人再次进行座谈，唐守正院士介绍国内外森林经营的先进经验，中国林科院资源研究所党委书记、博士王宏介绍国内速生丰产林建设经验，市直林业系统相关科室、单位及相关县（市、区）林业局结合自身工作，并就规划相关问题与专家组深入进行座谈。17 日，专家组一行深入西峡县、内乡县、卧龙区，就反馈的相关问题实地进行踏查，收集一手资料，完善提高该规划。

2013 年 10 月 26 日，在中国林科院举行共建南阳月季展示园揭牌仪式。中国林科院分党组书记叶智，市委常委、统战部长刘朝瑞为月季展示园揭牌。市人大常委会副主任程建华、副市长张生起、市政协副主席贺国勤、市林业局局长汪天喜、淅川县县长赵鹏等领导出席。南阳月季展示园位于中国林科院科技楼北侧，占地 500 平方米，共栽植树状月季、大花月季、微型月季、藤本月季等南阳本地特色的名优品种 20 余种。展示园的建设，将在中国林业最高科研院所展示南阳月季优良的性状，打响南阳月季品牌。同时，借助中国林科院的人才、科技优势，进一步提升月季产业发展水平，推动院市合作向更深层次发展。

2013 年 10 月 26 日，在中国林科院举行《南水北调中线工程南阳市渠首水源地高效生态经济示范区林业建设规划（2013 ～ 2020）》评审论证。中国林科院分党组书记叶智，中国科学院院士唐守正，市委常委、统战部长刘朝瑞、市人大常委会副主任程建华、副市长张生起、市政协副主席贺国勤、市林业局局长汪天喜、淅川县县长赵鹏等领导出席评审论证。国家林业局、中国科学院、中国林科院、国家林业局中南林业调查规划设计院等单位的 7 位专家组成论证委员会，采取听取汇报、审阅《规划》文本等程序进行评审。经过质询和讨论，论证委员会同意通过了《规划》编制，建议按专家提出的意见修改后，报请国家有关部门审批立项。

2014 年 6 月，市政府与中国林科院签订《渠首水源地林业科技服务项目》合作协议，确定围绕南阳林业生态建设，共建“南水北调中线渠首水源地高效林业生态示范区”，启动实施国家级林木种质资源平台建设、国家级林业科学数据平台建设、石漠化综合治理、国家级生态定位站建设 4 个合作项目。

中国林科院分党组书记叶智、南阳市政府市长程志明分别代表院市双方签订“渠首水源地林业科技服务项目”协议

2015 年 5 月 6 日，中国林科院在淅川县向南阳市政府移交了南水北调水源区专题服务数据集。

2016 年 4 月、7 月，国家林木种质资源平台主任郑勇奇两次到南阳，对国家林木种质资源平台建设现场指导，就林木种质资源发掘、新品种选育与品种权保护等内容作专题讲座。7 月 29 日，在南阳市召开发布会，公布南水北调中线渠首水源地生态建设联合专题服务成果，并向淅川县交付森林资源可视化管理系统；国家林木种质资源平台建设全部完成 10 公顷繁育基地建设任务，繁育种植三叶木通和鹅掌楸 2.5 万株，苗木长势良好。10 月 17 日～ 20 日，中国森林生态系统定位观测研究网络、PRI-ECO 生态监测技术中美联合实验室、南阳市林业局共同主办，“PRI-ECO&CFERN 森林生态连清监测技术野外培训大篷车”走进南阳，首席专家王兵对森林生态监测站建设进行现场指导。

（二）合作成效

1. 提高了广大干群的科技兴林意识。2011 年～ 2016 年，中国林科院领导多次组织专家对南阳市科技兴林情况进行考察，开展合作交流，提出意见和建议。经济林研究中心副主任、研究员李芳东博士、杜红岩研究员等专家，向广大林农实地讲解美国杂交杏李栽培技术要点，搞好技术培训。2001 年～ 2004 年，全市发展美国杂交杏李 0.67 万公顷。全市林业科技进步贡献率由合作初期的 40% 提高到 2004 年的 45% 以上，新品种、新技术应用率达 90% 以上。

尹伟伦院士指导月季种植

院市科技合作引进的泡泡树

2. 编制高水平的林业发展规划。帮助编制《南阳林业可持续发展规划》《渠首高效生态经济示范区林业建设规划》和《西峡县生态经济发展十年规划》等。同时，对南阳生态环境建设、经济林发展、木材加工等方面进行全方位的科学考察，撰写科学考察综合报告和专题考察报告 10 份、5 万多字。

3. 推广一批林果新品种和实用新技术。院市项目对接使林科院一批最新研究成果和先进技术在南阳市得到推广和应用。2001 年～ 2016 年，引进国家级林业项目美国杏李专利新品种 7 个，巴旦杏专利新品种 7 个，美国泡泡树专利新品种、美国悬铃木专利新品种及 107 杨、108 杨等杨树新品种 9 个，院市开展合作以来共引进推广林科院新品种 35 个。全光雾插育苗技术、抗蒸腾剂、TDS 植物生长促进剂、经济林栽培及综合利用技术等一批先进实用技术得到推广应用。院市双方启动实施合作项目 73 个。

4. 帮助争取一批国家林业科技项目。2003 年申请国家林业局在宝天曼国家级自然保护区增设森林生态观测定位站，使该站成为国家林业局 13 个野外工作站之一。帮助内乡宝天曼国家级自然保护区申报并成功加入联合国教科文组织“世界生物圈保护区”网络。积极帮助规划论证南水北调中线工程水源地生态林建设等一批项目。

5. 科技合作进一步深化。市政府与中国林科院签订《关于在林业生态经济建设方面开展全方位合作的协议》，双方将在林果新品种、新技术推广应用、生态建设规划，林业科技信息及科技培训等方面开展全方位合作。2013 年以来，中国林科院加强与淅川县的科技合作，启动实施了国家林木种质资源平台建设项目、国家林业科学数据平台建设项目、石漠化综合治理项目、国家级生态定位站建设项目等科技合作项目，双方合作领域进一步拓宽。南阳市与中国林科院科技合作形式常态化机制

中国林科院专家指导核桃产业

二、院县科技合作

（一）合作历程

中国林科院与西峡县的林业科技合作（简称“院县科技合作”），始于 2000 年，时年，西峡县委书记刘朝瑞、县林业局局长何耀航多次到中国林科院汇报工作，希望进行科技合作。中国林科院先后派 3 批 40 多位林业专家到西峡县进行考察研究，确定将西峡县作为中国林科院科技兴林示范基地县。

2000 年 12 月 22 日，西峡县与中国林科院举行院县科技合作揭牌仪式。

2001 年，以中国科学院院士、中国林科院首席专家唐守正为首的专家组，为西峡县编制了《西峡县生态经济发展规划（2001 ～ 2010）》，内容包括林业、农业、畜牧、农村能源、水土保持、自然保护区、林产工业、旅游业等方面。

2002 年 4 月 28 日，中国林科院与西峡县政府共同举办《西峡县生态经济发展规划》研究会，4 月 29 日，在北京人民大会堂河南厅举行项目合作发布会。出席会议的领导和专家有：全国人大常委会副委员长铁木耳·达瓦买提，林科院副院长宋闯、院士唐守正及其他专家 30 余人，河南省林业厅科技处处长王学会，南阳市委副书记高德领、市林业局局长贺国勤，西峡县委书记刘朝瑞、县长杨炳旭以及县林业局长、林业局书记等。

2000 年、2003 年，中国林科院为西峡派两任科技副县长王保平、顾黎明，每人任期 2 年。

从 2005 年起，中国林科院决定根据实际需要，以派专家组的形式，进行经常性、

院县科技合作

季节性的培训和指导服务，专家组先后 12 次到西峡县指导工作。

2006 年 1 月 19 日，中国林科院西峡县“十一五”科技合作座谈会在林科院召开，林科院副院长宋闯等 30 多人参加，县领导张生起、张春林及林业局长等参加。

2007 年 5 月 16 日～19 日，中科院院士、国务院参事、全国政协委员、中国林科院首席科学家唐守正研究员带队的 4 人专家组，对西峡县的林业进行为期 4 天的考察。专家组围绕全县林业发展的思路和战略，主要树种和经济林经营管理，重点考察 G311、G312、S331 等主要干道和部分林地，全面了解该县林业发展情况，有针对性地就西峡县的通道绿化，林业及生态环境建设等提出指导性意见。

2008 年 11 月 17 日～18 日，中国林科院森林环境保护所副所长、首席专家、研究员张永安，首席专家、研究员田国忠，苏晓华及省院合作办公室常务副主任、高级工程师张艺华一行 4 人组成的专家组，到西峡县指导杨树间伐及病虫害防治培训。

2009 年 1 月 6 日，西峡县副县长何耀航、林业局长曹志刚一行到中国林科院，与该院副院长储富祥及院办公室、科技处、人教处，林业所、森环保所、科信所有关负责人和专家，就院县科技合作进行深入座谈。与会专家针对林果品种引进与改良、病虫害防治及杨树、猕猴桃、大枣等树种的栽培和管理提出建议。

2010 年 4 月 11 日～13 日，唐守正院士、李希菲研究员、张艺华主任、李海奎博士一行 4 人，考察指导西峡县林业工作，到双龙镇、二郎坪乡考察林区森林经营工作。

2012 年 8 月 8 日～11 日，中国林科院分党组书记叶智带队，林科院科技处、人教处、林业所、院市合作办公室、郑州泡桐研究中心等领导和专家一行 6 人，到西峡县五里桥镇，指导猕猴桃基地生产。

2013 年 6 月 17 日～ 21 日，中国林科院林业科技信息研究所所长陈绍志一行 8 人，到西峡县实地调研林业政策。

2000 年～ 2013 年，宋闯副院长先后 9 次、唐守正院士先后 5 次到西峡调研指导林业生态建设及产业发展。

（二）合作成效

2000 年～ 2013 年，中国林科院直接对西峡县发布项目近百项，间接发布 500 多项，结合西峡县实际，实施项目 57 项，取得明显成效的有 20 多项，项目建设为西峡县产生直接经济效益 1 亿多元，间接经济效益 2 亿多元。

院县合作成果

与林科院资信所合作的 3S 森林资源管理和监测中心项目，初步应用于全县森林资源管理中；引进的大果锥栗、饮料桑、常青藤、红花继木等新品种已在该县生态领域发挥作用。

引进的 107、108 新品种杨树在该县大规模种植；美国杂交杏李在田关等乡（镇）开花结果；日本甜柿在桑坪等乡镇建立基地；米坪镇的七叶树综合开发进展顺利；太平镇优质矮化薄壳核桃已见成效。

工厂化育苗项目在田关乡建成投产，每年培育容器袋苗木 100 多万株，为快速选育珍稀林木品种发挥重要作用。

引进的 TDS 生物技术项目，已在板栗生产上广泛应用，大大提高了座果率和优果率，每年增收 50% 以上。

引进的 1、2、3 号 ABT 生根粉、保水剂、抗蒸腾剂等抗旱造林技术，年应用面积 0.67 万公顷，提高了造林成活率。

第五节 技术培训

中华人民共和国成立后，为普及提高林业生产技术，适应林业事业发展需要，自1953年开始，地、县两级林业部门（单位）多次举办林业技术培训班，对林场（园艺场）、苗圃技术员、乡（社）、村（队）林业助理，林业专干进行采种育苗、植树造林、修枝抚育、病虫害防治等林业基础知识培训。

1959年4月，由南阳专署林业技术指导站创办的“园林技术”小报，是一个不定期的林业技术指导性刊物，当年出刊9期，印发4000余份，发放到全区林业基层单位和重点社队林场，用于指导林业生产。

同年，地区在南召县皇路店乡鸭河口设立南阳林校，属全民制中等专业学校。校长刘丰年，有教职员工23人。同年，由1958年考入南阳农校的3个班（150人左右）转入林校，1960年又招生4个班（200人）。1961年7月，按河南省教育厅通知，地委决定学校放长假。1962年5月学校停办，给两届招生的学生（350人左右）发了肄业证书。

1965年9月，经河南省教委批准，原南阳林校恢复为南阳林业半农半读学校，当年招生99人，11月1日开课。1968年10月结业，学校给98名（1人转入湖北荆门林校）在校生签发毕业证书。同时，南阳地委决定停办学校。

1973年，地区林蚕服务站创办《林蚕科技通讯》，为科普宣传内部刊物，到1979年共编刊内发28期。1980年，地区林蚕服务站改名为地区林业技术指导站，《林蚕科技通讯》改为《林业科技》。到1985年底，《林蚕科技通讯》和《林业科技》共编刊内发38期。此后，林业技术信息以南阳林业简报、南阳林业信息的形式下发。

技术培训

1979年，地区林业局举办第一期林业技术培训班，全区林业局、林站、林科所、苗圃和国营林场等单位业务负责人共55人参加培训学习。

1984年9月，按照国家教育部，劳动人事部《关于原半工（农）半读中等专业学校毕业生学历工资问题的通知》中的有关规定，经教育厅批准，给1968届99名毕业生换发半工半读中专毕业证书，承认其与全日制中专毕业生同等学历。

到1985年底，全区培训人员达12余万人次。自2004年起，全市每两年举办一次大型的培训班，参加人员为全市所有乡镇林业站站长（农业中心主任）、农村林业技术能手、林果种植大户等。培训主要内容：国家、省、市有关文件精神、退耕还林有关政策、集体林权制度改革、森林病虫害防治及有关林果新品种、新技术等，受训人员达1600人次。另外，结合送科技下乡、科技周活动，每年举行送科技下乡活动2～3次。1986年～2016年，全市培训人员达40余万人。

第六节 林业科技成果

一、地区林业科技成果

1978年～1985年地区林业科技成果

表4-2

时间	成果名称	主要完成单位	主要协作单位	获奖等级
1978	山明桐的发现与研究	南阳地区林科所 镇平县林科所		河南省委、省革委重大科技成果类
1978	利用赤眼蜂防治林木害虫	南阳地区林科所		河南省委、省革委重大科技成果类
1981	予选一号泡桐			河南省政府二等奖
1981	中华猕猴桃优良品系选育	西峡县林科所	南阳地区林科所	河南省政府三等奖
1982	中华松针蚧的观察与防治	南召县乔端林场		河南省政府三等奖

续

时间	成果名称	主要完成单位	主要协作单位	获奖等级
1983	温州蜜柑引种和耐寒品系选择利用研究	淅川县林科所 南阳地区林科所		河南省政府三等奖 1983 年重大科技成果奖
1983	栎旋木柄天牛生物学特性的研究	南阳地区林技站 南召县乔端林场		河南省政府三等奖 1983 年重大科技成果奖
1983	望春玉兰类型的研究	河南省科学院生物研究所 河南省林业厅 河南农学院 河南省科学院化学研究所 南召县科委 南召县林业局 南召县辛夷研究所	许昌地区林业局 中国医学科学院药物研究所 南阳地区林业局 河南省医学科学研究所 鲁山县林业局 许昌地区人民医院 河南省中医研究所 开封市医学科学研究所	河南省政府三等奖 1983 年重大科技成果奖
1983	西峡县林业资源调查和区划报告			河南省政府二等奖 1983 年农业资源调查和农业区划重大成果奖
1985	西峡县林业发展战略研究	西峡县林业局		河南省政府二等奖
1985				国家科技进步奖三等奖
1985	板栗抗栗实象甲综合因子研究	南阳地区林技站		河南省政府三等奖 1985 年科技进步奖

续

时间	成果名称	主要完成单位	主要协作单位	获奖等级
1985	南阳地区木本植物名录	南阳地区林业局		河南省政府三等奖 1985 年科技进步奖
1985	厚朴环剥再生试验	内乡县林业局		河南省政府三等奖 1985 年科技进步奖
1983	南阳地区柑桔资源的调查	河南省林科所 南阳地区林科所		河南省政府三等奖
1981	油桐选优品种推广	南阳地区林技站		南阳地区行署二等奖
1981	山明桐的研究与推广	南阳地区林科所 镇平县林科所		南阳地区行署二等奖 1981 年推广奖
1981	沙兰杨引种试验与推广	南阳地区林科所 邓县林科所 南召县林业局 镇平县林业局		南阳地区行署一等奖 1981 年推广奖
1981	柑桔防寒栽培措施研究	淅川县林科所 淅川县柑桔研究所 南阳地区林科所		南阳地区行署三等奖
1981	泡桐栽培技术	南阳地区林科所		南阳地区行署四等奖 1981 年推广奖
1978	南阳地区林木病虫测报技术推广	南阳地区林蚕服务站		南阳地区行署四等奖

续

时间	成果名称	主要完成单位	主要协作单位	获奖等级
1982	杨黄卷叶螟生物学特性和防治方法研究	南阳地区林科所		南阳地区行署三等奖
1982	刺槐自然类型划分初报	南阳地区林技站		南阳地区行署三等奖
1982	南阳地区1981年飞机播种初步探讨	南阳地区飞播办公室	西峡县林业局 淅川县林业局 内乡县林业局 省林勘队、飞播队、省民航局	南阳地委、地区行署二等奖
1984	伏南山茱萸自然类型划分的初步研究	南阳地区林科所	西峡县林业局	南阳地委、地区行署三等奖
1984	南阳地区油桐品种资源调查报告	南阳地区林科所 南召县林业局、林科所 内乡县林业局、林科所 桐柏县林业局、林科所 淅川县林业局、林科所 唐河县林业局、林科所 镇平县林业局、林科所 方城县林业局、林科所 西峡县林科所		南阳地委、地区行署三等奖
1984	浅山丘陵马尾松人工营造技术的研究	唐河县林业局		南阳地委、地区行署三等奖

续

时间	成果名称	主要完成单位	主要协作单位	获奖等级
1984	南阳地区泡桐种类及生态特性的研究	南阳地区林科所		南阳地委、地区行署三等奖
1984	南阳地区森林病虫害普查技术报告	南阳地区林技站 南阳地区林科所 南阳县林科所 南阳县林业局 西峡县林业局 西峡黄石庵林场 西峡木寨林场 南召县林业局 南召县乔端林场 镇平县林业局 内乡县林业局 社旗县林业局 桐柏县林业局 桐柏县陈庄林场 唐河县林业局 淅川县荆关林场 西峡县烟镇林场		南阳地委、地区行署三等奖
1984	油桐种质资源收集圃的建立与保存利用的研究	西峡县林科所	西峡县林业局 西峡县林科所	南阳地委、地区行署三等奖
1984	在我国首次发现葡萄柏	内乡县林业局		南阳地委、地区行署三等奖
1984	油桐高产栽培技术的探讨与推广	西峡县蛇尾公社管委会		南阳地委、地区行署三等奖
1984	柳杉引种试验初报	桐柏县林业局	桐柏县陈庄林场	南阳地委、地区行署三等奖

续

时间	成果名称	主要完成单位	主要协作单位	获奖等级
1984	栎黄斑天杜蛾生活史的观察及综合防治	西峡木寨林场		南阳地委、地区行署三等奖
1984	镇平广洋大枣小食心虫综合防治试验初报	镇平县林业局		南阳地委、地区行署三等奖
1984	唐河县森林资源调查和林业区划报告	唐河县林业局		南阳地委、地区行署三等奖
1984	望春花栽培试验研究	南召县科委 河南省生物研究所	河南省生物研究所	南阳地委、地区行署三等奖
1984	中华猕猴桃优良品种“华光二号”与“79-5-1”选育	西峡县林科所	西峡县中华猕猴桃研究所 西峡县科委 南阳地区科技局	南阳地区行署一等奖
1985	桐柏山鸟类资源调查和招引益鸟研究	国营桐柏陈庄林场 新乡师院生物系 河南省林业厅林场处 南阳地区林技站 桐柏县林业局		南阳地区行署一等奖
1985	黑松及油松芽枯病研究	南阳地区林科所 河南农学院植保系 河南省林技站 方城大寺林场		南阳地区行署二等奖

续

时间	成果名称	主要完成单位	主要协作单位	获奖等级
1985	南阳地区用材林主要树种优树选择	南阳地区林技站	南阳县林业局 邓县苗圃 镇平县林科所 社旗县林业局 桐柏陈庄林场 淅川县林业局 南阳地区林科所 西峡木寨林场 方城大寺林场 西峡县林业局 南阳县林科所 方城县林业局 邓县林业局 内乡县林业局 内乡县湍河林场	南阳地区行署三等奖
1985	南阳地区油桐优树选择总结报告	南阳地区林科所	内乡县林业局 内乡县林科所 桐柏县林业局 南召县林业局 西峡县林业局 西峡县林科所 镇平县林业局 镇平县林科所 方城县林科所 方城县林业局 唐河县林科所 淅川县林业局	南阳地区行署三等奖
1985	松六齿小蠹的观察及防治试验	西峡黄石庵林场 南阳地区林技站	南阳地区林科所 南召县林蚕局	南阳地区行署三等奖
1985	榆树金花小虫啮小峰观察研究	南阳县林业局		南阳地区行署三等奖

续

时间	成果名称	主要完成单位	主要协作单位	获奖等级
1985	繁殖和利用肿腿蜂防治青杨天牛	内乡县湍河林场 南阳地区林技站 内乡县林业局	镇平县林业局 淅川荆关林场 镇平五岳庙林场	南阳地区行署三等奖
1985	应用塑料裙防治松毛虫	南阳地区林技站 方城县大寺林场 南阳地区林科所		南阳地区行署三等奖
1985	黄石庵林区的自然地理特征及林业生产发展关系	西峡县林业局		
1985	油桐丰产栽培与良种选育技术研究	西峡县油桐柑桔试验推广站	西峡县林业局	南阳地区行署三等奖
1985	山茱萸快速育苗与推广	西峡县石界河乡		南阳地区行署三等奖
1985	板栗优良品种一早丰一号	南召县林科所	南阳地区林科所	南阳地区行署三等奖
1985	南阳地区楸树种质源的调查	南阳地区林科所 南阳地区林管站 唐河县林技推广站	邓县林科所 南阳县林科所 唐河县林科所 南召县林科所	南阳地区行署三等奖
1985	厚朴引种成功	内乡县林业局、内乡县医药公司	内乡夏馆林业工作站 内乡夏馆医药购销公司	南阳地区行署三等奖
1985	内乡县林业资源调查和林业区划	内乡县林业局	内乡县林业局 内乡县区划办	南阳地区行署三等奖
1985	林业经济管理技术	南阳县苗圃场 南阳地区林业局 南阳地区计建委	南阳地区财政局 南阳地区审计局	南阳地区行署三等奖

续

时间	成果名称	主要完成单位	主要协作单位	获奖等级
1985	淅川县林业资源调查和林业区划	淅川县林业局		南阳地区行署三等奖
1985	宛东防护林体系主风区规划设计	方城县林业局	方城县农业区划办	南阳地区行署三等奖
1985	草甘磷灭除林业苗圃杂草应用技术研究	南阳地区林科所	唐河县林科所 南阳市政苗圃	南阳地区行署三等奖

二、市直林业科技成果

（一）南阳市林业科学研究所

表 4-3　1978 年～ 2013 年市林业科学研究所科技成果

时间	主要协作单位	获奖等级
1978	赤眼蜂防治林业害虫	河南省政府重大科技奖
	山明桐发现与研究	河南省政府重大科技奖
1987	黑松及油松芽苦病的研究	南阳地区科协三等奖
1980	沙兰杨推广	南阳地区行署一等奖
	泡桐新品种一产杂 1 号	河南省科技进步三等奖
1981	山明桐研究与推广	南阳地区行署二等奖
1982	南阳森林病虫害调查报告	南阳地区行署三等奖
	泡桐种质资源调查收集	河南省科技成果三等奖
	“豫杂一号”、“豫选一号”新品种选育	林业部科技成果二等奖
	南阳地区油桐品种资源调查研究	南阳地区行署二等奖
1983	意大利杨引种试验研究	河南省农业科研系统科技成果三等奖

续

时间	主要协作单位	获奖等级
1990	楸树育苗技术研究	河南省林业厅三等奖
	杜仲无性繁殖技术研究	洛阳市政府二等奖
	泡桐基因库的营建与利用	南阳地区行署二等奖
	高效益立体种植研究	南阳地区行署三等奖
	毛白杨早期丰产综合技术研究（协作）	河南省政府二等奖
	山茱萸炭疽病研究与防治	河南省政府三等奖
1991	马尾松林分密度的研究	南阳地区行署三等奖
	无籽葡萄科技研究	河南省科技进步三等奖
	楸树基因资源收集保存利用研究（协作）	国家林业部三等奖
	江汉生态区楸树优良无性系选择与推广	南阳地区行署三等奖
1992	楸螟生物学特性及防治研究	河南省林业厅三等奖
	药用与观赏植物病虫害防治（协作）	河南农业大学一等奖
	白河防护林刺槐大片枯死的病因研究及防治	南阳地区行署三等奖
1993	绞股兰种植技术研究	南阳地区农牧局三等奖
1994	楸螟生物学特性及防治技术研究	河南省星火计划三等奖
1996	毛白杨及其杂交速生抗病优良无性系选育（协作）	河南省政府二等奖
1997	柳树种资资源调查	驻马店市政府二等奖
1999	香椿资源调查及种源研究	南阳市政府二等奖
2000	伏牛山野生观赏植物资源调查研究	南阳市政府三等奖
	地膜覆盖培育毛白杨壮苗技术研究	南阳市政府二等奖
	山楂品种对比栽培试验（协作）	南阳市政府二等奖

续

时间	主要协作单位	获奖等级
2002	银杏叶黄酮含量变化规律及增益技术研究	南阳市政府二等奖
	南阳植物性农药资源调查及发展建议	南阳市政府二等奖
2003	宛选 8401、8402 楸树新品种研究	南阳市政府二等奖
	银杏优质丰产栽培及加工技术研究（协作）	信阳市政府一等奖
2004	楸树新品种 8401、8402 选育及推广应用研究	河南省农业综合开发科技进步奖三等奖
	南阳市园林生态复合系统研究	南阳市政府二等奖
	大果沙棘引种栽培	南阳市政府二等奖
2006	南水北调中线库区生态防护林树种选择及营建模式研究	南阳市政府一等奖
2007	木瓜海棠良种选育及控花技术研究	南阳市政府二等奖
	伏牛山区珍稀濒危树种保护与利用研究	南阳市政府二等奖
2008	岗丘瘠薄地无公害黄金梨优质丰产栽培技术研究	南阳市政府二等奖
	曼地亚红豆杉引种及扦插繁育技术研究	南阳市政府二等奖
	南阳市古树名木普查建档及保护利用研究	南阳市政府二等奖
	南阳楸树优良家系及无性系收集与利用研究	南阳市政府二等奖
2009	南阳大红李适应性及丰产栽培技术研究	南阳市政府二等奖
	南阳村镇绿化模式研究	南阳市政府二等奖
	南阳城区生态树种选择研究	南阳市政府二等奖
	杨树林地立体应用效益研究	南阳市政府二等奖
	南阳市城区生态绿地树种选择研究	南阳市科技进步二等奖
	南阳市村镇绿化模式研究	南阳市科技进步二等奖
	银杏新品种引种实验研究	南阳市政府二等奖

续

时间	主要协作单位	获奖等级
2010	河南银杏区域化栽培试验研究	南阳市政府二等奖
	月季芽变新品种适应性及生产技术研究	南阳市政府二等奖
	桂花资源调查及开发利用研究	南阳市政府二等奖
2011	“宛楸 8401”楸树	河南省良种
	南阳市楸树优良种质资源苗期测定及早期选择研究	南阳市科技进步二等奖
	“宛楸 8402”楸树	河南省良种
2012	桂花新品种引种试验研究	南阳市科技进步奖二等奖
	南阳藤本月季新品种综合评价及繁育技术研究	南阳市科技进步奖二等奖
	南阳楸树优良种质资源苗期测定及早期选择研究	南阳市科技进步奖二等奖
	银杏种苗繁育及配方施肥技术研究	南阳市科技进步奖二等奖
	南阳张仲景药用植物园营建关键技术研究与示范	南阳市科技进步奖二等奖
	“邳县 2 号”银杏	河南省良种
	“郯城 13 号”银杏	河南省良种
	“郯城 16 号”银杏	河南省良种
2013	果用银杏新品种引种实验研究	河南省林业厅科技进步奖一等奖
	“粉扇”月季	河南省良种
	“东方之子”月季	河南省良种
	楸树优良家系和无性系收集与保存利用研究	河南省林业厅科技进步奖二等奖
	银杏区域化栽培实验研究	河南省林业厅科技进步奖二等奖
	南阳中华红叶杨引种与速生丰产林关键技术研究与示范	南阳市科技进步奖二等奖
	粉扇月季选育实验研究	南阳市科技进步奖二等奖
	常用大花月季品种综合性状调查及黑斑病、白粉病防治试验研究	南阳市科技进步奖二等奖
	果用银杏新品种引种试验研究	河南省省林业厅科技进步一等奖
	伏牛山区珍稀濒危植物（花卉）驯化繁育及推广应用研究	南阳市科技进步奖二等奖

（二）南阳市林业技术推广站

表 4-4

1985 年～ 2014 年市林业技术推广站科技成果

时间	获奖名称	获奖等级
1985	南阳地区用材林主要树种优树选择	南阳地区科技成果三等奖
1989	河南省地方标准主要造林树种的种子质量分级	河南省林业厅科技进步三等奖
1989	刺槐 1 号、2 号、3 号、4 号优良无性系品种的选育研究	河南省科技进步三等奖
1989	刺槐 1 号、2 号、3 号、4 号优良无性系品种的选育研究	河南省林业厅科技进步二等奖
1989	白榆种子园优良丰产低成本综合配套技术研究	河南省科技进步二等奖
1990	白榆种子园优良丰产低成本综合配套技术研究	河南省林业厅科技进步一等奖
1999.10	动物异常与地震预测分析和对策研究	南阳市政府二等奖
1999.10	柞林持续高效开发利用技术研究	南阳市政府二等奖
1999.10	银杏采叶林丰产栽培技术研究与推广	南阳市政府二等奖
1999.10	无纺布在农业生产中的应用与推广	南阳市政府二等奖
1990.12	火炬松、湿地松引种与推广研究	国家科学技术进步三等奖
2001.12	板栗优质高产高效综合配套技术研究与推广	南阳市政府二等奖
2001.12	猕猴桃良种华美 2 号综合丰产栽培技术研究与应用	南阳市政府二等奖
2002.1	2001 年度 ABT 与 GGR 系列研究与推广	国家林业局科学技术司推广一等奖
2002.3.18	南阳市长防林建设及水源涵养，水土保持综合效益研究	河南省农业综合开发科技进步奖评审委员会二等奖
2003.1	2002 年度 ABT 与 GGR 系列研究与推广	国家林业局科学技术司推广一等奖
2003.12	大花蕙兰等四种西洋兰组织培养及栽培技术研究	南阳市政府二等奖
2004.1	2003 年度 ABT 与 GGR 系列研究与推广	国家林业局科学技术司推广二等奖
2004.10	甜柿早实优质高产栽培技术研究与推广	河南省政府三等奖
2004.12	南阳市区园林生态复合系统研究	南阳市政府二等奖

续

时间	获奖名称	获奖等级
2006.12	欧美杨 107、108 杨新品种引种栽培技术及大面积推广	河南省政府三等奖
2011.8	杨树工业原料林定向培育及集约栽培技术研究	南阳市政府二等奖
2012	生物质能源植物黄连木繁育技术研究	南阳市政府二等奖
2013.4	朱砂红桃优质高产栽培技术研究	南阳市政府二等奖
2013	宛丰望春玉兰选育	河南省林木良种审定
2014.12	朱砂红桃 1 号选育	河南省林木良种审定
2014.12	朱砂红桃 2 号选育	河南省林木良种审定

（三）南阳市林业调查规划管理站

2001 年～2013 年市林业调查规划管理站科技成果

表 4-5

时间	成果名称	获奖等级
2001	河南省南阳市工业原料林基地建设项目建议书	河南省 2001 年度优秀工程咨询成果奖三等奖
2005	南水北调中线丹江口库区生态林建设技术示范建设项目总体设计	2007 年河南省林业（园林）优秀工程咨询成果三等奖
2006	南阳市林业可持续发展能力综合评价研究	南阳市政府科技进步奖二等奖
2007	郑州黄河公铁两用桥工程使用林地可行性报告	2007 年度河南省林业优秀工程咨询成果奖二等奖
	河南省丹江湿地国家级自然保护区湿地保护工程建设项目初步设计	2007 年河南省林业（园林）优秀工程咨询成果一等奖
2008	南阳市地方森林资源和生态状况综合监测体系研究	南阳市政府科技进步奖二等奖
	南阳市林业生态效益监测及价值评估研究	南阳市政府科技进步奖二等奖
	石武铁路客运专线河南段工程使用林地可行性报告	河南省第二届林业工程优秀咨询成果奖三等奖
	河南省宝天曼国家级自然保护区三期工程建设项目初步设计说明书	2008 年河南省林业（园林）优秀工程咨询成果奖一等奖
	河南省嵖山森林重点火险区综合治理工程建设项目初步设计	2008 年河南省林业（园林）优秀工程咨询成果奖二等奖

续

时间	成果名称	获奖等级
2009	丹江口库区水源地林业生态治理模式研究	河南林业生态省建设优秀调研报告一等奖
	南阳市兰营水库生态防护林 2010 年度招标造林工程规划设计	2011 年度河南省林业（园林）优秀工程咨询成果三等奖
2011	河南省伏牛山国家级自然保护区黄石庵管理局基础设施二期工程项目初步设计	2011 年度河南省林业（园林）优秀工程咨询成果一等奖
	南阳市国家级公益林生态系统服务功能及价值评估研究	南阳市政府科技进步奖二等奖
2012	南阳市兰营水库生态防护林造林树种选择	南阳市政府科技进步奖二等奖
	基于生态足迹理论的区域可持续发展评价研究—以南阳市为例	南阳市政府科技进步奖二等奖
	南阳市兰营水库生态防护林造林树种选择	南阳市政府科技进步二等奖
2013	南阳市月季盆景展示园总体设计	河南省林业（园林）优秀工程咨询成果一等奖
	河南省镇平县木兰良种基地建设项目初步设计	河南省林业（园林）优秀工程咨询成果三等奖
	南阳楸树优良家系和无性系种质收集与保存利用研究	河南省林业厅科学技术进步二等奖

（四）南阳市森林病虫害防治检疫站

表 4-6

2002 年～2013 年市森林病虫害防治检疫站科技成果

时间	成果名称	获奖等级
2002.12	河南省昆虫资源的考察、鉴定及区系研究	河南省科学技术进步一等奖
2003.12	杉木速生丰产林标准示范推广	河南省科学技术进步三等奖
2003.12	杨树食叶害虫预测预报与生物防治技术研究	南阳市科学技术进步一等奖
2005	杨树食叶害虫预测预报与生物防治技术研究	河南省科学技术成果奖
2004.10	杨树食叶害虫综合控制技术组装配套研究	河南省科学技术进步二等奖
2010.12	栎树主要食叶害虫监测预报与防控技术研究	通过南阳市专家组评审鉴定
2011	松材线虫病监测预警体系研究与应用	南阳市科技进步奖二等奖

续

时间	成果名称	获奖等级
2012	草履蚧综合防控技术研究	南阳市科技进步奖二等奖
2012	栎树食叶害虫监测预报与防控技术研究	南阳市科学技术进步奖二等奖
2013.12	栎树主要食叶害虫监测预报与防控技术研究	河南省林业厅科技进步奖一等奖
2013.12	林业有害生物及无公害防治	河南省林业厅科技进步奖二等奖
2013.12	杨小舟蛾生物药剂防治技术研究	南阳市科技进步奖二等奖

（五）黄石庵管理局

表 4-7

1988 年～ 2013 年黄石庵管理局科技成果

时间	成果名称	获奖等级
1988	豫西南栎类种质资源调查研究	南阳地区行署三等奖
1990	河南省珍稀濒危植物的保护与引种繁殖的研究	国家环境保护局二等奖
1991	南阳地区日本落叶松引种试验研究	南阳地区行署二等奖
	豫西南伏牛山兽类种群分类及开发利用研究	南阳地区行署三等奖
1992	河南树木的调查研究	河南省教育委员会二等奖
	河南省西峡老界岭自然保护区植被和植物资源综合研究与评价	河南省林业厅二等奖
1993	国营河南省南阳地区西峡黄石庵林场森林经营方案	河南省优秀工程勘察设计奖三等奖
1998	南阳市生物防火林带规划与营造技术应用研究	南阳市政府二等奖
2004	南抗 2 号杨在伏牛山区引种及栽培推广使用	南阳市政府二等奖
2008	山茱萸杂交繁育技术研究	南阳市政府二等奖
	七叶树早期丰产栽培技术研究	南阳市政府二等奖

续

时间	成果名称	获奖等级
2009	果用银杏新品种引种试验研究	南阳市政府二等奖
	山区红灯樱桃高效栽培技术研究	南阳市政府二等奖
	"金顶谢花酥梨"新品种认定	通过河南省林木品种审定委员会认定
2010	南阳大红李的适应性及丰产栽培技术研究	南阳市政府二等奖
2012	"伏牛红宝"山茱萸新品种认定	通过河南省林木品种审定委员会认定
	河南珍稀濒危石斛植物资源调查及形态学鉴别与栽培技术研究	南阳市政府一等奖
2013	"伏牛红硕"山茱萸新品种认定	通过河南省林木品种审定委员会认定

丹江防护林

第五章　森林管护

第一节 林业法规政策

中华人民共和国成立前，境内林木归私人所有，由户主自行管理。公路林和护岸林归政府所有，宛西各县定有护林法规，对毁坏林木者施以经济处罚或体罚、刑罚。中华人民共和国成立后，随着所有制和管理体制的变更，林木管理逐步形成个体经营、集体经营、国家和集体合作经营等各种经营体制，国家、省、市（地区）分别制定法律、法规及政策，保护各种经济成分的林木所有权和林地使用权，维护林木所有者合法权益。

1953年10月，南阳专员公署为严禁烧山、确保成林发布布告，严禁烧山，制止滥伐，劝阻陡坡开荒。

1954年12月7日，南阳专员公署、南阳军分区为确保森林，严防山林火灾，联合发布布告。

1. 凡群众入山挖药、打柴、伐木、放牧、打猎、烧炭、烤火、做饭及过路吸烟等，一律不准在山上、林中、林边及容易引起山火地方燃火。

2. 林区各级党、政、军、民机关团体干部及广大人民群众必须高度重视护林防火工作。

3. 对敌特、匪徒、破坏分子、胆敢纵火烧山者，哪里发现，哪里跟踪追捕，定予严惩；对于个别农民确因生产不慎招致山火，亦应查明情况，严加教育，情节严重者予以处理。对所有干部群众组织护林成绩卓著、扑火积极，破案有功者，均予表扬奖励。

1961年4月19日，南阳专员公署“关于山区开荒必须注意水土保持的指示”对开荒作出4条指示。

1. 贯彻靠山吃山，吃山养山的原则，教育山区群众，认识做好水土保持工作的重要性，认真保护山坡植物被覆，各级政府机关要加强封山育林与护林防火的领导。

2. 在不影响水土保持的原则下，发动群众进行有计划、有领导的合理开垦。

3. 为保护山坡草木、被覆和森林资源财产，全面控制水土流失，发展山区生产。

4. 平原地区要尽量珍惜现有的土地利用，开垦荒地，扩大种植面积。

1961年11月13日，为贯彻中共中央《关于农村人民公社工作条例》和林业部《关于确定林权、保护山林和发展林业的若干政策规定（试行草案）》，地委对林权划分中的具体问题指示。

1962年9月15日，南阳专员公署对林权划分工作中确定全民、集体、社员个人三者林权所有制问题作出规定。

1. 下列树木都应划归社员个人所有。

2. 明确集体林木所有制，加强经营管理。

3. 调整国营林场经营林木面积，明确林权，做好退赔，密切场群关系。

1965 年 1 月 14 日，南阳专署林业局、水利局对白河洪水位线以下造林作出规定。对既定流量洪水位线以下，现有未造林的河滩地，不论国家、集体或个人，坚决不再造林或栽植其它多年生或当年生阻水植物。洪水浅标记：为使洪线明显久存，沿河各国营、国队合营、集体办林场，均按下列情况，平行洪线植树为界。南召、方城未进行水位测定，其造林应在 1964 年最大洪水位线以上，留出一定距离后造林。

1966 年 5 月 24 日，南阳专署林业局、财政局联合行文，对城镇公房院内、周围和公产地皮上植树的权属问题做出规定。为绿化美化城镇住宅环境，凡公房院内和周围需要栽的数木，应有房产部门负责，由房产部门购买树苗，发动住户义务栽种和管理、林权属于公有。今后不要由住户在公房院内，周围自购树苗栽种，避免发生树权纠葛。过去已有住户在公房院内、四周和公产地皮上栽种的树木，凡是经过政府同意，私人在公有地皮上自建了房屋，本人院内或四周种植树木，可仍归房主所有。凡是房客在租用公房院内、四周已种植的树木，现在房客仍在原房居住者，可由房产部门给予适当的补偿，树权明确归公。

1981 年 10 月 31 日，南阳地区行署专员崔景运在地区林业工作会议上，根据地委、行署讨论的意见，对刹住毁林歪风林木保护问题提出 9 条意见。

1. 实行合理采伐，加强木材统一管理。

2. 为发展生产，改变乱收乱购局面，木材要有林业和物资部门分工管理、按省《规定》，南阳地区的西峡、南召、内乡、桐柏县的木材由林业部门统管，这些县的木材公司归属林业部门，负责收购集体和社员多余的木材，地区对各县（市）统配材的分配计划不变，作为材种调剂，以鼓励发展林业积极性，对统配的省外木材由县物资部门负责供应，其它县的木材，由物资系统的木材公司收购，集体出售木材凭采伐证，社员出售木材凭大队证明，供销、轻工、外贸，社队企业等部门需要的木材、木柄、木棍、大宗木竹制品、半成品，以及木耳、栓皮等要纳入生产和分配计划，林业部门进行综合平衡，统一下达执行。

3. 林区社队和各单位办的木材加工厂，凡是质次价高、浪费木材的，应该进行整顿，本身没有木材资源的，要坚决关停并转。

4. 林业部门要建立健全林木检查站，加强木材运输管理。运输木材出县的，必须由县林业行政部门发给运输证明。没有运输证明的，铁路、交通部门不得承运。

5. 坚决执行省外贸局、省林业厅“关于今后停止收购刺槐叶联合通知”精神，明年不再收购。

6. 恢复山区护林防火组织，严格入山用火管理，严防山林火灾。

7. 根据前段破坏森林情况，今后规定不准典卖青山，不准陡坡开荒，不准毁林搞副业，不准无计划采伐，不准木材计划层层加码，对于农田林网、农桐间作的成材林，只能有计划的间伐和采伐，不准乱砍滥伐。对已毁的要限期补栽起来。

8. 对于文物保护区、铁路、公路、机关、学校、厂矿的树木，要加强管理，认真保护，需要更新采伐的，必须经有关部门批准。

9. 对重大毁林案件要大张旗鼓进行处理、依法治林，请各县（市）抓住典型案件严肃处理。

1981 年 10 月，南阳地区颁发林权证试点工作中对一些具体问题的处理意见。

1. 确定山权林权，应以现有的权属为基础，凡是没有争议的，一般予以承认，稳定下来，不再变动。山林权属有争议的要充分协商，合理解决。集体的山权，一般以“四固定”时确定的权属为准;“四固定”时未确定权属的，参考合作化或土改时确定的权属。

2、国营林场、国家机关、厂矿、企事业单位、驻军、学校等各部门的树木；公社、大队、生产队、社队林场的树木；社员房前屋后、自留山和生产队指定的地方栽种的树木，均由县人民政府颁发林权证，保障所有权不受侵犯，长期稳定不变。

3. 划分自留山（滩、坡），应根据群众烧柴，用材的实际需要和经营能力大小，荒山荒地多的多划，少的少划，一般每人一亩或占林业用地面积的 10% ～ 15%。限期绿化，逾期不造林，集体予以收回。过去划定的自留山，社员经营多年，就是面积多一些，也予以承认，不再调整。新划自留山上的零星树木，可作价归社员个人或成材后比例分成。

4. 自留山的山权归集体，社员有经营权、使用权、继承权，但不准买卖、转让或出租，不准毁林种粮、自留山划定后，人口变动，原则上增人不增划，减人不收回。

5. 社员在房前屋后和生产队指定的地方植树造林，永远归社员个人所有，并允许继承。

6. 宅基地的树木有争议的，应该由群众讨论，按照有关政策和历史习惯，结合现状，协商决定，明确四至，确定权属。

7. 集体不便造林管理的小片荒坡、荒滩、荒地和四旁隙地，可实行统一规划，一般指定给社员植树造林的谁栽归谁，也可实行比例分成。

8. 对过去社员没有在生产队指定地方栽的树木，只要不影响生产，交通或他人利益的，树木和收益一般归社员个人所有；有争议的民主协商，合理解决。

9. 国营林场凡有县或县以上人民政府批准和已签订协议的，都予以承认，有争议的，协商解决。

10. 由公社、大队筹集土地、劳力，资金兴办的林场，要明确山林权属和收益分成办法，已有协议的、按协议兑现，没有协议的、协商确定，不准折伤毁林。

11. 集体的苗圃、果园、竹园、茶园、桑园、柞坡，以及芦苇等，可建立专业队（组）管理，实行“五定一奖”责任制，也可实行大包干，全奖全罚，零星用材和经济林木，一般包到户或人，实行大包干，全奖全罚。

12. 集体山林管理的形式，应根据面积多少，经营能力大小，就近方便的原则划分。

深山远山一般应抽劳力 10% 建立林场或专业队，实行专业承包管理。也可以由专业户或人，专业承包。在管理期间，不准毁林开荒，不准乱砍滥伐，采伐权归集体。林木生长周期长，承包年限一般规定 20 年。

13. 集体成片经济林（如油桐、油茶、生漆、板栗、核桃、山萸肉等），可组织专业队、户承包，实行“五定一奖”联产计酬；也可包干到组、户或人，定额上交或全奖全罚，产量一定几年不变。

14. 农田林网、农林（桐、果、条）间作的树木，一般由大队组织，生产队抽人统一管理，实行大队与生产队比例分成，同时合理解决好管护人员的报酬，也可以把管地和管树结合起来，由承包地段的社员同时承包树木管理任务，实行经济收益比例分成。对林木的胁地问题，可采取除地或扣产等办法。

林业“三定”：稳定山权林权，划定自留山，确定林业生产责任制，简称林业“三定”。林业进行“三定”工作，是保护森林、发展林业的一项根本性措施。按照 1981 年 3 月 8 日中共中央、国务院发布的《关于保护森林发展林业若干问题的决定》，南阳地区 1981 年 9 月开始进行林业“三定”试点，10 月底全面铺开。到 1983 年 5 月，全区投放林业“三定”工作经费 32 万元，有 5400 多名干部参与这项工作。

截至 1985 年 5 月，已结束和基本结束的有，西峡、内乡、淅川、新野、镇平、邓县、南阳、唐河 8 个县；完成任务 70% 以上的有，桐柏、南召、方城 3 个县；完成任务不到 60% 的有，社旗县和南阳市。全区完成“三定”的大队 4028 个，生产队 47387 个，分别占大队、生产队总数的 90% 和 89.6%。发放林权证 1564158 份。有 11666 个生产队，277476 户划分自留山 22.27 万公顷，占全区荒山面积的 39%；有 11075 个生产队划定责任山 33.43 万公顷，占全区有林地面积的 55%。

林业生产责任制的形式大体有 5 种：（1）自留山。（2）专业承包，一包到底。即从育苗、整地、栽植、管护、扶育等各个生产工序，由专业队、专业户、联合体承包。（3）单项承包、签订合同、收益比例分成，指对育苗、整地、栽植、管护等生产项目，承包一项。（4）大包干、全奖全罚，指经济林、竹园、果园等。（5）小段包工、联产计酬。一般指国营林场、县苗圃场、社队林场的承包办法。

通过林业“三定”，调动了群众植树造林的积极性。1982 年，全区完成大面积人工造林 3.96 万公顷，占计划 3 万公顷的 132%，占省分配人工造林 1.4 万公顷的 282%，其中自留山造林 1.511 万公顷，占当年造林面积的 38.2%。1983 年，全区完成人工造林 4.67 万公顷，占省分配人工造林 2.73 万公顷的 170.7%，其中自留山造林 3.58 万公顷，占当年造林面积的 76.7%。全区 2 年绿化自留山 5.09 万公顷，占已划分自留山总面积的 37.4%。

1986 年 4 月，经国务院批准，《中华人民共和国森林法实施细则》（简称《森林法实施细则》），由国家林业部发布施行。全区认真宣传《森林法实施细则》，依法行政。

1988 年 8 月，省政府发布《河南省森林采伐和木材销售运输管理办法》，对林木采伐和木材销售、运输作出规定，统一“木材运输证”、“木材检查员证”。各县从此有统一的木材运输管理规定。1989年6月，国务院办公厅转发林业部《关于国有林权证颁发情况及限期完成发证工作意见报告的通知》，加快国有林确权发证进度，全区12个国有林场的林地均进行确权，依法保护国有森林资源。

1989年6月～8月，依据全区森林资源数量、质量，按照木材消耗量低于生长量的原则，对“八五”期间采伐限额进行编报。1991年1月1日起执行，各县严格执行采伐限额，不得突破，确保全区活立木蓄积量逐年递增。

1989年10月，全区实行由林业部统一印制的“出省木材运输证”。从此，南阳地区出省的木材运输证实现与全国一致。1993年8月，《林地管理暂行办法》发布施行，对林地权属、保护和开发利用、占用征用林地、奖励与处罚等作出规定，全区对林地进行确权发证，严格管理，依法查处各类破坏林地的案件。

1995年2月，全市对使用林地实行许可证制度，规定使用林地必须按规定报经林业部门审批，获得许可后使用林地，一切非林业生产使用林地的，必须经市级林业行政主管部门审核同意，并颁发“使用林地许可证”。国有林地必须经省级以上林业行政主管部门批准，违反规定的，依法处理。

1996年6月，国务院办公厅发布治理开发农村“四荒”资源的通知，各县（市、区）按照谁治理、谁管护、谁受益的原则，鼓励社会力量参与治理开发“四荒”，治理者对“四荒”使用权最长不超过50年。对违约愈期不开发治理的，依法无偿收回；对改变用途的，依法处罚；国家需征用的，给予合理补偿。

1996年10月，《林木林地权属争议处理办法》发布施行，全市处理林木林地权属争议有了法律依据。

1998年7月，新修订的《中华人民共和国森林法》施行，各地采取多种形式宣传学习。修改后的《中华人民共和国森林法》注重森林资源的培育、利用、保护和经营，增加了保护林农权益、依法经营森林资源、打击破坏森林资源行为、保护珍贵树木、规范林业执法人员行为等内容，尤其是把“国家设立森林生态效益补偿基金，用于提供生态效益的防护林和特种用途林的森林资源、林木和营造、抚育、保护和管理”写进《中华人民共和国森林法》，实现森林由单纯提供木材向生态效益上的转变。

1999年7月，《河南省林地保护条例》公布施行。

2000年2月，市政府办公室下发《关于开展林权清查登记工作的通知》，把全市国有、集体及个人所有或使用的连续面积在0.067公顷以上的森林、林木、林地列入清查范围，换发林权证。

2000年4月，各县（市、区）换发新式林权证，与全国制式一致，并停止一切老式林权证的使用，原颁发的林权证仍然有效，受法律保护。

2001年1月，市政府下发《关于调整市中心城区国家建设征用土地地面附着物补偿标准的通知》，对南阳市规划控制区国家建设用地地面附着物的补偿标准重新进行规定。

2001 年，省人大副主任亢崇仁率领部分全国人大和省人大代表对《河南省林地保护管理条例》贯彻落实情况进行视察，并对南阳林业工作和林业保护管理提出要求。

2003 年，各县（市、区）进一步加强天然林的管护，严禁天然林进行商品性采伐，加大打击破坏天然林资源力度。

2004 年，全市对退耕还林进行登记发证确权。同年 7 月，省人大副主任亢崇仁带领视察组对南阳市贯彻落实《中华人民共和国森林法》和《河南省实施〈中华人民共和国森林法〉实施办法》进行检查。

2005 年，省林业厅下发关于国家建设征用土地上经济林补偿标准有关问题的通知，废止 1998 年 3 月 6 日省林业厅《关于修订〈河南省国家建设征用土地上经济林补偿标准〉的通知》。国家建设征用占用土地上经济林的补偿，参照当地该树 (品) 种相同 (相近) 的立地条件、管理水平，按该树 (品) 种盛果 (丰产) 期近 3 年的平均产量乘以当年该产品的市场价格，再乘以折算倍数计算，为征占用林地和毁林补偿提供参考依据。省财政厅、省林业厅联合印发《河南省森林植被恢复费征收使用管理实施办法》，对征占用林地征收森林植被恢复费管理使用进行规范。

2006 年，省政府下发《关于严格执行“十一五”期间年森林采伐限额，加强森林资源保护管理工作的通知》，对年森林采伐限额和森林资源管护进行规定。同年，财政部、国家林业局联合印发《森林资源资产评估管理暂行规定》，对森林资源资产评估进行规范。

2007 年，省林业厅下发《关于做好林木采伐许可证网上发放管理工作的通知》，从 2007 年 1 月 1 日起，全省林木采伐许可证的发放，实行电子网络化管理，用打印替代手写，规范发放管理，提高发证效率和正确率。省政府下发《关于深化集体林权制度改革的意见》，明确指导思想、基本原则、范围和重要内容、总体目标和工作步骤等，全省集体林权制度改革工作正式展开。

2008 年，根据《河南省林业厅关于进一步规范木材运输证发放管理工作的通知》，在全省实行木材运输证发放电子网络化管理，用打印代替手写，规范木材运输证的办理。

2009 年，经省政府第 58 次常务会议通过，省政府公布《河南省森林资源流转管理办法》，2010 年 3 月 1 日施行。《办法》对流转的范围期限、流转的程序与管理、流转资产评估、法律责任等进行规定。

2010 年，省财政厅、省林业厅联合印发《河南省育林及基金征收使用管理实施意见》，对育林基金的征缴、缴库、使用管理等进行规定，并将征收标准由原来的 15% 调整为 10%。

2011 年，省政府下发《关于严格执行“十二五”期间年森林采伐限额，加强森林资源保护管理工作的通知》，批准全省“十二五”期间年森林采伐限额总量 577.8 万立方米，南阳市为 72.1312 万立方米。对以往的采伐管理进行改革完善，简化集体林森林采伐审批环节，实行公示制度。对森林采伐限额管理，由蓄积量、出材量双项控制改为由蓄积量单项管理。引导经营者编制森林经营方案，逐步实现依据森林经营方案，确定森林采伐限额。推行伐区简易设计，森林经营者伐前、伐中和伐后自主管理，林业部门提供技术指导和服务。对未纳入“十二五”限额编制范围的非规划林地上林木，不受采伐限额限制，由经营者自主确定采伐年龄、方式、面积和蓄积，依法办理采伐证。

2011年，市政府下发《南阳市森林资源保护管理暂行办法》，对本市行政区域内木炭生产、使用木材种植食用菌、树木采挖等进行规范管理，该办法共分五章十九条，是对管理森林资源规定的补充和细化，起到有效的规范作用。

局长赵鹏向林农解答林业政策

2012年，国家林业局出台《关于加强国有林场森林资源管理，保障国有林场改革顺利进行的意见》，对国有林场的定位、林地管理、林木采伐、森林资源流转、林权证核发、资源动态监测、资源监管、资源管理的组织领导等进行具体规定，给予国有林场森林资源严格的保护措施。

2013年，按照国家林业局《关于发布新修订的林业行政处罚文书格式的通知》，为进一步规范全省林业行政执法文书的使用，省林业厅按照2012版全国林业行政处罚文书格式印刷了林业行政处罚文书，共分25种格式，分别适用于不同的林业行政处罚程序。自2013年9月1日起，南阳市统一使用省厅印制的新版林业行政处罚文书，同时老版林业行政处罚文书废止。

2013年9月，根据国家林业局《关于规范木材运输检查监督管理有关问题的通知》，省林业厅《关于调整木材凭证运输范围的通知》，对木材凭证运输的范围重新进行规定，仅限各种规格的原木、锯材、竹材、商品性薪材和木片以及胸径5厘米以上的活立木。

根据国家林业局统一要求，南阳市自2013年7月1日起，全面启用由国家林业局统一格式，省林业厅印制的木材运输证和林木采伐许可证，实行全国联网办理，老版的运输证和林木采伐许可证同时废止。新版林木采伐许可证增加GPS定位、经纬度等内容。

第二节 资源管理

一、林木管理

（一）木材采伐

民国期间，区境林木由林主按照需要自由采伐。

中华人民共和国初期，随着生产的恢复和发展，林木采伐量略有增加，但仍以自给性采伐为主。

1953年～1957年，专署号召保护森林，禁止滥伐，特别是不准砍伐幼林。

1957年，全区国营木材公司收购木材3.3万立方米。

1958年，在“左”的思想指导下，对林木大砍大伐，全区设立黄石庵、烟镇、宝天曼等5个采伐场，组织2万多人进山盲目采伐。止1960年，共采伐木材16.4万立方米。但采伐后因交通问题不能运出，仅售出木材7000立方米，其余木材困山腐朽，既浪费了人力，又毁坏了山林。

1961年，开始实行计划采伐。

1963年，开始实行木材计划供应，除林区群众自采自用者外，不论国家、集体单位和个人，一律按国家分配的计划采伐、供应。

70年代，全区普遍出现林木采伐量超过生长量的问题。西峡县调查，全县年林木生长量为20.5万立方米，年木材消耗量为23万立方米，折合立木蓄积量38万立方米，是年生长量的1.9倍，其他县亦大致如此。

进入80年代后，地区以国营林场为重点，压缩商品木材采伐量，缓解了采伐量超过生长量的矛盾。

1981年～1985年，西峡县的年均商品木材采伐量由70年代的3.06万立方米降至1.8万立方米。1961年～1985年，全区共采伐木材16万立方米。

1986年开始执行森林采伐限额，以县和国有森林经营单位为单位编制，经各级地方人民政府和林业主管部门审核、论证，报经国务院批准，由省政府下达采伐限额指标，每5年调整1次。采伐限额以森林立方蓄积量计算，是所有林木的主伐、抚育伐、卫生伐、林分改造等各种采伐消耗蓄积量的总额。

“七五”期间（1986年～1990年），南阳地区的年森林采伐量为14.5万立方米，“八五”期间（1991年～1995年）为63.89万立方米，“九五”期间（1996年～2000年）为54.96万立方米，“十五”期间（2001年～2005年）为65.07万立方米，“十一五”期间（2006年～2010年）为72.0762万立方米，“十二五”期间（2011年～2015年）为72.1312万立方米。

1986年～2004年，全市每年实际采伐量均控制在限额以内。

2003 年～ 2004 年，全市实际采伐量为 20 万立方米左右。

2005 年～ 2010 年，全市实际采伐量为 42 万立方米左右。

2011 年，全市实际采伐量为 216752.36 立方米，占年度总限额 72.0762 万立方米的 30.07%。

2012 年，全市实际采伐量 18.02 万立方米，其中国有林 1130 立方米。

2013 年，全市实际采伐量 22.5351 万立方米，其中国有林 200 立方米。

2014 年，全市实际采伐林木 13.79 万立方米。

2015 年，全市共实际采伐林木 12.96 万立方米。

2016 年，省政府下发关于切实做好“十三五”期间年森林采伐限额管理工作的通知，南阳市“十三五”期间年森林采伐限额 596881 立方米。

（二）木材生产计划及林木采伐许可

国有林、集体林、国家统配材、地方用材以及林业经营单位自用材，都必须纳入国家统一下达的年度木材生产计划审批采伐范围（农村自留地的薪炭林除外）。

省林业厅从“十五”期间开始下达木材生产计划，其性质实际上是采伐限额中的年度商品材生产计划，南阳市每年木材生产计划为 11.45 万立方米，每年实际采伐量均控制在计划以内。“十一五”期间，全市木材采伐量在 45 万立方米左右。

林木采伐许可证发证程序：对采伐单位或个人提出的申请和有关证明、文件进行审核；在初步审核的基础上进行现场踏查，审查其采伐地点、树种等无误后，按照审批权限填发林木采伐许可证。

（三）木材经营加工管理

1952 年 3 月，省木材公司在桐柏县设立采购站。到 1953 年，采伐收购木材 3500 立方米。

1956 年，全区有 10 个县设立木材公司统一收购和供销木材。到 1957 年，共收购木材 33577 立方米。

木材经营加工

1981 年，地委、行署明确木材要由林业和物资部门分工管理，西峡、南召、内乡、桐柏 4 县的木材由林业部门统管，其他县的木材由物资系统的木材公司收购。社、队和各单位、办的木材加工厂，凡是质次价高、浪费木材的，应进行整顿，本身没有木材资源的，要坚决关停并转。

1985 年，木材公司归农林部

门领导，西峡、内乡、南召 3 县的国营森林经营所开始采伐木材。

1986 年～ 1999 年，全市的木材经营加工以国有（营）木材企业经营或加工，延续计划经济体制下的管理模式，政企一体。主要由林业部门管理，市属木材公司主要有林产品公司和金林木业总公司，负责南阳市的木材流通、经营加工。

2000 年～ 2001 年，按照国家统一要求，实行政企分工，林业部门所属的木材经营企业与分管部门分离，成为完全独立的法人企业。随着市场经济体制的逐步确立，南阳市的木材经营加工企业发展比较迅速，发展成规模的有南方木业公司、金林木业公司、西峡中密度板厂、镇平腾达中密度板厂等一批木材经营加工企业，逐步形成由市林业部门依法监管，企业自主经营的体制。

2002 年 6 月～ 8 月，林业、工商等部门联合对全市木材经营加工单位进行全面清理，坚持保护合法、取缔非法、规范经营、强化监督的原则，进一步规范木材经营加工行为。

2003 年 12 月，对涉及木材生产经营的行政事业性收费项目进行清理整顿，取消林建费、木材生产经营行业管理费等十几项收费项目，进一步优化生产经营环境。经过清查，对无证经营摊点依法进行取缔，规范木材经营加工市场，建立企业档案，扶植一批优势产业，淘汰一批老式落后设备，南阳市的木材走上依法经营的轨道。

2003 年 7 月 1 日，对木材经营加工单位启用新版“木材经营加工许可证”，新版“木材经营加工许可证”一套分正本和副本，正本套印“河南林政”字样，并采用紫光防伪处理，取消收费和年检。旧版《木材经营加工许可证》2003 年 10 月 31 日作废。

2004 年初，市政府引进的世界十大林纸企业金光集团落户南阳，成为南阳市最大的林业外资企业，当年营造杨树原料林 3333.33 公顷。

2005 年，林业部门继续加强木材经营加工管理，维护木材经营秩序，营造公平公正经营环境，确保全市木材经营加工健康有序发展。

2006 年～ 2007 年，受前几年木材经营加工较好形势的影响，南阳市的木材资源在满足本地加工需要的情况下，也有大量的原木流往外地，消耗大于增长，造成 2006 年、2007 年南阳市的木材资源消耗很大。受此影响，许多木材加工点原材料紧张。

2008 年～ 2010 年，受金融危机影响，木材经营加工企业纷纷停产，木材经营加工处于低潮，但对木材资源的休养生息是一次好机会。在木材经营加工处于低潮时，食用菌种植异军突起，效益不断提高，种植规模迅速扩大，带动食用菌用材的大量需求。但为保护天然林资源，西峡县、淅川县、内乡县、南召县先后以政府的名义禁止采伐天然林种植食用菌，所需原料一律从外地购进。

2011 年是执行“十二五”年森林采伐限额的第一年，对木材的采伐实行分类管理，工业原料林随时可以采伐；非林地上的林木实行公示备案制采伐，不占限额，但需要办理林木采伐许可证；公益林和国有林实行严格的林木采伐管理制度，严格审批程序。

2012 年～ 2013 年，全市木材经营加工维持一种稳定的态势，没有起伏变化，主要集中在单板加工销售、原木收购销售、木材原料食用菌种植等方面，经营加工规模、品种、消耗量、经营加工等没有明显变化，对木材经营加工管理，没有出台新规定。2013 年 9 月起，河南省木材经营加工企业加工成品的胶合板、细木工板、中高密度板等成品板运输时，不再办理木材运输证。

2014 年～ 2016 年，全市木材经营加工维持一种稳定的态势，没有起伏变化，

（四）木材运输管理

1981 年，地委、行署规定，林业部门要建立健全林业检查站，加强木材运输管理。凡运输木材出县的，必须由县林业行政部门发给运输证明，没有运输证明的，铁路、交通部门不得承运。

1986 年～ 1988 年，木材运输管理由各省自行规定和管理。

1989 年～ 2005 年，全国实行统一的“出省木材运输证”，凡出省运输的木材必须持有“出省木材运输证”。

1986年～2002年,凡在河南省内运输的木材凭“河南省区域木材运输证”进行运输。

2003 年～ 2005 年，运输木材持新版“河南省木材运输证”，旧版“河南省区域木材运输证”同时废止。

2005 年，省林业厅正式委托南阳市的西峡县、淅川县、桐柏县、邓州市、新野县的林业部门核发“出省木材运输证”，受理本辖区内出省运输木材的申请，以省厅名义核发出省木材运输证。南阳市林业局受省厅委托，依据其他县（区）的出省木材运输申请，办理出省木材运输手续。

对违法运输木材的当事人，依照《中华人民共和国森林法》和《中华人民共和国行政处罚法》等法律法规的规定，依法进行处理；主要有依法没收违法运输的木材、罚款等处理。

1996 年，依据省政府文件要求，南阳市设立 15 个木材检查站，分别是：邓州市唐庄木材检查站，唐河县湖阳木材检查站，淅川县蒿坪、大桥木材检查站，西峡县袁店、二郎坪、桥头木材检查站，南召县皇后、马市坪、白土岗木材检查站，内乡县夫子岈、郑湾木材检查站，方城县四里店木材检查站。木材检查站的工作主要是，依照法律、法规、规章的规定，负责对木材和野生动物及其产品运输进行检查监督。

2003 年，依据省政府文件要求，对部分木材检查站布局进行调整，撤销西峡县二郎坪木材检查站，将原西峡县桥头木材检查站迁址并更名为西峡县淇河木材检查站，设在国道 312 线 K1245+500M 处路北；将原桐柏县黄岗木材检查站迁址并更名为桐柏县毛集木材检查站，设在豫 66 线 K44+700M 处路北；设新野县上港木材检查站。

2008 年，根据省政府关于南阳市木材检查站布局调整的批复，撤销方城县四里店木材检查站，在豫陕高速公路西峡县境内豫 K512 处设立河南省西峡县黑漆河木材检查站。

2009 年，国家林业局下发《关于进一步加强木材运输管理工作的通知》，建立以固定检查为主、流动检查为辅的新机制，统一木材检查装识，强化木材运输执法监督，

理顺木材检查管理体制，切实解决木材检查人员编制和经费问题。同时，全国统一木材运输证样式，取消以前使用的“出省木材运输证”和“省内木材运输证”，木材运输办证全国联网，实行网络化管理，对运输证由系统自动进行喷码防伪，杜绝伪造。

2011 年，国家林业局、河南省林业厅分别在桐柏县召开联席会议，建立河南、湖北 2 省边界地区和河南省 3 市 6 县边界地区森林资源联合执法机制，对在边界地区破坏森林资源的违法行为，联动执法，联合打击。

2012 年，木材运输管理没有变化，没有出台新的管理规定，继续实行全国统一网上办理。

2013 年，国家林业局《关于规范木材运输检查监督管理有关问题的通知》，对全国木材运输证进行改进完善，在原有木材运输证格式基础上，增加木材产地一栏，对原有全国木材运输管理系统更新升级；7 月 1 日起，启用全国统一格式的新版木材运输证，老证同时作废。

2014 年～ 2016 年，木材运输管理没有变化，没有出台新的管理规定，继续实行全国统一网上办理。

二、林地管理

1950 年～ 1951 年，全区进行土地改革，把山林分给农民个人所有，农民自由经营。

1951 年，南阳专署和林区各县人民政府分别发表公告，贯彻中南军政文员会的 10 大生产政策，明确保护林木所有权（以土地改革结果为准）。

1956 年，社会主义改造完成后，山林由个体所有变为农业社集体所有。

1958 年，人民公社化初期，把原农业社的山林统统收归公社所有。

1961 年秋，贯彻中共中央《关于确定林权、保护山林和发展林业的若干政策规定（试行草案）》精神，开始进行林权划分工作。同年，基本核算单位下发到生产队，山林由生产队集体所有，集体经营。

1962 年 5 月 14 日，南阳专员公署制定颁发社员自留地（山），房产所有证式样，下发文件通知各县参考印发。

1963 年，各地普遍颁发林权证，进一步明确国家、集体和个人的林木所有权。1963 年下半年，为把国家、集体、社员三者之间的林权彻底划开，以调动群众植树积极性，桐柏、西峡、镇平、新野、方城、南阳等县都建立林权划分专门组织，进行丈量登记、填证、发证工作。止 1964 年 7 月，全区 52814 个生产队，有 28052 个生产队发证，发证 60269 份。

1965 年，公社收回分给社员经营的山林，社员只经营四旁树木。

1969 年～ 1974 年，桐柏、南召、西峡、内乡等山区县革委会先后发出通知，保护林木所有权，不准侵犯国家和集体的林权，不准借林权不清之名擅自砍伐国营林场和集体单位的林木。

1981 年，划分自留山，确定责任山，普遍实行以家庭联产承包为主的生产责任制。止 1985 年 5 月，全区给山区 27 万多户居民划分自留山 22.27 万公顷，有 1.1 万个居民组划定责任山 33.43 万公顷，占全区有林地面积 55%。自留山、责任山、承包山山权不变，永远归集体所有，农户的林权可以继承。

1981 年 10 月～ 1982 年，在林业“三定”的基础上，全区各地重新颁发林权证。明确规定：确定山权、林权，以现有；林权归属为基础，稳定林权，不在变动；国家部门、集体和个人的树木，均有县政府发给林权证，保障所有权不受侵犯，长期稳定不变；自留山山权归集体，社员有经营权、使用权、继承权，但不准买卖、转让或出租，不准毁林种粮；社员在房前屋后或指定的地方植树造林，永远归社员个人所有，并允许继承；集体山林可建立专业队或由专业户、人承包管理，管理期间不准毁林开荒，不准乱砍滥伐，采伐权归集体；国营林场凡由县以上人民政府批准和已签订协议的，都予以承认，有争议者协商解决。

资源管护——杜辉宇（摄）

1985 年，南召、桐柏、内乡、西峡等山区县政府发布落实《森林法》，实行依法治林的布告，重申保护山林所有权。

1986 年以来，随着农民、个体业主、企业等社会组织承包林地力度的加大和林业重点造林工程的实施，林权证发证率逐年提高。到 2007 年，全市发证率达 80% 以上。

2008 年，全市启动集体林权制度改革，加快集体林地确权发证步伐，2009 年发证率达到 85%。

2009 年，全市林权证发证率为 81%，2010 年为 96.83%。

2011 年，林地管理由确权发证向保护利用转变，在确保林地数量不减少的情况下，积极做好林地征占用的审核把关，严格控制林地转为非林地，全年共办理征占用林地手续 55 起，面积 240.799 公顷。

2012 年～ 2013 年，根据国务院《关于全国林地保护利用规划纲要（2010 年～ 2020 年）的批复》、国家林业局《关于编制省级县级林地保护利用规划的通知》和省政府办公厅《关于组织开展全省和县级林地保护利用规划编制工作的通知》，启动县级林地保护利用规划编制工作，建成全国统一标准的林地档案管理数据库，实现全国林地“一张图”管理。

2013 年 12 月 31 日，全市林地保护利用规划和林地落界工作全面完成，全市林地首次有了“身份档案”，这项工作为全市划定生态保护红线、实行最严格的森林资源源头保护管理奠定了基础。

止 2013 年，全市集体林权制度改革明晰产权面积 97.84 万公顷，发放林权证面积 91.81 万公顷，发放林权证 17.88 万本。

征占用林地根据林种和面积大小，分别由国务院林业主管部门、省级林业主管部门审核。临时占用林地（两年以内），由县级以上林业主管部门批准。近 10 年来，市林业局审核上报的大项征占用林地手续有：宁西铁路、信南高速公路、二广高速公路、南坪高速公路，南水北调中线工程、农运会场馆及新闻中心建设。

2015 年 5 月 7 日，国家林业局《建设项目使用林地审核审批管理办法》公布施行。

2015 年～ 2016 年，按照国家林业局安排，南阳市组织开展林地变更调查工作。通过林地变更调查，及时更新林地范围、林地保护利用等级和林地管理属性等情况，进一步厘清林地与耕地、草地的管制界线，为实施林地用途管控、建设项目使用林地行政许可、林地保护行政执法等提供可靠依据。

三、林权纠纷

南阳地区西峡县与洛阳地区栾川县以伏牛山主峰老界岭分水岭为天然分界线，岭南为西峡县，岭北为栾川县。1956 年～ 1957 年，西峡县在岭南建有黄石庵和烟镇两个国营林场，1969 年秋，栾川县部分社队与西峡县上口大队拐把生产队非法合谋出租国营黄石庵林场能耕种的山地的一部分，被林场发现后给予制止，此后栾川方面提出该部分山地的所有权问题，引起双方纠纷，此后，栾川县的部分群众不断进入西峡县黄石庵、烟镇两个国营林场砍伐林木。

西峡、栾川两县发生林权纠纷后，1971 年 5 月和 1973 年 7 月，河南省民政局、农林局曾两次召集两地、县代表调解，因意见不一，均未能妥善解决。仅于 1973 年 7 月 27 日，双方代表达成一个《关于解决西峡、栾川县山林纠纷问题协议书》，协议规定：（1）根据中发通知和森林保护条例的规定，双方立即撤出争议地段，一律停止采伐木材。（2）已砍的木材，双方一律冻结，共同点数，各自负责集中归垛存放，不准运走，待弄清权属问题后，权属归谁，木材归谁。（3）双方在 8 月底前，各找证据，准备好有关历史材料，等候解决。

1981 年 1 月 15 日～ 20 日，河南省人民检查院、省林业厅联合组织两个调查组，分别到栾川、西峡进行调查，查清十几年来栾川县有 17 个大队到西峡抢伐滥伐森林 30 多次。因林权纠纷，两个国营林场累计被毁林面积 0.4 万公顷，被砍伐木材 13 万立方米。3 月 17 日调查组向省委、省政府提出《关于栾川、西峡二县因林权纠纷造成大面积毁林的情况与处理意见的报告》。同年 8 月 27 日，河南省林业厅向省政府呈报《关于黄石庵、烟镇两林场森林大面积被毁与栾川、西峡林地纠纷情况的看法与今后处理

毁坏林木

意见的报告》。到1985年底，西峡、栾川两县林权纠纷仍未彻底解决。

四、毁林事件及大案处理

（一）1957年春，部分山区农民为扩大种植面积，增加粮食生产而盲目大量开荒，其中有不少地区是陡坡毁林垦种，如淅川县上集乡1957年开荒0.2万公顷，有120公顷是30度以上的陡坡。西峡县木寨乡日月社砍林坡4.67公顷种植玉谷，不仅造成严重的水土流失，且破坏了森林资源。

（二）1958年～1960年，社会上刮“共产风”和大炼钢铁，林木遭到严重砍伐，平原成材树基本砍光，浅山成材树剩下寥寥无几，深山成材树毁得相当严重。全区森林乱砍滥伐21.33万公顷，木材蓄积损失450万立方米，四旁树毁坏2200万株，折合木材250万立方米，致使全区木材蓄积急剧下降，林产品、果品也大大减少。据西峡、镇平、南阳3个县（市）129个山、丘、平原大队的调查，1957年前原有用材林面积2244.47公顷，零星树木358万株，共有木材蓄积42100立方米。到1961年底，成片树木1244.67公顷，比1957年下降45%，零星树木220万株，比1957年下降39%；木材蓄积量1500立方米，比1957年下降96%，干鲜果品据西峡、镇平、南阳3个县（市）12个大队调查，1957年前年产量44万千克，1961年产量仅10.5万千克，下降75.5%。南召县板栗1957年产量10万千克，1961年仅产3.5万千克，下降65%；西峡县油桐1957年前年产230万千克，1961年只收入122.5万千克，下降47%。

（三）1960年8月～1961年4月，方城县大寺林场周围陌陂、何庄、何寨3个公社的灾区社员入山搞副业，砍柴的人每天有1000至4000人，因护林不严，大寺林场栎类幼林和合欢树散生天然次生林66.67公顷被砍伐。

（四）1962年春，平原进入桐柏山、伏牛山区乱砍柴草，砍伐木材，唐河县到桐柏山有3万多人；邓县到西峡架子车4000辆，沿途络绎不绝，川流不息，使山区林木遭到严重损失。

（五）淅川县厚坡公社王河大队从1965年到1968年共营造国队合作林（刺槐）70.93公顷，分布在12个生产队和大队林场，1974年底检查，有8个生产队林木已全部砍光，全大队仅保存幼林17.33公顷。

（六）1974年～1978年，内乡县七里坪公社有9个生产大队陡坡毁林开荒种药达90公顷，毁掉林木9万多株，造成严重水土流失。

（七）1975年3月2日，内乡县城郊公社张岗大队第4生产队长张某某，以生产队埋红薯母缺柴为名，亲自带领社员20多人到国营内乡湍河林场哄抢砍伐树木，在他的影响下，当天，第3生产队民兵排长张某某带领本队30多人进入林区砍树。第2天，一队民兵排长谢某某也带领社员进入林区砍树。2天时间，哄抢砍伐刺槐、鬼柳、榆树等1029株。4月23日，张某某被依法逮捕（后判处徒刑二年），谢某某撤销民兵排长职务。

（八）1975年，西峡县太平镇公社拐把生产队队长汤某某、会计刘某某，非法将国营西峡黄石庵林场草沟林区国有山林533.33公顷典卖给栾川县石庙、城关、陶湾3个公社10多个大队包坡砍伐，这些队在林区乱砍乱伐。至1980年，实破坏国有林面积1133.33公顷，砍伐木材2万多立方米，汤、刘从中获坡底金18000多元，并受贿小麦3100千克，玉米550千克，现金100元和其它烟酒等物。

（九）西峡县回车公社垱子岭大队14个生产队，1979年至1980年间，砍伐树木5616株，砍伐严重的蛮子营、上沟、小山3个生产队，从干部到群众都上山砍伐。蛮子营生产队长范某某带头砍树89株，出卖79株，获款329.5元。这个大队满山树木基本砍光。

（十） 西峡县五里桥公社白河大队第11生产队，以队长李某某为首，借口林权不清，与1978年12月组织15人到国营林区抢伐，半月时间砍伐松树成林311株，约50多立方米，获款3200多元，压坏幼树1000多株。

（十一）西峡县太平镇公社回龙寺大队社员郑某某和孟某某，1980年7月到米坪公社关山大队仓房沟生产队典卖青山3.33公顷，作价1200元，郑雇用人员采伐。到8月25日，砍伐木材约90立方米加工成半成品出售，获款5461.5元。

（十二）1979年，唐河县昝岗公社丁庄大队、褚庄大队，将河滩成材树100多棵作价分给社员，因一社员除砍伐分给自己的树外，又偷伐生产队杨树4株，引起社员哄抢乱砍，结果把未作价的23.33公顷幼树全部砍光。

（十三）据桐发文报告，1980年秋冬，全县共发生乱砍滥伐林木案件1584起，破坏山林833.33公顷，砍伐树木10万余株。国营毛集林场老寨山上近67公顷15年生马尾松林基本被砍光，信南公路桐柏地段70公里护路林残遭破坏，有45公里基本砍光。

（十四）1980年秋，唐河县张清寨大队由于林业生产责任制落实不够，护林不力，毁林开荒，乱伐林木，把200公顷农桐间作林木砍的残缺不全，并砍伐片林2公顷，共砍伐树木2000多株。此案依法追究刑事责任3人，罚款63人、2100元。

（十五）1980年～1981年4月，南召县发生毁林案件79起，其中重大案件5起，毁林面积246.67公顷，砍伐林木4.46万株。国务院紧急通知下发后，县革委制定制止乱砍乱伐9条规定，以县检察院为主，公、检、法及林业局密切配合，已查处毁林案件40起，逮捕法办3人，拘留7人，撤职大小队干部4人，写悔过书2人，罚款4640元。

（十六）1981年4月1日上午，邓县罗庄公社陈家大队马沟村张某某、马某某等20余人到公社土谷山林场西山坡砍伐树木，并打伤护林人员3人。下午，趁林场负责人到公社汇报之机，煽动任岗、陈家、卫岗宅子3个大队社员300多人哄抢山林，因公社大队未及时采取措施，使哄抢山林延续5天之久，哄抢刺槐林46.67公顷，砍伐树木46万多株，造成损失7.6万余元。

（十七）1981年7月4日，方城县赵河公社中封大队小韩庄村，在队长孙某某和社员孙某某、孙某某、孙某某、周某某、孙某某等人煽动下，趁大、小队干部到公社参加会议之机，唆使不明真相的群众69人，一夜之间偷伐村委农田方路树木和防风林网树木885棵，扒毁林场等集体房屋6处15间，将砖瓦木料哄抢一空，并毁坏透河井、深机井各1眼，使国家和集体财产损失2.1万多元。构成侵犯集体财产和盗伐林木罪，县公安局对5人依法逮捕。

（十八）1981年5月8日～11日，在姚某某、屈某某等人的煽动下，邓县屈湾、安楼、姚弯等20多个生产队2300人哄抢邓县裴营公社屈湾大队林场树木47647棵（其中幼树2.6万株）及林场部分物资，使集体财产损失19万元。9月26日，依法逮捕屈某某、姚某某、姚某某、姚某某等4人，拘留姚某某、姚某某、屈某某等3人，参与该案的大小队干部分别受到党纪、政纪处分。

（十九）1980年冬，镇平县发生较大的毁林案件12起，共毁坏林木3455棵，其中滥伐7264株，哄抢1037株，盗伐154株。

1980年10月8日，镇平县彭营公社李和庄大队支部书记李某某以怕树木被偷，通知生产队砍树，出动200余人哄抢道路树木，半天时间，共砍伐树木2500余棵，本队12条道路林遭到破坏。

1980年10月30日，镇平县晁陂公社张营大队副支书何某某，支委何某某以树木看不住为由，擅自决定砍伐道路林，仅两天时间，共砍伐道路林336棵。受其影响，11月1日，大队中学136棵树全部被社员砍光、林场树木被砍243棵。

（二十）1980年12月，新野县樊集公社陈河大队以集体盖房子为名，党支部决定砍伐大队林场树木575棵，其中42棵定为大队成员所私有，28日伐树时引起群众500多人到林场哄抢树木1485棵，价值万元以上。

（二十一）1977年～1980年，邓县毁林案件经常发生、原实现农田林网化5.46万公顷，全部毁坏的1.57万公顷，占28.7%，部分毁坏的1.08万公顷，占20%。

邓县元庄公社原是林业先进单位，全社绿化沟路418条，植树400万株。已毁坏沟路渠380条，毁坏树木370万株，占90%。

穰东公社绿化主要道路31条，植树45万株，已砍43万株，葛营大队社员赵某某1980年1月偷树50株，报公社无人解决，后大队党支部决定将路林1.5万株全部砍光。

1980年11月17日，孟楼公社耿营大队农田林网植树8000株，5队队长毕某某，7队队长周某某以落实林业生产责任制为名，把树木分给社员，并带头砍树，影响全大队5个生产队一齐出动砍树，1天时间，毁树4900多株。

（二十二）据南阳县调查，至1981年1月，该县国队合作林毁林面积1009.33公顷，其中毁林开荒557.46公顷，划归集体138.86公顷，国家工程侵占地65.33公顷，社队占地247.66公顷。偷砍盗伐公路林2450株，砍毁林网树6200多棵。

（二十三）1980年，方城县发生毁林案件42起，全县约4000公顷林网和20多公顷山林遭到破坏。11月27日，赵河公社齐庄大队8、9两个生产队为怕胁地砍方路林，引起全队8个生产队一哄而起，两天时间砍方路林15条，哄砍大官杨3285棵，受到罚款1600元。1981年3月前全部补栽并处罚。

（二十四）1978年～1980年5月，社旗县毁林毁苗种粮206.67公顷，乱砍乱伐林木19万多株。

1980年1月9日，社旗县郝寨公社徐庄大队团支书黄某某和八队队长张某某未经大队评价小组同意带头砍树，引起社员300多人哄抢长达七华里的两路一沟集体林木2275株，以及0.2公顷苗圃地的榆、杨、刺槐等苗木1万多株，次日翻犁一遍，26日夜又放火烧林场房屋。

（二十五）1980年，唐河县郭滩公社木庄、刘庄、后岗、吴庄等队，破坏农田林网十余条、20里，砍树1.2万多棵。大河屯公社的前张湾、后张湾、乔庄、赵寨等大队的一些生产队，毁掉林网树木2万多棵，农桐间作1.33公顷，苍台公社的宋湾、丁湾、余湾、尚寨4个大队，毁掉农桐间作326.67公顷，砍桐树19000株。桐寨铺公社十八里党大队因分队把林场经营的13.33公顷河滩林全部砍光。城郊公社曾沟大队惠庄村河边杨树200多棵，11月中旬一夜全部偷光。

（二十六）1981年～1983年，全区发生毁林案件2988起，处理2917起，占97%。其中逮捕判刑50起、71人；拘留398起、511人；党政纪处分41起、60人；经济罚款2710起、6255人，罚款276996元；没收非计划木材6918立方米。到1983年5月，基本刹住毁林歪风，有7个县（市）基本杜绝毁林案件的发生。

（二十七）非法收购、运输、出售珍贵、濒危野生动物及制品案。2014年5月，市森林公安局在集中打击非法经营野生动物制品的“天网”行动摸排中，锁定镇平县石佛寺镇“聚鑫阁”工艺品店。侦查人员经过蹲守、暗查，掌握该店铺违法经营的情况后，

资源管护

于5月24日对该店铺经营者苏某某实施抓捕，查获象牙制品161件、盔犀鸟头骨制品5件。经鉴定，本案查获的象牙制品总重4354克，价值181418元。5月25日，对犯罪嫌疑人苏某某刑事拘留，6月7日经镇平县人民检察院批准逮捕，7月30日侦查终结并移送起诉。

（二十八）滥伐退耕还林林木案。2014年2月14日，社旗县森林公安局接报：太和镇范楼村退耕还林项目种植的杨树被人砍伐，数量特别巨大，民警迅速赶往案发现场，经勘查，现场遗留伐根283棵，被伐林木系李台村二组集体所有，为国家退耕还林项目。经进一步调查核实：2013年12月，太和镇范楼村李台村二组村民杨某以12000元的价格将范楼村李台村二组西地唐河东岸大块地的283棵杨树购买，在未申请办理林木采伐许可证的情况下，砍伐240棵，立木材积47.1106立方米。2014年2月20日，对杨某立案侦查，将其抓获归案，4月4日执行逮捕。5月31日，该案移送起诉至社旗县人民检察院。经审判，杨某被判处有期徒刑三年，缓刑三年，罚金5000元。

（二十九）盗窃林木案。2013年9月12日，内乡县森林公安局民警接报称，马山口镇包村书记周某某及群众在马山口镇关帝坪村黑虎庙路口拦截住一棵被偷挖的杻劲树，树木比较粗，要求出警查处。经查，2013年8月，内乡县夏馆镇张某某、张某某伙同马山口镇任某某，在马山口镇关帝坪村集体林坡盗挖野生古树。市森林公安局聘请内乡县价格认证中心对该树进行价格鉴定，共计价值人民币29300元。该案于12月3日以盗窃案立案查处，2014年7月16日将张某某、任某某、张某某移送起诉至内乡县人民检察院。

（三十）非法采伐国家重点保护植物案。2014年3月23日接报称：南召县乔端镇石鼓村国家一级保护植物红豆杉树丢失，现场遗留有枝梢8个，截面直径为3至7公分。该局直属派出所立即组织民警前往现场勘验。侦查人员进一步调取乔端镇境内的监控系统，发现一个黑色桑塔纳轿车与案发现场的轿车相似，且与案发时间相吻合，便立即调取车辆的相关信息。侦查人员怀疑所挖的红豆杉极有可能在其家中种植。于是侦查人员办理传换证、搜查证对李某某家中进行搜查，发现疑似红豆杉4株、作案车辆，并在车中发现头、手锯和迷彩罩，遂予以将相关物证扣押。同时利用技侦手段，确认李某某正在自己家中后，果断出击，一举将其抓获。到案后，李某某如实的供述到南召县乔端镇非法采挖红豆杉的作案过程。李某某被刑拘后，李某某、李某某和郭某某3人迫于压力主动投案自首，至此全案告破。经西峡县林业司法鉴定机构鉴定，4人所非法采伐的树木均为野生短叶红豆杉。在其家中查获的4株疑似红豆杉，也均为野生短叶红豆杉。犯罪嫌疑人李某某、李某某、李某某和郭某某的行为触犯《中华人民共和国刑法》第三百四十四条规定，涉嫌非法采伐、毁坏珍贵树木、国家重点保护的其他植物及其制品罪，犯罪事实清楚，证据确凿，4人移送起诉至南召县检察院。

第三节 林木病虫害防治检疫

一、病虫害种类

中华人民共和国成立前，南阳地区的林木病虫害未做系统调查，没有组织开展大面积人工防治。

中华人民共和国成立后，南阳专署及时开展林木病虫害防治工作，每发生病虫灾害，组织群众开展防治。

1960 年，在 25 个国营林场建立林木病虫害测报站，对梨瘿蛾、松毛虫、松苗立枯病等 11 种病虫害进行定点定时测报。

1980 年～ 1981 年，地区林技站、林科所会同西峡等县林科所及 9 个国营林场，对全区主要树种的病虫害进行全面普查，共调查病虫害 1052 种，其中病害 185 种，虫害 867 种；主要病害 20 种，主要虫害 48 种（见表 5—1），为进行科学防治提供了系统资料。

松毛虫

2003 年～ 2005 年，按照全省统一部署，在全市 13 个县（市、区）开展林业有害生物普查。调查发现全市林业有害生物 692 种，其中虫害 2 纲 11 目 87 科 613 种，病害 71 种，有害植物 8 种。

2014 年～ 2016 年，按照全省统一部署，在全市 12 个县（市、区）开展林业有害生物普查。调查发现全市林业有害生物 308 种，其中虫害 205 种，病害 101 种，有害植物 2 种。

栎类害虫

杨树食叶害虫

南阳市有记录的林业有害生物名录

表 5-1

中文名称	拉丁学名	寄主植物	分布
杨干象	*Cryptorrhynchus lapathi* L.	杨属	淅川县
落叶松枯梢病	*Botryosphaeria laricina* (Sawada) Shang	松属	淅川县
松疱锈病	*Cronartium ribicola* J. C. Fischer ex Rabenhorst	松属	淅川县
板栗大蚜	*Lachnus tropicalis* (Van der goot)	栗属	桐柏县
法桐角蜡蚧	*Ceroplastes ceriferus* Anderso	悬铃木属	淅川县
紫薇绒蚧	*Eriococcus lagerostroemiae* Kuwana	紫薇属	唐河县
吹绵蚧	*Icerya purchasi* Maskell	栎属	淅川县、社旗县
杨齿盾蚧	*Quadraspidiotus slavonicus* (Green)	杨属	唐河县
湿地松粉蚧	*Oracella acuta* (Lobdell)	松属	桐柏县
桑白蚧	*Pseudaulacaspis pentagona* (Targioni-Tozzetti)	李属	方城县
中华松梢蚧	*Sonsaucoccus sinensis* (Chen)	松属	桐柏县
温室白粉虱	*Trialeurodes vaporariorum* (Westwood)	石楠属	南召县
悬铃木方翅网蝽	*Corythucha ciliata* (Say)	悬铃木属	西峡县、镇平县、内乡县、唐河县、桐柏县
星天牛	*Anoplophora chinensis* (Foerster)	杨属、柳属、榆属	宛城区、南召县、淅川县、桐柏县
光肩星天牛	*Anoplophora glabripennis* (Motsch.)	杨属、国槐属	内乡县、淅川县、社旗县、桐柏县
黑星天牛	*Anoplophora leechi* (Gahan)	杨属	宛城区
栎旋木柄天牛	*Aphrodisium sauteri* Matsushita	栎属	南召县、西峡县、内乡县、桐柏县
桑天牛	*Apriona germari* (Hope)	杨属	宛城区、南召县、镇平县、新野县

续

中文名称	拉丁学名	寄主植物	分布
云斑白条天牛	*Batocera horsfieldi* (Hope)	栎属、松属	西峡县、淅川县、桐柏县
松褐天牛	*Monochamus alternatus* Hope	松属	西峡县、社旗县、桐柏县
双条杉天牛	*Semanotus bifasciatus* (Motschulsky)	杨属	桐柏县
麻栎象	*Curculio robustus* Roelofs	栎属	方城县、桐柏县
剪枝栎实象	*Cyllorhynchites ursulus* (Roelofs)	栎属	淅川县
核桃横沟象	*Dyscerus juglans* Chao	核桃属	淅川县
华山松大小蠹	*Dendroctonus armandi* Tsai et Li	松属	内乡县
纵坑切梢小蠹	*Tomicus piniperda* L.	松属	淅川县
柳瘿蚊	*Rhabdophaga salicis* Schrank	柳属	内乡县
白杨透翅蛾	*Parathrene tabaniformis* Rottenberg	杨属	淅川县、桐柏县
核桃举肢蛾	*Atrijuglans hitauhei* Yang	核桃属	南召县、西峡县
舞毒蛾	*Lymantria dispar* L.	栎属、石楠属、杏属、朴树	卧龙区、淅川县、桐柏县
杏仁蜂	*Eurytoma samsonoui* Wass	杏属、樱桃属	南召县、西峡县、内乡县
炭疽病	*Colletotrichum gloeosporioides* Penz.	山茱萸属、核桃属	西峡县、淅川县
松瘤锈病	*Cronartium quercuum* (Berk.) Miyabe	松属	西峡县
板栗疫病	*Cryptonectria parasitica* (Murr.) Barr.	栗属	桐柏县
杨树溃疡病	*Dothiorella gregaria* Sacc.	杨属	宛城区、卧龙区、南召县、方城县、镇平县、内乡县、淅川县、社旗县、唐河县、新野县、桐柏县
松针褐斑病	*Lecanosticta acicola* (Thum.) Sydow	松属	南召县、淅川县、桐柏县、方城县
杨树灰斑病	*Mycosphaerella mandshurica* M. Miura	杨属	方城县、西峡县、淅川县、桐柏县

续

中文名称	拉丁学名	寄主植物	分布
板栗溃疡病	*Pseudovalsella modonia* (Tul.) Kobayashi	栎属、栗属	内乡县、桐柏县
杨树黑星病	*Venturia populina* (Vuill.) Fabr.	杨属	宛城区、西峡县
冠瘿病	*Agrobacterium tumefaciens* (Smith et Townsend) Con	松属	西峡县、桐柏县
杨树花叶病	*Poplar Mosaic* Virus	杨属	淅川县、桐柏县
竹子丛枝病	*Ca. Phytoplasm astris*	竹属	镇平县、内乡县、淅川县、桐柏县
枣疯病	*Ca. Phytoplasm ziziphi*	枣属	镇平县、淅川县、唐河县
菟丝子类	*Cuscuta spp.*	山茱萸属	内乡县
圆唇散白蚁	*Reticulitermes labralis* Hsia et Fa	杉木属、松属	淅川县
黑翅土白蚁	*Odontotermes formosanus* (Shiraki)	松属	淅川县
斑衣蜡蝉	*Lycorma delicatula* (White)	栎属、核桃属、柿树属、杨属、刺槐属	内乡县、淅川县、桐柏县
柿广翅蜡蝉	*Ricania sublimbata* Jacobi	三角枫	桐柏县
大青叶蝉	*Cicadella viridis* (L.)	栎属	南召县
葡萄斑叶蝉	*Erythroneura apicalis* Nawa	葡萄属	南召县
梨木虱	*Psylla chinensis* Yang et Li	梨属	桐柏县
棉蚜	*Aphis gossypii* Glover	槐属、李属、刺槐属、杏属、核桃属、梨属、石榴属、桃属、栎属、柿树属、桑属、柑桔属、猕猴桃属、杨属、黄连木属	内乡县、桐柏县

续

中文名称	拉丁学名	寄主植物	分布
洋槐蚜	*Aphis robiniae* Macchiati	槐属	方城县
朝鲜球坚蜡蚧	*Didesmococcus koreanus* Borchs	栎属	桐柏县
草履蚧	*Drosicha corpulenta* (Kuwana)	杨属	宛城区、卧龙区
中华松针蚧	*Matsucoccus sinensis* Che	松属	桐柏县
荔蝽	*Tessaratoma papillosa* (Drury)	椿树	淅川县
小板网蝽	*Monostira unicostata* (Mulsant et Rey)	杨属、栗属	宛城区、内乡县
铜绿金龟子	*Anomala corpulenta* Motschulsky	核桃属、李属、栎属、杨属、女贞属、臭椿属、皂荚属、梨属、桃属、核桃属、栾树属	方城县、内乡县、淅川县、唐河县
桃红颈天牛	*Aromia bungii* Fald.	桃属、李属	西峡县、内乡县
杨柳云天牛	*Chcorophrus motschulskyi* (Gaugl)	杨属、柳属	西峡县、淅川县、唐河县
杨蓝叶甲	*Agelastica alni orientalis* Baly	杨属	镇平县、淅川县
白杨叶甲	*Chrysomela tremulae* Fabricius	杨属	淅川县
核桃扁叶甲黑胸亚种	*Gastrolina depressa thoracica* Baly	核桃属、枫杨属	西峡县、桐柏县
柳蓝叶甲	*Plagiodera versicolora* (Laicharting)	柳属、杨属	宛城区、西峡县、内乡县、淅川县
泡桐叶甲	*Basiprionota bisignata* (Boheman)	泡桐属	方城县、西峡县、淅川县
栗实象	*Curculio davidi* Fairmaire	栗属、栎属	内乡县、桐柏县
板栗剪枝象	*Mecorhis cumulates* (Voss)	栗属、栎属	桐柏县
重齿小蠹	*Ips duplicatus* Sahalberg	木瓜属	桐柏县

续

中文名称	拉丁学名	寄主植物	分布
黄刺蛾	*Cnidocampa flavescens* (Walker)	杨属、核桃属、山茱萸属、栎属、栗属、红叶石楠、柳属、女贞属、栾树属、玉兰属、紫薇属、刺槐属	南召县、方城县、镇平县、内乡县、淅川县、社旗县、唐河县、桐柏县
褐边绿刺蛾	*Latoia consocia* (Walker)	栗属、杨属、栎属	桐柏县
重阳木锦斑蛾	*Histia rhodope* Cramer	重阳木、栎属、栗属	西峡县、桐柏县
榆斑蛾	*Illiberis ulmivora* Graeser	榆属	南召县
大袋蛾(南大蓑蛾)	*Clania variegata* Snelle	栎属、杏属、石楠属、栗属	内乡县、淅川县、唐河县、新野县、桐柏县
茶袋蛾(茶蓑蛾)	*Clania minuscula* Butler	石楠属、茶属	宛城区、桐柏县
黛袋蛾	*Dappula tertia* Templeto	栎属	桐柏县
杨白潜蛾	*Leucoptera susinella* Herrich Schaffer	杨属	卧龙区、淅川县
柿举肢蛾	*Stathmopoda massinissa* Meyrick	柿树属	内乡县
柳麦蛾	*Gelechia atrofusca* omelko	垂柳属	淅川县
山茱萸蛀果蛾	*Asiacarposina cornusvora* Yang	山茱萸属	西峡县、内乡县
梨小食心虫	*Grapholitha molesta* Busck	梨属、桃属	方城县、内乡县、社旗县
杨柳小卷蛾	*Gypsonoma minutana* Hubner	柳属、杨属	宛城区、南召县、方城县
泡桐叶甲	*Basiprionota bisignata* (Boheman)	泡桐属	方城县、西峡县、淅川县
栗实象	*Curculio davidi* Fairmaire	栗属、栎属	内乡县、桐柏县
板栗剪枝象	*Mecorhis cumulates* (Voss)	栗属、栎属	桐柏县
重齿小蠹	*Ips duplicatus* Sahalberg	木瓜属	桐柏县
松梢小卷蛾	*Rhyacionia pinicolana* (Doubleday)	松属	淅川县
黄翅缀叶野螟	*Botyodes diniasalis* Walker	杨属	宛城区、淅川县、社旗县、桐柏县

续

中文名称	拉丁学名	寄主植物	分布
桃蛀螟	*Conogethes punctiferalis* Guenee	栗属、桃属	桐柏县
楸螟	*Omphisa plagialis* Wilema	鹅掌楸属	西峡县
竹织叶野螟	*Algedonia coclesalis* Walker	竹属	西峡县、淅川县、桐柏县
黄杨绢野螟	*Diaphania perspectalis* (Walker)	杨属	淅川县
果梢斑螟	*Dioryctria pryeri* Ragonot	葡萄属	淅川县
微红梢斑螟	*Dioryctria rubella*	松属	桐柏县
缀叶丛螟	*Locastra muscosallis* Walker	枫杨属、黄栌属	南召县、桐柏县
柞褐野螟	*sybrida fasciata* Butler	栎属	南召县
春尺蠖	*Apocheima cinerarius* (Erschoff)	杨属	宛城区、方城县
油桐尺蛾	*Buzura suppressaria* (Guenee)	油桐属	内乡县
云尺蠖	*Buzura thibetaria* Oberthur	栗属	桐柏县
松尺蠖	*Ectropis bistortata goeze*	松属	桐柏县
茶尺蠖	*Ectropis obliqua hypulina* Wehrli	茶树属	桐柏县
栓皮栎尺蛾	*Erannis dira* Butler	栎属	南召县、方城县、西峡县、内乡县、淅川县、桐柏县
栓皮栎波尺蛾	*Larerannis filipjevi* Wehrli	栎属	方城县、西峡县、淅川县、社旗县、桐柏县
桑尺蛾	*Menophra atrilineata* (Butler)	桑属	桐柏县
女贞尺蛾	*Naxa seriaria* (Motschulsky)	女贞属	内乡县
槐尺蛾	*Semiothisa cinerearia* Bremer et Grey	槐属	镇平县
桑褶翅尺蛾	*Zamacra excavata* Dyar	桑属	淅川县
栎枯叶蛾	*Bhima eximia* (Oberthur)	栎属	淅川县
云南松毛虫	*Dendrolimus houi* Lajonquiere	松属	方城县

续

中文名称	拉丁学名	寄主植物	分布
马尾松毛虫	*Dendrolimus punctatus* (Walker)	松属、马尾松属	南召县、西峡县、淅川县、桐柏县
油松毛虫	*Dendrolimus tabulaeformis* Tsai et Liu	松属	淅川县
油茶枯叶蛾	*Lebeda nobilis sinina* Walker	茶属	淅川县
黄褐天幕毛虫	*Malacosoma neustria testacea* Motschulsky	黄连木属	淅川县
栎黄枯叶蛾	*Trabala vishnou gigantina* Yang	栎属	淅川县
杨二尾舟蛾	*Cerura menciana* Moore	杨属	宛城区、南召县、方城县、淅川县、桐柏县
杨扇舟蛾	*Clostera anachoreta* (Fabricius)	杨属	宛城区、南召县、方城县、西峡县、内乡县、淅川县、社旗县、唐河县、桐柏县
柳扇舟蛾	*Clostera rufa* (Luh.)	柳属	南召县
栎粉舟蛾	*Fentonia ocypete* Bremer	栎属	南召县、方城县、西峡县、内乡县、淅川县、桐柏县
黄二星舟蛾	*Lampronadata cristata* (Butler)	栎属	南召县、淅川县、唐河县、桐柏县
杨小舟蛾	*Micromelalopha troglodyta* (Graeser)	杨属	宛城区、卧龙区、南召县、方城县、西峡县、镇平县、内乡县、淅川县、社旗县、唐河县、新野县、桐柏县
栎掌舟蛾	*Phalera assimilis* (Bremer et Grey)	栎属	内乡县、淅川县、桐柏县
小地老虎	*Agrotis ypsilon* (Rottemberg)	杨属	方城县
松毒蛾	*Dasychira axutha* Collenette	松属	淅川县
榆毒蛾	*Ivela ochropoda* (Eversmann)	榆属	淅川县
杨毒蛾	*Leucoma candida* Staudinger	杨属	南召县、方城县、镇平县、内乡县、唐河县、桐柏县
栎毒蛾	*Lymantria mathura* Moore	栎属	南召县、方城县、淅川县、桐柏县
古毒蛾	*Orgyia antiqua* (L.)	栗属、栎属	桐柏县
柳毒蛾	*Stilpnotia salicis* (Linnaeus)	重阳木、杨属、栾树属	宛城区、南召县
杨扁角叶爪叶蜂	*Stauronematus compressicornis* (Fabricius)	杨属	宛城区、方城县、内乡县、淅川县、桐柏县、南召县、西峡县、唐河县、新野县

续

中文名称	拉丁学名	寄主植物	分布
油松松针锈病	*Coleosporium phellodendri* Komarov	松属	淅川县
杉木叶枯病	*Lophodermium uncinatum* Dark.	杉木属	淅川县
侧柏叶枯病	Chloroscypha platycladus sp. nov.	侧柏属、柏属	宛城区、方城县、内乡县、淅川县
松落针病	*Lophodermium pinastri* (Schrad.) Chev.	落叶松属、松属	镇平县、内乡县
松梢枯病	*Diplodia pinea* (Desm.) Kickx.	松属	内乡县、桐柏县
桃树流胶病	*Botryosphaeria dothidea*	杏属、桃属、李属	宛城区、方城县、西峡县、内乡县、社旗县、唐河县、桐柏县
桃白粉病	*Podospaera tridactyla* (Wallr.) de Bary.	桃属	内乡县、淅川县
梨锈病	*Gymnosporangium haracanum*	梨属	南召县、方城县、西峡县、内乡县、淅川县、社旗县、唐河县
梨树腐烂病	*Valsa mali* Miyabe et Yamada var. pyri Y. J. Lu	梨属	方城县
苹果黑星病	Spilocaea pomi Fr.	苹果属	方城县
杨树黑斑病	*Marssonina populi*，*M.P*opulicola	杨属	宛城区、南召县、方城县、西峡县、内乡县、淅川县、新野县、桐柏县
杨树腐烂病	*Valsa sordiada* Nit	杨属	社旗县、桐柏县
杨树叶斑病	*Septoria* Populicola	杨属	西峡县、桐柏县
杨树叶枯病	*Alternaria alternata* (Fr.) Keissl	杨属	南召县、方城县、西峡县、淅川县、社旗县
毛白杨锈病	*Melampsora magnusiana* Wagner	杨属	西峡县、内乡县
杨树白粉病	*Uncinula salicis*	杨属	淅川县
柳树漆斑病（黑痣病）	*Rhytisma salicinum*	漆树属	西峡县
柳树烂皮病	*Valsa salicina*	柳属	社旗县
板栗锈病	*Pucciniastrum castaneae* Diet.	栗属	桐柏县
核桃黑斑病	*Xanthomonas juglandis* (Pierce) Dowso	核桃属、李属	南召县、方城县、西峡县、内乡县、淅川县

续

中文名称	拉丁学名	寄主植物	分布
核桃溃疡病	*Dothiorella gregaria* Sacc	桃属	方城县
葡萄白粉病	*Uncinula necator* (Schw) Burr	葡萄属	唐河县
葡萄霜霉病	*Plasmopara* Viticola	葡萄属	内乡县
柑橘疮痂病	*Sphaceloma fawcettii* Jenk	柑橘属	淅川县
花椒锈病	*Coleosporium zanthoxyli* Diet. et Syd.	花椒属	内乡县
竹杆锈病	*Stereostratum corticioides* (Berk.et Br.) Magn.	竹属	淅川县、桐柏县
葛藤	*Putraria Iobaia*	松属、栎属、五角枫	内乡县
泡桐丛枝病	MLO	泡桐属	南召县、西峡县、镇平县、淅川县、桐柏县
咖啡木蠹蛾	*Zeuzera coffeae* Nietner	栾树属	南召县
国槐尺稄	*Semiothisa cinerearia* Bremer et Grey	国槐	淅川县
大黑鳃金龟	*Holotrichia diomphalia* Bates	栎属	淅川县
山茱萸炭疽病	*Colletotrichum gloeosporioides* Penz. *Glomerella cingulata* (Stonem.)S. et S.	山茱萸属	西峡县
山茱萸褐斑病	*Pseudocercospora cornicola;Alternaria alternata* (Fr.) Keissler	山茱萸属	西峡县
八点广翅蜡蝉	*Ricania speculum* (Walker)	女贞属、杨属	南召县、淅川县
扁刺蛾	*Thosea sinensis* (Walker)	栎属	西峡县
月季黑斑病	*Actinonema rosae* (Lib.)Fr.;*Diplocarpon rosae*	蔷薇属	卧龙区
木瓜褐斑病	*Pseudocercospora cydoniae*	木瓜属	淅川县、方城县
木瓜锈病	*Gymnosporangium asiaticum*	木瓜属	桐柏县
杏树流胶病	*Taphrina deformans* (Berk) Tul.	杏属	社旗县
杨尺蠖	*Apocheima cinerarius* Erschoff	杨属	淅川县、桐柏县
膜肩网蝽	*Hegesidemus habrus* Drake	杨属	唐河县
松梢螟	*Dioryctria splendidella* Herrich-Schaeffer	松属	桐柏县
松针锈病	*Coleosporium phellodendri* Komarov	松属	淅川县
板栗炭疽病	*Colletotrichum gloeosporioides* Penz.	板栗	桐柏县
柑桔矢尖蚧	*Unaspis citri* (Comstock)	柑橘属	淅川县

续

中文名称	拉丁学名	寄主植物	分布
柑桔疮痂病	*Sphaceloma fawcettii* Jenk	柑橘属	淅川县
柑桔粉虱	*Dialeurodes citri* (Ashmead)	柑橘属	淅川县
栓皮栎薄尺蛾	*Inurois fletcheri* Inoue	栎属	西峡县
核桃褐斑病	*Marssonina juglandis*	核桃属	南召县
栾多态毛蚜	*Periphyllus koelreuteriae* (Takahashi)	栾树属	唐河县
桃小食心虫	*Carposina niponensis* Walsingham	桃属、李属	南召县、西峡县、淅川县
桃树缩叶病	*Taphrina deformans* (Berk) Tul.	桃属	方城县
榆凤蝶	*Epicopeia mencia* Moore	榆属	西峡县
樗蚕	*Samia cynthia cynthia* (Drurvy)	玉兰属	南召县
盗毒蛾	*Porthesia similis* (Fueazly)	杨属	南召县
竹霉病	*Coniothyrium bambusae* (Thun. Et Bolle.) Sacc.	竹属	桐柏县
竹螟	*Algedonia coclesalis* Walker	竹属	淅川县
紫薇叶斑病	*Cercospora lythracearum* Heald et Wolf	紫薇属	唐河县
紫薇白粉病	*Uncinuliella australiana* (McAlp) Zheng & Chen; *Erysiphe lagerstoemiae* West	紫薇属	淅川县
线茸毒蛾	*Dasychira grotei* Moore	栎属	南召县
苍耳	*Xanthium sibiricum* Patrin ex Widder	杨属	社旗县
苎麻夜蛾	*Arcte coerulea Guenee*Cocytodes coerulea Guenee	苎麻	桐柏县
茶叶斑病	*Discosia theae*	茶属	桐柏县
茶小绿叶蝉	*Empoasca pirisuga* Matumura	茶属	桐柏县
茸毒蛾	*Dasychira pudibunda* (Linnaeus);Calliteara pudibunda(Linnaeus)	栎属、杨属	卧龙区、南召县、桐柏县
重阳木锦斑蛾	*Histia rhodope* Cramer	重阳木属	南召县、桐柏县

续

中文名称	拉丁学名	寄主植物	分布
长尾大蝉蛾	*Empoasca pirisuga* Matumura	硬阔	桐柏县
香樟臀凹盾蚧	*Chionaspis camphora* (Chen)	香樟	西峡县
黄栌白粉病	*Uncinula verniciferae* P.Henn.	黄栌属	桐柏县
黄连树叶斑病	*Cercospora pistaciae* Chupp.	黄连树属	淅川县
松扁叶蜂	*Acantholyda posticalis* Matsumura	马尾松属	桐柏县
猕猴桃角斑病	*Pseudocercospora hangzhouensis* Liu et Guo	猕猴桃	西峡县
贝刺蛾	*Belippa horrida* Walker	杨属	南召县
黑桃扁叶甲	*Gastrolina depressa* Baly	枫杨属	西峡县
律草	*Humulus scandens* (Lour.) Merr.		西峡县

二、病虫害测报与防治

（一）预测预报

1960 年 3 月，地区林业局确定在南阳校场园艺场，南阳县潦河八一林场，南召县国营乔端林场和前湾园艺场，西峡县国营木寨林场、黑烟镇林场和县园艺场，淅川县国营荆关林场和西黄桔子场，内乡县国营万沟林场，镇平县国营五岳庙林场，邓县代岗园艺场，新野县城关国营林场，唐河县林科所和国营方城县大寺林场，桐柏县园艺场和国营陈庄林场，泌阳县国营板桥林场、国营板桥园艺场、大磨林业中学、梅村中学和高楼园艺场，方城县国营大寺林场，地区林技站，地区农科所岗庄园艺场等 25 个单位建立林木病虫害预测预报站，对梨瘿蛾、松毛虫及松苗立枯病等 11 种病虫害进行定点定时测报。

虫害调查

止 1986 年，全市设固定观测点 100 多个，主要对林木病虫害发生及危害情况进行预测预报。

止 2016 年，全市固定观测点达 340 个，配备专、兼职测报员 485 人；建立国家级测报点 4 个，市属测报点 16 个，县、乡（镇）

测报点 330 个。林木病虫害监测覆盖率达 90% 以上。

（二）**发生与防治**

1951 年～ 1958 年，新野、桐柏、内乡等县先后发生刺槐蚜虫、马尾松毛虫等虫害，各县进行人工防治。

1964 年，桐柏县发生松毛虫 1333.33 公顷，唐河县发生松毛虫 3333.33 公顷，虫株率 80%；8 月 21 日～ 11 月 2 日，首批使用飞机喷撒“六六六”粉防治，作业 121 架次，耗资 8.7 万元，杀虫率 90%。其中，桐柏县有效防治 8666.67 公顷。同年，西峡县人工防治林木虫害 133.33 公顷，1965 年～ 1974 年，桐柏县 5 次使用飞机喷药，唐河县 2 次使用飞机喷药防治松毛虫，效果均好。

1972 年，桐柏县开始使用白僵菌防治松毛虫幼虫，用赤眼蜂防治第二代松毛虫。

1976 年，全区用白僵菌、赤眼蜂防治松毛虫 5333.33 公顷。

1977 年～ 1985 年，采用综合措施防治林木虫害。主要方法有：营造松树与栎树、刺槐与栎树、刺槐与杨树等混交林，防止虫害蔓延；药物处理土壤、人工扑捉；结合修枝消灭虫卵及越冬虫体，悬挂黑光灯诱杀害虫、置鸟巢招引益鸟捕虫、放赤眼蜂治虫、用白僵菌治虫、在叶面喷撒化学农药等。

70 年代中、后期，桐柏县累计用白僵菌防治松毛虫 4000 公顷。70 年代后期，桐柏县毛集、陈庄两国营林场每年放赤眼蜂 133.33 公顷～ 266.67 公顷。

1981 年，西峡县人工挖栎毛虫蛹 150 千克，淅川县人工捕捉栎毛虫 100 万条左右。

1984 年～ 1985 年，内乡县湍河林场放赤眼蜂 140.4 万只，防治面积 253.33 公顷（次）。

1985 年，内乡、西峡 2 县使用溴氰菊酯、苏脲等药物，对山茱萸蛀果蛾进行重点防治。全区林木虫害防治工作取得显著效果，危害最重的松毛虫已基本控制，栎毛虫、松梢螟等已经减轻。

1982 年～ 1985 年，未发生大面积森林虫害。

1986 年～ 1990 年，采取益鸟招引、纯林改造、封山育林等措施，对桐柏、唐河 2 县的 6.67 万公顷马尾松毛虫实施综合治理工程，实现有虫不成灾。

1992 年，南阳地区首次在南召县乔端林场发现松黄叶蜂，暴发成灾，危害严重，面积 1066.7 公顷，占松林面积的 80%，被害株率 100%，主梢被害率 90%，平均虫口 8600 条 / 株，50% 的松树针叶被吃光。随后采取地面防治与叶面防治相结合的办法，控制了虫情。

20 世纪 90 年代以来，各地重点做好以杨小舟蛾、杨扇舟蛾、杨直角叶蜂为主的杨树食叶害虫，以星天牛、光肩星天牛为主的杨树蛀干害虫，以栎尺蠖为主的栎类食叶害虫、马尾松毛虫，园林绿化树木及板栗、山茱萸等经济林病虫害的防治，病虫害发生率、成灾率逐年下降，防治率不断提高，防治率达 85% 以上。

1999 年～ 2000 年，市森防站与市公路局联合对许南公路杨树食叶害虫进行突击防治，成立由 12 人组成的防治专业队，使用机动喷药车防治杨树 4 万多株，防治率 90% 以上。

2000 年以来，以杨小舟蛾为主的杨树食叶害虫成为南阳市的重点林业有害生物，2003 年全市开始利用飞机主要使用仿生制剂灭幼脲Ⅲ号与阿维菌素混配剂防治杨树食叶害虫。止 2016 年，全市累计飞机作业 1400 架次，防治面积 22.2 万公顷。此外，各县（区）林业部门每年都重点开展栎树食叶害虫人工防治、化学防治和生物防治，防治面积 0.3 万公顷以上。

2016 年，全市林木病虫害综合防治率达到 85% 以上。

主要虫害防治情况

1. 松毛虫

1950 年，桐柏县发生松毛虫面积约 1333.33 公顷，因受害较轻，未进行防治。

1956 年，桐柏县发生松毛虫面积 1.33 万公顷，虫株率达 100%，受害林木叶子全被吃光。5 月 5 日，桐柏县委发出迅速捕打松毛虫的紧急指示，全县组织 10 万人捕打和用六六六粉毒杀 20 多天，捕幼虫 20 多千克。

1964 年，桐柏县发生松毛虫面积 1.33 万公顷，唐河县发生松毛虫面积 3333.33 公顷，虫株率 80%，林木受害严重。8 月 21 日～ 11 月 2 日，启用飞机航空杀虫，飞机作业 121 架次，喷洒六六六粉 108900 千克，防治面积 0.88 万公顷，投资 87865.05 元，杀虫率 90.5%。

1965 年春，桐柏县松毛虫继续大发生。3 月 30 日～ 4 月 14 日，采用飞机稀释浓度（30 ～ 50 倍）滴滴涕喷雾 141 架次，防治面积 3133.33 公顷，杀虫效果 90% 以上。

1970 年，桐柏、唐河 2 县发生松毛虫面积 2.67 万公顷，虫株率 100%，危害严重。6 月 16 日～ 7 月 6 日，采用飞机喷洒六六六粉防治面积 1.71 万公顷，飞行 257 架次，用药 257000 千克，防治成效 83.5% ～ 99.4%。

1972 年，桐柏县局部发生松毛虫面积 0.4 万公顷。8 月 25 日～ 9 月 24 日，用飞机喷洒六六六粉和 25 ～ 40 倍的滴滴涕喷雾 71 架次，防治面积 0.24 万公顷。因气温不宜和部分药剂过期减效，防治效果仅为 24.8% ～ 65.1%。

同年 6 月，桐柏县袁庄寨林场利用白僵菌防治松毛虫 133.33 公顷，松毛虫幼虫死亡率 74.1% ～ 96.5%。8 月，桐柏县在毛集林场固县林区利用松毛虫天敌赤眼蜂进行松毛虫卵期杀虫试验，杀虫率 79%。

1973 年～ 1976 年，地区林科所王洪春、桐柏县毛集林场黄金钧通过在桐柏县毛集林场试验研究和在南召县乔端林场、西峡县黄石庵林场、方城县大寺林场、桐柏县陈庄林场、唐河县马振扶乡等地推广应用，系统总结出利用赤眼蜂防治松毛虫经济有效的生物防治方法。

1976 年，桐柏、唐河 2 县发生松毛虫面积 0.67 万公顷，利用白僵菌和赤眼蜂综合防治 0.53 万公顷，取得较好防治效果。

1977 年以后，在做好虫情测报的基础上，松毛虫防治实行幼虫期释放白僵菌、卵期释放赤眼蜂，成虫期悬挂黑光灯诱杀及人工招引益鸟等综合防治措施，有效控制松毛虫的发生。止 1985 年底，全区未发生大面积松毛虫灾害。

90 年至今，由于全市大面积营造松栎、松桐、松柏混交林，马尾松面积减小，抗逆性增强，松毛虫只是在部分林区零星发生，没有造成大的灾害。

2. 榆紫金花虫

榆紫金花虫集中危害榆树叶部，轻者造成树势衰弱，重者树木枯死。1975 年～ 1976 年，南阳地区林科所王洪春等人通过对榆紫金花虫发生规律、生活习性及防治方法进行研究，提出防治四种方法：一是 6 月和 8 月进行蛹期人工捕杀；二是用 10%、2.5% 六六六粉喷洒，或用 6% 可湿性六六六兑水 200 倍喷液，或用《621 烟剂》林内放烟等化学药杀；三是在幼虫和初蛹期喷撒白僵药、青虫菌和苏云金杆菌进行生物防治；四是在老熟幼虫集居树干化蛹时期，用豌豆秧搭挂在有蛹堆树干上部，雨后豆秧水杀虫有良好的防治效果。

1981 年，南阳县林业局张国亮、张国华在该县首次发现榆树金华虫的寄生蜂—榆树金花虫啮小蜂。通过 3 年在南阳县、南阳市对 1296 头蜂的观察调查，此蜂在南阳地区分布普遍。该蜂一年发生六代，且有 1 ～ 4 月和 9 ～ 12 月良种群凋落期（前一个凋落期是榆树金花虫麦收前成灾的主要原因）；4 ～ 8 月为自然寄生期；6 ～ 8 月为啮小蜂寄生高峰期，该期寄生率在 72% 以上，最高达 94.3%。此蜂的发现为生物防治榆树金花虫开辟了途径。

近 30 年来，由于榆树金花虫南阳市寄主面积非常小，不会造成大的危害。

3. 青杨天牛、桑天牛

1983 年～ 1984 年，内乡县湍河林场、地区林技站、内乡县林业局局长马改青、段应渠、刘成超、王春长、周继东 6 人研究出繁殖和利用肿腿蜂防治青杨天牛的方法。研究期间放蜂 140 万头，集中率 56.7% ～ 82%，防治效果良好，且每亩投资比化学防治低 5 倍。

目前，危害全市的天牛主要是桑天牛和广肩星天牛，主要危害杨树、柳树等树木。由于近年来多引进 107、108 杨树等抗虫品种，虫害发生多以轻度为主，没有造成大的灾害。

4. 中华松针蚧

中华蜂针蚧分布在河南省的南召、桐柏、固始、汝阳、卢氏、灵宝等县和陕西省秦岭一带。在伏牛山区主要危害油松，在发展极重地段也危害马尾松。此虫虫体很小，成虫和若虫刺吸油松、马尾松针叶叶液，使之变黄、脱落，致使树势衰弱，引起次期虫害如象甲、小蠹虫、天牛等危害成灾，最终出现树皮剥落，整株枯死。1979 年～ 1980 年，南召乔端林场 246.67 公顷人工油松受到中华蜂针蚧危害，经调查，22 年生油松林被害株率 95% 以上，每株平均有虫万头以上，最多达 14 万多头。该场连续 2 年防治试验结果：在成虫羽化盛期和若虫孵化高峰期释放烟雾剂，2 龄若虫喷洒 50%1605 和磷胺乳油 500 倍液，均收到良好效果。多年来，该虫在南阳市以零星发生为主，危害影响不大。

5. 栎旋木柄天牛、云斑白条天牛

栎旋木柄天牛、云斑白条天牛主要分布在伏牛山各栎树产区，危害栓皮栎、麻栎、青冈栎、檀子树等壳斗科植物。幼虫蛀食主干和侧枝，常沿枝干在边材部分凿成一条或几条圆形虫道，使枝、干折断，留下木桩，群众称之为“推磨虫”。据南召乔端林场和南阳地区林技站调查，28 年生人工栓皮栎幼树被害虫率为 15%，最高达 30%，每公顷损失木材约 10 立方米。

该虫近 5 年来，在西峡、淅川、南召等县发生比较严重，每年发生面积超过 0.2 万公顷，部分树木经风吹极折断，损失大。

防治方法：及时清除推倒的枝干作薪柴；人工捕捉成虫；保护益鸟；营造松栎混交林；成虫羽化盛期，用 0.04% 的 1059 或 40% 乐果乳油与 40% 敌敌畏乳油（1:1）兑水 500 倍液喷射枝干，或施放烟雾剂毒杀成虫；幼虫期用敌敌畏或磷铵 10 倍、20 倍液进行虫孔注射，都可收到良好的防治效果。2014 年，西峡县调集直升飞机，喷洒塞虫霖防治 0.13 万公顷，效果非常好。目前，南阳市已组织栎旋木柄天牛、云斑白条天牛的监测与防治观察研究工作，尽快提高防治效果。

6. 杨树食叶害虫防治

南阳市现有杨树面积 13.33 万公顷，约 1.6 亿株，是平原造林的主栽树种。由于造林面积大，树种单一，以杨小舟蛾为主的杨树食叶害虫已成为主要林木害虫，每年都有大面积杨树严重受害，发生范围涉及 13 个县（市、区）。每年发生面积均在 3.33 万公顷以上，约有 0.67 万公顷杨树叶子被吃光，造成直接经济损失在 1000 万元以上。为遏制害虫的发生危害，20 多年来，各级政府和广大林农投入了大量的人力物力组织

人工防治病虫害

杨树害虫

防治工作。

2003年，南阳市首次对杨树食叶害虫实施飞机防治。6月13日～19日，使用湖北航空学校“运五”飞机2架，飞行60架次，防治面积0.8万公顷，涉及宛城、方城、唐河、邓州、社旗、镇平、卧龙7个县（市、区）。

. 飞机防治病虫害

2004年7月10日～20日，对宛城、方城、新野、唐河、镇平、邓州、社旗、卧龙8个县（市、区）继续开展飞机防治杨树食叶害虫工作，飞行65架次，防治面积8666.7公顷。

2005年6月15日～20日，对宛城、卧龙、邓州、新野、社旗、方城、唐河、镇平、内乡9个县（市、区）杨树食叶害虫进行飞机防治，作业85架次，防治面积1.02万公顷。

2006年6月15日～22日，对宛城、卧龙、邓州、新野、社旗、方城、唐河、镇平、内乡9个县（市、区）杨树食叶害虫进行飞机防治，作业88架次，防治面积1.05万公顷。

2007年6月15日～25日，对邓州、镇平、卧龙、宛城、方城、社旗、唐河、新野、内乡9个县（市、区）杨树食叶害虫进行飞机防治，作业92架次，防治面积1.23万公顷。

2008年6月15日～21日，对宛城、卧龙、邓州、新野、社旗、方城、唐河、镇平、内乡9个县（市、区）杨树食叶害虫进行飞机防治，作业86架次，防治面积1.2万公顷。

2009年6月13日～21日，对宛城、卧龙、邓州、新野、社旗、方城、唐河、镇平、内乡9个县（市、区）杨树食叶害虫进行飞机防治，作业195架次，防治面积1.33万公顷。

2010年6月15日～24日，对宛城、卧龙、邓州、新野、社旗、方城、唐河、镇平、内乡、淅川10个县（市、区）杨树食叶害虫进行飞机防治，作业220架次，防治面积2万公顷。

2011年6月13日～22日，对宛城、卧龙、邓州、新野、社旗、方城、唐河、镇平、内乡9个县（市、区）；7月13日～15日，对淅川县杨树食叶害虫进行飞机防治，作业245架次，防治面积2.2万公顷。

2012年6月12日～20日，对宛城、卧龙、邓州、新野、社旗、方城、唐河、镇平、内乡9个县（市、区）；7月13日～15日，对淅川县杨树食叶害虫进行飞机防治，作业265架次，防治面积2.53万公顷。

2013年6月13日～26日、7月10日～14日、7月28日～8月7日对方城、镇平、内乡、宛城、卧龙、城乡一体化示范区、唐河、镇平等县（区）进行杨树食叶害虫飞机防治，3 次共飞防 268 个架次，防治面积 2.62 万公顷。

2014 年 6 月 12 日～ 23 日和 8 月 3 日～ 6 日，采用 26% 的阿维灭幼脲 3 号加 5% 甲维盐低量喷雾的方法，对宛城、卧龙、方城、社旗、唐河、新野、镇平、内乡、淅川、城乡一体化示范区、高新区、鸭河工区、官庄工区 13 个县（区）的重点区域进行有效防治，共飞防 48 个架次，防治面积 1.77 万公顷。

2015 年 6 月 11 日～ 22 日、7 月 21 日～ 23 日、8 月 3 日～ 5 日和 9 月 1 日～ 2 日分别调集 AT-402B 飞机、贝尔 30 型直升飞机、蜜蜂 4 轻型飞机，采用 26% 的阿维灭幼脲 3 号加 5% 甲维盐低量喷雾的方法，对宛城、卧龙、方城、社旗、唐河、新野、镇平、内乡、淅川、城乡一体化示范区、高新区、鸭河工区、官庄工区 13 个县（区）的重点区域进行有效防治，共飞防 184 个架次，防治面积 2 万公顷。

2016 年 6 月 13 日～ 23 日、7 月 28 日和 8 月 19 ～ 20 日，调集 AT-402B 飞机、贝尔 30 型直升飞机，采用 26% 的阿维灭幼脲 3 号加 5% 甲维盐低量喷雾的方法，对宛城、卧龙、方城、社旗、唐河、新野、镇平、内乡、淅川、城乡一体化示范区、高新区、鸭河工区、官庄工区 13 个县（区）的重点区域进行防治，共飞防 34 个架次，防治面积 1.57 万公顷。

局领导现场指导飞防工作

（三）病害发生与防治

南阳林木病害主要有杨叶黑斑病、杨树溃疡病、树木炭疽病、松苗立枯病、白粉病、油桐角斑病及绿化树木根腐病等。

70 年代开始大面积防治。主要防治方法有，药物处理土壤、苗圃轮作倒茬、种植无病种条、叶面喷撒农药、及时拔除病苗和环剥、剪除病枝等。

1970 年以来，淅川县各地果园相继开展苹果炭疽病防治。

1977 年，西峡县开始用波尔多液防治苹果早期落叶病。

1978 年～ 1979 年，方城县叶面喷硼、根部施硼 400 公顷，防治黑松芽枯病；环剥、剪枝 120 万株，防治泡桐丛枝病 40 多万株。

80 年代以来，内乡、淅川、西峡、桐柏等县，相继建立森林植物病虫害防治检疫站，开展苗木检疫，进一步加强林木病害防治工作。每年防治病害投入 100 多万元，防治面积 1.33 万公顷以上。

主要病害防治

1. 黑松及油松芽枯病

黑松及油松芽枯病是 1978 年在方城县大寺林场首次发现的一种新病害，又名流脂病或丛枝病。林木发病后，顶芽出现流脂和坏死。1978 年，方城大寺林场发病面积 1133.33 公顷。1981 年，西峡县木寨林场发病面积 1333.33 公顷。1981 年～ 1983 年，经南阳地区林科所王洪春、邹平洲，方城大寺林场郭国汉、郭全福，河南农学院李秀生、任国兰，河南省林技站李明瑶、袁德灿等人调查研究。该病害是因土壤缺硼引起的，对幼龄林采取叶面喷 0.5% 硼沙液、根施硼砂、适时修枝间伐、松土等单项措施，均可减轻其病情，提高健芽率，并提出在土壤缺硼地区应停止引种黑松的建议。

2. 泡桐丛枝病

泡桐丛枝病是泡桐的主要病害，在南阳地区范围内此病发病率高，发病重，对泡桐生长影响很大。地区林科所 1985 年对泡桐试验林丛枝病情调查结果，不同种类泡桐发病率是：毛泡桐 15%，白花桐 17%，日本桐 63%，山明桐 68%，川桐 75%，半氏桐 89%，小叶桐 89%，台湾桐 94%，泡桐丛枝病迄今没有根治办法。通过选择抗病品种，选用无病种根，合理施肥、灌水以及修除丛枝病枝、进行四环素注射治疗等综合防治措施，可以减轻此病的发生。

3. 树木炭疽病

该病南阳市各地均有发生，危害针阔叶树，寄主范围广。

症状：该病能危害树木地上部分各个部位，形成多种症状，但主要危害叶片、果实，引起早期落叶和落果。

（1）叶果病斑。近圆形，不规则形或同心轮纹状的褐色病斑。在病斑上，通常产生若干小黑点状子实体（分生孢子盘），若遇潮湿环境，则可形成桃红色、橘红色或粉红色的分生孢子堆。（2）枝梢病斑。椭圆、条状至不规则形的溃疡病斑。病斑扩展后，可使枝条枯死；梢头弯曲下垂，枯死。

病原：炭疽菌的有性世代是子囊菌纲球壳目小丛壳属。自然界不常出现，多数为它们的无性阶段，为半知菌类，黑盘孢目毛盘孢属。该属中包括 20 个形态种，9 个专化型和 3 个生物型。炭疽菌分生孢子萌发必须有附着胞，否则不称炭疽病。毛盘孢属是炭疽菌唯一的一个属；该属中的胶胞炭疽病菌是最常见的一个形态种。

胶孢炭疽病菌引起多种木本植物的炭疽病，主要寄主有：杉木、杨树、泡桐、刺槐、山茱萸、山楂、杜鹃、茶树、油桐、漆树、枸杞、苹果、柑橘、葡萄、柿树、桃树、核桃、木瓜、无花果、桂花、兰花以及板栗等。在生产中，值得注意的是苹果炭疽病菌能同时侵染梨、桃、葡萄、核桃、刺槐和杨树等寄主植物。在自然界，它们可以互相成为其侵染来源。

除上述胶胞炭疽菌引起的炭疽病外，在树上常见的炭疽病还有：梅炭疽病，漆树炭疽病。

发病规律：（1）侵入途径。病菌可从自然孔口、伤口侵入，也能直接穿透寄主的幼嫩组织。板栗炭疽病菌多从果壳的毛刺侵入，再延伸至果实内危害。桃炭疽病菌的分生孢子飞散后，可附着在幼果表面的茸毛上，然后由茸毛上扩展到果实组织内。

炭疽病菌能通过多种途径侵入寄主组织。（2）潜伏侵染。由于环境条件限制，而暂时停止生长活动，待条件适宜时，再生长繁殖，引起病害。（3）越冬场所和初侵染来源。病菌可在寄主植物的感病部位，病株残体上越冬。炭疽病菌还可在正常的部位（如叶、果、芽、枝梢）潜伏侵染，进行越冬。此外，某些炭疽病菌可同时在另一种寄主体上越冬。苹果炭疽病菌可在果园周围的刺槐叶柄、枝梢上越冬。(4) 病害流行的条件。炭疽病的流行，通常与经营管理、立地环境、气候条件以及不同物种、品种的抗病性等，有着密切关系。

防治措施：炭疽病的防治，首先应在经营管理上采取合理的措施，促使树木健康成长。有条件的地方，也可适当进行化学防治。

炭疽病菌的侵染期一般较长，并且又可在寄主体上进行潜伏侵染，所以，化学防治时，喷药次数较多，生产负担重。目前，常用的波尔多液、退菌特、代森锌、百菌清等农药，作用多属保护剂，在发病期使用，收效不大。发病刚开始时，及时喷洒渗透性强的治疗剂（乙磷铝等）2 ～ 3 次，可收到良好效果。

4. 杨叶黑斑病

杨树黑斑病全市各地均有发生，危害杨树，引起早期落叶。当年实生苗感病，可造成大量幼苗枯死。病叶可提早 1 ～ 2 个月脱落，危害多种杨树。

症状：杨树黑斑病的症状因病菌和寄主不同而有差异。

⑴ 杨盘二孢。主要发生在加杨、毛白杨的叶片上。病斑主要在叶正面，直径 1 ～ 5mm，初为红色，边缘较深，后变为黑褐色，圆形或多角形，中间有乳白色胶黏状的分生孢子堆。老叶病斑初为黑褐色，后病斑多时连成大片，叶变黑枯死。后期加杨叶背面也有病斑和孢子堆。叶柄上病斑为红棕色小点，后成梭形，黑褐色，稍隆起，中间产生带红色的分生孢子堆，嫩梢木质化后，病斑成溃疡斑状，发病重的嫩梢冬季常枯死。⑵褐斑盘二孢。主要发生在小叶杨上，病斑先出现在叶背，以后叶正面也有。病斑初为针刺状小黑点，后扩大变黑，直径 0.2 ～ 1.0mm，内有小点状分生孢子盘。

病原：引起杨树黑斑病的病原为半知菌类中盘二孢属的两个种：杨盘二孢菌 *Marssonina populi* (Lib.) Magn. 和褐斑盘二孢 *M. brunnea* (Ell. Et Ev.) Sacc.。分生孢子梗短，棒状，排列于盘内；分生孢子无色，长卵圆形，双细胞，少数单胞，分隔处缢缩，大小为 (14 ～ 18) μm×(6 ～ 8) μm，上端细胞大，下端细胞小略尖。M.brunnea 的分生孢子分隔处不缢缩，大小为 (15.7 ～ 20.9) μm×(6.4 ～ 7.4) μm(图 2-26)。

发病规律：病菌以菌丝体在病落叶或病枝梢中越冬，翌年春季产生分生孢子作为初侵染来源。实生苗的初侵染为已发病的邻近的苗木或大树。病菌的传播主要通过雨滴飞溅。病菌孢子萌发的适温为 20 ～ 28℃。侵入后潜育期 2 ～ 8 天，条件适宜时很快产生分生孢子，进行新的侵染。病害的发生与湿度密切相关，湿度大发病重，反之则轻。此外苗木密度过大，且生长势差均易发病。实生苗 5 月发病，加杨扦插苗 6 月开始发病，9 月达到高峰，至落叶期病害停止。

防治措施：（1）杨树育苗时远离发病的杨树，避免连作。（2）加强营林措施。幼苗出齐后及时间苗，适当增施速效肥料，促进苗木生长，提高其抗病性。秋季清除落叶集中烧毁。（3）实生苗长出 1 ～ 2 片真叶时开始喷药防治，可用 1 ∶ 2 ∶ 200 倍量式波尔多液或 65％代森锌 500 倍液，以后间隔 10 天喷 1 次药，共计 4 ～ 5 次。（4）推广速生抗病品种。

5. 杨柳腐烂病

该病又名烂皮病，全市各地均有发生。除危害杨树、柳树外，还危害板栗、樱桃、花椒、桑树、木槿等木本植物。

症状：杨树腐烂病主要发生在树干及枝条上，表现为干腐及枯梢两种类型。干腐型主要发生在主干、大枝及树干分杈处。发病初期病部呈暗褐色水渍状病斑，略为肿胀，病部皮层组织腐烂变软，用手压之有水渗出。以后病斑失水，树皮干缩下陷，有时呈龟裂状。病斑边缘明显。以后在病斑上长出许多针头状小突起(病菌分生孢子器)，潮湿或雨后自针头状小突起中挤出橘红色胶质卷丝状物，此即病菌的分生孢子角。得病组织皮层变成暗褐色，糟烂，纤维细胞分离，并易与木质部分开。腐烂部位有时可深达木质部。当病斑迅速扩展并绕干一周时，由于输导组织被破坏，因而导致病部以上枝条枯死。病斑在粗皮树种上表现不明显。枯梢型主要发生在 1 ～ 4 年幼树或大树枝条上。发病初期呈灰暗色，病部迅速扩展，环绕枝条一周后枝条便死亡。

病原：子囊菌纲球壳目黑腐皮壳属真菌引起杨树腐烂病。无性世代为金黄壳囊孢菌所引起。该菌的子囊壳多埋生于子座内，呈长颈烧瓶状。子囊棍棒状。子囊孢子腊肠形，分行排列。分生孢子器埋生于子座中，分生孢子单细胞，无色，形似子囊孢子，大小为 (0.68 ～ 1.36) μm×(3.74 ～ 6.8) μm。

发病规律：病菌以子囊壳，菌丝或分生孢子器在病部组织内越冬。3 月下旬在枯枝上或树干的死亡部位普遍有子囊壳存在，并有大量子囊及子囊孢子。孢子借气流传播。雨水和昆虫也有一定的传播作用。病菌通过各种伤口侵入寄主。

该病于每年 3 月、4 月开始发生。5 月、6 月是发病盛期，7 月后病势渐缓和，至 9 月基本停止发展。该菌是一种弱寄生菌，它只能侵染生长不良、树势衰弱的树木。病菌先在死枝、死节、冻伤、死皮或其他各种衰弱的部位上生活，并逐渐对活组织进行侵染。6 ～ 8 年生的幼树发病较重。防护林、片林的边行，尤其是迎风的边行，由于受风沙侵袭，发病都较其他部位的杨树为重。郁闭度在 0.7 以下的片林发病也较重。

防治措施：（1）插条储于 2.7℃以下的阴冷处，以免于储藏期间大量受侵染。（2）注意适地适树，移栽时应避免伤根或碰伤树干；移栽后及时灌水，保证成活。（3）科学整枝，修剪应逐年进行。剪口要平滑，并及时涂保护剂保护伤口。修下的病枝及时运走和处理，以减少侵染源。（4）营造半透风式防护林带，在迎风的边行外栽小灌木保护。（5）对病树除加强管理，提高其生活力外，可以砍去病枝或刮除病部；也可以用刀划痕后涂以药剂。目前常用的药剂有 50％多菌灵 40 倍液，10％蒽油，1％

退菌特，5%托布津等。

6. 杨树溃疡病

该病遍布全市杨树栽植区。除危害杨树外，还危害核桃、柳、刺槐、楝、榆、油桐、苹果、桃等，林木果树。

症状：该病症状有溃疡型和枯梢型两种。

⑴ 溃疡型。3月中下旬感病植株的干部先出现褐色，圆形或椭圆形病斑。大小在1cm左右，质地松软，手压之有褐色臭水流出。有时出现水泡，泡内有略带腥臭的黏液，5月、6月水泡自行破裂，流出黏液。随后病斑下陷，呈深褐色，并很快扩展成为长椭圆形或长条形，无明显的病斑边缘。皮层腐烂，黑褐色。4月上中旬。病斑上散生出许多小黑点，此为病菌的分生孢子器，并突破表皮。当病斑包围树干时，上部即枯死。5月下旬病斑停止扩展，在周围形成一隆起的愈伤组织，此时中央开裂，形成典型的溃疡症状。11月初在老病斑处出现粗黑点。⑵枯梢型。在当年定植的幼树主干上先出现不明显的小斑，呈红褐色，2～3日后病斑迅速包围主干，致使上部梢头枯死。有时在感病植株的冬芽附近出现成段发黑的斑块，剥开树皮，里面已腐烂，也引起梢枯，随后在枯死部位出现小黑点。

病原：子囊菌纲座囊菌目的茶标子葡萄座腔真菌所致。有性世代在秋后产生。子座埋生于表皮下，后突破表皮外露，黑色、炭质，近圆形或扁圆形，一至数个子囊壳集生其内。子囊壳扁圆形或洋梨形，暗黑色，具有乳头状孔口。子囊束生，棍棒状，具无色的双层壁，顶部较厚，有拟侧丝。孢子8枚，单胞、无色，椭圆形，大小为(19.2～22.3) μm×(6.1～8) μm。无性世代产生于春天。分生孢子器一至数个集生于黑色子座内，近圆形，有明显的孔口。分生孢子梗棒状，单细胞，无色，长椭圆形至纺锤形，大小为(20.4～27.2) μm×(4.8～6.8) μm。

发病规律：该病于3月下旬开始发病，4月中旬至5月上旬为发病高峰，5月中旬以后渐轻，5月下旬至6月初基本停止，10月以后稍有发展。病菌以菌丝在老病株上越冬。

病害轻重与气象因子、立地条件和造林技术措施等有密切关系。春旱、春寒，西北风次数多则病害重；土壤反碱，苗木生长不良，病害也重；苗木假植时间越长，发病越重。根系受伤越多，发病也越重。

防治措施：(1) 适地适树，随起苗随栽植，避免假植时间过长，减少路途运输时间，最好就地育苗就地栽种。(2) 起苗、假植、运输、定植时尽量可能减少伤根和碰伤树干，栽后及时灌水。(3) 重病苗应采取截干处理，并清除病枝干。(4) 加强抚育管理，培育壮苗，提高抗病力。(5) 用0.5度石硫合剂，1%波尔多液、40%福美砷50倍液、50%退菌特100倍液喷树干。

三、植物检疫

中华人民共和国成立以来，南阳市的森检工作从无到有，逐步发展壮大。

20世纪70年代以前，林业部门与农业部门一起开展工作，当时南阳地区林站和几个重点县有专门检疫人员，只是对一些常规林木常发生的病虫害进行检疫检查。70年代以后，林业部门与农业部门分离，各级相继配备林木防治检疫人员，购置检疫仪器设备，扩大检疫范围，检疫水平不断提高。80年代以来，全市的检疫体系逐步建立，多批检疫人员参加全国的检疫技术培训，检疫水平有很大提高。

2000年以来，市森防站开始在南阳火车站货场设立森检办公室，对进出南阳市的森林植物及其产品实施严格检疫。同时，抓好全市种苗产地检疫和林木、林木产品的复检工作。重点抓好美国白蛾检疫监测工作，在西峡及内乡灵山机场设立检疫哨卡，严密监控从陕西过往的车辆及飞机装载物。同时，开展松材线虫病的普查、昆虫考察、林业有害生物普查等工作，摸清南阳市昆虫资源分布情况、有害生物入侵情况以及危险性检疫对象的分布。2010年，全市配备专职检疫员72人，兼职检疫员245人，种苗产地检疫率达85%以上，林木及产品复检率达90%以上。

20世纪80年代以来重点工作开展情况

1986年7月～10月，在全区范围内开展森林植物检疫对象普查工作，查清检疫对象的种类、分布范围、发生面积、危害对象及危害程度等。

2000年3月28日，市森防站检疫执法人员在火车站货场复检时，发现镇平县贾宋食品公司从俄罗斯进口的60立方米的白松、红皮云杉、樟子松等树木中，携带有云杉大黑天牛等有害生物，立即采取扒皮、集中烧毁、树干喷药、封闭熏蒸等措施进行处理，避免传播扩散。

木材检疫

2003年6月20日～22日，省人大副主任张以祥带领省人大视察组，视察南阳贯彻《河南省植物检疫条例》（简称条例）情况，并深入到市森防及火车站检疫办公室、内乡县、西峡县等地，检查《条例》实施情况。

2003年～2005年，全市开展林业有害生物大普查。

2007年3月，在全市开展森林植物检疫执法月宣传活动，提高广大群众的森防意识。

2008年，参加全省森林植物检疫管理规范年活动，提高森检人员的检疫执法水平。

2008年8月，截获江西省分宜县松材线虫病疫木120多立方米，全部进行销毁处理。

2009年，市检疫人员对兰营水库造林绿化工程苗木实施现场查验检疫，查处12批次带疫苗木。

2004年～2011年，连续8年在全市开展美国白蛾、松材线虫病普查工作，及时掌握国家重点检疫对象的发生动向。

2011 年 7 月～ 10 月，组织开展《河南省植物检疫条例》颁布 10 周年宣传活动。

2012 年 3 月，在全市开展春季苗木产地检疫检查；5 月、7 月、9 月连续 3 次开展美国白蛾专项普查；9 月～ 10 月开展松材线虫病专项普查。

2013 年～ 2016 年，每年的 5 月、7 月、9 月在全市连续 3 次组织开展美国白蛾专项普查；9 月～ 10 月开展松材线虫病专项普查。全面掌握美国白蛾、松材线虫病疫情发生情况。

四、森防体系建设

1986 年～ 2016 年，全市建立森防站 13 个，机构人员独立 11 个，财务独立 5 个，其中国家级标准化森防站 4 个，国家级示范站 3 个，省级标准化森防站 7 个。

全市在岗森防人员 130 人，办公用房 60 间，森防专用车辆 9 台，喷药车 2 辆，常规喷药机器 1000 多台部，森防系统办公条件良好。

市森防站配备比较先进的测报防治检疫设备，办公条件和设备配备得到进一步改善。全市有大小防治专业队 25 个，10 个木材检查站进驻森检人员开展检疫工作，已形成比较完备的森防网络体系。

第四节　护林防火

一、护林防火情况

清朝及民国，区境内的山林火灾频繁。发生火灾，很少有组织的扑打抢救，重大山火常延续数日，任其自灭，林木损失严重。

中华人民共和国成立初期，各级人民政府贯彻防重于救的方针，组织开展护林防火工作，着重于改变烧坡垦荒历史习惯，发生山火，立即组织群众扑打。

1954 年 11 月，南阳专区护林防火指挥部成立，当年及第二年有护林任务的县先后成立护林防火指挥部，地、县两级指挥部每年防火季节恢复办公（办公室设在林业部门），负责护林防火宣传，制定措施和组织扑火等工作。地区护林防火指挥部成员有行署领导及有关部门领导组成。

1954 年，全区县以下区、乡（镇）、村，先后成立护林防火委员会，防火大队、防火中队、防火小组等群众性护林防火组织 3000 多个，参加护林人员达 5 万人。为严防山林火灾的发生，各群防组织分别制订护林防火公约共同遵守，在进入山林要塞设有护林防火检查站。

1955 年，随着防火工作的开展，联防组织也相继建立，唐河、桐柏 2 县参加豫、鄂两省 8 县（确山、信阳、泌阳、唐河、桐柏、应山、枣阳、随县）建立的护林防火联防组织；西峡、淅川、内乡、南召、方城 5 县参加河南伏牛山区 14 县（临汝、宜阳、灵宝、淅川、西峡、内乡、南召、方城、卢氏、嵩县、栾川、鲁山、洛宁、汝阳县）建立的护林防火联防组织，1979年增加镇平县和陕县，改为16县。以上两个护林防火联防组织参加县轮流值班，每县值期一年，值班县任联防指挥部指挥长，其它县为副指挥长。此外，地区内部县、区、乡间成立30多处联防组织。

防火宣传

直升机防火

1960年1月，在西峡县召开河南省伏牛山区13县护林防火联防委员会会议后，南阳专区有关县逐步建立县与县、社与社、队与队的联防组织，密切协作，加强联防，促进了全区的护林防火工作。

1961年春，内乡县发生山火39起，损失林木85万多株。

1962年，西峡县发生山火14起，烧山512.93公顷，毁林66.4万株。专属和山区各县人民委员会及时加强护林防火工作，普遍建立健全组织，制订护林防火公约，建立山口检查站、入山登记站，严格执行规章制度，严肃处理烧山毁林案件，使山林火灾逐步减少。

1966年～1978年，内乡县、西峡县各发生山林火灾2起。

1979年以来，划定自留山、责任山，实行承包责任制，进一步调动了广大农民爱林护林的积极性，防范更严，火灾更少。

1980年～1985年，淅川、西峡2县没有发生重大山林火灾。

1985年，全区无重大山林火灾。1953年～1985年，全区共发生1550起，烧山面积8.15万公顷，毁林面积7390.6公顷，火烧林木1885.25万株（见表5—4—1—1）。

1986年开始，各地加强护林防火宣传，实行护林防火行政首长负责制，严格火源管理，加强值班调度和预防扑救措施的落实，全市没有发生大的火灾和人员伤亡事故。

1991年～2013年，全市共发生森林火灾1209起，其中火警（过火面积小于1公顷）579起，一般火灾（过火面积1公顷至100公顷）394起，较大火灾255起，受害林地面积2056.09公顷，直接经济损失436.52万元，起火原因多为人为因素引起（见表5—2）。

1953 年～1985 年南阳地区森林火灾发生情况

表 5—2

年度	起数（起）	过火面积（公顷）	受害林地面积（公顷）	烧毁林木株数（株）	年度	起数（起）	过火面积（公顷）	受害林地面积（公顷）	烧毁林木株数（株）
1953	344	18030		8247228	1969	5	2200	1133	27000
1954	200	11689		2749076	1970	4	467	67	12000
1955	228	13363		2407770	1971	5	533	33	13000
1956	50	4471		779292	1972	8	2080	760	128500
1957	144	3873		1073580	1973	25	2360	833	72000
1961	303	15667	2353		1974	6	393	80	93000
1962	81	2807	690	3120000	1975	16	0	333	
1965	62	1333	533		1979	1	0	133	104000
1966	28	1707	147	7000	1980	4	34	1	1100
1967	3	200	67	3000	1981	2	0	133	
1968	4	200	67	15000	1985	27	73	27	
合计	1447	73340	3857	18401946	合计	103	8140	3533	450600

1991 年～2013 年南阳市森林火灾发生情况

表 5—3

年度	森林火灾			过火面积（公顷）	受害林地面积（公顷）	经济损失（万元）	查处率（%）
	合计	火警（起）	一般火灾（起）				
1991	11	9	2	503.45	465.00	1.32	45.45
1992	18	9	9	340.30	107.60	2.82	83.33
1993	4	2	2	23.30		0.13	100.00
1994	3	3	0	44.07		0.70	100.00
1995	7	0	7	222.50	95.50	9.20	57.14
1996	2	0	2	82.00		0.40	100.00
1997	1	1	0	2.00		0.05	100.00
1998	21	7	14	1289.00	6.00	18.47	52.38
1999	58	41	17	312.36	83.80	41.32	45.45
2000	23	11	12	59.20			100.00
2001	5	4	1	20.60	5.00	2.98	100.00
2002	16	16	0	14.20		1.84	100.00
2003	7	7	0	3.40		0.42	100.00
2004	61	61	0	30.30	6.00	6.06	100.00
2005	105	81	24	192.60	70.50	1.90	100.00
2006	42	31	11	85.40	32.50	2.60	100.00
2007	116	88	28	339.74	84.50	4.80	100.00
2008	165	101	64	405.27	237.33	76.18	100.00
2009	81	19	62	389.61	331.76	52.82	100.00
2010	61	27	34	291.77	216.05	41.08	96.72
2011	167	36	131	883.92	520.75	116.90	99.40
2012	55	27	28	143.20	74.62	35.70	94.55
2013	180	88	92	742.98	314.55	171.43	95.55

注：火警：小于1公顷；一般火灾：1公顷～100公顷；重大火灾：100公顷～1000公顷；特大火灾：1000公顷以上。2009年新森林防火条例规定：一般森林火灾：受害森林面积在1公顷以下或者其他林地起火的，或者死亡1人以上3人以下的，或者重伤1人以上10人以下的；较大森林火灾：受害森林面积在1公顷以上100公顷以下的，或者死亡3人以上10人以下的，或者重伤10人以上50人以下的；重大森林火灾：受害森林面积在100公顷以上1000公顷以下的，或者死亡10人以上30人以下的，或者重伤50人以上100人以下的；特别重大森林火灾：受害森林面积在1000公顷以上的，或者死亡30人以上的，或者重伤100人以上的。

二、护林防火队伍建设

1995年～1996年，南阳市建立以国有林场职工为依托的9支专业森林消防队（见表5—4），2003年～2004年，成立以重点林区乡镇干部为主体的25支森林消防突击队（见表5—5）。2005年7月，根据上级精神，全市辖区内的专业森林消防队和森林消防突击队全部更名为森林消防纠察队，每年举行森林防火技能培训，一旦有火情发生，随时组织扑救。

南阳市国有林场职工森林消防纠察队建设情况

表5—4

名称	住址	人数（人）	成立时间（年）	负责区域
西峡县森林消防纠察大队烟镇中队	烟镇林场	35	1995	烟镇林场及附近乡镇
伏牛山国家级自然保护区黄石庵管理局森林消防纠察中队	黄石庵林场	35	1995	黄石庵林场及附近乡镇
西峡县森林消防纠察大队木寨中队	木寨林场	30	1995	木寨林场及附近乡镇
淅川县森林消防纠察大队荆关中队	荆关林场	29	1995	荆关林场及附近乡镇
内乡县森林消防纠察大队宝天曼中队	内乡宝天曼管理局	36	1995	宝天曼及附近乡镇
南召县森林消防纠察大队二中队	南召宝天曼管理局	30	1995	乔端林场及附近乡镇
桐柏县森林消防纠察大队一中队	陈庄林场	28	1995	陈庄林场及附近乡镇
桐柏县森林消防纠察大队二中队	毛集林场	32	1996	毛集林场及附近乡镇
方城县森林消防纠察大队大寺中队	大寺林场	30	1996	大寺林场及附近乡镇

续

名称	住址	人数（人）	成立时间（年）	负责区域
西峡县森林消防纠察大队烟镇中队	烟镇林场	35	1995	烟镇林场及附近乡镇
伏牛山国家级自然保护区黄石庵管理局森林消防纠察中队	黄石庵林场	35	1995	黄石庵林场及附近乡镇
西峡县森林消防纠察大队木寨中队	木寨林场	30	1995	木寨林场及附近乡镇
淅川县森林消防纠察大队荆关中队	荆关林场	29	1995	荆关林场及附近乡镇
内乡县森林消防纠察大队宝天曼中队	内乡宝天曼管理局	36	1995	宝天曼及附近乡镇
南召县森林消防纠察大队二中队	南召宝天曼管理局	30	1995	乔端林场及附近乡镇
桐柏县森林消防纠察大队一中队	陈庄林场	28	1995	陈庄林场及附近乡镇
桐柏县森林消防纠察大队二中队	毛集林场	32	1996	毛集林场及附近乡镇
方城县森林消防纠察大队大寺中队	大寺林场	30	1996	大寺林场及附近乡镇

南阳市乡镇森林消防纠察队建设情况

表 5—5

名称	住址	人数（人）	成立时间（年）	负责区域
西峡县森林消防纠察大队米坪中队	米坪乡政府	20	2003	米坪乡及附近乡镇
西峡县森林消防纠察大队桑坪中队	桑坪乡政府	20	2003	桑坪乡及附近乡镇
淅川县森林消防纠察大队毛堂中队	毛堂乡政府	20	2003	毛堂乡及附近乡镇
内乡县森林消防纠察大队七里坪中队	七里坪乡政府	20	2003	七里坪乡及附近乡镇
内乡县森林消防纠察大队夏馆中队	夏馆镇政府	20	2003	夏馆镇及附近乡镇
内乡县森林消防纠察大队马山口中队	马山口镇政府	20	2003	马山口镇及附近乡镇
内乡县森林消防纠察大队板场中队	板场乡政府	20	2003	板场乡及附近乡镇
南召县森林消防纠察大队乔端中队	乔端镇政府	20	2003	乔端镇及附近乡镇
南召县森林消防纠察大队板山坪中队	板山坪乡政府	20	2003	板山坪乡及附近乡镇
南召县森林消防纠察大队马市坪中队	马市坪乡政府	20	2003	马市坪乡及附近乡镇

续

名称	住址	人数（人）	成立时间（年）	负责区域
西峡县森林消防纠察大队西坪中队	西坪乡政府	20	2004	西坪乡及附近乡镇
西峡县森林消防纠察大队回车中队	回车乡政府	20	2004	回车乡及附近乡镇
淅川县森林消防纠察大队西簧中队	西簧乡政府	20	2004	西簧乡及附近乡镇
淅川县森林消防纠察大队盛湾中队	盛湾乡政府	20	2004	盛湾乡及附近乡镇
南召县森林消防纠察大队四棵树中队	四棵树乡政府	20	2004	四棵树乡及附近乡镇
南召县森林消防纠察大队白土岗中队	白土岗乡政府	20	2004	白土岗乡及附近乡镇
桐柏县大河镇政府森林消防纠察中队	大河镇政府	20	2004	大河镇及附近乡镇
桐柏县朱庄乡政府森林消防纠察中队	朱庄乡政府	20	2004	朱庄乡及附近乡镇
桐柏县城郊乡政府森林消防纠察中队	城郊乡政府	20	2004	城郊乡及附近乡镇
桐柏县淮源镇政府森林消防纠察中队	淮源镇政府	20	2004	淮源镇及附近乡镇
桐柏县毛集镇政府森林消防纠察中队	毛集镇政府	20	2004	毛集镇及附近乡镇
镇平县森林消防纠察大队老庄中队	老庄乡政府	20	2004	老庄乡及附近乡镇
方城县森林消防纠察大队广阳中队	广阳镇政府	20	2004	广阳镇及附近乡镇
邓州市森林消防纠察大队杏山办事处中队	杏山办事处	20	2004	杏山办事处
卧龙区森林消防纠察大队独山中队	独山森林公园	20	2004	独山省级森林公园

三、护林防火措施

1954年4月20日，经河南省人民政府批准，南阳地区护林防火奖罚暂行办法颁布执行，其主要内容：

第一条 为保护森林，加强防火工作，根据中央人民政府政务院与中南行政委员会关于严防山林火灾的指示，制定本办法。

第二条 凡林区各级人民政府机关团体、学校及群众，都有护林防火的责任，有关护林防火的奖罚事项，均按照本规定办理。

第三条 不论团体或个人对护林防火工作具有下列情形之一者，经当地人民政府将具体事实报请县府、专署、经审查属实后，分别给予物质或名誉奖励；

1. 扑灭山火勇敢积极、有一定成绩者；
2. 重视护林防火工作，在所辖境内全年未发生山林大火及其它破坏森林事故者；
3. 及时报告森林火警，因而减轻损失或未酿成灾害者；
4. 检举或捉获防火烧山破坏森林之反革命分子者；
5. 积极参加防治森林病虫害工作有显著成绩者；

6. 其它有关护林防火工作有显著成绩者；

7. 各级领导机关、领导护林防火工作有显著成绩者。

第四条 因护林防火而致伤残、死亡或损坏衣物工具者，由当地人民政府依照前条规定奖励或表扬外，分别酌情给予医药、丧葬或抚恤及补偿损失费用。

第五条 各级人民政府，如忽视护林防火工作，或对护林防火组织督导不力，以致在管辖林权内发生火灾及其它破坏事情，致国家森林资源遭受损失者，应根据情节轻重适当给予处分。

第六条 凡遭受火灾之林区，当地政府必须迅速追查起火原因，对肇事人分别处理。情节严重者，依法处理。

第七条 凡反革命分子、不法地主，及其它破坏分子蓄意纵火焚烧森林，或煽动群众破坏林木者应依法严惩。

第八条 凡发现山火均应本着护林防火人人有责及时报警奋勇扑救，如不及时报警或畏缩不前抗拒救火者，经查明后予以适当批评教育或处分。

第九条 本办法经上级批准自公布日起实行。

2013 年 12 月 20 日，市护林防火指挥部下发《南阳市护林防火责任追究办法》。

（一）**总则**

第一条 森林防火工作实行“预防为主、科学扑救、积极消灭”的方针，实现森林火灾“打早、打小、打了”的目标，确保辖区内不发生重特大森林火灾，维护全市生态安全。

第二条 森林防火工作实行各级人民政府行政首长负责制和责任追究制。各县、区、乡（镇）人民政府行政主要领导为森林防火第一责任人，政府分管森林防火工作的领导为主要责任人。

第三条 森林火灾责任追究实行即时追究的原则。

第四条 森林火灾责任追究由市护林防火指挥部、市监察局牵头，并组织实施。

（二）**责任制落实**

对违反下列情形之一的，责令其限期整改；情节严重的，对主要责任人或第一责任人依法给予行政处分；构成犯罪的，依法追究刑事责任。

第五条 县级人民政府、森林防火指挥机构、林业行政主管部门未按照规定编制森林火灾应急预案的。

第六条 未按照森林防火规划落实森林防火设施建设的。

第七条 发生森林火灾后，有关负责人未到森林火灾现场组织指挥火灾处置和扑救的。

第八条 发现森林火灾隐患未及时下达森林火灾隐患整改通知书的。

第九条 对不符合森林防火要求的野外用火或者实弹演习、爆破等活动予以批准的。

第十条 瞒报、谎报、错报、漏报或者故意拖延报告森林火灾的。

第十一条 未及时采取有效森林火灾扑救措施的。

第十二条 因森林防火行政首长负责制不落实，造成本地连续发生森林火灾或者发生重、特大森林火灾的。

第十三条 不依法履行职责的其他行为。

（三）火灾预防

对违反下列情形之一的，责令限期整改，县级人民政府主管领导写出书面检查，通报批评；没有按期整改的，对县级人民政府主要领导给予行政处分，全市通报。

第十四条 没有把森林防火经费列入同级财政预算安排、资金配套比例少于 1: 1；没有把以森林资源为依托开发旅游业的景区门票收入按 5% 用于森林防火工作的。

第十五条 林区防火宣传不到位、群众防火知识缺乏、防火意识差，没有在森林防火关键部位和森林风景旅游区设置永久性防火宣传牌、防火标语的。

第十六条 未开展隐患排查、林区要道没有设置进山检查站、对“五种人”没有登记并落实监管责任的。

第十七条 根据森林防火任务，没有建立物资储备库、或物资储备品种不全、数量不足、品质不好、办公设施不全的。

第十八条 根据森林防火任务，没有建立专业、半专业、应急、群众森林消防队伍；没有对森林消防队伍进行定期培训和演练，森林防火消防技能达不到要求的。

（四）火灾扑救

对违反下列情形之一的，给予经济处罚，由市护林防火指挥部办公室提供依据，罚没资金上缴市财政设立的护林防火指挥部专项帐户，缴款凭证上报市护林防火指挥部办公室备案。

第十九条 在年度森林防火期内（每年 11 月 1 日至次年 4 月 30 日），被国家和省卫星监测或群众举报的火点，经查实认定为较大森林火灾的，每发生一起对当地县级人民政府处以 1 万元经济处罚。

第二十条 乡（镇）发生 1 起启动县级护林防火应急预案的森林火灾，对乡（镇）政府通报批评，追究村委负责人的责任。

第二十一条 乡（镇）累计发生 2 起启动县级护林防火应急预案的森林火灾，对县级人民政府通报批评，追究乡（镇）主要领导和分管领导的责任。

第二十二条 乡（镇）累计发生 3 起以上（含 3 起）启动县级护林防火应急预案的森林火灾，追究县级人民政府分管领导的责任，乡（镇）主要领导写出书面检查，追究乡（镇）分管领导的责任。

第二十三条 重点火险县（内乡、西峡、淅川、南召、桐柏、方城、镇平）累计发生较大森林火灾 7 起，一般火险县（区）（社旗、唐河、卧龙、宛城、新野）累计发生较大森林火灾 3 起，或启动市级护林防火应急预案的，对该县 5 万元经济处罚，并提出黄牌警告，通报全市，县级人民政府主要领导向市人民政府作出书面检查，追究县级人民政府分管领导的责任；构成刑事案件的，由森林公安部门立案调查，依法追究刑事责任。

第二十四条 发生森林火灾后，因处置不及时、组织不到位，造成森林火灾持续时间长、燃烧面积大，被省政府通报批评的，对该县（区）处以 10 万元经济处罚，被市人民政府通报批评的，处以 3 万元经济处罚，并追究县（区）级人民政府主要领导和主管领导的行政责任。

第二十五条 凡发现迟报、瞒报森林火灾的，一经查实，对县处以 2 万元经济处罚，并追究相关人员的行政责任。

（五）信息反馈

对违反下列情形之一，造成严重后果的，视情况对县级防火办主任和林业部门主管局长通报批评，并建议给予行政处分。

第二十六条 没有按要求认真、及时反馈火场信息的。

第二十七条 没有及时、完整、准确上报森林火灾统计月报表和年报表的。

第二十八条 没有按照规定及时准确报送森林防火信息的。

（六）奖励

第二十九条 对森林防火工作中做出突出成绩的单位和个人，由市人民政府给予表彰奖励。

第三十条 对扑救森林火灾中表现突出的单位和个人，由市护林防火指挥部给予表彰奖励。

本办法自印发之日起实施。

本办法由南阳市人民政府护林防火指挥部负责解释。

2014 年 12 月 31 日，市政府护林防火指挥部印发《南阳市森林防火责任追究办法补充规定》。

第一条 凡发生一个卫星监测热点，对所在村的党支部书记、村委主任进行通报批评。

第二条 凡发生一起森林火灾或三个卫星监测热点，对所在乡（镇）的党委书记、乡（镇）长进行通报批评。

第三条 凡一个县（区）发生三起森林火灾，对所在县（区）政府的分管副县（区）长进行通报批评；凡发生四起森林火灾，对所在县（区）政府的县（区）长进行通报批评；凡发生五起森林火灾，对所在县（区）的县（区）委书记进行通报批评（三个卫星监测热点按一起森林火灾认定处置）。

第四条 凡受到两次通报的县（区），将实施黄牌警告；凡受到三次通报的县（区），将约谈县（区）委书记、县（区）长。

第五条 建立刑事追责制度。依据河南省《森林防火条例》，对损失严重、达到刑事责任追究程度的森林火灾肇事者及有关责任人进行刑事追责。

第六条 建立督查通报制度。实行周通报、月综述、季排序、年奖惩。对各县（区）森林火灾、热点发生情况分阶段汇总，年终兑现奖惩。

四、森林火灾事件选介

1995 年 11 月 22 日，内乡县七里坪乡大龙村红椿树沟发生森林火灾，过火面积 33.46 公顷，受害林木树种为青冈、麻栎天然次生林，11 月 25 日扑灭。扑火共动用人员 5000 余人次，出动扑火车辆 200 余台次，直接经济损失约 10 万元，火由人为烧蜂窝引起。省林业厅厅长马新高、副厅长李德臣，市政府市长符文朗亲自到火场组织扑救。

1997 年 12 月 13 日，方城县四里店乡马坪村发生森林火灾，过火面积 10 余公顷，其中有林地 7.33 公顷，烧毁火炬松 7600 余株，直接经济损失 3 万余元，火由人为取暖引起。

1998 年 11 月 21 日，镇平县二龙乡与南召县板山坪镇交界处发生森林火灾，过火面积 40.67 公顷，林地为灌木丛和栎木，11 月 26 日扑灭，上山扑火人员 5000 多人（次），车辆 200 余台（次）。省委书记马忠臣、副省长王明义对扑火作出重要批示，省消防总队参谋长丁新生及省防火办领导亲临火场组织扑救，社会影响较大，人力、物力、财力有较大投入。火由精神病人烧饭引起。

1999 年 2 月 2 日，西峡县桑坪镇发生森林火灾，过火面积 133.33 公顷，2 月 4 日扑灭。烧毁林木为栎杂林，由人为做饭引起。市长王菊梅及市有关四大家领导亲临火线组织扑救，南阳军分区出动 400 名驻宛官兵到火灾现场协助扑救，组织干群 2000 多人（次），车辆 200 余台（次）。

2000 年 3 月 27 日 14 时，西峡县太平鱼库发生火灾，县、乡领导立即组织 350 余人上山扑救，27 日 18 时扑灭。过火面积 4 公顷，有林地 3.5 公顷，出动车辆 20 台，扑救经费 1.7 万元。起火原因是烧窑引起。该县防火办对太平鱼库罚款 1000 元，对承包人王志伟罚款 2000 元，并没收抵押金，责令停止烧窑。

2007 年 2 月 2 日 23 时 15 分，桐柏县大河镇峡山沟村发生森林火灾。县林业局组织 60 人扑救，2 月 3 日 5 时 38 分将火扑灭，过火面积 14 公顷，林相为松栎混交林。起火原因为电网狩猎、烧荒驱兽引起。护林员刘新兵在扑火中被电击倒烧伤，2 月 8 日抢救无效死亡。

2008 年 12 月 7 日 14 时，桐柏县金亭村龙泽潭陵园西南山上发生森林火灾。该县林业局组织乡、村干部、群众 200 多人、车辆 13 台、风力灭火机 6 台进行扑救，7 日 16 时 47 分扑灭，烧毁林地面积 13.08 公顷，林相为马尾松。市、县森林公安机关立即立案调查，将火灾肇事者代金义刑事拘留。起火原因为上坟烧纸引起。

2009 年 1 月 27 日 14 时 53 分，南召县马市坪乡与平顶山市鲁山县交界处发生森林火灾。该县副县长左德山、林业局局长倪文忠组织县、乡、村干部、群众100多人、车辆5台进行扑救，省防火办副主任李山林、市防火办主任李振家到场协调组织。国家、省办又先后4次通报该火点，南阳市启动森林火灾扑救应急预案，市林业局局长宋运中、副局长吴子献连夜赶赴南召、桐柏火场，现场组织指挥扑救。南召县委书记赵景然、县长鄢国宾先后组织县、乡、村干部、群众250余人、车辆10台进行扑救。在省森林航空消防站直升机的配合下，28日14时46分将火扑灭，过火面积23.33公顷，林相为栎林。起火原因为上坟烧纸引起。

2010年12月2日12时36分，西峡县太平镇、国有黄石庵林场发生森林火灾。市林业局副局长吴子献现场指挥扑救，西峡县启动县级森林防火应急预案，副县长何耀航、县政府党组成员曹志刚、林业局局长赵志信组织县、乡、村干部群众、黄石庵林场专业扑火队200余人、车辆10台进行扑救。3日10时20分，南阳市启动市级森林防火应急预案，副市长姚龙、市政府副秘书长周天龙、市林业局党组书记张荣山和市护林防火指挥部成员单位有关人员赶赴火场并成立扑火前线指挥部，发布《南阳市人民政府护林防火指挥部关于紧急启动四级森林火险天气等级预警的指挥长令》，组织专业扑火队400余人进行扑救，省防火办副主任尚中海深入现场组织，并调省航站直升机进行扑救。市长穆为民在郑州开会听到汇报后，命令市消防队组织80人前往扑救，要求不惜一切代价迅速扑灭，经过800余人的全力奋战，3日14时全部扑灭，过火面积80公顷。起火原因为境外烧入。

2011年2月2日14时21分，桐柏县程湾乡栗子园村发生森林火灾。该乡乡长卢鹏立即组织扑救，15时15分，桐柏县启动森林火灾应急预案，县人大主任王清国、副县长赵丰璞、林业局局长严克杰组织专业扑火队40人，风力灭火机20台，二号工具20把组织扑救。由于山高坡陡，气象条件恶劣等不利于组织扑救，当晚组织60人留守控制火场。3日，副市长姚龙其启动市级森林火灾应急预案，市林业局副局长吴子献赶赴火场指挥扑救，桐柏县组织当地干部、群众230余人，出动车辆10台、风力灭火机22台，二、三号工具40把进行扑救。省森林航空消防站飞机巡护，实行吊桶灭火，3日13时50分扑灭，过火面积128公顷，过火林地面积62公顷，林相为混交林，林种为松、栎等。起火原因为上坟烧纸引起。

扑火现场

4月10日15时35分，西峡县太坪镇（南阳市黄石庵林场三岔林区）发生森林火灾。林场副场长薛林堂组织林场消防队41人，出动车辆3台，风力灭火机4台，二、三号工具30

把进行扑救。由于当时风大（风力达6级），火场地处深山，山高坡陡（多为山崖绝壁，坡度为70度以上），通信不畅（各种通信工具均无信号）等不利于组织扑救，由西峡县木寨林场、烟镇林场的专业扑火队及西峡县太坪镇、二郎坪乡的干部群众120余人开挖防火道，控制火势蔓延。4月11日，副市长姚龙其决定启动市级森林火灾应急预案，市林业局党组书记张荣山、副局长吴子献、防火办主任李振家赴火场，成立扑火前线指挥部，传达省、市领导指示，组织200余人，出动车辆15台次，各种工具180余把，现场指挥扑救工作。经过全力扑救，15日7时50分林火扑灭，过火面积30公顷，过火林地面积19.8公顷，林相为稀疏灌木林，林种为栎类。起火原因为人为活动引起。

2013年3月9日22时30分，社旗县下洼乡社旗林场发生森林火灾。县、市先后启动森林火灾应急预案，县委书记张明体组织县四大家领导、县直机关干部职工230余人，车辆20台、二、三号工具150把、风力灭火机15台进行扑救。在京参加全国人代会的南阳市委书记穆为民非常关注，委托副市长张生起、市林业局局长汪天喜赴火场现场指挥。10日10时30分将火扑灭，过火面积35公顷，过火林地面积5公顷，林相为杂灌混交林。起火原因为烧荒引起。

2014年1月4日15时，方城县四里店乡发生森林火灾。县主要领导高度重视，县护林防火指挥部组织专业、半专业扑救人员80余人，动用车辆12台，二、三号工具30把，风力灭火机15台进行扑救。至18时10分，历经3小时10分钟，将火扑灭，过火面积2公顷，林相为杂灌混交林。起火原因为烧荒。

1月22日14时43分，桐柏县毛集林场回龙林区发生森林火灾。县委、政府主要领导高度重视，县护林防火指挥部启动应急预案，组织专业、半专业人员60余人，动用车辆8台，二、三号工具30把、风力灭火机10台进行扑救。至19时12分，将火扑灭，过火面积1.90公顷，全部为林地，林相为杂灌混交林。起火原因为烧荒。

2015年，南阳市没有发生较大森林火灾。2016年，南阳市没有发生森林火灾。

第五节 封山育林

封山育林是保持水土、绿化荒山、促进天然成林最经济、最有效的办法。

中华人民共和国成立前，山林私有，户主多搞封山育林。中华人民共和国成立初期，南阳专署执行以护为主的方针，开始在山区县、乡开展部署封山育林工作。

为尽量恢复残林迹地，从1950年开始，山区县对封山育林采取“普遍宣传、重点示范、稳步发展”的方针，使群众在提高觉悟、充分认识好处的基础上，组织群众开展封山育林工作。

桐柏县林区开展较早，1950年～1953年，内乡、淅川、西峡等县相继开展封山育林。1954年，全区封山育林1.5万公顷。其后，在实现高级合作化的过程中，封山面积逐步增加。1957年，全区封山育林面积增至3.73万公顷。

1958年～1961年，以木代炭炼钢铁，大搞毁林开荒种粮，老林区留下大量残林迹地，新林区幼林毁坏严重。加上群众烧柴不足，饲草不足，竞相进山采薪，乱砍滥伐有继续增长之势，封山育林成为林业生产的当务之急。

1962年，全区封山育林1.8万公顷，在深山区效果更好；在浅山区特别是在邻近村、镇的浅山区不易实施，大半流于形式。

1963年开始，各地加强封山育林，一般实行“三封、四禁”，即封新造幼林、封有萌生能力的残林迹地、封水土流失严重的山坡；禁止绕山开荒、毁林开荒、陡坡开荒和在封山育林区樵牧。封山形式有死封、活封两种。为解决林牧矛盾，各地均划出牧坡，专供放牧，有些地区实行轮封轮牧。为解决林樵矛盾，缺柴区实行常年封山、定时开放，开放时有组织地修枝、扒落叶。对于疏林地，采取封山育林和补植造林相结合的方法，解决林地残败问题。封山育林对恢复和扩大森林发挥了显著作用。西峡县蛇尾乡东台子村总面积1533.33公顷，20世纪50年代前期森林茂密，经1958年～1962年大砍伐，有林地下降至26.67公顷。经过20年封山育林，有林地面积恢复至800公顷，活立木蓄积9700立方米。

封山育林

20世纪80年代初，全区飞播造林有效面积5200公顷，实行全封。1985年，全区封山育林11.76万公顷，占有林地面积的18.2%。

1988年，林业部颁布《封山育林管理暂行办法》。按照规定，全区贯彻“以封为主、封育结合”的原则，确定主要封育对象：有培育前途的疏林地；每公顷有天然下种能力的针叶母树60株或有阔叶母树90株以上的荒山荒地；每公顷有萌芽、萌蘖力强的伐根，针叶树1200个、阔叶树900个，或有针叶树幼苗幼树900株、阔叶树幼苗幼树600株以上的采伐迹地；每公顷有培育前途的灌木丛750墩以上及零星分散野生经济林树种资源的灌木丛地。根据以上不同立地和植被条件，因地制宜地采取全封、半封或轮封。

20世纪70年代后期到80年代中期，南阳地区开始大范围封山育林，在这一时期全区封山育林面积达到11.73万公顷，占有林地面积的18.2%。

1990年以后，随着林业工程的实施，封山育林作为工程项目的一项内容一并实施。1991年，西峡、淅川、内乡、南召、方城、镇平6县正式列入国家重点林业工程——长防林项目县，林业资金投入力度加大，封山育林步伐也随之加快，6县当年完成长防林工程封山育林0.74万公顷。

1994年，随着灭荒工作的推进，当年完成封山育林1.67万公顷。1995年，山区县、半山区县继续加大封山育林力度，完成封山育林2.17万公顷，为1996年全市提前一年完成省政府下达的基本消灭宜林荒山任务奠定了基础。

2002年，全市启动实施退耕还林工程，封山育林成为工程建设项目内容之一。2002年～2013年，退耕还林工程累计完成封山育林2.62万公顷。

1986年～2013年，全市长防林工程完成封山育林9.36万公顷，淮防林工程完成封山育林1.51万公顷。

2014年～2016年，全市长防林工程完成封山育林7286.7公顷，其中2014年完成封山育林953.3公顷，2015年完成封山育林3000公顷，2016年完成封山育林3333.3公顷。随着封山育林工程逐年实施，森林植被得到有效恢复，森林质量逐年提高。

第六节 天然林保护工程

一、实施情况

天然林保护工程（简称天保工程）是指从根本上遏制生态环境恶化，保护生物多样性，促进社会、经济可持续发展为目标的国家中长远计划工程。一期工程涉及云南、四川、贵州等18个省（区、市）的重点国有森工企业及长江、黄河中上游等地区生态地位重要的地方森工企业、采育场和以采伐天然林为经济支出的国有林业局（场）、集体林场，河南省包括洛阳市和三门峡市。

2011年，淅川、西峡、内乡、邓州4县（市）纳入国家天然林资源保护二期工程，面积48.78万公顷，其中国家级公益林21.2万公顷，地方公益林27.58万公顷（见表5—6、5—7）。

南阳市纳入天保工程面积

表5—6

单位	合计（万公顷）	国家级公益林（万公顷）			地方公益林（万/公顷）			年投资总额（万元）
		小计	国有	集体及个人	小计	国有	集体及个人	
南阳市	48.78	21.20	4.09	17.10	27.58	0.10	27.48	2415.18
淅川县	12.79	11.42	0.27	11.15	1.37	0.00	1.37	1375.2
西峡县	22.57	7.29	2.90	4.40	15.28	0.00	15.28	847.5
内乡县	11.97	2.49	0.93	1.56	9.48	0.10	9.38	61.68
邓州市	1.45	0.00	0.00	0.00	1.45	0.00	1.45	130.8

南阳市天保工程区人工造林完成情况

表5—7

单位	合计		2011		2012		2013		2014		2015		2016	
	面积(万公顷)	资金(万元)	面积(万公顷)	资金(万元)	面积(万公顷)	资金(万元)	面积(万公顷)	资金(万元)	面积(万公顷)	资金	面积(万公顷)	资金(万元)	面积(万公顷)	资金(万元)
南阳市	1.03	5034	0.1	480	0.16	690	0.07	300	0.22	1004	0.35	1560	0.13	1000
西峡县	0.62	3204	0.03	150	0.09	390	0.07	300	0.12	554	0.18	810	0.13	1000
内乡县	0.02	90	0.02	90										
淅川县	0.39	1740	0.05	240	0.07	300			0.1	450	0.17	750		

二、补助政策

2011 年，对国有林中央财政安排森林管护费每亩每年 5 元，对集体林属于国家级公益林的，中央财政安排森林生态效益补偿基金每亩每年 10 元；属于地方公益林的，主要由地方财政安排补偿基金，中央财政每亩每年补助森林管护费 3 元，森林抚育补助标准每亩 120 元，人工造林补助标准每亩 300 元，封山育林补助标准每亩 70 元。

2016 年，对国有林中央财政安排森林管护费调整为每亩每年 8 元，对集体林属于国家级公益林的，中央财政安排森林生态效益补偿基金每亩每年 15 元；属于地方公益林的，主要由地方财政安排补偿基金，中央财政每亩每年补助森林管护费 3 元，森林抚育补助标准每亩 120 元；人工造林补助标准提高到每亩 500 元，封山育林补助标准每亩 70 元。

三、建设成效

全面停止天然林商品性采伐，使森林资源消耗量大幅度降低，47.4 万公顷天然林资源得到有效保护。

落实森林管护责任，建立县(县天保办、森林公安分局、资源林政股)、乡(乡管护站)、责任区（护林员）三级森林资源管护网络，使天保工程的各项管护措施落到实处。

加强管理，提高质量。对争取的 0.326 万公顷天保区人工造林项目，高标准进行设计、施工，强化管护措施，开展补植补造，每年都顺利通过国家林业局核查验收，保证工程建设的进度和质量。

积极培育后续产业，实现富余职工就业多元化。各地利用森林资源和土地资源优势，结合当地实际，积极发展旅游业、种植业、养殖业、种苗花卉、森林食品、森林药品等后续产业，为富余职工创造就业机会，提高林农收入。

第七节　生态公益林工程

一、工程实施

生态公益林是指生态区位极其重要或生态状况极为脆弱，对国土安全、生物多样性保护和经济社会可持续发展具有重要作用，以提供森林生态和社会服务产品为主要经营目的的重点防护林和特种用途林。在我国，按属权等级划分为国家公益林和地方公益林。

2004 年，南阳市纳入国家和省级生态公益林建设工程项目，启动森林生态效益补偿工作。全市共纳入生态公益林补偿面积 40.6 万公顷，其中国家级公益林 35.77 万公顷，省级公益林 4.59 万公顷，占全省公益林补偿面积的 25%。涉及 11 个县（市、区），58 个乡（镇、县管林场）,887 个行政村（林班）,5 个自然保护区 ,8 个国有林场，3 个森林公园（见表5—8）。聘用专职护林员2500人，落实公益林区管护责任。止2016年，国家和省每年下拨森林生态补偿资金0.78亿元。

南阳市公益林补偿面积

表5—8　　单位：万公顷

单位	总计	国家级						省级				
		小计	纳入年度					小计	纳入年度			
			2004	2006	2009	2012	2013		2006	2007	2011	2013
全市	40.6	35.77	15.97	8.31	10.12	1.31	0.06	4.83	0.65	3.68	0.13	0.13
黄石庵管理局	1.28	1.28	1.25	0.03	0	0		0	0	0	0	
宝天曼管理局	0.93	0.93	0.91	0	0.02	0		0	0	0	0	
卧龙区	0.11	0.03	0	0.03	0	0		0.08	0	0	0.08	
西峡县	6.02	6.02	2.98	2.8	0.23	0	0.01	0	0	0	0	
西峡木寨林场	0.01	0.01	0	0	0	0	0.01	0	0	0	0	
内乡县	4.05	1.56	0.67	0.87	0.02	0		2.49	0.12	2.37	0	
南召县	8.97	8.42	1.29	0.77	6.34	0	0.02	0.55	0.09	0.33	0	0.13
社旗县	0.218	0.218	0	0.17	0.02	0	0.03	0	0	0	0	
桐柏县	4.7	4.15	3.52	0.59	0.04	0		0.55	0.07	0.48	0	
淅川县	11.42	11.42	5.12	2.87	3.43	0		0	0	0	0	
方城县	2.21	1.74	0.22	0.19	0.02	1.31		0.47	0.23	0.24	0	
镇平县	0.15	0	0	0	0	0		0.15	0.13	0.02	0	
唐河县	0.29	0	0	0	0	0		0.29	0	0	0.29	
邓州市	0.24	0	0	0	0	0		0.24	0	0.24	0	

二、补偿政策

按照中央和省森林生态效益补偿基金管理办法，国家、省财政对纳入补偿范围的公益林给予补偿。具体补偿标准：2004 年～ 2009 年，每年每亩补偿 5 元，其中公共管护支出 0.25 元，管护补助支出 4.75 元；2010 年～ 2012 年，公益林中国有林补偿标准不变，为每亩每年补偿 5 元，其中公共管护支出 0.25 元，管护补助支出 4.75 元；集体及个体林每年每亩补助 10 元，其中公共管护支出 0.25 元，管护补助支出 9.75 元。

2013 年起，非国有公益林补偿标准提高至每亩每年 15 元，其中公共管护支出 0.25 元，管护补助支出 14.75 元。

2015 年起，国有国家级公益林补偿标准提为每亩每年 6 元，其中公共管护支出 0.25 元，管护补助支出 5.75 元。

三、建设成效

（一）加强领导，建立机构

重点县都成立以分管副县长为组长，财政、农业、水利、土地等单位负责人为成员的公益林管理领导小组，负责组织、协调全县的公益林管理工作。市、县林业部门及国有林场、自然保护区都成立公益林管理办公室，乡、镇成立公益林管理站，明确专人具体负责公益林管理工作，形成政府统一领导，财政、林业等相关部门齐抓共管的工作格局。

（二）建章立制，规范管理

公益林实施县相继制订《公益林管护细则》、《公益林区护林员管理细则》、《护林员考核办法》、《生态公益林补偿基金管理细则》等，建立一整套行之有效的管护机制，提高管理水平，使公益林管理工作逐步走向规范化、制度化轨道。

（三）建立管护队伍，落实责任

市、县两级林业主管部门分别与管辖范围内的管护实施单位签订管护合同；各管护实施单位分别与管护人员签定护林合同，层层落实管护责任。全市共选聘护林员 2500 人，签订管护合同 836 份。

（四）搞好基础项目建设

对建设项目做好规划和施工，每年年初，各项目单位都要编制公益林建设项目实施方案，报省林业厅审批后组织施工，每年 9 月底前完成施工任务后，由省厅统一组织检查验收。对项目建设实行招投标制和资金报账制等，严格加强管理。项目建设内容包括：护林标牌新建与维护、护林房新建与修缮、林区道路新建与维护、机械围栏新建与维护、生物防火林带建设等。通过项目实施，使公益林区内各项基础设施建设不断得到完善和提升。

（五）加强资金管理和使用

对补偿基金实行专项管理，分账核算，及时足额拨付，专款专用。同时，加强对

生态公益林

资金下达使用情况监管，发现问题，及时改正。止 2016 年，全市补偿基金已全部兑付到位。

通过管理，公益林区内有林地面积、活立木蓄积量、森林覆盖率连年增长，森林涵养水源、保持水土、抵御自然灾害的能力不断增强。林区乱砍盗伐、乱牧滥猎、乱采滥挖、乱占滥建等各种林政案件大幅度降低，森林防火工作进一步加强，森林病虫害能及时发现并得到有效防治，森林资源管理方式和管理水平得到提高。

第八节 野生动植物保护与管理

20 世纪 50 年代前，区内生态环境较好，山区林木密布，平原村落绿树成荫，河流淙淙，溪水潺潺，虎、豹、金雕、黑鹳、丹顶鹤、大鲵等野生兽类和鸟类很多。由于从 50 年代后期到 70 年代中期，“人民公社”“大跃进”“文化大革命”过程中的各种破坏，大片林木消失，许多河流干涸，生态环境急剧恶化，野生动物失去栖息之地，历史上南阳山区常见的华南虎等野生动物已经绝迹。80 年代后期，各级政府率领群众封山育林，植树种草，恢复植被，生态环境逐步好转，不少野生动物重返家园。

1989 年，全国人大常委会颁布《中华人民共和国野生动物保护法》，1995 年，河南省颁布《河南省实施＜中华人民共和国野生动物保护法＞办法》等法律法规，使保护野生动物有了法律依据。市政府出台保护古树名木和禁止大树古树移植进城有关规定，保护珍贵野生树种资源。20 世纪 90 年代以来，各地依照法律法规，相继建立野

保护白鹭

放生青蛙

放飞——刘剑（摄）

生动物资源保护机构，制订各种法规，加强管理，建立森林生态类型和湿地类型自然保护区，建立珍贵稀有苗木繁育基地、种质资源库，迁地保护，保护和恢复野生动植物生长环境，野生动物种群数量明显增加，野生植物生长环境得到有效恢复，维护了生态平衡。

至2016年，全市生存的脊椎动物476种，其中兽类62种，鸟类217种。属国家一级保护动物有：金钱豹、金雕、丹顶鹤、黑鹳等，属国家二级保护动物有：梅花鹿、穿山甲、水獭、麝、河鹿、鸳鸯、红隼、纵编纹腹小鸮、长耳鸮、短耳鸮、雕鸮、长尾林鸮、灰林鸮、大鲵、斑羚、红腹锦鸡等。

一、野生动物保护宣传

利用4月“爱鸟周”和10月野生动物保护宣传月，采取制作宣传横幅、张贴宣传标语、印刷宣传材料、出动宣传车、分发《倡议书》、签名等形式，在全市大力宣传《野生动物保护法》等林业法律法规，使人们了解野生动物，增强保护意识。

2003年，市林业局与南阳日报在南阳中心城区联合开展“关爱生灵、保护鸟类”、“爱我家园、拒食野味”万人签名活动；组织中小学生举办野生动物标本展览、知识竞赛等系列宣传教育活动。

2004年，市林业局组织全市14所中小学校的师生代表和南阳电视台、南阳日报社、南阳晚报社等新闻媒体共200多人，到内乡宝天曼自然博物馆参观学习。

2005年，市林业局、共青团南阳市委联合举行宣传活动启动仪式，组织“鸟·人·自然和谐发展”签名活动。组织中心城区20多所中小学校师生代表到内乡宝天曼自然博物馆参观学习，普及野生动物保护科学知识。

2007年，市林业局与联通公司紧扣“和谐社会·共享自然”主题，联合举办南阳首届“网通杯”爱心大使选拔赛，活动历时一个半月，参赛选手近600名，参赛节目涉及声乐、器乐、舞蹈、绘画、书法等。5月12日，在南阳影剧院召开未成年人生态道德教育暨“爱鸟周”活动总结表彰大会，并进行文艺汇演。

2009年，市林业局与联通公司联合举办第28届“爱鸟周”活动启动仪式，共2000多人参加活动。以“我心目中的鸟”为主题的青少年绘画和征文大赛，共收到各类参选作品1800余幅（篇）。紧扣“关注鸟类·保护自然”这一主题，举办“爱鸟周”南阳市第二届爱心大使选拔赛，活动历时两个多月。5月16日，在宛城影剧院对“爱鸟周”活动先进单位和爱心大使选拔赛获奖人员进行表彰，并举行文艺汇演。

2011年，市野生动物保护站与南阳晚报、桐柏淮源自然保护区联合举办“爱鸟周淮源杯”征文宣传活动，共收到征文1000余篇，评选优秀文章35篇，南阳晚报两个整版刊发。

2012年，市林业局与联通公司举办“莲花温泉杯”爱鸟周第三届爱心大使选拔赛活动，全市中小学生5000多人参加，参赛节目160多个，比赛分两个阶段在莲花温泉、丽都花园酒店举行，参赛选手以保护鸟儿为主题，充分展示歌、舞、乐器等才艺，生态文化活动丰富多彩。野生动物保护宣传月期间，在省级媒体大河报宣传“让灰鹤回家”，在河南电视台宣传“斩断贩蛙黑手”等典型事件报道。

二、拯救野生动物

凡发现病危、受伤、迷途或群众救送的野生动物，野生动物保护管理机构及时进行救护，对正常的动物选择合适的生存环境进行放生，对受伤或病弱的送至人民公园进行救治。2007年～2016年，共拯救受伤或病危国家一级保护动物金雕2只、黑鹳4只，国家二级重点保护野生动物猫头鹰、秃鹫、娃娃鱼、鳄龟、雀鹰、红腹锦鸡等100余只，救助一般保护动物小麂、白鹭、蛇、野兔等1万余只。

2007年，成功救护国家一级保护鸟类金雕、二级保护鸟类猫头鹰及其他野生动物35只，救护的一级保护动物金雕送往省野生动物救护中心救治。

2008年，救助野生动物20起62只，青蛙570千克，野生动物制品91千克。

2011年，接到群众举报21次，成功救护国家重点保护和一般保护野生动物鸟类猫头鹰、隼、牛背鹭、大白鹭等28只，青蛙1000多只，蛇类300多条。

2012年，接到群众举报62次，救护国家一级保护动物金雕1只，救护国家二级保护动物秃鹫、猕猴、灰鹤、猫头鹰等11只，一般保护动物1200多只，有鳄鱼龟、环颈雉、斑鸠、青蛙等。

2013年，接到群众救助野生动物电话30余次，救护国家二级保护动物秃鹫、燕隼、猫头鹰、猕猴等11（只）次，救助一般保护动物大麻鳽、白鹭、环颈雉等20余只。

2014年，接到群众救助野生动物电话100余次，救护国家二级保护动物鳄龟、鸺鹠、娃娃鱼、猫头鹰、雀鹰等20只，救助一般保护动物小麂、白鹭、蛇、野兔等100余只。

2015年，接到群众救助野生动物电话100余次，救护国家二级保护动物鳄龟、鸺鹠、娃娃鱼、猫头鹰、雀鹰等20只，救助一般保护动物小麂、白鹭、蛇、野兔等100余只。

2016年，接到群众救助野生动物电话100余次，救护国家二级保护动物鳄龟、鸺鹠、娃娃鱼、猫头鹰、雀鹰等20只，救助一般保护动物小麂、白鹭、蛇、野兔等100余只。

三、野生动物管理

按照国家、省有关野生动物保护管理的法律、法规和政策规定，野生动物保护管理部门严格野生动物的狩猎、驯养繁殖、经营利用的审批发证制度，审核把关，对不符合规定的、驯养繁殖技术不成熟的，不予审核上报；对已发放证件的单位进行管理，并按期进行查验，规范野生动物驯养繁殖和经营。至2016年，南阳市有梅花鹿养殖场8家，猕猴养殖场11家，其他一般动物养殖场30余家。

林业部门依照有关法律法规，组织执法人员，适时组织开展打击破坏野生动物资源的违法犯罪活动，对养殖经营场所、狩猎人员、主要宾馆饭店、交通运输车辆等进行检查，对违法运输、经营野生动物的行为进行查处，对违法狩猎（放电猫、铁夹、吊等）进行处理，依法打击和取缔违法养殖经营行为，保护野生动物资源。

2000年1月28日，市林业稽查大队接到群众举报，城区市民惠某家中收购大量野生动物，准备向外销售。森林公安分局、市林业稽查大队和市野生动物保护站立即联合行动，在惠某家中查获已死亡的野猪2头、省重点保护动物麂子（俗称草鹿）12只、野鸡47只，遂将这批野生动物全部查扣，依法进行处理。

2000年11月29日，根据群众举报，市林业局林政科、市野生动物保护站、市林业稽查大队、森林公安分局联合行动，从外地一农民手中暂扣一批野生动物。被扣的野生动物有蟒蛇1条、蜂候3只、巨蜥4只、山龟8只、雉鸡2只、火鸡2只、豪猪1只。

2000年12月1日，接群众举报，市林业局林政科、森林公安分局、市林业稽查大队、市野生动物保护站等部门组成联合执法队伍，对城区中心市场经营野生动物的商贩开展拉网式检查，共查获死山鸡2只、活山鸡7只、蛇10余条。

2003年，市野生动物保护站与市工商、公安等部门在集贸市场、花鸟市场、饭店宾馆、车站等场所进行联合执法，收缴捕鸟网31副450米，野生动物活体254只并组织予以放生，销毁蛇死体50余公斤及部分野生动物制品，清理部分饭店经营“野味”招牌，规范市场秩序。

2004年，市林业局组织林业执法人员对集贸市场、花鸟市场、饭店宾馆、长途客车进行检查，收缴野生动物活体200余只并组织予以放生，抓获违法犯罪人员10名。

2005年，市林业局组织林业执法人员对集贸市场、花鸟市场、宾馆饭店进行突击检查，收缴野生动物活体100余只并组织予以放生，抓获违法犯罪人员12名。

2011年，市野生动物保护站与市林业局林政科、森林公安局、市林业稽查大队联合执法，对城区西华社区胡某、方城官庄李某居住地进行重点清理，收缴青蛙约500多斤，蛇类150多斤，少量的雉鸡、斑鸠和猪獾等。

2012年，市野生动物保护站与森林公安局、市林业稽查大队联合执法，协调工商、海关、城管、水利等部门，对城区中心市场、花鸟市场、酒店等经营野生动物及其产品的场所进行清查，省林业厅督查组对南阳重点县区进行重点检查，未发现非法猎捕、运输、经营和食用野生动物现象。

第九节 自然保护区建设

南阳市建立森林生态类型和湿地类型自然保护区6处，分别是河南内乡宝天曼国家级自然保护区、伏牛山国家级自然保护区、河南丹江湿地国家级自然保护区、桐柏高乐山国家级自然保护区、桐柏太白顶省级自然保护区、河南内乡湍河湿地省级自然保护区，总面积12.4913万公顷，占全市国土面积的4.64%，基本覆盖重要的典型生态系统和国家重点野生动植物分布区域。

全市自然保护区机构健全，副处级事业单位3个（内乡宝天曼管理局、黄石庵管理局、丹江湿地管理处），其他为科级事业单位，从业人数1153人。至2010年，全市自然保护区全部完成总体规划，并出版《内乡宝天曼自然保护区科学考察集》《伏牛山自然保护区科学考察集》《中国暖温带生物多样性研究》等。全市森林生态类型自然保护区森林覆盖率达到95%以上。

内乡宝天曼国家级自然保护区

一、河南内乡宝天曼国家级自然保护区

1980年4月，河南省政府批准建立内乡宝天曼省级自然保护区，也是全省第一个省级自然保护区。

1988年5月，经国务院批准，原内乡宝天曼省级自然保护区晋升为河南宝天曼国家级自然保护区。

该保护区位于内乡县东北部山区，秦岭东段伏牛山南坡。地理坐标：东径111°47′～112°04′，北纬33°20′～33°36′。东临伏牛山国家级自然保护区，北瞩嵩县，西接西峡县，南与内乡县七里坪乡接壤。南北长28.5千米，东西宽26.5千米，总面积9304公顷，森林覆盖率99.8%。主要保护对象是南北过渡带森林生态系统及珍稀野生动植物。

1985年4月19日，中国林学会理事长吴中伦到宝天曼视察后题词：“伏牛山宝天曼自然保护区是河南省建立的第一个自然保护区，树种丰富，林相完好，妥加保护，将为林业科学提供良好基础。”

1992年2月，世界自然基金会（WWF）确定宝天曼为具有国家和全球意义的区域。

2001年9月，联合国教科文组织（UNESCO）批准宝天曼为世界生物圈保护区。

2001年12月，被国土资源部命名为“国家地质公园”。

2002年12月，科学技术部、中宣部、教育部、中国科协四部（委）联合命名宝天曼为“全国青少年科技教育基地”。

保护区共有高等植物223科、1002属、3231种及变种，分别占河南省高等植物科的87%，属的74%和种的57%。根据1999年公布的《国家重点保护植物名录》，国家重点保护植物24种，占河南省现有国家重点保护植物总数的75%以上。列为国家一级重点保护植物有：银杏、红豆杉、南方红豆杉、水杉、珙桐五种；列为国家二级保护植物有：秦岭冷杉、大果青杆、油麦吊云杉、球果香榧、水曲柳、香果树、连香树、水青树、楠木、榉树、野大豆、中华结缕草、华山新麦草、凹叶厚朴、厚朴、鹅掌楸、润楠、黄檗、野菱19种；河南省重点保护植物75种，其中大果青杆除伏牛山外，在河南省其他地区无分布。

保护区栖息着陆栖脊椎动物359种，其中鸟类205种，4种为河南鸟类新记录，即橙翅噪鹛、白颊噪鹛、方尾鹟、灰眉岩；兽类58种；两栖类12种；爬行类28种。国家重点保护动物有：金钱豹、金鵰、大鸨、黑鹳、鸳鸯、林麝、红腹锦鸡、大鲵、中华虎凤蝶、红隼、斑羚、水獭、河麂等45种，其中国家一级重点保护动物7种（豹、原麝、林麝、黑鹳、金雕、大鸨、白肩雕），国家二级重点保护动物38种（斑羚、红腹锦鸡、鸢、鸳鸯、大鲵等）。昆虫2257种，仅蝶类180种，占河南省蝶类总数的80%以上。

1992年～1998年，完成保护区一期工程建设任务，总投资326.7万元，其中国家投资140万元，地方配套资金186.7万元，建成科研楼、观测中心和保护站等基础建设工程，购置部分科研设备。2001年～2004年，完成保护区二期工程任务，投入资金1051万元，保护和科研设施更加完善。2008年～2010年，完成保护区三期工程任务，投入资金571.95万元。2003年，在收集整理现存生物标本的基础上，投资768万元新建宝天曼自然博物馆，分自然厅、地貌厅、昆虫厅、兽类厅、鸟类厅、两栖爬行类厅等7个展厅；博物馆园区引种伏牛山国家重点保护物种，建成宝天曼植物展示区。

二、伏牛山国家级自然保护区

1982年，河南省政府批准建立老界岭省级自然保护区，位于西峡县北部的伏牛山南坡，面积15.333公顷，隶属西峡烟镇林场和黄石庵林场共管。同时批准建立河南伏牛山南召宝天曼省级自然保护区，成立河南伏牛山南召宝天曼省级自然保护区管理处。

伏牛山国家级自然保护区

1997年12月，经国务院批准建立伏牛山国家级自然保护区，位于河南省西部。地理坐标：东经111°17′～112°17′，北纬32°50′～33°54′。西至河南省界，与陕西省商南县接壤，东至方城县北部，南至南阳盆地北缘，北至熊耳山麓。在行政区划上，包括南阳市的西峡县、内乡县和南召县的大部分山区；洛阳市的栾川县、嵩县2县南部山区；平顶山市的鲁山县西部山区。保护区面积56000公顷，其中南阳市40950公顷，占总面积的73.1%；洛阳市14357公顷，占总面积的25.7%；平顶山市717公顷，占总面积的1.2%。

保护区是在河南省政府批准建立的嵩县龙池漫、栾川老君山、鲁山石人山、南召宝天曼、西峡老界岭5个省级自然保护区的基础上，将包括西峡老界岭、南召宝天曼、栾川老君山、嵩县龙池漫、鲁山石人山5个省级自然保护区和龙峪湾林场、乔端林场、内乡万沟林场的部分林区，以及与上述国有林区相连接的部分集体林区进行整合，成为完整的自然景观，是具有区域性、地带性和国际意义的保护区，也是华北与华中过渡带最大面积的森林生态珍稀动植物类型保护区。

伏牛山国家级自然保护区南阳部分，成立伏牛山国家级自然保护区黄石庵、黑烟镇、南召宝天曼3个管理局。

保护区共有维管植物175科、892属、2879种（含100亚种、206变种、12变型），分别占河南省植物总科数的89.3%，属数的82.1%，种数的76.9%。根据国家林业局、农业部1999年公布的《国家重点保护野生植物名录》，该区有国家重点保护植物17种，其中列为国家一级的杜仲、水杉、银杏、红豆杉、南方红豆杉5种，列为国家二级的大果青杆、连香树、水青树、秦岭冷杉、麦吊云杉、凹叶厚朴、野大豆、黄檗、水曲柳、榉树、楠木、香果树12种，河南重点保护植物59种。

保护区动物资源丰富，据调查，有鸟类213种，占河南省鸟类总数的71%，有25种仅记录于伏牛山区；兽类62种，占河南省总数的86.1%，有16种仅记录于伏牛山区；两栖类14种，占河南省总数的73.7%；爬行类31种，占河南总数的83.8%。国家重点保护动物一级有：黑鹳、金鵰、白肩雕、白尾海雕、林麝、金钱豹6种。二级保护动物有：红腹锦鸡、大鲵、长耳鸮等40种。省级重点保护鸟类23种，伏牛山有20种，省级保护的兽类94种在伏牛山均有分布。

2003年～2004年，黄石庵管理局争取国家投资283万元。2005年～2007年，黑烟镇管理局争取国家投资326万元。2006年～2007年，南召宝天曼管理局争取国家投资338万元，完成一期工程建设任务。2009年，3个管理局争取到二期工程建设资金国家投资1437万元，项目正在建设中。2009年，黄石庵管理局争取到二期工程项目建设资金608万元，该项目于2015年7月建设完工，并通过验收。2014年，黑烟镇管理局申请中央财政林业国家级自然保护区下拨补助资金项目252万元。2016年，黄石庵管理局申报三期工程项目，总投资2650万元，现已通过省级评审，报国家待批。

三、河南丹江湿地国家级自然保护区

2001年8月，河南省政府批准建立丹江口水库湿地省级自然保护区。

2007年4月，经国务院批准，建立河南丹江湿地国家级自然保护区。

丹江湿地国家级自然保护区

该保护区位于淅川县境内，地理坐标：东经 110°58′～110°53′，北纬 32°35′～33°23′。包括淅川县境内丹江口水库部分库区及其支流丹江、灌河、樵屿河、滔河四条河流流域及两侧山脉分水岭以内的林地，以及南部仓房、盛湾部分林地，总面积 6.4 万公顷。

该保护区为保护湿地生态系统和珍稀鸟类为主的自然保护区。区域内生物资源丰富，有木本植物 63 科 461 种，灌木 156 种，藤木植物 26 种，草本植物 410 种。有野生动物 70 余种，昆虫 500 种。不仅为南北植物交汇提供了条件，也为珍稀动植物的生存和繁衍提供了场所，是重要的候鸟越冬地和旅鸟迁徙停歇地，国家重点保护鸟类白鹳、黑鹳、大鸨、鸳鸯、大小天鹅在该区均有分布。

由于该区地处南水北调中线工程的渠首，在涵养水源、净化水质、调节气候、保护生物多样性等方面具有独特优势。2007 年～2009 年，投入资金 381 万元，完成湿地保护工程建设。2011 年～2013 年，投入资金 1203 万元，完成野生动植物栖息地恢复工程。2012 年～2014 年，投资 682 万元，完成保护区总体规划一期基础项目建设。2014 年～2016 年，投资 4000 万元，完成湿地生态效益补偿项目。

四、河南高乐山国家级自然保护区

2004 年 2 月，经河南省政府批准，在国有桐柏毛集林场的基础上建立桐柏高乐山省级自然保护区。2016 年 5 月 2 日，国务院办公厅批准建立河南高乐山国家级自然保护区。

桐柏高乐山省级自然保护区

保护区位于桐柏县东北部，地理坐标：东经 113°35′～113°48′，北纬 32°34′～32°42′。东邻信阳市平桥区，北接驻马店市确山县，西与驻马店市泌阳县接壤，南与湖北省随州市隔淮河相望，总面积 10612 公顷，其中马大庄、郭庄、吴山、回龙核心区 3663.7 公顷，缓冲区

3093.15 公顷，实验区 3855.15 公顷。

据调查，保护区共有植物 160 科、1800 余种，有国家、省重点保护植物银杏、水杉、青檀、金钱槭、大叶楠等 20 种。共有哺乳动物 53 种，两栖类动物 10 余种，鸟类 190 余种，其中金鵰、白冠长尾雉、穿山甲、姬啄木鸟等 30 种，被列为国家、省重点保护动物。保护区地处淮河发源地，淮河的两条一级支流五里河、毛集河均发源于此。主要保护对象是区内的野生动植物资源和完整的生态系统。

桐柏太白顶省级自然保护区

五、桐柏太白顶省级自然保护区

1982 年 6 月，经河南省政府批准，在国有桐柏陈庄林场的基础上建立桐柏太白顶省级自然保护区。

该保护区位于桐柏县桐柏山的腹地，豫鄂两省交界处。地理坐标：东经 113°09′～113°26′，北纬 32°20′～32°28′。南与湖北省随州市接壤，北与县城毗邻，东西长 31 公里，南北宽 0.15 ～ 4 公里，面积 4924 公顷，主要保护对象是区内动植物资源和森林生态系统。

保护区共有维管植物 178 科 756 属，1775 种及变种。国家重点保护植物有：香果树、连香树、杜仲、野大豆、厚朴 5 种，省重点保护植物 16 种。脊椎动物 296 种，其中兽类 51 种，爬行类 35 种，两栖类 14 种，鸟类 163 种。国家重点保护动物有：金钱豹、金雕、鸳鸯、白冠长尾雉、大鲵、穿山甲、青隼等 33 种。

保护区内有全省唯一 50.9 公顷百年以上的马尾松原始林，266.7 公顷杉木林，高大挺拔苍翠葱郁，遮天蔽日，区内森林覆盖率 95% 以上，是淮河源头的重要水源涵养区。

六、河南内乡湍河湿地省级自然保护区

2001 年 8 月，河南省政府批准建立内乡湍河湿地省级自然保护区。

该保护区位于内乡县境内，地理坐标：东经 111°47′～111°53′，北纬 32°58′～33°22′。总面积 4547 公顷，以保护湿地生态系统和珍稀鸟类为主的自然保护区。湍河湿地生态系统发育完整，具有明显的水平地带性，生境类型包括水域、沼泽、草甸、林地、农田。

保护区内生物物种丰富，珍稀物种较多，有鸟类 13 目 34 科 116 种，其中有黑鹳、大鸨、鸳鸯、红隼、灰鹤、鹊鹞等国家重点保护鸟类，是南阳市鸟类特别是水鸟较多区域之一。该湿地保护区与宝天曼自然保护区联成一片，实施联合保护，弥补了对鸟类特别是对水鸟保护的不足，扩大了生物生存空间，有利于生物资源的繁衍生息。

湍河湿地省级自然保护区

界岭披新绿——张兴茹（摄）

第六章　场圃建设

第一节 国有林场

1951年，南阳地区建立第一个国营林场——桐柏陈庄林场。

1953年，河南省国营南召林场在南召董店建立，1956年场址迁至南召县乔端镇，更名为河南省国营南召乔端林场。

1956年，建立国营西峡黄石庵林场、烟镇林场、内乡万沟林场（以上3个林场时称森林经营所）和方城大寺林场、淅川县荆紫关林场。其后，其他国营林场相继建立。

截止1973年，全市建立12个国有林场，分别是南阳黄石庵林场、西峡黑烟镇林场、西峡木寨林场、淅川荆关林场、内乡万沟林场、内乡湍河林场、南召乔端林场、方城大寺林场、社旗林场、镇平五岳庙林场、桐柏陈庄林场、桐柏毛集林场。其中深山区林场6个，浅山区林场5个，河岸林场1个。

20世纪80年代开始，万沟林场、黄石庵林场、黑烟镇林场、乔端林场、荆关林场、湍河林场、陈庄林场、毛集林场8个林场全部划建成国家、省级森林生态或湿地自然保护区。保护区与林场实行“一个机构、两块牌子”的管理体制。

1985年，全区国营林场面积7.33万公顷，有林地面积5.67万公顷，其中天然林3万公顷，人工林2.67万公顷，林木总蓄积量240万立方米。

1999年，省林业厅下发文件，全市国营林场改称国有林场。

2000年，随着国家林业政策的调整，国有林场的经营转向以保护和加快森林资源培育为重点。

2001年，全省国有林场全面停止天然林的商品性采伐，对自然保护区则实行禁伐。由于南阳市国有林场大部分布在伏牛山、桐柏山区，地处南水北调中线工程渠首和淮河发源地，是重要的水源涵养林，国有林场也由采伐经营型转向生态保护型。

2004年，河南省公布第一批重点公益林，除湍河、五岳庙、社旗林场外，其余9个林场的全部或大部分被划入重点公益林，面积6.412万公顷。

2004年，根据《中共中央、国务院关于加快林业发展的决定》，建立责权利相统一，管资产和管人、管事相结合的森林资源管理体制，国有黄石庵林场收归市政府管理，成为市林业局二级单位。

林场转型初期，中断了收入来源，在生态效益补偿未到位的情况下，国有林场十分困难。各林场积极调整经营思路，大胆实行内部改革，增收节支，稳定职工队伍；大力调整树种结构，扩大经营林种比例；充分利用森林风景资源，开展森林生态旅游区建设，增加经济收入，共渡难关。同时，压缩行政人员，扩大管护队伍，保证森林资源的安全。

2015年2月8日，中共中央、国务院印发《国有林场改革方案》和《国有林区改革指导意见》，国有林场改革进入实质性推进阶段。

2016年5月26日，省委、省政府印发河南省《国有林场改革实施方案》，6月27日，省政府召开全省国有林场改革工作电视电话会议，河南省国有林场改革全面启动。

2016年10月，南阳市各县上报国有林场改革实施方案，全市国有林场改革启动实施。

一、黄石庵林场

位于伏牛山主峰南坡，西峡县太平镇、二郎坪、军马河3乡（镇）、15个村、45个村民小组的行政区域内。地理位置：东经111°30′～111°49′，北纬33°29′～33°44′。区域内高等植物1054属2911种。国家一、二级保护野生植物27种，省级保护野生植物4种，国家珍贵树种14种，兰科植物31属53种。已查明有脊椎动物387种，属国家一级保护野生动物6种，国家一级保护野生动物42种，省级保护野生动物29种。

林场事业编制300个。现有干部职工487人，其中在职265人，离退休222人。内设10个科室，分别是党政办、人劳科、计财科、林政科、科研宣传科、防火办、旅游管理科、林产科、森林公安派出所、南阳办事处。林政科分管10个保护站，下设14个护林点，辖18个林区，76个林班，408个小班。财政差补、副处级事业单位。

1956年建立，时称西峡县森林经营所，1959年改为河南省地方国营黄石庵林场，场址太平镇。

1961年，由南阳专署管理；1962年，改为河南省林业厅黄石庵林场，隶属省林业厅直接领导；1971年，隶属南阳地区林业局领导；1984年，交由西峡县管理。

黄石庵林场

1997年，河南省建立伏牛山国家级自然保护区，并在黄石庵林场设立管理局，保护区与林场实行“一个机构、两块牌子”的管理体制。

2004年，收归南阳市，隶属南阳市林业局领导和管理。同年，启动实施国家重点公益林补偿项目，林场全部纳入公益林工程。2012年，林区全部纳入国家天然林保护工程。

2016年，林场总面积12836公顷，全部为林业用地，活立木蓄积量97.28万立方米，森林覆盖率98.6%。

二、西峡黑烟镇林场

位于西峡县境内的伏牛山西段南麓，与桑坪、石界河、米坪三个乡（镇）、13个村、46个村民小组接壤。地理位置：东经111°17′～111°31′，北纬33°38′～33°47′。

东西长 23 千米，南北最宽 16.7 千米。

林场事业编制 153 名。现有干部职工 268 人，其中事业 98 人，离退休 123 人，企业 47 人。财政定补、正科级事业单位。

1956 年建立，时称森林经营所，场址在西峡县黑烟镇，由地区林业局管理。1964 年，下放西峡县管理，1970 年改称西峡黑烟镇林场。

1982 年，林场全部划为老界岭省级自然保护区。1997 年，建立河南省伏牛山国家级自然保护区，经省政府批准，在黑烟镇林场设立管理局，保护区与林场实行“一个机构、两块牌子”的管理体制。

2004 年，林场纳入国家公益林工程。

2016 年，林场总面积 10567 公顷，其中林业用地面积 10211.37 公顷，活立木蓄积量 83 万立方米，森林覆盖率 93%。

三、内乡万沟林场

内乡万沟林场

位于伏牛山南麓，内乡县最北部。地理坐标：东经 111°47′～112°04′，北纬 33°20′～33°36′。在夏馆镇、七里坪乡行政区域内。办公地点在县城湍东镇龙源路 3 号。

林场事业编制 102 人，其中财政全供 44 人，差额供给 58 人。现有干部职工 110 人，其中在职 61 人，离退休 49 人。内设办公室、政工科、科技科、资源保护科（公益林办公室）、财务科、宣传科、经营管理科 7 个科室。下属两个事业单位：宝天曼科研监测中心、宝天曼野外保护管理站。财政差补、副处级事业单位。

1956 年建立，时称森林经营所，由专署林业局代管；1964 年改为国营内乡万沟林场，下放内乡县管理。

1980 年，林场东北部 5413 公顷划为宝天曼自然保护区。1988 年，经国务院批准，在内乡建立宝天曼国家级自然保护区，保护区与林场实行“一个机构、两块牌子”的管理体制。

2004 年，林场纳入国家公益林工程。

2016 年，林场总面积 9304 公顷，活立木蓄积量 131.7 万立方米，森林覆盖率 99.8%。

四、桐柏毛集林场

地处桐柏县东北部，距县城 45 公里。位于毛集、黄岗、回龙、固县 4 乡（镇）、42 个村、406 个村民小组的行政区域内。地理坐标：东经

113°32′33″～113°48′12″，北纬32°25′55″～32°42′40″。南北长32千米，东西宽约30千米。

现有干部职工162人，退休职工44人，企业工50人。内设办公室、苗圃场、营林办、良种办、防火办、扑火专业队及五个营林区。财政差补、正科级事业单位。

1960年建立，1963年前由专署林业局代管，1964年改为河南省林业厅直属林场，1968年下放桐柏县管理。

2004年，经省政府批准，毛集林场所辖林区建立桐柏高乐山省级自然保护区。同年，林场11933公顷林地纳入国家公益林工程。2016年5月，国务院办公厅批准建立河南高乐山国家级自然保护区。保护区与林场实行“一个机构、两块牌子”的管理体制。

2016年，林场总面积13826.7公顷，活立木蓄积量45.5万立方米，森林覆盖率93.7%。

五、桐柏陈庄林场

林场

位于桐柏县城关、城郊、淮源（原红仪河）、程湾、新集5乡（镇）、12个村的行政区域内，下辖桃花洞、水帘洞、尖山峰、望花楼4个林区。地理位置：东经113°07′～113°26′，北纬32°20′～32°28′。

林场编制105人。现实有人员135人，其中管理及专业技术人员36人，工勤99人。财政差补、股级事业单位。

1951年建立，由专署林业局代管；1964年，下放给桐柏县管理。

1982年，经省政府批准，陈庄林场所辖区域建立桐柏太白顶省级自然保护区。

2002年，又在桐柏陈庄林场建立淮河源国家森林公园，保护区、林场、森林公园实行“一个机构、三块牌子”的管理体制。

2004年，林场全部纳入国家公益林工程。

2016年，林场总面积4924公顷，其中林业用地4613.5公顷，活立木蓄积量约29万立方米，森林覆盖率95%。

六、内乡湍河林场

地处内乡县中南部湍河中游两岸浅山区。北起赤眉镇邵家岭村，南至邓州市界的湍河，林地呈条带状分布于湍河两岸，自北向南经过赤眉、赵店、湍东、城关、大桥五个乡（镇）、37个行政村、364个村民小组。地理位置：东经111°47′～111°53′，北纬32°50′～33°12′。

林场编制55人。现实有人数89人，其中在编在职事业人员45人，离退休23人，

林场

劳动服务公司企业人员21人。财政定补、副科级事业单位。

1960年建立，原名竹子林场；1961年由河南省林勘设计院设计建场；1964年前林场由专署林业局代管，以后下放给内乡县管理；1965年改名国营内乡湍河林场。

2001年，经省政府批准，在内乡建立湍河湿地省级自然保护区，保护区与林场实行“一个机构、两块牌子”的管理体制。

2016年，林场总面积1334公顷，其中林地面积805公顷，活立木蓄积量3.6万立方米。

七、西峡木寨林场

位于西峡县丁河、五里桥两镇境内，场部距县城10千米。地理位置：东经111°21′～111°30′，北纬33°17′～33°29′。

林场现有干部职工170人，其中在职事业编制84人，企业编制23人，退休63人。财政定补、副科级事业单位。

1954年建立，时称西峡县林场；1956年改为国营西峡木寨林场；1964年前林场由专属林业局代管，1964年起，下放归西峡县管理。

1992年，经国务院批准，在木寨林场建立西峡寺山国家级森林公园，森林公园与林场实行“一个机构、两块牌子”的管理体制。

2004年，林场5427公顷林区纳入国家公益林工程。

2016年，林场总面积5567公顷，全部为林业用地，活立木总蓄积量约18.46万立方米，森林覆盖率98.6%。

八、淅川荆关林场

位于豫、鄂、陕三省交界处的淅川县西部淇河与丹江分水岭猴山周围，横跨荆关、西簧、仓房3个乡（镇）、12个村、37个村民小组。林场分为大寺、上寺、刘裴沟三大林区，大寺、朝阳寨、黑沟、水泉、武当山、上寺、刘裴沟七个护林站。地理位置：东经111°32′，北纬33°16′。

林场编制58人。现实有干部职工282人，其中在编55人，退休27人。财政定补、正科级事业单位。

1956年建立，1964年以前，林场由专署林业局代管；1964年起，下放给淅川县管理。

1993年，经省政府批准，在荆关林场所辖林区建立淅川上寺省级森林公园，森林公园与林场实行“一个机构、两块牌子”的管理体制。

2004年，林场全部纳入国家公益林工程。

2016 年，林场总面积 3099 公顷，全部为林业用地，活立木蓄积量 12.6 万立方米，森林覆盖率 95%。

九、南召乔端林场

位于伏牛山南麓，南召县西部边缘。林区分布在乔端、马市坪、板山坪三个乡（镇）范围内，辖属宝天曼、荆子垛、南大岭、东曼、北坡、石人山六大林区。地理位置：东经 111°52′～ 112°16′、北纬 33°24′～ 33°43′。

区域内有高等植物 2900 余种，野生动物 380 多种，昆虫 3000 余种，仅蝶类就有 160 种左右。国家重点保护植物 31 种，国家重点保护野生动物 48 种。区内保存有河南省唯一较为完整的原始次生林。

林场现有干部职工 168 人，其中在职编制 120 人。属正科级、财政差补事业单位。

1953 年河南省国营南召林场在南召董店建立，由专署林业局代管；1956 年场址迁至南召县乔端镇，更名为河南省国营南召乔端林场。

1964 年，下放归南召县管理。

1982 年，成立南召宝天曼省级自然保护区。

1997 年，河南省建立伏牛山国家级自然保护区，并在乔端林场设立管理局，保护区与林场实行“一个机构、两块牌子”的管理体制。

2001 年 9 月，联合国教科文组织批准为世界生物圈自然保护区。

2004 年，林场全部纳入国家公益林工程。

2016 年，林场总面积 8446 公顷，全部为林业用地，活立木蓄积量约 96.8 万立方米，森林覆盖率 96.5%。

十、镇平五岳庙林场

位于伏牛山南麓，镇平县中部，山区、丘陵、平原俱全。毗邻玉都办事处、高丘镇、老庄镇、遮山镇、石佛寺镇、杨营镇、侯集镇、柳泉铺镇、彭营镇 9 个乡（镇）、37 个行政村。包括菩提寺、宝林寺、遮山、赵河四个林区，场址设在县城西 6 千米处的五岳庙。地理位置：东径 111°58′～ 112°19′，北纬 32°59′～ 33°14′。

林场编制 48 人。实有 92 人，其中在岗 58 人，退休 34 人。股级、财政定补事业单位。

1959 年建立，由专署林业局代管；1964 年起，下放给镇平县管理。

1993 年，经省政府批准，在五岳庙林场建立菩提寺省级森林公园，森林公园与林场实行“一个机构、两块牌子”的管理体制。

2016 年，林场总面积 4306.98 公顷，全部为林业用地，活立木蓄积量约 6.8 万立方米，森林覆盖率 94%。

十一、方城大寺林场

位于方城县东南部，南阳盆地东北边缘，地处“四界一口”（北亚热带与南暖温带、南阳盆地与黄淮海平原、长江流域与淮河流域、伏牛山与桐柏山分界线上、南襄夹道自然风口），地跨长江、淮河两大水系，具有生物多样性的特点，属浅山丘陵区。场部距方城县城21公里。地理位置：东经113°07′03～113°11′29，北纬33°06′13～33°11′15。

林场编制94人。现有在职干部职工107人，离退休36人。财政差补、副科级事业单位。

1956年建立，由专署林业局代管；1964年起，下放给方城县管理。

1973年后，逐步发展为经营型林场。1974年成立社旗县时，将石门南经刀山架脊、大霸王山脊、韭菜岭脊至后狼窝以及115微波站至普严寺公路南侧0.16万公顷林地划归社旗县。

2000年，经省政府批准，在大寺林场建立方城大寺省级森林公园，森林公园与林场实行“一个机构、两块牌子”的管理体制。2002年，县政府确定林场为副科级差额补贴事业单位，编制98人。

2004年，2600公顷林区纳入国家公益林工程。

2016年，林场总面积2667公顷，全部为林业用地，活立木蓄积量8.7万立方米，森林覆盖率95%。

十二、社旗林场

位于社旗县东北部。该区域为桐柏山余脉延伸的浅山和石质丘陵区，自东北向西南倾斜，主要山脉为南北方向，海拔240米～707米。地理坐标：东经113°07′～113°12′，北纬33°04′～33°09′。

林场编制44人。在职干部职工55人，离退休14人。财政差补、股级事业单位。

1974年，由方城大寺林场划出，属社旗县的部分，成立县管社旗林场。

2016年，林场总面积1600公顷，全部为国家级公益林，活立木蓄积量4.52万立方米，森林覆盖率95%。

第二节 社队林场

集体林场是农村人民公社、生产大队、生产队自筹资金兴办的集体所有林场。

1956年，西峡县田关乡田关村农业社建起一个林场性质的组织“花果山”，实为南阳地区较早建立的集体林场之一。

1958年春季，唐河县张马店乡首创青年红旗林场。同年7月，实现人民公社化后，张马店乡兴办林场的经验在南阳地区的行政会议上进行总结和推广，并发出“山区队队办林场，平原社社办林场”的号召，全区社队林场迅速发展起来。到1958年底，除邓县、新野2个平原县外，全区10个县（市）共兴办社队林场450多个。1960年发展到649个，专业劳力达29658人。其中社办林场111个，专业劳动力13089人；生产大队办林场358个，专业劳力11569人。

1961年，全区贯彻“调整、巩固、充实、提高”发展国民经济的方针，社队林场数量调减为369个，专业劳力7602人。

1963年以后，随着国民经济的不断恢复和发展，社队林场的数量逐年增加，办场形式出现社队联办、队队联办及专业组办场的形式。到1965年，全区社队林场发展到1920个，专业劳力达到10817人。

1966至1976年十年动乱期间，不少社队林场名存实亡，林木遭到破坏。

党的十一届三中全会以后，1978年社队林场得以恢复和发展，特别是落实林业生产责任制后，出现林业专业户办林场新的办场形式，社、队、户办林场的数量不断增加。

20世纪80年代前期，随着联产承包责任制的推行和商品经济的发展，逐步建立一批户办林场。1983年统计，全区有社、队、户林场3488个，其中社办林场80个，队办林场2159个，户办林场1249个，专业劳力达到24444人。林场总经营面积99646.8公顷，其中有林地面积76797.7公顷，苗圃用地面积1958.4公顷。

1985年，户办林场达到1249个，全区集体和户办林场专业劳力达到2.4万人，总经营面积近10万公顷。累计生产木材8万立方米，生产柴草1.2亿千克，提供苗木20亿株，经济总收入约1.5亿元，累计资金1329万元。

20世纪90年代后，随着社会主义市场经济的发展，非公有制经济不断发展壮大，集体林场逐渐减少，以企业、公司、大户等经济实体承包荒山荒山造林兴起，各地以这种类型兴办的林场也随之蓬勃发展，成为林业发展的一支重要力量。

第三节 国有苗圃

南阳市现有国有苗圃11个，其中省定国有苗圃7个，分别是镇平县苗圃场、南召县皇路店苗圃、西峡县林业苗圃场、方城县苗圃场、淅川县国营苗圃、南阳中心苗圃、新野县苗圃场。县级苗圃4个，分别是桐柏县林业苗圃场、内乡县苗圃、社旗县苗圃场、淅川县林木种苗繁育中心。各国有苗圃场均为县属事业单位，行政上接受所在县（区）林业局领导，业务上接受上级业务主管部门指导。至2016年，全市国有苗圃总面积315公顷，其中自有土地190公顷；租用土地125公顷，可育苗面积216公顷，年繁育各类苗木6000多万株。全市国有苗圃在职职工338人，其中行政管理人员36人，技术人员150人，工人152人，离退休164人。

苗圃

全市国有苗圃建立于20世纪50～60年代，由于机构改革、农林分合，主要由林科所、园艺场等演变而来，隶属于各县（区）林业局管理，职工工资由县（区）财政划拨。随着历史发展和机构改革，现有的国有苗圃虽属事业编制，但实行财政补贴、企业管理的形式，大部分苗圃采取土地承包经营责任制的生产模式。

全市国有苗圃是生产性事业单位，人事由县（区）林业主管部门调配，劳动由单位干部职工承担，大部分以承包经营为主，多劳多得，经济上主要靠生产苗木销售后收入维持日常生产、管理、退休人员的开支。

各国有苗圃围绕林业发展，积极引进和推广新品种、新技术，培育优质苗木，发挥示范、骨干和辐射作用，为南阳造林绿化提供了足量苗木。同时，积极开展多种经营，实现以短养长，广开生产和经营门路，搞好多种经营，不断发展和壮大集体经济，更好地为林业建设服务。

大部分国有苗圃土地资源丰富，有一定的技术力量和配套措施，生产基础较好，生产潜力较大。各苗圃以市场为导向，充分利用资源，从实际出发，不断发展壮大。

一、镇平县苗圃场

始建于1963年，是省定重点苗圃场之一，也是河南省省级木兰良种基地。现有干部职工35人，其中，管理人员5人，专业技术人员10人，生产技术工人20人，退休人员26人。2010年10月，受南水北调中线工程影响，搬迁至镇平县杨营镇尹营村207国道西边，选址新建标准化苗圃。苗圃生产经营面积46公顷，定植各类玉兰1.7万余株，年繁育林业生产用苗、园林绿化苗木、花灌木等50多种、600余万株。苗圃现有办公楼一栋460平方米，固定资产360余万元。镇平县苗圃场技术力量雄厚、区位优越、气候温润、交通便利，非常适宜繁育各类以木兰为主的苗木花卉。

苗圃场迁入新址后，场领导班子审时度势，科学规划，高端定位，突出区域特色，重点规划发展以木兰科树种为主导的良种繁育基地，着力培育各种玉兰及常绿观赏的乔木、花灌木等造林绿化和园林绿化苗木花卉。

依托苗圃的资源优势，2012年，申请争取国家木兰良种基地建设重项目，规划建设木兰良种引种区8公顷，示范区4公顷，采穗区6公顷，繁育圃11.67公顷，沟、路、渠及管理房等1公顷，定植米径6～10厘米各类玉兰17000余棵。新打机井6眼，建管理房6处（170平方米），修水泥主干道路500余米，田间生产沙石路2000余米。排水系统（排水沟）2000余米，灌溉U渠3700余米。高标准定植米径6～10厘米各类玉兰1.7万余棵。按照育苗良种化、标准化，灌溉管网化、经营市场化、圃地园林化的标准进行建设，目前已形成圃地集中连片，种植规模集约，道路通畅，排灌、供电配套，生产和耕作机具、检验机具、库房、办公等设施设备完善的苗木花卉基地，成为标准化、规模化、专业化、集约化的木兰良种基地和示范性苗圃。

二、南召县皇路店苗圃

位于南阳盆地北缘，南召县的东南部。地理坐标：东经 112°37′～112°38′，北纬 33°14′～33°15′。距南阳市区 35 公里，省道 S231 线从门前经过，紧邻焦枝铁路，交通便利。建于 1956 年 4 月，隶属南召县林业局，全民性事业单位。现有干部职工 15 人，其中干部 3 人，高级工 2 人，技工 10 人。育苗面积 10.7 公顷（含国有土地 3.3 公顷），土地平坦肥沃，土壤为黄棕壤，沙质壤土，微酸性，PH 值 5.5 左右，土壤厚度 60 厘米以上。

建圃 50 多年来，注重科技投入，提高苗木质量，多次被省、市、县评为育苗先进单位，先进的技术及有关文章刊登在省林技站科技刊物上。2003 年 3 月，获国家林业局全国无检疫对象苗圃称号。

2010 年顺利完成河南省林木良种补贴试点项目；2012 ～ 2013 年开展常绿耐寒木兰科植物驯化工作，最终选育出可以在中国中部地区推广的常绿耐寒木兰科植物新品种。经过多年的努力，苗圃共收集和保存常绿耐寒种质资源 19 种、砧木资源 6 个。培育苗木 10.67 公顷，年产各类苗木 1200 万株，主要有侧柏、湿地松、中华红叶杨、107 杨、黄连木、辛夷、核桃、广玉兰、雪松、栾树、黄杨、木莲、含笑等。

现有日常办公用房 200 平方米，工具房、工人生活住房等附属建筑面积约 500 平方米。园内道路 350 米，水井 2 眼，水渠 300 米，抽水机 2 台，喷灌机 1 台，拖拉机 1 台，围墙 700 米。

三、方城县苗圃场

隶属于县林业局，为国有育苗单位。位于二郎庙乡方城县产业集聚区内，距县城 9 公里，地理座标：东经 113°05′，北纬 33°09′。始建于 1956 年 3 月，1984 年被省财政厅、林业厅纳入全省 88 个重点国有苗圃场之一。苗圃场所在地气候、土壤等自然条件优越，适合培育各种苗木，省道鲁姚公路及产业集聚区快速通道沿场区经过，交通便利。现有在职干部职工 42 人，其中干部 3 人，技师及高级工 15 人，技术工人 24 人，技术力量雄厚。苗圃场有日常办公用房 280 平方米，工具房及工人住房等建筑面积 2000 平方米，圃地道路 1600 米，水井 6 眼，大型拖拉机 1 辆，中小型拖拉机 5 辆，水泵及喷灌机 12 台，围墙 2600 米。

建圃 50 多年来，注重科技投入，重视信誉和质量，积极引进推广适宜本区域生长的林木种苗，为本县林业事业发展做出了贡献，受到省、市、县领导和林业部门的肯定。2012 年，被省林业厅确定为国家良种补贴试点单位。

2016 年，苗圃场培育苗木 10.7 公顷，苗木 52 万株，主要品种有 107 杨、核桃、侧柏、馒头柳、木瓜、女贞、桂花、银杏等。

四、西峡县林业苗圃场

位于西峡县重阳乡杜岗村，距县城 23 公里。地理坐标：东经 11°46′，北纬

33°48′。海拔420米；年平均温度15.1℃，极端最高温度42℃，极端最低温度—14.2℃，≥10℃积温2637～4875℃，无霜期236天；年平均降水729～935毫米，主要分布在夏、秋两季，年平均湿度69%，圃地是薄层潮沙土，PH值7左右。总面积10.9公顷，其中经营面积10公顷，圃地9.3公顷。属县林业局二级事业单位，总人数53人（包括退休职工8人），在职职工45人，其中管理人员5人，一线职工30人，具有初级以上职称技术人员10人。

苗圃场创建于1982年10月，是河南省88个重点苗圃场之一。场部建在重阳乡杜岗，内设党支部、办公室、财务股、生产股。

1982年10月，苗圃场初建于五里桥乡封湾村龙关峁外河滩，1983年8月11日遭特大洪水冲毁，1983年10月20日搬迁重阳杜岗至今。1997年2月17日，依据西峡县林业局文件精神，业务与县种子站联营，行政归林木种苗管理站领导，经济实行单独核算，自负盈亏。

苗圃建场前期，以培育针阔叶苗木为主，主要为本县造林服务。现在圃地经营以经济林、用材林苗木为主，逐步向花卉转移。主要以培育商品苗为主，生产管理主要采用全额承包责任制。有固定资产158万元，职工年均收入2万元左右，年产苗木1500万株，创收180万元。

通过多年的探索，总结出以下经验：（1）管理中，平均主义、大锅饭行不通，全员全额承包责任制可以创高产创高效；(2)生产中，要注重科技开发、注重优良品种、先进的技术应用，才能创出一流的产品、一流的效益；(3)经营中，积极探索研究市场，只有以市场为导向，才能有广阔的销路、良好的效益。

五、桐柏县林业苗圃场

位于桐柏县城南郊，属城关镇西关村。地理坐标：东经113°24′，北纬32°19′，海拔200～300米；年平均温度15℃，极端最高温度41.1℃，极端最低温度—20.3℃，≥10℃的活动积温4811℃，无霜期231天；年平均降水933～1181毫米，主要分布在6、7、8三个月，年平均湿度74%；土壤属黄褐土类，土层深厚，PH值6.5～7.0。主要植物有马尾松、火炬松、黄荆条、盐肤木、白草、茅草等。总面积16.7公顷，经营面积15.3公顷，圃地9.3公顷，林地6公顷。现有人员44人，在职职工27人，其中干部11人，一线职工16人，初级以上职称技术人员11人。

1978年建场，全称桐柏县林业科学研究所，系县林业局二级全额供给事业单位，经费由县财政拨付，以科研为主。1982年，更名为桐柏县林业苗圃场，属县林业局二级差额供给事业单位，县财政拨付少量资金，场内集体收入补充不足部分。1985年以来，场内实行全员全额承包责任制。

苗圃建场前期，以培育针阔叶苗木为主，如马尾松、泡桐、杨树、大枣、苹果、桃等。近年来，以火炬松、马尾松容器苗、银杏、花木盆景为主。1987年前后，营造火炬松人工林 6 公顷。另外，林地尚有大量待开发的大理石、石灰石等资源。

圃地经营主要以花卉、盆景、经济林、用材林苗木为主，兼营食用菌、木材和干鲜果品加工。在育苗中，采用新技术、新方法，培育大批优质苗木，年育苗 1100 万株，产值 l20 万元。

自建圃以来，由原来 22 人增加到现在 44 人，安排就业 18 人，经营面积由 3.3 公顷增加到 10 公顷，所属荒山全部绿化，固定资产 160 万元，职工平均收入由原来的 1 000 元增至 4000 元。被命名为市级标准化苗圃，多次受到省、市、县表彰。

六、南阳中心苗圃

位于南阳市东郊，白河东岸，宛城区英庄境内，南邻白河大桥，东接沙岗村，北与园艺场接壤。地理座标：东经 112°3 8'，北纬 33°2'。海拔 126 ～ 128 米，极端最高温度 41.4°C，极端最低温度一 2l°C ，无霜期 223 天，年平均降水 805.5 毫米。土壤属白河滩地，潮土类，是沙壤和重沙壤土。地下水位多在 1.5 ～ 3.5 米之间，P H 值 6.5 ～ 7.5。主要植物有杨树、水杉、淡竹、刺槐、玉兰、桃、茅草等。总面积 57.9 公顷，经营面积 51.3 公顷。林业用地 48.9 公顷，其中果园 12 公顷，竹林 4.7 公顷，苗圃地 16.7 公顷。总人数 46 人，在职职工 32 人，其中干部 6 人，初级职称技术人员 20 人。1981 年建场。1991 年被地区林业部门确定为南阳中心苗圃，隶属于南阳县林业局。1994 年撤地设市后隶属于宛城区林业局，属于差额供给事业单位。l994 年以来，场内实行全员全额承包责任制。

苗圃建场前，以培育用材林为主，如杨、槐、柳、松、泡桐等。20 世纪 90 年代以来，以杨树、水杉、枣、梨、桃、银杏、花木盆景、花卉为主。1992 年建成一个化工厂。1996 年与光辉机械厂联合建成一个奶牛养殖场。

苗圃生产的苗木主要服务于宛城区平原绿化、滩涂开发及南阳市园林绿化建设。中心苗圃在育苗中，注重科技投入，大力引进新品种、推广应用新技术，先后引进“中林 46”杨、“中华大蜜枣”、“日本蜜李”、“香南黄花梨”等优良新品种，推广塑料大棚育苗、地膜覆盖育苗、抽枝宝和生根粉等。在生产管理中，主要采用全额承包责任制，年出圃苗木 2000 万株左右，产值 160 万元。

建圃以来，人员由原来 20 人增加到现在 46 人，安排就业人员 11 人。经营面积由 20 公顷增加到 51.3 公顷，固定资产 600 万元，职工平均收入逐年增加，昔日的荒沙滩如今变成豫西南地区较大的骨干苗圃。

七、淅川县国营苗圃

位于淅川县城南 2 公里的灌河东岸，建于 1978 年。现有干部职工 58 人，其中退休人员 17 人，在职人员 41 人，经营面积 20 公顷，主要以培育各类造林苗木和庭院、道路等大规格城市绿化苗木为主。

20 世纪 80 年代以来，县财政按照差补标准，每年每人仅补助 1 万元。由于单位没有经费和业务收入，在职职工一直没有发放工资，单位以低价租金出租土地，给职工代发工资。现今社会上大面积育苗和苗木市场竞争激烈等因素，导致苗木销售困难，职工收入微薄，生活贫困。

由于南水北调中线工程丹江口水库大坝加高，该苗圃位于库区淹没线下。2013 年，在马蹬镇张竹园村新征地 10 公顷，苗圃属于移民复建单位。

建圃 4 年来，苗圃为林业生态建设提供苗木 600 万株，主要以侧柏为主，其次是少量杨树和大叶女贞等绿化苗木，生长良好。

八、新野县苗圃场

始建于 1953 年，隶属县林业局下属单位，有 60 年的苗木繁育栽培历史。位于新野县城郊区，频临白河东岸，东临县城西环路，靠近豫 22 线。土质为黄沙土壤，具有优越的水电条件和交通条件。拥有土地面积 65 公顷，其中育苗面积 33.33 公顷。现有干部职工 51 人，其中工程师 2 名，助理工程师 10 名；高级工 8 名，技师 3 名。

场领导班子团结务实，创新拼搏，始终本着“信誉第一、质量过硬、服务到家”的原则，进行经营。近几年来，借助农业产业结构调整，全场干部职工及时改变经营模式，大力发展经济林和绿化苗木，从湖北、湖南、江苏、山东等地引进红叶石楠、紫薇、红花继木、花石榴、垂柳、含笑、枇杷、牡丹、桂花等苗木，形成了一定规模。改善水电和交通条件，拿出专项资金用于修水渠、道路、机井房等配套生产设施，打机电井 25 套、修水渠 8000 米、道路 2 公里。同时，苗圃场不断对外发展业务，走向省内外市场。

九、内乡县苗圃

始建于 1956 年，隶属县林业局领导，为股级差额补贴事业单位。苗圃位于内乡县赤眉镇朱陈村，距县城 15 公里。地理座标：东径 111°48′44″，北纬 33°12′14″。苗圃总面积 8 公顷，职工 16 人，其中干部 3 人，工程师 1 人，技术工人 12 人。苗圃所在地环境优良、水源充足、土地肥沃，自然条件优越，适合培育各类苗木。

近年来，该苗圃共培育各类良种苗木 950 万株。其中辽核 1 号、清香等核桃苗木约 70 万株；侧柏、黄连木、刺槐等生态造林苗木近 700 万株；雪松、香樟、女贞等绿化苗木 150 多万株，对内乡县乃至周边县林业生态建设提供了苗木保障。

经过 50 ～ 60 年的育苗经历，创新和积累了丰富的育苗技术经验，技术优势明显。在生产中，广泛借鉴尝试穴盘育苗、嫩芽嫁接快繁育苗、地膜覆盖、ABT 生根粉浸泡等先进育苗技术，提高了苗木生产质量。同时，新技术得到普及和应用。

第四节 非公有制苗圃

20世纪80年代以来，随着林业产权制度改革和国家重点造林工程的推进，种苗需求量不断增加，给育苗业带来前所未有的发展机遇，一些农民、个体经营者、职工、私营企业等非公有制主体投入资金，建立基地繁育苗木，促进了非公有制育苗迅速兴起。通过近10年的发展，已形成规模，经营管理逐步规范，并走向市场，成为全市林业育苗的主体。2016年，全市非公有制林业育苗27285公顷，占育苗总面积的98.8%。

南阳月季博览园

一、南阳月季基地

位于卧龙区石桥镇，于1983年建立，专门生产月季（玫瑰）种苗。基地现种植规模200余公顷，精优月季品种600余种，员工800余人，技术人员100余人，下辖2个研究所、11个管理区，并在苏州等地建有示范区、办事处。年产树状、大花等各类月季种苗3000万株以上，各类盆栽、盆景月季500万盆。

基地以科技创新、发展名优为经营方针，产品不断更新换代、种植技术不断改进和提高，已自育新品种60余种；进行树状月季、古桩月季的研究、开发、推广，实现了月季种苗以及盆栽月季的规模化、标准化生产；进行月季种苗的保鲜实验，其成功经验已在全国推广。同时，在病虫害防治、土肥施用、扦插技术、嫁接技术等方面进行了深入研究。

基地产品畅销全国各地，自2002年以来，开辟日本、德国、荷兰、韩国等国际花卉市场，已累计出口国际A级标准苗3000余万株，并与多家国际著名园艺公司建立长期合作伙伴关系。

南阳月季博览园

二、南阳月季集团

位于城乡一体化示范区新店乡境

内。基地面积 200 公顷，分别以切花、大花、丰花、藤本、地被、微型、树状月季等 6 大类型、700 多种月季繁育为主，10 公顷绿化苗木生产基地。采用机械化、集约化、高科技生产，标准化管理，产品达到国家出口检疫标准及冷藏运输的国际标准，完全具备对外出口条件，年生产国际标准月季苗 1500 万株，先后有美国、荷兰、德国、意大利、日本、英国、台湾等国家、地区考察、商定认购事宜。近几年来，与外商合作开发玉兰、桑苗、木槿、红枫、牡丹等苗木。

月季育苗基地

现有工人 800 余人，高级职称 6 人，中级职称 20 余人，技工 120 人。多年来，公司把推动农业产业化，企业发展与当地农民增收紧密联系。（1）与农民联营共同发展。公司拥有的 200 公顷基地、有 2400 名农民以土地作为入股资本，公司把土地分为 20 个生产基地，选择会管理、有经济头脑的人才担任厂长，按 GAP 模式进行管理；（2）实行合同订购育苗。成立宛城区鸿宇月季专业合作社，先后与 100 余户农民建立月季生产供销协议，每年在收购季节下设收购点，派专业人员进行质量检验，高于市场价格回收，辐射带动周边发展月季 666.67 公顷。

三、南阳月季合作社

成立于 2008 年 7 月，是集科研、生产、销售、出口于一体的月季专业合作组织，以“民办民受益”为宗旨，以“民主管理、合作发展、共同致富”为原则，繁育月季苗木，是河南省首批农民专业合作示范社。

合作社规划有月季种苗、月季树、盆栽营养钵、盆景月季繁育生产基地、鲜切花示范生产基地、锦绣月季花卉研究所等。现拥有会员 60 户，社员 300 余人，月季专家 15 名，技术管理人员 15 名，高级嫁接工 26 名，月季种植面积 133.33 公顷，可供应大花月季、切花玫瑰、丰花月季、微型月季、地被月季、藤本月季、树状月季和食用玫瑰等 8 大系列 700 多种名优月季品种。绿化苗木包括黄杨、红白玉兰、桂花等 10 万余株。

合作社的成立，把石桥镇多家月季种植专业户及分散小农户组织起来，改变了小规模、分散生产经营的传统模式。在经营生产中，采取“六个统一”服务，即统一生产计划、统一农资供应、统一技术标准、统一产品认证、统一指导服务和统一加工销售，既节省生产成本，又提高产品质量和市场竞争力，增加了农户收入。2010 年，资产总额 1355 万元，所有者权益 523 万元，销售收入 968 万元，净利润 160 万元。2011 年，资产总额 1704 万元，所有者权益 965 万元，销售收入 1194 万元，净利润 268 万元。利润按照合作社制度，分配给入社社员。

合作社注册“豫宛锦绣”商标，成立南阳锦绣月季进出口有限公司，年出口创汇50万美元以上。

四、南阳豫花园实业有限公司

成立于2010年4月，位于宛城区瓦店镇逵营村，省道103两侧。生产经营范围包括，园林绿化、花卉苗木的种植，农副产品、土特产品销售等。现有干部职工285人，专业技术人员120人，种植名优花卉苗木面积669.87公顷。

公司成立以来，按照“标准化生产、集约化种植、产业化经营、品牌化营销”的发展思路，积极推广“公司+基地+农户”的发展模式，坚持生态为本，突出综合效益，努力创建一流的现代名优花木科技园。2010年～2012年共投资基础设施3000多万元，以流转形式承包土地666.67公顷，完善项目区基础设施建设，扩大产业规模，大力繁育推广适合本地种植的名优花卉苗木品种。如桂花、红叶石楠、红花继木、银杏、木瓜、女贞、雪松、海棠、玉兰、樱花、紫薇、小叶黄杨、小丑火棘、蓝梅、红豆杉、黄楝木、重阳木、月季、美人梅、美国红枫、木槿、石榴、枇杷、丝棉树、栾树、皂荚树、榔榆树等160余个品种，年产苗木5000万株（盆），初步形成桂花园、红豆杉园、紫薇园等。

南召辛夷生态园

加强新技术应用，加大对种植管理人员和花农技术培训力度，推广播种法、扦插嫁接法、分生法、组织培养法、日光温室大棚技术、花木配方施肥技术、花木节水灌溉技术、容器育苗技术、无土栽培技术等，建设试验田、化验室和组培中心，提高基地种植和管理水平。

公司整合土地、技术资源，采用农户土地流转反租倒包和资本注入的方式参与经营，实行统一生产管理、统一技术服务、统一规程标准、统一安排销售的“五统一”运行模式，提高种植标准，提升产品质量，打响公司品牌，辐射带动更多农户致富。

五、卧龙区陆营镇苗木繁育基地

陆营镇地处白河、潦河冲积地带，紧邻白河，气候温和，土壤肥沃，适宜农作物和苗木花卉生长，朱屯村有300多年种植苗木花卉的历史及熟练的嫁接技艺。

陆营镇根据群众种植苗木花卉的传统习惯，因势利导，采取措施扶持发展苗木种植、繁育，已形成一定规模，成为农民增收致富重要产业。至2016年，该镇发展各类小杂果、花卉及绿化苗木种植繁育面积200公顷，年产值3000万元，亩均效益1万元以上，经营农户人均纯收入 9000 多元；种植栽培苗木 1.33 公顷以上的大户 32 户、总面积 120 公顷，年交易额 1960 万元，成为南阳市周边区域规模较大的苗木生产基地。

在科技应用上，该镇组织苗农先后到省、市林科所和河南农大，向有关高级园艺师、专家、教授求教取经，指导苗木种植，引进推广一批新技术、新品种。在嫁接方面，从过去单纯的接技条发展到芽接、贴皮接、靠接等，从春、夏两季嫁接到四季嫁接，过去每人每天只能嫁接 300 ～ 500 株，现在提升到 1000 多株，成活率达 95%以上。

在技术管理方面，从常规的土法管理到化学调控、土壤处理、病虫害防治、植物检疫等，实现传统技术与现代科技有效结合，提高育苗技术含量。全镇引进优质桃、杏、柿、枣、核桃、樱桃等 18 个小杂果系列 180 多个品种，女贞、枇杷、广玉兰、黄杨、塔柏、雪松、桂花等绿化树木系列 60 余个品种，107 杨、108 杨、2000 系列杨、国槐、刺槐等用材和药材兼用型品种 18 个。

在经营销售上，改变过去封闭分散经营模式，各家各户小规模种植；销售渠道以各自挑担拉车，走乡串户，赶集上街，叫卖经营为主。进行管理创新，采取“协会 + 基地 + 农户”的模式。2002 年成立陆营镇苗木协会，以朱屯村为基地，聘请育苗经营大户和经纪人为协会理事，管理协会日常业务，统筹育苗和经营业务，吸纳育苗户为协会会员，并辐射到周边各村，形成较大的产业规模。2007 年，在陆营镇苗木协会基础上，以卧龙区政协委员、陆营苗木协会会长毕祥印为代表的育苗大户为主，成立龙苑农民种植专业合作社，推动优势产业向规模化发展。陆营镇苗木繁育基地与湖北、安徽、山东、山西、陕西等十几个省、市建立销售业务联系，吸引大量外地客商前来洽谈业务，促进苗木销售。

第五节　林木种质资源建设项目

2000 年以来，国家启动实施林木种质资源建设项目。南阳市一些名特优经济林及苗木花卉良种资源也纳入项目实施范围，2004 年～ 2016 年先后由杜仲、黑核桃、欧洲大樱桃、栀子、木瓜、广洋大枣、马尾松、红豆杉、连香树、银杏、白皮侧柏、白榆、油茶、月季、山茱萸、木兰等 30 个林木种质资源建设项目相继启动实施，引进、收集培育了一批良种资源，促进了南阳林木种质资源培育和林业发展。

（一）镇平县杜仲种子园建设项目

实施单位：镇平县苗圃场。总面积 6.67 公顷，其中华仲 1 号雄性 1.67 公顷，华仲 2 号雌性 1.07 公顷，华仲 3 号雌株 1.13 公顷，华仲 4 号雌性 1.13 公顷，华仲 5 号雄性改良 1.67 公顷。2004 年～ 2005 年建成。年提供杜仲种子 5000 千克，推广面积 0.5 万公顷。省投资 10 万元。

（二）镇平县黑核桃引进良繁基地建设项目

实施单位：镇平县苗圃场。总面积 5.33 公顷，其中优良采穗圃 0.33 公顷。2006 年冬季整地，2007 年春季完成。年提供优良种苗 32 万株，推广面积 466.67 公顷，年增加效益 550 万元。省投资 20 万元。

（三）镇平县欧洲大樱桃良种资源开发及丰产栽培技术模式研究项目

实施单位：镇平县苗圃场。实施时间：2005 年～ 2012 年。从山东、辽宁等省引进已通过鉴定的樱桃良种 8 ～ 10 个，建立良种采穗圃 2 公顷和苗木繁育圃 3.33 公顷，研究樱桃播种、嫁接育苗和全光照自动喷雾扦插育苗技术，研究樱桃在南阳市不同立地条件下早产丰产栽培技术模式和技术指标。建圃第 3 年起，每年产良种接穗 20 万个，价值 25 ～ 30 万元，培育不同规格的樱桃良种壮苗 60 万株。省投资 10 万元。

欧洲大樱桃良种基地

（四）唐河县栀子良种基地建设项目

实施单位：唐河县林业局。实施时间：2007 年～ 2008 年。栀子良种基地建设总规模 6.67 公顷，其中种质资源收集保存区、繁殖区、育种区 3.73 公顷，测定区、示范引种区、种子园、母树林 1.87 公顷，采穗圃 1.067 公顷。项目区位于唐河县凤山绿色产业有限公司、城关镇区域内。省投资 20 万元。

（五）南阳市良种繁育基地建设项目

实施单位：南阳市林业示范苗圃。2004 年启动建设。引进美国悬铃木苗木 5500 株、七叶树 4000 株，建立 2 公顷采穗圃、1.33 公顷收集圃。项目区位于卧龙区农业高新示范园区。省投资 12 万元。

（六）卧龙区示范林建设项目

实施单位：卧龙区林业局。实施时间：2004 年～ 2008 年。建立以杨树为主的示范林 40 公顷，其中达士营村 20 公顷，黄山村 20 公顷。项目实施地点选择在适宜林木生长的荒坡地段、白河滩涂。省投资 10 万元。

（七）南阳市林木种质资源收集库建设项目

实施单位：南阳市林业局。由南阳市经济林林木种苗工作站承建，与南阳理工学院合作建设；收集库位于南阳理工学院院内，占地 4 公顷。项目建于 2006 年，2012 年已收集名贵珍稀植物、木本植物、藤本植物、药用植物 326 种，其中国家二级以上及省重点保护 32 种，初步形成集科研、教学、试验示范、资源保护为一体的植物群落展示基地。省投资 32 万元。

（八）桐柏县木瓜良种采穗圃建设项目

实施单位：桐柏县经济林开发中心。实施时间：2008 年 2 月～ 2009 年 12 月。建设内容：新建木瓜良种采穗圃和示范基地总面积 3.3 公顷，其中采穗圃 2.6 公顷，试验示范基地 0.5 公顷，水、电、路、渠、管护房以及生产生活必须的配套基础设施等用地 0.2 公顷。2008 年～ 2009 年建成，年产优质木瓜接穗 80 万节。2008 年完成项目前期准备工作，栽植培育 2 年生以上实生砧木苗，株行距 2×4 米，每亩 83 株，完成部分配套基础设施；2009 年春、夏季组织嫁接专业队进行良种嫁接，当年采穗圃和配套基础设施全部完成。项目的实施在造林绿化和木瓜产业发展中发挥重要作用，促进了良种推广普及。省投资 10 万元。

（九）镇平县广洋大枣种质资源建设项目

实施单位：镇平县苗圃场。2012 年启动建设。对分布在镇平县石佛寺仝家岭、二龙乡王平村、王岗乡厚碾盘村等地现保留 50 年～ 150 年的广洋大枣古树进行全面调查，在石佛寺仝家岭村选择优良母树 800 株，进行观察、对比、记录，全面了解广洋大枣种质资源特性，在石佛寺仝家岭村建立采穗圃 0.67 公顷，石佛寺贺营村建立繁育圃 0.67 公顷。省投资 15 万元。

（十）西峡县采穗圃采种基地建设项目

西峡县采穗圃采种基地建设项目 3 个，其中采穗圃 2 个，采种基地 1 个。（1）2006 年，重阳镇杜岗核桃采穗圃年产优良穗条 5 万条，田关乡林科所猕猴桃采穗圃年产穗条 20 万条；（2）同年，在烟镇林场白石尖林区建立华山松采种基地，年产华山松种子 1500 千克。

（十一）内乡核桃优良采穗圃建设项目

实施单位：内乡县林木种子站。2010 年春启动建设。基地从位置的选定、设计到整地、施工，良种的筛选、采、育、繁为一体，项目建设稳步发展。现已建成核桃采穗圃 18.4 公顷（其中自建 16.4 公顷，建设地点在湍东镇龙头村，保存株数 12450 株；省投资建设 2 公顷，建设地点在灌涨镇马集村，保存株数 1200 株），年产节穗 84 万条，芽产量 179 万个。省投资 8 万元。

内乡核桃良种基地

（十二）桐柏县马尾松良种示范林建设项目

实施单位：桐柏县毛集林场。2002 年启动建设。在适宜马尾松生长且生长良好、交通方便的荒坡等地段，营建马尾松良种丰产示范林 13.33 公顷。通过选育优良品种，推广应用新技术、新成果，提高示范林综合效益。省投资 8 万元。

（十三）南阳市红豆杉种质资源原地保护项目

实施单位：南阳市林业局。2008 年启动建设。在南召县乔端镇石鼓村下铺红豆杉分布集中的纵深地带，以河谷地段为中心，辐射山谷两边山坡的半腰林带，实施原地保护，保护面积 5.33 公顷。（1）对该处分布的红豆杉树，修筑营养保护土石围堰，实施地下复壮和地面复壮等措施，合理抚育，建立相应的技术档案。（2）在红豆杉原地保存林周边设置界桩，在入口显著地方设置宣传牌。（3）确定护林人员进行重点管护，禁止一切破坏红豆杉种质资源及生存环境现象的发生。省投资 15 万元。

（十四）黄石庵连香树原地保护建设项目

实施单位：伏牛山黄石庵管理局。2011 年启动建设。建设内容：在黄石庵、细辛、三里壕、干沟 4 个林区分别建设界桩 120 个、标牌 50 个、维护网 370 米、保护范围 550 公顷、植物分散保护点 50 个。省投资 10 万元。

（十五）宛城区银杏种质资源收集圃建设项目

实施单位：宛城区林业局。2011 年启动建设。建设银杏种质资源收集圃 3.33 公顷，包括建房、选地、选种、栽培、抚育管理等。项目区位于宛城区新店乡英南村。省投资 8 万元。

（十六）桐柏县马尾松良种基地建设项目

实施单位：桐柏县毛集林场。2002 年启动建设。基地规模 170.1 公顷，项目分布在毛集林场 5 个林区 11 个林班。(1) 马尾松种子园 33.4 公顷，其中实生种源种子园 26.7 公顷，在固县林区 48 林班（田木湾二、三、四、五道岗）；无性系种子园 6.7 公顷，在固县林区 48 林班二道岗。(2) 马尾松加密渐进汰劣种子园 13.4 公顷，在固县林区 47 林班 2、4 小班（小地名蒋坡、江坡）。(3) 马尾松母树林 66.7 公顷，在固县林区五里岗和铁山林区大包子，每片 33.35 公顷。(4) 马尾松优树收集区 2 公顷，在红卫林区鸳鸯寺。(5) 采穗圃 3.3 公顷，在红卫苗圃。(6) 豫南马尾松基因库 11.3 公顷，在回龙林区。(7) 马尾松子代测林 6.7 公顷，在铁山林区。(8) 马尾松良种示范区 20 公顷，在铁山和固县林区。(9) 多功能板栗隔离带 13.4 公顷，在固县林区。

（十七）南阳市白皮侧柏种质资源原地保护建设项目

实施单位：淅川县林业局。建设地点：淅川县仓房镇磨沟村香严寺及附近公路两边山坡上。2012 年启动建设。规划保护面积 20 公顷。对该区域分布的白皮侧柏古树修筑营养保护土石围堰，培土施肥，防治病虫害，合理抚育，悬挂保护标牌，建立技术档案；在白皮侧柏次生林原地保存区域周边设置界桩，建隔离带，并在入口显著地方设置宣传牌；实施定期生态观测，建立健全档案，划定保护区域，确定护林人员重点看护，禁止一切破坏白皮侧柏资源及生存环境的现象发生。项目投资 15 万元。

（十八）南阳市卧龙区白榆种植资源良种收集圃建设项目

实施单位：卧龙区林业局。建设地点：卧龙区紫山，建设规模 2 公顷。2012 年启动建设。建设任务：完成白榆种植资源调查，建设良种收集圃 2 公顷。项目投资 15 万元。

（十九）桐柏县油茶良种示范林建设项目

实施单位：桐柏县林业局。建设地点：在桐柏县大河镇李沟村。2012 年启动建设。

主要内容：引进油茶新品种，高标准建成3.33公顷油茶新品种示范基地，推广应用标准化丰产高效栽培技术，为全县油茶产业树立示范样板。项目投资15万元。

（二十）蔷薇属月季种质资源收集圃

实施单位：南阳市林业局。建设地点：南阳市月季盆景展示园。2013年启动建设，建设规模1.33公顷。建设任务 \ 收集、保护和采穗。项目投资15万元。

（二十一）药用植物山茱萸种质资源保存库工程建设项目

实施单位：河南伏牛山国家级自然保护区黄石庵管理局。2013年启动建设。主要内容：收集本区及国内山茱萸资源标本500份以上，建立种质资源基因库，地点位于黄石庵管理局细辛、草湖岭等林区；项目面积6.67公顷。项目投资20万元。

山茱萸良种基地

（二十二）常绿耐寒木兰科种质资源收集圃建设项目

建设单位：南召县国有苗圃场。2013年启动建设。建设地点：南召县皇路店苗圃。建设内容：新建1.67公顷良种采穗圃，1.33公顷常绿树种耐寒木兰种质资源收集圃。项目规划投资20万元，其中国家投资10万元。

（二十三）南阳市大花月季采穗圃建设项目

实施单位：南阳市林科所。2014年启动建设。建设地点：市林科所苗圃和卧龙区蒲山镇黄山村。建设内容：建设月季优良品种采穗圃2公顷；建设国外大花月季品种收集区、国内大花月季品种收集区等6个栽植区域和1个繁育区域，收集月季优良品种22个、4100株。项目投资20万元。

（二十四）伏南山区珍稀树种连香树种质资源保存库建设项目

实施单位：河南伏牛山国家级自然保护区黄石庵管理局。2014年启动建设。建设地点：黄石庵林场细辛、黄石庵、重皮岭、干沟林区。建设内容：建设种质资源基因原地保存库7公顷，建设收集圃2公顷。项目投资10万元。

（二十五）镇平县玉兰良种种质资源采穗圃建设项目

实施单位：镇平县苗圃场。2014年启动建设。建设地点：镇平县杨营镇尹营村。建设内容：建设望春玉兰、荷花玉兰等玉兰良种采穗圃2公顷。项目投资10万元。

（二十六）南阳市大花月季种质资源收集圃建设项目

实施单位：南阳市林科所。2015年启动建设。建设地点：卧龙区潦河镇崔营村。建设内容: 收集月季生产中常用的大花月季“粉扇”“绯扇”“东方之子”“梅朗口红”“红双喜”等优良资源50个，采用全光照自动喷雾扦插育苗技术，对收集的优良种质资源进行保存繁育，建设大花月季品种收集圃2公顷。项目投资20万元。

（二十七）伏南山区珍贵树种七叶树原地保存库建设项目

实施单位：河南伏牛山国家级自然保护区黄石庵管理局。2015 年启动建设。建设地点：黄石庵林场细辛、黑松沟、草湖峪林区。建设内容：建设七叶树种质资源基因原地保存库 6 公顷。项目投资 15 万元。

（二十八）镇平县木兰良种种质资源收集圃建设项目

实施单位：镇平县苗圃场。2015 年启动建设。建设地点：镇平县杨营镇尹营村。建设内容：收集望春玉兰、荷花玉兰、二乔玉兰、菊花玉兰等玉兰良种，建设收集圃 2 公顷。项目投资 15 万元。

（二十九）南阳市大花月季采穗圃建设项目

实施单位：南阳市林科所。2016 年启动建设。建设地点：卧龙区潦河镇崔营村。建设内容：收集优良大花月季品种及类型 60 余个，其中引进国内外月季新品种 20 个，收集当地名优品种 40 个，新疆耐寒品种 3 ～ 5 个，建设月季优良品种采穗圃 2 公顷。项目投资 26 万元。

（三十）南召县玉兰种质资源收集圃建设项目

实施单位：南召县皇路店苗圃。2016 年启动建设。建设地点：南召县皇路店。建设内容：收集广玉兰、红玉兰、黄玉兰、白玉兰、腋花望春玉兰、桃实望春玉兰、紫霞玉兰、菊花玉兰、红花木莲、二乔玉兰等品种，建设玉兰种质资源收集圃 3.5 公顷，建设良种采穗圃 0.1 公顷。项目投资 31 万元。

南阳白河湿地——刘春萍（摄）

第七章 森林公园和湿地公园建设

第一节 森林公园建设

南阳现有国家、省级森林公园13处，分别是西峡寺山国家森林公园，桐柏淮河源国家森林公园，南阳独山和兰湖省级森林公园，淅川上寺、凤凰山和猴山省级森林公园，镇平菩提寺省级森林公园，方城大寺和七峰山省级森林公园，南召丹霞寺和猿人山省级森林公园，社旗霸王山省级森林公园，总面积2.437万公顷，占全省森林公园总面积的8.17%。

西峡寺山国家森林公园

一、西峡寺山国家森林公园

1992年9月，经林业部批准，在国有西峡木寨林场寺山林区的基础上建立，总面积756公顷。

公园位于西峡县城西部灌河河畔，312国道、宁西铁路西峡站距公园1.5千米和3千米，地理位置优越，交通便利。

公园内有半山亭、洼尊石、燃灯寺等古迹。公园以四季常青、生长茂密的马尾松林、杉木林为主，灌木以连翘、迎春、杜鹃、绣线菊为主，形成四季景观。

公园分为3大景区：(1) 立石沟景区有西岭迎春、竹径通幽、霜林红叶、百花闹春、松林听涛、栎海烟云等；(2) 太阳沟景区有暗香苑、冬雪拥翠、松岭石径等景点；(3) 水磨沟景区是珍贵稀有植物观赏、科学试验园地。

大德法师释仁涛募捐投资重修燃灯寺，占地1.16万平方米，总投资数千万元。

二、桐柏淮河源国家森林公园

桐柏淮河源国家森林公园

2002年12月，经国家林业局批准，在国有桐柏陈庄林场的基础上建立，总面积4924公顷。公园地处豫、鄂两省交界处的桐柏山脉中段北麓，是千里淮河发源地。

位于北亚热带向暖温带过渡性气候带，植被分布区系交汇，南北兼容，具有良好的过渡带森林生态系统，森林覆盖率95%。公园内不但有良好的生态环境和丰富的森林资源，而且人文资源丰富，集淮源文化、盘古文化、西游文化、佛道文化、苏区文化为一体，文化积淀深厚。

距桐柏县城3公里，有淮源、太白顶、桃花洞、水帘洞4大景区，秦始皇建淮渎祠，康熙亲书“灵渎安澜”，留下大量碑刻、诗章；水帘洞、桃花洞道家称为“三十六洞天”和“七十二福地”之一，水帘寺已有千年历史。主峰太白顶海拔1140米，是豫南第一高峰。有“大复横、水帘挂雪、桃洞铺霞、清淮浸月、禹舟铁环、汉寺虬柏、玉井龙渊、金亭翠阁”八大景观，各类景点118处，淮河源国家森林公园已成为省内外著名的旅游休闲胜地。

三、淅川上寺省级森林公园

1993年2月，经河南省林业厅批准，在国有淅川荆关林场上寺林区的基础上建立，总面积420公顷。公园位于淅川县西南仓房乡境内，丹江水库沿岸，地处伏牛山南麓，豫、鄂、陕三省交界处。

淅川上寺省级森林公园

公园属伏牛山南坡山地丘陵，森林植被以亚热带植被景观为主，呈现出南北东西交汇特色。树种以栎类、侧柏、杉木、马尾松、柳杉为主，主要经济树种有柑橘、花椒等。

景点香严寺始建于唐代，后历代多有增修，原有上、下两座寺院，下寺于1978年被丹江水库淹没，现仅有上寺。相传由于原来寺院周围有千顷大面积的山林属于寺院所有而得名“千顷香严寺”。曾和少林寺、白马寺、相国寺同属于河南的四大古刹之一。战国、汉代墓地群位于公园西山上，各类墓葬25座，有重要的文化历史研究价值。自然景观有羊山三穴洞，主洞分出两侧洞，主洞长500多米，内由水锈石形成。蛇山、龟山、磊山，三山相连，多姿多彩，形如其名，形象逼真，栩栩如生。公园北部瀑布泉、龙王泉、水帘洞紧密相连，错落有致。上寺八景有“一柏担八榆”“一柏一石一座庙”“珍珠泉”“豹头泉”“双石洞”“水帘洞“一步三眼井”“孙猴看桃园”等，与自然景观浑然一体。

四、镇平菩提寺省级森林公园

1993年8月，经河南省林业厅批准，在国有镇平五岳庙林场菩提寺林区的基础上建立，总面积130公顷。公园位于镇平县城北10千米处，处在伏牛山支脉老庄杏花山东北麓。

公园内自然景观与人文景观丰富，其中菩提寺创建于唐高宗永徽年间，明清、民

镇平菩提寺省级森林公园

国时期多次修建。现有寺房 88 间，整个建筑呈四重院落，位于中轴线的建筑有二佛殿，法堂，藏经楼，两侧有钏鼓楼。寺内有明清寿碑 20 多块，寺院建筑布局均衡，宏伟壮观，为原河南省八大寺院之一。寺院内的文物古迹主要有菩堤成道处、嘉靖古钟、千年白果树、一柏六石一眼井、溶雪石、石铜碑、功德碑、墨水条幅观音大士画像、天然泉水井、记路草、明化白玉兰、清代桂花、心意古柏。彭公祠位于菩提寺东南侧，是镇平县知名人士彭雪枫将军叔父彭禹廷的墓地，建筑雄伟，气势昂然。

登上杏花山主峰，望西北群山茫茫，层峦叠嶂；看东北赵湾水库碧波荡漾，清澈如画；向南俯瞰县城全貌及美丽富饶的平川大地林茂粮丰，绿带成网。

山上植被以马尾松、麻栎为主，公园内有被称为“仙女化身”的古银杏 1 棵，胸围 3.2 米，高 24.2 米。

五、南召丹霞寺省级森林公园

1995 年 7 月，经河南省林业厅批准建立，总面积 0.093 万公顷。公园位于南召县城东部留山镇，距县城 18 千米。

南召丹霞寺省级森林公园

景区以千年古刹丹霞寺为主，配以风景优美的山、水、林风光，融人文、自然景观为一体。丹霞寺是唐长庆四年 (公元 824 年) 高僧天然禅师游至丹霞山被这里的奇异山水所吸引开创而建。因寺院建在具有丹霞地貌的丹霞山上，故取名丹霞寺。千年古刹，历经沧桑，始建于唐，鼎盛于宋，兵焚于元，迄明中兴，清代屡建，盛时僧众达 500 余人。1995 年，该寺得益新加坡龙泉寺广平法师资助修葺一新，香火日盛，是豫西南佛教活动的中心，为河南八大寺院之一。同时，寺院坐落的丹霞山，有着典型的北方丹霞地貌。这里的崖壁、山谷、岩石、土质均呈紫红色，每至旦暮，彩霞赫炽，起自山谷，色若渥丹，灿如明霞，素有“八百里伏牛，五百里丹霞”之誉，被全国丹霞地貌学术研究会会长黄进教授题名为丹霞始祖。

寺院周围38.67公顷古柏保存完好，还有千年宋柏和活化石银杏数株，引人入胜，是中原独一无二的森林景观。周围左有青龙山，右有白虎山，九龙河萦绕寺前，寺东北的卧佛山上高昂的佛头显现神异之气，狮子山、玲珑山等各具特色。寺周围元、明、清时期的古塔林立，寺西北关山大峡谷万亩草场和险崖、石壁、瀑布等自然景观迷人，可尽情领略古刹与大自然完美结合之神奇。

六、方城大寺省级森林公园

2000年7月，经河南省林业厅批准，在国有方城大寺林场的基础上建立，总面积0.043万公顷，大小山头30余座。

方城大寺省级森林公园

公园内森林茂密，景色怡人，野生动植物资源丰富，有元朝时建立的大乘山护国普严禅寺等六寨、六洞、五寺、四庵、四潭、一楼、一阁、一天门，以及古树抱子、龙潭秋月、落日鹁鸽崖等历史、人文和自然景观。公园内普严寺是河南省名寺之一，寺内千年古银杏树生机盎然，群山挺秀，层峦叠翠，龙潭秋月湖似两山夹明镜，山水相映。公园内有望夫山、王莽寨、东西宫娘娘山、白龙寨、三龙潭、将军峰等景点10多处。河南省155微波站，巍然矗立在白龙山山峰之巅，构成一幅风光旖旎的壮美画屏。

七、南阳独山省级森林公园

2000年12月，经河南省林业厅批准建立，总面积0.04万公顷。公园位于南阳中心城区北部3千米处，森林覆盖率95%，树种以麻栎为主，松、柏、女贞、栾树、合欢等针阔叶混交林混杂其中。

南阳独山省级森林公园

公园分为三大景区：森林旅游区，生态观光区，休闲娱乐区。独山山体浑圆，海拔367.8米，属典型的南北过渡带气候，山上有合欢、香樟景观林，有2.67公顷毛峰茶园，给人以北雄南秀之感。白河经橡胶坝截留汇集水面一万余亩，与独山山水相映，宽阔的独山大道和滨河路使独山森林公园与白河游览区形成较为完整的生态景观系统。

独山宗教文化历史悠久，有道教名观祖师宫、玄庙观，有佛教豫山禅寺。三月三上独山，每年香客如云、游人如织。庙会集中反映地方风情的民间工艺、土特产、风味小吃等民俗文化。公园最高日接待游客近8万人次。

八、方城七峰山省级森林公园

2003年12月，经河南省林业厅批准建立，总面积5100公顷。公园位于方城县北部拐河镇境内，属伏牛山东南麓，淮河水系的澧河上游，景区地形错综复杂，山峰连绵，沟壑纵横，最高海拔760.4米。

七峰山森林公园距县城30公里，紧靠省道肖白路，公园内林木生长茂盛，常绿树与阔叶林混交，有许多罕见的古树名木和珍贵的珍稀植物，也有近年来发展的林果花卉，具有多样性的森林植被类型。七座山峰参差并立，雄奇险峻，浑然天成，巍巍壮观。泉眼瀑布奔腾跳跃，飞流直下，构成七十二潭，碧水涟漪。七峰秀湖飘逸俊美，妩媚秀丽。红石崖下的神仙洞，恢宏宽阔，洞深百余米，可容纳万余人，洞内温凉宜人、神清气爽，是天然的避暑胜地，著名地质学家李四光曾两次亲临神仙洞考察。元代兵营遗址泉白寨位于森林公园内的泉白山之巅，兵寨基础设施基本完备，可以感受古代战场之壮观气势。良好的自然景观和丰富的动植物资源，为开展生态旅游提供了有利条件。

九、南阳兰湖省级森林公园

2013年1月，经河南省林业厅批准建立，总面积0.187万公顷。兰湖森林公园位于南阳市区西北隅，西接二广高速、北接二广高速连接线、东至北京大道北延的靳小路，南接龙升工业园区，距离南阳市中心10分钟车程。南北长约7千米，东西最宽处约6千米，窄处2.5千米。

兰湖森林公园规划效果图

2008年开始，已营造生态林、风景林近466.67公顷，与羊磨山原来森林景观相衔接。

2011年，市政府在兰营水库生态防护林营造的基础上，聘请北京土人公司作总体规划，规划建设兰湖森林公园。兰湖森林公园规划总面积0.187万公顷，分三期建成，启动期规划面积800公顷，提升期规划面积1363公顷，完善期规划面积0.187万公顷。涉及卧龙区的靳岗、王村、谢庄、安皋4个乡（镇）办事处、10个行政村。规划8个功能区：森林生态保护区、羊磨山山林生态保护区、水上游憩区、滨湖湿生林地游憩区、植物园区、景观农田林区、服务接待区、管理居民生活区。

2012年3月，市政府批复《南阳兰湖森林公园总体规划》。2012年5月，市政府成立兰湖森林公园建设领导小组，市长穆为民任组长，副市长张生起任副组长的领导小组，市林业局局长汪天喜任办公室主任，具体负责公园建设工作。

按照省林业厅批复，兰湖森林公园管委会具体负责公园的森林及野生动植物资源保护、森林旅游规划、建设和经营管理。按照国家林业局颁布的《国家级森林公园管理办法》，加强指导和监督。认真编制森林公园总体规划，开发和建设严格按照总体规划进行，确保各项设施与自然景观相协调。2013年起，公园除巩固造林成效外，进入筹建阶段。

十、淅川凤凰山省级森林公园

2013年12月，经河南省林业厅批准建立，经营总面积1173.3公顷，森林覆盖率70%。公园位于淅川县城东北部，地跨上集镇、龙城街道办事处、商圣街道办事处3镇（处）。地理坐标：东经111°29′21″～111°32′47″，北纬33°6′40″～33°9′23″。

淅川凤凰山省级森林公园

公园地处伏牛山南坡，低山地貌，兼有邱岗、农地、溪谷、水域等。主要山峰有全山、平顶山、脑子寨、肖家山等，最高海拔560米，山麓坡脚海拔228米，高差332米。在地质构造上为华夏陆生复背斜构造，以褶皱为主。地层主要为第三系和第四系的陆相砂岩、泥沙岩及河流冲积、山麓堆积层。土壤主要为黄棕壤的粗骨性黄褐土亚类，质地黏重，透气性差，呈微酸性至中性，是典型的石灰岩地貌。

公园属华北植物区系与华中植物区系的过渡地带，境内植被资源丰富，除野生植物外，主要树种为栎类、化香天然次生林、竹子、侧柏、女贞、栾树等人工林，野生动物有野猪、野兔、松鼠、啄木鸟、白鹭、灰鹭、狐狸、獾子、雉鸡等。

公园优越的自然条件适合动植物生存繁殖，有多种动物和鸟类。丰富的自然资源、优美的生态环境和浓厚的文化氛围，吸引大量市民，到凤凰山登山健身、休闲游玩，近几年游客的数量逐年增加。

主要景区有圣水寺，离县城五公里，初建至今已有750年左右，寺中现存真人大小石佛一尊，佛像背后刻有“元至正二年”（1343年）字样，当时香火旺盛。

十一、淅川猴山省级森林公园

2014年，经河南省林业厅批准建立，总面积2579公顷。公园位于紫荆关镇和西簧乡境内，地处秦岭山系东延伏牛山余脉，呈西北—东南走向，长15公里，猴山主峰有三座山头，最高峰海拔924米，峰顶曾有一尊天然石猴因而得名。地理坐标：东经110°52′～110°56′，北纬33°16″～33°22″。四至范围：东至紫荆关镇汉王坪村西沟，西至西簧乡前湾村克子沟，南至西簧乡代兴沟村，北至西簧乡梅池村桦栎树公园内，森林覆盖率90.6%。

公园地形特点呈西北高、东南低，主脉向南延伸，地势山麓缓长，坡势较陡，海拔400米～924米之间。土壤主要为黄棕壤的粗骨性黄褐土亚类，质地黏重，透气性差，呈微酸性至中性，是典型的石灰岩地貌。

公园沟壑纵横，山岭绵延，森林茂密，生物资源种类多，植被资源有陆生植被和湿地植被2个种类，有维管束植物2060种，其中被子植物1944种，裸子植物15种，蕨类植物101种。国家一级和二级保护动物10余种，常见兽类20余种，昆虫2000余种。

十二、南召猿人山省级森林公园

2014年，经河南省林业厅批准建立，总规划面积4162.4公顷。公园位于南召县北部，横贯2乡4村，包括马市坪乡的杨盘村、转角石村、焦园村和崔庄乡的仓房村。地理坐标：东经112°10′～112°28′，北纬33°36′～33°42′，分猿人山和圣垛山2个片区。四周边界：东至圣人垛，南至仓房村界，西至五顷寺，北至南召宝天曼国家级自然保护区石人山林区边界。森林面积3829.4公顷，森林覆盖率92%。

公园地处秦岭山系东延形成的伏牛山脉，大小群峰近百座，群山环绕，层峦叠嶂。诸山呈弓形自西南向西北和东北部蜿蜒展开，海拔1000米～1900米之间，最高峰海拔1817米。在地质构造上为华夏陆生复背斜构造，以褶皱为主。土壤主要是黄棕壤的粗骨性黄褐土亚类，土壤母岩为花岗岩、片麻岩。

公园属于华北植物区系与华中植物区系的过渡地带，境内生长有亚热带植物和暖温带植物。区域内共有脊椎动物300多种，昆虫3000余种。属国家重点保护的野生动物有金钱豹、金雕、白鹤、白肩雕、白天鹅、鸳鸯、猫头鹰、红腹锦鸡、大鲵等40多种，丰富的野生动物资源为猿人山森林旅游平添了野趣。

十三、社旗霸王山省级森林公园

2014年，经河南省林业厅批准建立，总规划面积1494公顷。公园位于社旗县东部，东、北部与方城大寺林场毗邻，西、南面同下洼乡接壤。南北长6.5公里，东西宽5.3公里，公园四界即为国有社旗县林场管理区界。地理坐标：东经113°8′10″～113°11′44″，北纬33°4′～33°9′11″。公园有林地全部为人工林，森林覆盖率95%。

公园位于桐柏山余脉西端，境内全部为山地，呈阶梯状分布，海拔在200米～700米之间，山坡较陡，约30度左右。主脉经泌阳延伸至社旗，自然形成东南至西北走向蜿蜒不断的山岭。

主要山峰有双山、霸王山、尖山、葫芦头等，最高峰711.2米，山峰叠起，沟涧纵横，地势错综复杂，山中树木参天，动植物种类繁多，飞瀑洞潭等自然景观齐全，部分山体岩石裸露，怪石林立，风光秀丽，环境优美，形成了春夏有花、秋有果、冬有碧绿的森林生态景观。

公园内植被类型丰富，属北亚热带常绿、落叶阔叶林带。植物区系复杂、既有华中、华东区系的植物，又有东北、西北暖温带植物。乔木树种主要有，松类、栎类、杉木、侧柏、刺槐、枫杨、泡桐、合欢、乌桕、五角枫等；灌木树种主要有，山楂、野蔷薇、黄荆条、连翘等；草本植物主要有，野菊花、血参、柴胡、蒿类等；藤本植物主要有，葛藤、猕猴桃等。

第二节 湿地公园

一、河南南阳白河国家湿地公园

2012年12月，经国家林业局批准试点建设。地处南阳市中北部，跨南召县、鸭河工区、宛城区、卧龙区和南阳城乡一体化示范区，由北向南成片带状（片

南阳白河国家湿地公园

指鸭河口水库宽广水面，带指白河河流带状廊道）走向，主要包括鸭河口水库及其下游的白河至 S8311 南阳北绕城高速段以及周边一定区域。地理坐标：东经 112°24′55" ～ 112°40′50"，北纬 33°4′29" ～ 33°24′54"。规划总面积 17276.2 公顷。规划期限为 2013 年至 2018 年，分两期实施。

湿地公园及其周边有维管植物 122 科、438 属、900 种。列为国家一级重点保护植物有银杏、水杉等；列为国家二级重点保护植物有榉树、乌苏里狐尾藻、野菱、野大豆、莲、金荞麦、中华结缕草等。脊椎动物共有 5 纲 29 目 72 科 256 种。其中鱼纲 5 目 11 科 56 种，以鲤形目为主；两栖纲 1 目 3 科 7 种，以蛙科为主；爬行纲 2 目 7 科 18 种，以游蛇科为主；鸟纲 16 目 43 科 156 种，以雀形目和雁形目为主；哺乳纲 5 目 8 科 19 种，以鼠科和鼬科为主。列为国家一级重点保护动物有黑鹳、白鹳、金雕。国家二级重点保护动物有秃鹫、大天鹅、小天鹅、鸳鸯、鹗、苍鹰、雀鹰、松雀鹰、大鵟等 21 种。

以较大水量的永久性河流和宽阔水面的库塘湿地为主体、以洪泛平原湿地和运河、输水河为补充组成的复合湿地生态系统。在中国亚热带和暖温带过渡区域具有较强的典型性和代表性，在河南省和中原地区具有较强的独特性。湿地公园严格按照总体规划设计要求，建立比较完善的湿地及生物多样性保护管理体系，配置专门的湿地保护管理人员，建立和完善湿地保护管理基础设施，构建比较完善的湿地科普宣教、科研监测体系，提高湿地公园的保护管理能力，对现有的湿地生态系统和生物多样性进行严格保护；积极实施湿地生态系统恢复建设，使湿地公园的生态功能得到较好发挥；全面开展基础设施和旅游服务设施建设，充分发挥湿地生态功能，力争 2018 年被国家林业局正式授牌为国家湿地公园。

二、河南唐河友兰国家湿地公园

2013 年 12 月，经国家林业局批准试点建设。位于唐河县境内，规划范围包括唐河城区段及沿岸，南至唐河与三夹河交汇处，北至与泌阳河交汇处。地理坐标：东经 112°48′01″～ 112°54′08″，北纬 32°38′46″～ 32°45′39″。规划总面积 675.7 公顷，其中公园与绿地 68.94 公顷，河流水面 254.84 公顷，内陆滩涂 220.01 公顷，有林地 131.91 公顷。湿地总面积 474.85 公顷，湿地率 70.28%。规划期限为

唐河友兰国家湿地公园

2014年至2019年，分两期实施。

唐河国家湿地公园地处北亚热带向暖温带过渡地区，在植被区划中属北亚热带常绿阔叶林带，植物资源比较丰富。据调查，区内共有维管束植物82科230属313种，约占全省植物总种数的7.9%。列为国家一级保护植物有银杏1种，国家二级保护植物有莲1种，均为人工栽植，主要分布在唐河西岸的部分区域。区内共有脊椎动物31目63科230种，其中鸟类158种、鱼类49种、兽类9种、爬行类9种、两栖类5种。列入国家一级保护的鸟类有黑鹳、金鵰2种，国家二级保护的鸟类有赤颈、白琵鹭、蜂鹰、鸢、苍鹰等24种。

通过湿地公园的规划和建设，保护和恢复唐河湿地生态系统，有效发挥唐河湿地涵养水源、调蓄洪水、保护生物多样性和提供湿地产品等多种生态、经济和社会效益。

三、淅川丹阳湖国家湿地公园

2014年12月，经国家林业局批准试点建设。位于淅川县境内，涉及香花、九重、仓房、马蹬4个乡（镇）及丹江口水库部分水域，呈现“一园两区”格局，规划分南园区、北园区，总面积25226.4公顷。规划期限为2015年至2020年，共6年，分两期实施。

南园区。位于淅川县南部南水北调中线渠首所在地九重镇境内，属侵蚀地形岗丘区，范围包括丹江湿地国家级自然保护区以南丹江库区水域（高程170m以下）和朱廉山、汤山部分山体，行政范围涉及香花镇、九重镇、仓房镇。地理坐标：东经111°28′09″～111°42′58″，北纬32°46′41″～32°38′15″。面积24906.4公顷，其中湿地面积23948.9公顷。

北园区。位于淅川县中部马蹬镇境内，属侵蚀构造地形山区，杨营河与紫气河汇入丹江库区河口处。地理坐标：东经111°31′54″～111°33′29″，北纬32°56′09″～32°58′31″。面积320公顷，其中湿地面积231公顷。

湿地公园生物多样性较为丰富，区内有维管束植物132科、471属、1085种；脊椎动物32目83科318种，其中鸟类17目49科183种。植物群系有荻群系、芦苇群系、香蒲群系、莎草群系、酸模叶蓼（水红花）群系、浮萍、紫萍群系、满江红群系、黑藻群系、茨藻群系等。列为国家一级重点保护植物有银杏、水杉等，列为国家二级重点保护植物有榉树、野菱、野大豆、莲、中华结缕草等。列为国家一级重点保护动物有达氏鲟、黑鹳、白肩雕、白尾海雕、金雕、丹顶鹤、白鹤，国家二级重点保护动物有角鸊鷉、白鹈鹕、黄嘴白鹭、大天鹅、鸳鸯、苍鹰、草原雕等30种。

丹阳湖国家湿地公园，以确保南水北调中线工程丹江口库区水质安全为前提，保护和恢复丹江国家重要湿地，宣扬丹江湿地文化，有效发挥丹江口库塘湿地涵养水源、净化水质、提供饮水、调蓄洪水、保护生物多样性和提供湿地产品等多种生态、经济和社会效益。同时，借助湿地公园的窗口作用，宣传南水北调工程，展示淅川县作为南水北调中线工程渠首的特殊地位和做出的贡献。

四、社旗赵河省级湿地公园

2013 年 12 月，经河南省林业厅批准试点建设。湿地公园位于社旗县境内赵河河段和唐河上游部分河段的水域、滩涂、河岸及周边区域。北起社旗县县界，南至省道张南线（S333），西到赵河西岸，东至唐河大桥。南北跨度 8.5 公里，东西 8.5 公里。地理坐标：东经 112°52′40″～112°57′31″，北纬 33°01′47″～33°06′51″。规划总面积 299.56 公顷，其中湿地面积 157.90 公顷，湿地率 52.7%。规划期限为 2014 年至 2019 年，分两期实施。

社旗赵河省级湿地公园

区内共有维管束植物 89 科 237 属 347 种，约占全省植物总种数的 8.7%。列为国家一级保护植物有银杏、水杉，国家二级保护植物有莲、野大豆、野菱 3 种。人工种植的植物主要有欧美杨、旱柳、全缘叶栾树、紫薇、国槐、女贞、雪松、月季、鸢尾、莲等。共有脊椎动物 29 目 62 科 243 种，其中鱼类 49 种、两栖类 5 种、爬行类 9 种、鸟类 169 种、兽类 11 种。列为国家一级重点保护的鸟类有黑鹳、金雕 2 种，国家二级重点保护的鸟类有赤颈、白琵鹭、蜂鹰、鸢、苍鹰等 24 种。列入省级重点保护的鸟类有 10 种。

湿地公园以赵河为主题，贯穿上段森林景观，中段乡村田园景观和下段现代城市景观，营造并组合而成的具有不同风貌的复合湿地景观。同时，湿地公园还蕴藏着厚重的东汉文化和赊店文化，独特的河南民俗文化，丰富的湿地生态文化，配合湿地公园周边巨大的城乡人口，为开展科普宣教与生态休闲奠定客源基础。

湿地公园区划为生态保育区、恢复重建区、科普宣教区、合理利用区和管理服务区 5 个功能区。通过湿地公园的规划和建设，有效保护和恢复赵河湿地生态系统，充分利用规划区现有湿地生态资源，开展湿地科普宣教和休闲游憩活动。

五、方城赵河省级湿地公园

2014 年 12 月，经河南省林业厅批准试点建设。位于南阳市北部，方城县境内，湿地公园规划区沿赵河呈带状分布，北起赵河与柳河交汇处，南至方城县与社旗县县界，东西两侧大致以设计洪水位与岸边的交界线为界（有堤防河段以河堤为界），赵河镇政府所在地及南水北调中线总干渠附近河段，根据湿地公园建设需要向河岸外侧适当拓展。规划范围包括河流水域、滩涂、河岸坡地及少量河岸外侧陆地。地理坐标：东径 112°49′34″～112°52′41″，北纬 33°06′45″～33°16′56″。规划区东西长 5.08 公里，南北宽 18.76 公里，总面积 571.99 平方公里。区内河道长 28.48km，河床宽 50～420 米，湿地面积 540.37 平方公里。规划期限为 2015 年至 2020 年，分两期实施。

区内共有维管束植物 89 科 235 属 343 种，约占全省植物总种数的 8.6%。列为国家一级保护植物有银杏，国家二级保护植物有莲、野大豆、野菱 3 种。人工种植的植物主要有欧美杨、旱柳、全缘叶栾树、紫薇、国槐、女贞、雪松、月季、莲等。区内共有脊椎动物 29 目 62 科 243 种。其中，鱼类 49 种、两栖类 5 种、爬行类 9 种、鸟类 169 种、兽类 11 种。列入国家重点保护的鸟类有 26 种。其中，国家一级重点保护的鸟类有 2 种、国家二级重点保护的鸟类有 24 种。列入省级重点保护的鸟类有 10 种。列入中日候鸟保护协定的鸟类有 88 种，列入中澳候鸟保护协定的鸟类有 21 种。

湿地公园区划为生态保育区、恢复重建区、科普宣教区、合理利用区和管理服务区 5 个功能区。湿地公园以赵河为主题，丰富的湿地生态文化，配合湿地公园周边村镇人口，为开展科普宣教与生态休闲奠定客源基础。

桃花源——马 宇（摄）

第八章 林业经济

第一节 经济林

一、发展概况

1960 年，西峡县建立以油桐、漆树、山茱萸、猕猴桃为主的经济林基地 85 处。其后，各县相继建立板栗、核桃、苹果、柑桔、红果、白桃、辛夷、广阳大枣等经济林基地。至 1985 年，内乡县营造经济林基地 1.753 万公顷，其中油桐基地 1.6 万公顷，山茱萸基地 0.087 万公顷，板栗基地 0.067 万公顷；西峡县营造经济林基地 1.56 万公顷，其中油桐基地 0.88 万公顷，漆树基地 0.167 万公顷，山茱萸基地 0.267 万公顷，猕猴桃基地 0.047 万公顷，山楂基地 0.2 万公顷；淅川县发展柑桔基地 0.133 万公顷、180 万株；新野县发展白桃基地 3 处，86.67 公顷、2.8 万株；方城县有广阳大枣树 37.6 万株，其中广店乡占 22.7%。

1956 年～1985 年，据不完全统计，南阳地区收购油桐、乌桕、生漆 4827.57 万千克，其中油桐 3790 万千克，乌桕 1031.5 万千克，生漆 6.07 万千克。1985 年以后无详细记载。

20 世纪 90 年代以来，各地在发展经济林品种的同时，引进一批名优林果品种，主要有山茱萸、猕猴桃、柑桔、板栗、梨、桃、油桃、杏、李、杏李、葡萄等，建成一批特色林果基地。

大枣

山茱萸

油桐

“十一五”以来，南阳市经济林发展规模不断扩大，质量稳步提高，产业链条逐步拓展，比较效益稳步增长，成为农村农民增收致富的重要产业。形成以西峡县为主的猕猴桃、山茱萸，以南召县为主的辛夷，以内乡县、南召县为主的核桃，以桐柏县为主的板栗，以唐河县、方城县为主的栀子，以淅川县为主的柑桔，以桐柏县、方城县为主的木瓜，以新野县、宛城区、卧龙区为主的桃、杏、李等小杂果。

板栗

基地建设。各地顺应市场经济发展，采取市场运作模式，吸引外地客商，规模发展经济林产业，呈现大户承包、股份合作和“公司 + 农户”等多种形式，发展面积几百亩、有的千亩以上。全市建成千亩以上经济林基地182处，其中猕猴桃基地36处，核桃基地15处，桃基地42处，栀子基地2处，木瓜基地21处，板栗基地32处，辛夷基地12处。西峡县果然风情果业公司采取“公司＋专业合作社＋基地＋农户”的经营模式，在该县五里桥镇黄狮村、回车镇屈原岗村建立400公顷高标准化猕猴桃基地，实行标准化生产管理。

木耳

品牌培育。在经济林发展中，各地注重打造品牌，提升市场竞争力。西峡县的猕猴桃、香菇、山茱萸被认定为中国地理标志保护产品，获得全国十大农产品出口（食品）示范基地县、国家农业（猕猴桃）标准化生产示范县。果然风情公司猕猴桃饮料系列获得南阳市知名品牌，公司通过国家QS质量管理认证和HACCP认证。西峡“伏牛山”牌山茱萸、“万果山”牌猕猴桃、“正儿八经”牌香菇被评为中国国际农业博览会金奖产品，成为全国唯一的SOD保健猕猴桃基地。新野县新甸铺镇津湾林果专业合作社注册了“津湾”牌无公害桃商标，内乡县注册“浩林”“菊潭浩林”核桃商标和“内乡核桃”国家地理标志商标。南召县发行玉兰花邮票、开发五朵金花红茶等，培育品牌。

香菇

科技投入。注重科技研发，新品种、新技术推广应用，选择栽培一批产量高、品质好，适应性强的品种。西峡县20世纪70年代成立猕猴桃研究所，先后选育华美1号、2号和华光系列等优良品种（株系）26个，获得国家、省、市科技成果奖30多项。南召县选育推广猴掌辛夷等辛夷新品种，逐步建立规范化的种植体系、质量标准体系，并聘请中科院药植所、南京中医药大学、河南大学药学院等科研院校，研究解决辛夷发展中的技术问题，科学种植管理。内乡县建立核桃良种采穗圃、核桃繁育圃基地，引进日本清香薄壳核桃、辽核系列、中林系列、香玲、“露仁核桃”、“纸皮核桃”等优良品种，培育出适合本地发展3个优良品种。在生产实践中，各地培养一批乡村林业技术员和农民“土专家”，在生产一线直接服务经济林发展。

2016年，全市经济林面积28.69万公顷，产量64755.2万千克，产值288310万元。以猕猴桃、黄金梨、桃、柑桔为主的鲜果面积2.75万公顷，产量39937万千克，产值127801万元；以核桃、板栗为主的干果面积4.67万公顷，产量3413万千克，产值61607万元；以辛夷、山茱萸、木瓜、栀子、杜仲为主的木本中药材面积6万公顷，产量6392万千克，产值27669万元；其他经济林面积15.27万公顷。

二、主要经济林

1. 猕猴桃。面积0.82万公顷，产量7248万千克，产值36381万元。主要分布在西峡县袁店乡、丹水镇、田关镇、五里桥镇等。

2. 桃。面积 1.06 万公顷，产量 19709 万千克，产值 63270 万元。主要分布在新野县新甸铺镇，唐河县桐寨铺，宛城区、卧龙区等。

3. 梨。面积 0.23 万公顷，产量 2718 万千克，产值 7734 万元。主要分布在方城县博望镇，南召县留山镇，唐河县等。

4. 核桃。面积 1.59 万公顷，产量 1228 万千克，产值 51688 万元。主要分布在内乡县余关乡、赤眉镇、赵店乡，方城县广阳镇，南召县等。

5. 山茱萸。面积 3.05 万公顷，产量 306 万千克，产值 9000 万元。主要分布在西峡县双龙镇、二郎坪乡、太平镇，桑坪、米坪、石界河，南召县崔庄乡、马市坪乡、乔端镇，内乡县七里坪乡、夏馆镇等。

6. 辛夷。面积 1.33 万公顷，产量 420 万千克，产值 8400 万元。主要分布在南召县崔庄乡、云阳镇、留山镇、南河店乡、白土岗镇等。

7. 木瓜。面积 0.93 万公顷，产量 5200 万千克，产值 4460 万元。主要分布在桐柏县、方城县等。

8. 板栗。面积 3.08 万公顷，产量 2185 万千克，产值 9919 万元。主要分布在桐柏县、内乡县、南召县、西峡县等。

9. 栀子。面积 0.13 万公顷，产量 400 万千克，产值 4000 万元。主要分布在唐河县马振扶乡、祁仪乡，方城县柳河乡等。

10. 杜仲。面积 0.48 万公顷，产量 53 万千克，产值 529 万元。主要分布在唐河县、宛城区、卧龙区、镇平县、内乡县。

2002 年，西峡县、南召县被国家林业局命名为中国名特优经济林猕猴桃之乡、辛夷之乡。2003 年，西峡县被国家林业局命名为中国名特优经济林山茱萸之乡，桐柏县被省林业厅命名为河南省名特优经济林板栗之乡。2004 年，桐柏县被国家林业局命名为中国名特优经济林木瓜之乡。2012 年，内乡县被中国经济协会命名为中国名特优经济林核桃之乡。2014 年，方城县被中国经济林协会命名为中国名特优经济林木瓜之乡。

第二节 木材采伐利用

一、木材采伐

木材是主要的林产品资源。1952 年以前森林采伐利用无详细记载，各地根据生产生活需要自主采伐林木。

1952 年，林业部门和物资部门成立，林材公司开始收购木材。1953 年共收购木材 3500 立方米。

1956年～1957年，全区共收购木材33577立方米。

1958年～1960年，全区共采伐木材164372立方米，其中，西峡黄石庵、洞街、黑烟镇、内乡宝天曼、南召杨盘5个国营伐木场3年共采伐木材6.09万立方米。到1961年10月，只售出木材7000立方米，其余5.39万立方米木材困在山里。

木材采伐

1961年～1965年，全区采伐木材83890立方米。

1968年～1972年，全区采伐木材125235立方米。

1976年～1979年，全区采伐木材99458立方米。

1985年，全区采伐木材9244立方米，其中国营林700立方米；集体林8545立方米。

1986年，全区开始执行森林采伐限额，每5年调整1次限额指标，各地按计划、凭采伐证进行采伐。

1986年～1990年，全区年森林采伐量14.5万立方米。

1991年～1995年，全市年森林采伐量63.89万立方米。

1996年～2000年，全市年森林采伐量54.96万立方米。

2001年～2005年，全市年森林采伐量65.07万立方米。

2006年～2010年，全市年森林采伐量72.076万立方米。

20世纪90年代以来，全市天然林实行禁伐，山区采伐量大幅减少，国有林场木材全部禁伐，木材采伐以营造的人工林为主，杨树占一定数量。

1986年～2013年，全市每年实际采伐量均低于限额指标，没有出现超限额采伐的情况。2013年，实际采伐木材22.5351万立方米，其中国有林200立方米。

二、栓皮采剥

栓皮为软木重要工业原料，盛产西峡、内乡、南召等山区县。1955年估算，全区蕴藏2500多万千克。

1954年开始，在西峡、内乡、南召3县组织群众试点采剥收购。

1955年，栓皮采剥收购范围扩大到镇平县和桐柏县。同年，根据省规定的好货高价、次货中价、劣货低价的原则，及交通运输情况，确定本区各县交货点的收购价格见表（8—1）。

栓皮收购

1955 年栓皮收购价格

表 8—1

单位：分 /500 克

交货点 / 等级	西峡县城	内乡马山口	南召李青店	镇平县城	桐柏县城
一等	9.3	9.6	9.6	10.2	9.6
二等	7.8	8	8	8.5	8
三等	6.2	6.4	6.4	6.8	6.4

第三节 林副产品

全区林副产品资源较为丰富，除木材和经济林的主要产品外，还有栓皮、橡壳、橡仁、野生纤维、烤胶原料、木耳、鹿茸、天麻、连翘、五味子、青饲树叶、薪柴等大量的林副产品。据西峡县统计，全县林副产品 800 多种，正常年产 3500 万千克左右，1955 年～ 1981 年年均收购栓皮 112 万千克，橡壳 122 万千克，橡仁 57 万千克，年产薪柴 2500 多万千克。

20 世纪 80 年代以来，西峡、内乡、淅川、南召、桐柏等山区县、乡农民开始利用栎木段培育木耳、香菇等食用菌。

20 世纪 90 年代初期，西峡、淅川、内乡等县率先引进袋料香菇培植技术。由于袋料香菇培植用材为栎木枝柴，山区农民就地取材，投资小，见效快，效益高，一般农民均能掌握培植技术，很快在山区乡、村铺开，成为农民增收的重要产业。

1994 年，以西峡、淅川、内乡、南召县为重点，培植香菇近 6000 万袋，1995 年突破亿袋。1995 年，西峡县在蛇尾乡建立双龙香菇市场，有门店 350 家，年销售香菇近 200 万千克，销售额突破 2 亿元，香菇销往全国各地，并有 20% 左右出口到日本、韩国和欧美国家。

2010 年，全市生产食用菌、山野菜等 7.03 万千克，产值 18.24 亿元。

2011 年，全市生产食用菌、山野菜等 8.24 万千克，产值 20.88 亿元。

2012 年，全市生产食用菌、山野菜等 11.2 万千克，产值 23.35 亿元。

2013 年，全市生产食用菌、山野菜等 12.27 万千克，产值 24.05 亿元。

2014 年，全市生产食用菌、山野茶等 14.14 万千克，产值 26.23 亿元。

2015 年，全市生产食用菌、山野茶等 15.35 万千克，产值 28.2 亿元。

2016 年，全市生产食用菌、山野茶等 15.53 万千克，产值 27.23 亿元。

第四节 林产品加工经营

20 世纪 80 年代前，南阳林产品主要以原木、坑木等原材料直接销售为主，林产品加工企业很少。

进入 90 年代，党的十四届三中、四中全会以后，随着改革开放政策的不断深入，国家鼓励林业部门以林为主，多种经营，促进了林产品加工业的快速发展。

1996 年，全市大小林产品加工企业达到 674 家，加工产值达到 4.5 亿元，初步形成木材加工、林果加工、林产化工齐头并进的格局。

90 年代后期，由于平原林业的迅速发展，以杨树为主的速生树种木材蓄积量大幅增加，促进了人造材、旋切单板企业的大量发展。

2002 年 7 月，全市各类木材加工企业达到 545 家。2002 年 7 月～8 月，国家林业局等部门联合下文整顿木材加工业，全市取缔 187 个资源浪费严重的企业，保留 358 个木材加工企业。

2010 年，全市年加工木材 107.29 万立方米，加工木本药材 4.595 万吨，加工木本果类、山野菜及饮料加工制造 3.92 万吨，林业产值达到 81.76 亿元，形成一批像“仲景”牌中成药、“南方”牌家具、“优雅”牌地板、“山华”牌栀子色素、“宝天玉兰牌”辛夷油等具有一定影响的知名品牌。

2010 年 10 月，全市 19 家林业企业被河南省林业厅命名为第一批林业产业化重点龙头企业，分别是：河南宛西制药股份有限公司、南阳泰瑞生物制品有限公司、河南福森药业有限公司、南召县华龙辛夷开发有限公司、镇平县贾宋镇群星园艺有限公司、镇平县艺苑苗木专业合作社、南阳月季基地、南阳卧龙区石桥月季合作社、南阳豫花园实业有限公司、南阳文鲜月季科普基地、宛城区黄台岗镇众森林业种植合作社、南阳市宛城区卉森花木基地、新野县津绿林果专业合作社、桐柏山野茶开发有限公司、河南淮源酒业有限公司、河南益嘉林业发展有限公司、邓州益嘉地板有限公司、邓州赛博板业有限公司、邓州市新艺木业有限责任公司。

木材加工

南召辛夷精油

2011年开始，全市林产品加工业得到较快发展。至2016年，全市基本形成四大林产品加工体系。

以人造板、家具为主的木材加工业。20世纪90年代起，由于受到全球经济危机的冲击，木材加工业经历了调整和整合，落后产能得到进一步淘汰，新上一批大型先进的木材加工企业。据统计，全市现有木材加工企业366家，年加工木材65万立方米，其中生产人造板51万立方米，木质家具81万件，木材加工业产值6.5亿元。内乡县新上纤维板生产线10万立方米。新野县扩大纤维板产能5万立方米。

唐河栀子黄

以山茱萸、金银花为主的中药制造业。宛西制药和福森药业两大制药公司，以生产中成药、中药饮片为重点，年加工山茱萸、金银花等中药材1万余吨，产值10亿元以上。

以辛夷、栀子为主的林产化工业。南召县华龙辛夷开发有限公司、南阳泰瑞生物制品有限公司，引进国外设备，采用高新分离技术，生产辛夷精油和栀子色素，年产值超过2亿元，对辛夷、栀子的发展起到有力的拉动作用。

方城木瓜酒

以猕猴桃、木瓜为主的果品加工业。西峡县通过招商引资，分别与联想集团、郑州好想你公司强强联合，成立华夏联诚公司和果然风情实业公司，形成以猕猴桃为主的贮藏保鲜、果品加工系列产品。方城县开发木瓜制品，南阳伏牛山木瓜食品有限公司年产“复利”牌木瓜酒、木瓜蜜丝、木瓜茶1000万件。2012年6月，又研制、开发、酿造出2000吨“裕州原浆”酒，拉长木瓜产业链条。

2012年，全市有18家企业被河南省林业厅命名为第二批林业产业化重点龙头企业，分别是：河南宛西制药股份有限公司、南阳泰瑞生物制品有限公司、河南福森药业有限公司、河南省南召县华龙辛夷开发有限公司、镇平县贾宋镇群星园艺有限公司、镇平县艺苑苗木专业合作社、南

宛西中成药

阳月季基地、南阳卧龙区石桥月季合作社、南阳豫花园实业有限公司、南阳文鲜月季科普基地、宛城区黄台岗镇众森林业种植合作社、南阳市宛城区卉森花木基地、新野县津绿林果专业合作社、桐柏山野茶开发有限公司、南阳四季美园林绿化工程有限公司、南阳市果然风情实业有限公司、南阳伏牛山木瓜食品有限公司、新野县万亩湖林木花卉专业合作社（另有邓州市5家单列）。

2013年，全市林业产值达到121.82亿元。

2014年，全市林业产值达到145亿元。

2015年，全市林业产值达到156亿元。

2016年，全市林业产值达到166.6亿元。

第五节 花卉苗木产业

南阳自然条件优越，发展花卉苗木优势明显。各地突出特色，大力发展以月季、玉兰和绿化树种为主的花卉苗木，已成为美化环境、增加农民收入的重要产业。至2016年，全市花卉苗木种植面积27600公顷，其中观赏苗木20677公顷，以月季为主的花卉6667公顷，其他绿化苗木256公顷；花卉年销售额30亿元。

南阳花卉苗木近500种，除栽培传统花卉外，还引进国内外优良品种上百个，驯化繁育本地花卉苗木资源近20种。月季品种有“梅朗口红”“红双喜”“红卧龙”等2000多个。南召县有玉兰品种13个，其中“桃实望春玉兰”“腋花望春玉兰”“猴掌玉兰”为全国独有。

厚重的花卉文化和悠久的栽培传统，推动花卉苗木产业不断发展，一批具有地域特色的传统名花呈现出区域化发展格局，基本形成以卧龙、城乡一体化示范区为主的月季，南召的玉兰，西峡的七叶树，桐柏、方城的木瓜，唐河的栀子，桐柏的兰花，镇平、南召的绿化苗木等花卉苗木产业基地。

花卉加工产业链条初步构建。宛西制药厂利用山茱萸加工六味地黄丸等中成药，南召华龙辛夷股份有限公司加工辛夷油和玉兰红茶，桐柏利用木瓜加工饮料及食品，方城加工木瓜醇酒、醋及饮料，唐河提取栀子色素等，这些已成为花卉加工增值的主要企业。

一、南阳月季产业

南阳月季种植历史悠久，栽培面积6667公顷，主要培育有大花月季、丰花月季、微型月季、藤本月季、地被月季、树状月季等六个类型，栽培品种有“绯扇”“粉扇”“希望”“绿野”等2000余种，月季色系有白色、黄色、橙色、粉红、红色、复色等10

月季产业

个色系。年出圃苗木8亿株，产值20亿元，销往全国30个省、市，出口德国、荷兰、日本等世界各国，已成为全国最大的月季种苗生产繁育基地。全市拥有月季生产企业466家，规模较大的月季生产企业有南阳月季基地、南阳月季集团、南阳石桥月季合作社等，种植面积6.67公顷以上的企业100多家；卧龙区石桥镇、蒲山镇、城乡一体化示范区新店乡、南召县皇路店乡、社旗县晋庄镇等成为月季的集中种植区域。全市从事月季产业的花农10万多人，专业技术人员1000多人。1995年，月季被南阳市人大常委会命名为“市花”。2000年，卧龙区石桥镇被国家林业局、中国花卉协会命名为“中国月季之乡”，石桥镇种植的月季被评定为“河南省名牌产品”“南阳市知名农业品牌”。

2010年以来，在中国花卉协会月季分会、河南省花卉协会的支持下，南阳市已连续举办七届月季展（文化节）。2016年10月，争得了2019年世界月季洲际大会举办权，南阳月季知名度和影响力不断扩大。

二、南召辛夷产业

南召县是辛夷的原生区和发源地，也是全国辛夷的主产区。元末明初，小店的演艺山周围、云阳的东花园、西花园和皇后的天桥有不少辛夷。清雍正年间，全县辛夷年产2500千克，与冬花、山萸肉并称为南召三大特产。

南召辛夷花蕾居全国同类产品之首，《中药鉴定学》称其为辛夷之正品。1991年，获“仲景杯”国际中药材博览会金奖。20世纪50年代，全县有辛夷树500公顷，年产干蕾4.5万千克。20世纪70年代中期，辛夷产品由外贸、医药部门独家收购经营，因受计划经济的制约和社会环境等因素的影响，发展十分缓慢，资源不断遭到破坏。至1976年底，全县仅有辛夷树1400公顷、19.25万株，年产干蕾4万千克。20世纪80年代，随着市场经济的发展，辛夷价格上扬，销路看好，县政府抓住机遇，采取各种措施，大力发展辛夷产业。

玉兰产业

1983 年 10 月 18 日，南召县人大通过决议，把辛夷花确定为“县花”，号召全县人民广植辛夷，发展农村经济。县林业科技人员积极搞好辛夷良种的选育工作，从全县辛夷的 13 个品种类型中优选出“腋花玉兰”、“猴掌玉兰”、“桃实玉兰”3 个品种，进行重点推广发展。1984 年，开展矮化密植、整形修剪、病虫害防治等综合配套丰产栽培技术研究，加快辛夷产业发展。至 1990 年，全县辛夷生产基本实现良种化，重点产区管理步入规范化，管理水平、产量和质量都有较大提高。

1999 年后，南召县进一步加大辛夷发展力度，争取上级林业资金，组织林业技术人员搞好规划，做好造林的技术指导和良种壮苗的调剂供应。2000 年 3 月，南召辛夷以其历史悠久、品质最优、面积最大、产量最高、效益最好被国家林业局首批命名为中国名特优经济林辛夷之乡；同年 10 月，被国家科技部和省政府确定为中药现代化产业工程及绿色道地中药材规范化种植辛夷基地县。2002 年 3 月，被中国经济林协会命名为中国名优经济林优质产品。2003 年 10 月，被国家质量监督检验检疫总局认定为原产地域保护产品。同年 11 月，中国·南召首届辛夷国际高级论坛召开，来自国内外的 40 多位专家学者聚集南召，对辛夷产业发展出谋划策。2005 年 3 月，国家邮政局在南召县举办玉兰花邮票首发式。2005 年 10 月，南召辛夷通过国家有机农产品认证，被确定为有机农业产品。2006 年 9 月，南召“宝天玉兰牌”辛夷被认定为河南省名牌农产品。2007 年 10 月，被省政府命名为河南省中药材种植十大基地县。2009 年 11 月，南召辛夷研发中心在中国台湾设立，推动辛夷产业发展，扩大辛夷产品的知名度。2010 年，南召华龙辛夷开发公司与台湾扬生集团合作，投资 6.1 亿美元组建宝天曼药业。2011 年 10 月，中国中药博览会认定为道地药材，并颁发《道地药材认定书》。至 2016 年，南召辛夷种植面积达 1.5 万公顷，900 多万株，集中连片的 300 公顷以上的地块 20 多处，其中以邱峰为主投资的小店鹰山万亩辛夷基地最为突出，辛夷产量 450 万千克以上，占全国的 40%，占河南省的 80%。

三、镇平苗木花卉产业

至 2016 年，镇平县花卉苗木种植面积 2333 公顷，主要分布在贾宋、晁陂、杨营等乡（镇）。全县花卉苗木企业 200 家，其中 13 公顷以上的生产经营户有 20 家，2 公顷以上的生产经营户有 100 家，花农 3246 人，从业人员 23891 人，花卉交易市场 1 个。种植种类多为常规木本观赏绿化树种，主要有玉兰、桂花、栾树、女贞、红叶石楠、枇杷、木瓜等，草花种植较少。

镇平花卉

全县花卉苗木大都是近年来新发展的，小规格苗木 878 公顷、1069 万株；中等规格苗木 565 公顷、47.82 万株。观赏苗木自由销售交易市场 1 个，位于贾宋镇，规模较小，季节性较强。晁陂镇投入资金 5500 万元，新发展苗木花卉 1066 公顷，其中集中连片 (33 公顷以上) 种植 400 公顷，全镇形成 2 个千亩村，4 个千亩方，14 个苗木花卉专业村。引进发展玉兰、女贞、紫薇、桂花、香樟、娑罗、樱花、石楠、栾树等 100 余个苗木品种，亩均收入达 5000 元左右。全县已形成以沪陕高速、248 省道为中心的花卉苗木长廊。

第六节 盆景产业

南阳盆景业兴起于 20 世纪 70 年代末 80 年代初，当时盆景培育主要以个人爱好为主，规模小、品种少。2000 年以来，盆景业得到快速发展，辐射市中心城区及各县市区，从业人员近 2000 人。

南阳盆景以松、柏、黄荆、榆树、三角枫、对接白腊为主，主要品种发展到 30 余种，成形盆景 6 万余盆，精品盆景 5 万余盆，半成品及素材 30 余万棵。现有大小盆景园 30 余个，以飞机场附近的白河盆景花木基地、独山的艺然盆景园、溧河物流园、镇平盆景园等，规模较大，品种较多。截止 2016 年，全市盆景价值 1 亿多元，年销售收入 4000 万元。

南阳盆景

河南省盆景发展较好的市有：郑州、南阳、开封、商丘、信阳、驻马店等，南阳市是仅次于郑州排名第二的盆景大市，已成为河南中州盆景行业的一支主力军。

南阳市组织参加了第一届、四届、五届中国花卉博览会，历届中国盆景展，多次参加省内外盆景展览。2003 年开始，南阳先后组织七届本市盆景展，累计组织参加省内外盆景展 30 余次，获得省级以上奖项 100 多项，其中雷天舟的黄荆作品《生命的旋律》，荣获“99 昆明世界园艺博览会”铜奖；边长武的黄荆作品《老干新枝竞秀时》，荣获“中国首届国际盆景会议展”金奖；刘建立的侧柏作品《伏牛神韵》，荣获“第五届顺德花卉

盆景展开幕式

博览会”银奖；朱瑞综的女贞作品《图腾》，荣获“第五届中国盆景展”银奖。南阳盆景在省内外历次参展中，组织规模大、参展人员多、获奖项目也最多。2008 年 10 月，河南省第六届中州盆景展在南阳市举办，豫、鄂、皖、陕 4 省 23 个市共 600 余盆盆景参加展览。同时，举办 4 省盆景交流展销会，进一步扩大了影响，提高了南阳盆景知名度，得到省中州盆景学会的赞扬和肯定。

南阳盆景产业

随着盆景业的发展，南阳市盆景协会、学会相继成立。1996 年，成立南阳市盆景艺术家协会，协调盆景行业。2007 年 4 月，成立南阳中州盆景学会。内乡、镇平、淅川、西峡、南召、邓州县（市）也相继成立盆景学会。全市现有会员 1500 多人，其中荣获大师级资质 14 人，占全省的 25%，艺术家资质 12 人。

盆景欣赏

（一）资源丰富

南阳地处南北气候过渡带，东西结合部，气候湿润、雨量充沛，适宜多种植物生长，特殊的地理环境孕育了丰富多彩的盆景资源。南阳市适合做盆景的植物 600 余种，适合制作高档精品盆景的植物 200 余种，主要分布在伏牛山区、桐柏山区，这些地方是盆景重要的资源库。

（二）技艺精湛

南阳丰富的资源、古老的树木，加之专业的人才队伍，为盆景业发展提供得天独厚的条件，以“盘扎、修剪、雕刻”为基法，经过大师们的精心培育、修剪、雕琢，呈现出垂枝式、松柏式、朵云式、自然式等多种造型，涌现出一批盆景精品，多次荣获国际及省内外大奖，形成了“古朴飘逸、刚柔相济”的南阳盆景风格，成为独具特色的盆景艺术流派。

（三）应用广泛

随着经济的发展，人们生活和欣赏水平的不断提高，南阳盆景越来越受到广大市民的青睐，并融入到生活中，成为丰富群众文化生活、欣赏高雅艺术的重要组成部分。如今，花鸟市场、房

月季盆景 - 余章留（摄）

地产景观园、厂矿企业、机关庭院均离不开盆景的点缀和装扮，盆景已走进千家万户，成为美化环境的一道靓丽风景。南阳盆景产业也由过去的个人爱好、单位参展，逐步走向规模化、产业化，成为一部分人发家致富的重要来源。

第七节 森林旅游业

南阳市森林旅游资源开发利用始于20世纪90年代后期。20年来，各地依托丰富的森林资源，坚持生态旅游开发和环境保护并重，抓好景区基础设施建设，完善各种配套设施，规范服务管理，优化景区环境，初步形成一批集旅游观光、休闲度假为一体的森林旅游景区景点，已开发森林旅游景区20余处。2016年，全市森林旅游人数80.62万人次，海外游客5400人，实现收入1465万元，其中门票收入235.7万元。

南阳市森林旅游按类型分三种：一是生态旅游景区。依托国家、省级自然保护区，在试验区内开发森林生态旅游项目。现已初步形成内乡宝天曼、西峡老界岭、南召石人山3个生态旅游景区。二是森林旅游景区。依托国家、省级森林公园现有森林资源，发展森林旅游业，形成以西峡寺山、桐柏淮河源2处国家级森林景区，淅川上寺、镇平菩提寺、方城大寺、七峰山、南阳独山、南召丹霞寺、南阳兰湖、淅川凤凰山8处省级森林公园为主的森林旅游景区。三是森林风景名胜区。主要包括西峡龙潭沟、五道礓、蝙蝠洞、淅川法海寺、内乡七星潭、天心洞、南召五朵山、圣垛山、方城望花湖、卧龙麒麟湖等10余处森林旅游景区。

按林地权属分为两类：一类是国有林区的森林旅游。如内乡宝天曼、西峡老界岭、寺山国家森林景区、南召石人山、方城大寺、桐柏淮河源等8处景区。这些景区均在国有林场的基础上开发森林旅游，与自然保护区或国有林场实行“一个机构，两块牌子”的经营运行体制。另一类是集体林区的森林旅游。如西峡五道礓、龙潭沟、内乡七星潭、淅川坐禅谷、卧龙麒麟湖等。这些景区主要采取股份制、合作开发等形式，通过当地政府引进资金投资建设。

宝天曼森林生态旅游区

西峡龙潭沟景区

南召五朵山景区

（一）内乡宝天曼森林生态旅游区

2000年，河南省林业厅批准成立内乡宝天曼森林生态旅游区，旅游区位于河南内乡宝天曼国家级自然保护区实验区内，旅游面积3000公顷。

区内原始森林遮天蔽日，苍山翠岭雄奇险秀，幽谷奇峡泉壑争流，生物资源丰富多彩，为同纬度生态结构保存最完整的地区和中国十大生物多样性分布区，被河南省政府确定为伏牛山生态旅游的龙头。宝天曼生态旅游区森林覆盖率97.8%，是河南省珍稀动植物最集中、最丰富的地区，也是森林“维生素”——负氧离子含量最高的地区。被林业专家学者誉为“天然的物种宝库”和“绿色植物王国”，被游人称为“天然的氧吧”。

旅游区已开发出原始森林生态游、秋林河谷飞瀑游、化石尖奇石险峰游、姑娘楼探险览胜游和秋林休闲度假区四条旅游线路和度假区一处；建成骆驼峰、飞云岭、铜洞尖、姑娘楼、合欢瀑、玉龙潭、精心台、紫茎林等40余处精品旅游景点，是休闲度假、旅游观光、科普科考的理想场所。

（二）西峡老界岭森林生态旅游区

2001年，河南省林业厅批准成立西峡老界岭森林生态旅游区，位于西峡县太平镇伏牛山国家级自然保护区黄石庵管理局实验区内，面积1135公顷，距县城75公里，“311”“312”国道穿境而过，交通便利，是登高寻幽、避暑度假、科普考察的理想胜地。

老界岭植被丰厚，古木参天，奇花异草，种类繁多，是中国较丰富的生物物种基因库。区内有植物2879种，珍禽异兽400多种，中草药1200多种，千年银杏、千年杜鹃、国宝连香等随处可见，素有“长江黄河分水岭，八百里伏牛凌绝顶”之称的伏牛山主峰犄（鸡）角尖，海拔2212.5米，鹤立群山；海拔1800米以上尖峰15处；少女峰、擎天峰，秀丽壮观；瀑布群、九珠峰，天下美景；还有迎宾石，刀劈岩和人迹罕至的原始森林，造化神奇，令人叹为观止。

老界岭森林生态旅游区

第八节 林业产业化

南阳林业产业基础薄弱，林业产业化建设起步较晚。20 世纪 80 年代中后期，以林业商品基地建设为代表的第一产业开始启动并得到较快发展。桐柏县的湿地松、火炬松基地，内乡县的用材林基地，西峡县的猕猴桃基地，淅川县的柑桔基地，南召县的苹果基地，方城县的红果基地，伏牛山区的山茱萸、辛夷、杜仲林药基地等相继建立。1990 年，全市经济林产量 6000 万千克，活立木蓄积量 1601.9 万立方米，林业产值 2 亿元。

进入 20 世纪 90 年代，第一产业基地面积继续扩大，第二产业开始起步。到 1994 年，仅西峡县林产品加工企业达 50 多家，产值 1 亿元，实现税利 2000 多万元，占全县税利总额的 60% 以上。1995 年，全市林业产值 8.69 亿元。

党的十四届三中、四中全会后，林业产业化建设进入快速发展新阶段。1995 年 7 月制订的《南阳市林业发展“九五”计划及到 2010 年长远规划》明确提出，以建立比较完备的林业生态体系和比较发达的林业产业体系为目标，走林工贸、产加销相结合的道路，促进林业产业持续、稳定、协调发展，尽快实现绿起来、富起来、活起来。

在这一思想的指导下，第一产业结构进行调整和优化，一些不适应本地生长或产品质量低劣的林木和经济林品种如柑桔、苹果、红果等逐步淘汰，一些本地优势树种得到发展。全市推广的西峡猕猴桃、山茱萸、南召辛夷，先后被国家林业局命名为“中国名特优经济林之乡”。同时，引进发展一批桃、杏、李、油桃、核桃、黄金梨、石榴、欧洲大樱桃等小杂果。内乡县赤眉镇成为全国有名的油桃之乡。平原农区大搞平原绿化，到 2000 年，全市基本实现平原农田林网绿化，活立木蓄积大幅度提高。依托资源优势，以林产品加工业为主的第二产业得到较快发展。到 2000 年，全市初步形成以宛西制药、西峡中密度纤维板厂、西峡猕猴桃制品厂、桐柏板栗制品厂、南方木业有限公司等为代表的龙头企业 30 多家，以木材为主的加工企业 300 多家。森林旅游业开始起步发展。到 2000 年，先后建立西峡寺山、淅川上寺、镇平菩提寺、桐柏淮源 4 个国家级森林公园，

时任省林业厅厅长王照平观摩林业产业

时任局党组书记张荣山指导月季生产

杨树速生林

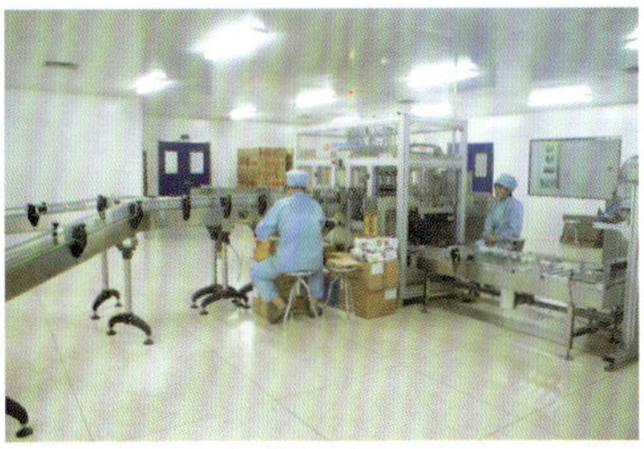
山茱萸加工

木地板加工

南阳独山、方城大寺 2 个省级森林公园和内乡宝天曼、西峡老界岭、桐柏太白顶 3 个国家级自然保护区，为森林旅游业发展奠定了基础。2000 年，全市林业产值 20.56 亿元，比 1995 年增长 1.37 倍。

“九五”期间，林业产业结构得到调整，林产加工业得到发展，为林业产业建设增添了活力，同时也展现出林业产业发展的潜力和优势。这一时期，南阳市 2000 年～ 2005 年林业产业结构调整发展规划、南阳市林业产业发展规划相继出台，促进了林业产业发展。期间，国内杨木价格连续攀升。随着 APP 金太阳公司等龙头企业的带动，速生杨成为全市林业发展的热点，过去曾是绿化难点的岗丘、河滩、乡村道路等，都成为争相租赁发展杨树的重点区域。2003 ～ 2004 年，市林业局动员职工集资，先后在唐河县桐河乡、苍台镇两地租河荒地、土地发展杨树丰产林 113.3 公顷。到 2004 年底，全市速生杨面积达到 8 万余公顷。宛西制药厂在西峡县山区建立“无公害”山茱萸基地 1.33 万公顷，加工产值 4.1 亿元，带动 20 万农民致富。南召华龙辛夷开发公司、唐河以提取栀子色素为主的山区经济示范中心等都成为带动当地特色林业经济发展的龙头。森林旅游业也进入快速发展新时期。2001 年 9 月，联合国教科文组织批准内乡宝天曼为世界生物圈自然保护区。宝天曼这一河南省唯一的世界级自然保护区吸引着国内外大批游客前往观光考察。全市其他 6 个森林公园、3 个自然保护区都以其独特的自然风光，成为游客们旅游热点。2004 年，全市林业产值 31.66 亿元，比 2000 年的 20.56 亿元净增 11.1 亿元。

“十五”、“十一五”期间，林业产业得到进一步发展。西峡县的山茱萸、南召县的辛夷面积和产量均居全国第一；西峡县的猕猴桃面积达到 0.533 万公顷，产量 3.5 万吨，位居全国第二；内乡县的赤眉油桃和唐河县的栀子、桐柏县、方城县的木瓜在全国有一定影响。卧龙区石桥镇的月季被国家林业局命名为中国月季之乡，卧龙、宛城两区的月季面积 666.7 公顷，年产月季苗 8000 万株，年出口 2000 万株左右，成为全国最大的月季种苗繁育基地。林果合作社、花木合作社相继出现，在产业发展中起到重要的推动作用。2013 年，全市木材加工能力达到 65 万立方米，并相继建成年加工能力 10 万立方米的河南益嘉林业和邓州赛博板业等较大木材加工企业，木材加工业得到快速发展。全市初步形成木材加工、中药制造、林产化工、果品加工等四大林产工业体系。2013 年，全市林业产值达到 121.82 亿元。2014 年，全市林业产值达到 136.57 亿元。2015 年，全市林业产值达到 153.17 亿元。2016 年，全市林业产值达到 166.6 亿元。

界岭秋色——靳进志(摄)

第九章 学会

第一节 林学会

南阳林学会系20世纪60年代初成立，“十年动乱”期间停止活动。党的十一届三中全会后，1981年9月14日成立并召开第一届理事会，制定《南阳地区林学会会章》。1985年召开第二次会员代表大会，对学会进行改选换届。

林学会的基本任务是，以马克思、列宁主义、毛泽东思想为指导，根据党的路线、方针和政策，团结林业科学工作者，开展学术活动，推广、普及林业科学技术知识，指导、推动林业生产建设。

南阳地区林学会第一届名誉理事长：曹文齐，理事长：卢鹏万，副理事长：全振武、张毓璞、邵书庭、张惠言、黄金钧，秘书长：邵书庭（兼），副秘书长：赵国志、王瑞令。

1985年2月7日，南阳地区林学会召开第二次会员代表大会，改选学会领导机构。第二届理事长：张毓璞，副理事长：温德甫、全振武、邵书庭、李俊英，秘书长：王瑞令，名誉顾问：卢鹏万。

到1985年底，南阳地区林学会共有会员176人，其中高级工程师1人，工程师77人，助理工程师46人，技术员52人。

林学会换届

1988年召开第三次会员代表大会，选举产生第三届理事会，当时会员人数达268人。

1981年以来，地区林学会团结和组织广大林业科技工作者，开展各类学术交流活动，普及林业科学技术知识，做了大量的工作。

1. 学术交流。先后组织开展学术交流20余次，组织外出考察26次，邀请原林业部副部长董智勇来宛作“国内外林业发展趋势”的学术报告，组织会员赴湖北宜昌对“绿色企业”进行调研，赴卢氏县对日本落叶松进行考察，赴林州市对造林灭荒参观学习。组织会员对“十年造林绿化”“科技兴林”等规划讨论审议。

2. 技术培训。坚持“五结合、五为主”的方针，建立市、县、乡三级培训网络，对林农进行培训。据统计，1981年～2000年，全市采取多种形式，举办各层次农民技术培训班6000多期、70万人次，培训合格林业技术人员5万人（次），达到山区县每8～10户1人，平原县每村民小组1人，果园2亩以上的户有1个技术明白人。经过培训的农民，一般都能掌握1～2项新技术。

3.成果推广。编写资料，广泛普及林业科学技术。林学会协助编写《南阳林业科技》，每期3000册，下发到县乡林站、乡村办林场、林业专业户、科技示范户。同时，又以活页形式编印《科技兴林资料》，以实用技术为主，简便易行，深受基层欢迎。把科研单位和推广单位组织起来，合力推广林业适用成果。先后推广ABT生根粉、抽枝宝、滴灌、地膜覆盖、容器袋育苗等适用技术成果59项，营造示范林51处，面积2.39万公顷，遍及全市91个乡（镇），辐射面积近6.66万公顷。引进、推广三倍体毛白杨、南抗1、2号杨树、黑核桃、金丝垂柳、金花梨、油桃等名优特新林果品种144个。完成国家和省新技术推广项目17个，面积达3.33万公顷，其中桐柏火炬松推广项目发展到1.33万公顷，获国家科技进步三等奖。送科技下乡活动。全市开展技术服务和科技承包项目95个，参与科技人员267名，占科技人员总数的53%，承包项目遍及184个乡（镇）、5个国营林场，总面积2.07万公顷。

2000年2月16日，南阳市林学会召开第一次代表大会，并进行换届，选举产生理事长、副理事长、秘书长。理事长：贺国勤，副理事长：刘化忠、苏定堃、朱鸿云、郭拾显、齐宗俭、杨天柱、王邦磊、周荣华，秘书长：杨少文。市林学会第一届理事会共有理事41人，常务理事21人，分设经济林组、用材林组、森林保护组、森林经理组4个专业组，修改印发《南阳市林学会会章》。市林学会第一届理事会自2000年成立起，组织开展一系列活动。

1.组织开展调研和学术交流活动。组织会员单位及会员赴山东省荷泽市、临沂市考察林业产业，赴河南省的商丘市、周口市考察平原绿化工作，赴辽宁省本溪市考察国有林场改革，赴江西省婺源县考察集体林权制度改革。同时，积极与洛阳、许昌、信阳等地市学会组织联络，开展学术交流活动，丰富活动内容。为提高会员理论写作水平，市林学会紧密结合南阳林业实际，围绕林业生态建设的热点和难点问题，从造林绿化、苗木花卉种植、森林资源培育、野生动植物资源保护、科技兴林及集体林改等方面进行选题，组织开展论文评选活动。该活动已举办四届，共收到论文253篇，先后评出一等奖28篇，二等奖81篇，三等奖104篇，优秀奖40篇。在组织好本市论文评选的同时，还积极参加省林学会及其他行业协会的学术交流。2009年，组织参加省林学会学术年会论文评选活动，经专家组评审，获奖论文7篇，其中一等奖2篇，二等奖3篇，三等奖2篇。荣获省林学会“2009年学术年会优秀组织奖”。2009年，参加省林业工程建设协会组织的

林学会赠书活动

林业生态省建设调研活动，撰写的“丹江口库区水源地林业生态治理模式研究”、“伏南山区林业生态体系建设关键技术研究”等4篇文章入编。2010年又有10个课题纳入林业生态省建设调研课题计划，占全省课题总数的1/7。10年来，市林学会组织召开学术会议、开展学术活动8次，参加人员400多人次；共组织推荐优秀论文120多篇；先后有35人40余篇论文参加全国、全省性的学术交流活动，18篇论文获奖。

2.组织开展科普活动。动员广大会员和林业科技工作者，面向社会、面向农村、面向林农，开展形式多样的技术指导和科普活动；组织会员利用报纸、广播、电视、传媒网络等广泛宣传林业科普知识。每年植树节前后，抓住开展义务植树活动的时机，在报刊、电视、电台上举办专栏或讲座，大力宣传林业生态建设的重要意义、造林绿化的重要作用、森林的特殊功能等。为帮助林农脱贫致富，市林学会组织科技人员先后赴西峡、淅川、内乡、镇平、宛城、卧龙等县（区），举办科技培训活动。在经济林管理关键季节，组织开展送科技下乡活动，传授栽植、修剪、疏花疏果等技术，指导林农开展病虫害防治。加大新农村建设试点村西峡县田关乡孙沟村的科技帮扶力度，驻村3年，组织林果专家举办培训班8期，参加林农1000多人次，印发赠送技术材料2000余份。为服务丹江库区移民，2010年5月18日，市林学会与省林学会专家共同在淅川县举办“丹江库区移民林果技术培训班”，6名省市专家讲授核桃、板栗等经济林果栽培管理技术，现场解答林农提出的问题，发放实用技术资料500多本，受到移民群众广泛欢迎。市林学会把内乡宝天曼博物馆作为全市林业科普基地，组织中小学生参观学习，增强他们热爱大自然，保护野生动物，关注生态环境的意识。

3.组织推广林业科技成果。2000年～2010年，协助引进推广中林46杨、107、108杨、2000系列杨、美国黑核桃、美国杂交杏李、欧洲大樱桃、凯特杏、金丝垂柳、金花梨等名优林果新品种50多个。推广应用ABT生根粉、抽枝宝、滴灌、地膜覆盖、容器育苗、全光雾插工厂化育苗、芽苗移栽等先进实用技术30余项。其中《ABT生根粉与GGR植物生长调节剂系列研究与推广》，获国家林业局科技推广一等奖。

4.组织建设。积极促进基层学会组织的建立，加强与县、乡的联系。截至2010年，全市13个县（市、区）大都成立林学会，部分有条件的乡（镇）成立乡级林学分会。按照会章规定，积极发展会员。时年，会员人数达到300余人，学历、年龄结构有较大改善。

2010年7月17日，市林学会召开第二届理事会，选举产生新一届理事会。名誉理事长：贺国勤、张荣山，理事长：宋运中，副理事长：刘化忠、王邦磊，秘书长：裴朝晖，副秘书长：杨天柱、王保刚；常务理事24人，理事70人。分设经济林花卉专业委员会、造林专业委员会、森林保护专业委员会、园林绿化与规划设计专业委员会、科研培训专业委员会共5个委员会。

第二节 野生动植物保护协会

南阳市野生动植物保护协会是民间组织，由广大野生动植物爱好者和非盈利性的群众团体自愿组成，于 1995 年 1 月成立。

协会的成立，旨在加强野生动植物保护事业，业务上受南阳市林业局和河南省野生动植物保护协会的指导，同时接受南阳市社团登记管理机关的日常监督管理。

名誉会长：贺国勤，会长：张宏宪；现有团体会员 38 个，个人会员 1160 人；理事会下设工作委员会和专业委员会。

野生动物救护

爱鸟活动

根据《社会团体登记管理条例》和《中国野生动植物保护协会章程》，该协会的主要职责：组织调动社会力量，开展爱护野生动物及国家有关方针、政策、法律、法规的宣传教育；组织开展保护野生动物的科学研究、学术交流、科学普及和专业技术培训活动；为野生动物保护、养殖、经营利用及其有关单位提供业务咨询和服务；组织参与野生动物产业活动，根据主管部门委托承担一定行业管理工作；在市内外募集保护野生动物的资金，寻求各方面的支持和帮助；对从事或支持野生动物保护工作，或在保护、发展和合理利用野生动物资源方面作出显著成绩的单位和个人奖励或授予荣誉。

协会自成立以来，围绕全市野生动植物保护事业，充分发挥政府联系群众的桥梁和纽带作用，贯彻落实《中华人民共和国野生动植物保护法》等有关法律、法规，积极协助野生动植物主管部门开展工作，在野生动植物救助、科普宣传、资源调查、科学研究等方面成效明显。团结组织社会各方面力量，通过广泛的宣传教育和科学普及活动，提高社会的自然保护意识；加强同国内外野生动植物保护组织的交流与合作，促进野生动植物保护科学技术发展，拯救珍贵濒危物种，保护生物多样性。特别是通过开展“爱鸟周”和“野生动植物保护宣传月”等活动，广泛组织动员社会各界力量，大力开展野生动植物保护宣传教育活动，提高全社会野生动植物保护意识，为南阳市野生动植物保护事业做出应有贡献。

第三节 花卉协会

2010年以前，南阳市花卉协会工作由农业部门管理；2011年以后，交由林业部门管理。

2011年12月28日，市花卉协会成立并召开一届一次理事会，选举产生理事会成员。名誉会长：张生起、贺国勤，会长：宋运中，秘书长：刘保立，常务副秘书长：孙荣霞，副秘书长：王保刚；常务理事36人，理事88人。市花卉协会第一届理事会自成立以来，紧紧围绕市委、市政府工作大局，充分发挥“组织、协调、指导、服务”的职能作用，有效开展工作。

花协理事会议

1. 推动花卉苗木产业发展。发展以月季、玉兰为主的特色花卉苗木，截至2012年，全市花卉种植面积5.5万公顷，年产值46.8亿元，花卉年均销售额20.6亿元。涌现出南阳月季基地、南阳月季合作社、南阳豫花园等一批大型龙头花卉企业，一批具有地域特色的传统名花品种逐步扩展，花卉产业不断向优势区域集中，呈

花卉协会活动

现出区域化发展、集聚发展的格局。

2. 拓宽服务领域。组织宣传，在《中国绿色时报》《中国花卉报》《中国花卉园艺》等报刊杂志上，刊登花卉方面的稿件60余篇，内容涉及产业发展、生产技术、新品种宣传、花事活动等。《中国绿色时报》《中国花卉园艺》《南阳日报》南阳电视台集中对月季产业发展情况进行宣传报道。举办4期花卉生产、管理技术培训班，培训人员1600多人次。编制《南阳市花卉产业发展规划》，起草《南阳市月季产业发展规划》等。

花协理事会议

3. 组织花事活动。市花协与市林业局、卧龙区政府、省花协共同举办南阳月季文化节，组织县（市、区）政府、花商企业参加第十一届、第十二届中原花木交易博览会、第五届中国月季展及首届三亚玫瑰节等省内外不同层次的花卉展会和花事活动，宣传推介南阳花卉企业和花卉品牌。

2013年8月22日，市花卉协会召开一届二次理事会，选举产生新的理事会成员。名誉会长：刘朝瑞、程建华、张生起、贺国勤、李甲坤、胡云生、苏方文、王吉波、王振国、赵明喜、宋运中，会长：张荣山，常务副会长：齐宗俭，副会长：贾星远、曾凡春、邢伟、闫庆伟、杨少文、李文鲜、赵国有、鲁国甫，秘书长：胡新权，常务副秘书长：孙荣霞，副秘书长：刘保立、王保刚、丁彤旗、毕学伟、曹长家；常务理事52人，理事128人。

争辉——张国新（摄）

第十章 节会

第一节 全国农运会参与服务

2013 年，在南阳市举办的第七届全国农民运动会（以下简称“全国农运会”）是南阳历史上规模最大、规格最高的大型体育赛事活动，市林业局按照农运会筹委会的安排部署，积极参与服务，认真做好各项筹备工作，为全国农运会的成功举办做出应有贡献。

（一）月季盆景展示园建设

月季盆景展示园是全国农运会主场馆周边重要的生态景观工程。2012 年 5 月 12 日，市林业局承担建设任务，克服工期短、资金缺、施工难度大等不利因素，仅用 110 天高标准建成，9 月 10 日盛装开园。整个展示园占地面积 10 公顷，共栽植名优乡土树木 30 多个品种 3000 余株，铺种草坪 10 万平方米，栽植月季 200 多个品种 10 万余株、树状月季 500 多株，摆放月季 1000 多盆、时令花卉 20 万盆、盆景 400 多盆，制作安装各种标牌 100 多个，安装音响 20 多处，建有亭、桥、画廊、小品、景石等，展示了楚文化、汉文化和南水北调生态文化。展示园建设过程中，卧龙区政府、市交通局、公路局、水利局、南阳月季基地、南阳盆景协会、各县（市、区）林业局给予大力支持。展示园开园后，游人如织、景色醉人，农运会期间南阳日报发表 3 篇专题报道、6 张图片，广大市民和游人给予高度评价。

1. 规划设计。局长汪天喜亲自挂帅，成立设计团队，市林业调查规划管理站抽调精兵强将，夜以继日开展设计工作。在设计构思上，因地制宜、巧于因借、相地合宜、精在得体的园林手法，借北部独山、南部邕河之势，使场地功能和农运会主场馆景观

农运会月季园——张国新

科学匹配、相得益彰。在园区布景设计上，分为迎宾区、品种展示区、月季文化区、盆景展示区和月季休闲区五个功能区，设置南阳汉画、南阳烙画、诸葛草庐、楚长城、南水北调中线渠首水源地微型景观等展示南阳历史文化特色和时代特色的园林小品，让游客充分领略高品质、文化底蕴浓厚的园林艺术。仅用10天时间，高标准完成设计任务，得到市有关领导和专家的充分肯定和好评。

2.施工建设。在园区施工建设上，严把每一个施工环节，力求单项出精品，处处呈美景。在树木栽植上，按照"保叶、保果、保冠"的要求，克服季节难题，制定《大树反季节栽植技术要点》，严格把好起苗关、运输关、栽植关、管护关，采取根部喷施生根粉、根腐消，叶面喷施蒸腾抑制剂，运输时用无纺布遮盖，晚上栽植，对树体输液等措施，树木成活保存率达95%以上。在草坪种植上，严格把握关键时间节点，把园区10公顷草坪分为12个责任区，每区1～3名技术人员负责，利用一周时间完成平整土地、播种任务。播种后喷施"草坪宝"封闭杂草。采取无纺布覆盖、铺设微喷管等技术措施，促使其尽快成坪。在小品布局上，力求打造节约型园林，园路及广场地面铺装使用生态砖及步石，园林小品亭、廊等采用能拆装的竹结构、木结构及铁艺等，在低洼积水地段种植水稻，场地雨水利用原有废弃取土坑解决，有效解决园区建设资金不足等问题。在月季栽植和盆景摆放上，按品种分区域栽植月季，突出重点，稀疏结合，合理搭配。同时，根据盆景的分类，科学摆放，形成精美景观。

3.园区管理。园区建成后，成立专门的管护队伍，组织人员修剪树木，养护草坪，使其达到最佳的景观效果。同时，制作小品，摆放花草，提升园区建设水平。在园区布置音响，选拔6名讲解员进行为期1个月的专题培训，使客人来到园区后能够欣赏美景，详细了解园区的创意和建设情况，游有所乐，游有所获。

（二）东改线绿化

主体育场至莲花泉段是农运会期间重要的景观通道，前期绿化水平不高。春季造林结束后，2012年4月26日，市林业局接到市政府交办的任务，即全面督查落实该路段绿化美化提升工作。按照市政府要求，市林业局立即制定方案，明确技术标准，指导市公路局和沿线4个乡（镇）搞好绿化美化工作，高标准完成建设任务。据统计，整个线路共栽植各类苗木143万多株，其中以香樟、女贞、银杏、辛夷等为主的绿化观赏乔木31万株，以木槿、黄杨球、海桐球等为主的花灌木104万株、竹子8万株，道路两侧月季产业带新植月季1500万株。

1.组织领导。市长穆为民、副市长张生起明确要求，要高标准打造景观路段。市政府多次召开协调会、总结会、督查会，市林业局倾全局之力做好提升改造的设计和现场技术指导工作，局长、书记亲自抓，6名副局长分包路段，严格把关，全程指导。

2.创新设计。接到改造提升任务后，立即组织专业技术人员，现场踏查，在原有绿化的基础上，针对4个乡（镇）前一阶段绿化的现状和特点，设计8种绿化配置模式，体现生态、富有和人文南阳。

3. 严格标准。市林技站、市林管站、市森防站 3 个二级单位派出 50 余位技术人员，分布通道全线，每天从早上 6:00 开始上路指导把关，对当天运来的树木必须栽植完成，有时任务量大的时候，干到凌晨 2 点。严把苗木规格关，认真测量每株苗木的胸径、枝下高、根部土球大小，认真检查有无病虫害，对达不到标准的苗木，不准栽植；对每株苗木从挖穴、修剪、栽植、浇水、固定支架等程序，进行全天候、全方位的技术指导和把关。

4. 破解难题。通道两侧的路肩原来栽植的树木树种繁杂、规格不一、景观效果差。市领导决定，统一更换为胸径 10 公分以上的香樟，要求枝下高一致，栽植成仪仗队，6 月 15 日前必须完成任务。6 月份，南阳连日干旱少雨，当时日最高气温均在 30℃以上，最高温度达 38℃，蒸发量大，且不适合栽植苗木，特别是远距离运输栽植的大树。局领导在困难面前不退缩，组织全系统林业专家，反复论证，编写详细的香樟大树移植、栽后管护技术要点，发给每一个绿化公司、每一个施工队，督查他们严格按照技术要点栽植、管护，确保树木生根成活，全线栽植的 1 万多株香樟，成活率达 95% 以上，创造南阳市夏季高温天气大规模栽植大树成活率高的新纪录。

5. 加强督查。对沿线的绿化情况，采取每日检查、每天汇总，通过市农运会信息平台，两天一通报，根据提升改造任务完成率一周一排名，通报发至市有关领导、单位、两区及四个乡（镇），有力促进工作的开展。

（三）来宾接待服务

农运会接待主要任务是国家林业局、中国林业体协、省林业厅和甘肃省体育代表团，在工作中，市林业局做到精心组织，热情服务，高质量完成接待任务。

1. 领导重视。接到对口接待任务后，局党组立即召开领导班子会议，研究接待方案，明确接待要求，确定由两班人马做好对口接待服务工作，一组由局长汪天喜、纪检组长邹平洲，办公室副主任王保刚负责接待国家林业局、中国林业体协和省林业厅；另一组由局党组书记张荣山牵头，办公室主任王东升和副主任刘吉清负责接待甘肃代表团。嘉宾到达南阳后，局长汪天喜、书记张荣山等亲自到机场迎接，在宾馆贴身服务，全程陪同。

农运会来宾接待

2. 组织有力。局办公室负责同志，主动到农运会接待服务部进行协调沟通，办理嘉宾证件，安排接待宾馆。嘉宾莅宛时，及时沟通对接，安排车辆服务，确定活动日程。

3. 服务周密。在接待服务工作中，接待人员，超前谋划，想客人之所想。在宛期间，时时与来宾保持联系，及时提醒参加会议，安排考察参观行程。同时，主动与省事管局对接，安排好客人赴郑州、洛阳、焦作的考察活动，使来宾在观看精彩赛事的同时，也欣赏了南阳、河南丰富的人文和自然景观。赛后，国家林业局、中国林业体协和甘肃省体育代表团分别发来感谢信，对接待服务工作给予感谢和表扬。

（四）农运会贷款评估和林地征占用

积极协助做好林地抵押贷款工作，抽出林业技术骨干，深入黄石庵林区，对 1.183 万公顷的林地及附属物进行实地调查，协助评估事务所搞好评估，为农运会筹资贷款 29 亿元。同时，又组织人员对光武大桥东延涉及华宇度假村风景树木及时进行评估，确保农运会工程顺利推进。

在前期建设农运会场馆占用林地上，局纪检组长邹平洲亲自带领林政科负责人，深入实地搞好调查，主动与场馆建设指挥部对接，赴省林业厅办理审批手续，第一时间完成办理任务，共办理林地手续 3 起、面积 22.37 公顷。

（五）华山路综合整治

2009 年，市林业局接手华山路整治，规范管理，加大投入，提升水平，使“脏、乱、差”形象得到改观。据统计，该路段共拆除路中电杆两根、违障建筑 462 处、违规广告招牌 346 个，清理小广告 1800 多处，治理店外经营 572 家，墙体粉刷 3 万余平方米、规范空调室外机 186 个，补栽大规格行道树 180 棵。

1. 搞好市容治理。成立以局长、书记任指挥长的综合整治指挥部，建立专业整治队伍，实行“三定”（定人、定岗、定责），落实“两包”（包路段、包商户），签订责任书，不定期进行督查，发现问题，及时解决。先后出资 8 万元，对道路进行绿化美化和硬化。同时，加强对商户的管理，落实门前“三包”，实行动态管理，挂牌命名表彰，大大改善了环境面貌。

2. 创新工作方法。市林业局转变观念，创新方法，引导企业积极参与华山路整治，新大地地产有限公司投资 210 万元，粉饰墙体 3 万平方米，统一规整空调外机 186 个，增设垃圾箱及城市家具 30 余个，进行平改坡 30 余处 1230 米。组织协调办事处、社区、企业、居民商户等，实行全民参与、立体施工、协同作战，墙体、室内、路面同步推进，成效明显。

3. 做到“四个结合”。做到市容市貌整治与标准提升相结合、路长单位和责任单位密切结合、市容市貌提升与“两争一迎”活动相结合、落实“迎农运、树新风”全民行动保畅通活动与协管单位责任相结合，干出了成效，树立了形象。

（六）农运会贵宾宾馆水果供应

根据市政府主要领导安排，市林业局负责为莲花泉、建业森林半岛、中泰豪生三家宾馆供应河南名优水果的任务。

1. 挑选精品。组织林果专家进行品种筛选和实地考察，从全省各种水果中比较，筛选出农运期间成熟的优良品种。最终确定荥阳市高村乡刘沟村生产的“汤阴软籽石榴”、新郑市好想你公司生产的“好想你”牌鲜枣和方城县博望镇黄金梨合作社生产的“博望坡”牌黄金梨作为供应品种。

2. 积极联系。经与河南省原人大常委会副主任马宪章和荥阳市高村乡刘沟村沟通联络，最终确定刘沟村为农运会捐赠优质石榴 1000 箱，价值 20 万元。

3. 确定保证品质。根据农运会接待任务，结合水果的成熟期，确定最佳采摘供应时间，尽可能把河南最好的水果提供给农运贵宾，把原计划 9 月 5 日供货的时间推迟到 9 月 13 日以后，把一批供货分为两批 18 次向宾馆供应，保证水果的新鲜度和良好口感。

（七）树木捐赠、牡丹采购和月季进城

为提高主体育场馆周边绿化品位，扮靓农运盛会，市林业局发挥行业优势，积极组织绿化树木捐赠活动。各县（市、区）林业部门及有关企业共捐赠名贵风景苗木花卉近 2000 棵、价值 200 多万元。栽植后采取大树输液、架设微喷灌等措施，树木成活率 96%。

购买反季节开花牡丹，摆放莲花泉团部。接到任务后，局长汪天喜亲自安排市森防站人员连夜赶赴洛阳。在洛阳，工作人员跑遍洛阳市区近 30 个花圃，经多次协商，购买洛阳神州牡丹园、国家牡丹园 200 盆牡丹，完成市领导交办的任务。

月季长廊

根据市政府百万月季进城区工作安排，具体承担规划设计和技术指导工作，副局长齐宗俭牺牲节假日、礼拜天时间，深入各路段实地进行指导，切实解决技术难题，完成了城区主要路段、街头游园月季栽培指导工作。

第二节 月季文化节

一、中国月季之乡第一届月季文化节

2010 年 5 月 15 日～18 日，由中国花卉协会月季分会、卧龙区人民政府主办，卧龙区石桥镇人民政府、南阳月季基地承办的中国月季之乡·第一届月季文化节在卧龙区石桥镇举办。15 日上午举行开幕式。

节会旨在贯彻落实市委、市政府实施“四个带动”精神要求，以叫响“中国月季之乡”品牌为目标，展示石桥月季和石桥文化，带动月季产业升级和产品销售，促进经济发展和群众增收。

第一届月季文化节

武警总队后勤部部长陈占山，北京市园林局局长王振江，中国花卉协会副秘书长陈建武，中国花卉协会月季分会会长张佐双，市政协主席贾崇兰，市委常委、宣传部长姚进忠，市政府副市长姚龙其、冯晓仙、市长助理田向和，市文联副主席、市作协主席二月河，市林业局局长宋运中、党组书记张荣山及市委宣传部、发改委等 12 个单位负责人，卧龙区区委书记王吉波、区长马冰及月季企业负责人参加开幕式和有关活动。

主体活动：

名优月季品种展示、民俗文化表演比赛、“卧龙飞歌”文艺演出、书画及摄影作品展示（现场作画、摄影）、卧龙区旅游产品展、现代月季专业化生产座谈会、大调曲研讨会、石桥特色小吃展、“彭家大院”文化展、“走进月季之乡，享受绿色生活”活动（南阳日报社）、中国民俗摄影家协会创作基地挂牌仪式。

二、中国月季之乡第二届月季文化节

2011 年 5 月 5 日～8 日，在卧龙区石桥镇举办中国月季之乡·第二届月季文化节。5 日上午举行开幕式。

第二届月季文化节

中国花卉协会月季分会会长张佐双、副会长兼秘书长赵世伟，河南省林业厅副厅长李军，南阳市正市长级干部郭庆之、市政府副市长姚龙其、秘书长姚国政，市林业局局长宋运中、党组书记张荣山，卧龙区区委书记王吉波等领导参加开幕式和有关活动。

主体活动：

月季博览园揭牌仪式，古桩月季展，摄影、书画、诗词、楹联展评，田汉茶社文联书画基地揭牌仪式，田汉茶社大调曲研讨会，卧龙飞歌文艺演出，锣鼓比赛、篮球比赛等。

三、中国月季之乡第三届月季文化节

2012 年 5 月 8 日～10 日，由中国花卉协会月季分会、南阳市林业局、卧龙区人民政府主办，卧龙区石桥镇人民政府、南阳月季基地承办，以“香飘万里，情系农运”为主题的中国月季之乡·南阳市第三届月季文化节在卧龙区石桥镇举办。8 日上午举行开幕式。活动主要集中在，卧龙区石桥镇、七里园乡达士营月季博览园、南阳金阳光酒店。

第三届月季文化节

节会旨在以“弘扬月季文化，壮大花卉产业，扩大对外开放，推动科学发展”为宗旨，进一步叫响“中国月季之乡”品牌，带动月季产业文化融入和科技提升，推动集聚集群发展，为实现富民强区和“三化”协调科学发展探索新途径。

中国花卉协会副秘书长陈健武，河南省政府省长助理、省花卉协会会长何东成，河南省林业厅副巡视员王学会，市委书记李文慧，市长穆为民，市人大常委会主任李天岑，市委常委、统战部长刘朝瑞，市委常委、宣传部长姚进忠，市委常委、秘书长原永胜，市人大常委会副主任王清选，市三届人大常委会副主任张德武，市政府副市长冯晓仙，市文联副主席、市作协主席二月河，市林业局局长汪天喜、党组书记张荣山及市委宣传部、发改委等 19 个单位负责人，卧龙区区委书记马冰、区长罗岩涛及新闻界、摄影界、书画界有关人员参加开幕式和相关活动。

主体活动：

参观南阳月季基地，参观中国月季文化展、旅游产品展、书画作品展，举行港湾站揭牌及地动仪雕塑揭幕仪式，中国南阳月季产业发展高层论坛，民间文化艺术表演大赛，“庆花节、迎农运”卧龙飞歌文艺演出，田汉茶社大调曲演唱及研讨会，0377 车友会游石桥，石桥镇第三届篮球赛，“牵手南阳日报、走进古镇石桥”活动，摄影采风活动。

四、南阳月季文化节

2013 年 4 月 28 ～ 5 月 3 日，由中国花卉协会月季分会主办，河南省花卉协会、南阳市人民政府承办，南阳市林业局、南阳市邮政局、城乡一体化示范区管委会、卧龙区人民政府、宛城区人民政府协办，以“花开玉都，美丽南阳”为主题的月季文化节在南阳市举办。4 月 28 日上午，在市体育场同时举办南阳第十届玉雕节暨玉文化博览会、南阳月季文化节开幕式。

南阳月季文化节

节会旨在以“月季为媒、文化为魂、交流合作、科学发展”为目标，按照“月季盛会、百姓节日、产业新天地”的宗旨，大力宣传弘扬月季文化，打响南阳月季品牌，全面提升以月季为主的花卉苗木产业发展，提高核心竞争力。通过科学运作，精心筹办，着力在规模上扩大、层次上提升、效果上求实，不断提高南阳月季文化节的特色化、专业化、国际化水平，努力办成独具特色的国家级品牌盛会。

本届月季文化节共邀请世界月季联盟成员新西兰弗兰克月季有限公司总经理 Daniel(丹尼尔)、澳大利亚月季品种登录权威 Laurie(劳瑞)，中国花卉协会副会长王兆成、副秘书长陈建武，中国花卉协会月季分会会长张佐双、副会长兼秘书长赵世伟，中国林科院分党组书记叶智，河南省花卉协会会长何东成，河南省林业厅厅长陈传进，河南省花卉协会副会长宋全胜、陈新海、秘书长裴海朝等省内外花卉协会的领导、专家及教授 46 人；邀请全国 16 个省会城市、3 个直辖市、42 个地级城市的花卉界知名人士共 270 人参加节会。这也是南阳市举办的人数最多、规模最大的一次花会赛事活动。市委书记穆为民，市长程志明，市人大常委会主任杨其昌，市委常委、统战部长刘朝瑞，市人大常委会副主任程建华，市政府副市长张生起，市政协副主席贺国勤，市林业局局长汪天喜、市花卉协会会长张荣山等领导及市直单位负责人参加开幕式和有关活动。

主体活动：

1. 插花艺术比赛。4 月 26 日下午，在市体育场二楼举办插花艺术比赛，来自省内外 50 名选手现场比赛，河南省插花艺术协会有关领导和评委现场打分评比。获奖名单：(1) 特等奖：杨帆《花开玉都》、李天祥《美丽南阳》；（2）一等奖：吕崇《白河春韵》、贾瑞《白河春韵》等 8 幅作品；（3）二等奖：袁爱琴《和谐》、包旭辉《白河春韵》等 22 幅作品。

2. 月季摄影大赛。4 月 27 日上午，在市体育场南门启动“月季花城、美丽南阳”全国月季摄影大赛，来自全国各地 200 余名摄影界知名人士云集南阳，聚焦南阳月季。这项活动由南阳市月季文化节组委会、市委宣传部、市文联联合举办。大赛在一个月时间内征集全国 30 余个省、市、区的摄影作品 7385 幅（组），评选出优秀摄影作品 86 幅（组）。（1）金奖：《争辉》张国新；（2）银奖：《晨雾蒙花辉》孙少斌、《月季城之歌》李润；（3）铜奖：《闹春图》宋池峰、《花魂飞天》李振林、《新家园》徐英伟；（4）优秀奖：《印象月季》姜明灯、《雨中骄子》汪洋、《一尖已剥胭脂笔》徐英伟等 80 幅（组）作品。

3. 精品月季展。邀请国内知名月季科研院所和月季生产企业、南阳月季生产企业和大户，选择有代表性的精品、名品月季，展示花中皇后风姿，交流盆栽月季培育经验成果。中国花卉协会组织国内外月季专家对盆景月季和盆栽月季精品进行评奖，并颁发奖牌和证书。（1）“月季皇后”。南阳月季基地《花中皇后》；（2）盆栽精品月季展品评比结果。金奖：南阳月季基地、江苏省常州市园林绿化局；银奖：山东省莱州市林业局、南阳成教月季繁育基地、江苏武进市交通局、南阳月季集团；铜奖：海南省三亚市林业局、南阳金鹏月季有限公司、南阳富民月季基地、四川省成都川西现代月季园、江苏省淮安市月季园、南阳市月季合作社。（3）月季盆景作品评比结果。金奖：北京纳波湾园艺有限公司《天香至尊》；银奖：郑州市城市园林科学研究所《胜春园》、江苏省淮安市月季园《淮丰》；铜奖：南阳森美月季示范园《天女散花》、南阳月季合作社《沙漠之舟》、南阳金鹏月季有限公司《希望》。(4) 精品月季优秀奖。北京纳波湾园艺有限公司、南阳月季基地、南阳金鹏月季有限公司等 18 家公司、企业。

4. 月季赠送活动。4 月 9 日～ 12 日，卧龙区、宛城区，南阳城乡一体化示范区、高新区开展向市民赠送月季活动，赠送月季 13 万盆，让市花月季走进千家万户。月季文化节期间，开展向市级以上劳动模范、绿化奖章获得者、“三八”红旗手、文明个人、省级以上“五四”青年奖章获得者等先模人物赠送月季活动，赠送月季 2860 盆。

5. 参观月季生产基地。4 月 28 日，邀请参加月季文化节的全体嘉宾参观南阳月季基地，了解南阳月季发展规模、发展现状以及月季新品种等，更直观地向外地客商展示、宣传推介南阳月季产业。

6. 月季产业化发展高峰论坛。4 月 29 日上午，在天润梅地亚酒店举办月季与产业化发展高峰论坛，来自国内外 30 多位月季业界的专家、学者分别就月季发展现状和新品种培育、加工、销售、研发等进行广泛深入探讨，拓宽从事月季研究的科技人员视野，提高月季生产人员的技术水平，开阔了南阳市月季企业市场研发的思路。

7. 项目签约。4 月 29 日下午，在天润梅地亚酒店举行项目签约，来自国内外知名花卉苗木企业、绿化公司与各县（市、区）签约合作、交易、科技项目 36 个，引资 44 亿元。签订协议类项目 65 个，引进合作单位 61 家，交易金额 6.9 亿元。

8. 月季文化展。在市体育场举办月季文化展，展览内容包括月季辨名、月季溯源、中国月季栽培史、中国月季园、月季与人文精神、国际交往、月季飘香 • 美丽南阳等 12 项内容，共制作展板 99 块。

9. 盆景展示。在月季文化节举办期间，组织盆景展览，集中展示南阳市盆景艺术。本次参展作品 526 件，经过花卉界专家评委认真评选，有 23 件作品获奖。(1) 金奖 5 名：雷天舟、边长文、裴清友、胡大宇、边长武；（2）银奖 8 名：吴德军、朱天才、张建武、李天增、张卓、安顺义、王造根、孟文；（3）铜奖 10 名：高阳、王作义、雷海奇、吴越、卢春龙、赵旭伟、何建国、王林、肖剑冰、田建立。

五、南阳月季花展

2014年4月29日～5月3日，由中国花卉协会月季分会、河南省花卉协会主办，南阳市花卉协会、南阳月季基地承办的南阳月季花展在南阳月季博览园举办。4月29日上午举行开幕式及博览园开园仪式。开幕式上，为南阳市邮政部门设计的《花中皇后·南阳月季》（第二组）个性化邮票发行揭幕。节会旨在坚持“月季为媒、文化为魂、交流合作、促进发展”，遵循“简约大气，突出特色”的原则，以弘扬月季文化，打响南阳月季品牌，做大做强月季产业为目标，不断提高南阳月季产业的特色化、专业化、国际化水平，为2015年举办中国南阳月季花展奠定基础。中国花卉协会副秘书长陈建武，中国花卉协会月季分会会长张佐双，河南省花卉协会会长何东成、秘书长裴海朝，市委书记穆为民，市政协主席刘朝瑞，市委常委、秘书长张振强，市委常委、副市长张生起，市人大常委会副主任程建华，市四届政协副主席贺国勤，市林业局局长汪天喜、市花卉协会会长张荣山，卧龙区区委书记马冰、区长陈天富等有关单位负责人参加开幕式和有关活动。

主体活动：

1. 爱市花、赏月季游园活动。以南阳月季博览园为主题游园，展出800余个品种、数百万株月季，与月季大师面对面学习月季栽培和养护知识，使人们在游园赏景的同时，增长月季知识。

2. 精品月季花展。在月季博览园大门外停车场，组织市内各大月季企业、种植大户展示一批丰富多彩的盆景月季、盆栽月季、树状月季精品，交流月季最新发展成果，让广大市民、游客在欣赏的同时，更多地认识月季品种，感受月季芳姿。

3. 月季文化展。通过图片、文字等形式，展示世界优秀月季园的绰约风姿，展示每个世界优秀月季园的建园历史、景观布局、功能特色及科研、生产、发展史；展示2013年南阳月季文化节摄影大赛获奖作品的靓丽风采；展示月季的栽培历史、月季辩名、月季溯源、中国古老月季及其价值与贡献、月季与人文精神等，弘扬月季文化的丰富内涵。

4. 举办2015年中国南阳月季花展筹备研讨会。邀请国内花卉专家、产业代表围绕2015年中国南阳月季花展如何突出主题、多出精品、办出特色，献计献策，并就南阳月季花卉产业发展等方面进行深入交流和研讨。

六、中国（南阳）月季展

2015年4月28日～5月3日，由中国花卉协会支持，中国花卉协会月季分会、河南省花卉协会主办，南阳市花卉协会承办，卧龙区、宛城区、城乡一体化示范区、南召县、高新区、鸭河工区、市林业局、市城管局、市旅游局协办的中国（南阳）月季展在市体育场西门外南阳月季园举办。4月28日上午举行开幕式，对南阳市邮政部门设计的《花中皇后·南阳月季》（第三组）个性化邮票揭幕发行。节会旨在“以人为本、月季为媒、文化为魂、交流合作、促进发展”的宗旨，遵循“简约大气，突出特色”的原则，以集中展示中国月季事业发展的新成果、新成就和南阳月季优良品种、标准化生产基地建设水平、弘扬月季文化、打响月季品牌、做大做强南阳月季产业为目标，科学运作，精心筹办，不断提高中国月季展的特色化、专业化、国际化水平，力争办成一届独具特色的国家级月季盛会。主题口号是，缤纷月季，美丽家园。

中国花卉协会及月季分会有关领导和专家，全国各省市区花卉协会代表，河南省花卉协会、各省辖市花协有关领导和专家，参展城市代表，国内知名园林科研单位和园林规划设计部门代表，国内知名旅行社负责人400余人参加月季展。这是南阳第一次举办国家级花事盛会。河南省政府副省长赵建才，河南省政协副主席高体健，中国花卉协会副秘书长陈建武，国家林业局信息办副主任邹亚萍，中国花卉协会月季分会会长张佐双，河南省花卉协会会长何东成，河南省林业厅副厅长李军，市委书记穆为民，市长程志明，市人大常委会主任杨其昌，市政协主席刘朝瑞，南阳市四大班子其他领导及副市厅级以上领导、南阳军分区领导参加开幕式。

主体活动：

1. 参观月季生产基地。4月28日，组织与会领导、专家和月季企业、绿化企业负责人等各界来宾参观南阳月季基地、东改线月季生产基地、南阳月季集团、南召玉兰生态园、南阳豫花园等精品月季生产区，宣传推介南阳月季产业和花卉苗木产业。

2. 月季新品种、盆栽精品月季展。4月27日～5月23日，邀请北京、江苏、山东等7省12城市25家知名月季研究所和月季企业及南阳市16个县区62个单位参加月季展评，参展精品盆栽月季千余盆、盆景月季百余盆、月季新品种近百个。经专家评审，评出盆栽月季、盆景月季、新品种月季特等奖、金奖、银奖57件，赵国有、李文鲜等2人荣获“月季栽培大师”荣誉称号，王忠、王祥、王超、刘玉、孙具有、李付昌、苏金鹏、李绍锴、赵国强、赵国聚等10人荣获“月季生产能手”荣誉称号。4月29日下午，在天润富瑞阁酒店举行隆重的颁奖仪式。

3. 2015年全国花卉信息工作会议。4月28日～29日，中国花卉协会2015年全国花卉信息工作会议在南阳市召开，与中国（南阳）月季展同期举办。各省（区、市）花卉协会、中国花协各分支机构领导和全国主要花卉产区、重点花卉市场、重点花卉企业信息员参加会议。其目的是，以适应花卉行业信息化发展和管理的需要，加强花卉产业信息化管理工作，充分运用信息技术的方法、手段和成果，加速实现花卉产业现代化。

4. 花卉产品、森林食品及盆景艺术展。4月27日～5月3日，借助月季花展搭建合作交流平台，展示南阳林业产业发展的新成果、新成就，组织121家省内外单位参加花卉产品、森林食品、盆景艺术展，加快名特优花卉产品、森林食品“走出去”的步伐，提高南阳花卉产品、森林食品的品牌影响力；展示月季和盆景风采，促进林业产业发展。

5. 开展百万人游南阳·赏月季活动。4 月 29 日～5 月 3 日，以南阳月季展示园、月季博览园和南召玉兰生态园等为主，开展游南阳赏月季活动，节会期间有 800 多个品种、数百万株月季展出，游客人数达到 110 余万人，使人们在游园赏景的同时，品味月季的绰约芳姿。

6. 月季合作项目签约活动。4 月 29 日，邀请国内知名花卉苗木企业、绿化企业和林产加工企业，进行月季及花卉苗木和林产加工项目合作及现场签约。这次与南阳市各县区共签约合作、交易、科技项目 79 个，总金额 55.8 亿元，实现优势互补、共同发展。

7. 月季摄影文化展。4 月 28 日～5 月 3 日，以“月季 · 园林 · 生活”为主题，通过图片、文字展示优秀月季摄影作品，展示丰富的月季文化内涵。

8. 月季赠送活动。在月季展开幕前，4 月 25 日～27 日，由卧龙区、宛城区、城乡一体化示范区、高新区、市城管局、市林业局组织，每单位 3 万盆，免费向市民赠送月季 18 万盆，让月季走进社会、融入家庭，进一步增强市民绿化美化意识，提升社会各界携手共建大美南阳的意识。

9. 2015 中国（南阳）月季展参赛获奖作品。2015 年 4 月 28 日，中国（南阳）月季展组委会下发（中月协组 [2015]23 号）文件，对本届参赛的盆景月季、盆栽月季和新品种月季进行评比。决定授予南阳月季基地选送的“蓝色的拉比索迪”、北京市天坛公园选送的“阿尔丹斯 75”等 27 件作品“盆栽月季特等奖”“盆栽月季金奖“盆栽月季银奖”；授予北京市纳波湾园艺有限公司选送的“池塘野趣”、南阳森美月季选送的“青春旋律”等 18 件作品“盆景月季特等奖”“盆景月季金奖”“盆景月季银奖”；授予北京市园林科学研究院选送的“红五月”、郑州城市园林科学研究所选送的“桃灼蓝天”等 12 件作品“月季新品种特等奖”“月季新品种金奖”“月季新品种银奖”荣誉称号。

七、2016 南阳月季展

2016 年 4 月 28 日～5 月 3 日，由中国花卉协会月季分会、河南省花卉协会主办，南阳市花会协会、南阳月季基地承办，卧龙区、宛城区、城乡一体化示范区、高新区、市林业局、市城管局、市邮政分公司协作举办 2016 年南阳月季展。4 月 28 日上午，在南阳月季博览园开幕。

开幕式由市长程志明主持。主要议程：市委书记穆为民致辞，中国花卉协会月季分会会长张佐双讲话，河南省花会协会副会长井剑国讲话，中国花卉协会月季分会会长张佐双与市委书记穆为民共同为中国月季园揭牌，河南省邮政公司副总经理张军政为《花中皇后 • 南阳月季》（第四组）个性化月季邮票发行揭幕，河南省政协副主席钱国玉宣布“2016 年南阳月季展”开幕。开幕式前后。河南大爱服饰有限公司员工们表演了《重回汉唐》《礼仪之邦》精彩节目，为节日增添了喜庆色彩。

中国花卉协会月季分会领导及专家、中国林业科学研究院领导专家及参加第二届全国林木种质资源利用与生态建设高端论坛的专家、郑州航空港综合经济试验区领导及企业代表参加月季展。河南省政协副主席钱国玉，市委书记穆为民，市长程志明，市委副书记王智慧，市政协主席刘朝瑞，市委常委、宣传部长王新会，市委常委、政法委书记张生起，市人大常委会副主任程建华，副市长、市公安局局长朱海军，市政协副主席柳克珍及县区党政主要领导、市林业局局长赵鹏及市直部门主要负责人参加开幕式。

本届展会主题口号及宗旨：月季，城市因你而美丽。坚持“以人为本、月季为媒、文化为魂、交流合作、绿色发展”的宗旨，遵循“简约大气，突出特色”的原则，以集中展示南阳月季优良品种、月季园林应用水平和标准化生产基地建设水平，打响月季品牌，做大做强南阳月季产业为目标，通过科学运用、精心筹办，不断提升南阳月季展的特色化、专业化水平，办成独具特色的国家级月季盛会。

主题活动：

1. 举办第二届全国林木种质资源利用与生态建设高端论坛。4 月 28 日下午，借助月季展这一平台，中国林科院与南阳市政府共同举办第二届全国林木种质资源利用与生态建设高端论坛。本届论坛邀请中国科学院院士、中国林科院首席科学家唐守正等 8 位国家级专家，重点围绕林木种质资源利用、月季品种选育与栽培技术研究、生态建设等内容作专题报告。国家林业局科技发展中心、中国林科院、有关省市科研院所、企业等单位的特邀专家，国家林木种质资源平台及成员单位的有关人员，河南省林业厅、市政府有关领导及人员，从事林木种质资源、种苗和新品种科研、生产和管理相关工作人员参加论坛活动。

2. 组织开展赏月季爱市花游园活动。一是组织月季展所有参会的嘉宾以及玉雕展的主要贵宾嘉宾开幕式前后参观南阳月季博览园、精品月季盆景展、插花艺术展等展会内容。二是结合“五一”小长假，组织广大市民开展游南阳、赏月季活动。三是部分旅行社规划观赏月季旅游线路，组织外来游客来宛赏花观玉。月季展举办期间，广大市民游玩赏花，享受着假期带来的愉快，外来游客纷纷点赞南阳月季。据统计，4 月 28 日～5 月 3 日，参观月季的游客人数达到近 20 万人次，其中参观南阳月季博览园 13.9 万人次。

3. 组织精品月季盆景展。4月 27 日～5月 3 日，在森泓树艺文化创意园，组织宛城区、卧龙区、高新区的 50 余家月季企业，展示月季盆景 1000 多盆，其中精品月季 200 余盆。

4. 组织插花艺术展。4 月 27 日～5 月 3 日，市城管局在南阳市体育场举办插花艺术展，郑州、开封、信阳等地的插花花艺师和南阳插花爱好者近 30 名选手参加比赛，完成作品 50 余幅，评出 2 个特等奖、7 个一等奖和 18 个二等奖。其中郑州市绿文广场管理中心的《白河月色》和郑州市碧沙岗公园的《春深锁娇艳》，荣获月季插花艺术作品特等奖。

5. 组织世界优秀月季园图片展。以图文并茂的形式，展出 36 个世界优秀月季园，通过集中介绍其建园历史、景观布局、功能特色及科研、生产、发展史等，加深人们对月季、月季园及月季应用知识的认识，展示世界月季联合会评选命名的世界优秀月季园。

6. 组织月季邮票绘画展。月季展举办期间，在南阳月季博览园展出《花中皇后·南阳月季》一至四组全部个性化邮票 60 版 672 枚，南阳月季文化极限邮集 2 框，精选历年来培育出月季新品制作的邮资明信片以及 20 世纪 80 ～ 90 年代包含月季文化元素的南阳烟标等。组织近万名中小学生参加《花中皇后·南阳月季》邮票图稿绘画比赛，提交国画、剪贴画、水彩画、油画等各类绘画作品 3000 余件，现场展出 53 框 900 余幅优秀绘画作品。

7. 组织月季摄影大赛。4 月 25 日，在南阳月季博览园大门前举行 2016 年“花中皇后·美丽南阳”月季摄影大赛开镜仪式。市领导刘朝瑞、王新会、程建华出席仪式。本次月季摄影大赛以“花中皇后·美丽南阳”为主题，主要征集与南阳月季展相关的“花展盛况、产业发展、人文旅游、园林风采、花卉造型、多彩月季、领导关怀”七大摄影主题作品。设立五个奖项，其中一等奖 1 件，二等奖 3 件，三等奖 6 件，优秀奖 25 件，入围奖 50 件。

8. 组织开展月季赠送活动。4 月 16 日～ 26 日，市林业局、卧龙区、宛城区、城乡一体化示范区、高新区、市城管局分别设置月季赠送点，凭身份证向广大市民免费赠送月季，共赠送月季 10 万株。市林业局在林科所苗圃场赠送月季，与市邮政公司联合，在市区 16 个邮政网点凭月季邮政明信片免费领取月季，赠送月季 3 万株。

绿之城——孙少斌（摄）

第十一章 基础设施建设

第一节　办公楼

南阳市林业局原办公楼位于市七一路东37号，始建于20世纪70年代末，砖混结构，三层42间办公场地，建筑面积1080平方米，车库5间200平方米。

根据市中心城区城市发展总体规划，1996年4月1日，市政府办公室下发《关于市林业局做好搬迁建设工作的通知》，明确“林业局所在地已被列入特种用地范围，经市政府研究决定，林业局应迁入新的规划区域”。

南阳市林业局原办公楼

2001年5月24日，市计划委员会下发《关于对南阳市林业局机关迁建项目的立项批复》。

2002年11月，市政府下发《关于南阳市林业局办公楼及住宅楼建设项目用地的批复》，同意将经省政府批准征用的卧龙区卧龙岗乡曾楼村黄龙庙组37.0787公顷土地中的1.5301公顷土地划拨市林业局，作为办公楼和住宅楼项目建设用地。

2008年5月8日，市政府《关于城区人民路独山大道南延等部分道路建设问题的会议纪要》，将市林业局所在区域纳入市中心城区城中村改造重点工程。4月24日，市政府批准市林业局新办公楼建设项目规划设计。5月6日，市拆迁办通知并进行搬迁。同月，市林业局租赁龙腾花园2号楼二、三层作为办公用房，并进行简单装修，搬入临时办公。

南阳市林业局新办公楼

市林业局委托南阳市工程咨询中心做新建综合办公楼可研报告。2008年6月10日，市发展和改革委员会批复《南阳市林业局综合办公楼项目可行性研究报告》。

总体规划建设面积5356平方米，地上七层，地下一层，项目总投资1050万元。

2008年7月1日，由南阳凯盛房地产开发有限公司承建，开工建设，同年10月4日主体封顶，后经7个月的内外粉刷和简单装修，2009年6月8日正式入住办公。

综合办公楼设局领导办公室、科室办公室用房40余间、大中小会议室5个，文体活动室、老干部活动室、阅览室等，科室具体办公分配为：一楼：森林公安局、林业稽查大队；二楼：森林资源管理科、长防办、造林科、老干科；三楼：办公室、规划资金科；四楼：种苗站、退耕办、产业科；五楼：监察室、党办、保护站、人事科；六楼：防火办；七楼：活动室、大会议室。

第二节 住宅楼

20世纪70年代，在市七一路东头，随老办公楼征地0.4公顷，建设屋架砖木结构住宅房，局机关干部职工大多分散住在市文化路南头林技站家属院及市城区其他地方。

1994年，在林业局院内集资兴建住宅楼，因城市规划拆迁等原因被取消，随后在滨河东路、卧龙路、白河南计划征地建房，也因种种原因被取消。

2002年6月，经市政府批准，将卧龙区卧龙乡曾楼村黄龙庙组1.533公顷土地划拨市林业局，作为办公楼及住宅楼项目建设用地。

2003年春，场地拆迁补偿、围墙全部完成。正当准备施工之际，市政府规划调整，将市林业局土地全部调整为文化公园建设用地，工程建设搁浅年余。

2004年秋，局领导再次向市政府申请在原址建设，得到时任主管城建副市长张国伟的支持，艰难运筹之后，市规划局将市林业局总用地面积调整为1.34公顷，原来的楼盘位置向北移，楼盘南侧为绿地，北侧原围墙内让出3米划给市药监局。

此次重新启动以后，工程于2005年8月20日举行奠基仪式，正式施工；2006年春节前完成桩基建设。

2006年3月，市规划局函市国土资源局在桩基施工即将结束时，市规划局又一次突然叫“停”，原因是根据国家新出台的政策“政府划拨地不允许建住宅楼”，将市林业局建设用地（楼盘）0.435公顷（使用面积0.323公顷）计划挂牌出让，5月挂牌失利，又一次停工6个月，严重搁浅。

南阳市林业局住宅楼

2006年，依据宛国土资挂告文件，出让面积3237.4平方米，起始价由160万元，拍至成交价1080万元，由南阳凯盛房地产开发有限公司竞得。经多次协商，以该公司名义继续由天工集团一分公司承建，2006

年11月1日恢复施工。

2007年9月11日，主体工程封顶，施工170天。

2008年8月8日，基本完工，具备交工条件。

该家属楼自酝酿征地，到工程完工历时8年（2001年至2008年，实际建筑工期为24个月），

市林业局家属楼楼盘占地面积0.32公顷（3237.4平方米），楼长108米，楼高42米（含跃层），楼宽17米，桩深27米，采用异型柱框剪结构，板式楼，共十三层（含跃层），分设五个单元（大套两个单位，小套三个单元），大套48户，小套72户，共计120户，总建筑面积20735.4平方米（预算面积）。

宛城小夜曲——姜 华(摄)

第十二章 管理体制

第一节 行政机构

一、机构沿革

1949 年 3 月，南阳专署成立，下设建设科，含管理林业生产工作。

1949 年～ 1951 年 4 月，南阳专署先后由建设科、实业科管理林业工作。

1951 年 5 月，南阳专署成立农林科，管理林业生产。

1953 年 7 月，南阳专署成立林业科，专管林业生产。

1958 年 2 月，南阳专署林业科撤销，成立南阳专署农林局，下设林蚕科。

1959 年 12 月，南阳专署成立林业局。

1960 年 1 月，农林分开，成立南阳专署林业局。内设人秘科、群营林科、国营林科、经济林科、森林工业科。

1968 年 11 月，南阳地区革命委员会生产指挥部建立农业组，兼管林业工作。

1970 年 6 月，南阳地区革命委员会设立农林局，在农林局内设林业组，负责林业生产工作。

1972 年 3 月，成立南阳地区革命委员会林业局。

1979 年 11 月，南阳地区行政公署成立，南阳地区革命委员会林业局改为南阳地区行政公署林业局。内设国营林科、群营林科和人秘科。

1982 年，南阳地区林业局在市七一路东段路南建办公楼一座，办公地点由地区行署东院迁之新楼。

1983 年 8 月，机关体制改革，地区林业局内设机构增设经济林科。

1984 年 5 月，地区林业局成立党委。

1984 年，地区林业局内设人秘科、国营林科、群营林科、经济林科。

1985 年底，南阳地区林业局机关 24 人，其中行政管理干部 16 人，技术干部 5 人（工程师 4 人，助理工程师 1 人），工人 3 人；南阳地区林业局党委改为南阳市林业局党组。

1994 年 11 月，南阳撤地设市，南阳地区林业局更名为南阳市林业局。

1997 年机构改革，南阳市林业局内设办公室（科技科）、造林经营科（挂南阳市绿化委员会牌子）、计划财务科、资源林政管理科、林业公安科、林业产业科、人事教育科、纪检组（监察室）8 个科室。

2002 年机构改革，南阳市林业局内设办公室（科技科）、植树造林科（挂南阳市绿化委员会牌子）、资源林政管理科、森林公安分局、计划财务产业科、人事教育科、纪检组（监察室）7 个科室。

2008 年，南阳市林业局租赁临滨河路龙腾花园三号楼 2-3 层，临时办公。

2009 年 6 月 8 日，新建成的南阳市林业局办公楼正式投入使用。

2015年，市政府办公室下发市林业局主要职责内设机构和人员编制规定，市林业局为市政府工作部门，设6个内设机构。

（一）主要职责

1. 负责全市林业及其生态建设的监督管理。拟订林业及其生态建设的发展战略、中长期规划并监督实施；参与拟订有关地方标准和规程并指导实施；组织开展森林资源、陆生野生动植物资源、湿地和荒漠的调查、林业有害生物普查、动态监测和评估，并发布相关信息；承担林业生态文明建设有关工作。

2. 组织、协调、指导和监督全市造林绿化工作。制定全市造林绿化的指导性计划，拟订相关地方标准和规程并监督执行，指导各类公益林和商品林(包括用材林、经济林、薪炭林、药用林、竹林、特种用途林)的培育，指导植树造林、封山育林和以植树种草等生物措施防治水土流失工作，指导、监督全民义务植树、造林绿化工作；承担林业应对气候变化的相关工作；承担南阳市绿化委员会的具体工作。

3. 承担全市森林资源保护发展、监督管理责任。组织编制并监督执行全市森林采伐限额，监督检查林木凭证采伐、运输，组织、指导林地、林权管理，组织实施林权登记、发证工作，拟订林地保护利用规划并指导实施，依法承担应由市政府批准的林地征用、占用的初审工作，管理国有林场（苗圃）的国有森林资源，承担国有林场（苗圃）的国有森林资源资产产权变动的审核工作。

4. 组织、协调、指导和监督全市湿地保护工作。拟订全市湿地保护规划和有关地方标准及规定，组织开展湿地保护小区、湿地公园等保护管理工作，监督湿地的合理利用，组织、协调有关国际《湿地公约》的履约工作

5. 组织、协调、指导和监督全市荒漠化防治工作。组织拟订全市防沙治沙、石漠化防治及沙化土地封禁保护区建设规划，参与拟订相关地方标准和规定并监督实施，监督沙化土地的合理利用，组织、指导建设项目对土地沙化影响的审核，组织、协调有关《联合国防治荒漠化公约》的履约工作。组织、协调、指导全市长江防护林体系工程建设。

6. 组织、指导全市陆生野生动植物资源的保护和合理开发利用。依法组织、指导陆生野生动植物的救护繁育、栖息地恢复发展、疫源疫病监测，监督管理全市陆生野生动植物猎捕或采集、驯养繁殖或培植、经营利用，监督管理野生动植物进出口；承担全市濒危物种进出口和国家保护的野生动物、珍稀树种、珍稀野生植物及其产品出口的审核工作。

7. 负责全市林业系统自然保护区的监督管理。在国家级和省级自然保护区区划、规划原则的指导下，依法指导森林、湿地、荒漠化和陆生野生动物类型自然保护区的建设和管理，监督管理林业生物种质资源、转基因生物安全、植物新品种保护，组织、协调有关国际公约的履约工作；按分工负责生物多样性保护的有关工作。

8. 承担推进全市林业改革，维护农民经营林业合法权益的责任。拟订全市集体林

权制度、国有林场等重大林业改革意见并指导监督实施；拟订全市农村林业发展、维护农民经营林业合法权益的措施，指导、监督农村林地承包经营和林权流转，指导林权纠纷调处和林地承包合同纠纷仲裁；指导农民林业专业合作组织建设，组织、协调全市林下经济发展工作。依法负责退耕还林工作；指导国有林场(苗圃)、湿地公园、森林公园和基层林业工作机构的建设和管理。

9. 负责全市林业产业工作。对全市森林、湿地、荒漠和陆生野生动植物资源的开发利用进行监督检查。拟订林业产业发展规划、全市林业资源优化配置措施，林业产业地方标准并监督实施。组织指导全市林产品质量监督；指导山区综合开发。

10. 承担组织、协调、指导、监督全市森林防火工作的责任，组织、协调、指导专业森林扑火队伍的防扑火工作，承担市政府护林防火指挥部的具体工作；承担林业行政执法监管的责任，指导全市森林公安工作，监督管理森林公安队伍，指导、查处破坏森林和野生动植物资源及危害林区治安秩序的刑事治安案件和林业重大违法案件。做好检疫性有害生物的普查监测工作，指导林业有害生物测报、防治、检疫工作。

11. 参与拟订全市林业及其生态建设的财政、金融、价格、贸易等经济调节措施，组织、指导全市林业及其生态建设的生态补偿制度的建立和实施；编制部门预算并组织实施，提出市级财政林业专项转移支付资金的预算建议，管理监督市级林业资金，管理市级林业国有资产，负责提出林业固定资产投资规模和方向、市级财政性资金安排意见，按照规定权限，审批、核准规划内和年度计划内固定资产投资项目；编制全市林业及其生态建设的年度生产计划。

12. 组织、指导全市林业及其生态建设的科技、教育和外事工作，指导全市林业队伍的建设。

13. 承办市政府交办的其他事项。

（二）内设机构

市林业局内设6个科室机构，分别是：办公室、政策法规科（农村林业改革发展科、行政审批服务科）、造林绿化管理科（南阳市绿化委员会办公室）、森林资源管理科(科学技术科)、发展规划与资金管理科、人事教育科。机关党委：负责局机关和直属单位的党群工作。派驻机构：派驻纪检组监察室。负责机关和直属单位的纪检监察工作。

（三）人员编制

市林业局机关行政编制为26名（含纪检监察专项编制）。其中：局长1名、副局长3名、纪检组长1名；正科级领导职数9名(含总工程师1名、机关党委专职副书记1名、纪检组副组长兼监察室主任1名)，副科级领导职数2名。核定驾驶员编制2名，经费实行全额预算管理。

二、内设机构

1953 年 ~ 1968 年南阳专署林业局机构设置及领导成员

表 12-1

类别	序号	组织机构名称和起至时间	职务	姓名	任职起至时间
行政领导	1	南阳专署林业科（1953.7 ~ 1958.1）	科长	时守志	1956.7 ~ 1958.1
			副科长	卢鹏万	1953.7 ~ 1958.1
	2	南阳专署农林局（1958.2 ~ 1959.12）	局长		
			副局长	卢万鹏	1958.2 ~ 1959.12
	3	南阳专署林业局（1960.1 ~ 1968.5）	局长	栾培泽	1962.7 ~ 1965.5
			局长	齐　泰	1965.5 ~ 1968.5
			副局长	郭振堂	1960.1 ~ 1962.6
			副局长	卢鹏万	1960.1 ~ 1968.5
			副局长	赵万金	1960.1 ~ 1960.3
			副局长	师得泉	1960.4 ~ 1962.7

1968 年 ~ 1979 年南阳地区革命委员会林业机构设置和领导成员

表 12-2

类别	序号	组织机构名称和起至时间	职务	姓名	任职起至时间
行政领导	1	南阳地区革委会农林局（1970.6 ~ 1972.2）	专职林业干部	张云松	1956.7 ~ 1958.1
			专职林业干部	王志国	1953.7 ~ 1958.1
	2	南阳地区革委会林业局（1972.3 ~ 1979.10））	局长	刘俊章	1972.3 ~ 1973.1
			局长	栾培泽	1973.1 ~ 1979.10
			副局长	娄先明	1972.3 ~ 1973.1
			副局长	张云松	1973.4 ~ 1979.10
			副局长	郭启发	1978.4 ~ 1979.10
			副局长	张新玉	1979.1 ~ 1979.10
			副局长	牛润五	1973.5 ~ 1979.10
			副局长	郭照普	1978.1 ~ 1979.6
			副局长	卢鹏万	1979.3 ~ 1979.10
			副局长	封景太	1975 ~ 1978.3
			副局长	郭拾显	1977.3 ~ 1978.8

1979 年～ 1985 年南阳地区行政公署林业局机构设置和领导成员

表 12-3

类别	序号	组织机构名称和起至时间	职务	姓名	任职起至时间
行政领导	1	南阳地区行政公署林业局（1979.11～1983.8）	局长	栾培泽	1979.11 ～ 1983.4
			副局长	郭启发	1979.11 ～ 1980.11
			副局长	张新玉	1979.11 ～ 1980.11
			副局长	杨凌阶	1983.8 ～ 1988.11
			副局长	马玉田	1980.12 ～ 1983.4
			副局长	褚怀民	1981.6 ～ 1983.8
			副局长	张云松	1979.11 ～ 1980.12
			副局长	周化中	1979.6 ～ 1981.7
			副局长	卢鹏万	1979.11 ～ 1983.8
			副局长	赵国志	1982.8 ～ 1983.8
			副局长	全振武	1981.7 ～ 1982.2
	2	南阳地区行政公署林业局（1983.8～1985.12）	局长	赵国志	1983.8 ～ 1984.4
			局长	王干卿	1985.1 ～ 1987.12
			副局长	米金华	1983.8 ～ 1993.12
			副局长	温德甫	1983.8 ～ 1995.7
			副局长	全振武	1984.4 ～ 1995.7
			副局长	杨凌阶	1983.8 ～ 1988.11
			副局长	褚怀民	1983.8 ～ 1992.6

1986 年～ 2016 年林业局历任局长、书记任职

表 12–4

机构名称	姓名	民族	性别	出生年月	学历	籍贯	政治面貌	职务	任职时间
南阳地区行政公署林业局	王干卿	汉	男	1932.1	大专	唐河县	中共党员	局长	1985.1 ～ 1987.12
南阳地区行政公署林业局	赵国志	汉	男	1938.3	本科	内乡县	中共党员	局长	1987.12 ～ 1985.12
南阳市林业局	赵国志	汉	男	1938.3	本科	内乡县	中共党员	局长	1994.11 ～ 1995.7
南阳市林业局	贺国勤	汉	男	1954.11	本科	镇平县	中共党员	局长 党组书记	1995.8 ～ 2006.5
南阳市林业局	宋运中	汉	男	1953.11	大专	宛城区	中共党员	局长	2006.5 ～ 2011.4
南阳市林业局	张荣山	汉	男	1955.10	本科	宛城区	中共党员	党组书记	2006.5 ～ 2013.6
南阳市林业局	汪天喜	汉	男	1963.2	本科	西峡县	中共党员	局长 党组书记	2011.12 ～ 2015.7 2014.3 ～ 2015.7
南阳市林业局	宋宽军	汉	男		本科	南召县	中共党员	局长 党组书记	2015.7 ～ 2015.10
南阳市林业局	赵 鹏	汉	男	1971.11	研究生	唐河县	中共党员	局长、党组书记	2016.1 ～至今

第二节 事业机构

1990 年 3 月，成立南阳地区护林防火指挥部办公室。1994 年撤地设市，更名为南阳市人民政府护林防火指挥部办公室。1997 年机构改革，作为市林业局内设事业科室。负责指导、协调、检查全市森林防火工作。

1991 年，成立南阳地区长江流域防护林建设办公室。1994 年撤地设市，更名为南阳市长江流域防护林建设办公室。1997 年机构改革，保留南阳市长江流域防护林建设办公室，作为市林业局直属事业单位。负责全市长江流域防护林建设的设计、施工、检查验收等工作。

1997 年，成立南阳市林业稽查大队，作为市林业局直属事业单位。负责对全市木材市场、木材集散地进行检查和监督，依法处理违法案事件。

1997 年机构改革，撤销南阳市经济林示范推广中心，成立南阳市经济林林木种苗工作站，作为市林业局直属事业单位。负责引进和发展名、优经济林新品种，提供技术服务；承担全市经济林苗木普查和良种选育及林木种质调查、种苗质量检查、监督工作。

1997 年机构改革，成立南阳市野生动物保护管理站，作为市林业局直属事业单位。负责宣传贯彻《中华人民共和国野生动物保护法》、《中华人民共和国陆生野生动物保护实施条例》及有关法规和政策；指导全市陆生野生动物资源的保护；负责全市陆生野生动物资源普查和野生动物类型自然保护区的审批与管理工作；负责编报野生动物名录；负责全市野生动物疫源疫病疫情的监测、防控工作；负责全市野生动物的救护工作；承担全市野生植物的保护和管理工作。

2002 年，市林业局成立南阳市退耕还林办公室，作为市林业局直属事业单位。组织全市退耕还林建设工作；制定退耕还林技术方案、作业设计的编制工作；搞好退耕还林任务的检查验收；协调粮食财政部门，搞好政策兑现；做好退耕还林信访来访案件查处工作。

2002 年机构改革，设立离退休老干部工作科，事业编制。负责局机关离退休人员的服务和管理工作。2010 年机构改革，取消离退休老干部工作科，职能转入人事科负责。

2013 年 9 月，市编委下文，批准成立南阳市白河国家湿地公园管理处，由市林业局领导，机构规格正科级，内设办公室、资源管理科、湿地修复与建设科、生态监测科 4 个科室。设主任 1 名按副处级配备，副主任 2 名按正科级配备，中层科级领导职数 4 名按副科级配备，经费实行财政全额拨款。

其他事业单位：南阳黄石庵管理局、南阳市林业技术推广站、南阳市森林病虫害防治检疫工作站、南阳市林业调查规划管理站、南阳市林业科学研究所、南阳市森林公安局、南阳市林业稽查大队详见‘第一节至第七节记述’。

2013 年 10 月，市编办下文，撤销市长江流域防护林建设办公室，人员并入市退耕还林办公室，市退耕还林办公室挂市长江流域防护林建设办公室牌子。

2016 年 12 月，市编办下文，南阳市林业科学研究所更名为南阳市林业科学研究院，挂南阳市月季研究院牌子，实行一个机构两块牌子；经费形式由财政差额补贴变更为财政全额拨款。其他不变。

一、黄石庵管理局

（一）机构沿革

河南伏牛山国家级自然保护区黄石庵管理局（简称黄石庵管理局），前身为黄石庵林场，始建于 1956 年 2 月，当时称西峡县森林经营所，所址设在太平镇乡黄石庵庙而得名。

1958 年～ 1961 年，由河南省公安厅、林业厅联合接管，将森林经营所改建为河南省劳改伐木场，场址由黄石庵庙迁至太平镇松树门村西坪至今。

1962 年，经河南省政府批准，将劳改伐木场改建为河南省林业厅黄石庵林场，隶属省林业厅直接领导（正县级单位）。

1971 年，更名为国营西峡黄石庵综合林场。

1973 年，更名为国营河南省南阳地区西峡黄石庵林场（副县级单位），事业性质，企业管理，隶属南阳地区林业局领导。

1982 年，经河南省政府批准，该场上口、回龙寺、黄石庵、老界岭 4 个林区划归为河南西峡老界岭省级自然保护区。

1984 年 1 月～ 1987 年，林场交由西峡县管理，但财政、业务关系仍归南阳地区管理。

1987 年，根据河南省编委文件，南阳地区编委文件批准恢复黄石庵林场副处级规格，在管理体制上实行双管体制，即西峡县管党务人事和群工工作，南阳地区仍管财政、计划和业务工作，林场这种双管体制延续至 2004 年。

1989 年，河南省林业厅文件批准，设立河南西峡老界岭省级自然保护区黄石庵管理处。

1995 年，南阳撤地设市后林场更名为国营南阳市西峡黄石庵林场。

1997 年 12 月，经国务院批准，黄石庵林场的全部林区晋升为河南伏牛山国家级自然保护区。

2002 年 3 月，市编委批准，老界岭省级自然保护区黄石庵管理处更名为河南伏牛山国家级自然保护区黄石庵管理分局。

2002 年 9 月，市编委批准，更名为河南伏牛山国家级自然保护区黄石庵管理局，与黄石庵林场实行一个机构、两块牌子的管理体制。

2004 年，市政府会议纪要将黄石庵林场收归南阳市，隶属南阳市林业局领导和管理，副处级规格不变，林场更名为南阳市黄石庵林场。

工作职责：主要从事自然保护区森林生态保护、营林培育、护林防火、森林病虫害防治、林业科研及生物多样性资源保护与培育等生态公益事业。

（二）重要阶段经营变化情况

第一阶段（1956年～1985年）：林场经营以采伐利用和培育用材林为主，年主伐木材4～5万立方米（属采伐利用盛期）。

第二阶段（1986年～1990年）：林场经营以森林主伐加工利用为主，营造林为辅，木材经济是林场的骨干经济，年主伐木材1.5～2万立方米。另外，有年产2000立方米的湿法硬质纤维板生产线及木器加工和木地板生产，林场经济自给有余，每年向国家贡献税金200～300万元；采伐后，迹地造林是林场的另外一项主要任务。此外，在本阶段林场自筹资金，营造200多公顷的山茱萸经济林，为日后职工就业奠定了基础。

第三阶段（1991年～2000年）：林场经营进入森林采伐利用（含主间伐、低改伐）和营造林培育并重阶段，由于国家重视天然林资源保护工作，实行森林限额采伐，采伐量控制在8000～4000立方米，并逐年递减。到2000年，木材采伐量仅2000立方米，天然林资源的保护管理工作开始提到重要位置上来，木材变成林场的辅助经济。1995年～1997年，林场利用林业贴息贷款项目资金，建立一条年产1.5万立方米的干法中密度纤维板生产线（湿改干），采伐剩余物的利用成为林场主要的经济来源，由于林场职工达580多人，纤维板生产线生产能力未能全面生产，林场经济仍显欠缺。在此阶段，市财政事业经费补助也由最初的年拨款4万元增至2000年的135万元，事业经费补贴缓解了林场的经济困难，但社会保障资金严重不足。在此期间，林场利用林业贴息贷款，开展中幼林抚育及速生丰产林、经济林工程项目营造，累计使用国家林业补贴贷款920万元，这些贷款资金成为日后林场沉重的包袱而无力偿还。

第四阶段(2001年～2016年)：林场因属天然林工程区范围和国家自然保护区及国家重点公益林区，森林采伐全部停止，林场全面转入森林生态保护、护林防火、林业科研和生物多样性保护工作上来，木材经济在林场彻底消失，中密度纤维板生产线也因南水北调工程水源地生态保护而被关闭停产，各种木材加工利用项目全面停产关闭，大批工人失业下岗，林场经济2000年市财政所定的年补135万元。2010年，列入国家天保区二期工程。2008年以前，林场工资不能按时发放，社会保障资金无力承付，离退休职工上访不断，职工思想不稳定。2008年以来，林场在国家生态保护、森林抚育等相关政策出台落实后，林场森林保护事业得到发展，职工就业的压力得到一定缓解。2014年以来事业经费调整到185万元，2014年森林生态补偿金91.4万元，2015年森林生态补偿金110.7万元，除此以外无其他经济来源，处在十分困难时期。在此期间，林场在上级有关部门的重视和支持下，实施保护区基础设施一、二期工程建设项目，三期工程建设项目正在推进实施中，自然保护区保护和建设能力得到进一步提高。这些项目的实施，对推动黄石庵管理局各项事业发展起到重要的推动作用。

（三）工作业绩

1. 林业生产。1986年～2000年，林场累计生产木材13.5万立方米，完成森林主伐1666公顷，中幼林抚育间伐2000公顷，低产林改造866公顷。1986年～2011年，营造日本落叶松、水杉、栎类、枫杨、油松等用材林、防护林1600公顷，营造山茱萸、漆树、辛夷、杜仲等经济林533公顷、育苗230万株。2001年～2016年，完成非采伐性中幼林抚育、低效林改造及日元贷款造林等18666公顷。生产硬质纤维板1.2万千克，中密度纤维板近万立方米，木器加工15.3万件。

2. 基础设施建设。1986年～2016年，累计完成各类建筑面积约2.85万平方米。相继建成南阳办事处前后楼、西岗仓储及临街楼、西岗职工家属楼和四坝职工住宅楼等工程；林区保护站更新为砖砼平房或两层楼房，对场部综合办公楼进行改造，新办公楼和场部职工住宅楼投入使用，林场的面貌有较大改善。保护区一、二期工程顺利实施，修建林区公路375公里，达到18个林区通公路，林区交通条件得到改善，保护区综合管理能力得到提高。

1956年～2016年行政主要领导名录

表12–5

组织机构名称和起至时间	职务	姓名	任职起至时间
西峡县黄石庵森林经营所（1956.2～1959.5）	所长	王润成	1956.2～1957.2
河南省黄石庵综合林场（1959.6～1961.9）	场长	常文系	1959.6～1961.9
河南省林业厅黄石庵林场（1961.10～1970.9）	场长	薛孟祥	1961.10～1962.3
	场长	吴可见	1962.4～1968.3
国营西峡县黄石庵综合林场（1968.3～1971.11）	场革委会主任	吴可见	1968.3～1969.7
国营西峡县黄石庵综合林场（1971.12～1973.8）	场革委会主任	杨芳欣	1971.12～1973.5
国营河南省南阳地区西峡黄石庵林场（1973.9～1979.10）	革委会主任	朱天顺	1973.5～1976.7
国营河南省南阳地区西峡黄石庵林场（1979.11～1982.11）	场长	刘福	1979.11～1982.11
国营河南省南阳地区西峡黄石庵林场（1982.12～1984.7）	场长	王定轩	1984.2～1984.7

续

组织机构名称和起至时间	职务	姓名	任职起至时间
国营河南省南阳地区西峡黄石庵林场（1986.1 ～ 1992.8）	场长	牛玉兴	1984.7 ～ 1992.8 1988 年 8 月任副处级
国营河南省南阳地区西峡黄石庵林场（1992.9 ～ 1995.12）	场长	王朝斌	1992.9 ～ 1995.12
国有河南省南阳市西峡黄石庵林场、河南西峡老界岭省级自然保护区黄石庵管理处（1996.1 ～ 1997.12）	场长	李恒俭	1996.1 ～ 1997.12 （副县长兼）
国营河南省南阳市西峡黄石庵林场、河南西峡老界岭省级自然保护区黄石庵管理处（1998.1 ～ 2002.1）	处长（场长）	李　鹏	1998.1 ～ 2002.1
南阳市西峡黄石庵林场、南阳市黄石庵林场、河南伏牛山国家级自然保护区黄石庵管理局（2002.2 ～ 2008.10）	局长（场长）	王金敏	2002.4 ～ 2008.6
南阳市黄石庵林场、河南伏牛山国家级自然保护区黄石庵管理局（2008.11 ～ 2013）	局长（场长）	李金平	2008.11 ～至今

1956 年～ 2016 年党委（支部）主要领导名录

表 12-6

组织机构名称和起至时间	职务	姓名	任职起至时间
中共西峡县黄石庵森林经营所支部委员会（1956 ～ 1959.5）	组长	郭克定	1956 ～ 1957.1
	支部书记	郭克定	1957.2 ～ 1958.8
	支部书记	薛梦祥	1958.9 ～ 1959.5
中共西峡县黄石庵森林经营所支部委员会（1959.6 ～ 1962.3）	支部书记	李　建	1959.6 ～ 1961.9
中共西峡县黄石庵林场支部委员会（1962.4 ～ 1969.7）	支部书记	吴可见	1962.4 ～ 1969.7
	支部书记	张得泉	1962.7

续

组织机构名称和起至时间	职务	姓名	任职起至时间
中共西峡县黄石庵林场委员会（1969 ～ 1971）	党委副书记	李勇胜	1969 ～ 1971
	党委副书记	陈宗福	1969 ～ 1971
	党委副书记	李政明	1969.4 ～ 1971
中共西峡县黄石庵林场委员会（1971.12 ～ 1972.9）	党委书记	杨芳欣	1971.12 ～ 1972.9
中共南阳地区西峡黄石庵林场委员会（1972.10 ～ 1973.3）	党委书记	杨芳欣	1972.10 ～ 1973.5
中共南阳地区西峡黄石庵林场委员会（1973.4 ～ 1975.4）	党委书记	朱天顺	1973.5 ～ 1975.4
中共南阳地区西峡黄石庵林场委员会（1975.5 ～ 1978.4）	党委书记	庞光俊	1976.7 ～ 1978.4
中共南阳地区西峡黄石庵林场委员会（1978.5 ～ 1982.12）	党委书记	刘　福	1979.11 ～ 1982
中共南阳地区西峡黄石庵林场委员会（1983.1 ～ 1984.6）	党委书记	叶孔江	1984.2 ～ 1984.6
中共南阳地区西峡黄石庵林场委员会（1984.6 ～ 1995.12）	党委书记	王朝斌	1984.6 ～ 1995.12（1988年8月任副处级）
中共南阳市西峡黄石庵林场委员会（1996.1 ～ 1997.12）	党委书记	李恒俭	1996.1 ～ 1997.12
中共南阳市西峡黄石庵林场委员会（1998.1 ～ 2002.1）	党委书记	李　鹏	1998.1 ～ 2002.1
中共南阳市西峡黄石庵林场委员会（2002.2 ～ 2008.10）	党委书记	何耀航	2002.2 ～ 2008.10
中共南阳市黄石庵林场委员会、河南伏牛山国家级自然保护区黄石庵管理局（2008.11 ～ 2012.12）	党委书记	曹志刚	2008.11 ～ 2012.5
中共南阳市黄石庵林场委员会、河南伏牛山国家级自然保护区黄石庵管理局（2012.12 ～）	党委书记	朱光敏	2012.6 ～至今

二、南阳市森林公安局

（一）机构及队伍建设

南阳林业公安机构成立于1964年。1990年1月18日，经南阳地区编制委员会批准，成立南阳地区林业局林业公安科。

2002年9月，经河南省林业厅、公安厅、南阳市政府批准，成立南阳市林业局森林公安分局，编制5人。

2009年5月10日，经省、市机构编制委员会批准，南阳市林业局森林公安分局更名为南阳市森林公安局，列入市公安局建制序列，挂南阳市公安局森林警察支队牌子，继续实行林业和公安部门双重领导的管理体制，政法专项编制40名，主要负责全市森林及野生动植物刑事、治安、行政案件查处工作。

市森林公安局设局长1名，政委1名，副局长2名，科级领导职数9名。内设办公室、政治处、法制科、治安管理队、刑事侦查队5个职能科（队），卧龙区森林公安分局更名为南阳市森林公安第一派出所，宛城区森林公安派出所更名为南阳市森林公安局第二派出所。

2011年11月21日，市委组织部下发文件，任命闫庆伟为市森林公安局局长，陈东辉为市森林公安局政委。

2012年2月20日，经市委组织部批准，成立中共南阳市森林公安局委员会及中共南阳市森林公安局纪律检查委员会，陈东辉任党委书记，陈俊伟任纪委书记。

2012年9月24日，市林业局党组研究同意，并报市委组织部批准，周鲁阳、马钊任市森林公安局副局长，张学勇任市森林公安局治安大队副队长兼副局长。

截至2016年，全市共建立20个森林公安机关，其中，市森林公安局1个，县级森林公安局10个（3个规格为正科级、8个为副科级），森林公安派出所9个。全市共有政法专项编制219名（市森林公安局40名、县级森林公安局179名）。

（二）基础设施与装备建设

按照《河南省森林公安机关装备配备标准》《河南省森林公安派出所等级评定办法实施细则》《财政部、国家林业局关于加强森林公安经费保障工作的意见》等，全市各级森林公安机关克服困难，多方筹措资金，完善基础设施，通过租用房屋实现独立办公，按照办案区、办公区、生活区的要求，设立讯问室、标准化信息采集室，安装24小时视频监控系统及配套设施，有效规范了执法办案环境。购置必备的执法执勤车辆和办案器材，全市现有警用车辆77辆，警用武器79只，各类警用器械1600只（套），办公自动化设备320台，争取省以上资金1000余万元。

（三）林业“严打”专项整治

全市各级森林公安机关充分发挥职能作用，以保护森林和野生动植物资源为重点，相继开展“中原绿剑一、二、三号行动”“林区禁毒专项行动”“林业执法和治理整顿专项行动”“天网行动”等一系列林业“严打”专项整治行动，查处一大批涉林案件，严厉打击破坏森林资源的违法犯罪活动，维护林区治安秩序，为保障林业生态市建设发挥了重要作用。截至 2016 年，全市各级森林公安机关共查处各类涉林案件 3558 起，其中刑事案件 546 起，行政案件 3012 起，打击处理违法犯罪人员 3979 人（刑事拘留 189 人，逮捕 132 人，起诉 495 人，行政处罚 3518 人），为国家挽回经济损失 8300 余万元。

三、南阳市林业技术推广站

（一）机构沿革

南阳地区林业技术推广站的前身是南阳专员公署林业技术指导站，该站 1957 年在南阳专署苗圃（1950 年建圃）的基础上建立，站址在南阳市东郊桑园。

1960 年，南阳专员公署林业局林业科学研究所成立后，站、所合署办公，隶属林业局领导。1969 年下放给南阳市林站。

1970 年，农林合并。成立南阳地区农业技术服务站时，内设林业组，负责林业技术指导工作。

1973 年，农林分开。成立南阳地区林蚕服务站，隶属地区林业局领导。同年，在南阳市文化路南段西侧建办公楼一座。

1978 年 12 月，蚕业分开，改名为南阳地区林业技术指导站。

1983 年 8 月，机关体制改革，又改名为南阳地区林业技术推广站，内设人秘科、林业科、种苗科和森保科。

1985 年底，全站职工 51 人。其中行政干部 18 人，技术干部 20 人（高级工程师 1 人，工程师 9 人，助理工程师 8 人，技术员 2 人），工人 13 人。有北京吉普车 1 台；三层办公楼 1 座，面积 1074 平方米；办公平房 1 栋，面积 353 平方米；家属住宅房舍 7 栋，面积 1326 平方米。

1994 年，撤地设市，更名为南阳市林业技术推广站。

2013 年，有在职职工 32 人，其中专业技术人员 26 人。

1983 年 8 月～1986 年 7 月，杨德林任站长。

1986 年 8 月～1989 年 4 月，李伯济任站长。

1989 年 5 月～1997 年 6 月，副局长谢宗志兼任站长。

1997 年 7 月～2009 年 2 月，杨天柱任站长。

2009 年 3 月～至今，苗青任站长。

（二）单位职能

负责全市基层林业站的管理与森林资源保护，基层林业技术人员培训；全市森林保险工作；国家、省、市重点林业技术推广项目的管理与指挥；林业技术开发试验示范区管理参与；林业新技术、新品种的引进、推广试验、示范、普及与宣传；林业技术标准的拟定；对林业科技项目的论证、实施和成果鉴定；全市集体林权制度改革工作的指导、督查、验收等管理，以及集体林权制度改革配套措施的组织实施工作。

（三）工作业绩

林技站历任领导都重视林业科技工作，1986年～2013年，共承担国家级科技推广项目10个，省级科技推广项目25个，市级科技推广项目8个。获得国家级科技进步三等奖1项，国家林业局科技司推广奖3项，省政府科技进步奖8项，市政府科技进步奖12项。被省林业厅评为科教兴林先进单位、河南省林业科技推广先进单位。

市林技站送科技下乡

在推广本地名优品种猕猴桃、山茱萸、辛夷的同时，引进107、108等杨树新品种11个，在全市推广面积8万公顷；经济林引进推广桃树、板栗、美国杂交杏李、甜柿、核桃、枣、葡萄、梨等名优新品种70多个。引进推广ABT生根粉、GGR植物生长调节剂、SAP高效抗旱保水剂、TCP植物蒸腾抑制剂、配方施肥、911生根素蘸根法、地膜覆盖等实用新技术20多项。

截至2016年，全市林果新品种、新技术普及应用率达80%以上，重点林业工程项目科技进步贡献率达40%以上，丰富了树种多样性，提高了科技水平，促进林业生态、经济和社会效益同步发展。

1954年～2016年行政领导班子名录

表12-7

组织机构名称和起至时间	职务	姓名	任职起止时间	备注
南阳地区林业技术指导站（1954～1972.10）	副站长	杨培基	1954～1959	副站长主持工作
	副站长	黄学彬	1954～1972	1959～1962，1968～1972，主持工作
	站长	郑芬清	1962～1972.10	
	站长	王贯一	1963～1972.10	列郑芬清后
	副站长	王志国	1963～1972.10	
南阳地区林蚕服务站（1973～1975）	站长	吴可见	1972.10～1974	
	副站长	周化中	1973～1979	1977～1979，主持工作
	副站长	樊一起	1973～1975	
	副站长	许　柯	1973～1977	

续

组织机构名称和起至时间	职务	姓名	任职起止时间	备注
南阳地区林业技术指导站（1975～1983.8）	副站长	郭照普	1974～1977	副站长主持工作
	副站长	张凤楼	1977～1978.8	
	副站长	孙文阁	1978.8～1981.11	1979～1981.11，主持工作
	副站长	王进昌	1979～1981.11	
	副站长	张毓璞	1979.4～1988	
	副站长	惠建本	1980～1981.11	
	副站长	李　杰	1981～1983.8	1981～1982.5，主持工作
	副站长	杨文鑫	1982.5～1983.8	副站长主持工作
	副站长	孙建恒	1982.5～1983.8	
南阳地区林业技术推广站（1983.8～1994.11。1990年加挂南阳地区森林病虫防治检疫站牌子）	站长	杨德林	1983.8～1986.8	
	副站长	邵书庭	1983.8～1986.8	
	站长	李伯济	1986.8～1989	
	副站长	宋海瑞	1986.8～1998.8	
	副站长	吴志光	1987～1994.3	
	站长	谢宗志	1989.4～1997.7	林业局副局长兼林站站长
	副站长	王帮磊	1990～1994.3	
	副站长	刘德祥	1993.3～1997.7	
	副站长	邵书庭	1994.3～1997.7	
	副站长	刘保立	1994.6～1997.7	
南阳市林业技术推广站（1994.11～2016.12。1997.7森防站分设为独立单位，2009.9加挂南阳市林业工作站牌子）	站长	谢宗志	1994.11～1997.7	林业局副局长兼林站站长
	副站长	刘德祥	1994.11～2004.10	
	副站长	邵书庭	1994.11～2000.8	
	站长	杨天柱	1997.7～2009.3	
	副站长	裴朝晖	1997.7～2003.7	
	副站长	魏文昌	2003.7～2013.8	
	站长	苗　青	2009.3～至今	
	副站长	冯占亭	2009.3～至今	

四、南阳市林业调查规划管理站

（一）机构沿革

南阳地区林业调查规划管理站前身为南阳地区合作林管理站。

1965年10月，南阳地区合作林总站成立，负责全区国队合作林造林管理工作，场址在南阳市东校场。

1968年撤销，1973年3月恢复。

1980 年 3 月，改称为南阳地区合作林管理站。1984 年 3 月，改名为南阳地区林业调查设计管理站，负责全区森林资源管理、林业调查设计、林业区划规划、飞播造林和国队合作造林等工作。编制 15 人。站址在市七一路东头市林业局办公楼 1 楼西。

1985 年底，全站有职工 14 人，其中行政干部 3 人，工程师 4 人，助理工程师 1 人，技术员 3 人，工人 3 人。

1994 年，撤地设市，更名为南阳市林业调查设计管理站（挂南阳市林业调查设计工作队牌子）。

同年，搬入市文化路 1182 号办公，是市林业局下属正科级财政全供事业单位。

1997 年，机构改革保留南阳市林业调查设计管理站。

2002 年 5 月，经市编办批准，更名为南阳市林业调查规划管理站（挂南阳市森林资源监测站牌子）。

2016 年，在职职工 34 人，其中专业技术人员 29 人。

1980 年 3 月～ 1983 年 12 月，张云松任副站长，主持工作。

1983 年 1 月～ 1986 年 8 月，宋海瑞任副站长，主持工作。

1986 年 8 月～ 1991 年 9 月，高熙勤任站长。

1991 年 10 月～ 1994 年 3 月，许长春任站长。

1994 年 3 月～ 1997 年 7 月，邹平洲任站长。

1997 年 7 月～ 2003 年 4 月，齐宗俭任站长。

2003 年 5 月～ 2012 年 2 月，闫庆伟任站长。

2012 年 3 月～ 2013 年 6 月，安静任副站长，主持工作。

2013 年 7 月～至今，安静任站长。

（二）单位职能

负责全市飞播造林的组织实施和管理；全市国村合作林管理；全市年度人工造林更新实绩核查，编制林业规划和森林经营方案；全市林业生态工程、林业生态环境和森林资源情况监测、分析和评价；承担全市境内的森林资源清查（一类调查）、森林资源规划设计调查（二类调查）、作业设计调查（三类调查）及林业专项调查；对全市造林质量、采伐限额执行情况、征占用林地等林政资源管理项目，进行专项调查和监测。

（三）工作业绩

建站以来，坚持“以技术夯基础，以质量求生存，以创新促发展”，“为上级主管部门和生态环境建设服务”的宗旨，依靠科技进步，增强总体素质，综合实力有很大提高，从单一开展林地、林木调查的队伍，发展成为从事森林资源调查监测、野生动植物调查监测、林业区划、林业及相关专业规划设计、林业建设管理成效调查评价、林业信息化建设的综合性调查规划单位。

30 多年来，先后承担完成一批国家和省重点林业工程的调查、规划、咨询和设计工作任务，先后荣获省政府科技进步二等奖2项，地厅级科技进步一等奖1项，二等奖6项，地厅级勘察设计奖2项，地厅级优秀工程咨询二等奖1项；该站技术人员撰写的优秀学术论文，有50多篇先后在省部级专业刊物上发表；因工作成绩突出，受市政府通报表彰3次，省政府通报表彰1次。

组织完成5次南阳市森林资源连续清查（每五年一次的一类调查）和2次南阳市森林资源规划设计调查（二类调查）。完成全市12个国有林场森林经营方案编制；完成市政府与各县（市、区）签订的年度造林绿化和森林资源保护发展目标责任任务的检查验收工作，为考核各级政府林业工作任务完成情况提供了重要依据；完成全市自然保护区、森林公园、沙漠化土地调查与监测、宜林荒山荒地调查、野生动物调查、长江中上游防护林体系建设工程、国家南水北调中线工程源头生态治理工程等国家及省级大型林业生态项目的规划设计100多项；编制南水北调中线工程源头生态环境建设工程可行性研究、南阳盆地鸭河口水库上游水土流失区生态环境林业重点治理工程可行性研究等80余项可研报告；完成飞机播种造林任务。

1980年～2016年行政领导班子成员名录

表12-8

组织机构名称和起至时间	职务	姓名	任职起至时间
南阳地区合作林管理站（1980.3～1983.12）	副站长	张云松	1980.3～1983.12，主持工作
	副站长	郑凤贞	1980.3～1983.12
南阳地区林业调查设计管理站（1983～1986.8）南阳地区林业调查设计队（1984.11～1986.8）	副站长	宋海瑞	1984.1～1986.8，主持工作
	秘书	张春安	1984.5
	副科长级协理员	王瑞玲	1984.5
南阳地区林业调查设计管理站 南阳地区林业调查设计队 （1986.8～1991.9）	站长	高熙勤	1986.8～1991.9
	副站长	邵书庭	1986.8～1991.9
	秘书	杨明显	1986.11
	秘书	刘国顺	1987.8
	副主任科员	杨明显	1987.8
	副主任科员	刘国顺	1990.7
	副站长级协理员	高铁军	1991.1
南阳地区林业调查设计管理站 南阳地区林业调查设计队 （1991.10～1994.3）	站长	许长春	1991.10
	副站长	邵书庭	1991.10
	副站长	齐宗俭	1991.10～1992.9
	站长级协理员	高熙勤	1991.10～1993.12
	副站长级协理员	高铁军	1991.1

续

组织机构名称和起至时间	职务	姓名	任职起至时间
南阳地区林业调查设计管理站 南阳地区林业调查设计队 （1994.3～1994.11） 南阳市林业调查设计管理站 南阳地区林业调查设计队 （1994.11～1997.7）	站长	邹平州	1994.3～1997.7
	副站长	齐宗俭	1994.3～1997.7
	副站长	王邦磊	1994.3～1997.7
南阳市林业调查设计管理站 南阳地区林业调查设计队 （1997.7～2002.5） 南阳市林业调查规划管理站 南阳市森林资源监测站	站长	齐宗俭	1997.7～2003.4
	副站长	闫庆伟	1997.7～2003.4
	副站长	胡新权	1997.7～2003.4
南阳市林业调查规划管理站 南阳市森林资源监测站 （2003.5～2012.2）	站长	闫庆伟	2003.5～2012.2
	副站长	胡新权	2003.5～2009.3
	副站长	董建军	2003.5～2006.12
	副站长	安　静	2009.3～2012.2
	副站长	李　霞	2009.3～2012.3
	站长助理	郭占胜	2009.4～2012.2
南阳市林业调查规划管理站 南阳市森林资源监测站 （2012.3～2013.6）	副站长	安　静	2012.3～2013.7，主持工作
	副站长	李　霞	2012.3～2013.6
	站长助理	郭占胜	2009.4～2012.2
南阳市林业调查规划管理站 南阳市森林资源监测站 （2013.7～）	站长	安　静	2013.7～至今
	副站长	李　霞	2013.7～至今
	副站长	张安华	2013.7～至今
	副站长	郭占胜	2013.7～至今
	站长助理	马　晓	2013.7～至今

1984年～2016年党支部成员名录

表12–9

组织机构名称和起至时间	职务	姓名	任职起至时间
中共南阳地区林业调查设计管理站支部委员会（1984.7～1986.8）	支部副书记	宋海瑞	1984.7～1986.8
中共南阳地区林业调查设计管理站支部委员会（1986.8～1991.9）	支部书记	高熙勤	1986.8～1991.9
	支部副书记	邵书庭	1986.8～1991.9

续

组织机构名称和起至时间	职务	姓名	任职起至时间
中共南阳地区林业调查设计管理站支部委员会（1991.10 ~ 1994.2）	支部书记	许长春	1991.10
	支部副书记	邵书庭	1991.10
中共南阳地区林业调查设计管理站支部委员会（1994.3 ~ 1997.12）	支部书记	邹平州	1994.3 ~ 1997.12
	支部副书记	齐宗俭	1994.3 ~ 1997.12
中共南阳地区林业调查设计管理站支部委员会（1997.12 ~ 2002.4） 中共南阳地区林业调查规划管理站支部委员会（2002.5 ~ 2004.4）	支部书记	齐宗俭	1997.12 ~ 2004.5
	支部副书记	闫庆伟	1997.12 ~ 2004.5
	组织委员	刘国顺	1997.12 ~ 2004.4
	纪检委员	周海亭	1997.12 ~ 2000.11
	宣传委员	丁彩勤	1997.12
中共南阳地区林业调查规划管理站支部委员会（2004.4 ~ 2007.3）	支部书记	闫庆伟	2004.5 ~ 2007.3
	支部副书记	胡新权	2004.5 ~ 2007.3
	宣传委员 青年委员	董建军	2004.5 ~ 2007.3
	组织委员	刘国顺	2004.5 ~ 2012.6
	纪检委员	李方平	2004.5 ~ 2007.3
中共南阳地区林业调查规划管理站支部委员会（2007.4 ~ 2010.3）	支部书记	闫庆伟	2007.4 ~ 2010.3
	支部副书记	胡新权	2007.4 ~ 2009.3
	支部副书记	张安华	2009.4 ~ 2010.3
	宣传委员 青年委员	董建军	2007.4 ~ 2010.3
	组织委员	刘国顺	2007.4 ~ 2010.3
	纪检委员	李方平	2007.4 ~ 2010.3
中共南阳地区林业调查规划管理站支部委员会（2010.4 ~ 2013.3）	支部书记	闫庆伟	2010.4 ~ 2013.3
	支部副书记	张安华	2010.4 ~ 2013.3
	宣传委员	郭占胜	2010.4 ~ 2013.3
	组织委员	马　晓	2010.4 ~ 2013.3
	纪检委员	李方平	2010.4 ~ 2013.3
中共南阳地区林业调查规划管理站支部委员会（2013.4 ~ 2016.3）	支部副书记	张安华	2013.4 ~ 2016.3
	纪检委员	郭占胜	2013.4 ~ 2016.3
	组织委员	马　晓	2013.4 ~ 2016.3
	宣传委员	勇　毫	2013.4 ~ 2016.3
	青年委员	谢　浩	2013.4 ~ 2016.3
中共南阳地区林业调查规划管理站支部委员会（2016.4 ~）	支部副书记	张安华	2016.4 ~至今
	纪检委员	郭占胜	2016.4 ~至今
	组织委员	马　晓	2016.4 ~至今
	宣传委员	勇　毫	2016.4 ~至今
	青年委员	谢　浩	2016.4 ~至今

五、南阳市森林病虫害防治检疫站

（一）机构沿革

南阳市森林病虫害防治检疫站前身隶属于南阳市林业技术推广站。1997 年，机构改革从市林业技术推广站分离出来，市编办批准独立建站，为正科级财政全供事业单位，编制 18 人。

水果检疫

1997 年 7 月～ 2009 年 2 月，王邦磊任站长。

2009 年 3 月～至今，范培林任站长。

2016 年，在职干部职工 17 人，其中专业技术人员 15 人。

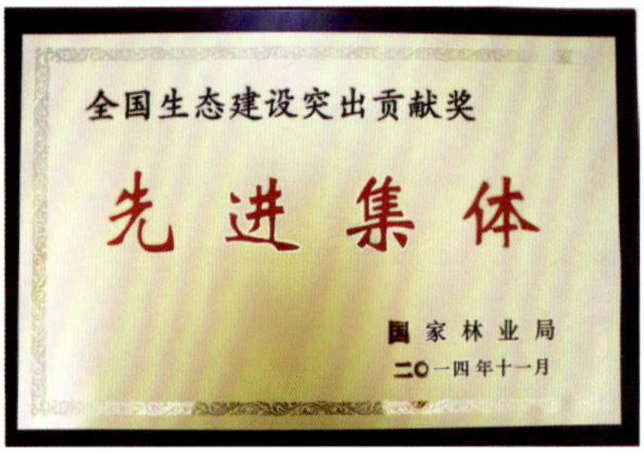

森防站荣誉

（二）单位职能

负责各县（市、区）基层站、中心测报点管理和基层森防技术人员培训；全市林业有害生物监测、检疫和防治体系的建设和维护；全市林业有害生物的监测预报、技术指导和数据汇总上报；检查指导各县（市、区）检疫站，依法开展森林植物检疫工作，复议检疫执法行政案件；监督指导各县（市、区）依法开展林业有害生物防治工作；统一组织跨区域、大面积重大林业有害生物防治工作；森防新技术引进、试验研究和推广应用。

（三）工作业绩

建站以来，完成省、市安排的各项森防工作任务。承担国家、省级试验研究和科技推广项目 30 多个，获得省政府科技成果一等奖 1 项，省星火科技二等奖 1 项，省政府科技进步二等奖 2 项、三等奖 2 项，省林业厅科技进步一等奖 1 项、二等奖 2 项，市政府科技进步一等奖 1 项、二等奖 8 项，在国家、省级刊物上发表论文 100 多篇。先后被评为国家、省级标准化森防站，国家级中心测报点，国家、省、市级森防工作先进单位。2014 年 11 月，被国家林业局授予全国生态建设突出贡献奖先进集体。连续 19 年被省林业厅评为森防目标完成先进单位。

1997 年～ 2016 年领导班子名录

表 12-10

组织机构名称和起至时间	职务	姓名	任职起至时间	备注
南阳市森林病虫害防治检疫站（1997.7 ～ 2003.3）	站长	王邦磊	1997.7 ～ 2009.3	2009 年 3 月任副处级
	副站长	魏文昌	1997.7 ～ 2003.8	2003 年 8 月任市林技站副站长

续

组织机构名称和起至时间	职务	姓名	任职起至时间	备注
南阳市森林病虫害防治检疫站（2003.3 ～ 2009.3）	站长	王邦磊	1997.7 ～ 2009.3	2009 年 3 月任副处级
	副站长	孙晓辉	2003.8 ～ 2009.3	2009 年 3 月任正科
南阳市森林病虫害防治检疫站（1997.7 ～ 2003.3）	站长	王邦磊	1997.7 ～ 2009.3	2009 年 3 月任副处级
	副站长	魏文昌	1997.7 ～ 2003.8	2003 年 8 月任市林技站副站长
南阳市森林病虫害防治检疫站（2009.3 ～ 2016.12）	站长	王邦磊	1997.7 ～ 2009.3	2009 年 3 月任副处级
	副站长	孙晓辉	2003.8 ～ 2009.3	2009 年 3 月任正科
南阳市森林病虫害防治检疫站（2009.3 ～ 2016.12）	站长	范培林	2009.3 ～至今	
	副站长	杨　君	2009.3 ～至今	
	副支部书记	徐康同	2009.3 ～至今	
	站长助理	从海江	2009.3 ～至今	

六、南阳市林业科学研究所

（一）机构沿革

市林科所办公楼

位于市光武东路 994 巷 69 号，是市林业局下属正科级财政差补事业单位 . 单位占地 10.67 公顷。

1960 年 6 月，成立南阳专员公署林业局林业科学研究所，与原南阳专员公署林业技术指导站合署办公，黄学斌任副所长。

1969 年，林科所下放南阳市作苗圃 ;1972 年 9 月 , 恢复建立南阳地区林科所，隶属地区林业局领导。

1983 年 8 月 , 地区林科所体制改革后内设人秘科、科技科、管理科、森保科、资料室、化验室 6 个科室。

1985 年 , 林科所有干部职工 88 人，其中行政干部 10 人，工程师 10 人，助理工程师 7 人，技术员 1 人，医士 2 人，工人 58 人。有试验田地 9.33 公顷，南京卡斯汽车 1 台，中、小型拖拉机 2 台，三层办公楼 1 座 1100 平方米，家属住宅 9 栋 2600 平方米。

1987 年，改为财政差额补贴事业单位。

2013 年 , 林科所编制 86 人 , 有在职职工 75 人 , 其中专业技术人员 55 人。下设科技科、生态林研究室、经济林研究室、森保研究室、行政办公室、科技推广中心、月季研究中心、苗圃试验基地等 8 个科室、中心。

1972 年 9 月～ 1979 年，先后有黄学斌、王贯一、郑芬清、李杰、冯至信、曹继高、刘玉兴任所长。

1979 年 1 月～ 1990 年 12 月，许长春任所长。

1991 年 1 月～ 1996 年 12 月，李振家任所长。

1997 年 1 月～ 2006 年 11 月，周荣华任所长。

2006 年 11 月～ 2009 年 12 月，董建军任所长。

2010 年 1 月～ 2011 年 12 月，周明金副局长，主持工作。

2012 年 1 月～至今，翟文继副所长，主持工作。

（二）单位职能

承担国家、省、市林业科研项目，研究确定科研计划及执行情况，负责园林技术咨询服务及林果新品种、新技术的研究与推广工作。

（三）工作业绩

1. 体制改革。结合事业单位机构改革，根据单位工作需要，确定中层领导岗位，面向全所职工竞争上岗，中层领导和单位签订目标责任书，待遇与目标任务完成情况挂钩，激发职工的积极性。

2. 科研工作。以课题的先进性、实用性、实效性标准筛选立项，重点研究解决南阳林业建设中存在的技术性问题。对参与课题研究的技术人员给予相应的政策和经济上的优惠。鼓励上大项目，开展综合性研究，把科研经费向大项目倾斜。鼓励科研成果就地转化应用，促进科研工作良性循环。1986 年～ 2013 年，获得地市级以上科研成果 104 项，其中 39 项获河南省以上科技成果奖，65 项获南阳市科技成果奖。

1980 年～ 2007 年，主要用材树种及生态造林先锋树种泡桐、毛白杨、白榆、香椿、楸树、白榆研究，主要经济林树种核桃、黄金梨、银杏等遗传育种及新品种选育研究，平原农田防护林体系建设理论与实践研究居省内同类研究领先水平。用材树种早期选择理论、多级筛选理论、抗病虫育种理论等研究成果达到国内先进水平。欧美杨、楸树、枣、核桃、板栗、柿子等树种丰产栽培技术、病虫害无公害防治技术居国内先进水平。

2008 年，开展南水北调中线库区生态林树种选择及造林模式研究、南水北调水源地石漠化治理技术及消落带的营林技术研究等，10 多项研究成果在生产中得到推广应用。2009 年～ 2013 年，选育用材林、经济林、花卉新品种 7 个；制定栀子、楸树、红豆杉、月季等国家、省级技术规程 6 项；在国家级核心专业学术刊物上发表论文专著 280 多篇；推广林业新技术、新品种 80 余项（个），面积 13.33 万公顷。对月季新品种选育及树状月季砧木选择进行研究；珍稀濒危树种连香树、红豆杉育苗技术研究取得突破。选育“宛楸 8401、8402“两个楸树新品种及 3 个银杏新品种，在信阳、洛阳、甘肃小陇山及社旗、唐河、宛城、镇平等县区推广面积 0.67 万公顷。研究并推广一批造林、营林、优质丰产、病虫害防治等方面的先进实用技术。承担全市林业科普及实用技术推广、送技术下乡服务等。在社旗县的朱集乡，唐河县的少拜寺乡等地建立科技示范点 26 个，推广实用技术 48 项，培训林农 7 万人次。

3. 苗木培育。发挥林科所自身的土地、人才、技术等优势，大力培育广玉兰、法桐、红玉兰、辛夷、香樟、红叶杨、楸树、核桃等生态林、用材林和高档绿化苗木，苗圃面积 13.33 公顷，苗木品种 30 多个。

1960 年 –2016 年领导班子成员名录

表 12–11

组织机构名称和起至时间	职务	姓名	任职起至时间
南阳专员公署林业局林业科学研究所（1960.6 ～ 1972.9）	所长	郑芬清	1960.6 ～ 1972.9
	副所长	黄学斌	1960.6 ～ 1972.9
南阳地区林科所（1972.10 ～ 1994.7）	所长	刘玉兴	1972.10 ～ 1978.12
	副所长	李　杰	1972.10 ～ 1978.12
	所长	冯志信	1972.10 ～ 1978.12
	副所长	曹继高	1972.10 ～ 1991.7
	所长、书记	许长春	1979.1 ～ 1991.7
	副所长	邵书亭	1972.10 ～ 1983.12
	副所长	全振武	1972.10 ～ 1983.12
	副所长	刚有才	1972.10 ～ 1988.6
	副所长	王洪春	1986.9 ～ 1998.12
	副所长	杨恒延	1987.10 ～ 2000.9
	副所长	李道峰	1993.9 ～ 1994.10
	所长	李振家	1991.8 ～ 1994.7
南阳市林科所（1994.8 ～ 2016.11）	所长	李振家	1994.8 ～ 1996.12
	副所长	李景山	1997.7 ～ 2003.3
	所长	周荣华	1997.1 ～ 2006.11
	副所长	刘正周	2003.5 ～ 2016.11
	副所长	苗　青	1997.7 ～ 2003.5
	副所长	翟文继	2003.5 ～ 2011.12
	副所长	李　霞	2003.5 ～ 2009.3
	副书记	臧建立	2003.5 ～ 2016.11
	所长	董建军	2006.11 ～ 2009.12
	副所长	孙曾丽	2009.3 ～ 2014.8
	副局长（主持工作）	周明金	2010.1 ～ 2011.12
	副所长（主持工作）	翟文继	2012.1 ～ 2016.11

七、南阳市林业稽查大队

（一）机构及工作开展情况

1997 年 6 月，根据《南阳市机构编制委员会关于南阳市林业局下属事业单位机构编制方案的通知》，成立南阳市林业稽查大队，科级事业单位，编制 7 人，其中领导职数 2 名（大队长 1 名，副大队长 1 名），经费实行自收自支。现有人员 7 名，有一辆桑塔纳轿车和一辆昌河面包车，有摄像机、微机等必要的办公设备。

主要职能是，负责对南阳市区木材集散地进行检查和监督，按照有关规定对县（市、区）木材检查站、稽查队进行检查和监督，规范其执法行为，依法处理违法事件。

对木材运输、经营环节做到严摸细查，在对私拉偷运木材、非法收购、经营木材等案件的查处过程中，严格检查木材的来源证明。对于无合法来源证明的，进行追查。对于确认属于乱砍滥伐林木的案件，按照有关规定进行处罚；构成刑事立案标准的，移交森林公安机关，依法追究其刑事责任。

严厉查处非法征占用林地案件。加大对违法征占用林地案件的查处力度。做到发现一起、查处一起，仔细做好现场勘查、勘验及调查取证等工作，按照《河南省林地保护管理条例》有关规定，依法给予处罚，并追缴森林植被恢复费；根据实际情况，确需办理征占用林地手续的，督促其依法办理有关征占用林地手续。

加大对野生动物案件的监控、查处力度。对于非法经营、利用野生动物及其制品的宾馆、饭店等经营场所，依法严格检查，进行处罚；利用报纸、电视等新闻媒体曝光，减少和杜绝违法经营行为。

进一步加强对各县（区）木材检查站、林政稽查队的行政执法监督，落实执法监督制度和措施，规范执法行为，促进其依法行政，并对执法中存在的问题进行纠正和指导。

截至 2013 年底，市林业稽查大队共查处各类林业行政案件 1840 起，没收木材 3.342 万立方米，没收野生动物 4.7 万余只（头），行政处罚 1640 人，有效打击了各类破坏森林资源和野生动物资源的违法活动，为国家挽回经济损失 714.7 万元。

加强林业法制宣传和教育，增强全社会依法治林意识。

（二）全市林业稽查大队建立情况

1997 年～ 2006 年，全市共成立林业稽查大队 12 个，执法人员 587 人。其中，西峡县 163 人，淅川县 103 人，内乡县 54 人，桐柏县 72 人，南召县 15 人，唐河县 20 人，镇平县 61 人，方城县 24 人，邓州市 40 人，社旗县 6 人，新野县 22 人，市直 7 人（见表 12—12）。

南阳林业稽查大队建立情况

表 12—12

单位名称	成立时间	实有人员
南阳市林业稽查大队	1997 年 6 月	7
西峡县林业稽查大队	1992 年 5 月	163
淅川县林业稽查大队	1998 年	103
内乡县林业稽查大队	2005 年 3 月	54
桐柏县林业稽查大队	2003 年 10 月	72
南召县林业稽查大队	2006 年 5 月	15
唐河县林业稽查大队	2004 年 10 月	20
镇平县林业稽查大队	1998 年 5 月	61
方城县林业稽查大队	1996 年 4 月	24
邓州市林业稽查大队	2001 年 8 月	40
社旗县林业稽查大队	1999 年 10 月	6
新野县林业稽查大队	2004 年 10 月	22

八、南阳市白河国家湿地公园管理处

（一）机构沿革

2012 年初，市委、市政府决定申报建设白河国家湿地公园。5 月，市政府印发《关于成立南阳白河国家湿地公园筹备工作领导小组的通知》，成立由市长穆为民任组长，副市长张生起任副组长，相关县区、市直有关单位主要领导为成员的白河国家湿地公园申报工作领导小组。8 月，通过国家林业局实地考察论证和初步审查。12 月 31 日，国家林业局下发《关于同意河北尚义察汗淖尔等 85 处湿地开展国家湿地公园试点工作的通知》，正式批准白河国家湿地公园开展试点建设工作。

2013 年 9 月，南阳市编委下发《关于市林业局成立南阳市白河国家湿地公园管理处等机构编制事项的批复》，同意成立南阳市白河国家湿地公园管理处，为市林业局下属二级财政全供事业单位，机构规格正科级（按副处级单位高配），内设办公室、资源管理科、湿地修复与建设科、生态监测科四个科室。核定事业编制 20 名，经费实行财政全额拨款。

2013 年 12 月，市林业局党组成员、纪检组长邹平洲兼管白河国家湿地公园管理处工作。2015 年 7 月，市林业局党组成员王邦磊兼任白河国家湿地公园管理处主任，分管白河国家湿地公园管理处工作。

2013 年 10 月，市林业局制定《机关及直属事业单位正副科级领导职务选拔工作方案》，从市直林业系统选拔 6 名科级干部（正科级 2 名、副科级 4 名）配备为白河国家湿地公园管理处副主任及科长。

（二）单位职能

贯彻执行国家有关湿地保护的法律、法规、规章和方针政策；负责白河国家湿地公园内的湿地保护与管理、宣传科教、生态旅游等；行使白河国家湿地公园内的自然资源和生态环境系统的管理权；编制并负责实施白河国家湿地公园总体规划与管理计划；研究制定白河国家湿地公园的各项规章制度并组织实施；组织开展资源调查；组织、协调白河国家湿地公园的科学研究工作等。

（三）工作业绩

白河国家湿地公园管理处成立以来，积极开展各项业务工作。一是加大宣传力度。利用“世界湿地日”、“爱鸟周”、“野生动物保护宣传月”等开展宣传活动，与市民俗文化摄影协会联合举办“美在白河湿地”生态文明摄影大赛，扩大宣传影响。二是完成湿地公园定边划界外业踏查工作，市政府进行公示公告。三是积极争取项目。争取资金 717 万元，其中中央财政湿地保护补助资金 200 万元、市级财政资金 517 万元。四是组织人员赴浙江省西溪、青海省青海湖、甘肃省张掖、宁夏回族自治区鸣翠湖、阅海，郑州黄河、三门峡天鹅湖等国家湿地公园、自然保护区学习交流，提高业务水平。

2013 年 12 月 ~ 2016 年 12 月领导班子成员名录

表 12–13

组织机构名称和起至时间	职务	姓名	任职起至时间
南阳市白河国家湿地公园管理处（2013.9 ~ 2016.12）	主任（兼管）	邹平洲	2013.12 ～ 2015.7
	副主任	董建军	2013.12 ～至今
	副主任	孙晓辉	2013.12 ～至今
	副书记	仵　玲	2013.12 ～ 2015.7
	支部委员	孙曾丽	2013.12 ～至今
	主任	王邦磊	2015.7 ～至今

第三节 企业单位

一、南阳市林产品公司

南阳市林产品公司前身为南阳地区林产品经销公司，建于1981年2月，同年底建成营业，有办公楼1座面积1078平方米，职工宿舍楼1座面积942平方米。地址位于市文化路南段3号。

1994年,改为南阳市林产品公司,内设人秘科、材料科、林化科、财务科和一个营业门市部。主要从事林副产品及装饰材料、日杂、渔具、油漆、园林工具、五金工具、房屋租赁经营等业务,为林业局下属单位。

1985年底，公司有职工32人，其中行政干部14人，固定工人16人；集体工人2人，累计盈利16.66万元。

1998年，因受国内外经济环境影响，公司业务萎缩，经济陷入困境，业务由集体经营改为个体分散经营。

2011年，公司有职工59人，其中在职职工41人，离退休人员18人。公司有土地两宗，一宗面积为3062.7平方米，一宗面积为2595.5平方米，办公及其他设施建筑面积1963.73平方米。由于经营困难，公司申请破产。

2016年，公司破产基本结束。

二、南阳市金林木业总公司

南阳市金林木业总公司前身为南阳市林业物资总公司，1993年1月，市林业局下发文件正式成立该公司，为劳动就业企业。公司法人代表高铁军。

1997年1月，市林业局、市国资委批准与市金林胶合板厂合并，变更为南阳市金林木业总公司，国有性质。厂址设在市长江路东段，占地面积16430.4平方米（1.643公顷，不含代征公路用地0.333公顷），厂区建筑面积约5000平方米，板场职工最多时达259人（1997年数字，大部分为合同制工人，合同期3年）。

1998年，由于国外经济环境变化，加之国家宏观政策调整和市场的变化，企业已难以适应环境生存，终因资金窘迫，于1998年末被迫停产，后又通过租赁等方式，维持至2005年。

2005年12月，按照《破产法》有关规定，企业实施破产清算。

满园春色关不住——张顺林（摄）

第十三章 人物

第十三章 人物

本章所收录的人物，一是生活在南阳辖区，为南阳林业事业做出过较大贡献、有较大影响，受国家主要领导人接见的人物或全国人大代表、全市教授级高级工程师。二是市直林业系统副科级以上领导干部、具有中高级职称的工程技术人员。三是荣获国家、省“五一劳动奖章”“三八红旗手”“绿化奖章”“劲松奖”荣誉者，享受国家、省、市级特殊津贴者；市技术拔尖人才、市“十佳”市民及市级以上其他特殊荣誉获得者。

按照“生不立传，生可入志”的原则，根据收录人物在林业发展中所起的作用和影响，分别以传记、简介、名表三种形式记载。传记、简介的编排以出生年月先后为序，名表的编排行政领导以任职时间为序、技术职称人员以出生年月先后为序。

第一节 传记

传记收录了在南阳林业有较大影响的人物 13 人。

白明哲 男，汉族，生于1915年8月，镇平县人，中共党员。全国特级林业劳动模范，镇平县第三届、四届政协委员。1954年起，他义务为集体育苗、植树，增加收入。1958年，苗圃达2公顷，造林133.33公顷，其中有果树、柞坡、竹园及薪炭林等，绿化村因此得名。1956年，被评为省特级劳动模范。1957年，被评为全国特级林业劳动模范，受到毛泽东、周恩来、朱德等党和国家领导人的接见。1958年，村里办林蚕中学，他兼任校长、教师，培训学员 250 多名。他的事迹被制成幻灯片，在全县播放。1962 年，被评为省甲等农业劳动模范。“文化大革命”时期，被免去林场场长、护林员等职，但仍义务护林。党的三中全会后，为他恢复名誉。1986 年 3 月病逝。

李　杰 男，汉族，生于 1916 年 12 月，南召县人，中共党员，初中文化。曾任地区林业技术指导站副站长、县处级干部。1938 年 2 月参加工作。1937 年～ 1939 年，在南召县先后参加平津流亡同学会、战时服务团、青年救亡协会、抗敌后援会等救亡团体，在南召县南河店参加地下党工作。1943 年，在延大参加第一次整风运动。1952 年，在南阳市参加“三反五反”，参加反右派和反右倾运动。1983 年 12 月离休。2007 年 4 月去世。

张毓璞 男，汉族，生于 1921 年 12 月，河南省鲁山县人，中共党员，本科学历。曾任地区林业指导站副站长，高级工程师。河南省第三届、第五届、第六届人大代表。1979 年，他总结方城县大力发展泡桐实现农林双丰收的经验，在全区进行推广。1981 年，主持南阳地区森林病虫害普查和南阳地区区划工作。1982 年，森林病虫害普查获地区重大科技成果奖。撰写“林业育苗技术手册”“林业生产技术基本知识”等培训教材和论著十万余字，培训基层林业技术员数千名。1988 年 7 月离休。2007 年 7 月去世。

郑凤贞 男，汉族，生于 1922 年 11 月，河南省温县人，中共党员。1946 年 6 月参加工作。1946 年 6 月～1948 年 9 月，先后任武委会正、副主任。1947 年土改立大功 1 次。1948 年 9 月，调部队任副连长。1954 年 9 月，转业至广西南宁矿山机械厂任副科长、支部书记。1963 年 3 月，调黄石庵林场任副场长、党委副书记。1982 年 3 月，任地区国队合作林站副站长。1983 年 12 月离休。1984 年 11 月，根据中央组织部有关文件精神，享受县级待遇。1999 年 4 月去世。

张云松 男，汉族，生于 1926 年 7 月，山东省冠县人，中共党员。1947 年 9 月，南下干部队员。1948 年 10 月，在南召县先后任区委指导员、副书记、书记。1953 年 9 月，任专署林业科职员。1958 年 2 月，在内乡县万沟林场、内乡县农林局先后任场长、副局长。1959 年 9 月，任地革委林业局副科长、副局长。1981 年 1 月，任地区合作林管理站副站长。1983 年 12 月，地区林业调查设计管理站离休。1984 年 5 月，根据中央组织部有关文件精神，享受县级待遇。2005 年 9 月去世。

叶德厚 男，汉族，生于 1928 年 9 月，河北省任丘县人，中共党员，大学本科学历，高级工程师。1953 年毕业于北京林学院，由国家统一分配到海南农垦局系统，参与开发橡胶事业，并选育出橡胶优良无性系品种——大丰 95，在中国南方植胶区全面推广种植。1980 年，调地区林科所工作，任用材林研究室主任。1984 年，获中国林学会“劲松奖”。1985 年，地区油桐优树选择报告获地区三等奖。主持省林业厅课题——伏牛山南麓松树调查，主持河南省薪炭林调查研究，参与经济林课题研究工作。1989 年，获河南省薪炭林调查研究成果三等奖。2005 年 11 月病逝。

王更田 男，汉族，生于 1932 年，淅川县人。育林护林专业户，义务育林护林 30 余年，共绿化荒山 105.33 公顷。1972 年 5 月起，他坚持义务育林护林，住的是草庵，树种全靠自己到深山老林手捡采集，育苗全靠独自一人肩挑、挖坑、播种、浇水、封土、移栽。30 余年间，王更田没有伸手向国家、集体要过一分钱，没下山和儿孙们吃过一顿团圆的年夜饭，硬是用双手把家乡将军寨周围方圆数里荒山全部披上了绿装。其无私奉献精神感人至深，令人赞叹。1983 年，被评为河南省劳动模范。1985 年，当选为第六届全国人大代表。1999 年 6 月，被国家林业局评为全国优秀乡林护林员。2006 年 2 月病逝。

许　柯 男，汉族，生于 1936 年 2 月，江苏省宿迁县人，中共党员，大学本科学历，高级工程师。1956 年 3 月参加工作，他有比较丰富的林业生产实践经验，业务知识牢固，能独立规划和设计林业生产实施方案，在重大林业技术问题上有独到见解和一定的权威。参与苍茅、泡桐种子育苗及毛白杨扦插育苗研究。利用塑料裙防治松毛虫研究，获地区科技进步三等奖。完成《南阳地区木本植物名录》调研，获省科技进步三等奖。1996 年 3 月退休。2016 年 2 月去世。

牛玉兴 男，汉族，生于1938年3月，黑龙江哈尔滨市人，中共党员，中专毕业，工程师，副处级。1962年，由省林业厅分配到黄石庵林场工作。1984年7月～1992年8月，任黄石庵林场场长。1992年9月，调离黄石庵林场，任地区林业局总工程师。担任林场场长期间，带领全场职工锐意改革，大胆创业，艰苦奋斗，勤奋工作，使黄石庵林场一跃进入全国国有林场五百强，被国家林业部授予全国先进国有林场并获铜奖，林场职工工资有保障，各项事业得到全面发展。任期内所栽植的近266.67公顷山茱萸经济林基地至今仍具有较高的经济价值。获省林业厅先进工作者。2013年1月病逝。

李心广 男，汉族，生于1939年12月，中共党员，方城县人，大学肄业。1960年，考入河南农学院，第二年因病休学回家。1963年，任大队林场场长。1964年，被评为南阳地区"先进回乡知识青年"，同年《中国青年报》以"伏牛山下新愚公"为题，介绍他植树造林的事迹。1965年，南阳专员公署和方城县人民委员会分别授予"林业模范"称号。1966年10月，作为省特邀代表赴京参加国庆观礼，受到毛泽东、周恩来接见。他带病多年植树造林120公顷，育苗25.33公顷。1972年病逝。

王朝斌 男，汉族，生于1940年8月，邓州市人，中共党员，本科学历，高级工程师。1984年～1995年，任黄石庵林场党委书记。1992年～1995年，任黄石庵林场场长。任职期间，为林场的经济发展和事业建设做出贡献。获地厅级科技成果二等奖4项、三等奖1项，厅级科技成果一等奖1项，省优秀工程勘察设计三等奖1项。1993年，获省林业厅林业系统技师评聘工作先进个人。2010年5月病逝。

邵书庭 男，汉族，生于1940年10月，邓州市人，中共党员，本科学历，高级工程师。曾任市林科所副所长、市林管站副站长、市林技站副站长。先后推广林果新品种、新技术20多项，完成省、市级科研项目20多项，获省科研成果三等奖4项、二等奖1项，市级科技成果一等奖1项、二等奖1项、三等奖3项。1994年，获省政府绿化先进奖。2000年8月退休。2014年10月去世。

冯居明 男，汉族，生于1941年5月，南阳市人。1965年7月毕业于内蒙古林学院采运专业，大学本科学历。1965年9月参加工作，高级工程师。获地区科技成果二等奖1项、省林业厅科技成果二等奖2项、省科技成果三等奖1项。1987年，获全国飞播造林先进个人、省飞播先进个人。1990年，获省飞播先进个人。2001年5月退休。2015年10月去世。

第二节 简介

简介中收录了在南阳林业有影响的代表人物 。

一、林业局干部简介

米金华 男，生于1933年10月，宛城区人，中共党员，初中毕业。1950年6月参加工作，曾任田庄乡财粮副乡长。1952年，任瓦店区供销社副主任。1955年，任南阳县委监察委员会监察员。1958年，参加大办钢铁，“五县”指挥部（桐柏毛集）任监察员。1950年，任桐柏毛集钢铁厂党委秘书。1952年，任桐柏县委监委会监察员。1951年，任桐柏县公交办公室秘书。1954年，任桐柏县黄岗公社党委书记。1966年，文化大革命视为“走资派”被批斗，1969年，被解放分配工作。1970年，在南阳地区委员会钢铁办公室工作。1971年，任云阳钢铁厂冶炼车间党支部书记。1979年，任南阳地区轻工业供销社公司秘书长。1981年，任地区轻工业局副局长。1983年，任南阳地区林业局副局长。1993年退休。

全振武 男，汉族，生于1935年11月，淅川县人，中共党员。为中国林学会会员，曾任省林学会第二届常务理事，任数届地区林学会副理事长。1955年8月毕业于洛阳林校，分配到南阳专署工作，先后在专署林业科、林技站、林科所从事林业科技工作。1978年10月，任地区林科所副所长。1981年7月，3月晋升为工程师，同年7月任地区林业局副局长。1982年2月，任桐柏县副县长。1984年4月，调地区林业局任副局长。1995年7月，改任副局长级调研员。1977年12月，被地委评为地区科技先进个人。1984年3月，获中国林学会“劲松奖”。1986年3月，获省绿委“绿化中州”荣誉。1995年3月，获全国绿化奖章。主持的沙兰桐引种与推广项目，获地区农业科技推广成果一等奖，获省、地林业科技成果奖多项。在林业局任职期间，长期分管局直属林业事业单位、地区林学会工作、党务工作、财务及基建工作，均取得良好成效。分管林业科技工作，注重加强科技培训和新技术推广，狠抓科技兴林示范工程，提高林业生产技术水平和经济效益。1995年12月退休。

赵国志 男，汉族，生于1938年3月，内乡县人，中共党员，本科学历。1963年河南农学院林学系毕业，在校学习期间，兼职本院高等数学教学工作。1963年～1973年，任中国林科院睢杞实验林场技术员、河南省睢杞林校教师。1973年，南阳合作林总场任技术员。1978年后，任地区林业局副科长、副局长、局长、党委书记，地区林学会理事长、省林学会常务理事、西峡县县长。30多年来，一直从事林业技术、生产、教学及其行政管理工作。曾在豫东国营林场设计建设优质、高产、高效果园，成为全省国营林场多种经营的示范典型。组织南阳12个国营林场造林更新、幼林抚育，加快了荒山绿化，提高了林分质量。加大引资力度，国营林区道路、住房等基本建设得到根本改善。申报并划定宝天曼、老界岭等自然保护区和寺山、上寺等森林公园。主持编写申报南阳地区长江中上游防护林工程和桐柏淮河防护林工程规划，使南阳地区7个山区、半山区县列入国家计委、林业部建设项目，从1991年开始，每年国家投资支持南阳地区林业建设。组织推动全区十大林业基地建设，形成主要的生态屏障和支柱产业。有效实施“211”工程，被部、省评为科教兴林先进单位。在西峡县任职期间，大抓精神文明建设，该县成为全省精神文明建设先进典型并受到省表彰奖励，1985年，河南省精神文明建设现场会在西峡县召开。在该县领导并组织实施林业规划，被誉为中国式的森林经理，1986年，林业部在西峡召开全国县级林业规划实施现场会，同年10月应邀到北京林业大学给师生作专题报告。该县被林业部授予全国绿化先进单位。主持的西峡县林业发展规划战略研究，获河南省科技进步二等奖、国家科技进步三等奖。撰文“搞好林业规划实施，加快山区建设步伐”、“伏牛山南坡国营林区森林类型的划分与经营”，分别发表于林业部《林业区划》《河南大学学报》（自然科学版）。1998年5月退休。

郭拾显 男，汉族，生于1942年11月，南召县人。1966年毕业于河南农学院林学专业，大学本科学历，高级工程师。1977年1月，调地区林业局工作。1977年1月～1978年7月，任地区林业局副局长。1982年7月～2000年4月，先后任局副主任科员、长防办副主任、主任、助理调研员。获地级及以上表彰和奖励27项，其中科技成果奖19项，优秀著作奖1项，优秀学术论文奖3项，其他奖项3项。科技成果奖中，省政府二等奖2项、三等奖3项，地厅级一等奖1项、三等奖3项。编著出版林业专著书籍“火炬松、湿地松”“薪炭林营造”“南阳市主要经济树种栽培技术”，为“当代林业技术”副主编。1990年，主笔编制的南阳地区长江流域防护林体系建设规划，当年通过省专家评审，被国家批准且投资，成为全省首家国家长防林工程，是南阳林业史上第一个国家级生态工程项目。主笔制定的南阳市“县级长防林工程建设办公室标准”，被林业部收纳并转发全国。1996年，被林业部评为全国长防林工程一期建设先进个人。2000年，主持完成的河南长防林生态工程综合效益研究，获省政府科技进步二等奖。2002年12月退休。

姬相林 男，回族，生于1943年12月，镇平县人，军事学院（国防大学）毕业，中共党员。1961年8月入伍，在陆军第60军180师539团服役。1962年，蒋介石反攻大陆时扩编到陆军第20军60师服役，历任班长、排长、参谋、作训股长、作训科长、步兵第179团副团长、步兵第178团团长、陆军第60师副参谋长等职务。参加并组织过“三支两军”，浙江省萧山县围海造田、河南省“75.8”确山抗洪救灾及多次师团以上规模的大型演习。多次被评为五好战士、特等射手，并授予“左眼神枪手”称号，荣立20军颁发的三等功1次。1985年转业，历任市林业局纪检组长、党委副书记、常务副局长、正处级调研员等职务，并选为市政协第一、二届委员会委员。在林业局任职期间，分管人事、财务、林政、森林公安、党务等工作。组织两次机关职能改革，争取并组织实施世行贷款造林及亚行贷款造林项目，组建林业公安、实施林权证发放等工作。先后获河南省护林防火先进个人，河南省纠正行业不正之风先进个人。2003年退休。

杨学成 男，汉族，生于1944年10月，宛城区人，初中文化，中共党员。1965年11月参加工作。1965年11月～1968年8月，服役陆军39军116师高炮营战士。1968年9月～1970年2月，116师高炮营营部任书记。1970年2月～1979年10月，116师高炮营二连任副指导员、指导员。1979年10月～2004年10月，转业到市林业局，先后任人秘科（人教科）办事员、副科长、科长。2004年10月退休，享受副处级待遇。

宋玉峰 男，汉族，生于1946年6月，方城县人，中共党员。1964年1月。考入南阳地区财贸干部学校金融班并参加工作，同年12月应征入伍。服役解放军海军1210部队，先后任战士、保管员、副组长、共青团工作委员会副书记。1971年，复员到内乡县人民银行任出纳员、信贷员。1973年12月，调南阳地区人事局任科员、办事员。1977年，调南阳地委组织部干部二科任干事。1980年，调地区劳动人事局，先后任工资科副科长、工资科科长，同时兼任机关党支部第一支部书记、机关党委副书记。1993年8月，调地区林业局，任党组成员、纪检书记、机关党委书记。2002年3月，地委通知任正处级干部，同时离岗。2006年7月退休。

宋运中 男，汉族，生于1953年11月，宛城区人，中共党员，大专学历。1981年2月参加工作，在农村基层工作时间较长。1985年3月～1994年2月，任南阳县汉冢乡、高庙乡政府乡长，红泥湾乡、官庄镇党委书记。1994年2月，调镇平县工作，先后任副县长，县委常委、县纪委书记，县委副书记。2006年5月～2011年5月，任市林业局局长、党组副书记。2010年，任市林学会理事长。2013年，任市花卉协会名誉会长。在镇平县任副县长期间，分管林业工作，组织开展山区灭荒造林工作，1996年提前1年实现基本消灭荒山目标，受到省政府表彰奖励。任林业局长期间，加强领导班子建设和干部队伍建设，凝聚人心，干事创业。2007年，主持编制《南阳市林业生态建设规划》并组织实施，每年造林以近百万亩的增速推进，时年全省林业生态建设现场会在南阳市召开。抓住机遇，多方协调，争取项目资金，启动天然林保护工程，最多年份林业投资达4.6亿元。组织实施集体林权制度改革，2010年完成主体改革任务，全省林改现场会在内乡县召开，该县成为全国集体林改百县先进县。加强森林资源管护，重视科技兴林工作。任期内，兴建了办公楼、住宅楼，机关工作环境和干部职工居住环境得到很大改变。林业局综合工作和单项工作多次受到省林业厅、市委、市政府表彰奖励。2008年被授予河南省绿化奖章。2013年退休。

张宏宪 男，汉族，生于1954年5月，南阳市人，中共党员，上校军衔，本科学历。1968年12月～1970年11月，上山下乡知识青年，在邓县都司公社鲁家大队六队插队。1970年12月入伍。1978年7月～1985年10月，在济南军区内长山要塞区守备第29

团服役，历任通信指挥连侦察班长、计算班长、炮兵 7 连指挥排长、教导大队教员、教导大队一中队副中队长（副营职）、教导大队三中队中队长（正营职）、四中队中队长。1985 年 11 月～ 1989 年 8 月，任内长山守备师教导队队长。1989 年 9 月～ 1990 年 7 月，任南京陆军指挥学院学员二队二区队长。1990 年 11 月～ 1994 年 12 月，任内长山守备师守备第 1 团副团长。1995 年 1 月～ 1996 年 3 月，任济南军区内长山要塞区海防第 1 团团长。1996 年 4 月～ 2000 年 1 月，任唐河县武装部部长。济南军区授予“老海岛”称号，省军区授予深化民兵工作调整改革先进个人，在正营和正团职岗位上荣立三等功 3 次。2000 年 9 月～ 2014 年 5 月，任市林业局副局长、调研员。期间，先后分管森林防火、森林病虫害防治、人事等工作。被国家森林防火指挥部、国家林业局授予全国森林防火工作先进个人，国家林业局森林公园管理办公室授予中国森林公园发展三十周年突出贡献个人。被省政府授予河南省森林防火工作先进个人。被省绿化委员会授予河南省绿化奖章。被省林业厅授予全省林业有害生物防治工作先进个人、全省自然保护区建设与管理先进个人。被伏牛山区护林防火联防委员会授予先进工作者。2014 年退休。

贺国勤 男，汉族，生于 1954 年 11 月，镇平县人，中共党员，本科学历。1970 年 12 月，任解放军 83028 部队战士、班长。1976 年 5 月，石佛寺镇贺营村党支部任书记。1978 年 9 月，在南阳师专中文系学习，任班团支部书记。1981 年 7 月～ 1983 年 12 月，历任镇平县委党校教员，马庄公社党委副书记、党委书记。1984 年 4 月～ 1988 年 10 月，共青团地委任主持工作副书记、团地委书记。1991 年 12 月，任桐柏县县长。1994 年 2 月，任地区教委党委副书记、副主任。1995 年 8 月，任市林业局党组书记、局长。2006 年 5 月，市教委任党委书记、局长。2009 年，任市政协副主席。任林业局长 11 年间，组织制定《关于搞好平原绿化决战的意见》、《关于加快平原丘陵区造林绿化工作的决定》等，开展造林绿化活动，山区、平原、城市绿化同步推进，1996 年，全市提前 1 年实现山区灭荒目标，被省政府授予全省荒山造林先进市，2007 年，全市达到河南省平原绿化高级标准。组织实施了长淮防林工程、退耕还林工程、生态公益林工程、外资项目造林，不断加快造林步伐，全市有林地面积、活立木蓄积量连年增加。2000 年，被国家林业局授予全国林业生态建设先进市。注重抓林业产业、推广山茱萸、猕猴桃、辛夷、桐柏大枣南阳“四大名产”等特色经济林，引进推广美国杂交杏李、日本甜柿等林果新品种，107、108 杨等速生用材树种，促进广大林农增收致富。干部职工集资入股兴办了南阳林业示范苗圃，营造苍台、桐柏 106.7 公顷速生丰产林基地，多年收益分红，增加了干部职工收入。重视科技兴林工作，2000 年指导推动与中国林科院的科技合作，引进推广一批新品种、新技术，双方合作不断加强，为南阳林业发展提供了科技支撑。南阳被中国林科院列为科技兴林示范市，被国家林业局授予全国科技兴林先进市。重视和加强森林资源保护管理工作，组织开展林业严打专项整治行动，打击处理破坏森林资源、野生动植物资源的违法犯罪行为。任内申报建立河南丹江、桐柏高乐山、内乡湍河3个国家、省级森林（湿地）自然保护区，桐柏淮河源、南阳独山、方城七峰山、镇平菩提寺、淅川上寺5个国家、省级森林公园，有效保护了森林资源。重视机构建设和干部队伍建设，借助机构改革成立退耕办、经济林种苗站等科室，成立森林公安分局、林业稽查大队等二级单位。任期内完成新办公楼、家属楼的征地工作，为以后建设奠定了扎实基础。2015年11月退休。

张荣山 男，汉族，生于1955年10月，宛城区人，中共党员，本科学历。1980年8月洛阳林校毕业，分配到西峡县林业局工作。1984年5月，任西峡县政府办公室副主任。1986年5月，任西峡县回车镇党委书记。1989年5月，任西峡县委常委、办公室主任。1992年3月，调任淅川县政府副县长，同年11月改任淅川县委常委、政法委书记。1997年12月，任方城县委副书记。2002年2月，调市林业局工作，历任党组副书记、副局长，正处级副局长，党组书记、调研员等职。2010年，任林学会名誉理事长。2013年，任市花卉协会会长。市林业局任职期间，一直主管办公室、计划财务、党的建设和精神文明建设工作，并负责协调保护口的业务。以坚韧不拔的毅力，加强协调，迁建了新办公楼，高质量、低成本建成了住宅楼，全新改善了机关的办公条件和干部职工的居住环境。在计划财务管理上，向内挖潜，向上争取，广纳资金，有力支撑了机关内部建设和全市生态建设的发展。森林保护工作每年完成省林业厅、市政府下达的目标任务。农口各部门年度评比中稳居先进。在党的建设方面，多次被市委命名为先进党组织。在精神文明建设上，软件、硬件一齐抓，为创建省级文明单位奠定了扎实基础。2006年，省绿化委员会授予河南省绿化奖章。2007年，全国绿化委员会授予全国绿化奖章。2015年退休。

刘化忠 男，汉族，生于1957年3月，邓州市人，中共党员，大学本科学历。1982年1月，毕业于河南农学院，分配到南阳地区林业技术推广站任技术员。1982年10月～1993年8月，先后任南阳地区林业局群营林科科员、副科长、科长。1993年8月～2017年3月，任南阳地区（市）林业局党组成员、副局长、调研员。2017年3月，退休。在市林业局工作期间，分管办公室、造林科、计财科、人事科、林管站等科室、单位工作。在长期的林业工作中，注重理论与实践相结合，不断提高驾驭重点、难点工作的能力，先后主持完成南阳高效生态经济示范市林业建设规划、南水北调干渠生态廊道建设规划、白河两岸绿化规划、森林城市建设规划等规划设计和组织实施工作；牵头完成《南阳古树名木》《南阳林业志》等林业文献书籍编写。分管的营造林完成率和核实率连年位居全省前列，林业目标、绩效评价、综治、卫生等工作连年被评为全市先进单位。先后荣获全国林业宣传先进个人、全国绿化奖章等。

邹平洲 男，汉族，生于1961年1月，南阳市人，中共党员。1978年8月，下乡工作。1981年，毕业于洛阳林校，同年分配到地区林科所工作。1983年～1988年，在北京林业大学学习，获农学学士。1987年8月，调入地区林业局工作。1991年1月，任地区林业局人秘科副科长。1994年3月，调入地区林业调查设计管理站任站长、经济师、工程师。1997 年 5 月，任市林业局林政科科长。2002 年 7 月，任市林业局党组成员、纪检组长。2013 年 12 月，兼任南阳市白河国家湿地公园管理处主任。获市级跨世纪学术技术带头人、全国绿化模范奖章，连续 3 次获国家森林资源清查先进工作者。多年来，严抓林业资源管理，实现全市有林地面积、森林覆盖率、蓄积量逐年递增，无重大案件发生；集体林权制度改革顺利实施；抓好湿地全面工作，推进新成立单位工作顺利开展。完成葡萄、月季多项研究，获省、市级成果奖 12 项，发表文章 13 篇。

李金平 男，汉族，生于 1962 年 11 月，宛城区人，中共党员，大学本科学历。现任市林业局党组成员、黄石庵管理局局长（黄石庵林场场长），高级工程师。2008 年 11 月担任黄石庵管理局局长（场长）以来，带领班子成员和全场职工努力工作，实现了林场、保护区经济可持续发展，基础设施条件明显改善，1.29 万公顷森林资源得到保护、培育，科技实力增强，职工工资及社会保障得到落实和改善，国有林场各项事业健康有序开展。获省林木新品种 2 项。2012 年，获市科技成果一等奖 1 项。

汪天喜 男，汉族，生于 1963 年 2 月，西峡县人，中共党员，本科学历。1982 年 6 月～1995 年 3 月，历任西峡县米坪乡政府秘书、副乡长，太平镇党委副书记、乡长。1995 年 3 月，任西峡县计生委主任。1997 年 12 月～2008 年 10 月，历任南召县副县长，县委常委、办公室主任，县委常委、常务副县长。2008 年 10 月，任淅川县委副书记。2011 年 11 月，任市林业局局长、党组副书记。2014 年 7 月～2015 年 7 月，任市林业局局长、党组书记。同年 7 月，调任市住建委主任。任林业局长期间，组织编制《南阳高效生态经济示范市林业发展规划》《南阳市渠首水源地高效生态经济示范区林业建设规划》《南阳森林城市（中心城区外围）建设规划》；组织实施国家造林工程、林业生态省提升工程等，促进造林绿化工作开展，2014 年全省林业生态建设现场会在内乡县召开，学习推广南阳经验，2013 年，南阳市被全国绿化委员会授予全国绿化模范城市。任内启动实施了天然林保护工程，不断争取退耕还林资金、自然保护区和湿地建设资金，林业项目资金投入实现新突破。大力推进森林、湿地公园申报工作，2012 年～2015 年，批准建立南阳兰湖、淅川凤凰山、猴山、南召猿人山、社旗霸王山省级森林公园 5 个，南阳白河、唐河友兰、淅川丹阳湖国家级湿地公园 3 个、社旗赵河省级湿地公园 1 个，申报数和保护面积位居全省首位，森林湿地保护范围不断扩大。加强科技兴林工作，加大科技投入和支持力度，成立专家组，组织开展科研科技项目攻关；深化与中国林科院的科技合作，积极主动沟通汇报，争取林科院与市政府签订“渠首水源地林业科技服务项目”合作协议，指导淅川县开展院县科技合作，不断拓展合作领域。开展调查研究，指导县（区）大力发展猕猴桃、薄壳核桃、黄金梨等高效生态经济林、发展月季、玉兰等特色花卉苗木产业，组织举办三届月季文化节，赴北京、上海宣传推介月季，扩大销路，增加农民收入。发扬淅川移民精神，以坚韧不拔的劲头，带领大家完成了全国第七届农运会举办期间市委、市政府安排的东改线绿化、月季盆景展示园建设等工作任务。不断加强林业队伍建设，申报建立白河国家湿地公园管理处，开展争先创优活动，凝聚人心，干事创业。

周明金 男，汉族，生于1963年2月，镇平县人，中共党员。1981年10月应征入伍，历任中国人民解放军第二炮兵某旅战士、排长、副连长、连长、副科长、科长、后勤部副部长、部长、副旅长。2005年转业，任市林业局党组成员、副局长、局直属单位委员会书记。先后分管森林公安、森林防火、老干部工作和直属单位党委工作，并主持一年市林业科学研究所工作。在工作中，结合林业实际，注重调查研究，善于谋划，夯实创新，运用部队工作经验抓好分管工作，先后获得全国林业严打整治斗争先进集体、全省森林防火工作先进集体、全市“双创”工作先进单位等荣誉。加强基层党组织建设，抓好精神文明建设，推进文明单位创建活动，2016年市林业局荣获省级文明单位。

齐宗俭 女，汉族，生于1963年10月，新野县人，中共党员。1984年7月，毕业于河南农业大学园林系林学专业，同年作为省委组织部定向培养对象分配到方城县博望乡挂职锻炼。1985年12月，任方城县妇联会副主任。1988年1月，调入市林业局工作，先后任市林业局党委秘书，市林业调查设计管理站副站长、站长。2002年5月，任市林业局党组成员、助理调研员。2008年～2016年1月，任市林业局党组成员、副局长。2016年1月，调入市扶贫办工作。在市林业局工作期间，一直从事林业调查规划设计、林业技术推广、林业科研、造林工程的组织管理等工作。在长期林业工作实践中，注重学习、刻苦钻研，获得省政府科技进步奖2项，市科技进步奖3项。先后主持完成独山森林公园、兰湖森林公园、南阳月季博览园等重大绿化工程的规划设计和组织实施工作。2012年，在南阳市举办的全国第七届农民运动会总结表彰中，被市政府记二等功1次。2013年，被中国花卉协会月季分会选为副会长。

王邦磊 男，蒙古族，生于1964年4月，镇平县人，中共党员。1985年毕业于河南农业大学林学系，同年分配到市林业技术推广站工作。1994年3月，调入市林业调查设计管理站工作任副站长。1997年7月，调入市森林病虫害防治检疫站工作任站长。2003年评为教授级高级工程师。2008年，调入市林业局，任局党组成员、总工程师，兼任白河国家湿地公园管理处主任。现担任省昆虫学会理事，市林学会副理事长、市植保学会常务理事。参加工作以来，一直从事林业技术推广、林木病虫害防治、林业调查规划设计等林业专业技术工作，在林业科研实践中刻苦钻研，积极探索，注重学习，获得省政府科技进步奖6项，其中一等奖1项，二等奖2项，三等奖3项。市科技进步一等奖1项，二等奖3项。市优秀勘查设计一等奖1项。省林业科技进步奖一等奖2项、二等奖3项。编写出版林业专著6本，发表论文25篇，发现昆虫新种7个并公开发表。申报批准省级林木良种2个。撰写重点林业工程项目的可行性研究报告、规划、设计说明书32项。主持组织推广容器育苗、杨树新无性系“两松”、ABT生根粉等20多项林业技术和成果，面积达6.66万公顷，增加经济效益上亿元。先后被省政府及有关部门授予河南省学术技术带头人、河南省跨世纪青年科技人才。二次被河南省林业厅授予全省森林病虫害防治先进工作者。2004 年 12 月，被省林业厅评为科技兴林先进个人。2004 年 3 月，作为科技人员代表参加南阳市第三次党代会。被市政府及有关部门授予南阳市拔尖人才、南阳市第一届青年科技奖、南阳市科技功臣、第一届跨世纪学术技术带头人等。

裴朝晖 男，汉族，生于 1964 年 4 月，宛城区人，中共党员。1987 年 7 月毕业于河南农业大学林学系，大学本科学历，高级工程师。1987 年 7 月分配到市林技站工作，曾任副站长。2003 年 6 月，任市林业局退耕办主任。2012 年 6 月，任市林业局副调研员。2015 年 7 月，任市森林公安局政委。先后获全省林业科技工作先进工作者、河南省绿化奖章、全市造林绿化先进个人、市直“创先争优”优秀共产党员。

朱光敏 男，汉族，生于 1964 年 5 月，西峡县人，中共党员，大专学历。现任西峡县政府党组成员，黄石庵管理局（林场）党委书记。2012 年 6 月任黄石庵管理局（林场）党委书记以来，带领全场干部职工艰苦创业，促进林场经济发展，基础设施条件改善，森林资源得到保护和培育，干部职工生活条件得到改善和提高，林场各项事业健康发展。

杨少文 男，汉族，生于 1965 年 10 月，邓州市人，中共党员，本科学历。1985 年毕业于信阳林业学校，同年 8 月分配到地区林业调查规划管理站工作。1992 年中南林学院函授本科毕业。1994 年 7 月～ 1997 年 6 月，任局人秘科副科长。1997 年 7 月～ 2006 年 4 月，任局办公室主任；同年 5 月，调南阳理工学院任物业中心副主任。在林业局任职期间，被省林业厅评为全省林业宣传工作先进个人，被市政府评为全市护林防火工作先进工作者、全市政务信息先进个人等荣誉。撰写南阳地区森林防火理论研究文章 5 篇在国家级杂志《森林防火》上发表。撰写的南阳市林业产业结构调整探析等理论性文章先后在《中国林业》《中国林业科技与管理》上发表。

吴子献 男，汉族，生于 1966 年 5 月，新野县人。1987 年 7 月毕业于河南农业大学林学专业，大学本科学历，高级工程师。现任市林业局副局长。政协南阳市一届委员、二届、三届、四届、五届常委。1987 年 8 月参加工作，先后任新野县林业局林技站干事、站长，施庵镇镇长助理。1996 年 2 月～ 2003 年 2 月，任新野县王庄镇副镇长、人大主席。2003 年 3 月以来，任市林业局副调研员、副局长。在市林业局工作期间，先后分管森林防火、林业调查规划管理、野生动植物保护管理、退耕还林工程、长江（淮河）防护林工程、天然林保护工程、林业科学研究等工作。2009 年 2 月，参与撰写的南阳市林业生态效益监测及价值评估研究被市政府评为二等奖。2009 年 12 月，被省林业厅评为河南省飞播造林工作先进个人。2011 年 7 月，参与《森林防火总体规划编制规范》河南省地方标准的起草。2011 年 12 月，被省绿化委员会授予河南省绿化奖章。2012 年 12 月，被省政府授予全省森林防火工作先进个人。

闫庆伟 男，汉族，生于 1968 年 10 月，卧龙区人，中共党员，本科学历，学士学位，高级工程师。1991 年毕业于河南省农业大学林学系，同年 10 月分配到地区林业调查规划管理站工作。2003 年 7 月，任站长、党支部书记，从事林业资源调查、森林资源监测、林业规划设计、飞机播种造林等林业技术工作。2011 年 11 月，任市森林公安局局长。2013 年 4 月，任市林业局副调研员。先后被国家林业局授予全国森林资源管理先进工作者。省政府授予第七次森林资源清查先进个人。省绿化委员会授予河南省绿化奖章。省林业厅授予飞播造林先进工作者。被市委授予“五好党员”，被市政府及有关部门授予南阳市学术技术带头人、南阳市青年科技奖等。参与完成的河南省油松飞播林经营技术研究获省科技进步二等奖、河南省淅川飞播林基地规划设计获省优秀工程设计三等奖。主持完成的南阳市地方森林资源和生态状况综合检测体系研究等，撰写的河南省长江流域林业区划及营林技术等论文在省部级科技刊物上发表。参与编著的河南飞机播种造林在黄河水利出版社制版发行。主持撰写的林业重点工程可研报告、林业设计说明书、全市林业发展规划等 50 余项。

胡新权 男，汉族，生于 1969 年 4 月，中共党员，大学本科学历，高级工程师。1992 年 7 月毕业于西北林学院林学专业，同年 10 月分配到地区林业调查规划管理站工作。1997 年 7 月～2009 年 3 月，任副站长。2009 年 3 月，任局老干部科科长。2012 年 3 月，任局花卉办主任。2013 年 10 月，任市经济林林木种苗工作站站长。先后在省部级以上核心期刊上发表独山碧玉天下秀—南阳市独山森林公园景观规划思考、南阳市南水北调中线工程生态环境建设调研报告等专业论文 12 篇，获河南省科技进步二等奖 1 项、南阳市科技进步一等奖 1 项、二等奖 6 项、省林业厅科技进步一等奖 1 项、省林业（园林）优秀工程咨询成果一等奖 1 项、二等奖 1 项。先后两次被省政府授予森林资源连续清查工作先进个人。被省林业厅授予国家级森林资源连续清查先进个人。被市政府授予南阳市学术技术带头人，南阳市第五届青年科技奖，南阳市农业综合开发先进工作者，南阳市勘察设计先进工作者。

王庆合 男，汉族，生于 1969 年 10 月，方城县人，中共党员，本科学历，工程师。1991 年 11 月参加工作。2009 年 3 月，任市野生动物保护与自然保护区管理站站长，从事野生动植物保护管理、救助、疫源疫病监测等工作。主持完成全市河南省（全国）第二次湿地资源调查、伏牛山地全国第二次野生动物资源常规调查。完成南阳白河国家湿地公园总规编制和申报，完成凤凰山、猴山、猿人山省级森林公园可研报告和申报。获国家林业局保护森林和野生动植物资源先进个人，河南省全国第二次湿地资源调查先进个人，南阳市环保工作先进个人。

赵　鹏 男，汉族，生于 1971 年 11 月，唐河县人，河南省委党校研究生学历，中共党员。1989 年 8 月，在南阳张仲景国医大学学习。1992 年 7 月，在唐河县科委工作任科员。1994 年 3 月～1997 年 6 月，先后任唐河县湖阳镇纪委书记、党委副书记、镇长。1998 年 8 月～2000 年 8 月，任唐河县张店镇镇长、党委书记。2002 年 1 月，任共青团南阳市委副书记。2006 年 5 月，任新野县委常委、组织部长。2008 年 10 月～2011 年 12 月，任淅川县委常委、副县长，县委副书记、县长。2016 年 1 月，任市林业局党组书记、局长。任淅川县县长期间，把植树造林，绿化荒山作为全县经济、社会可持续发展的重要工作来抓，将造林绿化纳入年终目标考评，设立“造林杯”，建立奖罚激励机制。以荒山造林、通道造林、产业造林、村镇景区绿化、移民新村绿化为重点，每年用 3 个月时间，大抓植树造林。2008 年～ 2015 年，全县年造林面积达 6667 公顷以上。注重加强森林资源管护，严格林木采伐管理，全面禁止采伐林木种植食用菌；严格林地用途管制制度，县政府制定下发《关于进一步加强林地管理工作的意见》，组织开展全县林地清理专项整顿，规范林地征占用审批制度，保护林木林地资源。加强与中国林科院的科技合作，启动实施了林木种质资源平台建设项目、石漠化治理项目等一批科技项目；带头创建领导示范点，打造精品示范园 135 个，加快淅川林业发展。任市林业局局长以来，指导制定“十三五”林业发展规划，确立今后 5 年林业发展目标和建设重点。启动国家森林城市创建工作，组织开展大造林大绿化活动，争取启动了国家储备林基地建设项目。主动与中国林科院联系对接，深化院市科技合作，启动林木新品种选育等科技合作项目。大力发展林业产业，举办 2016 年南阳月季展，成功申办 2019 年世界月季洲际大会。加强林木林地管理，加强湿地保护，抓好森林防火和林木病虫害防治工作，保护森林生态资源。

王东升 男，汉族，生于 1972 年 6 月，唐河县人，中共党员，本科学历。1993 年毕业于信阳林业学校，同年 12 月分配到地区林业调查规划管理站工作。2002 年中央党校函授本科毕业。2003 年 6 月，任局办公室副主任。2006 年 12 月，任局办公室主任。被省绿化委员会授予河南省绿化奖章，被省林业厅评为全省林业宣传工作先进个人。先后被市委、市政府授予市党委系统信息工作先进个人、提案办理工作先进个人、市直公文处理先进个人、政务信息先进工作者、全市林业生态建设先进个人、第七届农运会先进工作者、全市粮食生产先进工作者等荣誉。撰写的立足优势调结构，培育特色求发展获市政府自然科学优秀成果奖二等奖，关于发展南阳市高效生态经济产业的调研报告获市政府发展研究成果奖二等奖。历时 10 余年，主编了《南阳市林业志》一书。

杜思高 男，汉族，生于 1974 年 11 月，中共党员，宛城区人，本科学历，局人事教育科科长，河南省作家协会会员，中国林业文联会员。先后参与科研项目 10 项，获市科技成果二等奖以上 9 项，参与河南省良种研究 2 项。1999 年被市委、市政府评为“务实为民，增辉南阳”先进个人，2000 年被评为河南省林业教育工作先进个人，2001 年被市政府评为“APP 原料林基地建设”工作先进个人。在《青春》《散文选刊》《黄河报》《河南日报》等发表诗歌、小说、散文 300 余件，出版诗集《春天的祝福》《荷花开在夏天深处》，散文集《青春，深情的远望》。散文《山里有个姑娘叫小芳》被广泛转载。获省级以上表彰奖励十多项。散文《寻梦鼓浪屿》获 2013 年度全国散文年会二等奖，散文《花洲书院“树”飘香》荣居 2014 年中国绿色时报十大生态美文之列。2013 年获河南省“五四”文艺奖，2015 年获南阳市文艺成果奖。

二、林业系统教授级高工及其他较大影响人物

朱鸿云 男，汉族，生于1938年7月，江苏省如皋市人，中共党员，教授级高级工程师。1963年7月毕业于南京林学院林学系特用经济林专业，分配到西峡县参加工作。50年来主要在西峡县猕猴桃研究所（西峡县林科所）工作，历任西峡县猕猴桃研究所所长兼党支部书记。原南阳市科协副主席中共南阳市第一届市委委员，西峡县第八、九、十届人大副主任。现为西峡县政府科技顾问，中国园艺学会猕猴桃分会顾问、中国林学会经济林分会顾问。扎根西峡山区50年，从事特用经济林研究与技术推广，承担并完成国家、省、市科研项目20多项，在猕猴桃科技开发方面成绩显著，取得科技成果奖26项次（其中国家级1项，部省级11项，地市级14项），主持培育猕猴桃优良品种（株系）18个，其中3个品种通过省级林木良种审定，1个品种通过国家级林木良种审定。在我国最早鉴定推广"华光2号""华美1号"2个优良品种，荣获省、部二等奖、国家科技进步三等奖；"华美1号""华美2号"荣获第二届中国农业博览会铜奖、金奖，99昆明世界园艺博览会金奖。1981年和1986年应农业部、林业部邀请为全国培训猕猴桃技术骨干210名；最早向中国360多个单位提供优良种苗，成为我国猕猴桃野生变家生、大面积人工栽培的典范。先后与新西兰、日本、意大利、韩国等国建立友好合作关系。编著《中华猕猴桃》《中华猕猴桃栽培》《猕猴桃栽培与加工技术》《猕猴桃优良品种与无公害栽培》《猕猴桃》五部，发表科技论文50余篇。拍摄《中华猕猴桃》《猕猴桃栽培与管理》《猕猴桃种质资源收集与保存》《猕猴桃优良品种与丰产栽培》等科教片。西峡县已发展0.67万公顷，猕猴桃已成为农民脱贫致富的支柱产业。1982年，被授予河南省农业劳动模范。1986年，国家科委批准为国家级有突出贡献的中青年科技专家。1987年，河南省命名为优秀共产党员、全国总工会授予全国优秀科技工作者和五一劳动奖章。1990年，省政府授予河南省优秀专家。1991年，国务院批准为享受政府特殊津贴的高级专家。1996年，被授予河南有突出贡献的科教兴林先进工作者。2000年，被授予南阳市首届科技功臣、南阳市首届优秀发明家。2001年，被评为河南省农业科技先进工作者，中国科协授予全国优秀科技工作者。系河南省五次、六次党代会代表，省九届人大代表，中共十三大、十四大代表。2008年12月退休。

李文鲜 男，汉族，生于1944年，卧龙区人。现任南阳月季集团董事长。南阳市花卉协会副会长、月季协会会长。党的十一届三中全会前，以养蜂为业，和花结下了情缘。1980年，首次在院内和屋顶种植月季，4000株月季获利6000元，开启了南阳卖花市场。1982年，举办南阳市第一届月季展，当年获利10000元；同年11月，《半月谈》报道有关养花一事轰动全国，打开了全国月季市场，产品供不应求。1985年，组织赵国有、高瑞明等8户村民发展月季，无偿对10户村民每户提供500株月季种苗，搞好技术指导；自此，一半农户以种植月季为业。1995年，南阳撤地设市，争取月季

入选为市花，并无偿贡献1万盆月季美化城区。2001年，首次出口月季200万株，质优价廉，吸引欧洲多国客户，成为中国出口月季第一单。2002年，自掏腰包20万元接受省花协委托，在陈村承办全国第五届花博会，为河南省赢得了荣誉。2009年，被中国科协评为农村科学普及先进个人。2003年，主编月季一书，由中国林业出版社出版，全国发行，之后再出版三次。北京亚运会、长江抗洪、汶川地震、助学及社会福利事业，府衙、农运会等无偿捐款40多万元。1985年，当选为省科协四届委员。1986年，被评为全国百名致富能手。1987年，被评为河南省优秀党员、地县优秀党员。南阳县七、八、九届人大代表、政协委员。1989年，当选全国七届人大代表。1987年～1992年，连续4次被中国花协评为优秀企业、先进个人。

杨天柱 男，汉，生于1947年7月，桐柏县人，中共党员，大学本科学历。1969年7月～1973年9月，在解放军6090部队锻炼。1973年10月～1993年6月，在桐柏县林业局工作，历任技术员、助理工程师、工程师。1993年7月，调桐柏县经济林开发中心工作，任主任。1995年5月～2011年9月，调市技术推广站工作，任站长、教授级高级工程师。2000年，任市林学会副理事长。参加工作30多年来，一直从事基层的林业生产和林业科技推广工作，先后引进和推广板栗、银杏、杜仲、美国杂交杏李、日本甜柿、欧美杨、107杨等新品种50多个，推广应用ABT生根粉、设施栽培、节水灌溉、配方施肥等新技术20多项。主持和参加国家、省、市重大林业科技推广项目13项，获奖9项。在全市建立林果示范基地166.67公顷，辐射推广面积2.67万公顷。建立技术服务点14处，编写培训教材20多万字，培训基层技术骨干3000多人次。期间，撰写论文20余篇，在省以上核心期刊杂志发表10篇，主要参与编写专著3本。为南阳市第三届科技功臣，入选《中国林业专家大词典》。先后被评为南阳市劳动模范、南阳市农业结构调整先进工作者，全省林业科技推广先进工作者、科技先进工作者等。2007年获河南省绿化奖章。2008年获中国林学会劲松奖。

段　霞 女，汉族，生于1954年3月，中共党员。1980年毕业于南京林业大学，本科学历。毕业后在桐柏县林业局森防站工作，任站长。2007年11月晋升为教授级高级工程师。省昆虫学会会员。参加工作以来，长期从事林业技术及森林病虫害防治工作。参与的桐柏木瓜地方良种选育，通过省林木良种委员会专家组的现场考察和审定，正式定名并推广应用。参与的桐柏县无公害板栗生产基地认证”和“无公害优质板栗产品认证”，经过省级主管部门认定，并颁发证书，填补全国无公害优质板栗空白。人工模拟摘叶对马尾松单株承受力的测定，填补河南省确定的松毛虫防治指标空白。撰写的豫南山区林业有害生物及防治著作，2007年9月由黄河水利出版社出版。参与完成的木瓜标准化栽培技术研究，北亚热带马尾松毛虫灾害发生级别的气候因子预报模型研究等4个项目，荣获河南省科学技术进步奖。插皮舌接技术在板栗生产上的应用与推广、省沽油人工快繁及高产栽培技术研究等6个项目荣获南阳市科技技术进步奖。在国家核心期刊发表专业论文10多篇。多次获省森防先进工作者。被县政府命名为专业技术拔尖人才，并享受政府特殊津贴。2004 年获全国森林病虫害防治荣誉奖章。2006 年评选为全国林业有害生物预测预报优秀测报员。

杨献忠 男，汉族，生于 1954 年 10 月，中共党员，本科学历。1979 年 10 月参加工作。曾任桐柏县林业局总工程师，教授级高级工程师。参加工作 37 年来，一直在桐柏县林业局从事专业技术工作。在长期深入基层的生产实践中，不断丰富和提高自己的专业理论知识和技术水平，积累了从事林业科学研究、重点工程造林项目等方面的实践经验，具有解决林业复杂、关键技术难题和承担对林业专业上疑难问题指导的能力。在桐柏县实施科教兴林、世行贷款造林、淮河防护林、退耕还林等项目中，先后承担国家、省、市林业科研项目新技术推广 26 项，荣获国家林业科学技术进步二、三等奖 3 项，省科学技术进步二等奖 3 项，市科学技术进步一、二等奖 6 项。先后在国家核心林业期刊上发表论文 16 篇，其中国家优秀论文一等奖 1 篇。被国务院授予享受政府津贴专家，先后被授予国家科教兴林先进个人，国家林业技术革新先进个人，世行贷款造林项目先进个人及奖章。省绿化奖章，省优秀专家，省长（淮）防护林工程造林管理先进个人。市劳动模范，市专业拔尖人才，市学术技术带头人。

别定文 男，汉族，生于 1960 年 12 月，西峡县人，本科学历。1984 年 7 月河南农学院林学专业毕业，分配到西峡县林勘队工作。1989 年，担任林勘队队长，教授级高工。工作上兢兢业业，刻苦钻研业务技能，掌握本专业和相关专业的技术标准和技术规程，对本县林业重大科研项目、大型工程项目组织评估和鉴定，熟练运用森林资源连续清查实施细则、森林资源规划设计实施细则开展专业调查工作。1988 年～ 2013 年，先后承担主持国家森林资源连续清查 6 次，河南省森林资源大型调查 8 次。承担主持河南省森林资源规划设计调查 2 次，为省市县开展林业规划，编制森林经营方案奠定扎实基础。开展林业生态、经济、社会、技术等方面研究，河南省长江防护林生态工程综合效益研究、伏牛山板栗天麻间作技术研究，先后荣获河南省政府科技进步二等奖、三等奖。野生板栗改接建园综合技术研究与应用、西峡县名优药用林高效栽培技术研究，分别荣获南阳市科技进步二等奖。组织编写出版伏牛山区主要树种造林技术、西峡古树名木专著两部，发表学术论文 4 篇，编制经营方案及相关可行性报告数百套。

三、局属二级单位科级干部及中级以上技术职称人员

（一）黄石庵管理局

马合军 男，汉族，生于 1946 年 10 月，西峡县人，中共党员，高中文化。退休前，任黄石庵林场南阳办事处主任（副科级）。参加工作以来，工作勤奋，认真负责，多次获单位先进工作者。2002 年，获国家林业局全国森林防火工作纪念奖章。

魏厚太 男，汉族，生于 1952 年 9 月，邓州市人，中共党员，高中文化，正科级，助理工程师。退休前，任黄石庵林场党政办公室主任。获省科技成果三等奖 1 项，市科技成果二等奖 1 项、三等奖 2 项。2002 年，获国家林业局全国森林防火工作纪念奖章。

高立献 男，汉族，生于1958年10月，卧龙区人，中共党员，本科学历。1988年8月任黄石庵管理局副局长至今，高级工程师。西峡县第七届、八届人大常委会委员。获部级科研成果二等奖1项，省优秀工程勘察设计三等奖1项，市级科技成果一等奖1项，市（地）厅级科技成果二等奖4项，地市科技成果三等奖3项。选育省级山茱萸新品种3个，发现河南石斛新种1个。1990年，获西峡县优秀知识分子。1994年，获河南省绿化奖章。1998年，获西峡县“跨世纪学术、技术带头人”。1999年，获南阳市“跨世纪学术、技术带头人”。2002年，获国家林业局全国森林防火工作纪念奖章。2015年，获南阳市职工职业建设标兵。

李运武 男，汉族，生于1965年5月，唐河县人。1991年9月参加工作，高中文化，黄石庵林场瞭望台监测管理员。参加工作以来，吃苦耐劳，兢兢业业，长期居住在桦树盘林区防火瞭望台，风雨无阻，认真监测瞭望，保护森林资源，受到林场及上级领导的好评。2012年4月，被市政府授予“五一劳动模范”。

薛林堂 男，汉族，生于1966年9月，社旗县人，中共党员，本科学历。现任黄石庵管理局副局长。获地市级科技成果三等奖1项，河南省优秀工程勘察设计三等奖1项。2013年3月，国家森林防火指挥部授予全国森林防火工作纪念奖章。2005年，获省政府全省森林防火工作先进个人。

樊花妍 女，汉族，生于1975年6月，西峡县人，中共党员，大专学历。现任黄石庵管理局局长助理，高级工程师。获市科技成果二等奖4项，市科技成果一等奖1项，良种3项，月季国家标准1项。2008年，获市优秀党务工作者。

（二）市林技站

杨文鑫 男，汉族，生于1931年12月，内乡县人，中共党员，初中文化。曾任市林技站副站长，县处级干部。1951年～1954年，分别获志愿军五军一五〇师物资奖2次、荣立三等功3次。1993年3月离休。

宋海瑞 男，汉族，生于1938年8月，方城县人，中共党员，本科学历，高级工程师。曾任市林技站副站长。参与完成省、市科研项目3项，获林业部科技成果三等奖1项，省科研成果三等奖1项，市级科技成果一等奖1项。入选《中国林业专家大辞典》。1998年12月退休。

辛庭柱 男，汉族，生于1939年7月，西峡县人，中共党员，本科学历，高级工程师。获省科技进步三等奖1项，地区科技成果三等奖1项，省林业厅科技进步三等奖1项。1987年～1990年连续四年和1994年，被地委、行署评为科技兴宛先进工作者。1996年，被省林业厅评为科技兴林先进工作者。1999年8月退休。

韩宝星 女，汉族，生于1950年10月，天津市人，中共党员，大学学历，高级工程师。林果新技术推广10项，新品种应用10项。完成省、市林业科技推广项目7项，获省科技进步三等奖2项，市科技推广项目二等奖3项、三等奖5项。

冯占亭 男，汉族，生于1963年2月，邓州市人，中共党员，本科学历。现任市林技站副站长，高级工程师。参与完成省、市科研项目10多项，获省科技成果三等奖1项，市科技成果二等奖4项、三等奖1项。培育林木良种3个。1989年，获省林业厅国营林场管理先进工作者。2004年，入选市学术技术带头人。2013年，获市委、市政府“两争一迎”工作先进工作者。

苗 青 女，汉族，生于1969年11月，桐柏县人，中共党员，本科学历。现任市林技站站长，高级工程师。获市科技进步二等奖6项，培育林木良种3个。2004年，获全省治理公路“三乱”工作先进个人，2013年，获全省林业科技和人才教育工作先进工作者。2003年，获市第三届青年科技奖。2006年，获市优秀共产党员。2013年，在全国第七届农运会筹办工作中被市委、市政府嘉奖。

辛向阳 女，汉族，生于1970年5月，西峡县人，中共党员，本科学历，高级工程师。参与完成国家、省、市林业科技推广项目10项，获国家林业局科技司推广二等奖3项，省科技进步三等奖1项，市科技进步二等奖4项，市自然科学一等奖1项。2009年，入选市学术技术带头人。

李 彬 男，汉族，生于1974年10月，卧龙区人，中共党员，大专学历，高级工程师。参与完成国家、省、市科研项目8项，获国家林业局科技司推广二等奖1项，市科技成果二等奖6项。培育林木良种2个。2008年、2010年、2012年，被市委、市政府评为社会主义新农村建设先进工作者。

李冰雪 女，汉族，生于1975年10月，唐河县人，中共党员，本科学历，高级工程师。参与完成国家、省、市林业科技推广项目8项，获市科技进步奖二等奖3项。培育林木良种3个。获国家注册咨询师、注册资产评估师执业资格。2009年，被评为市优秀共产党员。2013年，在全国第七届农运会筹办工作中被市委、市政府嘉奖。

刘尚稳 男，汉族，生于1975年11月，社旗县人，中共党员，大专学历，高级工程师。参与完成国家、省、市林业科技项目12项，获国家林业局科技司推广二等奖1项，省科技进步三等奖1项，省林业厅科技进步二等奖1项，市科技进步二等奖3项，市自然科学优秀学术成果一等奖1项。培育林木良种3个。2014年，获南阳市第九届青年科技奖。

陈明洁 女，汉族，生于1978年8月，渑池县人，中共党员，本科学历，副研究员。2016年，获河南省林地变更调查工作先进个人。

（三）市林管站

王瑞玲 男，汉族，生于1935年2月，方城县人，中共党员。毕业于河南农学院林学专业，本科学历。1964年8月参加工作，高级工程师。获省政府科技成果二等奖2项、三等奖1项。先后获省林业厅科技成果一等奖2项、二等奖2项、三等奖2项。南阳地区科技成果二等奖2项、三等奖1项。1983年，获省政府先进工作者。1995年3月退休。

周海亭 男，汉族，生于1940年11月，淅川县人，中共党员。毕业于河南农学院林学专业，本科学历。1964年8月参加工作，高级工程师。先后主持和组织南阳地区飞播造林、技术培训、播区作业设计，组织作业播区管护、补植补造等。宛东防护林总体设计，经济区国土规划。主持完成国营林场二类森林资源调查并撰写资源调查报告，黄石庵林场、木寨林场等国有林场森林经营方案编制，老界岭自然保护区、西峡寺山国家森林公园等4项总体作业设计。主持的飞播造林获地区二等奖。编写的林业区划获林业科技成果三等奖，撰写的西峡老界岭自然保护区植物和植被综合研究与评价获省林业厅科技进步二等奖、省科技三等奖。编写的森林经营方案获地区优秀设计一等奖、省优秀设计三等奖等。2000年11月退休。

李方平 女，汉族，生于1958年6月，新野县人，中共党员。1991年7月毕业于河南省委党校经济管理专业，函授大专学历。1979年6月参加工作，高级工程师。先后完成省、市科技项目8项，获市科技进步一等奖1项、二等奖5项。参与林果新品种引进、繁育、选育56个。获省优秀林业工程咨询一等奖4项、二等奖3项、三等奖2项。2015年6月退休。

孙向伟 男，汉族，生于1961年11月，宛城区人。1989年7月毕业于河南农业大学林学专业，本科学历，高级工程师。1989年10月参加工作，主要从事飞机播种造林工作。1990年，获省政府、市政府飞播造林先进工作者。2000年，获省林业厅、市政府飞播造林先进工作者。

李　霞 女，汉族，生于1966年11月，卧龙区人，中共党员。1991年7月毕业于北京林业大学林学专业，大学本科学历。1992年3月参加工作。现任市林管站副站长，高级工程师。先后主持参与完成省、市级科研项目8项。2008年，参加栀子培育技术规程制定和全国第七次森林资源连续清查等工作。获市科技进步二等奖3项。先后在各类专业学术期刊上发表有价值论文4篇、论著2部。

张安华 男，汉族，生于1971年12月，方城县人，中共党员。1994年7月毕业于北京林业大学林业与木工机械专业，本科学历。1994年12月参加工作。现任市林管站副站长、支部副书记，高级工程师。先后荣获市直青年岗位能手，市政府“双创”及第七届全国农运会突出贡献奖，河南省第八次森林资源清查工作先进个人。

安　静 女，汉族，生于1972年4月，唐河县人。1995年7月毕业于河南农业大学林学专业，本科学历。1996年1月参加工作。现任市林管站站长，高级工程师。先后主持并参与完成30多项大、中型林业工程的可研报告编制、规划设计及科研项目。获市科技进步二等奖4项，河南省林业优秀工程咨询成果奖一等奖2项、三等奖1项。先后荣获市“四城联创”先进个人、南阳市青年科技奖、南阳市学术技术带头人、市“两争一迎”工作嘉奖。被省政府授予第七届全国农民运动会筹办工作先进个人。

郭占胜 男，汉族，生于1974年5月，邓州市人，中共党员。2002年7月毕业于河南农业大学森林经理学专业，硕士研究生。1997年11月参加工作。现任市林管站副站长，高级工程师。荣获省政府第八次森林资源清查工作先进个人。市政府南水北调工作先进个人，第十七批南阳市学术技术带头人，2011 年全市林业生态建设先进个人，南阳市第五次森林资源连续清查工作先进者，共青团市直团工委青年岗位能手。获省科技进步二等奖 1 项，市科技进步二等奖 7 项。出版专著 2 部，发表各类论文 20 余篇。

勇　毫 男，汉族，生于 1976 年 3 月，桐柏县人，中共党员。2007 年 1 月华中农业大学园林专业毕业，函授本科学历。1995 年 10 月参加工作，高级工程师。参与国家级森林资源连续清查工作 4 次，获市科技进步二等奖 4 项。

谢　浩 男，汉族，生于 1977 年 10 月，南阳市人，中共党员。2007 年 1 月华中农业大学园林专业毕业，函授本科学历。1995 年 8 月参加工作，高级工程师。获市政府森林资源连续清查工作先进个人。获市科技成果二等奖 4 项，河南省优秀林业工程咨询成果二等奖、三等奖 3 项。

（四）市森防站

蔡凤华 女，汉族，生于 1939 年 10 月，河南省陕县人。1964 年河南农学院园艺系毕业，大学本科学历，高级工程师。1975 年，温州蜜柑引种和耐寒品系选择利用研究获省科技进步三等奖。1989 年，荣获地区行署“科技双放”奖，并晋升一级工资。1989 年，被地委、行署评为科技兴宛先进工作者。1990 年，被地区行署评为农业开发先进个人。

王梅林 女，蒙古族，生于 1967 年 2 月，新野县人，大专学历，高级工程师。1984 年参加工作。参加推广林木新品种 2 个，完成省、市科研项目 6 项。杨树食叶害虫预测预报与生物防治技术研究获省科技成果一等奖，朱砂红桃优质高产栽培技术研究等 4 项科研成果获市科技成果二等奖。发表学术论著、论文多篇。

孙新杰 男，生于 1968 年，邓州市人，中共党员，本科学历，高级工程师。1991 年参加工作，从事森林病虫害测报防治和主要林木培育生产管理工作。2012 年，被评为市学术技术带头人。2016 年，被评为市科技拔尖人才。参与完成杨树食叶害虫组装配套技术研究获省科技进步二等奖。主持完成杨树食叶害虫预测预报与生物防治技术研究、栎树食叶害虫监测预报与防控技术研究分获市政府和省林业厅科技进步一等奖。主持完成月季根结线虫病防治技术研究等 10 项成果分获市科技进步二等奖。主编杨小舟蛾研究、副主编林业有害生物及无公害防治等三部著作。主持完成杨树树苗的快速繁殖培育方法获国家发明专利。主持参与完成 10 多项国家、省级重大工程项目。发表论文 80 多篇。

丁彤旗 男，汉族，生于 1971 年 10 月，宛城区人，本科学历，高级工程师。获市科技进步奖二等奖 2 项，河南省专利 1 项。在国家级核心期刊发表论文 3 篇，参与编写专著 1 本。2011 年，获市政府全市林业生态建设先进个人。

薛照宇 女，汉族，生于 1972 年，内乡县人，中共党员，本科学历。1995 年参加工作，一直从事森林植物检疫执法工作。参与杨树食叶害虫预测预报与生物防治技术成果研究、主持光叶楮快繁技术研究及开发应用成果研究，分获市科技进步一等奖。提高树木移植成活率的营养液研究技术，获得国家发明专利。发表学术论著、论文多篇。

（五）市林科所

李俊英 女，汉族，生于1928年2月，社旗县人，中共党员，本科学历，高级工程师。1980年，任地区林科所科技科长。选育出高产抗寒优良品种——大丰95，成为与国际交换的甲级品种，在中国南方植胶区全面推广种植。获河南省政府科技成果三等奖1项，南阳地区科技成果二等奖1项、三等奖2项。1984年，获中国林学会“劲松奖”。

王志杰 女，汉族，生于1939年12月，社旗县人，本科学历，高级工程师。参与国家级科研课题白榆优良无性系选育研究，获河南省政府科技成果三等奖1项，南阳地区行署一等奖1项、三等奖4项，驻马店市政府二等奖1项。

王洪春 男，汉族，生于1940年2月，开封市人，中共党员，本科学历，高级工程师。曾任市林科所副所长。1982年，获河南省劳动模范。获省政府重大科技奖1项、三等奖1项、星火计划三等奖1项。获省林业厅二等奖1项、三等奖1项，河南农业大学一等奖1项。获南阳地区行署二等奖3项、三等奖2项，市科协三等奖1项。

张群柱 男，汉族，生于1940年12月，南阳市人，中共党员，本科学历，高级工程师。获林业部科技成果奖1项，省科技成果奖5项，市科技成果奖4项。1984年，被评为河南省科技先进工作者。1989年，被评为南阳市专业技术拔尖人才。

翟文继 男，汉族，生于1963年1月，南召县人，中共党员，本科学历，高级工程师。现任市林科所副所长，主持工作。2012年12月，获南阳市学术技术带头人。先后主持荣获市科技进步一等奖1项、二等奖5项。通过河南省林木良种审定10项。获国家发明专利1项。获国家林业局林木新品种1项。

田子涛 男，汉族，生于1963年1月，宛城区人，本科学历，高级工程师。先后主持并参与完成曼地亚红豆杉引种扦插繁育技术研究等科研课题。获市科技进步二等奖4项。2009年参与完成栀子栽培技术规程，2014年参与完成楸树埋根育苗技术规程、红豆杉育苗技术规程。

贺全红 女，汉族，生于1966年8月，宛城区人，中共党员，高级工程师。先后主持并参加银杏种苗繁育及配方施肥技术试验研究等科研课题。获省林业厅科技进步一等奖1项，市科技进步二等奖2项。通过河南省林木良种审定2项。

方占莹 女，汉族，生于1967年6月，宛城区人，本科学历，高级工程师。主持并参与完成常用大花月季综合性状调查及黑斑病、白粉病防治试验研究等科研工作。获省林业厅科技进步一等奖1项，市科技进步二等奖4项。通过河南省林木良种审定3项。

王　平 女，汉族，生于1968年12月，河南省开封市人，本科学历，高级工程师。

获国家发明专利 1 项，市科技成果二等奖 2 项。通过河南省林木良种审定 3 项。参与编制河南省技术规程 2 项。

陈　灏 女，汉族，生于 1970 年 1 月，方城县人，中共党员，大专学历，高级工程师。先后主持参与银杏叶黄酮含量变化规律及增益技术研究等科研项目。获省林业厅科学技术进步一等奖 1 项、三等奖 1 项，市科技进步二等奖 3 项。通过河南省林木良种审定 2 项。

刘正周 男，汉族，生于 1971 年 11 月，宛城区人，中共党员，本科学历，高级工程师。现任市林科所副所长。先后主持完成木瓜海棠控花技术研究等科研项目。获国家发明专利 1 项，市政府科技进步二等奖 3 项。通过河南省林木良种审定 2 项。

沈元勤 女，汉族，生于 1971 年 11 月，宛城区人，大专学历，高级工程师。先后主持参与南阳大红李的适应性及丰产栽培技术研究等科研项目。获得国家发明专利 1 项，市政府科技进步二等奖 3 项。通过河南省林木良种审定 2 项。参与编制河南省技术规程 2 项。

王秋霞 女，汉族，生于 1973 年 3 月，唐河县人，中共党员，本科学历，高级工程师。获国家发明专利 1 项，南阳市、省厅级科技进步二等奖 7 项。培育河南省楸树林木良种 4 个。编制河南省技术规程 2 项。2014 年，获南阳市学术技术带头人。2012 年，被市政府授予农运会先进个人。

王华玉 男，蒙古族，生于 1973 年 9 月，镇平县人，中共党员，本科学历，高级工程师。先后主持参与果用银杏新品种引种试验研究等科研工作。获市政府科技进步二等奖 3 项。通过河南省林木良种审定 2 项。

（六）白河国家湿地公园管理处

董建军 男，汉族，生于 1968 年 6 月，卧龙区人，中共党员，本科学历。1991 年毕业于河南农业大学林学系，同年分配到市林管站工作。2003 年 5 月，任市林管站副站长。2006 年 11 月，任市林科所所长。现任白河国家湿地公园管理处副主任、高级工程师。先后荣获省、市科技奖 6 项，其中参与完成的河南银杏种质资源调查与优良品种选育项目，获省政府科技进步二等奖。获省政府第五次森林资源连续清查先进工作者、南阳市第十一批学术技术带头人。

孙晓辉 女，汉族，生于 1968 年 6 月，镇平县人，中共党员，本科学历。1989 年毕业于河南农业大学林学系，同年分配到市林技站工作。2003 年 7 月，任市森防站副站长，高级工程师。2014 年，任白河国家湿地公园管理处副主任。先后获省、市科技奖 8 项。获省林业厅乡级林站建设先进工作者、森防工作先进个人和南阳市第三届青年科技奖。

孙曾丽 女，汉族，生于 1973 年 12 月，镇平县人，中共党员。1993 年 6 月毕业于洛阳林校林学专业，同年 7 月分配到市林科所工作。2008 年 1 月获河南农大园林绿化专业本科学历，高级工程师。2009 年 3 月，任市林科所副所长。2014 年 8 月，调白河国家湿地公园管理处工作。先后主持并荣获省林业厅、市政府科技进步一、二等奖 8 项。主持选育经济林、花卉新品种 7 个，并被审定为省林木新品种。主持国家林业行业标准 2 项、省地方标准 2 项。2011 年，获南阳市学术技术带头人。

高　梅 女，汉族，生于 1976 年 1 月，邓州市人，中共党员。1998 年毕业于南阳理工学院，同年分配到市林科所工作。2005 年 7 月获河南农业大学园林专业本科学历。2014 年，调白河国家湿地公园管理处工作、高级工程师。主持并参与完成科研项目 7 项，获省林业厅和市科技进步奖。2014 年，获南阳市学术技术带头人。

第三节　名表

一、林业局机关科级以上干部简表

1953 年 ~ 2016 年林业局处级领导干部

表 13–1

姓名	性别	民族	出生年月	籍贯	职务	学历	任职时间
卢鹏万	男	汉	1914.12	邓县	专署农林局副局长	初中	1958.2 ～ 1959.12
					专署林业局副局长		1960.1 ～ 1968.5
					地区革委会林业局副局长		1979.3 ～ 1979.10
					地区行政公署林业局副局长		1979.11 ～ 1983.8
栾培泽	男	汉	1921.6	山东省临清县	专署林业局局长	初中	1962.7 ～ 1965.5
					地区革委会林业局局长		1973.1 ～ 1979.10
					地区行政公署林业局局长		1979.11 ～ 1983.4
郭振堂	男	汉	1920.2	山西省洪洞县	专署林业局副局长	初中	1960.1 ～ 1962.6
赵万金	男	汉	1911	河北省威县	专署林业局副局长	初中	1960.1 ～ 1960.3
师得泉	男				专署林业局副局长		1960.4 ～ 1962.7
齐　秦	男				专署林业局局长		1965.5 ～ 1968.5
刘俊章	男			河北省临西县	地区革委会林业局局长		1972.3 ～ 1973.1
娄先明	男				地区革委会林业局副局长		1972.3 ～ 1973.1
张云松	男	汉	1927	山东省冠县	地区革委会林业局副局长	初中	1973.4 ～ 1979.10
					地区行政公署林业局副局长		1979.11 ～ 1980.12
牛润五	男	汉	1933.5	镇平县	地区革委会林业局副局长	高小	1973.5 ～ 1979.10

续

姓名	性别	民族	出生年月	籍贯	职务	学历	任职时间
封景太	男	汉	1925.7	新野县	地区革委会林业局副局长	高中	1975 ～ 1978.3
郭照普	男	汉	1922.8	河北省魏县	地区革委会林业局副局长	中专	1978.1 ～ 1979.6
郭启发	男	汉	1928.1	南召县	地区革委会林业局副局长	高中	1978.4 ～ 1979.10
					地区行政公署林业局副局长		1979.11 ～ 1980.11
张新玉	男	汉	1932.6	南阳县	地区革委会林业局副局长	高中	1979.1 ～ 1979.10
					地区行政公署林业局副局长		1979.11 ～
周化中	男	汉	1924.1	山东省临清县	地区行政公署林业局副局长	高中	1979.6 ～ 1981.7
杨凌阶	男	汉	1929	内乡县	地区行政公署林业局副局长	高中	1979.11 ～ 1983.8
					地区行政公署林业局副局长级调研员		1983.8 ～ 1985.12
马玉田	男	汉	1919	山东省临清县	地区行政公署林业局副局长	初中	1980.12 ～ 1983.4
褚怀民	男	汉	1931.8	南召县	地区行政公署林业局副局长	高中	1981.6 ～ 1983.8
					地区行政公署林业局副局长级调研员		1983.8 ～ 1992.6
全振武	男	汉	1935.11	淅川县	地区行政公署林业局副局长	中专	1981.7 ～ 1982.2
					地区林业局党委委员、副局长、市林业局副局长级调研员		1984.4 ～ 1995.12
温德甫	男	汉	1938.10	南阳县	地区行政公署林业局副局长、地区林业局党委委员、副局长、市林业局副局长级调研员	本科	1983.8 ～ 1998.11
米金华	男	汉	1933.11	宛城区	地区行政公署林业局副局长、地区林业局副局长、党委副书记	初中	1983.8 ～ 1993.12
曹吉高	男	汉	1933.4	宛城区	地区林业局副处级调研员	高中	1984.5 ～ 1993.4
赵国志	男	汉	1938.3	内乡县	地区行政公署林业局局长	本科	1983.8 ～ 1984.4
					地区林业局党委书记、局长、市林业局局长级调研员		1987.12 ～ 1998.3
王干卿	男	汉	1931.12	唐河县	地区行政公署林业局党委书记、局长	高中	1985.1 ～ 1987.12

续

姓名	性别	民族	出生年月	籍贯	职务	学历	任职时间
谢宗志	男	汉	1938.6	内乡县	地区林业局党委委员、副局长、市林业局副局长级调研员	本科	1989.4 ～ 1998.11
宋玉峰	男	汉	1946.6	方城县	地区林业局党委委员、纪委书记、市林业局党组成员、纪检组长、正处级干部	中专	1993.8 ～ 2006.7
牛玉兴	男	汉	1938.3	黑龙江	地区林业局总工程师（副处级）、副处级调研员	本科	1992.7 ～ 1998.5
贺国勤	男	汉	1954.11	镇平县	市林业局党组书记、局长	本科	1995.8 ～ 2006.5
姬相林	男	回	1943.12	镇平县	地区林业局党委委员、纪委副书记、纪委书记	大专	1986.7 ～ 1993.8
					地区林业局党委委员、副局长、市林业局党组副书记、副局长、调研员		1993.8 ～ 2003.12
张荣山	男	汉	1955.10	宛城区	市林业局党组副书记、副局长、调研员	本科	2002.2 ～ 2006.5
					市林业局党组书记、调研员		2006.5 ～ 2015.10
宋运中	男	汉	1953.11	宛城区	市林业局局长、党组副书记	大专	2006.5 ～ 2011.5
					市林业局党组成员、调研员		2011.5 ～ 2013.12
汪天喜	男	汉	1963.2	西峡县	市林业局局长、党组副书记	本科	2011.11 ～ 2014.3
					市林业局局长、党组书记		2014.3 ～ 2015.7
刘化忠	男	汉	1957.3	邓州市	地区林业局党委委员、副局长	本科	1993.8 ～ 1995.7
					市林业局党组成员、副局长、调研员		1995.7 ～
苏定堃	男	汉	1962.5	方城县	市林业局党组成员、副局长	本科	1997.12 ～ 2002.1
张宏宪	男	汉	1954.5	河北省内邱县	市林业局党组成员、副局长	本科	2000.12 ～ 2009.12
					市林业局副调研员、调研员		2009.12 ～ 2014.5
郭拾显	男	汉	1942.11	南召县	地区革命委员会林业局副局长	本科	1977.3 ～ 1978.8
					地区林业局助理调研员		2000.4 ～ 2002.2
赵　鹏	男	汉	1971.11	唐河县	市林业局党组书记、局长	本科	2016.1 ～
邹平洲	男	汉	1961.1	南阳市	市林业局党组成员、纪检组长	本科	2002.7 ～
齐宗俭	女	汉	1963.10	新野县	市林业局党组成员、助理调研员	本科	2002.7 ～ 2008.11
					市林业局党组成员、副局长		2008.11 ～ 2016.1
吴子献	男	汉	1966.5	新野县	市林业局助理调研员	本科	2003.2 ～ 2004.12
					市林业局副局长		2004.12 ～

续

姓名	性别	民族	出生年月	籍贯	职务	学历	任职时间
周明金	男	汉	1963.2	镇平县	市林业局党组成员、副局长	本科	2005.9 ～
王金敏	男	汉	1954.2	西峡县	黄石庵管理局局长、市林业局党组成员、副局长	本科	2008.3 ～ 2008.6
王邦磊	男	蒙	1964.4	镇平县	市林业局党组成员、总工程师	本科	2008.11 ～ 2015.7
					市林业局党组成员、白河国家湿地公园管理处主任		2015.7 ～
李金平	男	汉	1962.11	宛城区	黄石庵管理局局长	本科	2008.11 ～ 2010.4
					市林业局党组成员、黄石庵管理局局长		2010.4 ～
李　刚	男	汉	1978.1	方城县	市林业局副处级干部	博士	2011.1 ～ 2013.12
闫庆伟	男	汉	1968.10	卧龙区	市森林公安局局长	本科	2011.11 ～ 2013.4
					市林业局副调研员		2013.4 ～
陈东辉	男	汉	1968.2	唐河县	市森林公安局政委	本科	2011.11 ～ 2013.4
					市林业局党组成员、市森林公安局局长		2013.4 ～
裴朝晖	男	汉	1964.11	宛城区	市林业局副调研员	本科	2012.7 ～ 2013.4
					市森林公安局政委		2013.4 ～

注：1984 年 5 月，地区林业局成立党委；1995 年 7 月，市林业局成立党组。

林业局机关离退休正、副科级干部

表 13–2

姓名	民族	性别	出生年月	籍贯	职务	任副科时间	任正科时间	退休时间
时守志	汉	男		内乡县	专署林业科科长		1956.7	
马明德	汉	男	1926.4	新野县	地区林业局人事科科长（享受副处级待遇）	1974.1	1979.4	1988.11
郑芬清	汉	男	1924.10	河北省曲阳县	地区林业局国有林科科长	1974.11	1979.4	1983.12
王成年	蒙	男	1934	新野县	地区林业局科长			
王吉昌	汉	男	1939.3	淅川县	地区林业局经济林科科长	1980.3	1983.12	1999.4
杨德林	汉	男	1937.3	镇平县	地区林业局林政科科长（部队副团）	1982.5	1988.4	1997.4
方明举	汉	男	1941.10	内乡县	地区林业局国营林科科长	1984.4	1991.10	2001.11
杨学成	汉	男	1944.10	宛城区	市林业局人事科科长（副处级待遇）	1984.9	2002.4	2001.11
张德端	汉	男	1936.12	镇平县	市林业局计财科科长	1985.8	1988.10	1997.1
刘保立	回	男	1952.6	南阳市	市经济林林木种苗工作站站长	1985.10	1991.11	2013.7

续

姓名	民族	性别	出生年月	籍贯	职务	任副科时间	任正科时间	退休时间
张爱云	汉	女	1932.10	淅川县	地区林业局副主任科员	1987.6		1988.10
郭　君	汉	女	1946.10	唐河县	地区林业局主任科员	1987.6	1990.8	2001.2
杨明显	汉	男	1934.10	唐河县	地区林业局主任科员（离休）	1987.8	1988.11	1994.11
周　波	汉	男	1948.12	方城县	市林业局监察室主任（副处级待遇）	1987.9	1993.4	2004.12
李伯济	汉	男	1941.10	永城县	地区防火办主任	1989.4	1991.10	2001.11
李振家	汉	男		镇平县	市防火办主任		1991.10	
常永贤	汉	女	1952.7	辽宁省锦县	市林业局计财科科长	1990.7	1997.7	2007.1
杨继珍	汉	女	1958.5	邓州市	市野生动植物保护管理站主任科员	2001.12	2004.3	2013.7
余乐献	汉	男	1955.8	邓州市	市野生动植物保护管理站主任科员	1997.6	2010.8	2015.8

表 13-3

林业局机关现职正、副科级干部

姓　名	民族	性别	出生年月	学历	籍贯	职务	任现职时间
靳锡山	汉	男	1956.7	本科	镇平县	市退耕还林办公室主任	2003.5 ～
朱万东	汉	男	1964.12	本科	南阳市	市林业局资源管理科科长	2003.5 ～
程　云	汉	男	1970.10	本科	唐河县	市林业局造林绿化管理科科长	2003.5 ～
王志军	汉	男	1961.9	大专	宛城区	市野生动植物保护管理站主任科员	2004.3 ～
王东升	汉	男	1972.6	本科	唐河县	市林业局办公室主任	2006.12 ～
杜思高	汉	男	1974.11	本科	宛城区	市林业局人事教育科科长	2009.3 ～
李宛增	汉	男	1962.5	大专	山东省沂南县	市林业稽查大队队长	2009.3 ～
王庆合	汉	男	1969.10	本科	方城县	市野生动植物保护管理站站长	2009.3 ～
胡新权	汉	男	1969.2	本科	卧龙区	市经济林林木种苗工作站站长	2009.3 ～
王运宪	汉	男	1969.10	本科	山东省嘉祥县	市林业局资源管理科主任科员	2010.8 ～ 2016
李立江	汉	男	1974.1	本科	方城县	市退耕还林办公室副主任科员	2010.9 ～
王保刚	汉	男	1970.12	本科	方城县	市林业局机关党委专职副书记	2013.9 ～
孙荣霞	汉	女	1968.10	本科	偃师县	市花木中心主任	2013.9 ～

续

姓　名	民族	性别	出生年月	学历	籍贯	职务	任现职时间
靳锡山	汉	男	1956.7	本科	镇平县	市退耕还林办公室主任	2003.5 ～
朱万东	汉	男	1964.12	本科	南阳市	市林业局资源管理科科长	2003.5 ～
程　云	汉	男	1970.10	本科	唐河县	市林业局造林绿化管理科科长	2003.5 ～
王志军	汉	男	1961.9	大专	宛城区	市野生动植物保护管理站主任科员	2004.3 ～
王东升	汉	男	1972.6	本科	唐河县	市林业局办公室主任	2006.12 ～
杜思高	汉	男	1974.11	本科	宛城区	市林业局人事教育科科长	2009.3 ～
李宛增	汉	男	1962.5	大专	山东省沂南县	市林业稽查大队队长	2009.3 ～
王庆合	汉	男	1969.10	本科	方城县	市野生动植物保护管理站站长	2009.3 ～
胡新权	汉	男	1969.2	本科	卧龙区	市经济林林木种苗工作站站长	2009.3 ～
王运宪	汉	男	1969.10	本科	山东省嘉祥县	市林业局资源管理科主任科员	2010.8 ～ 2016
李立江	汉	男	1974.1	本科	方城县	市退耕还林办公室副主任科员	2010.9 ～
王保刚	汉	男	1970.12	本科	方城县	市林业局机关党委专职副书记	2013.9 ～
孙荣霞	汉	女	1968.10	本科	偃师县	市花木中心主任	2013.9 ～
魏文昌	汉	男	1969.10	本科	唐河县	市长江流域防护林建设办公室主任	2013.9 ～
张　航	汉	男	1969.2	大专	南阳市	市林业局办公室副主任	2013.11 ～
沙瑞山	汉	男	1963.1	本科	镇平县	市林业局造林绿化管理科副科长	2013.11 ～
张晓娟	汉	女	1976.5	本科	镇平县	市野生动植物保护管理站副站长	2013.11 ～
毕学伟	汉	男	1971.5	大专	新野县	市经济林林木种苗工作站副站长	2013.11 ～
曹长家	汉	男	1967.3	本科	唐河县	市林业稽查大队副队长	2013.11 ～
刘吉青	汉	男	1964.2	大专	邓州市	市林业局监察室主任	2013.12 ～
杜清彦	汉	男	1977.12	大专	西峡县	市林业局办公室主任科员	2013.12 ～
张宝丽	汉	女	1965.4	大专	南阳市	市防火办主任科员	2013.12 ～
张彦平	汉	女	1966.3	大专	南阳市	市防火办主任科员	2013.12 ～
宋军英	汉	女	1966.4	本科	新野县	市防火办副主任科员	2013.12 ～
朱建权	汉	男	1967.10	本科	新野县	市防火办副主任科员	2013.12 ～
尼忠贤	汉	男	1980.9	大专	南阳市	市林业局监察室副主任科员	2013.12 ～
赵振江	汉	男	1974.11	大专	新郑市	市野生动植物保护管理站副主任科员	2014.2 ～

二、局属二级单位科级干部及中级以上技术职称人员简表

（一）黄石庵管理局（林场）

黄石庵管理局（林场）离退休正、副科级干部

表 13–4

姓名	民族	性别	出生年月	籍贯	职务	任副科时间	任正科时间	退休时间
王荣钦	汉	男	1933.6	西峡县	采伐队队长	1963.08		1993.11
刘志义	汉	男	1926.5	南阳市	派出所所长	1969.08		1991.02
贺天瑞	汉	男	1927.11	南阳市	副主任科员	1969.05		1990.11
吴同庆	汉	男	1931.5	内乡县	副主任科员	1972.03		1991.07
刘振荣	汉	男	1932.10	镇平县	职工医院院长	1974.07		1992.01
吕同生	汉	男	1932.11	西峡县	后勤党支部书记	1984.07		1992.09
闻 聘	汉	女	1933.10	南阳市	人事科副科长	1987.03		1988.01
辛宗文	汉	男	1934.6	镇平县	副主任科员	1987.03		1995.01
宋 平	汉	男	1940.7	南阳市	副场长	1987.03	1994.08	2000.09
袁春林	汉	男	1944.7	西峡县	工会副主席	1995.7 ~ 2001.9		2004.08
马合军	汉	男	1946.10	西峡县	南阳办事处主任（副科级）	2002.06		2009.12
魏厚太	汉	男	1952.9	邓州市	党政办公室主任	2001.06 ~ 2002.06	2002.06	2012.07
王时英	汉	男	1954.10	南阳市	纪委书记、工会主席	1997.08	2001.10 ~ 2013.08	2014.10
刘佳欣	汉	男	1954.5	南阳市	副局长（副场长）、党委副书记		1998.8	2014.5
张志亭	汉	男	1942.12	南阳市	场党政办公室主任、机关党支部书记	1998.10		2002.12
魏久志	汉	男	1953.10	南阳市	林产工业管理科科长	2000.5		2013.10

黄石庵管理局（林场）现任正、副科级干部

表 13–5

姓名	民族	性别	出生年月	籍贯	学历	职务	任职时间
高立献	汉	男	1958.10	卧龙区	本科	副局长	1988.8 ~
张让彬	汉	男	1963.5	西峡县	专科	副书记	1997.1 ~

续

姓名	民族	性别	出生年月	籍贯	学历	职务	任职时间
李忠娥	汉	女	1963.3	西峡县	专科	工会副主席	1999.4 ～
薛林堂	汉	男	1966.9	社旗县	本科	副局长	2001.9 ～
吕小敏	汉	男	1977.9	西峡县	本科	防火办主任	2007.4 ～
王合林	汉	男					2007.4 ～ 2012.1
乔世锴	汉	男	1969.11	西峡县	专科	局长助理兼林政科科长	2013.7 ～
申 晓	汉	男	1972.9	西峡县	专科	党政办主任（经济师）	2013.7 ～
程俊峰	汉	女	1973.12	西峡县	本科	办事处主任	2013.7 ～
衡建宏	汉	男	1972.11	西峡县	专科	人劳科科长	2013.7 ～
张天鹏	汉	男	1973.6	邓州市	专科	计财科科长（工程师）	2013.7 ～
袁豪亚	汉	男	1973.12	西峡县	本科	工会主席	2013.7 ～
樊花妍	汉	女	1976.6	西峡县	大专	局长助理（高级工程师）	2013.7 ～

黄石庵管理局（林场）中级技术职称人员

表 13-6

姓名	民族	性别	出生年月	籍贯	学历	职称
马培伦	汉	男	1930.2	镇平县	高中	会计师
乔茂亮	汉	男	1934.1	西峡县	初中	统计师
王长安	汉	男	1937.10	嵩县	中专	会计师
黄景团	汉	男	1937.10	嵩县	中专	主治医师
贾 赛	汉	男	1987.12	社旗县	专科	工程师

（二）市林技站

表 13-7

市林技站正、副科级干部

姓名	民族	性别	出生年月	籍贯	职务	任副科时间	任正科时间	退休时间
李 杰	汉	男	1915.11	南召县	站长（享受副处待遇）	1973.9	1983.3	1983.12（离休）
张毓璞	汉	男	1921.12	鲁山县	副站长（高级工程师）	1979.4		1988.7（离休）
孙建恒	汉	男	1929.10	镇平县	副站长（享受正科级待遇）	1982.5	1987.6	1990.4
杨文鑫	汉	男	1931.12	内乡县	副站长（享受副处待遇）	1976.8	1987.6	1993.3

续

姓名	民族	性别	出生年月	籍贯	职务	任副科时间	任正科时间	退休时间
宋海瑞	汉	男	1938.8	方城县	副站长	1984.1		1998.12
鲁明胜	汉	男	1927.11	邓州市	站长级协理员（享受正科待遇）		1986.8	1988.7
彭承豪	汉	女	1934.10	邓州市	（享受副科级待遇）	1987.6		1990.4
姜寿山	汉	男	1920.11	山东省牟平县	（享受副科级待遇）	1987.6		1988.11（离休）
贺俊云	汉	女	1928.9	山东省临清市	副主任科员	1987.6		1988.8（离休）
王进昌		男	1933.10	新野县	科长级协理员（享受副科待遇）	1987.6		1993.10
刘德祥	汉	男	1944.7	河北省临西县	副站长	1993.3		2004.7
邵书庭	汉	男	1940.8	邓州市	副站长（高级工程师）	1978.10		2000.8
袁清志	汉	男	1947.8	宛城区	主任科员		2006.4	2007.8
杨天柱	汉	男	1947.7	桐柏县	站长（教授级高级工程师）		1997.7	2009.12

表 13-8

市林技站中级以上技术职称人员

姓名	民族	性别	出生年月	籍贯	学历	职称
郭建文	汉	男	1936.11	方城县	中专	会计师
辛廷柱	汉	男	1939.7	西峡县	本科	高级工程师
刘庆霞	汉	女	1939.7	宛城区	本科	工程师
吴志光	汉	男	1940.12	南召县	本科	工程师
黄金顺	汉	男	1941.2	社旗县	本科	工程师
王春长	汉	男	1942.6	内乡县	中专	工程师
李路恒	汉	女	1943.1	卧龙区	大专	工程师
黄焱力	回	女	1943.3	黑龙江呼兰县	中专	工程师
韩宝星	汉	女	1950.10	天津市	本科	高级工程师
冯占亭	汉	男	1963.2	邓州市	本科	高级工程师（副站长）
王　阳	汉	男	1964.1	新野县	中专	工程师
邵　丽	汉	女	1967.5	邓州市	大专	工程师
刘　伟	汉	男	1968.8	内乡县	大专	经济师
冯　凯	汉	男	1969.10	南阳市	大专	工程师
苗　青	汉	女	1969.11	桐柏县	本科	高级工程师（站长）
辛向阳	汉	女	1970.5	西峡县	本科	高级工程师

续

姓名	民族	性别	出生年月	籍贯	学历	职称
张 莹	汉	女	1971.10	邓州市	大专	经济师
吴 环	汉	女	1973.2	南召县	大专	经济师
李 彬	汉	男	1974.10	卧龙区	大专	高级工程师
马晓茹	汉	女	1975.4	唐河县	本科	工程师
李冰雪	汉	女	1975.10	唐河县	本科	高级工程师
刘尚稳	汉	男	1975.11	社旗县	大专	高级工程师
任永杰	汉	男	1977.1	宛城区	本科	工程师
晋向丽	汉	女	1977.3	南阳市	本科	工程师
陈明洁	汉	女	1978.8	渑池县	本科	副研究员
刘立刚	汉	男	1978.8	南召县	本科	工程师
宋国英	汉	女	1978.10	新野县	本科	工程师
赵启迪	汉	男	1979.12	方城县	本科	工程师
刘 杨	回	女	1980.3	南阳市	本科	工程师
陈 勇	蒙	男	1981.5	南阳市	大专	工程师
詹宏旭	蒙	女	1983.11	镇平县	硕士研究生	馆员

（三）市林管站

市林管站中级以上技术职称人员

表 13-9

姓名	民族	性别	出生年月	籍贯	学历	职称
王瑞玲	汉	男	1935.2	方城县	本科	高级工程师
周海亭	汉	男	1940.11	淅川县	本科	高级工程师
冯居明	汉	男	1941.5	南阳市	本科	高级工程师
贾荣桂	汉	女	1938.7	南阳市	中专	工程师
谢黎福	汉	男	1942.7	南阳市	中专	工程师
李方平	汉	女	1958.6	新野县	大专	高级工程师
孙向伟	汉	男	1961.11	宛城区	本科	高级工程师
刘 航	汉	男	1963.9	内乡县	本科	工程师
李 霞	汉	女	1966.11	卧龙区	本科	高级工程师（副站长）
黄国宏	汉	男	1967.7	邓州市	大专	工程师
米 平	汉	女	1968.5	南阳市	大专	馆员
马 晓	汉	男	1968.10	新野县	本科	经济师（站长助理）
张安华	汉	男	1971.12	方城县	本科	高级工程师
安 静	汉	女	1972.4	唐河县	本科	高级工程师（站长）

续

姓名	民族	性别	出生年月	籍贯	学历	职称
杨哨爽	汉	男	1972.12	南阳市	大专	经济师
郭占胜	汉	男	1974.5	邓州市	研究生	高级工程师（副站长）
王 虹	蒙	女	1975.1	镇平县	本科	工程师
王 燚	汉	女	1975.2	南阳市	本科	会计师
勇 毫	汉	男	1976.3	桐柏县	本科	高级工程师
郭 鹏	汉	男	1977.2	新乡市	本科	工程师
吴 浩	回	男	1977.6	镇平县	本科	工程师
王志杰	汉	男	1977.8	新野县	本科	工程师
谢 浩	汉	男	1977.10	南阳市	本科	高级工程师
王彦芳	蒙	女	1978.10	内乡县	本科	工程师
杨兴香	汉	女	1979.12	宛城区	本科	工程师
王 静	回	女	1980.12	镇平县	本科	工程师
王 飞	蒙	男	1980.12	镇平县	本科	工程师
李璐璐	汉	女	1982.3	邓州市	本科	工程师
王大伟	汉	男	1983.10	方城县	本科	工程师

（四）市森防站

市森防站离退休正、副科级干部

表 13-10

姓名	民族	性别	出生年月	籍贯	职务	任副科时间	任正科时间	退休时间
刘素芳		女	1928.1	河北省魏县	正科	1987.6	1988.7	1988.7
曹书玉		男	1932.1	南召县	副科	1987.5		1994.1
孙艳富		女	1933.9	内乡县	副主任科员	1987.6		1988.11
黄德珍		男	1937.11	邓州市	副科	1987.6		1998.4
刘 哲		女	1941.11	唐河县	副主任科员	1991.1		1996.1
乔书珍		女	1951.12	新野县	主任科员		2006.4	

市森防站现任正、副科级干部

表 13-11

姓名	民族	性别	出生年月	籍贯	学历	职称
许 柯	汉	男	1936.2	本科	江苏省富迁县	高级工程师
刘成超	汉	男	1938.12	中专	内乡县	工程师
蔡凤华	汉	女	1939.10	本科	陕 县	高级工程师

续

姓名	民族	性别	出生年月	籍贯	学历	职称
王梅林	蒙	女	1967.2	大专	新野县	高级工程师
孙新杰	汉	男	1968	本科	邓州市	教授级高级工程师
李富学	回	男	1940.5	本科	唐河县	高级工程师
水德荣	回	女	1943.12	中专	南阳市	工程师
范培林	汉	男	1968.7	本科	镇平县	高级工程师（站长）
丁彤旗	汉	男	1971.10	本科	宛城区	高级工程师
杨　君	汉	女	1972.1	本科	宛城区	经济师（副站长）
薛照宇	汉	女	1972	本科	内乡县	高级工程师
李　博	汉	男	1974.1	大专	卧龙区	经济师
岳建顺	汉	男	1975.1	本科	西峡县	工程师
王　焱	汉	女	1975.2	本科	方城县	经济师
邹　波	汉	男	1975.11	大专	南阳市	经济师
丛海江	满	男	1976.2	本科	河北省隆化县	工程师（站长助理）
王德清	汉	男	1976.10	本科	卧龙区	经济师
庞　彬	汉	女	1977.8	本科	南阳市	工程师
梁林丽	汉	女	1980.12	本科	镇平县	工程师
张　政	汉	男	1980.12	大专	镇平县	工程师

（五）市林科所中级以上技术职称人员

表 13-12

姓名	民族	性别	出生年月	籍贯	学历	职称
李俊英	汉	女	1928.2	社旗县	本科	高级工程师
王志杰	汉	女	1939.12	社旗县	本科	高级工程师
王洪春	汉	男	1940.12	开封市	本科	高级工程师（副所长）
张群柱	汉	男	1940.12	南阳市	本科	高级工程师
杨恒延	汉	男	1942.7	方城县	本科	高级工程师（副所长）
张道善	汉	男	1939.5	项城县	本科	工程师
李道峰	汉	男	1939.7	洛阳市	中专	工程师（副所长）
陈文秀	汉	女	1940.1	方城县	本科	工程师
王桂英	汉	女	1940.2	荥阳县	本科	工程师
安士有	汉	男	1942.2	临颍县	中专	工程师
范成科	汉	男	1942.2	宛城区	本科	工程师
周荣华	汉	男	1943.10	镇平县	本科	工程师（所长）

续

姓名	民族	性别	出生年月	籍贯	学历	职称
王连卿	汉	男	1944.4	南阳市	中专	工程师
曾纪尚	汉	男	1972.5	宛城区	本科	工程师
罗新宇	汉	男	1947.8	上蔡县	中专	工程师
翟文继	汉	男	1963.1	南召县	本科	高级工程师（副所长）
田子涛	汉	男	1963.1	宛城区	本科	高级工程师
李景山	汉	男	1966.3	镇平县	本科	工程师（副所长）
贺全红	汉	女	1966.8	宛城区	大专	工程师
方占莹	汉	女	1967.6	宛城区	本科	高级工程师
王　瑾	汉	女	1967.7	开封县	本科	工程师
臧建立	汉	男	1968.7	唐河县	本科	工程师（副书记）
李　冰	汉	女	1968.7	桐柏县	专科	会计师
王　平	汉	女	1968.12	开封市	本科	高级工程师
海　鹰	汉	女	1969.6	卧龙区	本科	经济师
陈　灏	汉	女	1970.1	方城县	大专	高级工程师
何西豪	汉	男	1970.8	新野县	本科	工程师
王建玉	汉	男	1970.12	西峡县	专科	工程师
刘正周	汉	男	1971.11	宛城区	本科	高级工程师（副所长）
沈元勤	汉	女	1971.11	宛城区	大专	高级工程师
张长海	汉	男	1972.11	方城县	专科	工程师
王秋霞	汉	女	1973.3	唐河县	本科	高级工程师
韩云艳	汉	女	1973.7	卧龙区	本科	工程师
王华玉	蒙	男	1973.9	镇平县	本科	高级工程师
王万强	汉	男	1975.9	卧龙区	专科	工程师
刘有旺	汉	男	1976.3	桐柏县	本科	工程师
刘顺国	汉	男	1976.4	南召县	本科	工程师
景春华	汉	男	1976.4	卧龙区	本科	工程师
王二艳	汉	女	1976.5	桐柏县	本科	工程师
丁立军	汉	男	1976.9	宛城区	本科	工程师
骞绍娟	汉	女	1977.11	卧龙区	专科	工程师
马雪范	汉	女	1977.12	卧龙区	专科	工程师

续

姓名	民族	性别	出生年月	籍贯	学历	职称
魏亚平	汉	女	1978.4	邓州市	本科	工程师
丁凤刚	汉	女	1980.10	卧龙区	专科	工程师
郭俊会	汉	女	1978.12	镇平县	专科	经济师
翟文九	汉	男	1975.12	南召县	本科	工程师
翟文斌	汉	男	1973.04	南召县	本科	工程师
叶洪生	汉	男	1968.08	南阳市	本科	工程师
李国林	汉	男	1965.08	洛阳市	本科	工程师

（六）白河国家湿地公园管理处

白河国家湿地公园管理处中级以上技术职称人员

表 13-13

姓名	民族	性别	出生年月	籍贯	学历	职称
董建军	汉	男	1968.6	卧龙区	本科	高级工程师（副主任）
孙晓辉	汉	女	1968.6	镇平县	本科	高级工程师（副主任）
孙曾丽	汉	女	1973.12	镇平县	本科	高级工程师（支委委员）
高 梅	汉	女	1976.1	邓州市	本科	高级工程师（修复与建设科副科长）
张机伟	汉	男	1976.5	西峡县	本科	工程师（监测科科长）
周志军	汉	男	1978.3	方城县	本科	工程师（办公室主任）
马国丽	汉	女	1978.9	镇平县	本科	工程师（资源管理科科长）
谢 新	汉	女	1979.12	唐河县	本科	工程师(修复与建设科科长)
丁 博	回	男	1980.10	宛城区	本科	工程师（办公室副主任）

绿色家园——马鹏飞（摄）

第十四章 林业区划和规划

第一节 林业区划

1980年12月至1984年12月，南阳地区农业区划委员会林业专业组在地区林业局的直接领导下，开展全区县级林业资源调查和区划工作。参加人员有：王瑞令、宋海瑞、刘化忠、李连昌、奚胜利、张国和、王怀生、陈书照、赵王丽、王全光、宋书林、刘兴信、赵国珍。

南阳地区林业区划

林业区划的目的，在于合理开发利用林业资源的潜力，充分发挥地域性生产优势，分类指导林业生产经营活动，逐步实现林业专业化和区域化生产，形成科学的生产布局，为林业规划奠定基础，最终获得最大的生态效益和经济效益。

本次区划以林业资源现状和地带性自然地理条件，地貌类型和光热水资源条件以及地区国民经济发展的社会经济条件为依据，按照自然条件及经济技术条件的类似性，林业生产条件和发展方向的一致性、保持各分区地块的完整性、综合农业区划的协调性等四项原则，采取地理位置加地貌加林种的命名法，将全区划分为三个区和六个亚区。

一、伏牛山南坡山地防护、经济、用材林区

本区位于南阳盆地西北部，南接湖北，西依陕西，北靠洛阳地区，东连平顶山地区。包括西峡县全部、南召县、淅川县大部，内乡县、方城县、镇平县部分，涉及6个县71个乡（镇）1323个村民委员会，总面积117.5公顷，总人口189万人。

林业资源的特点是：以栎类、松树为主的用材林比重大，山茱萸、漆树、油桐为主要的经济林树种资源丰富，名、优、特产品多，荒山比重大，相对集中连片，利于经营管理，森林覆盖率49.2%。在有林地中，用材林、经济林、防护林、薪炭林、特用林分别占0.6、0.31、0.02、0.06、0.01。

区划确定该区今后林业发展方向是：坚持以林为主，合理增加水源涵养林，充分发挥用材林和经济林优势，切实加强森林自然保护区管理；以封山育林、次生林改造、幼林抚育为主，加快深山区飞播造林速度，辅助搞好人工造林，实行育、造、管、加工利用系列化经营，逐步建立一批以林业商品经济为支柱的林业专业乡、专业村，建成南阳地区重要的林工商基地。

今后应采取的主要经营措施：一是封山育林，加快荒山绿化步伐。二是扩大水源涵养林和水土保持林，迅速建成防护林完整体系。三是经营管理好现有森林资源，对疏林地要采取科学的措施进行改造，逐步变成符合经营目的的林分；对自然保护区，要按照国家关于自然保护区管理条例，搞好总体规划设计，拟定经营方案；对幼令林运用科学的营林措施和比较先进的手段进行抚育管理；对中令林搞好抚育间伐，提高林木生长量，增加木材收益；对成熟林要严格控制采伐计划和采伐量，逐步使林令结构趋于科学合理，达到永续经营利用的目的。四是加强经济林管理。现有经济林要加强垦复、施肥、老树更新、改良品种、防治病虫害，进行集约经营提高单产；新造经济林要做到布局合理，充分发挥优势品种，逐步建成相对集中连片，经营商品化的经济林基地。

该区划分三个亚区：

（一）伏牛山南坡中 山水源涵养，用材林亚区

西起西峡县的桑坪、寨根乡，东至南召县乔端、马市坪乡，为沿伏牛山脊呈东西走向的一狭长形地带。涉及西峡、内乡、南召 3 个县 18 个乡 98 个村民委员会，总面积 227170 公顷。森林覆盖率 75.5%。境内山高坡陡，海拔多在 1000 米以上，坡度大多在 30 度以上，为白河、湍河、老灌河之发源地。

该亚区发展林业应以建立水源涵养林，发挥生态效益为主。在 30 度以上的地区只进行卫生伐、抚育伐和轻度择伐，严禁主伐。对坡度 25 度以上的耕地要有计划的退耕还林。荒山绿化应以封山育林为主，人工造林要注意针阔混交、乔灌结合。

（二）伏牛山南坡西部低山用材、经济、防护林亚区

本亚区位于伏牛山南坡海拔 800 米以下的低山区。包括淅川、内乡、西峡 3 县的大部，涉及 43 个乡 786 个村民委员会，总面积 608788 公顷，森林覆盖率 41.3%。区内山峦起伏，坡度较缓，土壤深厚肥沃。盛产多种干鲜果品、药材、涂料等。

发展林业应以用材林、经济林为主，在沿河两岸营造防护林。用材林要以栎类、松类、侧柏以及阔杂乡土树种为主，控制采伐，加强管理，逐步建立起产量稳定，良性循环的木材生产基地；经济林要以油桐、山茱萸、猕猴桃、生漆、柑桔、板栗、核桃等为主，对老龄树要加强管理，逐步淘汰低劣品种，实现良种化，建立一批高产、稳产商品基地。同时保留部分牧坡，以适应畜牧业发展需要。

（三）伏牛山南坡东部低山防护经济林亚区

本亚区包括南召县大部，方城、镇平县一部分，共 27 个乡（镇）439 个村民委员会，总面积 339090 公顷，海拔多在 500 米～1000 米之间，森林覆盖率 45.6%。森林植物以栎类用材林、马尾松林、油松林、蚕坡为主，适生杜仲、辛夷、红果等多种价值高的经济林树种。

发展林业要以经济林为主，适当发展防护林。在适宜的地方要大力栽种辛夷、杜仲、红果、板栗等经济林树种，逐步形成具有一定规模的商品生产基地。对现有蚕坡要加强管理，在防止水土流失的前提下，提高饲蚕量；对一些水土流失严重的荒山，造林时要实行乔灌、草结合，以防止生态条件进一步恶化。

二、南阳盆地农田防护林、经济林区

本区位于南阳盆地中部地带，南部与湖北江汉平原相衔接，北部、西部、东北部与分区第一区接壤，东南部与分区第三区毗邻。包括邓县、唐河县、社旗县、新野县、南阳县、南阳市的全部，淅川县、镇平县、南召县、内乡县、方城县的一部分，涉及11个县（市）154个乡（镇）3164个村民委员会，区域总面积1284411公顷，总人口665.8万人。该区自北向南呈掌状盆地，中部盆地海拔73米～200米，盆沿岗丘海拔200米～500米。境内唐河、白河、湍河纵贯南北。

林业资源特点是两少、一低、一多。即林业用地少，占分区面积的9%；林业用地中有林地少，占分区面积的4.7%；森林覆盖率低，仅有9.8%，四旁树木多，9307万株，占全区四旁树木株数的82%。区内适生的干鲜杂果树种多，桃、梨、李、杏、苹果、樱桃、枣、柿等有悠久的栽培历史；椿、楝、榆、秋、桐、杨、柏是适生的乡土用材树种，适宜发展农林业立体种植。

区划确定今后林业发展方向是：贯彻农、林、牧、副全面发展的方针，在丘陵垄岗地区大力发展以鲜果为主的经济林，适当发展薪炭林；在平原地区积极营造农田防护林，抽出部分耕地以城镇为中心营造各种果园；在沿河地域营造速生丰产林；调整四旁树种，继续增加四旁树株数，森林覆盖率由9.8%提高到20%。

今后应采取的主要措施：一是因地制宜地建设平原农田防护林体系；二是依法治林，落实政策，加强林木管护；三是在丘陵垄岗地区以保持水土增加生物能源为主，营造水土保护和薪炭林，因地制宜地建设经济林基地，如广洋大枣基地、苹果基地、红果基地、杜仲基地等。

该区划分三个亚区：

（一）南阳盆地西部岗丘薪炭、防护、经济林亚区

包括西自淅川县，东到南阳县丘陵垄岗地带，涉及淅川县、内乡县、镇平县、南召县、南阳县、邓县6个县43个乡623个村民委员会，总面积286543.2公顷，森林覆盖率13.7%。本亚区适宜种植多种水果、干果及刺槐、麻栎等。

林业发展的重点是营造集约经营的苹果、广洋大枣、杜仲等经济林，因地制宜地营造薪炭林、农田防护林、四旁种秋树、毛白杨、泡桐等优质速生用材树种。

（二）南阳盆地中部农田林网、农桐间作亚区

包括新野县、南阳市全部、南阳县、邓县、唐河县、镇平县、方城县、社旗县大部，共111个乡（镇）1978个村民委员会，总面积739219.8公顷，以农作物种植为主，林业用地19324公顷），占2.1%，森林覆盖率7.5%。有53.33万公顷土地适宜农田林网，6.67万公顷土地适宜农桐间作，适宜多种水果和速生优质用材树生长。

发展林业应重点营造农田防护林，在沿河两岸营造以苹果、桃、葡萄为主的多种小鲜果园，营造泡桐、杨树等速生丰产林，搞好四旁植树，森林覆盖率达到16%左右。

（三）南阳盆地东部岗丘薪炭、防护林亚区

包括方城县、社旗县、唐河县各一部分，共41个乡563个村民委员会。总面积258708公顷，林业用地42778公顷，森林覆盖率12.1%。

发展林业的重点是建成宛东防护林体系，尤其方城县和社旗县接壤部分，是宛东防护林主风区，应以杨类、榆树、楝树、刺槐、松柏等乡土树种为主，建成宛东防护林体系主风区主体工程。整个体系要乔、灌、草结合，网、带、片结合，村、镇四旁植树与林网、沟路渠林结合，用材、薪炭、经济林与防护林结合。尽快与唐河县、新野县农田林网连片，形成一个庞大的防护林体系，以保障盆地平原农林牧业全面发展。同时，方城县北、西岗丘地带还要以建红果、广洋大枣基地为中心，综合发展林业生产。

三、桐柏山地用材、经济、防护林区

本区地处淮河，包括桐柏县全境，东邻信阳地区，西连唐河县，北衔泌阳县、确山县，南接湖北省的枣阳县、随县，共18个乡（镇）219个村民委员会，总面积19万公顷，总人口35.1万人。

本区属桐柏山系，山势较缓，海拔400米～800米，是一个以林为主的分区。林业用地面积113566公顷），占总面积的60%，森林覆盖率37.3%。主要树种有栓皮栎、麻栎、马尾松、泡桐、刺槐、油桐、板栗等。火炬松、湿地松在该区引种已经成功。林业资源的特点是经济林、防护林少，产量低，可采资源少。

区划确定该区林业发展方向是：坚持以林为主的方针，加强现有林管理，提高单位面积产量，以板栗、油桐为主大力发展经济林，在淮河上游地区营造水源涵养林、防护林，在浅山地区营造火炬松、湿地松速生丰产用材林，建立一定面积的薪炭林基地，积极发展山明桐、干鲜果树为主的四旁树，经营好太白顶自然保护区。

今后应采取的经营措施：一是坚持科学造林，建设松栎用材林基地。在海拔500～700米的宜林荒山荒地上，采取飞、封、造、管、改相结合的措施，尽快建成以马尾松、栓皮栎、麻栎为主要优势树种的松栎混交林基地；在海拔500米以下的坡基、沟底、四旁营造以油桐、板栗为主的经济林；同时，选择典型的立地条件营造火炬松、湿地松丰产林。二是提高森林经营水平，管护好现有森林资源，提高林木生长量。

第二节 林业规划

新中国成立以来，在林业发展历程中，针对每一个阶段发展状况，有针对性的制定林业发展规划。随着国民经济发展计划的制定，每五年，制定林业发展规划，并组织实施。1990年以来，市政府、市林业局分阶段、有重点地制定造林规划、林业产业发展规划、经济林发展规划等，促进林业发展。2004年，市政府制定《绿色南阳建设规划》；同年，制定下发《南阳市平原和丘陵区造林绿化规划》。2007年，根据河南林业生态省建设规划，市政府制定下发《南阳市林业生态建设规划》。2013年，委托中国林科院制定《渠首高效生态经济示范市林业建设规划》；同年，根据河南省林业生态省建设提升工程规划，市政府制定下发《南阳高效生态经济示范市林业建设规划（2013—2017年）》，这项规划已启动实施。

南阳高效生态经济示范市林业建设规划

一、指导思想

以科学发展观为指导，全面贯彻落实党的十八大精神，紧紧围绕南阳高效生态经济示范市建设，全面实施以生态建设为主体的林业发展战略，尊重自然、顺应自然、保护自然，坚守林地“绿线”和湿地水域“蓝线”，不断加快造林绿化步伐，大力发展林业产业，强化森林资源管护，全面提升城市绿景、山区绿屏、平原绿网建设水平，实现森林“双增”（森林覆盖率和森林蓄积量增长）目标，构建“三区三带”生态建设格局，推进高效生态林业发展，提高生态文明建设水平，为建成天蓝、地绿、水净的大美南阳作出新的贡献。

二、基本原则

1. 突出重点，整体推进。巩固林业生态建设成果，加强重点区域生态建设，发展绿色富民产业。围绕生态改善、粮食稳产、环境宜居，重点完善国土生态安全体系；围绕经济发展、农民增收、增加供给，重点完善绿色富民产业体系；整体推进生态文化体系和支撑保障体系建设。

2. 因地制宜，注重质量。山区、丘陵区立地条件差的困难造林地及生态区位重要地段以发展公益林为主，立地条件较好的宜林地以发展商品林为主。平原区在完善农田林网的同时，大力发展花卉苗木、特色经济林和速生丰产林。转变发展方式，从数量扩张向数量质量并重转变，更加注重效益。积极保护现有林业资源，通过示范带动，打造精品，提高造林质量，加强森林经营，优化产业结构，提高林业质量和效益。

3. 依靠科技，改革创新。充分发挥科技的先导性、全局性、基础性作用，以突破重点技术、强化推广应用、优化创新环境为重点，不断增强林业科技创新能力。深化集体林权制度改革和林业管理体制改革，扎实推进国有场圃改革，形成林业改革全面推进的态势，为新时期林业发展注入新的活力，用体制机制创新为林业发展提供动力，以改革的成果惠及广大人民群众。

4. 改善民生，统筹兼顾。坚持以人为本，推进现代林业发展，着力发展民生林业。加大自然生态系统保护力度，实现生活空间宜居适度、生态空间山清水秀。坚持生态优先，寓产业发展于生态建设之中，实现生态经济化、经济生态化。注重政府主导与市场调节、生态效益与经济效益、整体利益与局部利益、长远目标与近期目标兼顾。

三、建设目标

到2017年，森林覆盖率逐步提高，生态系统稳定性增强，人居环境明显改善。全市森林面积、蓄积量稳步增加，林种树种结构趋于优化，森林、湿地等系统功能明显增强，木材及其他林产品有效供给增加，林业主导产业快速发展，生态文化体系基本形成，全民生态文明意识明显增强。

1. 总体目标。造林（含新造林和更新造林）17.81 万公顷，森林面积达到 96.47 万公顷，森林覆盖率达到 36.5%。

森林抚育和改造 33.37 万公顷，森林蓄积量达到 2702 万立方米以上。林业年生态效益价值达到 879.52 亿元，其中森林年生态效益价值 756.85 亿元，湿地年生态效益价值 122.67 亿元。林业产业年总产值达到 200 亿元以上，形成销售收入 5 亿元以上的林业产业化集群 18 个。省级以上生态文明教育基地达到 13 个。

2. 具体目标。沟、河、路、渠、库周边宜绿化地段绿化率达到 95% 以上，平原农田林网控制率稳定在 95% 以上，城镇、社区建成区绿地率达到 31% 以上。主要经济林栽植面积达到 18.08 万公顷。花卉苗木种植面积达到 2.04 万公顷。林下种植、养殖经营面积达到 15.76 万公顷，专业合作组织发展到 84 个。人工林商品材供应率达到 90%，森林资源综合利用率达到 95% 以上。重点林区森林防火监测覆盖率达到 80%，火灾受害率稳定控制在 1‰以下。无公害防治率达到 85% 以上，林业有害生物成灾率控制在 4‰以下。新建自然保护区、森林（湿地）公园 15.55 万公顷，总面积达到 32.15 万公顷，占全市国土面积的 12.08%；90% 以上的国家和省重点保护野生动物和 80% 以上的极小种群野生植物种类得到有效保护。科技进步贡献率达到 52%，专业技术人员的比例达到 13%。林业生态文明建设示范县达到 2 个。

四、总体布局

（一）国土生态安全体系建设布局

根据南阳自然区域特征及决定区域分异的主导因素、林业建设现状及其主导功能差异，依托自然的山地、平原、河流、水库、道路等地貌地物，全面实施以生态建设为主的林业发展战略，构建“三区三带”（伏牛山地生态区、桐柏山地生态区、平原生态涵养区和南水北调中线生态走廊、沿白河生态涵养带和沿淮河生态保育带）生态建设格局。

1. 伏牛山地生态区。加强南水北调中线工程水源地生态建设，营造水源涵养林、水土保持林和生态能源林，开展石漠化治理，加强中幼林抚育和低质低效林改造，保护生物多样性，有效恢复和扩大森林（湿地）资源，充分发挥森林的综合效益。通过加快林业生态建设，把伏牛山建成横亘南阳东北 - 西南、功能完善的生态屏障以及物种多样、林海茫茫、绿野千里、景色俊秀的中原大地植物王国、旅游胜地。

2. 桐柏山地生态区。大力植树造林，提高混交林比例，加强中幼林抚育和低质低效林改造，提高林地生产力，增强生物多样性和生态系统稳定性。通过加快林业生态建设，把桐柏山建成山清水秀、林木繁茂的千里淮河生态明珠、绿色宝库。

3. 平原生态涵养区。完善平原绿化水平，积极稳妥地推进农田防护林改扩建，建立带、片、网相结合，多树种、多层次稳定的农田防护林体系，构筑粮食稳产高产生态屏障；建设以月季、玉兰、绿化苗木为主的花卉苗木产业基地。通过加快林业生态建设，把平原区建成林网密织、片林棋布的生态宜居家园，倾力打造林丰粮茂的绿色新盆地。

4. 南水北调中线生态走廊。在南水北调中线干渠两侧各营造100米宽的生态防护林带，周边区域加强农田林网建设，提高生态防护功能，保护干渠生态安全。通过造林绿化，建成集景观效益、生态经济效益和社会效益于一体的生态廊道。

5. 沿白河生态涵养带。加强湿地保护与恢复，建设白河国家湿地公园；加强鸭河口水库库区绿化，防止水土流失；沿白河两岸各营造100米宽的生态林带，重要景观节点重点建设；加强白河两侧农田林网建设，提高生态防护功能。通过造林绿化和湿地公园建设，把沿白河生态涵养带建成南阳市中心城区重要的生态安全屏障、生态文明建设的标志性工程。

6. 沿淮河生态保育带。建设淮河源头水源涵养林、淮河两岸生态防护林带，加强湿地保护与恢复，提高水源涵养和水土保持能力，防止水土流失，增强生态功能。通过造林绿化和湿地保护，把沿淮河生态保育带建成淮河流域桐柏段重要的生态防护屏障，维护千里淮河源头生态安全。

（二）绿色富民产业体系建设布局

依托林业资源优势，以市场需求为导向，在全市培育一批布局合理、优势明显、特色突出、市场竞争力强的林业产业集群，使之成为农民增收新的增长点，逐步形成区域支柱产业。

重点发展以月季、玉兰为主的花卉苗木产业，突出“两园一带”示范区（卧龙区万亩月季园、南召县万亩辛夷玉兰园、百公里花木长廊）建设，推进具有地域特色的花卉苗木产业集聚发展，形成点、线、面相结合的花木生产格局，把南阳建成全国最大的月季、玉兰生产繁育销售中心，全国最大的木本药用花卉生产基地，全国最大的“南花北移”品种驯化中心，鄂豫陕交界地区花卉交易物流、信息咨询发布中心。

大力发展具有地方特色的高效生态林果业。以西峡、南召、内乡、桐柏等县为重点的猕猴桃、桃、梨鲜果基地；以内乡、淅川、西峡、南召、桐柏、卧龙等县区为重点的核桃、板栗等干果基地；以西峡、内乡、南召、桐柏、唐河、方城等县为重点的山茱萸、辛夷、杜仲、木瓜、栀子等木本药材基地；以桐柏为重点、辐射唐河，形成桐柏山名优绿茶区；以淅川、西峡、内乡为重点，辐射邓州、方城、镇平、南召等县（市）的生态绿茶带；在淅川县沿丹江库区建设金银花绿色产业带。在条件适宜的伏牛山区，结合生态林建设，营造黄连木、油桐、乌桕、油茶等生态能源林。

重点在邓州、内乡、社旗、卧龙、宛城等县（市、区）发展以人造板为主的木材加工业。

加快林下经济发展，引导农民大力发展林药林菌等林下种植业、林禽林畜等林下养殖业，扩大规模，提高经济效益，实现以短养长、长短结合的良性循环。

（三）生态文化体系建设布局

与全省主体功能区规划相衔接，以自然保护区、森林公园、湿地公园、博物馆和学校等生态景观或教育资源丰富的企事业单位为基础，创建一批重点生态文明、生态文化教育基地。以生态休闲旅游为重点，加强生态旅游和生态文化基础设施建设，全面挖掘和提升生态文化内涵，在南阳市建成1个国家级生态文明教育基地，每个县有1个省级或市级生态文明教育基地或生态文化示范村（企业）。大力开展林业生态乡镇、生态村评选活动，开展林业生态文明示范县、绿化模范县、绿化模范单位创建活动。

充分利用林业旅游资源，逐步培育和形成以国家森林公园、省级森林公园为主，自然保护区、湿地公园为辅的森林旅游发展格局，形成以西峡老界岭、内乡宝天曼、桐柏太白顶三大自然保护区、淅川丹江库区以及南水北调中线源头、白河湿地公园为重点的五大森林旅游区块。

五、重点建设工程

1. 国土生态安全体系建设工程。在继续推进国家林业工程建设的同时，重点实施生态廊道网络建设工程、农田防护林体系建设工程、城镇社区绿化美化工程、山区生态林营造工程等省级生态建设工程。规划总规模43.39万公顷，其中造林11.55万公顷（含新造林和更新造林），改造低质低效林3.17万公顷，抚育中幼林28.66万公顷。包括天然林资源保护二期工程、退耕还林工程、长江流域防护林体系建设工程、生态公益林工程、野生动植物保护和自然保护区建设工程、森林、湿地公园建设工程、石漠化治理工程、造林补贴试点项目、森林抚育补贴试点项目等国家林业重点工程；生态廊道网络建设工程、农田防护林体系建设工程、城镇社区绿化美化工程、山区生态林营造工程等省级林业重点工程。

2. 绿色富民产业体系建设工程。发挥林业基础产业作用，在利用中保护、在保护中利用，促进永续利用，加快林业产业发展，实现生态经济化、经济生态化和兴林富民的目标。规划实施花卉苗木、特色经济林、林下种植养殖、林产工业4大林业产业工程。

3. 生态文化体系建设工程。包括生态文明和生态文化教育基地建设、生态文化产品创作和宣传、加强古树名木保护，弘扬生态文化等。

梦幻花海——杜辉宇（摄）

第十五章 林业民俗

第一节　林业诗词歌赋

墨山夕照

王　彦

西望樵楼对远岭，残霞晚照树森林，
千年墨色名犹在，一瞬红光艳更深。
孤鹜拼飞初入渚，昏鸦乱阵尽投林，
吾徒未包大寥廓，谁与相将月下吟。

注：王彦为光银寺少卿；节选自“内乡通考”卷八艺文 P542。

半山亭招仲梁饮

元好问

孤城郁郁山四周，外人乍到如累囚，
半山亭前淅江水，只可与君消百忧，
江山百年有此客，云树六月生凉秋，
世上红尘争白日，一邱一壑去来休。

天春亭

邵 雍

内乡有园名天春，春时桃李如彩云，
邑民携觞遥帘幕，或歌或舞何欢欣，
县尹中间意自若，真为前世无古人。
牡丹百品红与紫，华而不实徒纷纭。

注：邵雍为赐谥庚节先生。

水帘洞

(唐) 杨 载

石林求路转聱牙，来访香严大士家，
雨过门前生薤叶，风行陇上落松花。
悬崖滴水鸣金声，激涧泉流走玉沙，
欲适山林去城市，久知寂寞胜芳华。
注：杨载为宁国路总管府推官前史院编修

晨光

王 俨

一山如釜覆高峰，先接晨光遍磬空，
树影婆娑天欲曙，花阴琐碎日将红，
山边鸡唱沉寒月，林外钟声送晓风，
绝顶有般甚画处，翠烟沵锁梵五官。

奉仙观间笛

杨子荣

何处人横笛，仙家竹树阴，
唤回孤销梦，吹断故园心，
杨柳摇沵港，梅花落园林，
遗音更亲切，霜月夜沉沉。
注：杨子荣为内乡训导。

过湍东

陈　白

行行出东门，一望何消爽，
秋风飒然来，入林更成响，
木杪见苍山，长啸思独往。

登白台岗

宝鼎望

隔岭间清梵，登台胜境明，
山幽松柏古，地迥水云平，
川影随沙断，秋声入涧明，
悠悠忘世虑，俯仰有余情。

注：宝鼎望为清代内乡知县

题内乡　王静菴先生小照

郑　鑾

洂山喜善言，木石契渊襟，
物象静中閟，松林深复深，
千年为松寿，万籁为松音，
此中有真趣，此外皆蹄涔，
独在支离叟，得趣仍相寻，
古干发孙枝，磊磊复森林，
聊为绵蕞习，不作伐檀侵，
王树快临风，叶叶抱松心。

注：郑鑾曾任鲁山知县。

圣朵山

李 蓑

圣朵山名自昔闻，耸然不与众山群，
沵藏翠壑千层雪，高挂青天一片云。
元始到今如雪玉，巨灵何处可挥金，
我来登眺浑忘倦，遮莫西林下夕曛。

临江仙云

元好问

夏关秋林一水窟，家家林影湖光，
三年闲为一官忙。
薄书愁里过，笋蕨梦中香，
文志书来招我隐，临统一盖茅堂，
白头兄弟共商量。
山田寻二顷，他日作桐乡。

注：元好问为元朝时内乡县令诗词甚多，有关林业的仅录此数篇。以上诗词歌赋摘自《内乡县林业志》。

一棵树之于一个人

杜思高

这些天
我总是想起
一滴水和一片沙漠
一条河和一个民族
一株草和一个季节
一棵树和一个人

是的 我是务林人
我脚踩荒山
头顶蓝天

高山风寒啊
远天日炎

一滴水 可以润泽一片沙漠
比如露珠 比如雨水
一条河 可以哺育一个民族
比如黄河 比如长江
一株草 可以唤醒整个春天
比如迎春 比如车前
一棵树 可以撑起一个人脆弱的灵魂
比如松树 比如白杨
让柔软的内心
海般辽阔 天般湛蓝
让脆弱的人性
青松般高洁 白杨般挺拔

是的 一棵树默默地生长
汲日月之精华 采天地之灵气
纳五湖之文蕴
深深地扎根丰沃的土壤
源源地释放着氧气 牢固地涵养着水源
呵护着辽远的乡村 滋养着高大的城市
让干燥的空气变得湿润 流畅
让冷漠的心灵变得多情 蓄满爱意
让僵化的灵魂变得灵动 诗情画意
让一个古老民族更加充满生机 神采奕奕
让一个民族前进的脚步更加坚实 铿锵有力

是的 我是务林人
我是一棵树
我生长在高山 沙漠
我生长在平原
我生长在祖国的万里海天
注：杜思高时任市林业局人事科科长、作家、诗人。

第二节 林业谚语

植树造林，富国富民。

家有寸材，不可当柴。

路是人开，树是人栽。

栽树忙一天，利益得百年。

现在人养树，来日树养人。

人要文化，山要绿化。

治水先治山，治山先栽树。

一年之计莫如种谷，十年之计莫如种树。

绿化秃山头，浊水变清流。

山上绿幽幽，泉水不断流。

揭了山皮，饿了肚皮。

山岗多栽树，水土不下流。

植树把林造，抗旱又防涝。

房前屋后，栽桑种柳。

房前栽柳，房后栽槐。

河边栽柳，道边栽杨。

柳树不怕淹，松树不怕干。

家有榆槐，不可当柴。

人挪活，树挪死。

禾要秧好，树要苗好。

过河要搭桥，造林要育苗。

苗要种好，树要根好。

根顺直，土砸实。

靠山吃山，吃山养山。

光栽不护，白费工夫。

栽树容易保树难。

三分造，七分管，成林有保险。

儿不管教不成人，树不培植不成林。

山上栽满树，等于修水库；雨多它能吞，雨少它能吐。

有林山泉满，无树河套干。

山上树木光，山下走泥浆。

家有百棵树，不愁吃穿住。

山上毁林开荒，山下农田遭殃。

富了不忘栽树，穷了不忘喂猪。

正月种松满山青，二月栽松满山红。

早栽青松晚栽槐，不信就会变干柴。

雨季造林易成活，抓着火候莫错过。

造林要知树皮气，不然白白搭力气。

不适地、不适树，结果长成小老树。

因地制宜搞规划，适合种啥就种啥。

高山松柏河岸柳，四旁栽种椿榆楸。

松树岭、杉树洼，桐漆种在山脚下。

松栎爬高山，杨柳下平川。

青松不嫌土肥瘦，娇杨不怕大水冲。

旱枣，淹梨，涝柿子。

松树喜酸圣柳碱，柏树长在石灰岩。

栎树栽在碱窝，活的没有死的多。

松树要挤，泡桐要稀。

松树干死不下水，柳树淹死不上山，
高山松柏河岸柳，柿子核桃钻山沟。
杨要稀，松要稠，桐树地里卧下牛。

村旁千株柳，不用满山走。
河边千棵柳，不用打柴郎。
山区要变富，发展农林牧。

洼地栽泡桐，谁栽谁受穷。
洼地种刺槐，十年九失败。

败山毁林，山穷人更穷。
养山蓄林，山富人自富。

椿栽骨朵，枣栽芽，柳树栽到冰凌茬。
春栽泡桐，夏栽桑，五六月里立枣行。

春植杨柳夏栽桑，正月种松好时光，
立春早、清明迟，春分植树最适时。

植树种草两件宝，农业生产离不了。
不植树，不种草，人无粮，畜无草。

正月梅花香又香，二月兰花盆里装。
三月桃花红十里，四月蔷薇靠短墙，
五月石榴红似火，六月荷花满池塘，
七月栀子头上戴，八月桂花横枝黄，
九月菊花初开放，十月芙蓉正上妆，
十一月水仙供上案，十二月腊梅雪里香。

第三节 林业名人书画

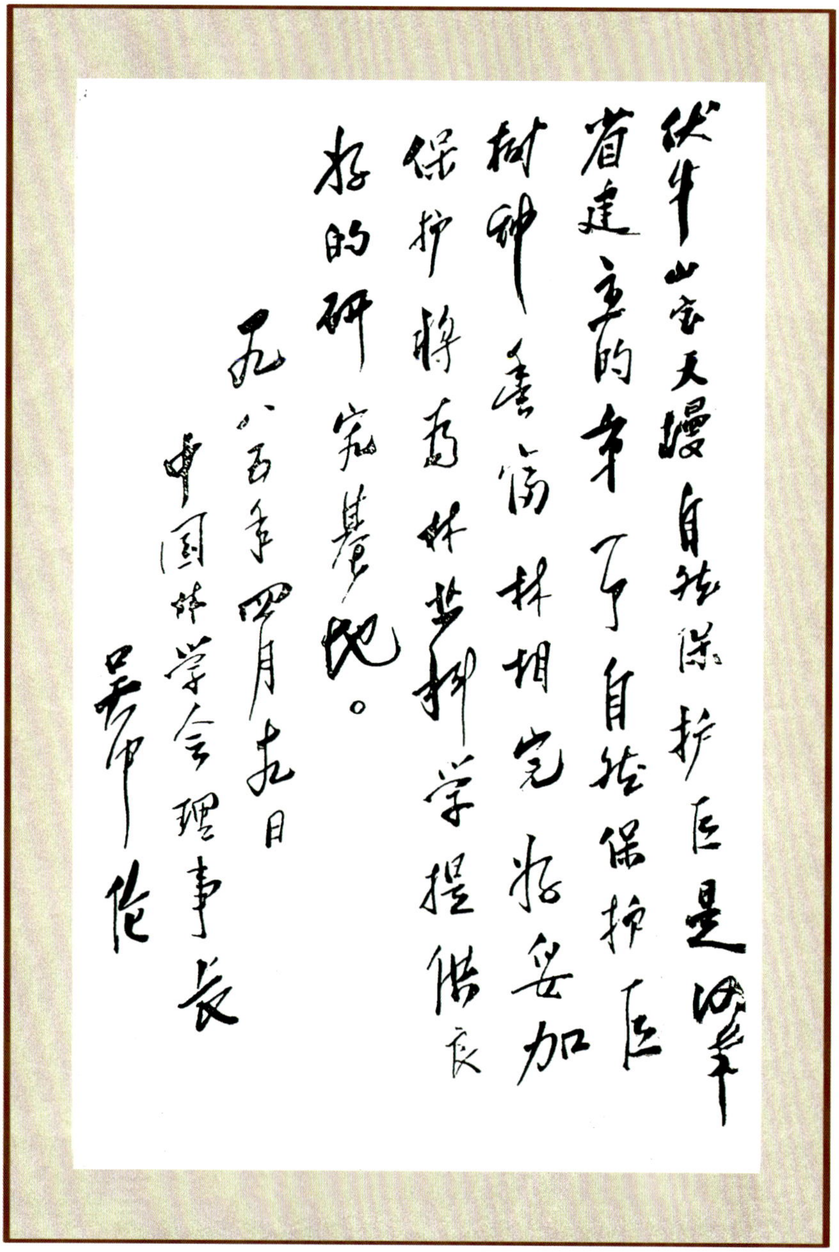

1985 年 4 月 19 日，中国林学会理事长吴中伦为宝天曼题词。

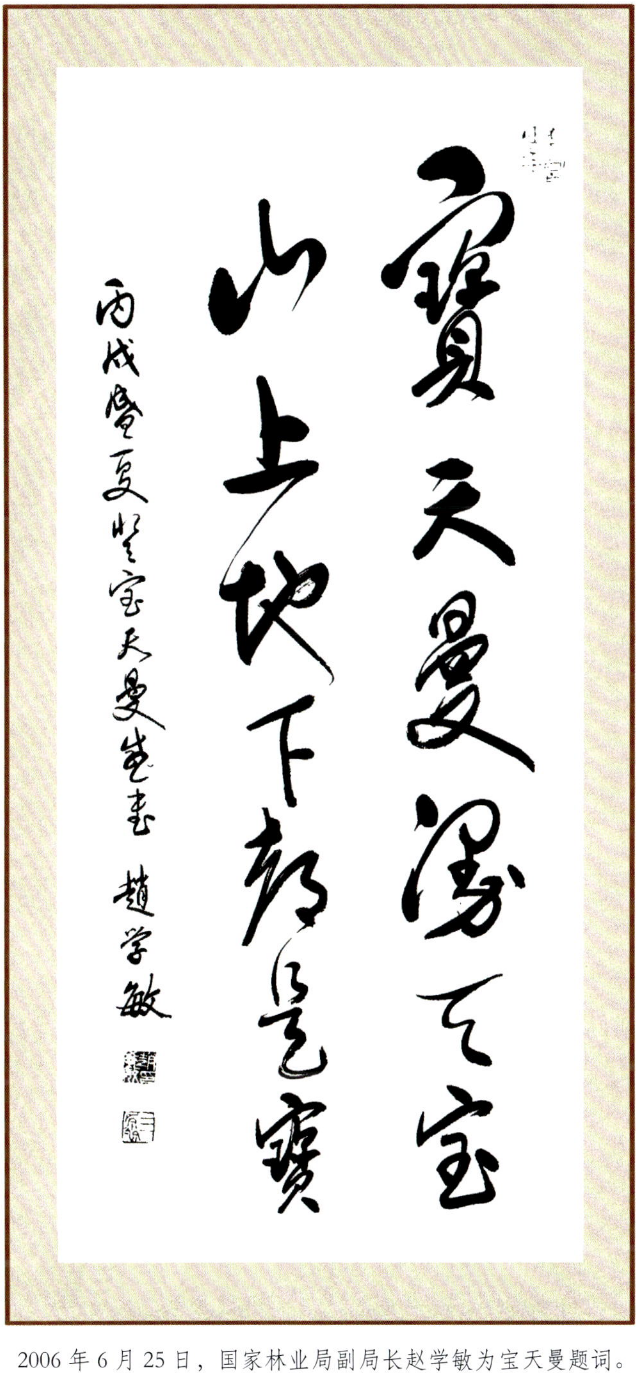

2006 年 6 月 25 日，国家林业局副局长赵学敏为宝天曼题词。

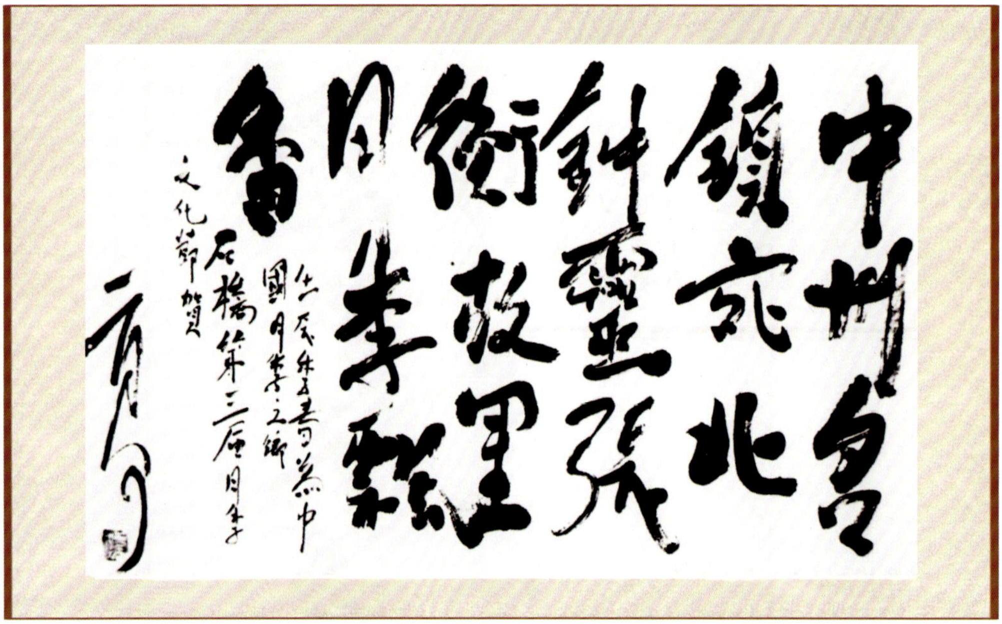

2012 年 3 月，著名作家二月河为第三届月季文化节题词。

2015 年 4 月，著名作家二月河为 2016 年世界月季洲际大会“南陽园”题字。

美丽乡村

第十六章 县市区林业概况

第一节 西峡县

西峡县位于南阳市西北边陲、伏牛山南麓。辖 16 个乡（镇）、3 个街道办事处，299 个行政村（社区居委会），人口 45 万。全县总面积 34.53 万公顷，其中林业用地面积 29 万公顷，有林地面积 26.4 万公顷，活立木蓄积 821.8 万立方米，森林覆盖率 76.8%。有国家级自然保护区 1 个，面积 1.06 万公顷；国家森林公园 1 个，面积 753.33 公顷。

西峡伏牛山景色

西峡老君洞

西峡县森林资源丰富，被誉为河南省“天然植物标本园”。全县有维管束植物 1600 多种，其中木本植物 550 种，草本植物 1100 种，藤本植物 13 种。有南方红豆杉、野生银杏、光叶蕨 3 种国家一级保护植物，桫椤、秦岭冷杉、鹅掌楸、香果树等 14 种国家二级保护植物，麦吊云杉、天竺桂、刺五加、天目姜子等 22 种国家三级保护植物，球果香榧、木桶马兜玲、陕西紫茎、巴山冷杉、三尖杉等 32 种省级重点保护植物。盛产林产、林副产品 800 多种，年产量 2 万多吨。被誉为“四大宝”的山茱萸、猕猴桃、油桐、生漆，在全省乃至全国占有优势。

中华人民共和国成立后，西峡县历届党委、政府都重视林业建设。1949 年 12 月，成立实业科主管林业工作。1954 年后，根据不同时期形势的发展和需要，经过多次名称变更与机构合并。1982 年 5 月，定名为西峡县林业局。2004 年，伏牛西路县林业局办公大楼正式投入使用，占地面积 5003 平方米，建筑面积主楼 7 层、副楼 3 层，共计 5378 平方米。院内绿树成荫，环境优美，办公设施初步实现信息化、电子化，成为新时期林业发展的一个缩影。

2010 年 4 月，中国科学院院士、中国林科院首席科学家唐守正考察指导西峡县林业生态建设

60 多年来，西峡县林业事业不断发展壮大，成为全县经济社会发展的重要生态屏障和支柱产业。1986 年，林业部在西峡县召开全国县级林业区划现场会。同年 7 月，林业部组织“一院三队”30 多名专家现场考察。1990 年 5 月，中国林业区划研

究会50多名专家在西峡县召开经济开发研讨会。2010年，河南省林业产业现场观摩会在西峡县召开。国家林业局副局长李育才等领导到该县参观考察。2011年、2013年、2015年，连续召开三次全国猕猴桃高层论坛。自2006年起，每两年举办一次全国香菇高层论坛及博览会，至2016年已举办6届。2016年5月，河南林业生态省建设提升工作座谈会在西峡县召开。先后荣获全国造林绿化先进单位、全国国土绿化突出贡献单位、全国林业系统先进集体、全国造林绿化百佳县（市）、国家级林业科技示范县、国家园林县城、河南省林业推进生态文明建设示范县、河南省保护森林和野生动植物资源先进集体、河南省优质服务窗口、中国名特优经济林—山茱萸之乡、猕猴桃之乡等。

中华人民共和国成立以来，西峡县林业发展经历五个阶段：

1949年10月～1956年12月，社会主义改造基本完成时期。这一时期，全县人民开展剿匪反霸、土地改革，继而走上农业合作化发展道路。起初，山林为农民个体所有，农民自养自护。1956年，实现农业合作化，山林入社，归集体所有，集体养护，采伐收益分红。这一阶段，设立专门机构，加强林业生产的领导和管理。开展苗木培育，开始大面积人工造林。禁止陡坡开荒，逐步实施退耕造林。建立地方国营林场，林业资源初步得到合理开发。

1957年1月～1966年5月，全面建设社会主义时期。1958年人民公社社会化运动，将农业合作社的山林统一收归公社所有。1958年8月至1959年3月，由公社统管，按需采伐，不计价值。1959年夏到1961年11月，以生产大队为基础，实行三级所有。1962年3月，核算单位下放到生产小队，实行小队统管，养护计酬，林木和林副产品作价处理，收入归队，年终分红。1963年，县委、县人委通知把集体山林划给社员个人经营，允许自行处理山林和小片荒地，建立专业队、组，但因没有把责、权、利统一起来，管理效益不佳。社会主义改造基本完成后，林业生产进入全面发展时期。期间，经历"大炼钢铁"和三年困难时期，林业建设在曲折中前进。

1966年5月～1979年10月，文化大革命时期。1966年5月至1976年10月，历时10年的文化大革命，国民经济遭受严重损失，林业也深受其害。但广大林业干部、职工在困难中坚持生产，特别是在农业学大寨期间，坚持治山造林，取得一定成效。

1976年10月～1992年12月，社会主义现代化建设时期。党的十一届三中会会以后，县委、县政府总结历史经验，从西峡山区的实际出发，确立"以林为主、农林牧结合，多种经营，全面发展"的林业建设方针，把林业生产放在重要位置，落实林业政策，划定自留山、责任山，全面推行林业生产承包责任制，从根本上调动群众营林生产积极性。这一时期，对全县林业资源进行普查，开展林业区划和规划工作，采取设置基层林业规划员的办法，组织群众科学经营，县级林业区划规划实施工作受到林业部肯定，并在全

西峡猕猴桃

国推广。林业成为山区脱贫致富的支柱产业，在国民经济和社会发展中的地位得到进一步巩固和提高。

1993 年 1 月至今，林业快速发展时期。这一时期，林业资源开发利用步伐加快。以猕猴桃、山茱萸、香菇等优质资源为主体的林业产业发展迅速，走向种植化、规模化、市场化发展轨道；以宛药集团、福莱尔航空食品、兆丰猕猴桃有限公司、华邦食品为主的林产加工企业发展迅速，香菇、猕猴桃等制成品占领国内市场，走出国门；以林业产权流转为主体的林业改革逐步深入，农民可以进行林地经营权的有偿转让、继承、流转等，企业可以注资购买山林经营权，并可以林权抵押贷款等；以退耕还林、天保工程为主体的林业生态补偿惠民政策得到落实，退耕还林后，农民造林享受国家资金补助。与中国林科院科技合作步伐加快，林业科技水平不断提高。

（一）造林绿化

1. 荒山造林。1991 年后，西峡县借助国家造林投入政策，以项目助推山区造林绿化工作的开展，1995 年全县基本消灭宜林荒山荒地，森林覆盖率由 1982 年的 52.5% 提高到 76.8%。（1）退耕还林工程。2002 年正式启动实施，至 2016 年，共完成退耕还林工程 2.39 万公顷，其中退耕地造林 0.45 万公顷、荒山荒地造林 1 万公顷、封山育林 0.8 万公顷。（2）飞播造林。采用飞机播种造林，先后在桑坪、石界河、米坪、军马河、西坪、寨根、重阳、五里桥等乡（镇）的荒山上，播撒油松、马尾松、黑松等种子，面积 4.17 万公顷。（3）封山育林。采取死封、轮封、活封相结合的措施。1990 年实施封山育林，至 2016 年，共封育山林 7.87 万公顷。（4）长防林工程。1990 年，西峡县被林业部确定为全国长防林建设 200 个达标竞赛县之一。1991 年 4 月，一期工程正式实施。止 2016 年，共完成连片基地造林 300 多处、面积 4.39 万公顷。（5）公益林工程和天保工程。2004 年，启动实施国家公益林保护工程，面积 7.29 万公顷。2011 年，纳入国家二期天然林保护工程（地方公益林），面积 15.28 万公顷。在搞好保护工作的同时，在项目区实施封山育林、荒山补植补造、中幼林抚育等作业，有效提高了林分质量和生态保护效能。（5）中幼林抚育和低产林改造工程。采取修枝、割杂去蔓、病虫害防治等措施，实施中幼林抚育 5.79 万公顷，低质低效林改造 1.41 万公顷，提高林分质量和林地综合效益。2005 年起，全县开始实行项目造林合同制管理，县财政每年投入资金 300 万元，对造林绿化工作实行以奖代补。鼓励企业、专业合作社、承包大户投资造林、建基地，兴办绿色企业。止 2016 年，全县有 20 多家企业投资建设猕猴桃等产业基地，累计投入资金 8000 多万元。

2. 基地建设。20 世纪 50 年代开始，西峡县开始多批次、大面积营造经济林基地。1981 年至 1985 年，组织大规模基地造林，在丹水、田关、五里桥、回车、阳城等乡（镇），建成 20 公顷以上的油桐基地 27 处、面积 0.08 万公顷，河道林基地 15 处、面积 0.11 万公顷，苹果等其它经济林基地百余处，面积 0.2 万公顷。北部山区建立山茱萸、猕猴桃基地 180 余处、面积 0.33 万公顷。1986 年，根据省、市“突出干果、加强特用、适当水果”的经济林发展方针，西峡县规划深山发展山茱萸、板栗、杜仲，浅山发展柑桔、苹果等，加强经济林垦复和野生林改造。1998 年起，县委、县政府提出重点发展“菌果药”三大产业，发展以猕猴桃、核桃、杏李、板栗为重点的干鲜果经济林基地和以山茱萸为重点的药用经济林基地。2016年，全县各类经济林基地达到4万公顷，其中猕猴桃基地0.83万公顷，山茱萸基地1.4万公顷。

西峡林农喜获丰收

3. 乡村绿化。2000年，启动实施围镇、围村造林绿化工程。2005年，党的十六届五中全会提出建设社会主义新农村，林业部门把造林绿化与新农村建设融合起来，整体推进村镇绿化工作。至2016年，全县建立省级美丽乡村示范点12个，60多个村新农村绿化达标，建成一批园林式乡村，其中五里桥镇黄狮村、丁河镇简村、双龙镇化山村等，成为远近文明的新农村建设示范村。

4. 义务植树。1957年，西峡县委首次组织干部、职工、群众、学生在冬、春季节到国营林场、集体林地义务植树造林。1980年3月12日植树节，县委、县政府首次组织6万多名干部群众参加义务植树活动，植树1716公顷。1982年3月，县政府作出关于贯彻全国人大四次会议决议，认真开展全民义务植树运动。此后每年“3.12”植树节，县绿化委员会组织县直各单位、乡（镇）、村开展义务植树活动，年均植树120万株，建成一批以火炬松、油桐、马尾松、侧柏为主的义务植树基地，各乡、镇、村也有比较固定的义务植树基地。

（二）科技兴林

中华人民共和国成立初期，山区群众多沿袭小穴造林的方法，造林成活率低，生长缓慢。1961年后，县林技站、林科所在全县推广大穴、鱼鳞坑整地造林、经济林垦复等技术，并在河滩地推广大穴移植、填黄土造林技术，开展中幼林抚育间伐等营林生产活动，提高造林质量。

1983年，县创办林业高中，相继开设林果、经济林学、林业规划、食用菌、家庭综合经营等专业，到2000年，累计培养林业科技人才5000余名。1988年1月，组织由15名工程师、技术员参加的林果业科技服务队，分3组对18个乡（镇)159名基层干部和2485名林业规划员，进行技术培训。1996年，建成世行贷款项目培训中心，到2016年，全县共举办林业技术培训班90多期，培训各类人员3万人（次），印发技术资料30万份。县林业科技人员相继开展杨直角叶蜂、油桐

西峡林业科技培训

蛀干害虫、山茱萸蛀果蛾防治及林木良种选育、新品种引进、板栗改接等18项实用技术研究推广工作。1996年起，全县按照特色农业发展的要求，坚持科研、培训、推广、生产四位一体，引进推广优良新品种40个，引进新技术40项，示范推广面积1.33万公顷。有571名（次）林业科技人员参与科技承包和有偿技术服务，遍及全县17个乡（镇）。

县委、县政府支持林业科技人员开展技术研究，多项成果处于省内乃至国内先进水平。正高级工程师、享受国务院特殊津贴的朱鸿云，几十年来扎根山区，带领科技人员开展猕猴桃资源普查和优选工作，潜心研究猕猴桃品种培育、栽培管理、加工利用等技术，培育出16个猕猴桃栽培品种，在全国22个省、市、240多个生产科研单位推广，出版《中华猕猴桃》、《猕猴桃加工利用》等多部专著，是全国有突出贡献的林业专家。原县油桐、柑桔站站长段聪仁，在柑桔引种和油桐丰产栽培方面研究成果突出，先后引进4个油桐高产品种，推广面积0.27万公顷，5个温州蜜桔品种，推广面积40公顷，获省、部级科技成果奖两项。原县林业局副局长、高级工程师王中奎，围绕资源优势开展林业科学研究，在各级刊物上发表论文29篇，出版《西峡模式》、《林业规划员》两部著作，当选为河南省劳动模范。至2016年，全县有林业科技人员217人，其中高级工程师24人，工程师61人，初级职称133人，形成高、中、初级合理搭配的林业专业人才队伍。

1986年1月，西峡县林业发展战略规划研究项目，获省科技成果二等奖。1987年，西峡县林科所编著的《中华猕猴桃栽培》一书，由上海科技出版社发行。西峡县林业发展战略规划、中华猕猴桃优良品种选育获1987年国家和部级科技进步三等奖，河南省科技成果二等奖。西峡县中幼林抚育间伐技术经济效益研究、山茱萸蛀果蛾防治编写的等五项成果分别获省、地科技成果奖。县林业技术人员编著了农村林业规划员手册、《山茱萸》由中国林业出版社出版，是国内第一部研究山茱萸的专著。至2016年，全县林业科技人员获地（市）级以上科研成果奖118项，其中国家科技进步奖5项，省部级科技进步奖29项。在省级以上专业刊物上发表论文500多篇。先后从中国林科院引进日本甜柿、日本海棠、油茶等新品种16个；引进推广工厂化育苗、TDS、抗旱造林等实用新技术12项，推广应用面积1.33万公顷。全县林果实用技术推广率90%以上，林业科技贡献率60%以上。

（三）资源管理

20世纪90年代初，西峡县引进段木香菇生产技术，以香菇为主的食用菌产业规模迅速扩大，涌现出一批专业大户，不少林农依靠当地林木资源走上致富路。至1995年，全县椴木香菇栽培规模150万架，年产量2500万千克，农民人均纯收入的30%来自段木香菇产业，但这也导致了资源过度消耗。

1995年，县委、县政府提出利用枝梢材、小径材加工木屑，发展袋料香菇，并组织人员到泌阳县等地参观学习，着手开展袋料香菇生产试点。1997年，县委、县政府提出“倾全县之力、发展袋料香菇生产”，发展规模逐步扩大，到2005年达到高峰。2006年冬，全县实施天然林禁伐，采取菌材外调、木腐菌与草腐菌并举的办法，控制袋料香菇发展，努力减少资源消耗，加强森林资源管理。

加强执法队伍建设，成立县林地管理办公室、公益林管理办公室、森林资源监测中心，在各乡（镇）设立林政稽查中队，形成了县森林公安、林政稽查大队—乡（镇）林政稽查中队—村农民兼职护林员三级森林资源管理体系，在编执法人员达到210名，农民兼职护林员960名，森林资源管理队伍力量得到加强。加强天然林管护，全面禁伐天然林，停止一切林木砍伐许可证审批。2006年，全县菌材外购8万吨，发展袋料香菇4000万袋，减少县内林木资源消耗8万立方米，刹住乱砍滥伐林木、过度消耗森林资源的情况。开展保护森林资源严打行动，严厉打击各类涉林违法犯罪行为，2008年至2016年，共查处林业案件1800多起。加强森林防火工作，认真落实各项森林防火制度，严格火源管理，提高预防和扑救能力。省森林防火指挥部在该县建立了森林防火物资储备仓库，西峡县成立了专职森林消防突击队，各乡镇普遍成立了半专业扑救队，各重点林区村组建了农民护林员应急小分队，实现了连续10年无重大火灾事故。

（四）林业改革

1986年，县委、县政府确立“以林为主、农林牧结合、多种经营、全面发展”的建设方针，在全县开展“三定”工作，当年发放林权证71684份，划定自留山4.1万公顷、责任山9.13万公顷，把0.39万公顷的四旁隙地划给农户造林，明确荒山绿化的责、权、利，提高群众发展林业的积极性。

2008年，全县开展集体林权制度改革工作，成立县林权管理中心，具体负责实施。至2011年，完成11.65万宗、25.99万公顷集体林地的确权发证任务，共发放林权证5.92万份，签订合同2.91万份，标志着全县新一轮林权制度改革工作全部结束。全县上下探索深化林权制度改革，通过大力发展林业专业合作社等新兴实体、鼓励开展林权流转、引导发展林下经济等形式，盘活林业资源，焕发发展活力。止2016年，共完成林权流转登记165起，面积2.85万公顷，流转金额3560.7万元。全县有森林资源资产抵押登记7宗，抵押面积2261.9公顷，金额1.67亿元。

（五）林业产业

县委、县政府采取“政府主导，企业主体，市场运作，部门服务”的办法，突出特色，发挥优势，示范带动，重点发展以猕猴桃为主的林果业、以香菇为主的食用菌和以山茱萸为主的中药材三大林业特色产业。现已建立猕猴桃专业乡（镇）7个、专业村160个、专业户4860户、人工种植面积0.8万公顷、挂果面积0.4万公顷，年产量6万吨，基地的规模和产量居全国第二位，形成沿312国道百公里猕猴桃长廊。西峡猕猴桃获欧盟有机认证、国家原产地域保护认证，“万果山”牌猕猴桃被评为河南省“名牌农产品”。全县山茱萸面积1.47万公顷，年产量2000吨左右，年产值5000万元，山茱萸年产量占全国总量的1/2，河南省的2/3，为全国山茱萸生产第一县。西峡山茱萸基地通过国家GAP认证，被认定为“国家地理标志保护产品”和“原产地域保护产品”。结合猕猴桃基地间作套种，发展三岛柴胡等中药材，全县栽种面积333.33公顷，居全省第二。中药材产业直接和间接受益农民约20万人，原

西峡山茱萸

西峡猕猴桃果汁

药年产值3亿元。至2016年，全县食用菌年生产规模8000万袋，年产值20多亿元，成为全国闻名的“香菇之乡”、“食用菌标准化生产示范县”和“香菇标准化出口基地县”。2016年11月，被中国食用菌协会授予西峡县“西峡香菇甲天下”、“西峡全国食用菌示范基地”和“全国优秀食用菌出口基地县”称号。

全县林产工业企业快速发展，全县建成以林产品为主要原料的加工企业60多家，形成以华邦、福莱尔为主的猕猴桃果品加工体系、以宛西制药为主的山茱萸中药材加工体系、以张仲景大厨房、家家宝为代表的香菇食用菌加工体系。2016年，实现销售收入60多亿元。

全县已建成各类林副产品交易市场12个，年交易额100多亿元，其中双龙香菇交易市场成为全国最大的香菇交易市场。建立各类林副产品专业协会16个，组建林业社会化服务组织56个，辐射带动6万多农户。

西峡山林秋景

依托森林资源和自然保护区良好的生态环境，建成开放以“名园”恐龙园、“名山”老界岭、“名漂”鹳河漂流景区为代表的14个特色景区，其中4A级景区3个，3A级景区4个。建成双龙镇化山村、田关乡孙沟村、五里桥乡黄狮村等一批农游一体化示范村。

第二节 南召县

历史上的南召，山林茂密，森林资源丰富。中华人民共和国成立前，由于国民政府不加管护，只利用不培育，加之天灾人祸等原因，全县林业生产停滞，森林资源严重匮乏。当时，全县仅有天然次生林 2.47 万公顷，活立木蓄积 60 万立方米，森林覆盖率 37.1%。

1948 年，县人民民主政府设建设科，兼理全县林务。1950 年 8 月，建设科更名实业科，兼管林业。1953 年 6 月，设林业科，林业管理机构独立。1956 年，建县人民委员会时，仍设林业科。1958 年 10 月，农、林、蚕、牧、水 5 科合并为县农业部。1959 年 3 月，撤农业部，县人委设置蚕林局，下设林业股。1960 年 6 月，撤蚕林局，分设蚕、林两局，林业局下设人事、秘书、营林、经济林、林产化工和场站管理 5 股。时年 9 月，林业局更名为林业科。1962 年 12 月，林业科与蚕业科合并为蚕林科。1963 年 5 月，撤蚕林科，独立设置林业局。1966 年"文化大革命"开始后，撤林业局，建蚕林工作站。1968 年，林业并入土产公司管理。1969 年又改为县生产指挥部下属的农林蚕水工作站管理。1970 年，恢复林蚕局。1978 年 12 月，撤林蚕局，复设林业局。1984 年 6 月，林、蚕两局又合并为林蚕局。1985 年 12 月，撤林蚕局，林业局再次独立设置。1997 年 6 月，全县机构改革保留林业局至今。

南召森林风光

全县有高等植物 2900 余种，其中国家重点保护植物有南方红豆杉、秦岭冷杉、大果青杆、水曲柳等 31 种，河南省重点保护植物 33 种。辛夷是南召的一大优势，药材年产量占全国的 40%以上。2000 年 3 月，被国家林业局命名为中国名特优经济林辛夷之乡。据 1998 年调查，全县有脊椎、节肢、环节等动物 870 多种，其中国家和省级重点保护动物有金钱豹、大鲵、红腹锦鸡等 48 种；昆虫 3000 种以上，蝶类 160 种。

森林类型主要有：常绿落叶阔叶林、针阔混交林、马尾松和杉木纯林等。森林植被区系以北亚热带森林植被景观为主，地带性植被有：以栓皮栎、麻栎、锐齿栎为建群树种的落叶阔叶林，以马尾松为建群树种的针叶林。海拔 800 米～1200 米有油松林，海拔 1200 米以上有华山松林。常见的混生树种有：椴树、桦树、冷杉、湖北枫杨、五角枫等用材树种，油桐、猕猴桃、山茱萸、漆树、黄连木、乌桕、核桃等经济树种，以及连翘、盐肤木、黄荆、野山楂、酸枣、杜鹃、胡枝子、杭子梢等灌木，林间草本植物主要有：黄背草、羊胡子草、白草、龙须草、蒿类、野菊花等。

中华人民共和国成立后，1950 年，县政府发出禁止滥伐林木的布告，并制定多种奖励政策，鼓励群众植树造林，机关、学校、工厂也开展植树，林业得到恢复和发展。

“一五”期间，全县造林2333.33公顷，四旁植树294万株，封山育林1.13万公顷。1958年“大跃进”期间，各地大量砍伐林木，烧炭炼钢铁，森林资源遭受毁灭性破坏，浅山以下林木砍伐殆尽。1960年较1957年有林地面积减少6666.67公顷。1961年后，3年经济调整时期，贯彻中央“确定林权、保护山林、发展林业生产”的指示，停办县伐木场，严格控制采伐量，划清集体和个人林权，调动集体和个人造林护林的积极性，林业生产又逐步得到恢复。到1965年，全县有林地基本与1957年持平，但林木蓄积量远低于1957年的水平。十年“文化大革命”，片面强调“以粮为纲”，忽视山场合理开发利用，毁林开荒严重，致使水土流失加剧，生态环境恶化，自然灾害频发。

十一届三中全会后，南召县林业得到快速发展。1981年，省委、省政府确定南召县为以林为主的山区县，县委、县政府认识到南召经济发展的优势在山、潜力在山，山区人民脱贫致富的希望在山，制定“以林为主，粮、蚕、牧、副、渔全面发展”的山区建设方针，开展林业区划工作。1983年，开展“林业三定”，放宽林业政策，划清国营、集体、个人林权，颁发林权证，建立林业联产承包责任制；因地制宜，突出优势，狠抓林业基地建设，大力培育森林资源；设立专门机构，加强林政管理，打击各类破坏森林资源的违法犯罪活动；推进科技进步，不断加强林业队伍建设。1985年，全县林业用地19.53万公顷，其中有林地14.33万公顷，林木蓄积量172.5万立方米，森林覆盖率50.6%。1988年，确定为伏南浅山丘陵旱地农业开发区，南河店、石门、太山庙、白土岗、城郊、留山、小店、云阳、皇后等9个乡（镇）采取以工代赈等形式，开展坡改梯工程，致使一部分浅山丘陵蚕坡被毁，开垦成农业旱地。1990年，列入长江防护林体系建设工程县，开启国家工程造林的序幕。1991年，县委、县政府把林果业作为振兴南召农村经济的四大支柱产业，制定优惠政策，大力发展林业。1994年～1997年，实施河南省3年灭荒造林攻坚战，到1997年，通过省政府灭荒造林验收。1998年，全县有林地18.25万公顷，森林覆盖率55.1%。1999年，实施世界银行贫困地区林业发展项目。2002年，启动实施国家退耕还林工程。至此，南召林业进入一个快速发展时期。

（一）植树造林

1.国营造林。中华人民共和国成立初期，县委、县政府重视林业生产，冬春季节大抓植树造林，有计划开展国营造林。1950年，土地改革时，把偏远山场留给农会，组织农民植树造林，作为公有财产划归国营林场、国营农场或国营蚕场。划归国营林场的有乔端乡马别湾村京子垛林区，面积800公顷；板山坪镇献房林区和老沙石林区、面积分别为533.33公顷和866.67公顷；马市坪乡转角石林区，面积993.33公顷；留山丹霞寺林区，面积56.57公顷。1955年，经省政府批准，国营南召董店林场在乔端境内营造麻栎直播林142.93公顷。至1957年，国家给乔端林场投资7.4万元，造林739.73公顷。1959年～1960年，全县建立5个国营林场，造林220公顷。1961年，调整后保留国营南召乔端林场、国营南召鸭河口林场和地方国营南召县前湾园艺场，累计造林2421.67公顷。至1967年，国营南召乔端林场荒山全部绿化，共营造油松、马尾松、华山松、杉木、栓皮栎林面积 1940.27 公顷。1968 年后，主要对人工林和天然次生林进行抚育管理，国营造林逐渐停顿。1980 年后，国营南召乔端林场实施林木采伐和低产林改造。1988 年～ 1999 年，在采伐迹地上先后营造杜仲、辛夷、杉木、山茱萸等，现已成林有杜仲、杉木、辛夷等片林。

2. 群众造林。中华人民共和国成立后，1949 年～ 1951 年，全县造林 804.8 公顷，四旁植树 316.3 万株。1954 年～ 1957 年，农业合作化过程中，全县农民造林积极性提高，4 年造林 1956.33 公顷，四旁植树 288.7 万株。1958 年～ 1960 年，提出全党办林业，全县出现百亩、千亩、万亩造林基地 50 多个，除县办 7 个林场外，公社办集体林场有 16 个、大队办 168 个。文化大革命时期，林业部门职能弱化，群众造林成效不大。十一届三中全会后，造林绿化再次得到重视，群众造林积极性高涨，1982 年～ 1985 年，造林 4.27 万公顷，年均 1.07 万公顷以上。1986 年，对全县荒山进行普查，制定南召县十年造林绿化规划，把造林任务下达到各乡（镇）。1995 年，县政府与市政府签订提前一年实现灭荒造林目标责任书。1996 年，组织灭荒攻坚战，在多种措施的推动下，当年完成造林 4868 公顷，补植补造 200 公顷。1997 年，顺利通过省政府的灭荒检查验收。

3. 义务植树。1981 年，组织开展义务植树。1982 年，县政府召开绿化工作会议，当年在县城青峰山和沙坪村义务植树基地营造松树 5 万多株。之后，义务植树形成常态化，每年植树节都要组织县直机关单位开展义务植树活动。

4. 飞播造林。1982 年 6 月，首次在马市坪乡开展飞播造林，树种为油松、马尾松和黑松，飞播面积 2133.33 公顷。之后每年的 6、7 月份均开展飞播造林，树种多为油松、马尾松。至 2002 年，全县飞播造林面积 3.6 万公顷。

（二）林业工程项目

1. 长防林工程。1990 年～ 2000 年为一期工程建设期。至 2000 年，完成人工造林 4.64 万公顷，封山育林 1.41 万公顷，占设计任务的 87%；完成投资 333.07 万元，其中国家投资 227.77 万元。经国家检查验收，各项工程建设技术指标符合部颁标准。2001 年，实施长防林二期工程建设。至 2013 年，完成造林 2000 多公顷。

2. 世行“贫困地区林业发展项目”。1999 年，实施世界银行贫困地区林业发展三期工程建设项目，项目总投资 1816.63 万元，其中世界银行贷款 999.51 万元。项目区涉及小店、留山、崔庄、云阳、白土岗、四棵树、板山坪、乔端、马市坪、南河店、城郊等 11 个乡（镇）。2002 年完成项目建设任务，营造林 3575.1 公顷。

3. 退耕还林工程。2002 年，启动实施退耕还林工程。至 2005 年，完成退耕地造林 4466.67 公顷，荒山荒地造林 9333.33 公顷。自 2006 年，国家不再安排退耕地造林，每年安排退耕还林荒山配套造林任务。自 2009 年，国家将退耕还林成果巩固和后续产业发展项目纳入进来，2006 ～ 2016 年，完成退耕还林荒山配套造林（成果巩固和后续产业发展）6666.67 公顷。

4. 中德财政合作造林。2008 年，启动实施中德财政合作河南省农户林业发展造林项目。该项目是河南省首次利用德国政府无偿财政援助的林业项目，总投资 1.2 亿元，其中德方财政援助 0.6 亿元，中方配套资金 0.6 亿元。项目建设期为 2008 年～ 2012 年，涉及留山、皇后、太山庙、石门、南河店、白土岗、乔端、马市坪、崔庄、城郊 10 个乡（镇）。至 2013 年，完成营造林 7668 公顷，占计划 7476 公顷的 102.6%。其中防护林 2323.4 公顷，用材林 100.6 公顷，经济林 343.5 公顷，水土保持型经济林 126.9 公顷，封山育林 4397.7 公顷，森林经营管理 375.9 公顷。

南召生态公益林

5. 生态公益林工程。2000 年，首次开展生态公益林区划。2004 年，国家级重点公益林项目在南召县正式启动，全县纳入补偿的第一批重点公益林面积 1.29 万公顷。2006 年，纳入补偿的第二批国家级公益林面积 0.77 万公顷。2009 年，纳入补偿的第三批国家级公益林面积 6.34 万公顷。2014 年，根据县控边界修正结果，南召县宝天曼管理局纳入补偿的面积增加 200 公顷。全县国家级公益林补偿面积达到 8.43 万公顷。2006 年，省级公益林项目在南召县正式启动，全县纳入补偿的第一批省级公益林面积 0.09 万公顷。2008 年，纳入补偿的第二批省级公益林面积 0.33 万公顷。2013 年，第三批纳入补偿追加城郊乡 0.13 万公顷，至此全县纳入补偿的省级公益林面积 0.55 万公顷。根据公益林管理工作办法，2004 年，在全县首次选聘公益林护林员 96 名，此后，随着全县公益林面积的增加，每年聘用的护林员人数也随之增加，负责全县公益林资源管护工作任务。每年县林业局都成立公益林护林员考核组，深入各乡镇进行公益林护林员年度考评，对不合格护林员予以辞退，对合格护林员集中进行业务培训，做到持证上岗，并督促乡镇搞好公益林护林员的选聘、日常巡护管理等工作。2016 年，按照生态精准扶贫的政策，在全县选聘生态扶贫护林员 1600 人，每人每年补助 3000 元，作为公益林护林员队伍的补充，从事森林资源管护工作。止 2016 年 12 月，全县国家和省级公益林面积达到 8.98 公顷。公益林林农经济补偿资金 1075.68 万元，涉及林农 10755 户，补偿资金全部以一卡通形式直补到林农手里。

6. 林业生态省建设工程。2007 年，编制上报《南召县林业生态建设规划》，2008 年正式实施林业生态省建设工程。至 2013 年，完成造林 1.33 万公顷。

7. 森林抚育工程。2010 年，实施森林抚育。2013 年，纳入国家森林抚育和改造项目，完成抚育改培 6666.67 公顷。

（三）花卉苗木

南召县花卉苗木栽培历史悠久。1953 年～ 1974 年，国营南召乔端林场、南召县皇路店苗圃、南召县鸭河林业科学研究所相继成立，开始进行苗木繁育，主要培育用材林、经济林苗木，以国有单位为主。

十三届三中全会后，随着农村责任制的逐步落实，南召县苗木繁育出现农民育苗的私有化现象，但仍以繁育用材林、经济林苗木为主，主要培育松树、杉木、杨树等针叶树，以及杜仲、辛夷、山茱萸、苹果等经济苗木，很少培育园林绿化苗木。当时，全县最有名的种苗生产基地有石门乡大冲村等。随着市场化进程的不断推进，苗木繁育呈现出“百花齐放”的局面，呈现出经营主体多元化，繁育品种多元化，销售渠道多元化。1995 年后，陆续培育女贞、玉兰等苗木，当时留山镇西林庵村初见规模。2000 年～ 2005 年，以云阳镇朱坪、小店乡凌小庄和朱庄、皇后乡皇后村、城郊乡董店和罗坪、城关镇沙坪为中心，全县种苗花卉产业迅速发展，成为带动农民脱贫致富的朝阳产业。以云阳朱坪村为代表的种苗花卉专业村 20 多个，以云阳朱坪村李长旺为代表的种苗培育大户 100 多户，种苗花卉面积 1333.33 公顷，苗木品种上百种，形成以辛夷、玉兰系列为主导的南召县花木品牌。

南召玉兰花开

南召玉兰王

2009 年以来，县委、县政府把花卉苗木作为四大农业产业之一，进行重点培育发展，专门成立编制 10 人正科级事业单位——花卉苗木产业办公室，专职负责花木产业行业管理和指导。自当年起，连续 7 年开展“花卉杯”竞赛，第一名奖励 3 万元，授予“花卉杯”；第二名奖励 2 万元；第三名奖励 1 万元，有力促进花木产业发展。2012 年，南召县聘请中国农业大学、北京林业大学编制《南召县花卉苗木产业发展总体规划（2013-2020 年）》。2013 年，县委、县政府制订《关于加快花卉苗木生态精品示范园建设的实施意见（试行）》，出台四项激励措施。每年县政府组织相关部门对精品园进行验收，并对合格的拨付奖励资金。2015 年，县政府印发《关于推进生态农业乡村旅游发展的实施意见》，推进花木等生态产业与美丽乡村、观光旅游“三位一体”融合发展，对达标的精品花木园区奖励 20 万元。至 2016 年，全县花卉苗木面积达到 2.4 万公顷。云阳玉兰生态观光园、城郊紫金园林、皇后玉兰种植示范园、小店德仓园林等 9 个园区的建设，初步发挥示范带动、引领产业发展的作用。全县花木产业从业人员达 11.5 万余人，成立花木企业 50 个，花木专业合作社 200 余

南召辛夷研发中心揭牌

家，花木生产专业村55个，专业经纪人队伍6000多人，省级龙头企业4个，市级龙头企业3个，国家级花木专业合作社示范社1家，省级示范社2家，市级示范社12家。初步形成以玉兰花木为主、适应北方种植的多种花木并存、有较大行业影响力、有较高知名度的产业发展格局。

（四）集体林权制度改革

2008年，启动集体林权制度改革。县政府制定《集体林权制度改革实施方案》，成立领导小组，明确领导小组成员单位联系乡（镇）的工作制度。县林业局抽调20名同志专职负责林改技术指导、督促检查和后勤保障服务、信访等工作。各乡（镇）成立林改队伍，主要负责林权勘界、调查等工作。至2013年，全县分山到户林地面积15.04万公顷，均分到户7.7万户。至2014年，全县268.98万亩集体林地基本完成主体改革任务，办理林权证2.65万本，涉及农户9万余户、34.53万人。

主体改革任务完成后，按照“抓林改、促产业、富民生”的工作思路，在规范林权流转、推进林权抵押贷款、指导林业合作组织建设、大力发展林下经济等方面，积极探索，大胆创新，走出了一条“盘活林业资产、促进产业发展、实现生态富民强县”的林改路子。先后获得南阳市集体林权制度改革工作先进县、花卉苗木产业发展工作先进县等荣誉，县林权管理中心也被省林业厅授予省级林权管理示范中心、省级林改档案管理示范室。

（五）森林资源保护

1. 林政资源管理。中华人民共和国成立后，南召县把掌握在地主富农手中的山林及荒山宜林地，凡属可分而能分的都分给农民，不可分或不能分的划归国有，确定山林所有权。县政府下达严禁烧山和滥伐森林的指示，以加强山林资源的保护和管理。由于划分所有权，政府重视对资源的保护，群众护林造林积极性得到调动和提高。

1952年4月，县政府下发“关于造林、护林、封山育林的指示”，开始实施封山育林。1953年～1957年，县政府先后5次下发制止乱砍滥伐林木、保护森林资源的通知、指示。1958年，“一平二调”、“共产风”盛行，加之“大办钢铁”，无控制的伐木烧炭，林木权属管理混乱。1961年12月，农村人民公社《六十条》贯彻后，全县开展林权划分工作，根据“国造国有，社造社有，队造队有，社员在房前屋后植树永远归社员所有”以及“经济林从种植到老死，用材林从种植到采伐，林权不变”的规定，分别确定林权：集体成片林归生产大队，小片分散林木归生产队，高级社时确定的自留树仍归社员所有。1964年冬，在划分林权的基础上，颁发林权证，时年春在云阳、南河店、李青店、小店等建立竹木检查站，严格控制无计划竹木外流。1966年“文革”开始，由于各级工作瘫痪，林政管理受到较大影响。“文革”后期，对林木管护有所加强，林政管理恢复。1974年～1975年，南召县革委会两次发布制止破坏林木、加强森林保护的布告和通知。

十一届三中全会后，加强林政管理工作。1980年，中共中央、国务院发出“稳定山权、林权，划定自留山，确定林业生产责任制”(即林业“三定”)的指示，时年冬，南召县委、县革委进行“三定”试点。1981年9月，成立由副县长周学文任组长的“定权发证”领导小组，针对南召实际，制订“五放宽”林业政策。到1983年，林业“三定”基本结束，全县普遍颁发林权证。至1985年，全县有68312户划分自留山、自留滩，面积3.68万公顷；62260户划分责任山，面积8.34万公顷；发放林权证91827份，签订合同书42568份。

1979年～1998年，随着《森林法》等林业法律法规颁布实施，南召县林业执法机构也相继建立，加大林业案件查处力度。到1983年春，处理毁林、滥伐盗伐林木案件487起，立案处理18起25人。1988年设立林政股，2005年成立林政稽查大队和野生动植物保护管理站，林业法制管理体系进一步完善健全，木材生产及流通管理进一步规范，无证运输木材现象得到遏制。

2004年，县委、县政府制订出台《关于切实加强森林资源保护管理工作的决定》，明确12项具体保护管理措施。2004年底，县林业局指导各乡（镇）以林站、社会治安综合治理办、派出所等单位为骨干，建立乡（镇）护林大队，每个村以村干部和基干民兵为骨干，成立村级护林队。2005年，乡、村护林组织得到巩固和加强，护林队不断加强林区巡查，搞好源头管理，制止各类破坏森林资源的违法行为，形成县、乡、村三级联防网络。

2006年以来，在加强保护的同时，对全县天然林分布集中区域，实行森林分类管理，其中河南伏牛山国家级自然保护区南召宝天曼林区、丹霞山省级森林公园、国有乔端林场和大庄林场的林地全部划入公益林。对天然林实行禁伐政策，采取封山育林管理措施，基本杜绝天然林采伐活动。坚持森林采伐限额制度，对不同的森林采取不同的经营模式、管理方式和采伐政策，林木采伐重点倾向于杨树、松树等人工林，森林年采伐量控制在省下达指标以内，做到合理开发利用森林资源。

2. 森林公安及林业“严打”整治。2002年，成立林业公安分局。2005年，将全县划分为5个警务区，分别在马市坪、崔庄、四棵树、板山坪、皇后等重点乡（镇）设立5个警务室，配备警力，加强防范。

2004年，组织开展清理非法征占用林地活动，清理林地案件40多起，查处非法征占用林地案件5起。2005年、2006年，组织开展“矿山整治”行动，与县国土等部门联合，对在采矿活动中出现的非法征占用林地违法行为进行严厉打击。2003年～2013年，组织开展“春雷行动”、“绿盾行动”、“亮剑行动”等，重点查处打击一批破坏森林资源和野生动物资源的违法犯罪行为。

2009年，全省森林公安机构改制，由林业公安分局改为南召县森林公安局，列入政法专项编制序列。

2010年～2014年，组织开展“火案攻坚行动”、“林区禁种铲毒专项行动”、“天网行动”、“非法占用林地专项整治”、“打击盗伐滥伐林木违法犯罪”等严打整治行动，加强林区治安乱点整治，严肃查处各类涉林违法行为。2015年，全年共办理各类毁林案件166起，打击处理各类违法犯罪分子148人。

2016年6月，县森林公安局业务用房建设项目建成并投入使用，实现森林公安局独立办公，各功能用房及配套设施完善，并建成标准化办案中心，为全面推进森林公安“四项建设”奠定了基础。

3. 护林防火。中华人民共和国成立前，南召大片山林无人管护，冬春季烧山开荒者亦多，山火时有发生，且无人扑救，多是自燃自灭，火灾成为威胁南召林业的第一大害。民国 20 年 (1931 年) 冬春之交，县境内连续发生山火，漫无边际延烧，东山无火西山红，烧毁林木无数。

中华人民共和国成立后，山林归国家和集体所有，县政府积极采取措施，制止烧山开荒。1950 年，县政府下达“严禁烧山和滥伐森林的指示”。1953 年 2 月，下达“关于加强护林防火及对原有林木、新造林严加保护的指示”及“关于严防开荒烧山损毁森林及限期做好春季造林总结的通知”，时年 12 月 20 日，成立南召县护林防火指挥部，有 3 个区、58 个乡成立防火委员会，167 个村成立护林防火小组，配备专兼职护林员 5000 余人。

1954 年，全县发生森林火灾 22 起，经立案审查，判罚 4 起。1956 年冬，各区、乡在重要林区的道路口设立岗哨、防火站 100 多处，严禁带火进山。1957 年，南召、镇平、内乡 3 县联合成立防火联防委员会，议定护林防火公约和每月 16 日的例会制度，加强交界地区的护林联防工作。1958 年 2 月 21 日，留山区上官庄乡大沟庄发生山火，全乡干群奋力扑救，14 岁小姑娘吴风茹奋不顾身扑火，被大风卷入火中烧成重伤，经抢救无效死亡，南阳专署、南召县人民委员会授予她“扑火模范”称号。1958 年～1960 年，森林防火工作在“大炼钢铁”和三年自然灾害的影响下被削弱。1961 年后又得到加强。十年“文革”期间，由于政治运动较多、人事机构变化频繁，森林防火工作时有加强、时有削弱。1968 年，南召县加入有 16 个县参加的伏牛山护林防火联防组织。

十一届三中全会后，护林防火工作不断得到加强，特别是 1987 年 5 月大兴安岭特大森林火灾后，南召县护林防火逐步走向法制化、规范化轨道，防火设施不断完善，防火机构不断健全。1988 年 1 月，南召县根据《森林防火条例》，确定每年 11 月 1 日至次年 4 月 30 日为护林防火警戒期。1989 年，县防火指挥部、乔端林场、四棵树、板山坪、马市坪配备 5 个防火护林专用电台、2 个车载台，购置灭火机、防火衣、油锯等防火设施。1990 年 2 月 13 日，县政府下发《南召县护林防火方案》，确定乔端、板山坪、崔庄等 10 个乡（镇）为护林防火重点区，乔端的洞街等 12 个防火重点村，全县建立防火队伍 88 个，队员 7990 人。1991 年 11 月 1 日～5 日，马市坪乡转角石村发生重大森林火灾，过火面积 449.53 公顷，受害林木面积 190.1 公顷。1991 年后，南召县虽有山火发生，由于组织扑救及时，未造成大的经济损失。

1992 年，县政府编制《南召县护林防火十年规划和“八五”计划》，并组织实施。1995 年，组建以国营南召乔端林场为依托的森林消防专业队，编制 30 人。同年，县林业局编制“生物防火林带工程建设规划”。到 1998 年，南召县已建立比较完善的火险预测预报、通讯联络、山火扑救等一系列护林防火指挥管理体系。1999 年 12 月，南召县专业森林消防队正式组建，编制 10 人。2003 年，在全省率先建立森林防火突击队，以重点林区乡镇基干民兵为主、强壮劳力为辅组建而成，发现火情，及时扑救。

2003年～2014年，争取并组织实施伏牛山区森林防火综合治理项目50万元，建立森林消防物资储备库1座，购置森林消防运兵车2台，配备森林消防摩托车9台和必要的防火器具。至2016年，全县建立防火瞭望台6座，视频监控点3处，瞭望点55个；森林消防队队员达29人，各类森林消防队人员1600多人。

4. 林木病虫害防治。中华人民共和国成立前，南召县没有设立林木病虫害防治机构和人员，没有开展防治工作，对一些严重毁灭性病虫害任其蔓延发展。

中华人民共和国成立初期，由于国民经济处于恢复阶段，经济力量较为薄弱，国家无力提供大量农药和器械，只能组织和发动群众对危害林木较大的虫害采取人工捕捉、摘虫茧、除卵块等传统方法防治。

1957年2月，根据林业部“关于进一步做好防治森林虫害的指示”，县政府将防治范围由一村一组，扩大到全县，开始实施药剂防治。1963年6月，国营南召乔端林场的南大岭、东曼林区发生松叶蜂幼虫危害，发生面积933.33公顷、16.8万株，林场党支部带领全场干部职工56人参加灭虫，使用喷雾器12部，喷洒药液1.2万千克，施用6%可湿性六六六粉60千克，施药面积666.67公顷，到7月8日，灭虫工作全部结束。60年代～70年代，每年防治面积666.67公顷～1000公顷。1971年，国营南召乔端林场东曼人工幼林区发生中华松针蚧虫害，林场在积极开展防治的同时，在重点虫害区设立观测点，经过近10年的观察研究，摸清中华松针蚧在南召县的分布及危害状况，采取有效措施，控制该虫在南召的危害蔓延。1973年，在地区林科所的指导下，人工饲养赤眼蜂，开始生物防治松梢害虫工作，取得良好效果。

十一届三中全会后，全县贯彻执行“预防为主、综合防治、积极消灭”的森林病虫害防治方针和“治早、治小、治了”的防治原则，采取以营林为基础，科学造林、科学育林、大力营建混交林，注重保护各种有益天敌，开展病虫检疫，建立病虫预测预报网络，推行病虫害防治责任制，加强病虫害防治队伍建设等措施，森林病虫害防治成效和水平不断提高。80年代，全县防治面积3333.33公顷；90年代达到1万公顷以上，基本没有发生大的森林病虫灾害。

1980年10月，全县开展主要树种病虫害普查工作，1982年4月结束。全县林木害虫隶属10目77科484种，主要有蝗虫类、蚜虫类、蝉类、蝽类、天牛类、金龟子类、叶甲类、象甲类、蛾类、卷叶蛾类、食心虫类、刺蛾类等。马尾松、栎类等58个，主要树种病害有167种。南召县有各类害虫天敌11个目42科118种。

1985年，县林业局配备2名专职森林病虫害防治检疫员。1991年8月，成立森林病虫害防治检疫工作站。到1998年，全县建立市级林木病虫害测报点2个，县级测报点4个，检查站3个，专兼职测报员12人，专职检疫员5人，兼职检疫员16人。

1999年，开展红脂大小蠹（强大小蠹）、华山松大小蠹调查。2000年，在云阳镇九里山北坡开展工程治理，拔出疫点。2003年，南召县被确定为国家级森林病虫害中心测报点。2004年～2005年，开展第二次有害生物全面普查。经调查，全县有各种有害生物875种，采集制作病虫害标本648件。2005年，首次在四棵树乡开展马尾松毛虫飞机防治，有效控制其大发生。2007年起，开展杨树食叶害虫防治工作。2009

年～2012年，对公益林区的松、栎、食叶害虫开展工程防治。2012年起，用白僵菌粉炮开展杨树、马尾松毛虫和栎树的生物防治。2013年，由于气候异常，杨树食叶害虫大面积发生，全县动用大型喷药机械四部，背负式喷雾机30部，施用阿维灭幼脲等仿生制剂3000千克，白僵菌生物制剂5000千克，释放周氏啮小蜂250万头。经过夏秋冬连续防治，有效降低虫口密度，控制虫害蔓延，成灾率控制在3.5‰以下。

2014年～2016年，开展第三次全国林业有害生物普查工作。全县范围共设踏查点2950个、踏查面积16.67万公顷；设立标准地1970个，发现有害生物880余种，造成危害的有220余种；发现天敌100余种，制成标本300余种。同期，开展美国白蛾和松材线虫病的调查和防控工作，全县没有发生此类病虫害。

第三节 桐柏县

桐柏县位于南阳市东南边缘，桐柏山腹地，是千里淮河的源头。辖16个乡（镇）、2个园区，215个行政村，总人口47万。全县土地总面积19.15万公顷，其中林业用地面积10.93万公顷，有林地面积9.77万公顷，活立木蓄积264万立方米，森林覆盖率51.1%。

全县自然资源丰富，生物物种繁多，南北动植物兼有。共有维管植物178科756属1789种，脊椎动物5纲55科298种，其中鸟类163种。主要用材林树种有马尾松、国外松、栎类、杨树、泡桐等，主要经济林树种有板栗、大枣、茶叶、木瓜、银杏等，属国家和省重点保护植物有香果树、水杉、青檀等52种，国家和省重点保护动物有斑羚、白冠长尾雉、大鲵等36种。太白顶自然保护区至今仍完整保留上千亩百年以上马尾松原始次生林，被誉为中原天然动植物资源宝库。

桐柏水帘寺风景

中华人民共和国成立初期，桐柏县没有单设林业机构。1949年，县政府设实业科，主管农、林、水等业务，有1名林务干部。1955年，设立林业科，配备专职干部4人。1957年～1973年，先后设立农林局、林业局、林业科、林业局、林业局革命领导小组、农林局等。1973年3月，成立桐柏县革命委员会林业局。1981年，更名为桐柏县林业局至今。

桐柏红叶

桐柏林业发展与新中国一同成长。革命战争年代，绵延百里横亘在豫鄂之间的桐柏山，北护中原，南承楚天，山峦起伏、森林茂密，为李先念、刘少奇等老一辈无产阶级革命家在这里战斗和生活提供天然屏障。

中华人民共和国成立后，经过战争和人为破坏，桐柏林业百废待兴，许多天然原始森林逐渐被次生残林和荒山替代。50年代初，毛泽东提出“绿化祖国”的伟大号召，党中央、国务院制定一系列林业方针政策，全县开展植树造林运动，建立社、队林场（苗圃）200多个；1952年、1960年，分别建立陈庄和毛集2个国营林场，林业建设开始起步。1958年，大炼钢铁，在桐柏县成立南阳、新野、唐河、泌阳、桐柏5县指挥部，驻有10万余人，大肆砍树炼铁，大批生长数十年、甚至上百年的大树未能幸免，林业遭受严重破坏。1962年，中央颁布农村工作60条、林业政策18条，划山到户，林权下放，林业逐步恢复发展。文革时期，贯彻“以粮为钢，毁林开荒”，全县森林资源数量大幅下降，由中华人民共和国成立初期的8万公顷下降到4.4万公顷，林木蓄积量由300多万立方米下降到110多万立方米。

十一届三中全会后，确立以林为主的建设方针，全县放宽林业政策。1981年，开展林业“三定”，调动千家万户植树造林的积极性。1985年，森林覆盖率提高到37.3%。随着林业的恢复和发展，淮源生态林业苦尽甘来，万木逢春。1990年森林覆盖率提高到39.1%。进入90年代，随着经济体制改革的不断深入，桐柏县抓住国家调整和加强林业建设的政策机遇，立足山区资源优势，确立“二分田里建粮仓，七分山上建银行”的发展思路，借助世行贷款造林、淮防林工程等项目，开展大规模治山整地、植树造林活动，大力发展以“两松”为主的速生丰产林、以板栗为主的经济林、以马尾松、刺槐为主的水源涵养林，新建林果基地和“两松”基地2.67万公顷，发展多种股份制合作林场176个，到1995年，实现“人均一亩经济林、三亩用材林”的发展目标，森林覆盖率达到42%，率先在全市实现基本消灭宜林荒山的目标，林果业成为当地农民脱贫致富的支柱产业，林业进入持续稳定的发展时期。1996年，以“拍卖四荒、明晰产权”为突破口，积极探索造林机制，由此带动林业新一轮发展高潮。至2000年，全县以拍卖、租赁、承包、股份合作为主要形式的造林1.23万公顷，占5年造林面积的67%，参与的单位和个人452家，形成全社会共同兴办林业的新格局，森林覆盖率提高到46.1%。这一时期，天然林禁伐，木材价格上扬，各地大力发展段木食用菌，矿业坑木、城市绿化古树名木需求大增，森林资源保护与市场需求矛盾日益突出，乱砍滥伐林木、乱占滥用林地、乱采滥挖野生植物、乱捕滥猎野生动物等违法活动屡禁不止。桐柏丰富的森林资源成为一些不法分子觊觎的对象，栎阔、松木资源也遭到严重破坏。针对这种情况，全县建立健全县、乡（镇）、村三级管护网络，加大执法打击力度，确保林业持续健康发展。

21世纪，桐柏林业进入较快发展时期。2002年，相继组织实施退耕还林、淮防林、世行贷款及日元贷款等造林项目，至2008年，完成工程造林3.2万公顷，森林覆盖率50.3%。2010年，确立“生态立县”发展战略，实施林业生态县建设工程，林业进入新的发展时期。桐柏县先后荣获全国造林绿化百佳县、全国科技兴林示范县、全国造林绿化模范县、全国经济林产业示范县、全国林业科技推广先进集体、全国造林绿化先进集体、全国森林防火先进集体、全国退耕还林先进单位、全省林业生态县等称号。

（一）造林绿化

桐柏义务植树

桐柏农民靠山吃山，自古就有种树的习惯，每年都要自育或购买苗木在山边地头种树。

1951年，省林业厅派员筹建成立桐柏林场，春季造林6.67公顷，全县由此从零星植树进入有组织、有计划造林。1971年，国务院制定《全国林业发展规划（草案）》，桐柏县动员全民掀起造林绿化高潮。1971年～1980年，10年共完成造林1.92万公顷。1981年，开展林业“三定”，调动广大群众植树造林的积极性，1983年造林0.33万公顷，1985年造林0.67万公顷、飞播造林0.53万公顷，森林覆盖率提高到37.3%。

1989年，县政府与市政府签订消灭宜林荒山目标责任书。1990年，提出“坚持常年挖山不止，一年10万亩，5年实现人均1亩经济林3亩用材林”的奋斗目标，全县按照区域化布局，打破行政界限，一治几架山、一连上万亩，从山区到丘陵，全县广大干群吃住在山上，夏季整地秋冬造林，秋冬整地春夏造林，一年四季不断线，5年累计投工6000万个，靠人工在麻骨石质地的荒山上挖穴5000万个，抽槽整治梯带3495万米，动土石方1.2亿立方米，累计造林4.4万公顷，提前2年实现灭荒目标，建成一批以板栗、茶叶为主的高效经济林，以火炬松、泡桐、刺槐为主的优质用材林。全县有林地面积8.13万公顷，森林覆盖率提高到42%。

1990年起，县四大家领导和县直干部每年春节后上班的第一天开展义务植树活动，已成为传统，全县义务植树尽责率由90年代的80%提高到2013年的93%以上，促进造林绿化平稳较快发展。

随着世行造林项目、淮防林工程等项目和退耕还林工程的实施，全县围绕果、药、茶主导产业，将退耕还林与生态建设、结构调整、农民增收相结合，一道岭一个小流域集中连片治理，形成山区、丘陵整体推进，生态林、经济林共同发展的新格局。

2008年，以创建林业生态县为目标，以基地造林、通道造林、村镇绿化为重点，年均造林 0.67 万公顷以上，有林地面积提高到 9.77 万公顷，森林覆盖率达到 51.1%。

（二）森林管护

1953 年，根据国务院关于发动群众开展造林育苗、护林工作的指示，桐柏县开始在深山区实施封山育林，60 年代至 70 年代，实行“毁一补三罚 5 元”的管理制度。

1979 年，县政府成立护林防火指挥部，全县 18 个公社、212 个生产大队、2675 个生产队全部建立护林组织。80 年代，林业生产责任制的建立，调动广大干群管护森林资源的积极性，逐步建立健全县、乡、村管理机构和护林队伍。

90 年代，各地超计划扩大段木香菇等食用菌产业，引起乱砍滥伐，县政府果断采取措施，对重点生态林区长期封山育林，对其他林区实行周期性封山育林，并将资源消耗型产业不予列入国民经济发展规划，森林资源得到保护。

2000 年，太白顶和高乐山自然保护区、淮河源汇水区 4.92 万公顷森林划定为公益林；2004 年，将其中 4.7 万公顷划为重点公益林区，选聘专职护林员 248 人重点保护。全县以森林公安局、林政监察大队和 5 个驻乡（镇）中队为主力，以专职护林员为骨干，加强乡（镇）、村级组织责任，形成四级森林资源管护网络。

桐柏造林防火工作会议

1963 年，建立豫鄂 2 省 8 县护林防火联防指挥部。2011 年，建立 3 地（市）6 县（区）河南省桐柏山森林资源行政案件跨区联动执法机制，建立豫鄂 2 省 4 地（市）豫鄂边区森林资源保护管理联动机制。2012 年，建立 3 地（市）桐柏大别山生态区森林公安警务合作机制，形成跨区域的森林资源保护体系。在打击上，坚持依法治林，严管重罚。1951 年，水帘洞岳老道烧火开荒，引发森林大火，被判死刑；1983 年，老湾金矿负责人非法收购木材引起乱砍滥伐，被判刑 2 年。80 年代至 90 年代，每次公审公判大会都要公开处理一批涉林违法犯罪人员。2000 年后，全县不间断开展林业严打专项行动。2013 年～ 2016 年，全县共查处各类林业案件 791 起，其中刑事案件 151 起，刑事拘留 135 人，逮捕 17 人，起诉 134 人。

至 2016 年，全县林业案件查处率由 2000 年的 80% 提高到 98.1%，涉林案件发生率下降 31%。加强森林防火和林业有害生物防治，建立完善基础设施、队伍、监测和防控体系，提高综合防控能力，森林火灾受害率、林业有害生物成灾率分别控制在 1‰～ 1.6‰之间。

（三）林业产业

60 年代至 70 年代，重点发展“一杉两桐两茶”（水杉，泡桐、油桐，茶叶、油茶），林业产值由 100 多万元提高到 402 万元。80 年代，发展果、桑、松，建成一批林业富

桐柏百年板栗园

裕村，如林茂粮丰的老街村、以松树为主的龚庄村、以苹果为主的高寨村、以杉木为主的王庄村等。1985 年，全县林业产值 995 万元。

第二次区划后，按照因地制宜、适地适树的原则，选择“两桐一松”（泡桐、油桐、国外松）为突破口，用材林、经济林、薪炭林相结合，多林种、多树种、多效益共同发展。1990 年，林业产值达到 2446.1 万元，比 1985 年提高 2.5 倍。

1990 年后，大力发展以板栗、火炬松等主导树种，建成高效经济林和速生用材林基地 3.33 万公顷。1995 年，林业产值达到 1.75 亿元，以“果、药、茶”为主的林果产业逐步形成。

2000 年～ 2016 年，重点培育以火炬松、杨树为主的速生用材林，以板栗、木瓜、茶叶为主的经济林，以砂红桃、晚秋梨为主的名优小杂果，以五角枫、木瓜为主的苗木花卉等特色林果产业，建成千亩以上基地 61 处，发展特色产业林 5.3 万公顷；建成林产加工企业 68 个，专业市场 6 个，第二产业年效益 1 亿元以上。围绕太白顶省级自然保护区和高乐山国家级自然保护区，发展森林旅游业，打响淮河源国家森林公园品牌。积极扶持发展林业专业合作社 94 个，发展以林下种药为主的林下经济 1.87 万公顷，年增收 3.1 亿元。2015 年，全县林业产值 9.69 亿元。

（四）项目建设

中华人民共和国成立初期至 70 年代末，国家和地、县财政对桐柏林业的投资方式主要是出资兴办林场和苗圃，30 年总投资约 1000 万元。80 年代，林业项目主要以小面积引种推广为主。

1990 年，河南省在桐柏县率先启动世界银行贷款造林项目。至 2007 年，先后实施一期“国家造林项目”、二期“森林资源发展与保护项目”、四期“林业持续发展项目”，营造经济林、用材林面积 1.19 万公顷。

1996 年，国家实施淮太流域防护林体系工程，桐柏县编制《长淮防护林体系工程总体规划》，自我启动淮防林工程，造林 0.2 万公顷。2002 年，列入二期长淮防护林体系工程建设县。至 2016 年，累计完成造林 0.45 万公顷，封山育林 0.8 万公顷。

2002 年，实施退耕还林工程。至 2016 年，完成退耕还林 2.15 万公顷，其中退耕地造林 0.41 万公顷，宜林荒山造林 1.3 万公顷，封山育林 0.44 万公顷。

2004 年，启动森林生态效益补偿项目，纳入重点生态公益林 4.7 万公顷，其中国家级 4.15 万公顷，省级 0.55 万公顷。

2006 年～ 2009 年，实施日元贷款造林项目，完成营造林 0.37 万公顷。2008 年～ 2012 年，实施林业生态省建设工程，累计完成营造林 3.4 万公顷，其中造林 2.13 万公顷，封山育林 1.27 万公顷。2013 年，启动欧元贷款营造林项目，规划造林 0.15 万公顷。

据不完全统计，1990 年～ 2016 年，全县争取上级林业项目建设资金 4.16 亿元，其中退耕还林工程资金 1.86 亿元。

（五）科技兴林

50 年代至 60 年代，桐柏县提出科学造林、科学经营的理念，重点推广主要树种的栽培、修剪、嫁接技术等，开展油茶、苹果等良种引种。

1971 年，应用白僵菌、赤眼蜂生物防治技术，防治马尾松毛虫害，实现 30 年有虫不成灾。1975 年，在国有毛集林场引种美国火炬松、湿地松试验成功。1984 年“两松”芽苗移栽育苗成功，1989 年全县推广造林 0.71 万公顷，1995 年达到 1.67 万公顷，“两松”引种推广分别荣获林业部和国家科技进步奖。这一时期还开展泡桐、油桐、马尾松、柑橘等树种引种和丰产栽培技术研究，其中引进泡桐家系 180 个。

1988 年，桐柏县开展科技兴林活动。1990 年，被确定为河南省“211”科技兴林示范县。至 1996 年，累计引优良树种 36 个，家系或无性系 292 个，开展科研项目 18 项，推广容器育苗、芽苗移栽、子苗嫁接和 ABT 生根粉、菌肥等新技术、新成果 127 项，其中选育的“桐柏大枣”被列入全国林业科技成果推广 100 项。建成全国最大的泡桐基因库和马尾松基因库、种质园，建成银杏、板栗等优良种源基地 11 处，建成 14 个树种的百亩丰产试验区 43 处，千亩示范区 14 处，万亩推广区 7 处。全县科技成果转化率 48%，适宜地区推广覆盖率 40% 以上，被确定为第一批全国科技兴林示范县。

2000 年～ 2016 年，结合林业生产，先后开展欧美杨、火炬松、板栗、木瓜、省沽油、金丝楸、黄连木及名特优经济林丰产栽培技术研究，引进、推广、普及一批新品种、新技术及新成果。如在板栗发展中，与河南农大联合开展板栗品种对比试验，从 56 个优良品种中选育 8 个良种推广，实现当年栽植、翌年嫁接、三年见果、四年亩产 220 千克，确定为全省优质板栗无公害生产基地。2003 年，被命名为河南省优质板栗之乡。在木瓜产业上，2003 年被确定为全国木瓜标准化示范区。2004 年，县林业局完成《木瓜栽培技术规程》，并编制国家行业标准，被国家林业局命名为中国木瓜之乡。

全县林业系统的专业技术人员由 1985 年的 13 人增加到 71 人，其中高级工程师 14 人、工程师 30 人、助理工程师 27 人。至 2016 年，共获得市级以上科技成果奖 65 项。

（六）林权改革

1953 年，贯彻落实“社造社有、村造村有、谁造谁有”的政策，开展国家与群众合作造林，收益分成 2∶8，大头归群众，当年造林 533.33 公顷，成为桐柏县林权改革和规模造林的起点。

1980 年～ 2006 年，桐柏县林权改革经历三次探索与实践。（1）“分山到户”阶段。1981 年，林业“三定”对 8.67 万公顷集体林稳定山权、林权，划定自留山，确定林业生产责任制。至 1995 年，谁造谁有、合造共有、股份合作制等政策深入落实，呈现出分户承包、乡村林场、联营林场、股份林场等经营形式，推进林业较快发展。

（2）“明晰‘四荒’产权，加快荒山治理”阶段。从1996年～2002年，对“四荒”及分户治理效果差、面积小而散的林地集中流转，实现以家庭分散经营为主向集约化经营形式转变，由此形成租赁、承包、拍卖、股份合作、集体办场分户承包等多元化经营格局。（3）“林地招商、加快发展”阶段。2003年～2007年，以中共中央、国务院《关于加快林业发展的决定》为指导，进一步明晰使用权、放活经营权，促进林地、林木的合理流转，拓宽林业投资渠道。先后有辽宁岫岩实验林场、北京泰利恒业公司、香港大友（攀枝花）农业开发有限公司、安徽阜阳农业远景科技开发公司等168家县外企业、单位、个人，落户桐柏发展林业，非公有制造林2.03万公顷。

2006年，成立全省唯一一家县级活立木交易中心。2007年，确定为河南省集体林权制度改革试点县。2011年，完成集体林主体改革8.95万公顷，发放林权证15759份、32874宗，涉及15个乡（镇）、168个行政村、3.1万户。在全省第一批成立县林权管理中心，2012年被授予省级示范林权管理中心。积极开展林权流转、林权登记、林权抵押贷款、森林资源资产评估等服务，大力发展林下经济，推进综合配套改革。全县林地流转面积0.31万公顷，流转资金9100万元，林权抵押贷款1.3亿元，协调县涉农金融机构发放林下经济小额贷款4.9亿元，扶持林业专业合作社94个，启动4.7万公顷公益林森林保险试点工作，带动发展以林下种药为主的林下经济1.87万公顷。2011年～2016年，桐柏县吸引河南新奥森、河南世纪立成、河南顺和、河南绿士达及禹峰桐柏山野茶开发有限公司等一批有实力的公司、企业，投资开发森林旅游、茶叶和中药材种植等产业。2016年8月，县林权管理中心并入县不动产登记局。

第四节 邓州市

邓州市位于南阳市西南部，南阳盆地底部西缘。总面积2369平方公里，辖28个乡（镇、街、区）、606个行政村，人口175万、耕地16.27万公顷，平原地貌。

该市立足区位实际，坚持稳中求进，加快推进以造林绿化为重点的林业生态建设，加大森林抚育和资源管理力度，抓好以杨树加工利用为主的林业产业，推进林业改革发展，林业建设成效明显。2008年，被河南省绿化委员会授予全省国土绿化模范县（市）；2010年，被全国绿化委员会授予全国绿化模范县（市）；2011年达到林业生态县建设标准，被省政府授予河南林业生态县（市）称号。

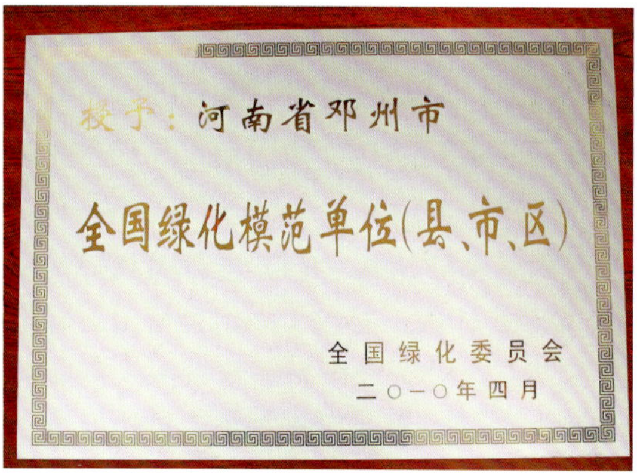

邓州市林业局核定行政事业编制127人，至2016年，在职干部职工147人。内设5个科室，分别是办公室、造林绿化与科学技术科、森林资源管理科、人

事科、产业规划与资金管理科。下属全供事业单位 6 个，自收自支单位 2 个。

中华人民共和国成立后，邓州市的林业发展大致分为七个阶段：

第一阶段：中华人民共和国成立初期至“文革”开始。建国初期，党和政府关心林业生产，邓州市（时称邓县）广大干群切实抓好林业生产，做了大量工作。但由于多方面原因，林业破坏严重。止 1958 年大炼钢铁时期，在“以钢为纲，树木砍光”的思想指导下，参天大树砍伐殆尽，给人民生产、生活带来严重困难。当时的县委主要领导王廉清认识到毁林的危害性，下决心恢复发展林业，首先是大面积育苗，继之是大面积造林。1962 年～ 1966 年，全县营造国队、县队合作林 1733.33 公顷，这是第一次林业大发展。

第二阶段：“文革”初期至改革开放初期。进入“文革时期”，在“以粮为纲”的口号下（即所谓“以粮为纲，毁林开荒”），不少地方出现毁林开荒，扩大粮食作物种植面积。为了发展林业，当时的县委主要领导张兴钿，提出“水、肥、土、林打硬仗”的口号，让队队育苗，并号召育苗要有“四舍得”精神（即舍得拿好地，舍得拿资金，舍得拿劳力，舍得拿领导），1970 年开始，经过 3 年冬春的奋战，到 1974 年四旁植树 3800 万株，达到 5800 万株，大面积造林 3 万公顷，小片造林 5466.67 公顷，营建农田林网 2.07 万公顷、植树 992 万株，国队、县队合作造林 286.67 公顷、植树 103.2 万株。1974 年～ 1976 年，又发展农田林网 3.33 万公顷，总面积 5.4 万公顷，全县三分之一的社队实现林网化。1970 年～ 1976 年，国队、县队完成合作造林 0.202 万公顷，小片林 0.55 万公顷，农田林网 5.4 万公顷，经济林 0.21 万公顷，绿化渠道 2430 条、314 公里，绿化公路、铁路 280 公里，四旁植树 6600 万株，这是邓县建国后第二次林业大发展。1979 年～ 1981 年，当时县个别领导下乡视察工作，认为种树胁地，加上当时农村实行联产承包责任制，少数人的无政府主义思想泛起，趁放宽政策、林业生产责任制没跟上之机，乱砍滥伐，甚至明抢暗盗，使林业生产受到比较严重的损失。1981 年，为贯彻《中共中央、国务院关于保护森林、发展林业若干问题的决定》，县政府颁发林权证，1981 年 12 月 6 日，县政府又召开保护林木、发展林业的三级干部会，明确政策，稳定民心，时年冬在全县掀起植树造林高潮。1982 年 2 月，邓县成立绿化委员会，春季全县掀起育苗热潮，白落公社和小杨营公社建立大型骨干苗圃，集中连片繁育泡桐、沙兰杨等苗木 46.67 公顷，南阳地区在邓县召开育苗现场会，促进全县育苗业的发展。1982 年秋、冬，在全县掀起植树造林高潮。时年，全县林业用地面积 1.05 万公顷，其中有林地 0.23 万公顷，灌木林地 49 公顷，苗圃地 576 公顷，四旁林面积 1.59 万公顷，林木覆盖率 7.9%，林业第三次得到大发展。

第三阶段：改革初期至 1990 年。1982 年 4 月～ 9 月，邓县组织开展林业资源调查和区划。根据区划结果，全县划分四个林业区，分别是岗丘经济林薪炭林区、湍河沿岸农桐间作区、城镇环境美化区和平原农田防护林区。按照区划，从 1983 年开始至 1986 年，邓县加强国队、社队合作林场造林，在湍河沿岸实施农桐间作，推进以沙兰杨、白榆、刺槐为主要树种的片林建设，林地面积大幅度增加。1986 年底，转向平原农田防护林建设，提出农田林网初级达标，每年重点搞 3 至 5 个乡，分步实施，稳步推进。

至1990年底，基本实现初级达标。全县营造农田林网11.33万公顷，占适宜林网面积13.87万公顷的81.7%，农桐间作0.97万公顷，占适宜面积1.08万公顷的90%，营造片林0.64万公顷，发展经济林1333.33公顷。全县林地面积达到3.37万公顷，其中有林地面积0.86万公顷，四旁林面积2.4万公顷，林木覆盖率15%。

第四阶段：林果业大发展时期。1991年底～1992年初，邓州市委、市政府决定在全市调整农村产业结构，大力发展林果业，增加农民收入。在行政推动下，各地林果业面积迅速增加，不少乡、村毁掉用材林，腾出土地规划种植果树，导致用材林面积锐减，林网滑坡严重。1993年，邓州市成立林果生产领导小组，大力发展经济林。1994年，全市新发展经济林1.04万公顷。至1995年，全市林果业面积达到1.33万公顷，90%是苹果，还有核桃、梨和一些小杂果等。由于没有经过科学论证，主要品种苹果受地理位置限制，品质、产量表现不出优势，群众看不到效益，开始毁林种田。期间，受市场影响，邓州桑蚕业也得到较快发展。1991年，设立邓州市桑蚕办公室（政府组成部门，正科级），全市发展胡桑1533.33公顷，遍布50个村，经济效益6000万元。1996年，农业局、林业局合并，桑蚕办公室并入农林局，改为桑蚕工作站（股级事业单位）。

第五阶段：平原林网恢复“达标”时期。1996年，按照省政府、南阳市委、市政府的要求，邓州市委、政府下发文件，以恢复平原绿化初级达标为主要任务，连续3年，重点推进农田林网建设。1998年基本实现初级“达标”。为推进高级“达标”工作，邓州市强化责任，实行副科级领导分包网格，2000年因一些乡（镇）没有完成任务，林扒镇、桑庄镇3名副科级领导受到市委处理。至2002年，经过5年努力，邓州市通过省、市核查验收，一举实现平原绿化高级“达标”。

第六阶段：杨树经济发展时期。2003年底，邓州市委、政府下发文件，召开三级干部大会，部署大力发展杨树经济。利用3年时间，全市新发展杨树4万公顷，引进上马木材加工企业1000家。仅2003年冬到2014年春，全市新发展杨树面积1.47万公顷，此后，市委、市政府出台优惠政策，利用退耕还林、长防林和外资项目造林等资金，支持杨树产业发展。期间，每年都召开三级干部大会，总结奖惩。至2007年，全市发展杨树4.13万公顷，其中在耕地上营造1.53万公顷，围村四旁造林1.6万公顷，“四荒”造林约1万公顷。邓州大地林海莽莽，景色俊秀。

第七阶段：林业生态市建设时期。2008年，按照省政府、南阳市政府部署，开展林业生态市创建工作。市政府下发《2008年～2012年邓州市林业生态建设规划》，结合本市实际，按照10项指标要求，提出具体发展目标，即完成荒山荒地造林1666.67公顷，低质低效林改造0.42万公顷，中幼林抚育0.53万公顷，营造水源涵养林0.34万公顷，农田防护林改扩建0.58万公顷，完成包括南水北调干渠绿化在内的生态廊道建设任务0.27万公顷，城市、村镇、园林绿化0.17万公顷。规划实施六大林业工程，包括生态林建设工程、农田防护林体系改扩建工程、生态廊道网络建设工程、城市林业生态建设工程、村镇绿化工程和森林抚育改造工程。2011年，林业生态市通过省政府检查验收，按期完成建设任务。期间，因实施南水北调工程，移民迁移调地、二广高速、内邓高速及一些重大工程占地等，采伐不少杨树，林业资源数量减少。至2016年调查统计，林地面积2.93万公顷。

2013年～2016年，邓州市实施林业生态建设提升工程，林业进入一个新的发展阶段。

（一）造林绿化

以林业工程建设为重点，以全民义务植树为带动，以杨树经济发展、平原农田防护林体系建设，铁路、高速公路、国道、省道等廊道绿化为载体，整合社会要素，统筹城乡绿化，创新土地流转机制、资金投入机制、造林管护机制，推动邓州林业不断向前发展。至2016年，全市林地面积达到2.93万公顷，其中水源涵养林680公顷，农田防护林1473.3公顷，环城防护林113.3公顷，生态廊道2140公顷，村镇绿化973.3公顷，全市林木覆盖率达到18.6%，城乡人居环境明显改善。

邓州市领导视察造林绿化

（二）资源管护

加强森林资源保护管理工作，不断优化林业发展的内外部环境。一是严格程序，强化林政资源管理工作。加强采伐证、运输证、林权证、检疫证、木材加工经营许可证等证照办理。二是集中开展专项行动，严厉打击涉林违法犯罪行为。根据实际需要和阶段特点，依法部署开展集中专项行动，形成强大震慑。先后多次开展林地保护、夏秋护林、打击乱砍滥伐林木、非法毁坏幼树等林业专项整治行动，起到保驾护航作用。2008年～2016年，共办理行政案件800余起，其中涉及滥伐、毁林和无证经营案件约占55%，无证运输木材及其制品约占43%，非法捕猎、运输野生动物及其他案件占2%；办理治安案件13起，办理刑事案件77起，治安拘留96人，刑事拘留35人，提请逮捕17人，移送起诉51人。三是加强病虫害防治和护林防火工作。近年来，财政共投入资金100余万元，组织106架次飞机喷药统防统治；加强宣传和日常管理，严格落实森林防火责任制，多年来无一起重大森林火灾发生。

（三）林业产业

发展以林木板材加工利用为主的林业产业，不断增强林业发展的综合实力，打造以益嘉木材加工企业为主的林业产业化集群。市域内共有235家木材加工企业，年生产胶合板50万立方米，地板100万平方米，加工家具8万套以上，“益嘉”、“凤雅居”牌木地板砖、“雪阳”牌刨花板、“木瓜”牌细木工板等品牌在省内外热销。初

邓州杨树经济

步形成旋切单板、初级板材、纤维板、家具制造等中高低档相结合、门类齐全、品种多样的木材加工体系，年产值达到12亿元。河南益嘉林业发展公司、邓州益嘉地板、赛博板业、新艺木业、绿卉园艺等5家林产企业跻身省林业产业化重点龙头企业行列，河南益嘉公司正积极筹办申请上市事宜，企业在域内外知名度进一步提高。以湍河湿地公园、杏山地质公园、南水北调中线干渠绿化和湍河渡槽观光为主，发展森林生态旅游业。

（四）林权改革

2008年，邓州市启动集体林权制度改革。至2011年，全市基本完成以“明晰产权、承包到户”的主体改革任务。全市2.99万公顷集体林地全部进行产权改革，办理林地宗数8751宗，发放林权5926本。现正推进的配套改革工作，累计开展林权抵押贷款6000余万元。

（五）林业项目

认真贯彻落实林业政策，加强项目资金争取和管理。自1999年首次利用国家林业专项资金进行林业生态建设以来，先后实施了长防林、世行贷款林业持续发展项目、退耕还林、日元贷款等林业重点建设工程，累计完成投资7146.5万元，完成人工造林资金1.06万公顷。同时，严格项目管理，加强监管，确保项目资金有效使用。

第五节 淅川县

淅川县位于南阳市西南部，地处豫、鄂、陕三省结合部，陶岔为南水北调中线工程渠首取水源头。全县总面积28.19万公顷，其中林业用地面积13.69万公顷，有林地面积12.8万公顷，活立木蓄积1692526立方米，森林覆盖率45.3%（含水库水面）。

全县适生的植物种类多，常见的有栎类、马尾松、侧柏、杉木等，稀有树种有宫桂、三尖杉等279种，灌木有酸枣、冬青等156种，藤本植物有野蔷薇、青藤等26种。草本植物有白草、茅草、莎草等410种，药用植物有二花、柴胡、桔梗等400多种。国家重点保护的植物有青檀、领春木、连香树、水青树、银杏、香果树、水曲柳、核桃楸、杜仲、天竺桂、三尖杉、红茴香、天麻等10多种，省级保护植物有大果青、山拐枣、成效较好的面积达 2.25 万公顷。

3. 义务植树。1983 年 2 月 9 日，淅川县绿化委员会下发“关于开展全民义务植树运动的意见”。在县绿化委员会的安排部署下，坚持每年开展义务植树活动，年均完成义务植树 190 万株。

4. 生态公益林工程。2004 年，按照国家公益林区划界定办法，经国家认定区划界定国家级公益林 11.42 万公顷，当年纳入国家公益林面积 5.12 万公顷。2006 年，纳入国家公益林面积 2.87 万公顷。2009 年，纳入国家公益林面积 3.43 万公顷。

5. 长防林工程。1990 年，实施长防林工程。1992 年，正式列入全国 200 个长防林工程达标竞赛县。1991 年，首次建设长防林工程示范点 533.33 公顷。以长防林工程建设为龙头，以绿化荒山为重点，促进造林绿化工作。至 2016 年，全县累计完成营造林 4.21 万公顷，其中造林 1.85 万公顷，直播造林 0.87 万公顷，封山育林 1.28 万公顷。

（二）林业产业

2010 年～ 2016 年，有 50 余家涉林企业进驻淅川，投资发展林果产业，初步形成花椒、柑桔、湖桑、核桃、仁用杏、板栗、杨树等为主的林业产业基地 3.67 万公顷。金银花、玫瑰花等花卉苗圃面积 2000 公顷。林下种植、林下养殖、森林景观利用等林下经济面积近 6666.67 公顷。全县林业专业合作组织（协会）57 家，吸引并辐射带动周边 9500 多农户发展鲜桃、梨、仁用杏等林果业，林农人均增收 800 多元。2016 年，全县林业产值 10.3 亿元。

院县科技合作

淅川柑橘

1. 柑桔。1970 年，建立淅川县柑桔研究所，进行南桔北移规范化研究推广。1972 年～ 1976 年，开始在农村扩大试点。1981 年 7 月 30 日，县林科所并入县柑桔研究所，壮大研究队伍，扩大研究基地。全县发展柑桔 0.53 万公顷，年产量 275 万千克。

2. 油桐。十一届三中全会后，县委、政府制定油桐发展政策，调整奖售比例，提高油桐价格，抓好油桐垦复、选优、植苗造林、病虫害防治等，全县发展油桐2.67万公顷，年产桐子286.2千克。

（三）林权改革

1981年，淅川县开展林业“三定”工作，当年完成定权发证482个大队，建立林业生产责任制大队290个。1984年，林业“三定”基本完成，全县510个行政村11.5万多农户签订责任山承包合同，划分自留山10.89万公顷。

2008年5月，启动集体林权制度改革。2012年，完成确权发证4.73万公顷，发放林权证1.5万本。2013年，完成集体林改4.33万公顷。建立县林权管理中心并被评为全省先进单位，有2家林业专业合作社被评为全省先进专业合作社。

（四）资源管护

1. 林业严打。积极组织森林公安、林政稽查等林业执法人员，重点打击乱砍滥伐林木、乱征滥占林地、乱捕乱猎野生动物等违法犯罪行为。对遭到破坏的林地限期恢复原状，对非法占用林地的责任单位和人员，依法从严处理，追究刑事责任，移交司法机关。

2. 森林防火。通过加强宣传、明确责任、增加投入、强化培训、打牢基础、组建快速反应扑救队伍等措施，建立健全森林防火应急响应机制，严格落实森林防火责任制，实现连续29年无大的火灾发生。

3. 森林病虫害防治。举办森林病虫害防治培训班，邀请森防专家现场授课，按时完成虫害、病害动态分析，林业有害生物成灾率控制在3.7‰以下，有害生物防治率达到87%。

4. 野生动植物保护。将野生动物保护工作纳入全县林业目标考评，对因保护监管不到位、执法不力的，严格追究有关人员的责任。对全县1200株古树名木进行GPS定位，拍照保存，建立电子档案，实施挂牌保护。

5. 森林旅游。充分利用林下森林资源，积极发展森林旅游产业，先后成立上寺、凤凰山省级森林公园、香严寺景区、丹江大观苑、坐禅谷、龙山、范蠡公园、楚都公园、八仙洞、神仙洞等森林旅游景点，每年吸引大量游客旅游观光。

第六节　内乡县

内乡县位于南阳市西南部，辖6乡10镇、289个行政村和10个居民委员会，人口70万。全县总面积24.6万公顷，林业用地面积13.73万公顷，有林地面积12.93万公顷，活立木蓄积320万立方米，森林覆盖率60.1%。

1959年12月，成立内乡县林业局。1961年2月，撤销县林业局，成立内乡县人民委员会林业科。1963年5月，恢复内乡县林业局。1968年4月，建立内乡县林业局革命领导小组。1969年1月，成立内乡县革命委员会农林水机服务部，与湍河林场合

内乡宝天曼

内乡天心洞

署办公。1971 年 9 月，撤销农林水机服务部，成立农林局。1972 年 7 月，撤销农林局，分设内乡县革命委员会林业局。1981 年 8 月，内乡县革命委员会林业局更名为内乡县林业局。

清代以前，内乡境内草茂林密，树木葱郁，勤劳质朴的内乡人，在这里繁衍生息。古老的内乡县衙见证内乡森林茂密、时代的沧桑变迁，印证着内乡繁荣美丽的景象。此后，随着人口增多，垦荒面积扩大，加之连年战火，森林遭到严重破坏。中华人民共和国成立后，内乡县林业虽几经起伏，但逐渐步入良性发展轨道。

1949 年～ 1957 年，林业逐步恢复发展。内乡县革委根据中央、国务院关于“保护森林并有计划地发展林业”的政策规定，采取措施，组织群众普遍保护森林，重点开展植树。1959 年起，逐步建立林业机构。1951 年～ 1953 年，在山区、半山区乡（镇）相继设立林业科，平原乡（镇）明确由建设科兼管林业，负责全区林业生产建设。随后建立林业技术指导站，负责全县林业生产和技术指导工作。

1958 年～ 1977 年，林业进入稳步发展阶段。经过土地改革和互助合作化运动，废除封建所有制，少部分山林收归国有，大部分山林由个体过渡到集体所有。当时，中央提出“普遍护林、重点造林”“自采、自育、自造”方针以及“谁造谁有”政策，省政府颁布《关于保护林木暂行办法》，调动广大群众护林、造林的积极性，林业生产恢复发展较快。这一时期，内乡县各级党委、政府和林业部门按照 1961 年 6 月中央发布的《关于确定林权、保护山林和发展林业的若干政策规定》，坚持“谁种谁有”的原则，实行“国造国有，社造社有，队造队有，社员个人栽植的零星树木归社员个人所有”的政策，确定林权，并提出工程基地造林，大大激发基层和广大干群植树造林的积极性。在造林上采取国队合办、场队合办、社队合办等办法。（1）开展规模基地造林，营造大面积以油桐为主的经济林。（2）兴办国队合作林。由生产大队出土地、劳力并负责管理，收益按 1∶9、2∶8 或 3∶7 分成。（3）兴办社队林场。采取“造上一片林，留下几个人，建成一个场”的办法，社队林场蓬勃发展。1962 年调整人民公社规模，实行三级所有，以队为基础，山林归生产队管理，把部分山林划给社员个人经营，林业生产得到恢复发展。文化大革命期间，极左思潮泛滥，无政府主义严重，政策多变，林权不稳。据 1976 年调查统计，全县活立木蓄积 478.3 万立方米，四旁植树 1000 万株，造林保存面积 8310.04 公顷，森林覆盖率 45.9%。

1978 年～ 1985 年，林业起步处于再发展阶段。1981 年，内乡县放宽林业政策，落实国家林业“三定”方针，落实山权、林权，划分责任山与自留山，其中自留山由群众承包经营，收益分成，大头归个人。至 984 年，全县林业“三定”工作基本结束，划分自留山 10.89 万公顷，责任山 5.53 万公顷，发放林权证 11.5 万份，签订责任山承包合同 6.5 万份。8 年，全县完成大面积造林 1.5 万公顷，四旁植树 2049 万株。在林业资源调查和林业区划的基础上，把林业生产的重点转向以山茱萸、油桐为主的经济林。1985 年，全县林业产值 1046 万元。

1986 年～ 1997 年，林业进入较快发展阶段。根据南阳地区“一调、二转、三突破”的决策部署，抓政策落实，发展以山茱萸、油桐为主的经济林，“七五”、“八五”期间，全县发展山茱萸 0.67 万公顷，直播油桐 0.8 万公顷。1990 年，启动长防林建设工程。1991 年 9 月，纳入全国长防林竞赛达标县。全县推广“山顶松柏栎，山腰果间粮经饲，垱边龙须草，山底粮棉油”的立体种植模式，水土流失得到遏制，生态环境得到改善。

1998 年～ 2016 年，林业步入快速发展阶段。

（一）造林绿化

1. 基地造林。本着“适地适树、集中连片”的原则，坚持以基地造林为主，辐射带动全县造林快速发展，逐步形成 6 大基地，止 2016 年，全县完成基地造林 4.15 万公顷。（1）以夏馆、板场、七里坪、赤眉、西庙岗、乍岖 6 乡（镇）为主的油桐基地 0.74 万公顷。（2）以夏馆北部山区为中心的山茱萸基地 3333.35 公顷。（3）以西庙岗、板场、夏馆、七里坪、赵店为主的板栗基地 2666.68 公顷。（4）以西庙岗、乍岖、师岗、大桥、湍东等乡（镇）为主的柑桔和花椒基地 1300 公顷。（5）以马山、赤眉、余关、乍岖、桃溪等乡（镇）为主的茶叶基地 2000 公顷。(6) 以赤眉、余关、赵店、湍东、师岗、乍岖、桃溪等乡（镇）为主的核桃、油桃基地 7333 公顷。（7）以东大岗、灌涨的白土岗和湍、默、刁、黄四河两岸滩涂地为主的杨树速生丰产林基地 1.33 万公顷。

内乡油桃

2. 飞播造林。1981 年，开展飞播造林工作。1986 年，受地区林业局林管站委托，承担机场作业任务，范围包括内乡、西峡、淅川 3 县，作业面积 0.87 万公顷，共设 9 个播区、飞行 50 架次。内乡县在板场、夏馆、七里坪、赤眉 4 乡（镇）11 个行政村飞播造林 3001.5 公顷。1990 年，在飞播重点林区的夏馆镇建立飞播管理站，负责全县的飞播造林管理工作。到 1994 年，全县飞播林基地面积 1.33 万公顷。1999 年，在全省飞播造林 20 年纪念大会上，内乡县被评为飞播造林先进单位。至 2016 年，全县飞播造林基地面积 1.67 万公顷。

3. 长防林工程。1990 年，内乡县启动长防林建设工程。1991 年 9 月，纳入全国长防林竞赛达标县。1991 年，争取长防林等项目建设资金 78.8 万元，完成长防林造林 8671 公顷。1994 年，在马山、赤眉、夏馆三乡建立长防林万亩示范区 3 个，并顺利通过国家计委、林业部长防办的检查验收。1995 年，完成长防林工程造林 3001.5 公顷，被林业部授予长防林建设一类县。1991 年～ 1999 年，营造长防林工程造林 5.17 万公顷。经过治理共完成长防林成片基地造林 2 万公顷，初步形成赤眉镇邵家岭、赤一马路沿线、马山岈至黄沙岭、七里坪马尾岭 4 个万亩“两松”和马尾松基地，板场黄花曼和庙岗花果山 2 个万亩板栗基地。2003 年长防林三期工程实施以来，共完成营造林面积 3300 公顷。

4. 退耕还林工程。2002 年，实施退耕还林工程。在工程建设中，认真落实政策，做到统筹规划，分步实施，突出重点，注重实效；坚持谁退耕、谁造林、谁收益、谁经营，验收合格后，与各退耕户签订退耕还林合同，逐户填写退耕还林手册，发放林权证。止 2013 年，全县完成退耕还林工程造林 19200 公顷，其中退耕地造林 4400 公顷，荒山荒地配套造林 11133 公顷，封山育林 3667 公顷。项目惠及 15 个乡镇 23 农户收益。

5. 封山育林。1989 年，在新造林地、飞播区、残次林地实施封山育林试点。七里坪乡靳河村牛角湾沟 266.67 公顷残次林，封前平均每亩以栓皮栎、麻栎为主的树种 83 株，通过 3 年封禁，目的树种每亩达到 230 株以上，树高平均 3.5 米，胸径平均 3 厘米，林草植被由治理前的 26.4% 增加到 88.3%。2001 年～ 2016 年，内乡县采取封山育林与人工造林相结合的办法，进一步加强林木、林地管护，健全封育制度，大大减少乱砍滥伐、乱采滥牧的现象。现已形成西阳山、靳河、夫子岈、李井、官路沟、店坊 6 大封山育林区。

（二）林业育苗

按照“自采、自育、自造”的方针，提出“造什么林，育什么苗，采什么种”以及“造多少林，育多少苗，采多少种”的原则，组织采种育苗。1987 年，成立内乡县林木种子站，使林木种子从采集、收购到调拨，逐步向规范化发展。1986 年，成立森林植物病虫防治检疫站，负责苗木调运检疫工作。1986 年后，随着林业政策的落实，林业育苗逐渐形成以国有场圃育苗为主，群众性小面积育苗为主的育苗形式。至 2016 年，全县建立绿化苗木繁育基地 9 个，面积 146.67 公顷。

内乡菊花节

（三）经济林

内乡县把发展林果业确定为重点，大力发展经济林，由过去以营造用材林为主转向经济林与用材林发展并重，形成七大经济林基地：（1）以县直单位参加义务植树 85 万人次，植树 430 万株，造林 1100.33 公顷。（2）社会造林。20 世纪 50 ～ 60 年代，以社办、队办、国队合作等形式组建林场，开展营造林生产活动。改革开放后，落实责任制，原来建立的林场逐步承包给专业户或联合体，兴起户办林场，1986 年，全县林业专业户达 500 多个。集体林改制度落实后，林业专业合作社应运而生。截至 2016 年，全县发展林业专业合作社 41 个。同时，县水利、公路、城建等部门也都发挥职能，开展造林绿化活动。（3）工程造林。平原绿化。全县平原农区适宜林网面积 4.33 万公顷，按照实现大地园林化的要求，1958 年部分大队开展试点，1978 年发展到 0.8 万公顷，1985 年达 2.33 万公顷，2004 年至 2016 年农田林网面积 3.42 万公顷。栽植的主要树种有：杨树、油桐、女贞、柳树等。宛东防护林。1984 年，完成宛东防护林体系主风区规划调查设计。1985 年～ 1989 年，完成基干林带 196 公里，造林 495 公顷，营造主林带 363.3 公顷，副林带 282.4 公顷，片林 2733.33 公顷，累计造林面积 3874.03 公顷，栽植乔木（以杨树为主）991.8 万株。投资 110 万元，其中国家投资 50 万元，村、组以工代投 60 万元。长江防护林。1991 年开始实施，1991 年至 2016 年，完成造林 1.07 万公顷，其中人工造林 0.79 万公顷，封山育林 0.29 万公顷。国家投资 1513 万元。退耕还林。2002 开始实施，2002 年至 2016 年，完成 1.62 万公顷，其中退耕地造林 0.39 万公顷，荒山造林 1.23 万公顷。2002 年至 2010 年，累计向退耕农户兑现粮食、生活补助资金 9655 万元，造林种苗补助费 2285 万元。2011 年～ 2016 年，完成巩固退耕还林成果后续产业发展专项规划项目资金 758 万元，其中补植补造 265 万元，后续产业建设 493 万元。

方城造林现场

3. 森林培育。主要采用封山育林、抚育、低产林改造三种形式。（1）封山育林。多年来，广泛开展封山育林，累计封育面积 2 万公顷，其中封育成林面积 1.67 万公顷。2000 年至 2016 年，全县实施封山育林 1.17 万公顷。（2）森林抚育。2010 年至 2016 年，中幼林抚育间伐 10586.66 公顷，次生林改造 3333.33 公顷。（3）低产林改造。结合林业重点工程，采取砍杂、间伐等，对

方城金木瓜实业挂牌上市

低产低效林进行改造，到2016年，全县累计改造低产林0.57万公顷。

4. 经济林。全县适宜多种果树生长，广阳大枣栽培历史悠久。1984年，全县有广阳枣树37.6万株，成片果园32.07公顷、1.3万株，加之酸枣资源丰富，可改接大枣，当年被省、地区确定为大枣基地县。1989年至1996年，以苹果栽植为主，面积3333.33公顷。1999年至2001年重点发展梨枣，面积2000公顷。2002年至2006年，以桃、柿、木瓜为主栽树种，面积0.67万公顷。2006年至2010年，主栽木瓜、晚秋黄梨和黄金梨。2010年至2016年，以栽植核桃、梨、木瓜为主，林果面积1.27万公顷，其中木瓜0.63万公顷，核桃0.33万公顷，梨0.18万公顷，其它小杂果0.13万公顷。

（三）资源保护

1. 森林防火。建立县防火指挥部，办公室设在林业局，加入护林联防机构，落实防火措施。每年11月至次年4月为防火紧要期，县防火办、国有大寺林场和山区、半山区乡（镇）林站，实行24小时值班制度，并保持通讯畅通，一旦有火情能得到及时扑救。截至2016年，全县建立防火扑火专业队30人，应急突击队25人；防火重点乡（镇）成立20人左右的防火扑火专业队。在大寺林场、七峰山、黄石山、三贤山建瞭望台5座，营造防护林带120公里，营造生物防火林带333.33公顷，修建防火路320公里；全县购置护林消防车5辆，修建永久性森林防火牌11处；购置消防服80套和必要的防扑火工具。

2. 制止乱砍滥伐。方城县历经伐树炼铁、文革毁树和改革开放初期毁林3个时期，森林资源遭受到一定程度的破坏。为打击毁林行为，先后成立森林资源保卫股、林政稽查队、林业公安派出所（后改为森林公安局）等林业执法机构，重点打击乱占滥垦林地，乱砍滥伐林木，乱捕滥猎野生动物及违法经营木材等行为。2000年至2016年，全县共查处林业违法案事件2240起，其中刑事案件106起，收缴木材910立方米。

3. 森林病虫害防治。主要致灾虫害有20种，其中12种鳞翅目害虫。如：黄杨卷叶蛾、杨扇舟蛾、大袋蛾、松毛虫、刺槐蚜虫、光肩星天牛、小地老虎、金龟子、金针虫、食心虫、象鼻虫等。主要病害有：白粉病、缩叶病、锈病、落叶病、芽枯病、叶斑病、黑痘病、茎腐病、根结线虫病、果实霉烂病、杨树溃疡病、炭疽病等。每年适时组织病虫害调查监测，发布病虫信息和防治办法。1997年至2016年，利用飞机对重点部位的杨树食叶害虫进行防治，累计防治面积2.67万公顷。

（四）林业产业

1. 木材加工。20世纪60年代初，开始有木材加工，主要是解板。80年代后，由手工改为机械加工。之后，由于杨树资源较多，个体私营剥板场发展较快，全县现

方城黄金梨

有木材经营加工点 70 余处，年产值 1000 万元以上。

2. 林副产品加工。主要是果品加工。1983 年，建立县供销社果品厂，县乳品厂及杨集大河口红果加工厂。1988 年，在十里庙建立果品加工及冷冻 1 处，产品有罐头、山楂片、山楂汁、山楂醋等，年加工量 10 万千克。2005 年，建立金木瓜酒业公司，主要生产木瓜酒、木瓜醋、木瓜香精等。

3. 森林旅游。有森林公园 3 处，大乘山景区、七峰山景区和黄石山景区，经营面积 1.2 万公顷。全年游客 60 万人次，森林旅游总收入 4800 万元。

（五）林业科技

1. 科技队伍。1954 年至 1990 年，国家分配林业科技干部 75 人，1966 年以前多为外县人，部分已调回原籍。现有林业工程技术人员 35 人，其中高级工程师 1 人，工程师 12 人，助理工程师 22 人。这些工程技术人员承担着全县造林规划设计、检查验收、林业科技推广等工作。

2. 科技推广。重点推广松、杉造林技术，杨树栽培技术，平原绿化和农桐间作技术，育苗技术，大枣、梨、核桃经济林丰产栽培技术等。

第八节 唐河县

唐河县位于南阳盆地东南部。辖 12 镇 7 乡 3 街道办、508 个行政村和 23 个居委会，人口 140 万。全县土地总面积 24.93 万公顷，其中林业用地面积 5.26 万公顷，有林地面积 2.61 万公顷，活立木蓄积 186 万立方米，林木覆盖率 18.1%。

中华人民共和国成立前，唐河县没有设置林业行政机构，仅有县城东北陡沟一处苗圃，面积 6.67 公顷，培育各种乡土和风景树种。中华人民共和国成立后，县政府设立实业科，主管全县农业、林业、水利、交通、电业等工作。1957 年 9 月，成立林业工作站，配备部长 1 名，技术员 2 名，属农业局领导。1972 年 7 月，实行农林分家，单独成立林业局。

唐河友兰国家湿地公园

历史上，唐河县东南浅山区马尾松、麻栎相当茂盛。解放初期，素有“唐河的湾、泌阳河的滩，湾湾滩滩都有桐树园”之称。岗丘地区以楸树、椿树、榆树、楝树为大宗，水果多以传统乡土杂果为主，郭滩的桃、湖阳的李、祁仪、王集的梨、大河屯的柿子久负盛名。但随着人口的增加，耕地面积的扩大，林木面积逐渐萎缩，至民国年间，天然林已不复存在。据调查匡算，民国36年（1947年），全县林地加上零星树木约2.87万公顷，林木覆盖率8%，活立木蓄积约105万立方米。

中华人民共和国成立以来，唐河县林业发展分为八个阶段：

1949年～1957年。中华人民共和国成立后，随着土地改革的完成，唐河县贯彻“谁栽归谁”的政策，植树造林发展较快。1949年，全县以楸木、榆木为主，调出大批枕木支援国家铁路建设。1950年，党和政府发动群众以乡土树种为主进行植树造林，零星砍伐更新，林业有一定发展。1950年～1951年，县陡沟苗圃每年育苗4.67公顷。1952年，从桐柏调进橡子9550千克、油桐子4730千克、乌桕子113千克，育苗7.67公顷。1954年，全县采集种子800千克。1950年～1955年，累计造林820.47公顷，四旁植树470.73万株，封山育林2272.4公顷，保存率60%左右。1956年，首次引进法国梧桐和加拿大杨各300株、加拿大杨种条300千克，从内乡县调进树种8490千克，全县育苗39.8公顷。1956年～1957年，农村普及高级农业生产合作社，开展集体造林活动，2年造林2882.7公顷，其中用材林1452公顷，防护林489.13公顷，经济林941.6公顷，四旁植树682万株，造林的质量和保存率有所下降。

1958年～1961年。1958年公社化后，林业遭受严重破坏，造林活动停滞。由于强调林业“大跃进”，曾出现过几万人上阵的造林高潮。1958年，全县育苗81处，面积166.87公顷，造林基本未保存。当时，由于林权体制被打乱，大炼钢铁又砍伐很多成材树和经济林树，3年经济困难时期，群众渡荒又砍伐大量“四旁”树，全县林业生产陷于低谷。

1962年～1967年。为恢复林业生产，全县实行国队合作造林、集体造林、社员个人造林相结合，村庄、山区、岗丘和河滩造林发展迅速，生产队、机关、学校以及企事业单位广栽果树，社员也有少量种植，水果生产有一定恢复，集市有少量出售，林业得到较快恢复。1963年，采种1.2万千克。1964年，贯彻执行以集体造林为主，提倡国、队合作造林，林业部门和马振抚、祁仪、黑龙镇等10个区的22个公社55个大队签订造林合同114份，由国家投资，大队组织栽种和管理，当年造林2333.33公顷。时年，县委、县政府根据林业部门的意见，决定在岗丘地区营造薪炭林。至1967年，在城郊西大岗和毕店、王集、古城、桐寨铺等乡，营造以刺槐为主的薪炭林7470.33公顷。1965年，全县有场圃167处，育苗336.2公顷，保存170公顷，出圃苗木3900多万株。林场有专业人员1330人，经培训和实践锻炼，大部分能掌握育苗、造林、嫁接、防治病虫害等技术。林业工程技术人员方信昌等深入东南浅山区总结推广祁仪区马振抚公社马尾松育苗和植树经验，育苗100公顷。1966年1月，祁仪、湖阳2个区出动劳力8万人，改“挖一镢，埋一棵，踩一脚”的“一镢松”栽法，为挖穴、浇水、封土、踏实栽植法，造林2.26万公顷。同年，全县共有林场244处，专业人员3798人，林场育苗438.67公顷，生产队育苗370.47公顷，实际保存801公顷。马振抚公社前庄大队林场场长石显定创亩育松苗70万株的经验，指导全社育苗66.67公顷，当年出圃合格松苗400万株，造林40公顷，被评为省林业劳动模范。至1967年，共造林

846.67公顷，东南部浅山区用材林基地基本形成。祁仪区马振抚公社栗棚大队荒山宜林地1300公顷，营造马尾松866.67公顷，油桐266.67公顷，林木覆盖率达80%以上。

1968年～1976年。“文化大革命”期间，把社员宅旁、村边的林木当“资本主义尾巴”割，林业生产遭受一定损失，林场苗圃管理一度混乱，大的造林活动基本停止，林业建设缓慢。但广大林业专业人员坚守岗位，场圃规模和林场场员基本稳定，为后来林业的发展打下基础。1974年，在张店公社牛三门、南也庄大队试点，全县造林陆续展开。时年，张店公社绿化大方路250公里，植树150万株；源潭公社绿化大方路140公里，植树110万株，为大规模营造农田林网积累了经验。1975年～1976年，以白桐灌区为重点，绿化大方路、渠道1250公里，植树813万株。

1977年～1985年。1977年至1979年，实行山、水、田、林、路综合治理，营造农田林网，实行农桐间作，林业生产有大的发展。1980年至1981年，农村新旧经济体制交替，造林活动不多。1982年，改革林业经济体制，集体林木实行联产承包责任制，扩大自留山面积，延长使用期，签订合同，颁发林权证，开放木竹市场，调动群众造林的积极性，当年造林1247.73公顷，四旁植树379万株。1983年至1985年，以平原绿化为重点，营造农田林网和农桐间作。1983年，营造农桐间作2213.33公顷，农田林网6666.67公顷。1984年，营造农桐间作1.04万公顷，新造和补植农田林网4666.67公顷。1985年，营造农桐间作0.8万公顷，农田林网4.33万公顷，营造泡桐丰产林（纯林）602.67公顷。

1986年～1994年。这一时期，全县林业进入相对平稳发展阶段。造林工作以实现平原绿化初级达标，完善提高农田林网为重点，实行带、网、片、点相结合，乔、灌相搭配，调整结构，提高农田林网的生态防护功能。同时，根据不同树种、不同林带的防护效能，确定植树的密度和网格面积大小，采取相应配置，农田林网网格面积控制在16.67公顷至20公顷。到1995年，全县共营造农田林网8万公顷，形成网格8500个，占适宜林网面积的70%，林木覆盖率14%。

1995年～2001年。1995年开始，在城郊、龙潭、桐河等部分乡（镇）引进试栽金花梨、黄花梨、晚三吉、砀山酥梨的基础上，经过中国农科院和林果专家的论证，立足资源优势，把优质梨确立为全县农村经济支柱产业，规模发展，取得成效。1997年，全县梨园挂果面积920公顷，产量700万千克；1998年挂果面积2000公顷，亩产900千克，产值2900万元；2000年挂果面积2670公顷，亩产1000千克，产值4050万元；2001年，全县优质梨栽培面积5333.33公顷，其中挂果面积3330公顷，亩产1300千克，产值6500万元。

2002年～2016年。这一时期唐河造林绿化发展较快，退耕还林工程、长防林工程、林业生态省工程项目相继启动实施，林业发展步伐加快，林果业成为农民增收新的渠道。2009年，唐河县达到林业生态县省级建设标准。2013年，唐河国家湿地公园进入试点建设阶段。该县先后荣获河南省国土绿化模范县、豫鄂两省十县（市、区）护林防火先进单位、全省资源林政管理先进单位等称号。

（一）造林绿化

唐河县城绿化

2000 年以来，全县紧紧围绕平原绿化高级达标和林业生态县建设，大力开展植树造林活动，完成营造林 5.84 万公顷，植树 6972.1 万株。

1. 重点工程造林。2001 年开始一期建设，至 2016 年，在源潭、城郊、张店、郭滩、苍台、龙潭等乡（镇）营造长防林 7330 公顷。2002 年开始，在祁仪、马振抚、湖阳、黑龙镇四个山区乡（镇）和城郊、昝岗、王集、少拜寺等岗丘区乡（镇）完成退耕还林工程 1.46 万公顷，其中退耕还林造林 3400 公顷，宜林荒山荒地造林 1.12 万公顷。

2. 农田林网建设。在全县范围内推广“大网格、宽林带”造林模式，在道路边沟外种植 10 米～ 20 米宽林带，植树 4 ～ 8 行，林带外侧再挖一条护林沟，使农田、林带、道路三隔离，既避免路、树、田之间争地影响林木正常生长，又形成造林规模，营建农田林网 10.27 万公顷。

3. 通道绿化。坚持高起点规划设计、高标准抽槽整地、高水平栽植管护，实行双侧造林，完善绿化通道 561.5 公里，植树 118.21 万株。

4. 山区造林。20 世纪 90 年代全面实现山区灭荒后，县委、县政府把山区造林作为调整产业结构的重要举措，规模发展。全县新发展栀子 6468 公顷，面积达到 8600 公顷，年产栀子干果 9 万千克；新发展优质桃 2450 公顷，面积 2700 公顷。同时，依托石柱山、九龙湖、龙泉禅寺等生态资源，发展森林旅游业，景区旅游公路绿化 62 公里，栽植冬青、香樟、桂花、百日红等绿化树木 13 万株。

（二）林业产业

2000 年以前，以种植业为主，林产品为初级产品和粗加工。2001 年以后，全县林业产业得到较快发展。2012 年～ 2016 年，围绕高效生态经济示范市建设，大力发展以优质桃、薄壳核桃、葡萄为主的经济林和花卉苗木产业，第一产业产值 7.61 亿元。重点抓好木材加工、林药加工和经济林产品深加工，新引进慧丰木业、合室家建材公司、南阳泰瑞栀子色素加工龙头企业 3 家，全县林产品加工企业 4 家，年加工木材 2.7 万立方米，栀子深加工 1.5 万吨，年产干鲜果 2.842 万吨，林业第二产业产值 2.88 亿元；以森林旅游、休闲度假游为重点，加快景区绿化和基础设施建设，森林旅游及休闲服务业发展势头良好，林业第三产业产值 1036 万元。2016 年，全县林业产值 10.6 亿元。

唐河栀子

（三）林权改革

1981年，全县实施“林业三定”，稳定山林权，划定自留山。2007年，启动集体林权制度改革。至2010年，确权面积2.08万公顷，涉及13.6万户、47.8万人。2012年，成立林业产权管理中心，规范森林资源流转。

（四）科技兴林

组织专业科技人员，有重点地开展林业科技攻关和技术推广活动，加强与中国农科院等大专院校、科研院所的科技合作，引进名、优、特、新林果新品种121个，推广应用新技术60项。加大长防林、退耕还林等重点工程科技成果应用和推广力度，提高造林绿化的质量和成效。在造林中，坚持从实际出发，因地制宜，科学规划设计，培育特色林果业。

（五）资源保护

唐河石柱山

贯彻执行《森林法》、《河南省实施〈森林法〉办法》等林业法律法规，不断加大依法治林工作力度。2002年，县委、县政府制定林木管护工作实施方案，严格执行森林采伐限额，全县凭证采伐率由2000年的95%提高到2013年的98.5%。认真组织开展“绿剑行动”、“绿盾行动”、“百日会战”等林业严打专项行动，依法严厉打击破坏森林资源的违法犯罪行为。2001年～2016年，全县共立案查处各类林业案件441起，打击处理违法人员537人，收缴木材3970立方米。全县以杨树食叶害虫、马尾松毛虫及主要经济林病虫害为重点，每年及时发布病虫害情报，加强预测预报和防治工作，主要森林病虫害防治率达88%以上，调运检疫率达98%。坚持“预防为主、积极消灭”的方针，每年11月至翌年4月的护林防火期，制订防火预案，严格值班制度，加大巡逻督查力度，有效防范森林火灾发生，连续20年全县没有发生大的森林火灾。

第九节 新野县

新野县位于南阳市西南部，南阳盆地中心，面积1062平方公里。辖8镇5乡2个街道办事处，人口83万。境内无岗无山，地势平坦，称“百里平川”，是典型的农业平原县。

全县林业用地面积2.4万公顷，有林地面积1.6万公顷，农田林网（含片林）面积1.54万公顷，宜林及沙荒面积0.8万公顷，林木覆盖率19.1%，村庄林木覆盖率42.6%，沟、河、渠及高速公路入口绿化率98%。全县有乔灌木树种50科、179种，主要有杨树、水杉、刺槐、泡桐、椿、楝、楸、榆、枣、柿、葡萄、黑李、杏李、杏、桃、梨、紫穗槐、花椒、葛藤等；草本植物种类多，有龙须草、白茳草、茅草等。杨树是主要树种。野生动物资源比较丰富，有白鹭、猕猴、沙雁、山鸡、苍鹰、灰喜鹊、猫头鹰、啄木鸟等。猕猴是国家二级保护动物，为新野县一大特色，全县繁育约8000只，从事驯养繁殖的农户371家，有规模的猕猴驯养繁殖场12家。新野猴戏全国闻名，是省级非物质文化遗产，因此新野素有“猴艺之乡”之称。

新野优质梨

1959年11月，成立新野县林业局。1961年3月，林业局和农业局合并，成立新野县农林局。1963年4月，撤销农林局，设置新野县人民委员会林业科。1964年5月，成立中共新野县人民委员会林业科、林站、林场支部委员会。1962年6月6日，成立新野县白河林业工作站。1964年8月10日县编委通知，撤销新野县白河林业工作站，成立新野县林业技术指导站。1972年12月19日，成立新野县革命委员会林业局。1981年6月，成立新野县林业局。

中华人民共和国成立以来，全县林业发展大致经历两个阶段：

1949年～1979年，林业工作的重点是绿化宜林地，这个阶段受大炼钢铁时期“以钢为纲、树木砍光”错误思想和文革时期“以粮为纲”口号等各种因素的影响，林业发展较为曲折，取得一定成绩。

1980年～2016年，林业工作的重点是实施项目造林工程，建立完善的林业生态体系，这一时期林业发展较为迅速。1986年，新野县成为河南省平原绿化初级达标县。1987年以来，平原绿化出现下滑，经努力恢复，1998又达到平原绿化初级标准。2005年12月，经省政府验收，全县所有乡（镇）都达到平原绿化高级标准。2012年，新野县完成林业生态县建设任务。在此期间，该县的林业企业由少到多、从小到大，发展步伐不断加快。2016年，全县林业产值达到6.91亿元。

（一）林业生产

2010 年以前，新野县的育苗任务主要由县苗圃场承担，育苗的种类主要有杨树、水杉、泡桐等，但规模不大。2010 年后，育苗主体逐渐被个体农户所取代，品种主要以冬青、香樟、石楠、枇杷、栾树等绿化苗木为主，花卉也有较大规模发展，现有大棚月季 8.7 公顷。

新野农田林网

20 世纪 70 年代，新野县开始推行国队合作造林，营造以刺槐、水杉等为主要树种的片林 0.8 万公顷，林地面积增长较快。1985 年，开始转向平原农田防护林建设，1986 年达到河南省平原绿化初级标准，2005 年达到平原绿化高级标准。2007 年，组织实施林业生态县创建工作，2012 年达到创建标准，通过省政府检查验收。2013 年，又实施林业生态县建设提升工程，突出抓好白河生态防护林、生态廊道网络、农田林网和围城围镇围村绿化工程。

2003 年起，新野县开始实施退耕工程、长防护林工程、水土保持工程、日元贷款项目，以及农田防护林工程、生态廊道建设、城镇绿化和城郊森林建设等省林业工程项目，累计完成造林 1.34 万公顷。期间，造林机制也发生较大变化，从传统观念上由单纯栽植杨树等用材林向花卉苗木产业转变，由传统的集林造林向专业公司造林转变，向流转造林用地方式上转变。仅 2016 年，个体专业户造林面积达 540 公顷。

（二）资源管理

1. 林政管理。（1）采伐管理。加强源头管理，严格执行森林限额采伐，严把林木采伐审批关，防止乱砍滥伐行为的发生，做到公开、公正、透明。（2) 林地管理。严格审核征占用林地手续，加大林地管理力度，办理林地征占用审批事项 2 项、面积 11.69 公顷。此外，每年开展林地保护宣传工作。(3) 木材运输管理。在做好源头管理的基础上，严把木材运输关口，利用上港木材检查站严查过往运输木材，林政稽查队流动巡查，严格执行凭证采伐、凭证销售、凭证运输制度，依法制止乱收购和偷运木材行为。

2. 野生动物管理。每年组织开展“爱鸟周”和“野生动物保护宣传月”活动，联合有关部门，对全县餐饮场所、农贸集市进行集中整治。1988 年～ 2016 年，累计救助野生动物 1300 头（只），放生鸟类 2400 多头（只）。同时，加强野生动物疫源疫病监测，建立健全野生动物疫源疫病监测网络和应急机制，及早发现和处置突发性野生动物疫源疫病事件。

3. 林业案件查处。 整合林业执法力量，开展“绿风行动”“绿盾行动”“亮剑行动”“利剑行动”等专项整治行动，打击破坏森林资源的违法犯罪行为。1988 年以来，全县共查处各类涉林案件 869 起，移送起诉 70 人，收缴木材 1137 立方米。

（三）集体林权制度改革

2008 年启动实施，涉及 257 个行政村，应纳入林改面积 0.85 万公顷。至 2016 年，共确权发证林地面积 0.9 万公顷，办理林权证 3126 本，林权抵押贷款 18 宗、价值 1000 余万元。成立林业合作社 41 家，发展以林下养殖狐狸、猕猴等为主的林下养殖企业 20 家，以蔬菜、中药为主的林下种植面积 470 公顷。

（四）森林病虫害防治和森林防火

病害：杨树病害主要有杨树溃疡病、杨树黑斑病、杨树烂皮病等；主要经济林病害有桃流胶病、葡萄炭疽病等；其他病害主要有柳树溃疡病、香樟褐斑病、白粉病、根腐病等。

虫害：杨树食叶害虫主要有杨小舟蛾、杨扇舟蛾、黄翅缀叶野螟、杨直角叶蜂、黄刺蛾、膜翅网蝽等；杨树蛀干害虫有桑天牛、星天牛等；经济林主要害虫有桃小食心虫，金龟子等。其他害虫主要有悬铃木方翅网蝽、斑衣蜡蝉、铜绿丽金龟子等。

新野飞防

1991 年 6 月，成立森林病虫害防治检疫站，逐步完善病虫情测报体系，全县建立病虫情测报点 15 个，实际监测面积 1.6 万公顷，监测率 95% 以上，测报准确率 90% 以上。2011 年，县森防站达到省级标准化森防站建设标准。2010 年～ 2016 年，森防站累计检疫林木种子 36 吨、木材 1 万余立方米；实施产地种苗检疫 0.1 万公顷、200 万余株，检疫率 100%。

新野县杨树面积大、且纯林多，易受杨树食叶害虫威胁。历年来，杨树食叶害虫的防治主要以化学防治为主、生物防治为辅。2004 年以来，连续 13 年开展飞机防治杨树食叶害虫工作，累计飞防面积 1.65 万公顷，人工防治面积 4.1 万公顷。

作为平原县，新野县重点抓好“清明节”“三夏”、秋收等重要节点的森林防火工作，多年来未发生一起较严重的森林火灾。

（五）林业产业

改革开放以来，林业产业得到长足发展。至 2016 年，全县有木材经营加工企业 114 家，各类家具厂 24 家，林业专业合作社 40 家，猕猴驯养繁殖企业 12 家，狐狸驯养繁殖企业 2 家、山鸡驯养繁殖企业 2 家，野猪和蛇驯养繁殖企业各 1 家，蜜蜂养殖 2700 余箱。

木材企业主要加工杨树原木，加工旋切版、胶合板，生产中密度纤维板等产品，加工县内原木 1.7 万立方米、县外 5.1 万立方米，年生产中密度纤维板 245 万张，家具年生产能力 7000 套，年利润 9800 万元。

经济林主要发展桃、梨等，面积较大；其次有梅、核桃、杏、枣、柿、葡萄、猕猴桃等，年产量 11000 吨。新野县津绿林果专业合作社、万亩湖林木花卉专业合作社、河南豫南香梨林果专业合作社 3 家为省级林业产业化重点龙头企业，2010 年注册“津绿”牌商标，其产品被农业部认定为无公害农产品。

林下经济除林下种植蔬菜、中药材外，还有林下养鸡、野猪、猕猴、狐狸等。全县林下规模养殖企业 23 家。

（六）林业科技

1964 年以前，受各种因素影响，新野县林业技术推广工作进展缓慢。1964 年 8 月 10 日，县撤销白河林业工作站，建立林业技术指导站，林业技术推广与指导工作开展较快。1983 年～ 1997 年，引进推广水杉、楸树面积 0.12 万公顷。2001 年以来，推广 107、108 杨树面积 0.67 万公顷。2008 年起，引进推广日本松森桃、美国红桃、晚秋黄梨、酥梨等经济林品种，推广面积 0.14 万公顷。2011 年以来，重点引进推广猕猴桃、核桃、月季、樱桃等，累计推广面积 510 公顷。

加强林业技术指导和培训，1988 年以来，共举办各类林业技术培训班 120 期，培训林农 6000 余人，发放技术资料 13 余万份。

第十节 社旗县

社旗县位于南阳盆地东部边缘，辖 15 个乡（镇）、258 个行政村，人口 73 万。全县土地总面积 12.03 万公顷，其中林业用地面积 1.862 万公顷，有林地面积 1.182 万公顷，活立木蓄积 155 万立方米，森林覆盖率 10.23%。

中华人民共和国成立初期至 1965 年建县前，社旗县林业管理机构分别为泌阳县、唐河县、方城县和南阳县政府实业科、林业科。1965 年～ 1973 年，建立社旗县农业局、林业局革命委员会。1981 年，更名为社旗县林业局。1995 年～ 2001 年，更名为社旗县农林局林业总站。2002 年，更名为社旗县林业局。

社旗城市绿化

全县有树种近百种。用材树种有马尾松、木杉、毛栗、橡树、化香、枫杨、女贞、侧柏等；经济林树种有柿子、大枣、桃、杏、李、石榴、樱桃、文冠果、唐梨、梨、葡萄、无花果等；园林绿化树种有桧柏、龙卷柏、垂柳、曲柳、木瓜、香园、黄杨、木槿、紫槿、桂花等；花卉有鸡冠花、麻杆花、月季、指甲花、绣球、芍药、牡丹、草海棠等。

引进的树种品种有106、107、108速生杨、油桃、红豆杉、紫薇、椴木等。

历史上，社旗境内平原村庄树木茂密、寺庙、墓地古柏参天，浅山区林木葱郁。东北部山区历代为方城境域，千百年前山清水秀、沟谷清流。据南阳府志记载：“北过石门山，竹林秀丽，流水清澈”。又据《泌阳县志》重修饶良玉皇庙碑记：“饶良古镇也……但其地岗峦耸秀，清流映带，更有林木丛蔚，商民云集，盖扶与之钟在是焉”。12世纪70年代以前，潘、赵、唐三河沿岸绿林葱郁，绿荫护夏，清水长流。清代以后，随着人口增多，垦荒面积扩大，加之战乱频繁，乱砍滥伐，树木遭到严重破坏。中华人民共和国成立前，境内林木稀少，浅山疏林，岗丘基本无林。全县以树木命名的地名有67处，如：楝庄、柳树庄、核桃树、杨树园、枸树园等。

中华人民共和国成立后，社旗林业开始复兴。1955年，毛泽东主席提出“绿化祖国”的号召，群众性植树造林运动高涨，平原地区大搞四旁植树，丘陵浅山区实施封山育林，林业生产取得一定成绩。

1958年～1960年，由于大办食堂、大炼钢铁，伐木烧炭，毁林开荒，短时间内成材林砍伐严重，林木蓄积量大大减少，林业遭到严重破坏。1963年，国家开始扶持造林，山岗地区发展经济林、用材林，平原地区四旁植树、营建农田林网，营造一批集体片林和国队合作林，建成一批国队合作林场、社队合作林场，林业出现稳步上升的局面。1965年，建立社旗县时，全县林木保存355万株，成片森林733.33公顷。

1966年～1976年，10年文化大革命动乱，林业又遭到极大破坏。十一届三中全会后，稳定山林权属，划定自留山，确定林业生产责任制，调动广大群众造林的积极性。1976年～1985年，完成造林3215.73公顷，四旁植树4798万株，发展桃、李、梨、葡萄等经济林64.4公顷，绿化县、乡道路675公里。1985年，全县有林地面积4936公顷，活立木蓄积17.5万立方米，森林覆盖率4.5%，林业产值91万元。

1992年～1994年，全县以农村产业结构调整为主线，实施“西桑东果”发展规划，林业建设由防护林建设转向经济林。至1994年，全县经济林面积由293.33公顷增到4673.33公顷，桑园面积从无发展到0.67万公顷，成为“江北第一湖桑大县”。这一时期，一些乡（镇）放松对平原绿化成果的保护，破坏防护林的现象时有发生，至2001年，全县乡、村办集体林场树木所剩无几，大面积林地转变为农地，农田林网树木毁坏严重，片林砍伐殆尽，有林地面积仅有0.58万公顷，林木覆盖率下滑到5.2%，东大岗地区一望无树。

2005年，县委、县政府确立全力打造“绿色社旗、生态社旗、做大做强林业产业”的发展目标，大力发展林业，全县林业资源面积增长快。2005年～2006年，以平原绿化高级达标为目标，大打林业攻坚战，2年完成造林1.56万公顷，植树2128万株，造林面积、植树株数创历史最高水平。2006年，全县林木覆盖率达24%，农田林网控制率96.5%，达到平原绿化高级达标。

2007年～2008年，县委、县政府认真落实林业生态市建设规划，推进林业生态大县建设，2年完成造林0.91万公顷，植树1500万株。同年，被省绿化委员会授予全省绿化模范县。

2009 年～ 2010 年，以“常青杯”竞赛活动为载体，抓好通道绿化、农田林网建设、村镇绿化和精品工程建设。2008 年～ 2010 年，完成造林 0.53 万公顷。2011 年～ 2012 年，完成造林 0.38 万公顷。

2013 年～ 2016 年，以实施林业重点工程项目为突破口，全面推进林业发展。通过组织实施造林绿化工程，狠抓通道造林、农田林网、村屯绿化，全县绿化水平得到很大提升，林业呈现出前所未有的发展势头。至 2016 年，全县有林地面积达到 1.4 万公顷，苗木花卉面积 0.4 万公顷，林木覆盖率 18.6%，森林覆盖率 15%，活立木蓄积 130 万立方米，林业产值 5 亿元。

（一）造林绿化

1. 宛东防护林。1986 年，实施宛东防护林建设工程。规划建设林带 244.6 公里，4.76 公顷。其中主林带 200 条，总长 129.1 公里，造林 2.84 公顷；副林带 87 条，总长 115.5 公里，造林 0.71 公倾。至 1991 年，共营建防护林带 244.6 公里，植树 1114 万株，栽植片林 153.33 公顷，防护面积 4.73 万公顷。1993 年～ 1995 年，每年产枝条 2009.2 万千克，防护区内粮食产量提高 15% ～ 18%，增产粮食 1879.5 万千克。1995 年以后，防护林逐步消失。

2. 平原绿化。平原绿化起始于 1955 年，当时仅以四旁植树为主。1958 年～ 1985 年，除推进四旁植树外，还利用国家扶持政策造林，营建一部分农田林网。1986 年，借助宛东防护林的实施，农田林网建设步伐加快。1990 年～ 1991 年，全县以平原绿化初级达标为契机，大力开展植树造林活动，2 年植树近 600 万株，造林 0.67 万公顷。1991 年，实现平原绿化初级达标，林木覆盖率 10%左右，农田林网控制率达 85% 以上，获林业部“平原绿化先进县”奖牌。

1995 年～ 1998 年，造林绿化处于滑坡期，湖桑和果园面积锐减，每年仅进行新开路林的营造和群众自发的四旁零星植树，原建农田林网破坏严重。至 2001 年，平原农田林网控制率仅为 13.3%。2005 年，县委、县政府提出平原绿化高级达标活动，农田林网建设步伐加快，2006 年达到平原绿化高级标准。2007 年，实施林业生态省建设工程，推进通道绿化和农田林网建设，平原绿化水平得到巩固和提高。

3. 项目造林。2002 年，启动退耕还林、长防林、世行贷款造林，当年完成退耕还林工程造林 0.2 万公顷，长防林工程造林 266.67 万公顷。2003 年～ 2004 年，继续推进实施林业重点工程项目造林，完成退耕还林工程 0.23 万公顷，世行贷款造林 0.16 万公顷。

（二）国营林和国队合作林

1. 国营林。中华人民共和国成立后，原国营林地分属南阳、方城、泌阳 3 县经营。1973 年，南阳地革委将方城大寺林场所辖桐柏山余脉的国营林区，以淮河、汉水的分水岭为界，分为国营方城林场和国营社旗林场。划归社旗林区 1491 万公顷，其中有林地 473.33 公顷，荒山宜林地 1017.67 公顷，分为 3 个林区、6 个护林点。1974 年，成立国营社旗林场，进行规模性营林。1985 年，完成造林 666.67 公顷。2002 年，林场有林地面积达到 1333.33 公顷。2010 年，林场经营范围全部划为国家生态公益林。

2. 国队合作林。根据省、地关于“大力发展林业生产、迅速绿化荒山荒地、开展国队合作造林”的精神，1964年，县政府同青台、饶良、下洼、朱集4个公社24个大队签订国队合作造林合同，开始营造国队合作林。至1966年，完成造林133.3公顷。1968年～1985年，建立17个林科所、48个合作林场，25个苗圃，营造合作林2386.67公顷。1985年以后，林场林木逐步被毁，大部分林地变为农地。至2013年，集体林场仅剩66.67公顷。

（三）苗木花卉

1. 林业育苗。1957年前，全县育苗面积13.33公顷左右。1957年，在潘河东岸建立国营苗圃3.33公顷。1966年，建成苗圃场206个。1976年，实行县、公社、大队、生产队四级育苗，到1979年，年育苗面积266.67公顷。十一届三中全会后，个体育苗发展较快，涌现出一批育苗专业户。1985年，育苗面积45.87公顷。1986年～2016年，年固定苗圃面积133.33公顷，出圃苗木400万株以上。

社旗花木产业

2. 苗木花卉。1999年，苗木花卉发展基本以农户房前屋后种花为主。2000年，赊店镇郊区的部分农户开始发展苗木花卉，零星分布，面积0.67公顷～2公顷，全县总面积10公顷左右。以后每年平稳增加，至2010年，花卉苗木面积达100公顷。2012年超过333.33公顷。2013年～2016年，县政府大力发展花卉苗木产业，全县新发展花卉苗木800公顷，总面积近1333.33公顷，形成S333沿线花卉苗木带，面积333.33公顷以上，苗店、李店等乡（镇）出现66.67公顷的花卉苗木大方。全县66.67公顷以上的基地3个，33.33公顷以上的基地5个。

（四）经济林

1986年前，集体果树面积233.33公顷，年产果品1600吨。1986年～1990年，果园面积发展缓慢，到1991年集体果园基本消失，实有果园面积293.33公顷，基本上都是私营，年产水果2000余吨。1992年，全县掀起以苹果为主的经济林发展高潮，1992年～1993年，全县果园面积达4673公顷，其中苹果3960公顷，梨426.67公顷，桃113.33公顷。由于群众对经济林发展意识不强，再加上苹果在该县属次生区，长势不良，1995年苹果面积开始逐年消减，到2000年基本毁完。

1992年，全县发展植桑养蚕，3年时间发展湖桑0.67万公顷，建立蚕茧加工厂18个，其中建立一个较大规模的剿丝厂。后因国际市场影响，蚕丝价格大幅下降，农民纷纷毁桑种粮，至今仅剩饶良镇66.67公顷。

1998年，全县掀起调整农业产业结构高潮，县委、县政府组织县直各单位开展“实业工程”建设（科技示范园建设），1998年，建成示范园53.33公顷。2000年，以李店乡的美国黑李和葡萄、城郊乡的黄杏、唐庄乡的葡萄、饶良镇的梨为重点，发展经

社旗优质梨

济林80公顷。2001年～2003年，全县发展经济林106.67公顷。2004年，按照大力发展区域特色经济和建设精品工程的要求，各乡（镇）稳步发展经济林，至2016年，经济林面积0.1万公顷，形成以朱集为主的黄金梨生产基地，以陌坡为主的晚秋黄梨生产基地，以太和为主的优质桃生产基地。

（五）林业产业

中华人民共和国成立初期，以原木生产为主，林业产业结构单一，发展滞后。改革开放后，在坚持生态优先的前提下，加快林业产业发展，先后建立梨基地、桃基地、花卉基地、苗木基地和速生杨基地。经济林总面积由建国初期的133.33公顷增加到2013年的666.67公顷，林业育苗由零星育苗发展到200公顷，速生杨基地1万公顷，花卉苗木基地0.13万公顷。2000年后，通过招商引资，一批木材加工企业陆续建成投产，至2016年，全县拥有木材经营企业26家，单板加工厂16家，火柴制梗厂2家，胶合板厂3家，从业人员1500人左右。

（六）科技兴林

积极引进推广名优新产品，先后从中国林科院、郑州果树研究所、山东等地引进梨、桃、杏、李、大枣、石榴、柿子、速生杨等新品种50余个，丰富全县林果品种。建立健全科技服务网络，形成县、乡、村三级科技服务体系。采取办培训班、开现场会、组织观摩、开展送科技下乡等活动，开展地膜覆盖育苗、生根粉育苗、花控技术、抗旱栽植等先进实用技术的推广，提高林农科技素质和管理技能。

（七）林木管护

1. 幼林管护。乡、村两级明确领导专抓，村、组各路段有专职护林员。1990年、1991年，县政府召开护林先进单位和优秀护林员表彰大会。1992年，全县专职护林员700人，幼林存活率90%。1993年～1997年，因乡、村经济状况欠佳，护林员工资得不到兑现，幼林管护工作一度出现下滑现象，全县70%以上的农田林网不同程度受损。1998年～2000年，县、乡统筹解决护林员工资问题，幼林管护工作又有新起色，一些项目造林幼林保存率90%以上。2005年后，逐步建立以落实产权为主的林业管理机制。2008年，推进集体林权制度改革，全县集体林地核发林权证，明晰产权，落实经营权、管护权，从根本上解决森林管护问题。止2016年，全县林权证发证率90％以上。

2. 森林病虫害防治。全县杨树食叶害虫每年都有不同程度的发生，年平均发生面积30%左右。1995年，成立森林病虫害防治检疫站，确定专人抓林木病虫害防治工作，对杨树主要食叶害虫杨小舟蛾、杨扁舟蛾、杨黄卷叶螟等进行重点监测，同时组织人员进行防治，防治面积95%以上。2004年～2016年，每年利用飞机对大面积杨树片林和主要通道杨树病虫害喷药防治，飞防面积0.2万公顷。

3. 森林防火。全县山林多为松栎混交林，由于林区周边居民较多，火险性较大。1990年后，县林场在原有护林防火检查站的基础上，增加防火检查点，配备防火无线电台、防火瞭望台等设施。1992年，局、场有电台2部，移动对讲机4部。2000年，县政府成立防火指挥部，建立3个森林消防队，增加防火车1辆，防火摩托车7辆，防火服装300套，防火器械3000件。2005年，配备防火运兵车2辆，汽油风力灭火机30台套，铲、铣、扑火靶等200件。2013年～2016年，配备防火指挥车1辆，风力灭火机80台，服装100套，二号工具300把。由于防扑火措施得力，连续多年无重大森林火灾。

4. 依法治林。1982年，《森林法》颁布实施，由于执法机构不健全，依法护林工作不能正常开展。1986年以后，《森林法》实施细则和一些配套的地方法规日趋完善。1988年，林政股成立，确定专业执法人员3人；1991年，林政股扩大到5人；1996年，森林公安派出所成立，编制5人；1998年，林业行政执法稽查队成立，专职林业行政执法人员扩大到12人，执法队伍得到建立健全，依法治林、依法护林工作逐渐步入正轨。2010年10月，森林公安派出所升格为森林公安局，编制10人。至2016年，森林公安局在编人员9人。

第十一节 镇平县

镇平县位于南阳盆地西北侧，辖15镇4乡3个街道办事处、410个行政村，人口102.1万。全县土地总面积15万公顷，其中林业用地面积4.79万公顷，有林地面积3.49万公顷，活立木蓄积量196.36万立方米，森林覆盖率23.18%。

1949年10月，县政府成立实业科。1951年12月，成立农林科。1952年9月，成立建设科。1955年12月，成立林业科。1956年10月，成立镇平县人民委员会林业局。1958年6月，成立镇平县人民委员会农林局。1958年11月，成立镇平县人民公社管理委员会农林水电部。1959年4月，成立镇平县人民委员会农林水电局。1959年12月，成立镇平县人民委员会林蚕局。1962年8月，

镇平五朵山风景

成立镇平县人民委员会农林局。1962年12月，成立镇平县人民委员会林业科。1968年3月，成立镇平县革命委员会林业科领导小组。1969年7月，成立镇平县革命委员会农林水管理站。1970年2月，成立镇平县革命委员会农林局。1973年7月，成立镇平县革命委员会林业局。1980年1月，成立镇平县林业局。

全县有木本植物2门7纲36目70科189属459种和29个变种，其中马尾松、油松、水杉等针叶树种和泡桐、沙兰杨、榆、楝等阔叶树种最为常见。乡土树种和引进较早的树种有120多种。植被分布木本植物垂直变化不明显，水平变化比较明显。北部山区多生长栓皮栎、麻栎、槲栎、椴树、化香、合欢、油松、杜仲等，浅山丘陵多为柞树，以及马尾松、油桐、刺槐、山明桐、广洋大枣等；平原地区多为杨、榆、椿、楝、楸树等乡土树种，灌木和草木植物垂直分布变化明显，一般600米以下多为杜鹃、胡枝子、羊胡子等，400米～600米以上以大穗草居多；400米以下多以荆条、白草、黄背草为主。

（一）造林绿化

1. 长防护林工程。1990年，启动实施长江防护林体系建设工程。在工程建设中，坚持科学规划，规模治理，合理搭配树种，提高造林成效。因地政策，采取租赁、承包、股份制经营等形式，广泛吸纳各类投资主体参与长防林建设。到2016年，全县共完成人工造林1.12万公顷，封山育林0.11万公顷，年均完成造林及封山育林666.67公顷，累计完成投资2400万元。

2. 平原绿化。以平原农田林网、通道绿化、四旁四荒植树为重点，主攻薄弱环节，提高农田林网控制率、沟路河渠绿化率、平原农田林木覆盖率和村镇绿化率；创新造林机制，对新造林地，明晰产权，做到责权利相统一；坚持造管并重的方针，加强林木管护，落实管护责任，提高造林成活率和保存率。到1987年，城关、张林、杨营3个乡（镇）实现平原绿化初级达标。1989年，除彭营乡外，其他乡（镇）全部实现平原绿化高级达标。1999年，全县平原农田林网控制率达到85.3%。随后，平原绿化水平逐年巩固提高。

3. 廊道绿化。始于2000年，快速发展于2002年。环城高速按照两侧各100米，沪陕高速两侧、国道、省道按照两侧各50米的标准规划，抓好造林和补植完善工作，通道景观基本形成。2013年冬季，又规划南水北调中线工程镇平段36.32公里生态廊道建设，完成造林562.83公顷。2014年～2016年，补植补造230公顷。

4. 退耕还林。2002年开始实施，成立退耕还林工作领导小组，负责全县退耕还林工作的领导、组织与协调。实施分包责任制，制定奖惩措施，抓好退耕还林工程的责任落实；组织科技人员制定退耕还林技术规程；组织技术力量查漏补缺，补植补造，搞好退耕还林抚育管理，提高工程建设水平。至2016年，共完成造林0.97万公顷，其中退耕地造林0.27万公顷，荒山荒地造林0.6万公顷，封山育林0.11万公顷。争取国家资金9950.5万元。2008年～2015年，巩固退耕还林成果后续工程项目0.75万公顷，争取国家资金1350万元。13个乡（镇、办）、86个村、10618户农民享受到国家退耕还林补助政策。

5. 林业生态县建设。2007 年，制定《镇平县林业生态县建设规划》，严格按照创建标准，以山区生态体系、平原农田林网、生态廊道、环城造林、村镇绿化为重点，抓好土地流转、资金投入、技术服务，林木管护等关键环节，推进林业生态县，2012 年林业生态县创建达到标准。2015 年，县委、县政府组织实施大造林大绿化建设，提升林业生态县建设成果。2016 年，全县完成营造林 2633.33 公顷，其中造林 673.33 公顷。

省林业厅领导检查镇平林业工作

（二）林业产业

坚持项目带动与科技支撑相结合，扩大规模与提升品质相统一，抓基地建设与市场开拓两个关键，形成特色林果和花卉苗木两大支柱产业。2012 年，新发展紫薇，五角枫、栾树、婆罗等花卉苗木 1166.67 公顷，老庄的樱桃、薄壳核桃、卢医的梨、玉都的桃等特色林果产业发展势头好。至 2016 年，形成以县苗圃场木兰良种繁育基地为龙头的营销企业 12 家，成立林业专业合作社 152 家；年销售苗木 45 余万株，鲜切花 4.2 万盆。镇平县艺苑苗木专业合作社被省林业厅评定为河南省林业产业化重点龙头企业。镇平县榆林核桃种植农民专业合作社等 4 家合作社荣获市政府农民林业专业合作示范社称号。至 2016 年，特色林业种植规模 6175 公顷，以省道 248 线、晁陂、贾宋 10 里苗木花卉长廊基本形成，以沪陕高速晁陂段苗木花卉基地发展快。

大枣为镇平县的名优特产，药用和食用价值都很高，以二龙乡的王坪村广洋为主要产地，已形成规模，又称“广洋大枣”。1984 年，县政府确定二龙、王岗、石佛寺、高丘、城郊 5 个乡（镇）为“广洋大枣”生产基地。樱桃为该县的土特产品，具有很高的营养价值，富含多种维生素，以老庄镇生产的樱桃为最佳，樱桃基地颇具规模。

（三）资源管理

1. 林政资源管理。严格凭证采伐、凭证运输、凭证经营加工制度，对申请办理林木采伐许可证的单位和个人，依法认真审核，对森林采伐限额执行情况进行监督检查。组织森林公安、林业稽查人员依法对木材运输、木材集散地、木材交易市场、贮木场进行监督检查，取谛非法经营木材的单位。

2. 森林公安。1981 年，成立县森林公安派出所。森林公安每年开展林业“严打”专项行动，查处各类涉林违法犯罪。至 2016 年，全县共查处各类林业案件 1053 起，打击处理违法犯罪 960 人，追缴木材 6300 立方米，挽回经济损失 500 余万元。

3. 森林防火。认真贯彻落实“预防为主，积极消灭“的方针，实行行政首长负责制，加强火源管理，实施依法治火，森林火灾受害率控制在 0.3‰以下。

4. 林木病虫害防治。重点做好杨树食叶及蛀干害虫、马尾松毛虫及主要经济林病虫害的虫情测报和防治工作，做到有害不成灾。同时，加强林木检疫工作，防止病虫害的传播和蔓延。2003 年～ 2016 年，每年组织实施飞机防治杨树食叶害虫，累计防治面积 2.53 万公顷。全县林木病虫害成灾率 3.8‰，防治率 91.2%。

5. 野生动物管理。重点加强野生动物的源头管理，严格办理驯养繁殖手续，加强对集贸市场、宾馆、饭店等场所的突击检查，依法取缔处理和打击非法经营野生动物的行为。

（四）科技推广

新品种新技术引进推广。先后引进 107 杨、转基因杨、欧洲大樱桃、美国杂交杏李、金太阳杏、日本甜柿、美国黑李、黄金梨、七彩树、婆陀树等新品种 19 个，推广芽苗移栽、地膜覆盖、保护地栽培、抽技宝等实用新技术 12 项。

镇平大樱桃

经济林及苗木基地建设。全县发展名优经济林面积 0.28 万公顷，其中柿子基地 1066.67 公顷，李基地 466.67 公顷，杏基地 253 公顷，樱桃基地 430 公顷，干果基地 600 公顷，其他小杂果 300 公顷。苗木花卉种植面积 3375 公顷，其中百亩以上种植大户 268 户。

科技人员。全县林业科技队伍中现有高级职称 8 人，中级职称 10 人，初级职称 68 人。

林业技术培训。每年开展形式多样的科技下乡活动，印发科技手册，组织技术培训，举办知识讲座，发布科技信息，不断提高林业科技水平和服务保障能力。

（五）集体林权制度改革

2008 年，制定镇平县集体林权制度改革方案，坚持因地施策、规范程序、依法操作，重点突破、整体推进，县、乡、村、组四级联动抓集体林权制度改革工作，至 2012 年，全县完成确权面积 4.49 万公顷，涉及 7.2 万户、28.7 万人，发放林权证 9.3 万本。2016 年，全县新建农民林业专业合作社 152 个，林下经济收入 2.9 亿元。

第十二节 卧龙区

卧龙区位于南阳市盆地中心，辖 3 乡 8 镇 7 个办事处、217 个行政村、58 个社区，人口 92.66 万人。全区土地总面积 10.17 万公顷，其中林业用地面积 1.55 万公顷，有林地面积 9241.43 公顷，活立木蓄积 112 万立方米，森林覆盖率 10.35%。

原南阳市农业经济委员会内设林业科，负责指导、协调、检查全市林业工作。

1994 年撤市建区后，原市农业经济委员会改名南阳市卧龙区农业经济委员会，内设林业办公室。1997 年 11 月，在区农业经济委员会林业办公室基础上，成立卧龙区农林局。2002 年 3 月，成立卧龙区林业局。

（一）造林绿化

卧龙城区森林风景

原南阳市政府设立绿化委员会，每年冬春季节，各级领导带头，动员和组织全民开展义务植树。1986 年，按照“服务城市、富裕农民、相互依托、共同发展”的城乡一体化发展方针，积极调整农村产业结构，大力发展林果业。1986 年～ 1990 年，累计造林 277．4 公顷，零星植树 244 万株。被评为全国平原绿化先进单位。

1994 年撤市设区后，区、乡两级政府每年都下发文件，对平原绿化等林业工作进行通报，推动工作开展。1996 年，围绕农业奠基经济发展战略，调整林业产业结构，抓以银杏、甜柿、大枣、板栗、石榴等小杂果为主的经济林，当年发展经济林 3933.3 公顷。1997 年，重点发展银杏、甜柿、石榴等小杂果，当年造林 840 公顷，封山育林 150 公顷，中幼林抚育 5796 公顷。1998 年，浅山丘陵区以营造路林和片林为主，平原以营建农田林网为主，重点抓好示范方及通道工程，当年完成造林 498 公顷。1999 年，围绕持续高效农业发展行动计划，北部浅山岗丘区发展经济林，当年完成造林 92 公顷，育苗 214 公顷。

2000 年～ 2002 年，完成造林 2016 公顷。2003 年，以绿色通道、退耕还林建设为重点，推进造林绿化工作，当年完成造林 4262 公顷。2004 年，区委、区政府出台《关于搞好全区造林绿化工作实施意见》，围绕退耕还林成果巩固和荒山荒坡造林，抓好通道绿化、村庄绿化和荒坡 (荒滩) 造林，当年完成造林 2510 公顷。

2002 年，启动实施退耕还林工程。重点区域为：龙祥路两侧各辐射 300 米～ 500 米生态旅游观光长廊和麒麟湖库区、紫山生态林风景区，与白河相连接的独山万亩森林公园、环绕城区西南至西北部的二十里岗生态绿化长廊和兰营水库，以及潦河坡、谢庄、安皋、蒲山等乡（镇）。2002 年～ 2003 年，完成退耕还林 0.9867 万公顷。至 2004 年，完成退耕地还林 2334.5 公顷。国家累计投入退耕还林资金 3402 万元。

2006 年～ 2013 年，开展平原绿化高级达标和创建林业生态区活动，完成营造林 2.53 万公顷。2012 年 9 月，通过省级生态区验收。同年 12 月 30 日，被省绿化委员会授予省级绿化模范区。2013 年 6 月，被省林业厅授予林下经济先进县（区）称号。

2014 年，开展以高速通道、南水北调干渠及白河生态防护林带为重点的林业生态区活动，全区完成造林 762.53 公顷。

2015 年～ 2016 年，全区完成造林 1182.62 公顷，其中高速通道造林 436 公顷，白河生态防护林带造林 267.17 公顷，南水北调干渠绿化 50.72 公顷。为推进造林工作，区里拿出 2600 万元，对造林绿化工作实行以奖代补。对南水北调干渠、白河等重点部位造林每亩每年补助 1000 元，连补 5 年；对二广高速、环城高速两侧的永久性生态林带，验收合格的每亩每年补助400元，连补5年，另一次性补助移植费300元，栽植高大乔木达到提升改造标准的，一次性每亩补助苗木费500元。

（二）花卉苗木

1. 育苗。1986年～1987年，原南阳市大力推广温床育苗、容器育苗和地膜覆盖育苗技术。1988年，在葡萄育苗中运用地温原理，进行葡萄快繁育苗。当年，市政府制定育苗双包政策，所育合格苗包育包销，农药、化肥优先供应。1990年，有苗圃46处，其中乡、村集体苗圃15处，育苗专业户苗圃29处。1986年～1990年，在育苗生产中调整树种结构，培育花卉和龙柏、球形黄杨、女贞等风景树苗，累计育苗面积153.3公顷，出圃苗木260万株。

2001年6月，在潦河镇建立苗木培育基地，主要繁育桐柏大枣、黑核桃、美国黑李、香椿等苗木，以此为示范，推动全区育苗业发展。随着林业产权制度改革和国家重点造林工程的推进，一些农民、个体经营者、职工、私营企业等投入资金，建立种苗基地，发展苗木产业，并进行规范管理。2004年，全区非公有制育苗面积687公顷。2015年，全区育苗面积2405.13公顷，其中新育322.3公顷，留床2082.83公顷，总产苗量9019.24万株。

卧龙月季育苗基地

2. 花卉。全区花卉产业发展形成三个板块：（1）石桥镇、蒲山镇、七里园乡月季。主要生产树状月季、大花、藤本、地被、丰花、微型等各类月季种苗。（2）潦河镇园林观赏苗木。主要生产桂花、广玉兰、紫薇等为主的园林观赏苗木。（3）王村乡园林绿化板块。主要生产红叶石楠，其他乡（镇）有零星分布。

2013年，全区花卉面积783.73公顷，其中月季549.4公顷，其他花卉236.79公顷，主要分布在石桥、蒲山、潦河、王村、陆营等乡（镇）。石桥镇月季面积533.6公顷，玉兰、黄杨、金叶女贞、法桐、冬青等园林绿化苗木面积50公顷；潦河镇月季规模面积13.34公顷，柳树、杨树、桂花、冬青、红叶石楠等园林绿化苗木面积146.74公顷；王村乡红叶石楠等园林绿化苗木面积40公顷。2014年，石桥东改线区域及谢庄乡新发展月季、玫瑰种植400公顷，全区以月季为主的花卉苗木产业面积达到1373.33公顷。2015年，新发展月季、玫瑰333.33公顷。

2016年，全区花卉及各种观赏苗木面积达到1477.45公顷，固定资产1108.1万元，从业人员3777人，年产苗量14812.4万株，年销售1477.1万株、年销售额17105.7万元。同时，聘请北京林业大学园林学院编制《卧龙区花卉产业发展规划》和《东改线月季产业带概念性规划》。

3. 经济林。1994 年撤市设区后，突出发展名、特、优、新林果主导品种，建成一批特色林果基地，基本形成 4 大经济林基地：以蒲山镇、七里园乡为主的鲜桃基地；以潦河坡乡（现潦河坡镇）、谢庄乡为主的甜柿、薄壳核桃基地；以安皋镇、潦河坡乡（现潦河坡镇）为主的石榴基地；以靳岗乡（现靳岗街道办事处）、卧龙岗乡（现卧龙岗街道办事处）为主的小杂果基地。2003 年，全区经济林面积 2425 公顷，产量 9858 吨。

1996 年，围绕“农业奠基，工业立区，科教推进，开放带动，城乡一体，协调发展”的经济发展战略，从调整林业产业结构入手，抓好以银杏、甜柿、大枣、板栗、石榴等小杂果为主的经济林。当年发展以银杏为主的经济林面积 3933.3 公顷，果品总产量较上年增长 3%。小寨乡（现龙王沟风景区）被确定为南阳市银杏种植示范乡。2000 年，引进市场前景广阔的名、特、优、新林果品种 10 多个、9.7 万株。其中大枣 3.3 万株、泡桐 33 号 0.4 万株、四倍体刺槐 3 万株、美国黑李 3 万株。2001 年 6 月，在潦河镇高新技术示范园区征地 1.73 公顷，建立林业育苗基地，主要培育桐柏大枣、黑核桃、美国黑李、香椿等苗木。2002 年，在继续培育三枣、甜柿、葡萄、鲜桃、黑李、杏等特色品种的同时，从省林科所引进 2025 杨树新品种进行繁育，大力发展 107、108 等杨树新品种，推广新中华寿桃、新川中岛、重阳红桃、中国砂红桃等经济林新品种，优化品种结构。2003 年，调整树种结构，种植黄柏、辛夷、雪松、椿树、楸树、女贞、泡桐等树种，并套种牧草。

林果合作示范建设：利用长防林项目资金，与七里园乡合作建成“三枣”基地 33.35 公顷，栽植苗木 3000 株，成活率 90% 以上；与陆营镇共同开发滩涂经济林 66.7 公顷，其中金花梨 50.03 公顷、3.1 万株，美国黑李 16.68 公顷、9700 株；与潦河坡乡合作建成甜柿基地 20.01 公顷，栽植苗木 1 万株；在独山建成林果示范园 4 公顷，建成两个全光照自动喷雾高科技大棚，扦插枣苗 12 万株；在独山、潦河和七里园乡大寨村建立经济林苗圃基地 2.67 公顷。2014 年，积极开展皂角和中药材试点种植，在潦河坡镇李庄村和龙王沟景区后庄村发展皂角种植 66.67 公顷，在紫山和后庄村发展丹参、北沙参、桔梗等种植近 13.33 公顷。2015 年，种植皂角 33.33 公顷；2016 年，全区经济林面积 892.33 公顷，结果面积 246.27 公顷，产量 4964000 千克，产值 4577.7 万元，贮藏加工企业 1 个，年加工量 500000 千克，经济林专业合作组织 1 个，成员户数 300 户。

（四）集体林权改革

坚持林改与林业生态建设同步安排、同步推进。2010 年，全区明晰林地产权面积 308.8 公顷，占林改面积 787.06 公顷的 39.2%；登记输机 2201.1 公顷，发放林权证 530.9 公顷。2011 年，确权发证面积 1.05 万公顷。2012 年，石桥镇月季合作社、陆营镇朱屯苗木繁育合作社和蒲山镇蒲江源种植合作社被评为全市农民林业专业合作示范社。2014 年，全区以林下种植、林下养殖、森林景观利用等为主的林下经济年产值

4000万元。2015年，新增林业农民专业合作社9个、家庭农场8个，全区林业专业合作组织数量达到81个（规范化合作社2个）。林下经济规模达到4293.3公顷，带动就业1.176万人，年产值9117.84万元。

2016年，新增林业合作社或家庭农场24个，全区达到280余个，入社农户1789户，经营规模达1780公顷，涉及花卉苗木、干果种植、鲜果种植、林果种植、林下种植、林下养殖、林下经济7个类型，实现林下经济产值11524.93万元。

（六）林业科技

1996年以来，全区引进推广芽苗移栽、容器育苗(营养钵育苗)、子苗嫁接、ABT生根粉、GGR、TDS植物生长调节剂、温室大棚设施栽培、全光雾扦插育苗、配方施肥、地膜覆盖、滴灌、果实套袋、丰产栽培技术、生物防治等实用新技术50多项。特别是芽苗移栽、子苗嫁接、ABT生根粉蘸根造林等新技术，广泛应用林业重点工程造林，提高造林成效。

1999年，围绕科教兴区发展目标，组织实施科技项目18项(市级8项，区级10项)，引进种植推广“脱毒红薯技术”“优质花卉繁育”等技术12项26个品种，制定卧龙区科技开发基金管理办法，加强科技三项费用管理。

建区后，以长防林和退耕还林项目实施为契机，大力实施种苗、新品种引进推广工程。2002年，引进推广107杨、108杨、2025杨、中林46杨以及甜柿、沾化冬枣、金太阳杏等品种。

2015年11月5日，区政府与西北农林科技大学风景园林学院签署了合作共建南阳月季试验示范站协议书，提高月季产业科技支撑能力。2016年，编写《果树栽培技术》培训教材，为移民局举办丹江口库区移民实用技术培训班授课，培训移民100多人次。

（七）资源管理

1. 林政管理。1988年8月，启用全省统一的“木材运输证”、“木材检查员证”。1989年6月～8月，按照木材消耗量低于生长量的原则，对“八五”采伐限额进行编报。1991年1月1日起，执行森林采伐限额。1986年～1990年，全市发生毁林案件32起，查处26起，查处率81%。1995年2月起，对辖区使用林地的各类活动实行许可证制度。1996年6月，按照“谁治理、谁管护、谁受益”的原则，鼓励社会力量参与治理开发“四荒”。1996年10月，贯彻《林木林地权属争议处理办法》。2000年4月，换发新式林权证，原颁发的林权证仍然有效。2004年，对退耕还林进行登记发证确权。2004年，区划界定国家重点生态公益林308公顷。2012年，办理采伐证118份，蓄积5976.32立方米，办理木材运输证738份。至2013年，共受理南阳独山部队营房扩建、潦河坡镇新农村建设项目改造、安皋镇安皋村新农村项目建设、重泰燃气有限公司项目等市重点工程征占用林地4起，面积13.33公顷，收缴森林植被恢复费80余万元。期间，开展征占用林地执法检查工作。2014年，批准采伐158起，采伐量5017立方米，办理林业行政案件 2 起。依法办理和发放林权证 3 本，发证面积 67.5 公顷。

2015 年，全年办理木材运输证 54 份，征收育林金 8.431 万元。办理采伐证 70 份，采伐蓄积 18546 立方米，占全年采伐指标的 12%，依法受理南阳市应急救授综合训练基地暨市消防训练基地项目、卧龙区综合保税区项目、南阳市宇皓石化有限公司加油站建设项目征占用林地项目 4 起，涉及占用林地面积 8.6677 公顷。办理林业行政处罚案件 2 起，收缴罚款 2175 元。

2016 年，全年办理采伐证 122 份，采伐蓄积 4415.53 立方米，占全年指标的 35%。办理木材运输证 114 份，办理林业行政处罚案件 1 起，收缴罚款 3920 元，责令补种树木 205 株。完成林地变更工作。

2. 森林公安。1995 年 4 月，成立卧龙区林业公安派出所。1996 年～ 2004 年，全区组织开展“中原绿剑一、二、三号行动”“春雷行动”和“候鸟一、二号行动”“绿色风暴”等专项行动，共查处涉林案件 542 起，其中刑事案件 67 起，逮捕 38 人，刑事拘留 57 人。2008 年，开展“猎鹰二号”行动，立案查处林业案事件 98 起，处罚 127 人次，没收乱砍滥伐及违法经营木材 67 立方米，责令补种树木 2200 株，检查运输车辆 46 车次。2009 年，区政府出台加强森林资源管理保护工作的通告，立案查处林业案事件 178 起，侦破 34 起，治安拘留 6 人，行政处理 32 人次。2010 年 12 月，按照森林公安管理体制改革要求，卧龙区林业公安派出所撤并，正式公安干警上划南阳市森林公安局。

3. 林木病虫害防治。1986 年～ 1989 年，刺槐发生干腐病，受灾严重的有达士营、白塔、袁庄、泥营、陈棚等 5 个林场，受灾面积 26.3 公顷，对发生病害的树木进行砍伐，砍伐后更新为混交林，减少病虫害发生。1990 年，杨树食叶害虫杨扇舟蛾大面积发生，公路两旁的防护林危害严重，80% 以上的叶子被虫吃光，受灾 31 万株，防治 16 万株。全区经济林年均防治面积 284.1 公顷，均未成灾害。1989 年～ 1990 年进行苗木检疫，检疫木材 325 立方米，苗木 16 万株。1998 年 4 月，独山山林发生栎尺蠖虫害，严重的每株达 60 条以上，新生树叶几乎被吃光，采取林丹烟雾灭虫等措施，虫害得到有效控制。2009 年，开展林业病虫害监测和防治工作，监测覆盖率 80% 以上，飞机防治面积 840.42 公顷。2010 年 5 月，利用飞机防治杨树食叶害虫，飞行 8 个架次，防治面积 866.67 公顷。2012 年，以杨小舟蛾为主的杨树食叶害虫发生严重，利用飞机防治面积 867.1 公顷，人工防治面积 667 公顷。2014 年～ 2015 年，利用飞机防治杨树食叶害虫 0.16 万公顷。2016 年，完成林业有害生物普查线路 26 个，标准地 153 个，67 个苗圃，调查标准地林业有害生物种类 56 种。5 月中下旬，进行美国白蛾专项普查；6 月中旬，对全区重点部位约 666.67 公顷进行飞机喷药防控。

第十三节 宛城区

宛城区位于南阳盆地腹心，辖8个乡（镇）4个街道办，总人口56.87万。全区土地总面积6.62万公顷，其中林业用地面积1.79万公顷，活立木蓄积55.08万立方米，林木覆盖率18.1%。

1958年，南阳县成立农林局，后农、林几经分合。1973年，恢复为南阳县林业局。1994年撤县设区，更名为宛城区林业局。现有事业编制40人，其中干部32人，工人8人。

（一）植树造林

1979年，南阳县开始推行林业生产“责任制”。20世纪80年代，县委提出“两年绿化平原，五年完成荒山造林，七年解决烧柴，十年用材自给”的目标，推进造林绿化工作。1981年12月，全国五届人大四次会议通过《关于开展全民义务植树的决议》，每年3月12日，在全县范围内开展义务植树活动。县政府制定“主攻荒山，改造四旁，狠抓农田林网建设，因地制宜，科学发展，农桐间作”的方针，组织开展平原绿化活动，1996年达到初级标准，随后平原绿化水平不断巩固提高，建成一批标准高、效果好的农田林网。2008年～2012年，实施林业生态省建设工程。2013年，实施南水北调中线干渠廊道造林绿化工程。通过造林绿化，全区初步形成三大林业体系：以退耕还林、林业生态区造林为主的资源培育体系，以二广高速、312国道、豫01线、豫22

宛城国道绿化

宛城农田林网

线等主干道绿化为主的绿色通道工程，以城郊大环境和白河滩涂造林为主的生态防护林和速生丰产林体系，形成白河沿线、白桐干渠沿线、宁西铁路、国道、省道沿线等5条绿色廊道。2013年～2015年，新增造林面积3583公顷，森林蓄积量68万立方米，全民义务植树800万株，义务植树尽责率95.5%，落实区级各类林业建设资金2200万元。

（二）林业育苗

国有育苗实体为区园艺场和中心苗圃。

商品化育苗始于 1982 年，当时石桥乡施庄村花农李文鲜栽培月季 2000 余株，到 1986 年发展到 0.46 公顷，亩效益 2 万元以上。到 1994 年，南阳县花卉面积达 1333.33 公顷，产值 2500 多万元，成为全国闻名的月季生产基地。因撤县设区加之行政区划分，全区现有月季面积 133.33 公顷，年产树状、大花、藤本、地被、丰花、微型等月季品种 500 万株以上。至 2013 年，全区花卉苗木种植面积 880 公顷，建成 333.33 公顷以上的基地 1 处，66.67 公顷以上的基地 2 处，33.33 公顷以上的基地 2 处，6.67 公顷以上的基地 18 处。花卉苗木品种由上世纪 90 年代的 10 余个发展到现在近 200 个品种，年产量 3500 多万株（盆），年产值超亿元，形成南阳豫花园实业有限公司、黄台岗众森林业合作社、南阳大山科技园、南阳意景园艺有限公司、南阳鼎吉林业合作社等，集种养、繁育、名特优新苗木于一体的育苗企业。四家企业荣获河南省林业产业龙头企业称号。

（三）资源管理

按照林木采伐政策和规定，严格程序，在采伐限额以内依法进行采伐，年均办理采伐许可证 100 余份。加强对木材经营加工流通领域的管理，及时纠正违法行为并进行行政处罚。审验木材经营加工许可证，年均办理木材运输证 50 余份。加大林业案件查处力度，严厉打击破坏林木资源案、事件。规范办案行为，做到文明执法，规范执法。

1984 年，组建森林植物检疫队伍；1991 年，成立森林病虫防治检疫站，加强林木运输检疫和病虫害防治工作。利用飞机喷洒农药防治杨树食叶害虫，提高防治成效。

（四）林业产权改革

1979 年，贯彻《中华人民共和国森林法》，明确国家、集体和个人对林木所有权的拥有问题，落实“谁造谁有”的政策，至 1981 年，共颁发林权证 30 万份。1985 年，全县开展林业“三定”活动（定林权、山权、责任制），建立健全林权制度，涌现育苗造林专业户 2000 多户。2008 年，实施集体林权制度改革。至 2013 年，全区确权发证面积 1.03 万公顷，涉及农户 6150 户，办理林权证 3700 本，宗地数 5233 宗。全区发展林业合作组织 26 个，林权抵押贷款 800 万元。

（五）林业产业

利用市郊区位优势，发展花卉苗木，实施林、果、草、牧立体种植、养殖、林农间作、林药间作、林草间作等发展模式。南阳豫花园实业有限公司引进繁育名特优品种苗木，带动周边黄台岗、瓦店、溧河等乡（镇）林农发展苗木产业。黄台岗众森合作社在林下套种芍药、牡丹等中药材，发展林业经济，收益好。2012 年，获市优秀合作社奖称号。全区经济林面积达 666.67 公顷，总产量 150 万千克。全区花卉苗木新增 666.67 公

宛城林下经济

顷，已基本形成以桂花、金森女贞、红叶石楠等绿化苗木为主的花卉产业基地。林下养殖总规模达到 2 万头（万只、万箱），利用林地 444.5 公顷，产值 1000 万元。

（六）林业项目

2003 年～ 2013 年，全区累计完成退耕还林 0.47 万公顷，其中退耕地造林 0.07 万公顷，荒山荒地造林 0.4 万公顷。长防林建设工程累计完成造林 0.53 万公顷。林业生态省建设工程 2008 年～ 2012 年，累计完成造林 0.73 万公顷。2013 年，南水北调中线干渠生态廊道工程完成造林 38 公顷。

（七）林业清查

1. 2007 年二类森林资源规划。涉及 10 个乡（镇）、6 个办事处、249 个行政村，外业调查小班 7348 个，其中线状小班 4723 个，面状小班 2625 个。通过调查，全县国土面积 100081.31 公顷，其中有林地面积 7803.5 公顷，活立木总蓄积 45.1448 万立方米。

2. 林地保护利用规划。规划初期（2009 年），林地保有量 9662.62 公顷，森林保有量 7036.91 公顷，林地生产率 70%，公益林地比例 2.5%，商品林低比例 97.5%。规划中远期结束（2020 年）时，林地保有量 10711.71 公顷，森林保有量 8088.74 公顷，林地生产率 83%，公益林地比率 2.67%，商品林地比例 97.33%，重点商品林地面积 6861.19 公顷，重点商品林地比率 64.05%。较初期增加林地 1049.09 公顷，增加森林面积 1051.83 公顷。

3. 湿地调查。2012 年，完成 33 个斑块调查，其中面状小班 9 个，线状小班 24 个。全区湿地面积 7111.99 公顷，主要为河流湿地和人工湿地。其中，河流湿地资源面积 6665.65 公顷，人工湿地资源面积 446.34 公顷。建立湿地公园 2 处，面积 0.53 万公顷，湿地保护率 100%。

附 录

第一节 集体林权改革

集体林权制度改革(以下简称“集体林权改革”或“林改”)是中国继农村土地改革后又一次重要的农村林地改革，是农村家庭承包经营制度的丰富和完善，是加快林业发展、振兴林区经济、富裕广大林农的根本途径和措施。

2003年，《中共中央、国务院关于加快林业发展的决定》和《农村土地承包法》实施后，福建、江西、辽宁等省进行以“明晰产权，放活经营权，落实处置权，保障收益权”为主要内容的集体林权制度改革的摸索，并取得成效。

2008年，中共中央、国务院出台《关于全面推进集体林权制度改革的意见》（以下简称《意见》），集体林权制度改革进入全面推进阶段。

一、林权改革情况

2007年，河南省集体林权制度改革试点工作启动，桐柏县被确定为省级林改试点县。同年，南阳市相继启动市级林改试点工作，西峡县被确定为市级林改试点县，其他县（市、区）也都明确试点乡、试点村。这次试点历时半年，涉及13个县（市、区）、13个乡（镇），选定试点村15个，林地面积11850.5公顷，涉及林改农户3615户，发放林权证1243份。6月7日，市政府召开全市集体林权制度改革试点工作座谈会，副市长姚龙其研究部署林改试点工作，要求积极稳妥地推进。当年，全市完成试点林改工作任务。

2008年3月6日，市政府办公室下发《关于成立南阳市集体林权制度改革工作领导小组的通知》；同日，印发《南阳市深化集体林权制度改革实施方案》。3月17日，市林业局在桐柏县召开全市深化集体林权制度改革工作会议，与会人员参观固县镇林改工作现场，学习桐柏县林改试点工作经验。5月17日，温家宝总理在南阳视察期间，在听取南阳市工作情况汇报时把南召县集体林权制度改革工作开展情况一并听取。9月19日，市政府在邓州市召开全市集体林权制度改革工作现场会，实地参观邓州市林业局、林扒镇、杏山办事处林改工作现场，副市长姚龙其参加会议并对林改工作进行安排部署。

2009年8月，市委书记黄兴维、市长穆为民在南阳日报上发表题为《深化集体林权制度改革，创新机制建设生态南阳》的署名文章。9月，市委宣传部副部长吴朝河主持召开由六家新闻媒体负责人参加的林改宣传座谈会，组织记者赴西峡、淅川、内乡等县实地采访报道。12月7日，市林业局在内乡县召开林改现场会。

2010年10月10日，内乡县作为全国集体林权制度改革百县之一，县长全新民参加在北京召开的经验交流会，并在会上交流内乡县的经验和做法。10月13日，市委、市政府在内乡县召开全市集体林权制度改革现场会，副市长姚龙其主持会议，会议传达贯彻省政府集体林权制度改革信阳现场会议精神、省林业厅集体林权制度改革专题宣传电视电话会议及档案管理工作会议精神，学习推广内乡县工作经验，加快工作进度，确保完成年度林改目标任务。市委副书记贾崇兰讲话。

2011年4月28日～30日，由市人大常委会副主任谢先锋带队组成视察组，深入淅川县、西峡县有关乡、村及内乡县林业局，实地查看指导集体林权制度改革工作。5月9日，市林业局局长宋运中主持召开林业局长会议，部署推进林改工作。5月24日，市四届人大常委会第十五次会议听取并审议全市集体林权制度改革工作情况汇报，局长宋运中作汇报；6月1日～3日，市林业局组织各有关县副局长、林改办主任赴福建省永安市学习考察林改工作。6月13日～14日，国家林业局林改司巡视员安丰杰一行4人，在省林业厅副巡视员谢晓涛、市政府副市长姚龙其陪同下，深入西峡县督查调研林改工作。6月20日，市林业局与市档案局联合举办林改档案管理培训班。6月22日～25日，省政府参事赵体顺、刘发魁等一行5人，深入西峡县、内乡县、桐柏县调研指导林改工作。

2012年8月17日，市政府召开林业金融服务工作座谈会。市政府金融办、市林业局、市财政局等20多家单位的负责同志参加会议，市政府金融办主任刘世家出席会议，贯彻落实市长穆为民对林权抵押贷款工作重要批示精神，讨论研究南阳市的林业金融服务工作。在深入调查的基础上，市林业局抽调林业专业技术人员组成项目组，编制《2012年～2015年南阳市林下经济发展规划》，为今后4年林下经济的发展明确了目标和发展方向。10月26日，省林业厅在淅川县召开全省巩固完善林改确权发证工作座谈会。郑州、洛阳等11个省辖市林业局分管局长、林改办主任和巩义、汝州等13个县（市）林业局局长、主管局长参加会议。省林业厅副巡视员谢晓涛、省林业厅林发处处长邓建钦、副处长刘占朝、杨文培等参加会议。11月18日，市林技站组织专家和技术人员，赴桐柏县埠江镇新春红桃专业合作社，开展送科技下乡服务，参加活动的合作社社员共有200余人。这次活动重点对合作社广大社员所急需的果树冬季管理、病虫害防治等方面的知识进行答疑解惑，对农民专业合作社的基本知识、运营管理、政策扶持进行广泛宣传。同时为社员发放《农民专业合作社法规汇编》、《农民专业合作社组织100问》和林果技术资料500余份，实实在在为林农办实事、办好事。11月26日，市政府决定对在林业专业合作社建设中成绩突出的西峡县叶氏蜂业专业合作社等37家林业专业合作社给予通报表扬。

2012年10月，省林业厅选派市林技站赵启迪到国家林业局农村林业改革发展司挂职锻炼，在林权流转与合作经济指导处工作，在挂职锻炼期间做出了应有的贡献。

2013年4月，国家林业局农村林业改革发展司司长张蕾一行4人，在省林业厅副巡视员谢晓涛、林发处处长邓建钦的陪同下，深入内乡县、镇平县督查调研林改工作。10月，国家林业局农村林业改革发展司巡视员安丰杰一行3人，在省林业厅林发处处长邓建钦的陪同下，深入桐柏县督查深化林改工作，实地调研林业专业合作社和林下经济发展情况。

二、做法及成效

南阳市集体林地面积 99.34 万公顷，占全省集体林地面积的 21.9%。2008 年以来，各地按照中共中央、国务院《关于全面推进集体林权制度改革的意见》，开展以“明晰所有权、放活经营权、落实处置权、确保收益权”为主要内容的集体林权制度改革工作。截至 2013 年，全市已明晰产权面积 97.84 万公顷，占应纳入林改面积 98.04 万公顷的 99.8%，发放林权证面积 91.81 万公顷，占 93.84%，已发放林权证 17.88 万本，涉及农户 75.57 万户，实现了“山定权、树定根、人定心”，基本完成主体改革任务。

（一）组织领导

市委、市政府把集体林改作为做好“三农”工作、推进新农村建设的一件大事来抓，切实摆上重要位置，纳入议事日程，主要领导亲自研究，亲自部署。市委书记黄兴维、市长穆为民亲自听取汇报，作出重要指示；在市委农村工作会议上、市政府全会上、全市林业工作会议上，多次对集体林改工作进行部署安排。副市长姚龙其深入县乡、重点林区，督查指导，研究解决改革中遇到的重大问题。市人大常委会、市政协多次组织视察，研究下发审议意见。各县（市、区）党委、政府一把手亲自抓，分管领导具体抓，将林改工作纳入目标管理，强化督查指导，严格考核奖惩，形成林业部门督促指导、相关部门大力配合、村组两级具体操作、一级抓一级、层层抓落实的工作机制。

（二）宣传发动

在工作推进中，各地利用报纸、电视、电台、网络等新闻传媒，采取多种形式，加大宣传力度。特别是中央 10 号文件出台以后，持续不断地掀起林改宣传热潮，中央林业工作会议、省、市林业工作会议、全国集体林权制度改革百县经验交流会等，均第一时间在南阳日报头版头条进行报道。在南阳电视台、南阳日报上开辟林改专题栏目，利用市电台“行风热线”栏目，广泛宣传林改政策。同时，利用网络传媒，在南阳新闻网“给书记、市长说说心里话”栏目，南阳林业网“局长信箱”等栏目，解答广大林农提出的问题。南阳林改工作信息也及时报送省林业厅，信息采用率位居全省前列。各县（市、区）也加大林改宣传力度，扩宽宣传领域，效果明显。内乡县作为全国林改百强县，省内外新闻媒体多次进行采访报道。淅川县在渠首林业网站上开设林改专栏，扩大宣传影响，林改宣传覆盖面达到 95% 以上。镇平县在县电视台开办“林改在线”栏目，播放林改知识问答和乡（镇）长林改访谈录。

（三）规范操作

市、县、乡、村四级成立集体林权制度改革领导小组，挑选政治素质高、责任心强、工作经验丰富的人员充实到林改队伍中，采取以会代训或现场教学的形式，分层次、有重点的加强技能培训，达到懂政策、会操作、能指导的目的。全市共组织专职林改工作人员 1.2 万人，形成三级联动的技术保障网络。严格按照《河南省集体林权制度改革操作规程》制定的“调查摸底、公示定案、勘界确权、落实主体、申请登记、审核备案、颁发权证、建立档案”八步流程开展林改工作，不做夹生饭。具体操作中推行“四议两公开”工作法，在林改方案制定、村民会议表决等关键环节，实行阳光操作，公开透明，确保林改工作质量。

（四）深化改革

积极探索以规范林地流转、抵押贷款、林业保险、森林资源评估、林业合作经营、综合服务体系建设为重点的配套改革。组织人员赴福建、江西等先进省、市考察学习配套改革经验，率先从建立林权管理机构、抓好林业专业合作组织建设、开展林权抵押贷款等重点工作入手，采取试点先行、以点带面的方法，整体推动工作。全市3个县（区）除新野县外，其他12个县（区）均成立林权管理机构，制定有关配套改革的措施和办法；内乡县、西峡县、桐柏县的6个林业专业合作社荣获全省林业专业合作社示范社；编制林下经济发展规划，明确目标和发展方向。2012年开展公益林森林保险工作；市、县林业、金融、财政等部门，出台文件、密切配合，大力支持林业抵押贷款工作。截至2013年，全市成立林业专业合作组织817家，流转林地面积6.586万公顷，林下经济产值17.58亿元，林权抵押贷款23827.5万元；全市公益林投保面积38.87万公顷，其中国有公益林7.22万公顷，非国有公益林31.65万公顷，投入保费582.98万元，每亩保额500元。

（五）督查奖惩

市政府将林改工作纳入县（市、区）年度目标管理，明确提出，如果林改任务完不成，年度综合考评林业目标记零分。市政府组成督导组，定期或不定期对各县（市、区）林改工作进行督查指导，督查结果以政府通报形式下发各地，对落后县（市、区）提出批评。在林改工作开展的重要时期，市林业局8名处级领导带队，分包13个县（市、区），根据林改任务和工作进度，有重点地制定检查方案，加强督查指导。各县（市、区）分别实行县（市、区）领导包片、局领导包乡、乡（镇）领导包村限期完成任务的分包责任制，并制订明确的奖惩措施，督导进度，解决问题。淅川县对林改工作实行一票否决。方城县对年终完不成任务的乡（镇），追究乡（镇）主要领导和分管领导的责任。南召县制定《集体林权制度改革工作考评奖惩办法》，实行目标管理，建立激励约束机制。内乡、淅川、西峡、唐河等县在林改工作开展的关键环节和时期，邀请县是0、县政协深入各乡（镇）巡回开展督查，促进工作开展。

第二节 危旧房改造

国有林场危旧房改造是国家保障性安居工程的重要组成部分。2010年10月26日，国家林业局、住房和城乡建设部、国家发展改革委员会、国土资源部联合下发《国有林区棚户区改造工程项目管理办法》，同年，南阳市启动国有林场危旧房改造工程，南召、方城、社旗、桐柏、镇平、内乡、西峡、淅川 8 个县的 12 个国有林场，全部纳入工程建设范围。是年改造试点 452 户、面积 39738 平方米，涉及黄石庵、南召乔端、镇平五岳庙 3 个国有林场；2011 年改造 1027 户、面积 72012 平方米，涉及黄石庵、镇平五岳庙、淅川荆关、社旗林场、桐柏毛集、方城大寺、西峡烟镇、木寨、淅川荆关、内乡万沟 10 个国有林场；2012 年改造 507 户、面积 46352 平方米，涉及黄石庵、镇平五岳庙、西峡烟镇、木寨、内乡万沟、湍河、桐柏毛集、方城大寺、淅川荆关、社旗林场 10 个国有林场；2013 年改造 104 户、面积 12640 平方米，涉及南召乔端、镇平五岳庙、淅川荆关、西峡木寨 4 个国有林场。截止 2013 年，批复改造四批，总规模 2090 户，面积 193323 平方米。绝大部分开工建设。全市完成危旧房改造任务 472 户、44290 平方米，涉及南召乔端、镇平五岳庙、西峡黑烟镇、内乡万沟、方城大寺、淅川荆关、社旗等 7 个国有林场。配套建设职工家属区水、电、路等基础设施，居住环境优化。

第三节 文献集存

一、林业文件

附表一

时间	发文单位	文件名称
1956	地委	南阳地工委转批淅川县领导开展营造千亩青年防护林
1961.9.16	地委	关于发展山区生产的意见
1961.10.26	地委	地委转发专署党组关于迅速发展木本粮食和木本油料生产的意见
1963.7.8	地委	关于认真贯彻执行中共中央中南局、河南省委、省人委，关于发展林业的决定的指示
1963.10.8	地委	关于今冬明春发动全党全民大力开展造林、护林、育苗运动的指示
1968.3.20	专一线	林木管理会议纪要
1968.5.2	专一线	批转专项农业高、外贸高关于茶叶生产会议报告的通知
1968.6.29	专一线	关于下达 1968 年林业育苗计划意见的通知
1980.11.21	地区行署	恢复地区护林防火指挥部的通知
1981	地委	转发崔景运同志在地区林业工作会议上的讲话
1981.9.3	地区行署	南阳地区颁发林权证领导小组通知
1982.3.8	地区行署	关于铁路公路渠道绿化若干问题的规定
1982.11.6	地委	关于迅速贯彻执行中共中央、国务院关于制止乱砍滥伐森林的紧急指示的通知
1982.11.27	地委	批转桐柏县委、县政府关于保护林木制止乱砍滥伐情况的报告

续

时间	发文单位	文件名称
1982.12.29	地区行署	关于国营林场生产规格木材地、县停止留成的通知
1983.1.15	地区行署	印发地区林业工作会议纪要的通知
1983.2.17	地区行署	搞好公路、铁路、渠道专业绿化的通知
1983.6.29	地区行署	关于国营林场木材征收育林基金问题的函的通知
1983.8.20	地委	地区林业局领导班子配备的通知
1983.9.13	地区行署办	地区林产品公司请示的批复
1983.9.14	地区行署	关于加强橡壳经营管理的报告的通知
1985.2	地区行署	行署对 1985 年林业先进县（市）奖励办法
1985.4	地区行署	地委、行署关于加快林业发展的意见
1986.8.6	地委	关于二年实现平原绿化，四年实现山区植树造林任务的决定
1986.10.30	地区行署	转发地区林业局关于贯彻落实地委、行署“林业十条决定”，搞好今冬明春林果业生产意见的报告
1996.2.15	市委、市政府	中共南阳市委、南阳市人民政府关于开展城市绿化年活动的通知
1996.4.1	市政府办公室	南阳市人民政府办公室关于市林业局做好搬迁建设工作的通知
1997.3.7	市委、市政府	中共南阳市委、南阳市人民政府关于表彰荒山造林绿化先进县的决定
1997.3.7	市委、市政府	中共南阳市委、南阳市人民政府关于搞好平原绿化决战的意见
1998.2.20	市政府	南阳市人民政府关于切实加强森林资源保护管理工作的通知
1998.3.4	市政府	南阳市人民政府关于搞好全市通道绿化工程的通知
1998.9.21	市政府	南阳市人民政府关于坚决打击破坏森林资源违法犯罪活动的决定
1999.2.3	市委	中共南阳市委、南阳市人民政府关于表彰平原绿化先进县及有功人员的决定
2000.2.14	市政府办公室	南阳市人民政府办公室关于 1999 年度全市平原绿化情况的通报
2001.2.28	市政府	南阳市人民政府关于 2000 年度全市平原绿化情况的通报
2001.3.1	市委、市政府	中共南阳市委、南阳市人民政府关于表彰平原绿化先进县及有功人员的决定
2001.11.13	市政府	南阳市人民政府关于大力推进全市绿色通道建设的意见
2002.3.5	市政府	南阳市人民政府关于 2001 年度全市平原绿化情况的通报
2002.12.27	市政府办公室	南阳市人民政府办公室关于搞好 2003 年度绿色通道建设工作的通知
2003.11.3	市政府办公室	南阳市人民政府办公室关于调整南阳市护林防火指挥部成员的通知
2003.11.25	市政府	南阳市人民政府关于表彰第五次森林资源连续清查工作先进集体和先进工作者的决定
2003.11.25	市委、市政府	中共南阳市委、南阳市人民政府贯彻中共中央、国务院关于加快林业发展的决定的实施意见

续

时间	发文单位	文件名称
2004.2.16	市政府办公室	南阳市人民政府办公室关于印发绿色南阳建设规划的通知
2004.3.26	市政府办公室	南阳市人民政府办公室关于做好林业有害生物普查工作的通知
2004.8.18	市政府办公室	南阳市人民政府办公室关于印发南阳市平原和丘陵区造林绿化调查规划工作方案的通知
2004.10.10	市政府	南阳市人民政府关于认真做好 2005 年度 APP 林板浆纸原料林基地建设的通知
2004.11.8	市政府	南阳市人民政府关于表彰 2004 年度 APP 原料林基地建设优秀单位先进单位和先进工作者的决定
2004.11.8	市政府	南阳市人民政府关于切实做好今冬明春森林防火工作的通知
2004.11.8	市政府	南阳市人民政府关于批转市林业局等部门关于加快林业产业发展的意见的通知
2004.11.9	市政府办公室	南阳市人民政府办公室关于印发南阳市平原和丘陵区造林绿化规划的通知
2004.11.10	市委、市政府	中共南阳市委、南阳市人民政府关于搞好平原丘陵区造林绿化的意见
2004.12.5	市委、市政府	中共南阳市委、南阳市人民政府关于成立南阳市平原丘陵区造林绿化指挥部的通知
2004.12.6	市委、市政府办公室	中共南阳市委办公室、南阳市人民政府办公室关于印发南阳市 2005 年度平原丘陵区造林绿化考核奖惩办法的通知
2005.7.20	市政府	南阳市人民政府关于印发南阳市城市绿化管理实施细则的通知
2005.10.28	市委、市政府办公室	中共南阳市委办公室、南阳市人民政府办公室关于印发南阳市 2006 年度平原丘陵区造林绿化考核奖惩办法的通知
2005.10.27	市政府办公室	南阳市人民政府办公室关于调整南阳市绿化委员会成员的通知
2005.10.27	市政府办公室	南阳市人民政府办公室关于调整南阳市护林防火指挥部成员的通知
2005.10.28	市委、市政府	中共南阳市委、南阳市人民政府关于调整南阳市平原丘陵区造林绿化指挥部成员的通知
2005.10.31	市委、市政府	中共南阳市委、南阳市人民政府关于表彰 2005 年度平原丘陵区造林绿化先进集体的决定
2005.10.31	市政府	南阳市人民政府关于切实做好 2006 年度 APP 林板浆纸原料林基地建设的通知
2005.10.31	市政府办公室	南阳市人民政府办公室关于进一步加强森林防火工作的通知
2005.10.31	市委、市政府	中共南阳市委、南阳市人民政府关于搞好 2006 年度平原丘陵区造林绿化工作的意见
2006.3.6	市政府办公室	南阳市人民政府办公室关于做好 2006 年义务植树工作的通知
2006.6.28	市政府	南阳市人民政府关于表彰平原绿化高级达标先进集体和先进个人的决定
2006.7.27	市委、市政府	中共南阳市委、南阳市人民政府关于表彰 2006 年度平原丘陵区造林绿化先进集体的决定
2006.11.13	市政府办公室	南阳市人民政府办公室关于印发南阳市重大林业有害生物灾害应急预案的通知

续

时间	发文单位	文件名称
2007.1.16	市委、市政府	中共南阳市委、南阳市人民政府关于搞好2007年度平原丘陵区造林绿化工作的意见
2007.1.16	市委、市政府办公室	中共南阳市委办公室、南阳市人民政府办公室关于印发南阳市2007年度平原丘陵区造林绿化考核奖惩办法的通知
2007.8.2	市政府办公室	南阳市人民政府办公室关于表彰全市高速公路通道绿化先进单位的决定
2007.10.8	市人大办公室	关于印发南阳市人大常委会关于检查中华人民共和国森林法和河南省实施中华人民共和国森林法办法执行情况的实施方案的通知
2007.12.5	市政府	南阳市人民政府关于表彰平原绿化高级达标先进集体和先进个人的决定
2007.12.5	市政府	南阳市人民政府关于印发南阳市林业生态建设规划的通知
2008.3.6	市政府办公室	南阳市人民政府办公室关于成立南阳市集体林权制度改革工作领导小组的通知
2008.3.6	市政府办公室	南阳市人民政府办公室关于印发南阳市深化集体林权制度改革实施方案的通知
2008.4.4	市政府	南阳市人民政府关于印发“工业强市杯”等劳动竞赛活动实施方案的通知
2008.12.8	市政府办公室	南阳市人民政府办公室关于表彰全市林业工作先进集体和先进个人的决定
2009.1.5	市委、市政府办公室	中共南阳市委办公室、南阳市人民政府办公室关于印发南阳市兰营水库生态防护林工程绿化捐款方案的通知
2009.11.23	市政府	南阳市人民政府关于表彰全市林业工作先进集体和先进个人的决定
2010.2.9	市政府办公室	南阳市人民政府办公室关于印发南阳市征占用林地清理整顿工作方案的通知
2010.4.26	市政府办公室	南阳市人民政府办公室关于印发南阳市松材线虫病防治方案的通知
2010.12.22	市政府办公室	南阳市人民政府办公室关于表彰全市林业工作先进集体和先进个人的决定
2011.1.9	市政府	南阳市人民政府关于切实做好当前森林防火工作的通知
		南阳市人民政府关于进一步加强森林资源保护和管理的紧急通知
		南阳市人民政府关于对森林资源保护和管理工作进行督查的通知
2011.1.10	市政府	南阳市人民政府关于对媒体反映桐柏县毁林事件调查情况的报告
2011.1.25	市政府	南阳市人民政府关于保护古树名木和禁止大树古树移植进城的通知
2011.1.31	市政府	南阳市人民政府关于切实做好春节期间森林防火工作的紧急通知
2011.4.18	市政府办	南阳市人民政府办公室关于印发南阳市森林资源保护管理暂行办法的通知
2011.11.8	市政府办	南阳市人民政府办公室关于印发2012年南阳林业生态市建设实施方案的通知
2012.1.15	市政府	南阳市人民政府关于表彰全市林业工作先进集体和先进个人的决定
2012.3.26	市政府	南阳市人民政府关于南阳市兰湖森林公园总体规划的批复
2012.5.8	市政府	南阳市人民政府关于南阳市林产品公司破产改制的批复
2012.5.23	市政府	南阳市人民政府关于成立兰湖森林公园建设领导小组的通知

时间	发文单位	文件名称
2012.6.4	市政府办	南阳市人民政府办公室关于印发南阳市松材线虫病和美国白蛾防治应急预案的通知
2012.9.12	市政府	南阳市人民政府关于对新野县卧龙区镇平县林业生态县创建工作进行复查验收的请示
2012.11.30	市政府	南阳市人民政府关于新闻中心以西区域城中村改造项目涉及市气象局观测站搬迁和占用市林业局林科所部分科研用地有关问题的会议纪要
		南阳市人民政府关于调整内乡湍河湿地省级自然保护区范围及功能区的请示
2012.12.5	市政府	南阳市人民政府关于表彰全市林业工作先进集体的决定
2012.12.22	市政府办	南阳市人民政府办公室关于进一步加强冬季防火工作的通知
2013	市委、市政府	中共南阳市委、南阳市人民政府关于印发南阳第十届玉雕节暨玉文化博览会、南阳月季文化节工作方案的通知
	市政府	南阳市人民政府关于划转黄石庵林地及林木资产的批复
	市政府办	南阳市人民政府办公室关于转发南阳市林权抵押贷款实施意见的通知
2016	市委、市政府	中共南阳市委、南阳市人民政府关于成立南阳市创建国家森林城市指挥部的通知
	市委、市政府	中共南阳市委、南阳市人民政府关于大力推进造林绿化工作的意见
	市委、市政府两办	中共南阳市委办公室、南阳市人民政府办公室关于印发南阳市创建国家森林城市实施方案的通知

二、林业奖项

本节记述 1994 年至 2016 年市林业局获得各项荣誉共 189 项，其中国家部委 7 项，省政府、省林业厅等 51 项，市委、市政府 87 项，市直其他单位 44 项。

附表二

时间	荣誉名称	发奖单位	获奖类型
1994.1	河南省林政管理先进单位	省林业厅	奖牌
1994.4	1993 年度林产工业及多种经营超亿元地区	省林业厅	奖牌
1995.1	1994 年度计划生育先进单位	市政府	奖牌
1996.1	1993 ～ 1995 年度优秀政研会	省职工思想政治工作研究会	奖牌
1996.12	1996 年度城市绿化先进单位	市政府	奖牌
1997.2	1996 年度目标管理工作二等奖	市委、市政府	奖牌
1997.5	南阳市城区绿化暨白河整治工程标兵单位	市政府	奖牌
1998.1	1997 年度招商引资工作二等奖	市委、市政府	奖牌
1998.1	1997 年度小康建设先进单位	市委、市政府	奖牌
1998.2	南阳市城区绿化先进单位	市政府	奖牌

续

时间	荣誉名称	发奖单位	获奖类型
1998.2	全省林业宣传工作先进单位	省林业厅	奖状
1998.2.29	1997年度政府法制工作先进单位	市政府	证书
1998.3.26	一九九七年度全市新闻宣传工作先进单位	市委	奖状
1998.5	1997年度招商引资二等奖	市委、市政府	奖状
1998.7	森林法知识电视大奖赛三等奖	省人大农工委、省林业厅	奖牌
1998.7	1996～1997年度森林资源林政管理先进单位	省林业厅	奖牌
1998.9	市农经委系统言行知识竞赛二等奖	市农经委	奖状
1998.11	98菊展先进单位三等奖	市政府	奖状
1999.1	1998年度扶贫工作先进单位	市委、市政府	奖牌
1999.1	1998年度林业严打专项斗争先进单位	省林业厅	奖牌
1999.2	1998年度目标管理工作二等奖	市委、市政府	奖牌
1999.2.3	1998年度社会治安综合治理先进集体	梅溪办事处	证书
1999.4	全省林业严打专项斗争先进单位	省综治委	奖牌
1999.6.11	南阳市政务信息先进单位	市政府	奖状
1999.6.30	南阳市农经委系统回顾百年历史、学习党的知识竞赛三等奖	市农经委	奖状
1999.7	全国打击破坏森林资源违法犯罪专项斗争先进集体	最高人民法院、最高人民检察院、国家林业局、公安部	奖牌
1999.9	南阳市直机关第一届职工运动会精神文明奖	市直机关第一届职工运动会组委会	奖牌
1999.11	河南省野生动植物保护管理先进单位	省林业厅	奖牌
2000	全国林业生态建设先进市	国家林业局	奖牌
2000	1999年度招商引资先进单位	市委、市政府	奖牌
2000.1	1999年度目标管理一等奖	市委、市政府	奖牌
2000.1	1999年度林业自考工作先进辅导站	省林业厅	证书
2000.2	1999年度林业外资项目管理先进单位	省林业厅	奖牌
2000.2	1999年度科教兴林先进单位	省林业厅	奖牌
2000.4	河南省1998～1999年度森林资源林政管理先进单位	省林业厅	奖牌
2000.4.4	1999年度目标管理一等奖	市委、市政府	奖牌

续

时间	荣誉名称	发奖单位	获奖类型
2000.4.15	1999 年度计划生育工作先进单位	卧龙区委、区政府	奖状
2000.5.22	1999 年度政务信息工作先进单位	市政府	奖状
2000.8	市级治安模范单位	市委、市政府	奖牌
2000.9	经济林生产先进单位	省林业厅	奖牌
2000.12	1999 ～ 2000 年度造林绿化先进单位	省绿化委员会、省林业厅	奖牌
2001	全省林业科技先进单位	省林业厅	奖牌
2001.2	2000 年度科教兴林先进单位	省林业厅	奖牌
2001.5.12	2000 年度政务信息工作先进单位	市政府	奖状
2001.6	河南省“三五”普法依法治理先进单位	省林业厅	奖牌
2001.9	南阳市第一届运动会优秀组织奖	市政府	奖牌
2001.3.2	2000 年度全省林业财务报表会审决算先进单位	省林业厅	证书
2001.10	1997 ～ 2000 年度南阳市农业综合开发先进单位	市政府	奖牌
2001.12.14	第五届中国花博会先进单位	省花卉协会	证书
2001.12	全国科技兴林示范市	中国林业科学研究院	奖牌
2002.2	2001 年度目标管理工作先进单位	省林业厅	奖牌
2002.5	2001 年度目标管理工作二等奖	市委、市政府	奖牌
2002.6	2001 年度计划生育工作先进单位	卧龙区委、区政府	奖状
2002.9	全国特色种苗基地	国家林业局	奖牌
2002.11	2001 年度农业综合开发先进单位	市政府	奖牌
2003.1	2002 年度老干部工作先进单位	市委组织部、老干部局	奖牌
2003.1	2002 年度社会治安综合治理工作先进集体	市委、市政府	奖牌
2003.2	市级文明单位	市委、市政府	奖牌
2003.2.25	提案办理工作先进单位	市政协	奖状
2003.3	河南省《中华人民共和国农村土地承包法》电视大奖赛组织奖	省农业厅、省林业厅	奖牌
2003.4	2002 年度目标管理优秀单位	省林业厅	奖牌
2003.4	2002 年度信访工作先进单位	市委、市政府	奖牌
2003.4	2002 年度全市党委系统信息工作先进单位	市委	奖牌

续

时间	荣誉名称	发奖单位	获奖类型
2003.10	河南省第五次森林资源连续清查工作先进集体	省政府	证书
2004	2003 年度老干部工作先进单位	市委组织部、老干部局	奖牌
2004.1.6	2003 年度全省林业宣传工作先进单位	省林业厅	证书
2004.1	2003 年度目标管理先进单位	省林业厅	奖牌
2004.4	第二次对外经济普查工作先进单位	市人事局、市经济普查办公室	证书
2004.6	2003 年度政务信息工作先进单位	市政府	奖牌
2004.10	机关公文处理工作先进单位	市委	证书
2004.11	2004 年度 APP 原料林建设优秀单位	市政府	奖牌
2004.12	河南省 2001 ～ 2004 年度科技兴林工作先进单位	省林业厅	奖牌
2005.1	2004 年度老干部工作先进单位	市委组织部、老干部局	奖牌
2005.1	全市科技工作先进集体	市委、市政府	奖牌
2005.3.3	2004 年度环保目标完成先进单位	市政府	证书
2005.4	全市干部下访工作先进集体	市信访联席办、市人事局、市信访局	证书
2006.1	2005 年度全市维护稳定工作先进单位	市委、市政府	奖牌
2006.2.10	提案办理工作先进单位	市政协	奖牌
2006.2.27	市直行政审批服务工作先进窗口单位	市政府	证书
2006.3	2005 年度完成环境保护目标优秀单位	市政府	证书
2006.3	2005 年度目标管理先进单位	省林业厅	奖牌
2006.5	2005 年度目标管理优秀单位	市政府	奖牌
2006.7	2005 年度中心城区“四城联创”工作集体三等功	市政府	奖牌
2007.3	河南省国土绿化模范单位	省绿化委员会	奖牌
2007.3	2006 年度全民义务植树先进单位	省绿化委员会	奖牌
2008.3	2007 年白河中心城区段清淤整治工作先进单位	市政府	奖牌
2008.9	第八届中原花木交易博览会金奖	第八届中原花木博览会组委会	奖牌
2008.10.8	优秀组织奖	河南省第六届中州盆景大赛组委会	奖牌
2008.12	2008 年度造林绿化先进单位	市政府	奖牌
2009.1	2008 年度全市维护稳定工作先进单位	市委、市政府	奖牌

续

时间	荣誉名称	发奖单位	获奖类型
2009.2	2008 年度老干部工作先进集体	市委组织部	奖牌
2009.3	2008 年度新农村建设驻村帮扶工作先进单位	市委、市政府	奖牌
2009.4	2008 年度全市党委系统信息工作先进单位	市委办公室	奖牌
2009.5	2008 年度目标管理工作优秀单位	市委、市政府	奖牌
2010.2	2009 年度目标管理工作先进单位	省林业厅	奖牌
2010.2	2009 年度全市环保工作先进集体	市政府	奖牌
2010.3	全市粮食生产先进单位	市委、市政府	奖牌
2010.4	2009 年度目标管理先进单位	市委、市政府	奖牌
2010.4	2009 年度政府信息公开工作先进单位	市政府	奖牌
2010.4	南阳市电力线路专项治理优秀组织单位	市政度	奖牌
2010.4	2009 年度老干部工作先进集体	市委、市政府	奖牌
2010.4	2009 年度政府法制工作先进集体	市政府	奖牌
2010.12	河南省机关档案工作规范化管理一级先进单位	省档案局	奖牌
2010.12	2010 ～ 2014 年市级文明单位	市委、市政府	奖牌
2011.5.18	全国林业系统“五五”普法宣传教育先进集体	国家林业局	文件
2011.1.17	2010 年度目标管理先进单位	省林业厅	文件
2011.11.9	全省林木种苗工作先进单位	省林业厅	文件
2011.12.7	森防目标管理先进单位	省林业厅	文件
2011.11.2	2011 年学术年会优秀组织奖	省林学会	文件
2011.2.24	2010 年度全市平安建设工作先进单位	市委	文件
2011.2.28	2010 年度实施“四个带动”先进单位	市委	文件
2011.4.22	2010 年度完成责任目标先进单位	市委	文件
2011.5.24	2010 年度社会主义新农村建设先进集体	市委	文件
2011.8.19	“五五”普法、依法治市工作先进集体	市委	文件
2011.9.27	南水北调丹江口库区移民迁安工作先进集体	市委	文件
2011.5.10	2010 年度全市党委系统信息工作先进单位	市委办	文件
2011.5.24	参与“行风热线”节目先进单位	市纪委 市委宣传部	文件

续

时间	荣誉名称	发奖单位	获奖类型
2011.2.24	2010 年度环境保护工作先进单位	市政府办	文件
2011.4.8	2010 年度全市行政审批服务工作先进单位	市政府办	文件
2011.4.12	2010 年度政务信息工作先进单位	市政府办	文件
2011.4.12	2010 年度电子政务工作先进单位	市政府办	文件
2011.4.12	2010 年度应急管理工作先进单位	市政府办	文件
2012.12.31	全省森林防火工作先进单位	省政府	文件
2012.1.5	目标管理优秀单位	省林业厅	文件
2012.8.6	全省公益林管理先进单位	省林业厅	文件
2012.11.29	森防目标管理先进单位	省林业厅	文件
2012.11.29	杨树食叶害虫防治先进单位	省林业厅	文件
2012.11.29	“绿盾 2012”林业植物检疫执法检查先进单位	省林业厅	文件
2012.3.22	实施四个带动项目带动先进单位	市委、市政府	文件
2012.5.23	完成责任目标先进单位	市委、市政府	文件
2012.2.10	集体二等功	市政府	文件
2012.2.28	全市粮食生产先进单位	市政府	文件
2012.9.29	南水北调中线工程建设优质服务先进单位	市政府	文件
2012.2.13	环境保护工作先进单位	市政府办	文件
2012.3.14	行政审批服务工作先进单位	市政府办	文件
2012.4.10	白河南阳城区段确权划界工作先进集体	市政府办	文件
2012.4.19	政务信息工作先进单位	市政府办	文件
2012.4.10	机要文电工作先进单位	市政府办	文件
2012.4.19	电子政务工作先进单位	市政府办	文件
2012.4.19	应急管理工作先进单位	市政府办	文件
2012.7.1	全市创先争优活动先进离退休干部党组织	市委组织部、老干局	文件
2012.5.8	全市保密工作先进单位	市委保密委员会	文件
2012.7.20	档案质量合格单位	市档案局	文件
2012.4.20	南阳市园林单位	创建园林城市指挥部	文件
2012.2.26	计划生育先进单位	卧龙岗街道委员会	文件
2013.4.15	全国绿化模范城市	全国绿化委员会	文件

时间	荣誉名称	发奖单位	获奖类型
2013.5.30	创“全国绿化模范城市”工作突出，受到表彰并奖励 50 万元	省绿化委员会 省林业厅	文件
2013.1.6	2012 年度目标管理先进单位	省林业厅	文件
2013.2.26	2012 年度全市新型农村社区建设先进集体	市委、市政府	文件
2013.11.18	2012 年度平安建设工作先进单位	市委、市政府	文件
2013.11.8	全市“两争一迎”工作特别贡献奖	市委、市政府	文件
2013.11.07	第七届农运会筹办工作突出贡献奖	市委、市政府	文件
2013.11.12	南阳市第四届运动会先进单位	市政府	文件
2013.3.6	2012 年度国土资源工作先进单位	市政府办	文件
2013.5.21	2012 年度全市秸秆焚烧工作先进单位	市政府办	文件
2013	南阳市第四届运动会体育道德风尚奖	市四届运动会组委会	文件
2013	南阳市第四届运动会优秀组织奖	市四届运动会组委会	文件
2013.12.9	森防目标管理先进单位	省林业厅	文件
2014.11.13	全国生态建设突出贡献奖先进集体	国家林业局	奖牌
2014.11.18	2014 年“天网行动”先进集体	省森林公安局	文件
2014.4.17	全省林业有害生物防治工作先进单位	省林业厅	文件
2014.1.23	全市粮食生产先进单位	市政府	奖牌
2014.2.19	南阳市南水北调中线工程建设“双创双评”活动先进单位的决定	市政府	奖牌
2014.4.20	2013 年度全市科学高效发展绩效先进单位	市委、市政府	文件
2014.3.14	2013 年度全市政府法制工作先进单位的决定	市政府办公室	文件
2014.3	全市保密工作先进单位	市委办	证书
2014.4.8	2013 年度全市党委系统先进工作单位	市委办	文件
2014.2.28	2013 年度全市统战工作先进单位	市委统战部	文件
2014.4	2013 年度全市工会工作先进单位	市总工会	奖牌
2014.2	“六五”普法中期依法治理工作先进集体	依法治市工作领导小组	证书
2013.6.25	第 32 届“爱鸟周”科普宣传活动先进单位	河南省野生动物保护协会	证书
2014.12.26	2014 年市级卫生先进单位卫生居民小区	市爱卫会	文件
2015.2.10	2014 年度林业工作优秀单位	省林业厅	文件
2015.2.4	2014 年度全市科学高效发展绩效先进单位	市委、市政府	文件

续

时间	荣誉名称	发奖单位	获奖类型
2015.2	全市粮食生产先进单位	市政府	奖牌
2015.3.23	2014 年度全市党委系统信息工作先进单位	市委办	文件
2015.2	南阳市生态文明建设知识竞赛三等奖	市生态文明建设指挥部	奖牌
2015.2.4	2014 年度全市林业生态建设先进单位	市生态文明建设指挥部	奖牌
2015.2.6	2014 年度扶贫开发工作先进集体	市扶贫开发领导小组	文件
2015.8	2014 年度平安建设工作先进单位	市委、市政府	奖牌
2015.9	2015 年南阳环保世纪行活动先进单位	南阳环保世纪行活动组织委员会	奖牌
2015.11	南阳市南水北调工作先进单位	市委、市政府	文件
2016.1	2015 年度林业目标管理先进单位	省林业厅	文件
2016.2	2015 年全市科学发展绩效先进单位	市委	文件
2016.2	省级文明先进单位	省委、省政府	奖牌
2016.2	2015 年度双创工作先进集体	市委、市政府	文件
2016.3	全市粮食生产先进单位	市政府	文件
2016.11	全市林业科技先进集体	省林业厅	奖牌

编后记

为记述南阳林业发展历程，20 世纪 80 年代，南阳地区林业局成立了林业志编纂工作领导小组。1984 年 4 月，地区林业局调整了《南阳地区林业志》编纂领导小组，明确由温德甫任组长，马明德、张毓璞任副组长，袁林清、许可为成员，卢鹏万、贺仲平担任顾问，组织编写 1949 年—l985 年南阳林业发展史，参与编写的还有杨恒延等一些老同志。1988 年 4 月，召开地区林业志编写工作会议，7 月初步完成编写形成讨论稿，共分概述、大事记、专业志、人物志四篇。专业志设八章、三十六节，十万字左右。

2004 年 11 月，市政府召开《南阳市志》编修工作会议，我局承担了林业部分供稿任务。时任局党组副书记、副局长张荣山明确由办公室具体负责这项工作，并给予大力支持；按照史志办编写提出的要求，12 月组织各有关科室人员开展撰写工作。

2005 年 6 月，完成林业部分撰写任务。9 月，史志办主任秦俊亲自带领有关科室负责人到我局把关指导，提出修改意见。我局按照要求，及时对稿件进行补充完善，按期上交了稿件。10 月，在全市史志年度总结表彰会议上，我局王东升被授予“南阳市史志工作先进工作者”。

2008 年、2010 年，我局又先后两次向史志办提供史料，在原来供稿的基础上，收集整理了专志内容，增加了场圃建设、森林公园和湿地公园建设、集体林权改革、节会、学会、林业公司、基础设施建设、政策文件、荣誉成果、大事记等文字篇章和图片资料，基本形成了 1986 年至 2013 年这一时期《南阳市林业志》史料内容。

在编写 1986 年以来这段林业志的同时，责任感和使命感使我产生了整理《南阳地区林业志》(讨论稿)，完成前任未完成编写出版任务的信念和重任。我组织马国丽、张爱玲、李步凡、曹苗、李小旭等几位同志历时三个多月进行打印校对，整理完善了《南阳地区林业志（1949—1985）》的史料内容。

2013 年 6 月，完成了《南阳地区林业志（1949—1985）》、《南阳市林业志（1986—2013)》校编初稿工作。期间，各科室、单位反复修改，不断完善内容，使林业志史料更加充实、丰满。

2014 年 6 月，两部稿件送史志办刘胜海副主任指导把关，经过三个多月的审阅，他提出将两本志书合二为一，形成《南阳市林业志（1949—2013）》。7 月，我将两部志书初稿呈送局长江天喜，他对志书编写工作给予肯定，提出局里要成立编纂委员会，认真修改完善，认真组织评审，力争出一本符合南阳市情林情的林业志书。

2014 年 10 月，我参阅了《南阳市地区志（1949—1985）》记述的林业部分内容，本着尊重历史、尊重现实的原则，尽可能保留原志记述内容，使两本志书章节一致、表述自然衔接，前后连贯，自成一体。12 月，完成了《南阳市林业志（1949—2013）》初稿撰写工作，并再次呈送史志办审定。同时，也将修改完善的内容再次反馈到各有关科室、单位校对修正，并送部分退休老领导审阅，征求他们的意见。

经过两年的修改充实完善，形成志书评审稿。2016 年 11 月 11 日，市地方史志办公室组成评审组对《南阳市林业志》进行评审，与会专家对该志书给予充分肯定，一致通过评审。2017 年 2 月 8 日，南阳市地方史志编纂委员会批复，同意出版《南阳市林业志》，力争成为精品佳志。

王东升于 2017 年 11 月

供稿人员

一、市直（按姓氏笔画排列）

丁彤旗　马　晓　马国丽　王东升　王庆河　王运宪　王秋霞　王　萌
王振翼　孙向伟　冯　凯　孙新杰　李小旭　李　彬　李　冰　李冰雪
许　可　薛照宇　薛　冰　朱建权　毕学伟　刘林杏　刘　勇　刘尚稳
刘富仓　刘　兴　任玉会　杜思高　杜清彦　杜君杰　沙瑞山　汪小溪
汪　洋　宋笑然　张　依　张晓娟　张爱玲　张继伟　张　博　周志军
赵振江　郭占胜　高立献　曹　苗　韩云艳　靳锡山　詹宏旭

二、县市区（按姓氏笔画排列）

王付杰　王修江　王志学　王彦恒　王庆民　王建中　王姗姗　石红心
兰丰国　王慧珍　田小燕　李金锁　李亚红　李建英　朱　盛　邢桂花
杜　戈　张天聚　张亚婷　张　勇　张　凡　张玉峰　杨　柳　周桃龙
姜登玉　郭付太　郭建科　郭　鹏　贾　晶　贾　赛　贾德军　徐功元
聂勇波　晋广海　高　磊　高　佳　高　峰　宿贞玉　葛玉顶　薄鹏举
魏　敏　樊丰阳